예수님과 안식일 그리고 주일

마태복음 및 구약, 유대교, 사도교부에 나타난
안식일 연구와 한국교회에 적용

예수님과 안식일 그리고 주일(개정판)

마태복음 및 구약, 유대교, 사도교부에 나타난
안식일 연구와 한국교회에 적용

지은이	양용의
초판 1쇄 발행	2000년 08월 20일
초판 3쇄 발행	2009년 02월 28일
개정판 1쇄 발행	2011년 12월 14일
개정판 2쇄 발행	2014년 03월 14일
발행처	도서출판 이레서원
발행인	김기섭
등록번호	제1-1147호
등록일자	1990년 12월 20일
편집이사	최창숙
편집기획실장	박남균
영업팀장	박생화
총무	김애자

서울시 금천구 가산디지털 1로 83 파트너스타워 1차 9층
Tel. 02)402-3238, 406-3273 | Fax. 02)701-9386
E-mail: jireh@changjisa.com
Web-site: jireh.kr | Facebook: facebook.com/jireh77

책값은 표지에 있습니다.
ISBN 978-89-7435-443-5 03230

신 저작권법에 의하여 한국 내에서 보호받는 저작물이므로 저작권자의 서면 허락 없이
이 책의 어떠한 부분이라도 전자적인 혹은 기계적인 형태나 방법을 포함하여
그 어떤 형태로든 무단전재와 무단복제 하는 것을 금합니다.

예수님과 안식일 그리고 주일

마태복음 및 구약, 유대교, 사도교부에 나타난
안식일 연구와 한국교회에 적용

개정판

양용의 지음

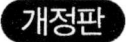

본 서는 영국 Sheffield Academic Press에서 JSNT Supplement Series 139호로 1997년에 출판된 저자의 *Jesus and the Sabbath in Matthew's Gospel*을 위 출판사의 허락하에 저자 자신이 한국 상황을 고려하여 수정 및 증보한 한국어판임.

헌정사

'좁은 문으로 들어가라' 는
주님의 명령을
평생 동안
삶으로 실천하심으로
주님의 제자로서의 삶의 모본을
친히 보여 주신
이 시대의 진정한 신학자이자 스승이신
이진태 박사님께
이 책을 바칩니다.

서문

이 책은 1997년 3월에 영국 Sheffield Academic Press에서 JSNT Supplement Series로 출간된 *Jesus and the Sabbath in Matthew's Gospel*의 한국어판이다. 원래 위의 책은 1995년 7월에 영국 Oxford의 Wycliffe Hall에 제출되었던 필자의 Ph.D. 학위 논문 수정판이었다. 금번 한국어판에서는 영문판의 내용이 각주 부분에서 약간 수정되었고, 제8장의 경우 한국 교회 관련 부분이 첨가되었다.

필자는 이 책이 세상에 나오기까지 수고해 주셨던 여러 분들께 이 지면을 빌려 감사를 표하고자 한다. 먼저 이 책이 학위 논문으로 작성되는 기간 동안 지도 교수로 수고를 아끼지 않으셨던 R.T. France 교수님께 진심으로 감사드린다. 당시 Wycliffe Hall의 학장과 Oxford대학교 신학부교수회 의장으로서 수많은 업무에도 불구하고 이 책의 모든 내용을 세세히 읽고 너무도 귀하고 적절한 조언으로 지도해 주신 France 교수님은, 후학을 가르치는 데 있어서 어떤 모습을 견지해야 할 것인지를 보여 준 참된 스승의 표상이셨다. 그의 사려 깊은 비평과 시의적절한 격려가 없었다면 이 책은 오늘날의 형태로 존재할 수 없었을 것이다.

Cambridge 대학교의 신약학 교수이신 G.N. Stanton 교수님께도 감사의 뜻을 표하지 않을 수 없다. 그는 필자의 부(副)지도 교수로서 본 서의 전체적인 구조와, 특히 제2장과 제7장에 대한 소중한 제안들을 아끼지 않으셨다. 그의 조언은 필자가 본 연구를 진행하는 데 있어서 큰 격려가 되었다. J.G. McConville 교수님은 제1장에 대한 통찰력 있는 조언을 해주셨다. 또한 필자는 R. Mohrlang 교수님과도 이 책의 주제와 관련하여 폭넓은 의견을 나눌 수 있는 특권을 누렸는데, 그의 성경 연구에 대한 헌신적인 태도는 필자에게 큰 도전이 되었다.

필자는 London Bible College의 M.M.B. Turner 교수님과 Cambridge 대학교의 M. Bockumuel 교수님께도 감사의 뜻을 표하고자 한다. 그들은 필자의 외부 조언자들로서, 그들의 조언은 이 책이 보다 균형 잡힌 모습을 갖추는 데 크게 기여하였다. 특히 Aberdeen 대학교의 I.H. Marshall 교수님과 Wycliffe Hall의 D. Wenham 교수님께 심심한 감사를 표하고자 한다. 그들은 필자의 학위 논문 시험관들로서, 구두시험 후 필자의 학위 논문을 책으로 출판하도록 추천해 주셨다.

또한 JSNT Supplement Series로 출판하는 것을 흔쾌히 수락해 주신 S.E. Porter 교수님, 한국어판 출판을 허락해 주신 Mrs. J. Allen과 Mrs. L. Bottomley 및 그 밖의 Sheffield Academic Press 관계자들께도 감사드린다. 또한 이 책의 한국어판을 흔쾌히 출판해 주신 이레서원의 김완섭 사장님과 출판 과정에서 번거로운 실무적인 일들을 기쁨으로 감당해 주신 편집진 여러분들께도 깊이 감사드린다.

이 책은 그동안 많은 분들의 후원을 통해 출판이 가능하게 되었다. 특히 필자가 학위 과정에서 공부하는 기간 동안 장학금을 제공해 주셨던 아시안 선교회, 한 무명 성도님, 백정란 선생님께 마음속 깊이 감사드리며, 이러한 장학금들을 연결해 주셨던 이태웅 목사님, 이만열 교수님께도 깊은 감사를 드린다. 그리고 필자가 한국어판 번역 및 집필을 하는 동안 기도와 격려로 힘이 되어 주셨던 농촌목회연구원 가족들과 에스라성경연구원 가족들 그리고 개혁신학교의 이진태 원장님을 비롯하여 이정석, 서요한, 이태훈, 한천설

교수님들께도 진심으로 감사드린다.

　필자는 2000년 2월 15일에 수십 년간의 후학 양성을 뒤로하시고 영예롭게 은퇴하신 이 시대의 진정한 신학자이자 스승이신 이진태 원장님께 이 책의 한국어판을 헌정하고자 한다.

　끝으로, 필자가 이 책의 집필과 번역 작업을 수행하는 동안 영국과 한국에서 변함없는 기쁨을 선사해 주었던 필자의 사랑하는 네 자녀들(성진, 경진, 현진, 의진)에게 고마움을 표하고자 한다. 또한 가정의 안식을 변함없이 공급해 주는 사랑하는 아내와, 필자에게 영원한 안식의 길을 안내해 주셨던 사랑하는 어머니께 진심 어린 감사를 드린다.

2000년 3월 고양동에서

개정판 서문

『예수와 안식일 그리고 주일』이 출판된 지 어느덧 11년이라는 세월이 지났다. 그동안 적지 않은 독자들이 이 부족한 책을 구입하여 읽어 주었고, 그 중 어떤 이들은 친절하게도 필자에게 자신들의 소감을 들려주었다. 그런데 그들로부터 들은 소감 중 늘 내 마음에 부담으로 다가왔던 한 가지는 책이 너무 어렵다는 것이었다. 이런 이야기를 들을 때마다 필자는 독자들께 송구한 마음과 더불어, 일반 독자들을 위해 본 서를 좀 더 쉽게 개정해야 할 필요를 오랫동안 느껴왔다. 그러던 중 이 책을 출판해 준 이레서원도 필자의 이러한 마음에 공감을 표하게 되었고, 그래서 늦은 감이 없지 않지만 마침내 개정판을 내기에 이르렀다. 이 개정을 통해 이 책의 주제에 관심 있는 분이라면 누구든지 이 책을 읽고 이해하는 데 큰 불편이 없게 되길 기대한다.

이 책의 개정 목표는 분명하다. 전반적으로 초판의 내용은 최대한 그대로 살리되, 독자들이 읽기에 어려움과 불편함을 느끼지 않도록 다양한 방법을 활용하는 것이다. 개정판에서 활용된 중요한 개정 원칙들은 다음과 같다.

첫째, 본문 안에서 지나치게 전문적인 학문적 논의는 줄이거나 생략하고, 때로는 쉬운 말로 풀어서 기술한다. 이를 위해 전문적 용어는 생략되거나 해설될 것인데, 자주 사용되는 용어들은 책머리 〈용어 및 약어 해설〉에서 설명하고, 제한적으로 사용되는 것들은 각주에서 설명한다. 또한 약어 형태의 고대문서명도 가급적 번역하여 풀어쓰는 것을 원칙으로 한다.

둘째, 각주도 지나치게 전문적인 내용이나 정보를 다룰 경우 생략하거나 간략히 줄인다.

셋째, 헬라어와 히브리어는 한국말 번역으로 대체하되, 본문 이해와 논점 전개에 꼭 필요한 경우에는 음역을 먼저 표기하고, 그 뒤에 원어를 병기한다.

넷째, 문단을 재조정하여 독자들이 논지를 따라가는 데 도움을 준다.

다섯째, 지나치게 복잡한 논점이나 문장과 표현을 간소화하거나 명확히 하여 독자들의 이해에 불편을 덜어 준다.

이처럼 분명한 개정 원칙에도 불구하고 개정을 마무리하고 보니, 이 책의 성격이 워낙 학문적이어서, 독자들이 읽기에 그리 쉬운 책은 아니라는 부담이 여전히 남는다. 그렇지만 독자들이 책머리의 〈용어 및 약어 해설〉과 〈일러두기〉를 잘 활용하여 읽는다면, 이 책이 전달하고자 하는 '안식일의 성취자 예수님'에 관한 진리를 깊이 공유하게 되리라는 조심스러운 기대와 더불어 개정판을 내놓는다. 끝으로, 개정의 번거로운 작업을 기쁘게 감당해 주신 이레서원 편집부 여러 직원들께 깊은 감사를 드린다.

2011년 3월 고양동에서

일러두기

1. 성경 인용은 논의의 정확성을 위해 필자의 사역(私譯)을 사용하였다.
2. 외국어로 된 자료의 인용은 별도의 언급이 없는 한 필자의 사역(私譯)을 사용하였다.
3. 헬라어와 히브리어는 본문 이해와 논점 전개에 꼭 필요할 경우에 한하여 제한적으로 사용하되, 음역을 먼저 표기하고, 그 뒤에 원어를 표기하였다.
4. 일반 독자들에게 생소한 용어들과 약어들은 그 의미와 해설을 〈용어 및 약어 해설〉에서 참조할 수 있도록 하였다.
5. 각주는 지나치게 자세하지 않게 사용하되, 다음 두 가지 목적으로 활용한다.
    첫째, 논점의 이해를 돕는 보충적 정보들이나 설명을 제공한다.
    둘째, 논점과 연관된 참고문헌들의 정보를 제공한다.

용어 및 약어 해설

1. 유대교 문학과 관련된 용어들

- **유대교 문학**: 복음서를 연구하는 데 도움이 될 수 있는 유대교 문학들로는 예수님 당시 또는 그 이전에 기록되었던 외경, 상당수의 위경, 쿰란 문학, 필로 등이 있고, 예수님 이후에 기록되었으나 예수님 당시 상황을 반영하고 있는 랍비 문학, 요세푸스, 상당수의 위경 등이 있다.
- **외경**: 칠십인역에는 들어 있으나 구약 정경에는 포함되지 않은 작품들로서, 로마 가톨릭은 '제2의 정경'으로 간주하는 책들, 또는 책의 부분들이다.
- **위경**: '가짜 표제를 가진 문서들'이라는 어원적 의미를 갖는 이 명칭은 구약 정경과 외경에 들지 않은 방대한 유대교 문서들을 지칭한다.
- **쿰란 문서들**: 1947년 이후 사해 주변 열한 개의 동굴들에서 발견된 문서들로서, 주전 2세기경부터 주후 1세기경까지 사해 주변에 거주하였던 쿰란 공동체가 작성 및 보존하였던 문서들이다. 이 가운데는 구약성경, 외경, 위경, 쿰란 종파적 글들이 포함되어 있다.
- **요세푸스(Josephus)**: 유대인 역사가로서, 처음에는 로마제국에 대항하는 독립군으로 활동하다가, 로마에 투항하여 황제의 수행원으로 변신한 인물. 그의 작품들은 대개 80~90년대에 로마에 거주하며 저작된 것들이다.
- **필로(Philo)**: 주전 25년경에 태어나 주후 40년까지 알렉산드리아에서 활동하였던 유대인 철학자이자 신학자. 구약에 대한 풍유적 해석으로 유명하다.
- **랍비 문학**: 랍비들의 구전을 기록해 놓은 문서들로서, 3세기경에 기록된 미쉬나와 토세프타, 4세기 이후에 기록된 미드라쉬, 탈무드 등으로 구성되어 있다.
  ① 미쉬나: 3세기 초

② 토세프타: 3세기
③ 미드라쉬: 4세기 말엽 이후
④ 탈무드: 5세기 이후

- **탈굼**: 히브리어 구약성경의 아람어 번역본으로서, 해설적 의역이 그 특징이다.
- **칠십인역**: 히브리어 구약성경의 헬라어 번역본으로서, 예수님 당시 널리 사용되었다.
- **할라카**: '걷는다' 라는 뜻을 갖는 이 전문 용어는 사람이 일상생활에서 율법을 따라 어떻게 걸어갈 것인가를 규정해 준다. 다시 말해서 할라카는 율법을 해석한 일종의 주석으로서, 일명 구전 율법이라고 한다. 랍비들은 이 구전 율법이 시내 산에서 모세로부터 주어진 것이라고 믿는다.
- **학가다**: '말하다' 라는 뜻을 갖는 이 전문 용어는 율법 이외의 구약 이야기들을 설명한 비유, 일화, 전설, 민담 등을 포함한다.
- **타나임**: 기원 전후에 활약한 힐렐과 샴마이 때부터 200년경 미쉬나 편찬 때까지 활동했던 랍비들 중, 특히 성경에 대한 그들의 해석이 '타나임 문학' 에 보존된 자들을 지칭한다. 타나임 문학에는 미쉬나, 토세프타, 할라카적 미드라쉬(므킬타, 시프라, 시프레)가 포함된다.

2. 공관복음서 해석과 관련된 용어들

- **공관복음서 문제**: 네 복음서 중 처음 세 복음서(곧, 공관복음서) 사이에 드러나는 유사성과 상이성을 토대로 세 복음서의 기원에 있어서 상호 연관성을 설명하는 가운데 발생하는 다양한 문제들을 통상적으로 '공관복음서 문제'라고 부른다.

- **두 자료 가설**: 공관복음서 문제를 해결하는 일반적인 설명 방식으로서, 두 가지 연관된 가설에 기초하여 공관복음서의 기원을 설명한다. 첫째, 마가 우선설. 둘째, Q 자료 가설. 여기서 '두 자료'란 마태와 누가가 그들의 저작 과정에서 공통으로 사용한 '마가복음'과 'Q 자료'를 지칭한다.

- **마가 우선설**: 공관복음서 사이의 문학적 연관성을 설명하는 데 있어서 마가복음이 제일 먼저 저작되었고, 마태와 누가가 이를 자료로 활용하였다는 가설.

- **Q 자료**: 마가는 소유하지 않았지만 마태와 누가는 공동으로 사용하였을 몇몇 구전 혹은 기록된 자료들.

- **공동 자료**: 이 용어는 한 특정 문서를 지칭하기보다는, 구전이나 기록된 다양한 형태들로 존재하던 예수님의 이야기들이나 말씀들로서, 공관복음서 저자들 모두에게 알려져 있던 자료를 지칭한다.

- **마태 특별자료**: 마가나 누가에 의해서는 사용되지 않고 마태에 의해서만 사용된 구전 혹은 기록된 다수의 자료들.

- **누가 특별자료**: 마가나 마태에 의해서는 사용되지 않고 누가에 의해서만 사용된 구전 혹은 기록된 다수의 자료들.

- **'인클루지오' 구조**: 길거나 짧은 단락의 처음과 끝을 동일한 어휘, 어구, 개념 등으로 감싸서, 그 안에 감싸인 단락의 주제를 밝혀 주거나 강조하는 구조이다.

3. 약어

- *et al.* : 기타, 등.
- *idem* : 동일 저자.
- LXX : 칠십인역.
- n., nn. : 각주(들).
- *pace* : '…에게는 실례지만' 이라는 뜻의 라틴어 전치사.
- // : 공관복음서의 평행구.

- **미쉬나** 및 그와 관련된 논문들의 약어에 대해서는 H. Danby (tr.), *The Mishnah: Translated from the Hebrew with Introduction and Brief Explanatory Notes* (Oxford: Oxford University Press, 1933), p. 806을 보라. 논문 이름 앞에 붙는 *m., t., b., y.*는 각각 미쉬나, 토세프타, 바빌로니아 탈무드, 예루살렘 탈무드를 지칭한다.

- **필로**의 논문들에 대한 약어에 대해서는 F.H. Colson, *et al.*, *Philo* X (10 vols.; LCL; London: William Heinemann, 1929-62), pp. xxxv-xxxvi을 보라.

- **요세푸스** 작품 약어표
  『전쟁사』: 『유대 전쟁사』(*Bellum Judaicum*)
  『고대사』: 『유대 고대사』(*Antiquitates Judaicae*)
  『자서전』: 『요세푸스 자서전』(*Vita*)
  『아피온』: 『아피온 반박』(*Contra Apionem*)

- 기타 약어들은 통례를 따랐다.

목차

헌정사
서문 / 개정판 서문
일러두기 / 용어 및 약어 해설

서론

제1장 | 구약성경에서의 안식일: 배경(I)

1.1. 모세오경 ··· 32
1.2. 역사서 ·· 45
1.3. 예언서 ·· 53
1.4. 요약 ··· 64

제2장 | 주후 1세기까지 유대교에서의 안식일: 배경(II)

2.1. 외경과 위경 ·· 70
2.2. 쿰란 문서들 ·· 79
2.3. 요세푸스 ·· 87
2.4. 필로 ··· 94
2.5. 그리스—로마 문학에 나타난 유대교에 관한 언급들 ········· 102
2.6. 랍비 문학 ·· 106
2.7. 요약 ··· 125

제3장 | 마태복음에 나타난 예수님과 안식일: 예비적 고찰

3.1. 연구를 위한 전제들 ·· 129
3.2. 마태복음에 나타난 예수님과 율법 ························· 135

제4장 | 마태복음에 나타난 예수님과 안식일: 본문 연구(I)

4.1. 안식일 논쟁 단락들(12:1-8, 9-14)의 문맥 ············ 178
4.2. 하나님의 계시와 예수님의 멍에(11:25-30) ············ 191
4.3. 안식일에 곡식을 잘라 먹음(12:1-8) ····················· 202
4.4. 안식일에 손 마른 자를 고침(12:9-14) ·················· 239
4.5. 하나님의 택한 종 예수님(12:15-21) ····················· 261
4.6. 결론 ·· 270

제5장 | 마태복음에 나타난 예수님과 안식일: 본문 연구(II)

5.1. 마태복음 24:20에 대한 다양한 견해들 ················· 281
5.2. '안식일에도 말고' – 필자의 제안 ·························· 287
5.3. 결론 ·· 294

제6장 | 마태복음에 나타난 예수님과 안식일: 비교 연구

6.1. 안식일에 행해진 예수님의 가르침과 치유(막 1:21-34;
    눅 4:31-41; 참조. 마 4:13; 눅 28-29; 8:14-17) ······················ 298
6.2. 나사렛 회당에서 예수님의 설교(눅 4:16-30; 막 6:1-6; 마 13:53-58) ··· 308
6.3. 안식일에 행해진 예수님의 다른 치유들(눅 13:10-17; 14:1-6;
    참조. 마 12:11-12; 막 3:1-6) ·· 315
6.4. 안식일에 갈릴리로부터 온 여인들의 안식(눅 23:56; 참조.
    막 16:1; 마 27:61-28:1) ·· 328
6.5. 결론 ·· 331

제7장 | 마태복음에 나타난 예수님과 안식일: 초대교회에서 그 의의와 영향

7.1. 이그나티우스 ··· 338
7.2. 바나바서 ·· 346
7.3. 디다케 ··· 352
7.4. 디오그네투스서 ·· 355
7.5. 결론 ·· 358

제8장 | 마태복음에 나타난 예수님과 안식일: 오늘날 교회를 위한 함의와 적용

8.1. 요약 ·· 364
8.2. 마태에게 있어서 예수님의 안식일 성취의 신학적 의의 ········ 372
8.3. 마태와 그의 공동체에게 있어서 예수님의 안식일 성취의
     실천적 함의 ··· 374
8.4. 오늘날 교회를 위한 예수님의 안식일 성취의 의의와 적용 ······ 376

참고문헌 ·· 401
저자색인 ·· 431
성구색인 ·· 437

서론

안식일은 교회사를 통하여 줄곧 심각한 논쟁의 대상이 되어 왔는데, 특히 구약·유대교의 안식일이 그리스도인의 주일 성수와 어떻게 연관되는가와 관련하여 그러하였다. 안식일은 이미 예수님의 사역 당시 논쟁거리가 되었으며(예. 마 12:1-14//; 눅 13:10-17; 14:1-6; 요 5:1-18) 또한 초기 그리스도인들 사이에서도 그러하였다(예. 골 2:16-17; 참조. 롬 14:5-8; 히 4:1-11).

일찍이 주후 2세기 중엽 이전에 사도 교부들은 주일을 안식일과 연관시켰는데, 그러나 그들은 이 두 날을 쉬는 날로서가 아니라 예배를 위한 날로서 연관시켰다. 사실 주일이 일을 안 하고 쉬는 날로 간주될 수 있게 된 것은 콘스탄티누스 대제 칙령(the Constantinian legislation, 주후 321년)[1] 이후의 일이었다.[2] 그리고 스콜라 철학적 안식일 엄수주의(sabbatarianism)가 확고히 확립된 것은 토마스 아퀴나스(Thomas Aquinas, 1225-1274)에 의해서였다. 아퀴나스의 안식일 엄수주의는 주로 스콜라 철학의 자연법(Natural Law) 이론에 기초한 교리로서, 주일을 안식일에 대한 기독교적 대체일(代替日)로 간주하며, 따라서 주

---

[1] *Codex Instinianus* 3.12.2(321년 3월 3일)와 *Codex Theodosianus* 2.8.1(321년 7월 3일).
[2] 안식일이 일요일로 이전되었음을 주장하는 현존하는 최초의 기록은 주후 330년 이후에 저작된 Eusebius의 시 91편 주석에서 발견된다. 하지만 Eusebius에게 있어서도 일요일로 이전된 것은 안식일의 예배적 측면이었지 쉼의 측면이 아니었다. Bauckham, 'Post-Apostolic Church', pp. 282-85를 보라.

일을 '기독교의 안식일'로 지킬 것을 주장한다.[3]

그러나 종교개혁자들은 이러한 스콜라 철학적 안식일 엄수주의를 강력히 공격하였으며 철저히 포기하였다. 예를 들어, 칼빈(J. Calvin)은 안식일이 그리스도 안에서 성취되었으며 따라서 폐지되었음을 명백히 하였다. 더 나아가서 일요일에 예배드리는 것은 편의와 질서를 위한 것이고, 일요일에 쉬는 것은 예배드리는 시간 확보를 위해 요청되는 것일 뿐 그 이상의 의미는 없음을 명백히 하였다.[4]

하지만 종교개혁자들의 스콜라 철학적 안식일 엄수주의와의 결별은 그들의 후계자들에게 제대로 전수되지 못하였다. 오히려 17세기에 이르러 청교도들은 종교개혁 이전의 안식일 엄수주의로 돌아가 버렸다.[5] 『웨스트민스터 신앙고백서』(Westminster Confession, 1647)에서 전형적으로 제시되고 있는 이 청교도적 안식일 엄수주의는 후대 잉글랜드, 스코틀랜드, 미국 등지의 프로테스탄트 교회들 대부분에 의해 그대로 혹은 약간 수정된 형태로 채택되었다.[6]

하지만 이러한 안식일 엄수주의 전통을 모두가 따른 것은 아니었다. 한편으로, 안식일 엄수주의를 따르지 않거나 반대하는 이들이 있었는데, 틴데일(W. Tyndale, 1531), 헤일린(P. Heylyn, 1635), 도드리지(P. Doddridge, 1763), 헤시(J.A. Hessey, 1860) 등을 들 수 있다.[7] 다른 한편으로, 제칠일 준수운동들이 있었는데, 제칠일 침례교(the Seventh-Day Baptists, 17세기 중엽 이후)와 제칠일 안식교(the Seventh-Day Adventists, 19세기 중엽 이후) 등을 들 수 있다.[8] 하지만 이러한

---

3) Aquinas, *Summa Theologica*, 1a 2ae 100.
4) Calvin, *Institutes*, 2.8.28-34. Bauckham, 'Protestant Tradition', pp. 315-17을 보라.
5) Jewett, *Lord's Day*, pp. 115-21; Bauckham, 'Protestant Tradition', pp. 317-29; Primus, 'Sunday, pp. 108-15; Spier, *Sabbat*, pp. 127-28.
6) 잉글랜드의 '주일성수회'(the Lord's Day Observance Society)와 미국의 '주일연맹'(the Lord's Day Alliance)은 그 나라들에서 청교도적 안식일 엄수주의가 어떻게 영향을 끼쳐왔는가를 잘 예증해 준다.
7) Beckwith and Stott, *Day*, pp. vii-viii; Bauckham, 'Protestant Tradition', pp. 329-32.
8) Bauckham, 'Protestant Tradition', pp. 332-34; Bacchiocchi, 'Remembering', pp. 82-83을 보라.

운동들은 그 영향력에 있어서 청교도적 안식일 엄수주의와 전혀 견줄 만하지 못하다.

오늘날 서로 다른 견해들 사이에 대화를 해 보려는 다양한 시도들에도 불구하고,[9] 그러한 다른 입장들 사이의 간격은 좀처럼 좁아지지 않고 있다. 아직까지도 네다섯 가지 입장들이 현존하는데, 그 각각의 입장들은 다음 저작들로 대표될 수 있다: (1) 전통적인 청교도적 안식일 엄수주의 입장 - R.T. Beckwith and W. Stott, *This is The Day* (1978); (2) 제칠일 안식교 입장 - S. Bacchiocchi, *From Sabbath to Sunday* (1977); (3) 수정된 안식일 엄수주의적 입장 - P.K. Jewett, *The Lord's Day* (1971); (4) 급진적인 반(反)안식일 엄수주의적 입장 - W. Rordorf, *Sunday* (1968 [1962]); (5) (Rordorf의 입장보다는) 덜 급진적인 그러나 명백한 반(反)안식일 엄수주의적 입장 - D.A. Carson (ed.), *From Sabbath to Sunday* (1982).[10]

위에 나열된 대부분의 저작들은 성경 자료들과 교회사 증거에 근거하여 각각의 입장들을 세우려고 노력한다. 그럼에도 불구하고 그것들은 자주 성경 자료들을 충분히 깊이 있게 다루지 못하며, 때로는 문제의 성경 본문들에 대한 석의적 논의를 거의 결(缺)한 경우들도 있다. 그 결과 그러한 저작들은 결정적인 논점들에 있어서 설득력을 갖지 못하는 경우들이 적지 않다. 그런데 만일 그 저작들이 성경 자료들을 제대로 다루지 못하였다면, 교회사 증거와 관련된 그들의 재구성 역시 문제시될 수밖에 없다.

이런 상황하에서, 필자는 안식일 논의에 있어서 관심의 초점이 되는 성경 본문들 중 몇몇에 대한 보다 철저하고 타당한 석의적 연구를 시도함으로써, 차후의 안식일 논의를 위한 보다 신뢰할 만한 토대를 마련해 보고자 한다. 하지만 석의적 연구가 철저하고 신뢰할 만한 것이 되고자 한다면, 문제가 되는 각 본문을 그것이 속해 있는 책 전체의 신학과 문학 장르뿐 아니라 그 문

---

9) 예를 들어, Carson, *Lord's Day*, pp. 14-16; Bacchiocchi, *New Testament*, pp. 12-25; Eskenazi et al. (eds.), *Sabbath*, pp. ix-xvi을 참조하라.
10) 이는 편집자를 포함한 일곱 명의 성경 (및 교회사) 학자들의 심포지엄이다.

맥(co-text)과 사회–역사적 상황(context)에 비추어 살펴보는 것이 필수적이다.11) 그럼에도 불구하고 놀랍게도, 예를 들어, 복음서의 안식일 본문들에 대한 포괄적인 석의적 연구를 제공하려는 진지한 시도는 거의 없었다.12) 하지만 이 복음서 본문들은 안식일에 관한 논의들에 있어서 결정적으로 중요한 것들로서, 그 중요성은 위에서 언급된 대부분의 학자들이 자신들의 입장의 신빙성을 입증하기 위해 예수님을 안식일과 주일에 어떤 모양으로든지 연관시키고자 하며, 이를 위해 이 복음서 본문들을 이런저런 식으로 예외 없이 사용하고 있다는 점에서 잘 드러난다.

따라서 필자는 본 서에서 안식일 본문들 중 한 집단, 즉 마태복음의 두 안식일 논쟁 단락들(마 12:1-8, 9-14)과 또 하나의 안식일 구절(마 24:20)에 대한 철저하고 포괄적인 석의적 연구를 제공하려고 한다. 필자가 이 본문들을 선정한 데는 몇 가지 이유가 있다.

첫째, 이 본문들과 그 공관복음서 평행 본문들은 예수님과 안식일 사이의 관계(마 12:8[13])/), 사람과 안식일 사이의 관계(막 2:27[14]), 안식일 행동 원리(마 12:7[15], 12[16]) 등에 관한 핵심 선언들을 포함하고 있다.

둘째, 이 본문들의 그와 같은 결정적인 중요성에도 불구하고, 교회의 긴 역사를 통한 안식일 논의들에 있어서 이 본문들은 자주 간과되거나 오용(誤用)되어 왔다.17) 사실 이 본문들에 대한 적절한 석의적 이해가 없이는 그 어

---

11) 성경 본문(특히 복음서의 본문)에 대한 다각적 접근의 필요성에 대해서는 Stanton, *New People*, pp. 23-110을 보라.
12) Turner, 'Sabbath', pp. 99-157은 누가의 안식일 본문들을 보다 책임 있게 연구해 보려는 좋은 시도이다. 그러나 그의 연구는 한 책의 한 장(章)에 국한되어 포괄적이고 철저한 연구가 되기에는 부족할 수밖에 없다.
13) '인자는 안식일의 주이다.'
14) '안식일이 사람을 위하여 생긴 것이지, 사람이 안식일을 위하여 생긴 것이 아니다.'
15) '너희가 "나는 자비를 원하고 제사를 원하지 않는다"라는 말씀이 무슨 뜻인지 알았다면, 죄 없는 자들을 정죄하지 않았을 것이다.'
16) '그러므로 안식일에 선하게 행하는 것은 적법하다.'
17) 예를 들어, 『웨스트민스터 신앙고백서』 21.8의 편집자들이 마 12:1-13에 들어 있는 예수님의 반(反)결의론적 논점들을 어떻게 그들의 결의론적 조항들을 지지하는 근거로 사용하였는지를 주목해 보는 것은 참으로 놀라운 일이다. 더욱더 놀라운 것은 이것이 『웨스트민스터 신앙고

떤 안식일 교리도 타당성 있게 확립되었다고 인정될 수 없다. 그런데도 위에서 언급된 저작들이 이 본문들을 위해 얼마나 적은 지면을 할애하고 있는가를 지적할 수밖에 없는 현 상황은 매우 안타깝다.

셋째, 이 논쟁 본문들이 모든 공관복음서들에서 발견되고 있는 점은 그 평행본문 비교 연구를 가능하게 해 주며, 이는 예수님과 안식일 사이의 관계에 대한 마태의 독특한 관심과 관점을 파악하는 데 큰 도움을 준다.

넷째, 본 연구가 특별히 마태의 관심과 관점에 관심을 집중하는 이유는, 아마도 안식일을 지키는 데 있어서 율법주의적 경향에 의해 위협을 받고 있었던 것으로 보이는 마태 공동체(들)의 상황이 청교도적 안식일 엄수주의 전통을 물려받은 오늘날 많은 프로테스탄트 교회들(한국 교회를 포함하여)의 상황과 상당히 유사하기 때문이다. 이러한 유사성은 특별히 중요한데, 그 이유는 본 서의 결론부에서 석의적 연구의 결과들을 오늘날 교회의 주일 성수 문제에 적용하려 하기 때문이다.

본 서는 크게 세 부분으로 나누어진다.

제1-2장은 본문(마 12:1-8, 9-14, 24:20) 석의를 위한 배경 연구이다. 안식일은 예수님이나 마태의 시대에 이르러서야 갑자기 논쟁거리로 등장한 제도가 아니라 구약과 중간기 시대를 통해 오랜 기간 정착되어 왔던 제도이기 때문에, 우리 본문들에 대한 석의적 고찰에 들어가기에 앞서 구약성경과 구약 이후 유대교 문헌에 나타난 안식일 자료들을 개괄해 보는 것은 필수적이다.

구약성경의 안식일 자료 고찰에서는 안식일의 근원, 안식일의 언약적·제의적 특성, 안식일의 인간애적 측면 등이 논의될 것이다. 이러한 논의들과 더불어 몇몇 안식일 세부 조항들도 고찰될 것이다. 구약 이후 유대교 문헌을

백서』 전체를 통해 복음서들의 안식일 본문이 사용된 유일한 경우라는 사실이다. Luz, *Matthäus (Mt. 8-17)*, p. 234는 우리 본문들의 '영향사(影響史, history of effect)'가 특히 종교개혁 기간까지는 놀라울 정도로 미미하다는 사실을 지적한다. 종교개혁 이래로도 우리 본문들은, 구약성경(예. 창 2:2-3; 출 20:8-11; 사 58:13; 느 13:15-22 등)은 물론이고 골 2:16-17이나 히 3:7-4:11과 같은 본문들과 비교해 볼 때, 안식일 논의들에 있어서 상대적으로 미미한 역할을 해 왔다.

고찰하는 데 있어서, 외경과 위경, 쿰란 문학, 요세푸스, 필로, 랍비 문학, 그리고 그리스-로마 문헌에 나타나는 안식일 자료들이 논의될 것이다. 구약 이후 유대교 자료들에 대한 논의에 있어서 주된 초점은 안식일 세부 조항들에 맞추어질 것인데, 그러한 조항들은 이 기간 동안 엄청나게 많이 생성되었다. 이 도입적 연구를 통해 필자는 그 가운데서 예수님의 안식일 논쟁들이 일어났고 또한 그 논쟁들에 대한 마태의 진술이 형성되었던, 따라서 그에 비추어 그 논쟁들과 진술들이 이해되어야 하는, 그 상황(context)을 재구성해 보고자 노력할 것이다.

제3-6장은 본 서의 핵심이 될 석의적 고찰에 할애될 것이다. 앞에서 지적한 바대로, 본문들에 대한 신뢰할 만한 석의를 제공하기 위해서는 그 본문들의 전후 문맥뿐 아니라 복음서 전체의 신학과 문학적 특징들에 비추어 고찰하는 것이 필수적이다. 따라서 필자는 석의적 고찰을 본격적으로 시작하기에 앞서 석의적 논의들에서 문제가 될 수밖에 없는 사안들에 대한 기본적 전제들을 먼저 진술하게 될 것이다. 그 사안들이란 다음과 같은 것들이다: 공관복음서 문제, 석의적 연구의 방법론, 저자, 저작 연대, 저작 장소, 마태 공동체, 복음서의 문학적 특징과 구조. 하지만 이 기본적 전제들은 (특히 공관복음서 문제의 경우) 필요하거나 적절하다고 생각될 때마다 석의적 고찰을 진행해 나가면서 평가되거나 확장되고 또는 좀 더 다듬어질 것이다.

또한 마태복음 12:1-14의 안식일 논쟁 단락들이 예수님께 대한 율법의 관계에 관한 마태의 전반적인 이해와 밀접하게 연관되어 있는 것으로 보이기 때문에, 우리는 이 단락들에 대한 석의적 고찰에 앞서 복음서 전체에 있어서 그에 관한 마태의 전반적인 이해를 개관해 볼 필요가 있을 것이다. 이 전반적인 개관을 통해, 필자는 마태에게 있어서 구약성경의 율법은 (그 모든 측면들에 있어서) 예수님에 의해 성취되었음과, 이 성취는 '연속성'과 '불연속성'의 양면적 요소를 포함하는 종말론적 긴장을 수반한다는 결론을 내리게 될 것이다.

주된 석의적 고찰은 문맥 연구부터 시작할 것이다. 본문들을 그 문맥들에 비추어 살펴보는 것은 적절한 석의를 위해 필요불가결한 것이기 때문이다. 필자는 마태복음의 두 안식일 단락들(12:1-8, 9-14)이 상호 연관되어 있다는 점과, 그 전후 인접 단락들(11:25-30; 12:15-21)이 주제상 본문들에 연관되어 있다는 점을 논증해 나갈 것이다. 이러한 논증들에 근거하여 필자는 주된 본문들뿐 아니라 그 인접 단락들까지도 주된 석의적 고찰의 대상들로 포함시킬 것이다.

이 석의적 고찰에서 필자는 우리에게 주어진 본문 자체의 의미(meaning)와 의의(significance)를 논하는 데 집중할 것이며, 그렇게 하는 가운데 마태복음에 나타난 예수님과 안식일 사이의 관계를 규명해 나갈 것이다. 우리는 이 석의적 고찰로부터, 마태에게 있어서 안식일은 다른 율법과 마찬가지로 예수님에 의해 성취된 것으로 이해되고 있다는 상당히 확고한 결론에 도달하게 될 것이다. 다시 말해서, 예수님의 구속이 안식일의 궁극적인 목표(곧, 종말론적 안식)를 성취하였다는 결론이다. 그런데 이 안식일의 성취 역시 다른 율법의 성취와 마찬가지로 '연속성'과 '불연속성'의 요소들을 포함한다. 이처럼 이 안식일 논쟁 단락들의 기독론적 및 종말론적 성격은 아주 명백하다. 필자는 안식일과 관련된 바리새인들의 결의론적(casuistic) 관심사에 대응하여 기독론과 종말론을 강조하는 마태의 이러한 경향이 그의 공동체 가운데 안식일을 율법적으로 지키려는 경향으로 말미암아 야기된 위험에 대한 마태의 염려를 드러내 보여 준다고 제안할 것이다.

석의적 고찰의 마지막 단계로 필자는 매우 짤막하면서도 몇몇 결정적인 문제들을 야기하는 마태복음의 또 하나의 안식일 구절(24:20)을 고찰할 것이다. 마태복음의 다른 두 안식일 단락들과 다른 율법-관련 구절들에 대한 우리의 이해에 비추어, 필자는 '안식일에도 말고'('메데 사바토', μηδὲ σαββάτῳ) 어구가 안식일에 피난하는 것 자체가 옳지 않음을 시사한다기보다는 오히려 안식일에는 피난하는 것이 실질적으로 어렵다는 점을 시사한다는 결론을 내릴 것이다.

한편, 마태복음이 고립해서 존재하는 것이 아니라 다른 공관복음서들과 이리저리 연관되어 있다는 사실을 고려할 때, 우리의 본문들에 비추어 다른 공관복음서들의 안식일 관련 구절들(막 1:21-34//; 눅 4:16-30; 13:10-17; 14:1-6; 23:56) 을 간략하게나마 논의하지 않고서는 본 연구가 완결되었다고 보기 힘들다. 따라서 필자는 이 구절들을 고찰함으로써 이 구절들이 마태복음에서 왜 생략되었는지 아니면 왜 다른 형태로 나타나는지를 설명하려 한다. 이 고찰로부터 마태는 안식일 문제에 있어서 마가나 누가보다 더 보수적이지 않다는 점과, 안식일 자료를 제시해 나가는 데 있어서 마가나 누가보다 훨씬 더 조심스럽다는 점이 논증될 것이다. 결국 필자는 안식일이 마태 공동체 가운데서 여전히 활발하고도 민감한 문제였다고 결론 내릴 것이다.

제7-8장에서 필자는 우선적으로 안식일에 관한 마태의 입장이 현존하는 최초의 비(非)정경 저작들인 사도 교부들에 의해 어떻게 채택되거나 각색되거나 혹은 간과되었는지를 평가해 보려 한다.[18] 이 연구는 특별히 흥미로운데, 그 이유는 대개 사도 교부들에 대한 마태복음의 영향력이 어떤 다른 복음서들의 영향력보다 훨씬 크다고 받아들여져 왔기 때문이다. 여기서 우리는 이 사도 시대 이후 저자들이 안식일 준수를 단번에 거절하고 있다는 사실과 그와 더불어 안식일 자리를 (적어도 그 예배일로서의 기능과 관련하여) 주일(또는 여덟째 날)로 메워 보려 하였다는 사실을 주목하게 될 것이다. 그런데 그들의 이러한 경향은 그 이후 긴 세월에 걸쳐 (제칠일 침례교와 제칠일 안식교를 제외하고는) 기독교 전체에 지대한 영향을 끼쳐 왔다.

본 연구의 마지막 부분에서는 석의적 고찰의 결과들이 오늘날 교회에 어떻게 연관될 수 있는지를 살펴볼 것이다. 본 석의적 연구를 수행하게 된 근본적인 동인(動因)은 교회사를 통하여, 특히 오늘날 교회 가운데서, 안식일에

---

18) 이그나티우스의 『마그네시아서』, 『바나바서』, 『디다케』, 『디오그네투스서』와 같은 작품들에서 관련 구절들이 발견된다.

관한 문제들이 적절히 해결되지 못한 상황에 있기 때문이다. 따라서 본 석의적 연구의 결과들을 오늘날 교회의 상황에 적용하려는 시도는 필요불가결한 일이다. 하지만 본 석의적 연구가 공관복음서, 특히 마태복음의 몇몇 본문들에 제한되어 있기 때문에, 그 적용 또한 안식일이나 주일과 관련해서 제기되는 모든 문제들을 망라할 수는 없으며, 단지 그 다루어진 본문들과 보다 직접적으로 연관된 특정 문제들에 한정될 수밖에 없다. 더욱이 적용이 보다 구체적이고 의미 있는 것이 되기 위해서는 그 적용을 위한 한 특정 상황이 선택될 필요가 있는데, 본 연구를 위해서는 한국 교회가 선택되었다. 여기서 한국 교회가 선택된 이유는 필자 자신이 이 교회에 속해 있기 때문만이 아니라, 동시에 한국 교회가 처한 상황이 마태 공동체가 처하였던 상황과 상당 부분에 있어서 유사하기 때문이다.

본 서가 다루는 범위는 여러 가지 면에서 제한되어 있으며, 따라서 본 서만으로 그동안 안식일이나 주일과 관련해서 제기되어 왔던 모든 문제들을 해결할 수 있을 것으로 보이지는 않는다. 하지만 본 연구와 더불어 안식일과 관련된 여러 본문들에 대한 보다 책임 있는 석의적 연구와 그 연구 결과들을 오늘날 교회적 상황에 적용시켜 보려는 적극적인 시도들이 보다 활성화되기를 기대한다.

제1장
구약성경에서의 안식일
배경(I)

주된 논의에 들어가기에 앞서 차후의 고찰들에서 반영될 몇 가지 예비적 진술들이 필요할 것이다.

첫째, 구약성경에서 안식일에 연관된 구절들과 주제들은 너무 많아서 본 배경 연구에서 그들 모두를 다루는 것은 무리다. 따라서 본 장(章)에서는 핵심 구절들만 다루어질 것이며,[1] 그 구절들과 관련해서도 본 서의 주요 논제들과 보다 밀접하게 연관된 주제들에 한해서 제한적으로 논의될 것이다.[2]

둘째, 모세오경의 자료들을 다루는 데 있어서 필자는 자료-비평 이론들에 크게 의존하지 않을 것이며, 대체로 본문들의 최종적 형태에 초점을 맞출 것이다.[3]

---

1) 필자는 본 서에서 논의의 대상을 주간 단위 안식일 구절들에 제한할 것이다. 안식년에 관한 레 25:2-7; 26:34-35, 또는 '안식일'이라고 불리는 속죄일에 관한 레 16:31; 23:32과 같은 구절들은 흥미롭지만 본 서의 당면 주제인 주간 단위 안식일 제도와 간접적으로밖에 연관되지 않으며, 따라서 필자는 그러한 구절들을 현 배경 연구의 대상에서 제외시킬 것이다.
2) 구약성경의 안식일에 관한 근래의 상세한 연구들로는 다음 저작들을 주목할 만하다: Andreasen, *Sabbath* (1972); Jenni, *Begründung* (1956); Pettirsch, 'Verbot' (1947).
3) 하지만 비평의 역사를 통해 구약성경학자들 사이에 어느 정도 확고한 의견의 일치가 도출되어

셋째, 한동안 구약성경학자들이 열렬히 연구하였던 안식일의 기원에 대한 자세한 논의는 본 장의 범주를 벗어나 있다. 하지만 보다 최근의 연구들에 비추어 볼 때,[4] 일곱째 날 안식일은 매우 오래된 제도라는 점과,[5] 또한 현존하는 성경 외(外) 자료들에서는 이날에 대한 언급이 전혀 나타나지 않는 데 반해 고대 히브리 문학(예. 출 34:21; 암 8:4-10)에서는 명백하게 나타나고 있다는 점은 어느 정도 확신 있게 제안될 수 있다.

1.1. 모세오경

1.1.1. 안식일의 근원

구약성경 안에는 안식일의 근원(etiology)을 하나님의 창조 활동과 연관시키는 구절들이 세 개 있다 – 곧, 창세기 2:1-3; 출애굽기 20:11; 31:17. 하지만 이들 중 첫째 구절이 본 주제와 관련된 핵심 구절로 보이기 때문에, 필자는 이 첫째 구절을 보다 집중적으로 다루려고 한다.

하나님의 창조 사역에 있어서 일곱째 날에 관한 묘사인 창세기 2:1-3은 창조 이야기의 결론을 형성한다. 하지만 본 구절은 그 양식(樣式)과 내용에 있어서 앞의 구절들과 현저히 다르다.

2:1은 1장 전체를 최종적으로 요약해 준다.

2:2a('하나님이 그가 하시던 일을 일곱째 날에 마치시니')과 관련해서는 두 가지 점을 주목할 필요가 있다.

있는 경우, 필자는 필요에 따라 그 도출된 전통적인 견해를 더 이상의 논의 없이 채택하여 활용할 것이다.
4) 참조. Andreasen, *Sabbath*, pp. 1-9; Childs, *Exodus*, pp. 413-14; Dressler, 'Sabbath', pp. 22-24, 37 n. 31.
5) Andreasen, *Sabbath*, pp. 8, 117-21, 261-65은 안식일 제도가 의심할 여지없이 늦어도 모세 시대까지 거슬러 올라간다고 제안한다. 그는 모세 이전 시대 기원의 가능성까지도 제안한다. 참조. Lohse, 'σάββατον', pp. 2-3.

① 본 진술의 처음 부분(즉, '와여칼 엘로힘 바욤 하쉬비이', ויכל אלהים ביום השביעי, '하나님이 ⋯ 일곱째 날에 마치시니')은 하나님께서 아직 마무리되지 않은 당신의 일을 일곱째 날에 완결하였다는 식으로 이해될 필요가 없다. 모세오경의 다른 곳들에서(창 17:22; 49:33; 출 40:33; 참조. 창 24:19; 레 16:20; 민 4:15 등) '와여칼' (ויכל)은 문제의 행동이 이미 지난 과거의 것임을 보여 주며, 따라서 이 구절은 과거완료로 번역되어야 한다.6) 그렇다면 처음 부분은 다음과 같이 번역될 수 있을 것이다. '하나님께서 일곱째 날에 [이미] ⋯ 완결해 놓으셨다.'

② '멜라카' (מלאכה, '일')는 일반적으로 '인간적인 일'을 지칭하는 일상적 의미를 갖는 단어인데(참조. 창 39:11; 출 20:9), 이 단어가 2:2-3에서 하나님의 창조 활동을 묘사하는 데 세 번이나 사용된 점은 놀랍다. 하지만, 베스터만(C. Westermann)의 제안처럼, 저자는 '창조의 종결'이 '전(全) 피조물에 영향을 미치게 될 리듬(rhythm)'을 만들어 내었음을 암시하고자 이 단어를 의도적으로 선택하지 않았나 싶다.7)

안식일을 '창조 규례' (creation ordinance)로 보는 사람들은 2:2b-3에서 '안식일' ('솨빠트', שבת)이라는 표현이 나타나기를 기대할지 모른다. 하지만 우리가 실제로 발견하는 표현은 '일곱째 날에' ('바욤 하쉬비이', ביום השביעי)이다.8) 이는 성경 저자가 여기서 안식일 제도가 아니라 창조 활동으로부터의 하나님의 안식에 주된 관심을 기울이고 있음을 암시해 준다. 따라서 우리는 여기서 안식일이 소위 '창조 규례'로 간주되고 있다고 쉽사리 추정할 수 없다.9)

---

6) Wenham, *Genesis 1-15*, p. 35; 참조. Cassuto, *Genesis*. I, pp. 61-62; Westermann, *Genesis 1-11*, pp. 169-70; Hamilton, *Genesis: Chapters 1-17*, pp. 141-42. 다양한 해석 가능성에 대해서는 Andreasen, *Sabbath*, pp. 63-64 n. 2를 보라.
7) Westermann, *Genesis 1-11*, p. 170. 출 20:9-10을 20:11과, 그리고 31:15을 31:17과 비교해 보라 — 두 경우 모두에 있어서 하나님의 창조 구조는 인간의 일('멜라카')과 휴식의 리듬에 대한 모형으로 사용되고 있다. 하지만 이와 다른 견해에 대해서는 von Rad, *Hexateuch*, pp. 101-102 n. 9를 보라.
8) 이 구절은 2-3절에서 세 번이나 나타난다.
9) '솨빠트' (שבת)라는 명사가 '솨바트' (שבת)라는 동사로부터 유래하였다는 어원적 논점은 창조 규례 이론의 실제적인 지지 근거가 될 수 없다. '솨빠트'의 어원은 아직 미결로 남아 있기 때

그럼에도 불구하고 우리는 일곱째 날 하나님의 안식과 안식일 날 인간의 안식 사이의 연관성을 부인할 수는 없다. 왜냐하면 출애굽기 20:8-11은 안식일을 제정하는 근거로 명백히 일곱째 날 하나님의 안식 모형을 들고 있기 때문이다. 더욱이 이러한 연관성은, 바로 앞에서 지적했듯이 '멜라카'가 본 절들에서도 반복적으로 사용되고 있다는 사실에 의해 더욱 명백해진다. 일곱째 날 하나님의 안식 안에서 그의 모든 피조물의 안식일 안식이 예견되고 있었던 것이다.10) 창조 사역에서의 하나님의 안식은 이만큼 안식일의 근원으로서의 역할을 한다.

하지만 일곱째 날 하나님의 안식의 의미와 범위는 결코 안식일 제도에만 한정되지 않는다. 사실 '솨바트'(שבת) 동사는 '쉬다'라는 의미보다는 '(일을) 끝내다/멈추다'라는 의미를 갖는다.11) 하지만 이는 창조 사역으로부터의 하나님의 안식이 단순히 창조 과정의 끝이라는 소극적인 의미만을 갖는다는 말은 아니다. 그보다는 오히려 세계가 더 이상 창조되어 가는 과정에 있는 것이 아니라 하나님에 의해 완성되었음을 뜻한다.12) 그렇다면 일곱째 날은 창조 사역의 목표인 전(全) 창조의 완성을 상징한다고 볼 수 있다.13) 이

문이다. 지금까지 '솨빠트'의 어원과 관련해서는 다양한 제안들이 제기되어 왔다: 1) 달의 위상(位相) 사이의 간격에 연관된 명사인 아라비아어의 *thabat*; 2) 아카드어의 *sapattu* ('보름날', 즉 음력 15일); 3) 히브리어 명사 '쉐바'(שבע, '일곱'); 4) 히브리어 동사 '솨바트'(שבת, '멈추다'). 하지만 그 어떤 제안도 결정적이지 못하다. 다만 동사형 '솨바트'가 안식일과 연관해서 자주 사용된다는 사실은(예. 출 16:30; 23:12; 31:17; 34:21; 레 23:32; 25:2; 참조. 창 2:2-3) 이 견해가 그 단어의 실제 어원이 무엇이었는가와 상관없이 '통속적인 어원'으로 받아들여졌을 가능성을 보여 준다. 어쩌면 창 2:2-3에서도 이러한 '통속적인 어원'이 전제되고 있었는지 모른다. '솨빠트'의 어원에 대한 좀 더 상세한 논의에 대해서는 Andreasen, *Sabbath*, pp. 100-104; North, 'Derivation', pp. 182-201를 보라.
10) 출 31:17에서 하나님의 안식이 의인적(擬人的) 표현('와이나파쉬', וינפש, '기분이 상쾌해지셨다', '원기를 회복하셨다' — 한글개역는 '평안하였음이니라')으로 묘사되고 있는 점은 이러한 연관성을 더욱 확고히 입증해 준다. 참조. Dressler, 'Sabbath', pp. 29, 39 n. 62.
11) Robinson, 'Rest', pp. 37-42; Westermann, *Genesis 1-11*, p. 173. 참조. 창 8:22; 애 5:15. Westermann은 '쉬다'라는 의미가 본 단어의 특정 용법으로부터 파생된 부차적 의미라는 사실을 적절히 지적한다 — 예. 출 16:30; 31:17; 레 26:34-35; 느 6:3 등.
12) von Rad, *Genesis*, p. 62. 여기서 우리는 '완성'이라는 개념과 '안식'이라는 개념이 상호 연관되어 있음을 주목할 수 있다.
13) Lincoln, 'Perspective', p. 348.

날은 이처럼 다른 여섯 날들과 구별된다. 이러한 독특성은 일곱째 날에 대한 기술(記述)이 처음 여섯 날들에 대한 기술들에서 특징적으로 나타나는 문학적 틀(곧, '저녁이 되고 아침이 되니 … 날이니라.')을 공유하고 있지 않다는 사실을 주목할 때 더욱 두드러지게 된다. 이는 아마도 일곱째 날은 경계나 끝이 없음을 암시해 주는 것으로 보이는데, 이러한 암시는 한 신약성경 저자에 의해 종말론적으로 잘 설명되고 있다(참조. 히 4장).[14]

하지만 일곱째 날의 독특성은 '하나님이 그 일곱째 날을 복되게 하사 거룩하게 하셨으니'라는 선언과 더불어 그 절정에 도달한다. 언뜻 보아 이 선언 첫 부분의 의미는 그리 명확하지 않다. 하지만 베스터만이나 다른 학자들의 제안처럼, 창조 사건에서 나타나는 다른 두 축복들(창 1:22, 28)을 고려해 볼 때, 축복의 대상은 일곱째 날 그 자체라기보다는 피조물(특히, 인간)과의 관계에 있어서 그날의 역할이라고 할 수 있다.[15]

그렇다면 이 선언의 나중 부분의 의미는 무엇일까? 여기서는 그 초점이 인간으로부터 하나님 자신께로 옮겨 간 것으로 보인다. 일곱째 날을 거룩하게 하심으로써 하나님은 그날을 다른 여섯 날들과 구별시키셨다. 창조 사역의 목표인 일곱째 날은 평범한 다른 여섯 '일의 날들'(days of work)에 속하지 않으며, 오히려 신성하고 거룩한 '안식의 날'(a day of rest)로서, 그날의 주인은 곧 하나님 자신이신 것이다.[16] 그러나 이 성화(聖化) 자체도 인간을 위한 특정한 목적을 가지고 있었던 것으로 보이는데, 그 목적은 안식일 제도에 잘 반영되어 있다(참조. 출 20:8, 11; 31:14, 17). 하지만 그 목적은 안식일 제도에만 한정되어서는 안 된다. 앞서 필자가 시사했던 것처럼, 일곱째 날은 '종말론적,

---

14) 참조. von Rad, *Genesis*, p. 63. 히 4장에 대한 필자의 논의에 대해서는 양용의, '하나님의 안식과 우리의 안식', pp. 163-87을 보라.
15) Westermann, *Genesis 1-11*, p. 172; 참조. von Rad, *Genesis*, p. 62; Wenham, *Genesis 1-15*, p. 36. 만일 안식일 제도가 창조에 있어서 일곱째 날의 투영(投影)이라면, '안식일이 사람을 위하여 생긴 것이지, 사람이 안식일을 위하여 생긴 것이 아니다'(막 2:27)라는 예수님의 선언은 우리의 이러한 해석을 매우 강력하게 지지해 주는 것으로 보인다.
16) Westermann, *Genesis 1-11*, pp. 171-72. 이 주인(主人) 사상은 안식일에 관한 예수님의 다른 한 선언에서 잘 반영되어 있는 것으로 보인다. '인자는 안식일의 주이다'(마 12:8//).

예기적' 측면을 가지고 있는 것으로 보이며, 따라서 일곱째 날의 성화와 축복은 '하나님의 백성을 위한 궁극적인 안식의 견지에서' 이해될 수 있다.17)

1.1.2. 계명들

모세오경에서는 대부분의 안식일 자료들이 계명 형태로 나타난다. 여기서 필자는 자료들을 주로 그 내용에 따라 다섯 범주로 분류해서 다루려 한다.

(1) 초기 형태들 - 출애굽기 34:21; 23:12.

이들 두 절(節)은 일반적으로 안식일 전승의 보다 오래된 형태들을 보여 준다고 간주되어 왔다.18) 이러한 견해는 이 계명들이 다른 안식일 계명들에서는 발견되지 않는 특징들을 유사하게 공유하고 있다는 점에 의해 지지를 얻는다.19) 하지만 이 계명들도 그 두 번째 부분에 있어서는 서로 간에 상당한 독특성들을 보인다.

34:21b은 밭 갈 때나 추수 때,20) 즉 농경 사회에서 가장 바쁜 시기에도 일곱째 날에는 쉬어야 할 것을 명령한다.21) 이는 안식일 계명이 초기 형태에서부터 그 적용에 있어서 엄격하였음을 보여 주는 것 같다. 본 절의 문맥을 살펴 볼 때, 그러한 엄격성은 일곱째 날에 대한 하나님의 소유권으로부터 나왔을지도 모른다(참조. 19-20절).

한편 23:12b에서는 일곱째 날이 집안의 가축들과 노예들을 위한 배려와 연관되고 있다. 이는 안식일 제도가 그 처음 단계에서부터 인간애적 측면이

---

17) Dressler, 'Sabbath', p. 29. 참조. von Rad, *Hexateuch*, pp. 100-102.
18) 참조. Andreasen, *Sabbath*, pp. 89-91(특히 p. 90 n. 2), 264-65.
19) 단순한 두 부분 구조 - 여섯 날들에 대한 규정들과 일곱째 날에 대한 규정들; 일곱째 날을 '안식일'로 규정하고 있지 않은 점; 일곱째 날에 대한 규정들의 긍정적인 형태들(즉, '… 하라').
20) 유대인들은 이 구절을 안식일에 밭가는 '일' 이나 추수하는 '일' 을 금하는 것으로 이해하였던 것 같다. *m. Shab.* 7.2은 이러한 금지 조항들을 명백히 규정하고 있다. 아래 4.3.2를 보라.
21) Noth, *Exodus*, p. 264.

있었음을 보여 주는 것 같다.22) 그럼에도 불구하고 노예들뿐 아니라 가축들(즉, 하나님의 피조물의 일부)도 포함된 것은 이 계명의 기반이 단지 인간애적 관심뿐 아니라 보다 중요하게는 전 피조물에 대한23) 하나님의 소유권 및 일곱째 날 그분의 안식에 관한 신학적 관심이라는 점을 제안해 주는 것으로 보인다.24)

(2) 십계명(i) - 출애굽기 20:8-11; 참조. 31:12-17.

출애굽기 20:8-11은 십계명 중 네 번째 계명으로서 가장 긴 계명이다. 이 계명은 정교한 구조를 띠고 있다. 개시 명령(8절)과 결론(11b절)은 이스라엘이 명령받은 바와 하나님께서 행하신 바 사이의 대칭 관계를 형성하면서 본 계명의 양끝을 감싸고 있다. 양자(兩者) 모두 '일곱째 날'이라는 표현 대신 '안식일 날'이라는 표현을 사용하며(참조. 9-11a절의 '일곱째 날'), 또한 이날을 '거룩' 개념과 연관시킨다. 기본 규례(9-10a절)와 동기 구절(11a절) 역시 대략적인 상호 대칭을 이룬다. 그런데 이 대칭 관계 역시 이스라엘이 해야 할 바와 하나님께서 창조 당시 행하셨던 바 사이의 대칭이다. 10b절은 기본 규례를 규정하기 위한 확장 구절이다.25)

이러한 구조 관찰은 본 계명의 주된 요점이 '카다쉬'(קדשׁ, '거룩하게 하다') 동사에 맞추어져 있음을 보여 준다(8b, 11b절).26) 이스라엘은 안식일을 거룩히 지키라고 명령받는다(8b절; 참조. 신 5:12; 출 31:14). 왜냐하면 하나님께서 그

---

22) 참조. 출 20:9-10; 신 5:13-14. Rordorf, *Sunday*, p. 12는 '따라서 모세오경의 가장 오랜 층(層, stratum)에서 안식일은 사회적 제도로 이해되어야 한다'라고 주장한다.
23) 또한 9-11절의 안식년 규례들의 경우 가난한 자뿐 아니라 땅과 들짐승에 대해서까지도 배려되고 있음을 주목하라.
24) 출 20:8-11의 보다 발전된 형태의 계명을 참조하라. 또한 출 31:17도 참조하라 – 23:12b의 '웨이나페쉬'(וינפשׁ, '상쾌하게 되리라')라는 표현은 앞서 살펴본 31:17의 의인적 표현(즉, '와이나파쉬', וינפשׁ, '상쾌하여졌느니라')과 어느 정도 연관되어 있는 것이 아닌가 싶다.
25) Andreasen, *Sabbath*, p. 170; Childs, *Exodus*, pp. 414-15.
26) Childs, *Exodus*, p. 415.

날을 거룩하게 하셨기 때문이다(11b절; 참조. 창 2:3). 이처럼 안식일의 거룩성은 창조 당시 하나님의 거룩하게 하시는 활동에서 기인한 것으로 돌려진다.

10a절은 안식일의 속성을 좀 더 명확히 규정한다 - '일곱째 날은 네 하나님 여호와의[=여호와께 속한] 안식일인즉.' 27) 이 진술은 안식일의 거룩성과 그날에 대한 하나님의 소유권 사이에 동전의 양면과도 같은 밀접한 관계가 있음을 시사해 준다(참조. 출 16:23, 25; 31:15; 35:2). 안식일은 거룩하다. 왜냐하면 거룩하신 하나님 자신께서 원래 그분의 창조 사역 가운데 그날을 거룩하게 하셨으며, 그 결과 하나님께서 그날의 주인이시기 때문이다(참조. 마 12:8//).

그렇다면 안식일의 거룩성과 그날에 대한 하나님의 소유권이 이스라엘에게 어떤 연관을 갖는가? 9, 10b, 11a절은 이 질문에 대한 답변을 제공해 준다. 안드레아센(N.-E.A. Andreasen)이 제안한 것처럼, '일반적으로 안식일은 이스라엘이 그날에 일하는 것을 금할 때 거룩하게 보존되는 것으로 여겨졌고, 또한 역(逆)으로 이스라엘은 그날을 거룩하게 보존하기 위해 그날에 일하는 것을 그만두는 것으로 여겨졌다.' 28) 앞에서 제안한 것처럼(1.1.1), 창조 사역에 있어서 일곱째 날 하나님의 안식 안에 모든 피조물의 안식일 안식이 예견되고 있었다. 이처럼 안식일에 이스라엘이 누리는 안식은 하나님께서 그분 자신의 안식을 통해 모든 피조물을 위해 제정하신 양식(樣式)의 반영(反影)이다. 그렇다면 10b절의 긴 목록은 단순히 인간애적 관심의 표현으로 이해되어서는 안 된다(참조. 출 23:12; 신 5:14-15). 그것은 오히려 그분의 모든 피조물의 유익을 위한 안식일의 주인(主人) 사상과 거룩성의 반영으로 이해되어야 한다. 29)

출애굽기 31:12-17에서는 안식일이 영원한 언약의 견지에서 설명되는 가

---

27) 레 19:3, 30; 26:2의 '나의 안식일'이라는 표현을 참조하라.
28) Andreasen, *Sabbath*, p. 205. 하지만 Childs, *Exodus*, pp. 415-16의 다음과 같은 지적도 주목할 필요가 있다. '거룩하게 하라는 명령은 단순히 일을 하지 않거나 쉬는 것과 동일시되지 않는다. 거룩하게 만드는 적극적인 행동은 이러한 행위들 이상의 것이다.'
29) Andreasen, *Sabbath*, pp. 205-206; 참조. Durham, *Exodus*, p. 289.

운데 안식일의 거룩성이 좀 더 개진된다. 여기서 안식일은 언약의 '표'('오트', אוֹת)라고 불리고 있다(참조. 겔 20:12, 20). 안식일 제도는 창조 사역에 있어서 일곱째 날 하나님께서 안식하신 그리고 그날을 거룩하게 하신 궁극적인 목표가 아니다. 그 궁극적인 목표는 그분의 백성을 거룩하게 하는 것이며(13b절), 또한 앞에서 잠정적으로 제안된 것처럼(1.1.1) 아마도 그 백성에게 궁극적인 종말론적 안식을 제공해 주는 것이다.[30] 그럼에도 불구하고 거룩하신 하나님과 거룩하게 되어야 할 그분 백성 사이의 영원한 언약의 표로서의 안식일 역시 마땅히 거룩하다. 따라서 안식일의 거룩성을 훼손하는 모든 자에 대해 사형이라는 중형이 선언되는 것은 전혀 이상한 일이 아니다(14-15절; 참조. 민 15:32-36). 반면에 이스라엘은 이 안식일을 거룩하게 지킴으로써 하나님과 자신들 사이에, 자신들을 궁극적으로 거룩하게 만들어 줄 영원한 언약 관계가 있음을 대대로 계속해서 알게 될 것이다(13, 16-17절).[31]

(3) 십계명(ii) - 신명기 5:12-15

십계명 중 네 번째 계명의 또 하나의 형태가 신명기 5:12-15에 나타난다. 개시 명령(12절)과 결론(15b절)은 놀라울 정도로 유사한 대칭 관계를 형성함으로써, 출애굽기 형태의 경우와 마찬가지로 본 계명의 양끝을 감싸고 있다. 이들 양끝은 안식일을 지키는 기본적인 이유가 하나님께서 그것을 명령하셨기 때문임을 명백히 해 준다.[32]

그러나 출애굽기 형태의 경우와는 달리 13-14a절은 15a절과 전혀 대칭을 이루지 않는다. 15a절은 동기 구절을 형성하는데, 이는 바로 앞 14b절의 확장 구절과 어느 정도 연관된 것으로 보인다. 상당수의 학자들이 인지하듯이, 이 동기 구절은 강한 인간애적 혹은 사회적 관심을 반영하고 있는 것으로 보

---

30) 창 2:2-3과 출 31:17 사이의 밀접한 관계를 주목하라. 출 31:16-17에서 영원한 언약의 표가 하나님의 창조 사역 및 일곱째 날 그의 안식과 긴밀하게 연관되고 있는 점은 의미심장하다.
31) 겔 20:12 및 그 절에 대한 논의(1.3.2-[1])를 참조하라.
32) 아마도 이 진술은 시내 산에서 이 계명을 처음으로 주신 사건을 지칭하는 것으로 보인다. 참조. Craigie, *Deuteronomy*, p. 156.

인다.33) 하지만 신명기가 율법 제공 상황에서 신학적 지평으로서 '이집트로부터의 구출과 이스라엘이 들어가야 하는 안식' 주제를 끊임없이 사용하고 있다는 사실을 고려해 볼 때,34) 15a절은 단순히 인간애적 관심을 반영한다기보다는 오히려 우선적으로 계명을 위한 신학적 지평을 제공하는 것으로 보인다.35)

어쩌면 신명기 형태의 출애굽 동인(動因)은 출애굽기 형태의 창조 동인을 보완하는 역할을 하는지도 모른다(또는 그 역으로).36) 하나님께서 이스라엘 백성을 이집트의 노예 상태로부터 구출해 내신 사건은 일종의 창조 활동이었다. 즉, 하나님의 백성이 한 나라로 창조되는 사건이었던 것이다. 이 사건에 대한 기억은 이스라엘에게 자신들의 구속에 있어서 하나님의 절대적인 주도권과 하나님께 대한 자신들의 전적 의존성을 회상할 수 있도록 해 주었다.37)

그렇다면 이스라엘에게 있어서 안식일을 지키는 것은 자신들이 하나님의 백성으로 선택된 것과 노예 상태로부터 구속받은 사건에 대한 증거이다. 이 증거를 의미 있게 하기 위해서 이스라엘 백성은 자신들의 안식일 안식을 자신들이 이집트에서 이미 그들의 처지에 처해 보았던 바 자신들의 남종과 여종에게까지 베풀어 주어야 하는 것이다. 그렇다면 14b절은 사회적 혹은 인간애적 관심들뿐 아니라 신학적 의미까지를 반영하는 필수적인 확장 구절이다.

(4) 제의적 규례들 - 레위기 23:3; 민수기 28:9-10; 참조. 레위기 24:5-9

비록 안식일에 관한 대부분의 모세오경 자료들이 일을 금하는 규례들로 특징지어지지만, 모세오경 안에는 안식일이 제의적 요소들과 명백히 연관된

---

33) 참조. Botterweck, 'Sabbat', pp. 138-41; von Rad, *Deuteronomy*, p. 58; Rordorf, *Sunday*, p. 15 등.
34) Andreasen, *Sabbath*, pp. 134, 221-25.
35) 참조. Jenni, *Begründung*, pp. 15-19; Andreasen, *Sabbath*, pp. 130-34 등.
36) 참조. Craigie, *Deuteronomy*, p. 157; Christensen, *Deuteronomy 1-11*, p. 118.
37) Craigie, *Deuteronomy*, p. 157, 특히 n. 18.

경우가 적어도 두 곳에서 발견된다(레 23:3; 민 28:9-10).

먼저 레위기 23:3은 안식일을 (연례적인 축제들과 더불어) '미크라 코데쉬' (מקרא קדש)라고 부른다.38) 안드레아센이 제안한 바와 같이, 이 표현이 나타나는 모든 경우들과 또한 '미크라' (מקרא, '회합', '집회')라는 단어의 다른 용법들(특히, 사 1:13에서)로 미루어 볼 때, 이 표현은 단순히 '거룩한 회합' 이라고 번역되기 보다는, 공중 예배를 위한 국가적 모임이었던 '거룩한 축제' 39)로 번역되는 것이 적절해 보인다. 또한 연례적 축제들에 대한 법령(레 23장)은 '미크라 코데쉬' 가 희생 제물들을 드리는 기회였음을 보여 준다. 그렇다면 안식일은 축제적 회합이 거룩한 장소(들)에서 열리고(참조. 왕하 4:23-25), 따라서 자연스럽게 어느 정도의 희생 제물들이 드려지는 기회였다고 볼 수 있다.

안식일 희생 제물과 관련해서 우리는 모세오경 안에서 적어도 한 구체적인 규정을 발견한다(민 28:9-10; 참조. 레 24:5-9). 민수기 28:9-10에 의하면, 안식일 제물은 일반적으로 매일 드리는 제물 분량의 두 배로 규정되고 있다(참조. 겔 46:4-5). 또한 레위기 24:5-9은 안식일 제의가 진설병을 교환하는 일을 포함하였음을 보여 준다.

우리가 살펴본 것처럼, 모세오경 가운데서 발견되는 안식일의 제의적 요소들에 관한 자료는 드물다.40) 하지만 안식일의 거룩성과 하나님의 소유권을 고려해 보건대, 안식일은 이스라엘 백성으로 하여금 특별한 제물과 더불어 자신들을 하나님 앞에 보이기 위해 거룩한 장소(들)에 모이는 기회를 자연스럽게 제공해 주었을 것으로 보인다. 이렇게 모인 이스라엘 백성은 자신들에게 안식일을 주신 안식일의 주(主)인 하나님께 그분의 창조 사역과 이집트

---

38) 이는 레 23장의 특징적인 표현이다(11회). 이 표현은 민 28-29장에서 6회, 출 12:16에서 2회 사용되며, 그 밖의 다른 곳에서는 더 이상 사용되지 않는다. 필자는 이 통계를 Wenham, *Leviticus*, p. 301에서 빌렸다.
39) Andreasen, *Sabbath*, p. 59 n. 2, pp. 146-47.
40) 학자들은 이 자료들에서 서술되고 있는 안식일의 제의적 규정들과 그 시행이 얼마나 오래되었는지에 대해 확실한 결론을 내리지 못한다. 하지만, Andreasen, *Sabbath*, pp. 144, 149는 이 규정들과 시행이 구약성경 안식일 전승들의 맨 초기 단계에까지 거슬러 올라갈 것 같다고 제안한다.

로부터 구출 사건을 기억하면서 감사와 찬양을 드리고, 그분께 대한 자신들의 충성심을 표현하였을 것이다.

(5) 세부적 금지 규례들 – 출애굽기 16:22-30; 35:3; 민수기 15:32-36

끝으로, 모세오경 안에서는 안식일의 일반 원리를 실제 상황에 적용하는 구체적인 규례들이 세 곳에서 발견된다.

기본적으로 이야기 형식을 취하고 있는 출애굽기 16:22-30은 만나를 모으는 것과 관련하여 안식일 율법을 적용하는 경우를 보여 준다(5절도 참조). 이 이야기에 따르면, 성경 저자는 본 문제가 제기되기에 앞서 안식일이 어떤 형태로든 이미 존재했었음을 기정사실로 여기는 것 같다.[41] 백성의 지도자들에 대한 모세의 발언은 안식일 율법의 기본적인 특징들을 대부분 반영하고 있다.[42] 그리고 더 나아가 그의 발언은 주요 안식일 율법들에서 발견되지 않는 두 가지 요소들을 드러내 보여 준다. 첫째, 이스라엘 백성이 안식일을 위해 미리 준비할 것을 요청한다. 둘째, 그들이 자신들의 거처에 머무르고 그곳을 떠나지 말 것을 지시한다. 이 두 구체적인 규례들(특히, 후자)은 후대의 저작들에서 좀 더 발전된다(예. 렘 17:19-27; 느 13:15-22; 그리고 가장 두드러지게는 미쉬나에서).

출애굽기 35:3은 또 하나의 좀 더 구체적인 유형의 안식일 규례를 제공해

---

41) 그렇지 않다면 우리는 성경 저자가 안식일 제도를 만나 사건으로부터 유래된 것으로 간주하였다고 추정해야 하는데, 이러한 가능성은 지극히 희박하다. 모세오경 안에서 본 단락을 제외하고는 만나 사건이 안식일 제도와 연관되고 있는 곳이 더 이상 발견되지 않는다는 점을 주목하라. 참조. 출 20:11; 31:17b; 신 5:15의 동기 구절들. Childs, *Exodus*, p. 290을 보라. 하지만 Andreasen, *Sabbath*, p. 130은 제사장 문서 저자가 여기서 본 이야기를 '안식일이 백성에게 아직 널리 알려져 있지 않았고, 따라서 그들이 이제 … 안식일 제도가 시내 산에서 정식으로 도입되기에 앞서 … 그 안식일 규례들에 따라 자신들의 일을 통제하는 법을 배워야 한다'는 식으로 제시하고 있다고 제안한다. 참조. 느 9:13-14 – 여기서 느헤미야는 거룩한 안식일이 시내 산에서 이스라엘에게 알려지게 되었다고 진술한다. 그러면서 15절에서 만나 사건에 대한 간접적인 언급이 뒤따르고 있는 점은 의미심장하다. 겔 20:11-12도 참조하라.
42) 일상적인 일의 정지(이 경우 만나를 거두는 일), 다른 여섯 날들과의 구별됨(안식일에는 만나가 없음), 안식일의 거룩성과 하나님의 소유권(23, 25, 26절). 참조. Childs, *Exodus*, p. 290.

준다 — '안식일에는 너희의 모든 처소에서 불도 피우지 말지니라.' 아마도 이 규례는 음식을 준비하는 일과 연관되었던 것 같다.[43] 그런데 형벌을 동반하지 않은 무조건적인 요구는 이 규례를 아직 결의론적(casuistic) 유형이 아닌 절대적(apodeictic) 유형의 율법으로 특징지어 준다. 하지만 안드레아센이 제안한 바처럼, 이 구절은 '절대적 유형으로부터 결의론적 유형으로 넘어가는 변천의 과정'을 드러내 보여 주는 것 같다.[44]

아마도 민수기 15:32-36은 출애굽기 35:3과 연관되어 있는 것으로 보인다. 안식일을 어기는 것은 이미 사형에 해당하는 범죄로 규정되었다(출 31:12-17; 35:2-3).[45] 이제 문제는 안식일에 나뭇가지를 모으는 것이 안식일을 범한 것인지 아닌지를 판단하는 것이다. 이처럼 이 이야기는 안식일의 일반 원칙을 실제 삶의 현장에 적용하는 데는 정확하게 무엇이 일로 규정되는지에 관한 질문들이 일어날 수밖에 없음을 잘 보여 준다. 버드(P.J. Budd)가 지적한 것처럼, 이 이야기는 '하나님의 선하신 목적에 대한 신념이 그의 계명들에 대한 무관심의 근거가 될 수 없음'을 보여 주는 역할을 하는 것 같다.[46]

하지만 모세오경에서 이러한 종류의 구체적인 규례들은 아주 드물게 밖에 발견되지 않으며, 따라서 이는, 예를 들어 미쉬나(특히, *Shabbat*와 *Erubin*)에서 잘 드러나는 바, 지극히 세부적인 결의론적 규례들에 지나치게 집착하는 후대의 경향[47]과 비교해 보았을 때 아주 다른 그림을 그려 준다.

---

43) Durham, *Exodus*, p. 475; 참조. 민 15:32-36.
44) Andreasen, *Sabbath*, p. 153.
45) Noth, *Numbers*, p. 117.
46) Budd, *Numbers*, p. 176.
47) 랍비들도 안식일에 관한 결의론적 규례들의 양(量)이 엄청나다는 사실을 잘 인지하고 있다. *m. Hag.* 1.8을 보라. '안식일에 관한 규칙들은 머리카락 하나에 매달려 있는 산(山)들과도 같다. 왜냐하면 [그에 관한] 성경의 가르침은 몇 안 되는데 [그에 관한] 규칙들은 많기 때문이다.'

1.1.3. 결론

이제 지금까지 논의한 바를 정리해 보도록 하자.

① **안식일의 근원** 연구에 따르면, 일곱째 날 하나님의 안식은 모든 피조물에게 영향을 미치게 될 리듬을 만들어 내었고, 따라서 그의 안식은 안식일의 근원으로서의 역할을 한다는 결론에 도달하게 된다. 하지만 일곱째 날 하나님의 안식의 의미와 범위는 안식일 제도에 제한되어서는 안 될 것이다. 창세기 2:1-3에서의 '샤바트'(nɔw, '끝내다', '쉬다')의 의미와 일곱째 날에 대한 기술의 문학적 틀의 독특성에 근거해서, 필자는 일곱째 날이 종말론적 측면을 갖는다고 조심스럽게 제안하였다. 또한 일곱째 날은 '복되고' '거룩한' 날로 특징지어진다. 우리는 일곱째 날의 이러한 특징들이 안식일에 반영되고 있는 것을 확인하였으며, 그러면서도 일곱째 날을 축복하시고 거룩하게 하신 궁극적인 목표는 안식일의 범위를 넘어서 있음도 주목하였다.

② 모세오경에 나타난 안식일 계명들에 대한 연구는 그 계명들의 다음과 같은 특징들을 드러내 보여 준다.

① 대부분의 계명들은 안식일의 거룩성을 전제하며, 때로는 그날이 거룩하게 지켜져야 할 것을 명시적으로 명령하기도 한다(특히, 출 20:8-11; 31:12-17; 신 5:12-15).

② 대부분의 계명들은 안식일에 대한 하나님의 소유권도 전제하며, 때로는 명시적으로 '나의 안식일'이라는 표현을 사용하기도 한다(특히, 출 31:12-17; 레 19:3, 30; 26:2).

③ 대부분의 계명들은 엿새 동안 하나님의 창조와 일곱째 날 하나님의 안식 모형을 따르며, 두 경우들에서는 창조 동기 구절이 명확하게 진술되고 있다(출 20:8-11; 31:12-17).

④ 한 곳에서는(신 5:12-15) 출애굽 사건이 안식일에 대한 동인으로 사용되고 있다.

⑤ 한 곳에서는(출 31:12-17) 안식일이 '영원한 언약의 표'라고 묘사되고 있다. 이스라엘은 안식일을 거룩하게 지킴으로써 모든 세대를 통하여 하나님과 그들 사이의 영원한 언약 관계를 알게 될 것이다. 그리고 그들은 이 언약 관계로 말미암아 궁극적으로 거룩하게 될 것이다.

⑥ 비록 몇몇 구절들은 인간애적 관심을 드러내 보여 주고 있지만(예. 출 23:12; 신 5:12-15), 모든 경우들에 있어서 그 주된 관심은 인간애적이거나 사회적이라기보다는 오히려 신학적이라는 점이 확인되었다.

⑦ 대부분의 경우들에 있어서 안식일의 거룩성과 그날에 대한 하나님의 소유권은 이스라엘 백성의 안식일 안식 가운데서 표현된다. 하지만 세 곳에서는(레 23:3; 24:5-9; 민 28:9-10) 그와는 좀 다른 형태의 표현이 발견된다. 즉, 축제적인 회합으로 함께 모여서, 온 세상을 창조하셨고 자신들을 이집트로부터 구출해 내셨으며 언약의 표로서의 안식일을 주신 주님께 감사와 믿음을 나타내기 위해 특별한 희생 제물을 드리는 예배 형태의 표현인 것이다.

⑧ 마지막으로, 세 구절들(출 16:22-30; 35:3; 민 15:32-36)은 '절대적 유형으로부터 결의론적 유형으로 넘어가는 변천의 과정'을 보여 주는 형태의 규례들을 제공한다. 하지만 이러한 경우들이 매우 드물게 밖에 발견되지 않는다는 사실은 지극히 세부적인 결의론적 규례들에 지나치게 집착하는 후대의 경향과는 매우 다른 그림을 제시해 준다.

1.2. 역사서[48]

역사서들 가운데서 안식일 자료들은 열왕기하, 역대상, 역대하, 그리고 느헤미야에서 나타난다. 이들 대부분의 자료들은, 모세오경의 자료들과는 대

---

48) 우리는 본 제목하에 여호수아부터 열왕기까지의 책들(소위 '신명기적 역사')과, 또한 역대기부터 느헤미야까지의 책들(소위 '역대기적 역사')을 다룰 것이다. 비록 유대교 전통에서 전자(前者) 집단은 '네비임'(נביאים), '선지서' – 따라서 구약 학자들은 이 책들을 '전선지서'라고

조적으로, 안식일 계명 형태로 나타나지 않으며,49) 그들 중 상당수는 안식일의 특성을 암시적으로만 드러낸다. 여기서 이 자료들은 주로 그 내용에 따라 세 부류로 나뉘어 다루어질 것이다.

1.2.1. 회합

(1) 열왕기하 4:23

수넴 여인과 그녀의 남편 사이의 간략한 대화는 이 이야기가 구성될 당시 '안식일과 월삭(月朔)에 선지자를 방문하는 것이 통례였으나, 다른 날들에는 그렇지 않았음'을 시사해 준다.50) 비록 우리는 이 이야기의 구성 시기에 대한 그 어떤 결정적인 증거도 가지고 있지 않지만, 상당수 학자들은 열왕기하 2-13장의 많은 다른 이야기들과 더불어 본 이야기도 엘리사의 생애 동안, 또는 그 직후에(즉, 주전 8세기 전반부에) 구성되었을 것으로 추정한다.51) 그렇다면 엘리사의 시대에 이르러서는 적어도 몇몇 사람들에게는 안식일에 자신들의 집을 떠나 선지자를 방문하는 것이 통례였다는 추론이 가능하다(참조. 사 1:13).

(2) 열왕기하 11:4-12; 역대하 23:1-11; 참조. 열왕기하 16:18

요아스의 등극에 대한 다소 애매한 이 이야기는 열왕기하 11:4-12과 역대하 23:1-11에 공통되게 나타난다. 열왕기서는 대개 신뢰할 만한 역사적 자료들을 제시해 주는 것으로 간주되기 때문에, 우리는 여기서 매우 오래된(즉, 주

도 부른다)에 속하고, 후자(後者) 집단은 '케투빔'(כתובים, '성문서')에 속하지만, 그 내용으로 미루어 볼 때 이들 두 집단의 책들 모두를 편의상 '역사서'로 분류하여도 큰 무리가 없어 보인다; 참조. Schmidt, *Introduction*, pp. v-vii, 136-70.
49) 어쩌면 느 13:22은 예외일지 모른다.
50) Andreasen, *Sabbath*, p. 48. 참조. Hobbs, *2 Kings*, pp. 51-52 ─ 그는 안식일 방문과 관련하여 이 대화를 이해하는 세 가지 다른 가능성들을 제안한다.
51) 참조. Fohrer, *Introduction*, pp. 233-34; Jones, *Kings*, I, pp. 68-73; Soggin, *Introduction*, p. 23 등.

전 9세기 말경) 안식일 자료를 만나게 되는 것 같다.52) 그 특정한 날에 실제로 무슨 일이 어떻게 일어났는지를 정확하게 재구성하는 것은 어렵지만, 우리는 위의 두 구절들로부터 안식일과 관련된 두 가지 측면을 제안할 수 있다: 1) 안식일에 호위병의 교체가 이루어졌다; 2) 안식일에, 아니면 적어도 그 특정 안식일에, 다수의 사람들이 성전에 모여 있었다.

열왕기하 16:18은 성전 안에 (혹은 성전과 궁전 사이에) 안식일에 왕이 사용하는 일종의 구조물('무삭', ךסומ)53)이 있었음을 보여 준다. 이는 안식일에 왕이 성전에 출석하였음을 강력히 제안해 준다.54)

위의 논의들로부터 우리는 주전 9세기 말이나 8세기 초에 이르러 사람들이 그리고 왕(王)도 안식일에 거룩한 곳(즉, 성전 혹은 하나님의 사람의 거처)을 방문하는 것이 통례가 되어 있었다고 추정할 수 있다. 그렇다면 우리는 그 시기에 이르러 사람들과 왕이 희생 제물을 드리면서 그날을 기념하기 위해 거룩한 장소에 함께 모이는 식으로 안식일을 정규적으로 준수하였으리라는 결론에 이르게 된다.55)

1.2.2. 제사

(1) 역대상 9:32; 23:28-31

역대상 9:32에 의하면, 레위인들은 매 안식일에 진설병을 마련할 책임이 있었다. 이 규정이 얼마나 오래된 것인지는 알 수 없지만,56) 우리는 적어도

---

52) Fohrer, *Introduction*, pp. 236-37; Childs, *Introduction*, pp. 288ff.; Jones, *Kings*, 1, p. 76.
53) 이 단어의 번역은 지극히 어려운데, 그 결과 번역본들과 주석가들의 번역은 아주 다양하다: NEB, Hobbs - 'structure'; RSV - 'covered way'; NIV - 'canopy'; NRSV - 'covered portal'; 개역한글 - '낭실'; 바른성경 - '통로'. 참조. Andreasen, *Sabbath*, pp. 52-53 n. 3.
54) Andreasen, *Sabbath*, p. 147; 참조. 겔 46:1-2.
55) Gray, *Kings*, p. 572.
56) 하지만 이 진설병 제도가 매우 오래된 것이라고 제안할 이유는 충분히 있다. 참조. 삼상 21:3-6. 구약성경에서 진설병 교환이 안식일에만 연관되고 있을 뿐(참조. 레 24:5-9) 다른 어떤 날에도 연관되고 있지 않다는 사실은 진설병 제도가 그 초기 단계부터 안식일과 밀접하게 연관되어 있었으리라는 가능성을 시사해 준다.

본 구절이 기록될 당시[57] 이미 레위인들이 매 안식일마다 진설병을 마련함으로써 제사장들을 보좌하였다는 점은 확인할 수 있다. 다윗의 법령에 속하는 역대상 23:28-31은[58] 레위인들이 진설병뿐 아니라(29절) 안식일 제사를 집행하는 것과 관련해서도(31절) 제사장들을 보좌해야 할 것을 규정하고 있다.

(2) 역대하 2:4; 8:13; 31:3; 참조. 느헤미야 10:32-33

솔로몬의 성전 건축 기사(記事) 가운데 나타나는 역대하 2:4은 솔로몬이 성전을 건축한 의도가 여타 절기들에 여타 제사들을 드리는 것과 아울러 안식일에 진설병과 번제물로 정기적인 제사를 드리려는 것이었음을 보여 준다.

역대하 8:13에서 역대기 저자는 솔로몬이 모세의 계명을 따라(참조. 민 28-29장) 매 안식일과 월삭 및 매년 세 절기에 제사를 드렸다고 기술한다. 하지만 그 평행 기사인 열왕기상 9:25은 (아마도) 매년 세 절기 제사들만을 언급하고 있다. 역대기 저자가 열왕기서에 없는 다른 경우들의 제사들을 상술한 이유는 아마도 사람들이 열왕기서의 진술을 솔로몬이 세 절기들에만 제사를 드린 것으로 오해하는 것을 방지하고자 함이었던 것으로 보인다. 아무튼 본 절과 역대하 2:4과의 연관성을 고려해 볼 때, 윌리엄슨(H.G.M. Williamson)이 주목한 것처럼, 본 절은 '2:4에서 제시되고 있는 바 솔로몬의 성전 건축 목적의 주요 부분이 성취되었음을 밝혀 준다.'[59]

역대하 31:3에서 우리는 히스기야도 솔로몬과 마찬가지로 '여호와의 율법에 기록된 대로' 동일한 경우들에 제사를 드렸음을 확인하게 된다. 여기서 율법(참조. 민 28-29장)은 왕이 제물들을 제공해야 하는 의무를 지칭하는 것이

---

[57] 역대기의 저작 연대와 관련해서는 의견이 일치되어 있지 못하다(보다 이른 추정 연대 – 주전 515년에 성전을 재건축한 직후; 보다 늦은 추정 연대 – 헬라 시대). 따라서 우리는 이 문제를 미결 상태로 남겨 두려 한다. Rendtorff, *Introduction*, pp. 283-87을 보라. 참조. Braun, *1 Chronicles*, pp. xxviii-xxix – Braun은 주전 350-300년 사이를 선호한다.
[58] 대상 23-27장의 저작에 관해서는 Williamson, 'Twenty-Four Priestly Courses', pp. 251-68을 보라.
[59] Williamson, *Chronicles*, p. 232.

아니라 제사 그 자체를 지칭한다.60) 하지만, 안드레아센이 제안한 바와 같이, 왕이나 군주(참조. 겔 45:17)는 그와 같이 많은 비용이 드는 제사의 경제적 부담을 수용하지 않을 수 없었을 것이다.61)

왕정 시대가 끝이 나자, 이와 같은 고가(高價)의 성전 제사는 대안적인 재원(財源)이 없이는 지속될 수 없었다.62) 그렇다면 느헤미야 시대에 안식일 진설병과 번제물들을 포함한 성전 제사의 비용을 충당하기 위하여 매년 세금(일년에 삼분의 일 세겔)이 규정되었음을 알려 주는 느헤미야 10:32-33의 기록은 그리 놀라운 것이 아니다.

지금까지 살펴본 역대기의 기술(記述)에 의하면, 안식일 제사는 일찍이 솔로몬 시대에 모세의 율법을 따라 드려졌다. 안식일 제사의 주요 구성 요소는 진설병(참조. 레 24:5-9)과 번제물(참조. 민 28:9-10)이었다. 이 제사장적 제사는 레위인들에 의해 보좌되었다. 제사에 소요되는 비용은 왕정하에서는 왕들에 의해서(예. 솔로몬, 히스기야) 공급되었으나, 포로기 이후에는 (혹은 적어도 느헤미야 시대에는) 그 비용을 충당하기 위해 성전세가 부과되었다.

위의 고찰로부터 우리는 적어도 다음 두 가지 결론에 도달하게 된다. 첫째, 역대기 저자의 시대에 이르러 안식일 제사는 성전 제사의 필수적인 부분으로 정착되었다. 둘째, 적어도 역대기 저자 자신에게는 안식일 제사가 안식일 준수의 당연한 부분으로 받아들여졌다.

1.2.3. 세부 규례들

느헤미야서에서 우리는 세부적 안식일 규례들을 포함하는 두 개의 분리된

---

60) Williamson, *Chronicles*, p. 374; Dillard, *2 Chronicles*, p. 250.
61) Andreasen, *Sabbath*, p. 57.
62) 느헤미야 시대 이전에는 다리오와(참조. 스 6:9-10) 아닥사스다가(참조. 스 7:21-22) 성전에 필요한 비용을 지원한 적이 있었다. 참조. Clines, *Ezra, Nehemiah, Esther*, pp. 92-93, 104, 207; Williamson, *Ezra, Nehemiah*, p. 335.

그러나 (아마도) 연관된[63] 구절들(10:31; 13:15-22)을 발견하게 된다. 이 구절들에 반영되고 있는 역사적 상황은 일반적으로 주전 5세기 후반부, 곧 느헤미야 시대의 상황으로 추정된다.

느헤미야서의 현 형태에 있어서, 언약 갱신을 묘사하고 있는 10장은 통회의 날에 뒤이은 자연스러운 결과로서(참조. 9:38의 '이 모든 일로 말미암아') 9장에 연결되어 있다.[64] 하지만 역대기 저자[65]는 13:15-22의 사건들을 염두에 두고서 10:31에서 안식일 조항을 포함시켰을지도 모른다.[66] 앞에서 주목한 바와 같이, 모세오경에 나타난 안식일 율법은 일을 쉬는 것을 명하고 있기는 하지만, 상품이나 곡물을 사는 것을 일로 명백하게 규정하지는 않는다.[67] 하지만 아모스 8:5은 포로기 이전에도 이미 이스라엘 백성이 상업(商業)을 안식일에 금지된 일로 이해했음을 보여 준다.

그럼에도 불구하고 예루살렘에 비유대인 상인들이 상업을 경영하는 상황 하에서 적어도 몇몇 유대인들은 다음과 같은 새로운 질문을 던지게 되었던 것 같다. '안식일에는 비유대인 상인으로부터도 물건을 사는 것이 금지되는가?' 이에 대한 공식적인 입장이 기대되는 상황하에서, 10:31은 그 공식적인

---

[63] 참조. Fensham, *Ezra and Nehemiah*, p. 234; Clines, *Ezra*, pp. 199-200, 238.
[64] 주석가들 사이에서는 10장이 연대기적으로 13장 뒤에 오며, 따라서 본 장이 에스라와는 실제로 아무런 관계가 없다고 주장하는 경향이 강하다. 참조. Clines, *Ezra*, pp. 199-200; Williamson, *Ezra*, pp. 330-31. 그들의 논점이 상당한 타당성을 갖는 점은 부인할 수 없지만, 그렇다고 해서 그것이 결정적인 것은 결코 아니다. 참조. Andreasen, *Sabbath*, p. 255. Brockington (ed.), *Ezra, Nehemiah and Esther*, p. 177이 언급한 바와 같이, '결혼 문제가 해결된 후 에스라가 백성과 언약을 맺을 필요를 느꼈을 가능성은 얼마든지 있다. 그럴 경우 본 절 (10:31)은 그 언약의 서론이 보존된 유물로 간주될 수 있을 것이다.'
[65] 에스라-느헤미야의 저작자와 관련된 문제는 매우 복잡하며, 따라서 이와 관련하여 대단히 다양한 입장들이 제시되어 왔다. 참조. Rendtorff, *Introduction*, pp. 282-83; Williamson, *Ezra and Nehemiah*, pp. 14-47; Ackroyd, *Chronicler*, pp. 344-59. 필자는 통상적인 용어인 '역대기 저자 (the Chronicler)라는 표현을 채용하려 하는데, 이는 역대기서 저자를 지칭한다기보다는 역대기적 역사서들의 '최종적 편찬자'를 지칭한다.
[66] 하지만 우리는 이미 9:14에서 '너희 거룩한 안식일'이라는 언급이 있었음을 주목할 필요가 있다. 어쩌면 역대기 저자가 여기서 안식일 구절을 포함시킬 때 9:14의 언급도 염두에 두었을지 모른다. 역대기 저자에게 있어서 안식일 제도의 계시는 여호와 자신께서 모세를 통해 시내 산에서 행하신 주된 일들 중의 하나였다.
[67] 하지만 출 16:22-30; 민 15:32-36을 참조하라.

입장이 명백하였음을 보여 주며, 백성들은 그 공식적인 입장에 따라 안식일을 지킬 것을 맹세하고 있는 것이다. 이는 새로이 직면하게 되는 상황들에 적절히 대처하기 위해 안식일 율법에 대한 확대 규정이 제정되고 있음을 보여 준다.

13:15-22에는 실제로 문제시되었던 안식일 상행위(商行爲)와 그에 대한 느헤미야의 대응이 기술되고 있다. 자신들의 서약에도 불구하고 (어쩌면 자신들의 서약에 대한 기억이 사라져 갈 때쯤인) 느헤미야의 시대에 이르러 많은 이스라엘 사람들은 그러한 제약이 자신들에게 영리상의 불공정한 불이익을 초래한다는 느낌을 갖게 되었던 것으로 보인다. 특히 그들 가운데 거주하던 이방인들이 안식일에도 자유롭게 매매하는 상황에서는 더욱 그러하였을 것이다.68) 자연히 몇몇 이스라엘 사람들은 자신들의 서약을 깨뜨리려는 유혹을 받게 되었고, 그래서 마침내는 이방인들과의 매매 행위뿐 아니라 다른 일들에도 참여하기 시작하였다(15-16절).

어쩌면 이러한 폐해는 느헤미야의 두 임기 사이인 그의 부재 중에(참조. 13:6-7) 더욱 악화되었을지도 모른다. 이러한 폐해에 직면하여 느헤미야는 이를 단호히 근절시키고자 한다. 느헤미야에게 있어서 안식일에 물건을 사는 것은 엄연히 안식일을 더럽히는 명백한 행동이었으며, 또한 안식일을 더럽히는 행동은 예루살렘이 파괴되는 주요 원인들 중 하나였던 것이다(18절; 참조. 10:31; 또한 참조. 겔 20:23). 느헤미야는 총독으로서 몇 가지 실제적인 조치들을 취하였다(19-22a절).69) 클라인즈(D.J.A. Clines)가 주장한 것처럼, 어쩌면 '느헤미야의 조치는 "토라 주변에 울타리"를 치는 유대교적 경향의 훌륭한 본보기'인지도 모른다. 즉, '짐 나르기에 관한 안식일 율법이 깨뜨려지지 않도록 하기 위해서 … 그는 그 율법을 깨뜨릴 수 있는 어떤 기회라도 최대한 제

---

68) Williamson, *Ezra*, p. 395.
69) 그는 아마도 렘 17:19-27로부터 힌트를 얻은 것 같다. 그곳에서 예루살렘 안으로 짐을 들여오는 행위가 그 도시를 파괴시켜 버리겠다는 위협과 더불어 명백히 금지되고 있다. Clines, *Ezra*, p. 244를 보라. 아래의 1.3.2-(3)도 보라.

거해 버리는 조치를 취하고 있다'라고 할 수 있는 것이다.[70]

하지만 느헤미야의 결론적인 기도(祈禱)는 안식일을 거룩하게 지키는 것이 그의 백성에 대한 하나님의 사랑에 전심으로 의존하지 않은 채 규례들만으로는 가능하지 않다는 그의 신념을 반영해 주는 것으로 보인다(22b절). 아마도 안식일에 도시의 성문을 지키는 일에 레위인들을 배치시킨 것은 안식일의 거룩성에 대한 느헤미야의 고결한 입장을 드러내 보여 주는 것 같다. 그 직무를 위해 먼저 자신들을 정결케 해야 한다는 명령은 이러한 제안을 더욱 지지해 준다(22a절).

위의 두 구절들로부터 다음 세 가지 점을 정리해 본다.

① 느헤미야 시대에 안식일과 관련한 심각한 문제들이 있었으며, 느헤미야는 그 문제들을 단호하게 다룬다. 첫째, 그는 예측하지 못한 상황들을 포괄하기 위해 안식일 율법에 대한 확대 규정을 제정한다(즉, 상행위를 안식일에 금지된 일로 규정한다). 둘째, 그는 그 확대 규정이 예루살렘 사람들의 생활에 효력을 발생하도록 하기 위해 몇몇 세부 규정들을 제정한다(즉, 안식일에 예루살렘으로 짐을 들여오는 것을 금하고, 성문들을 닫도록 하며, 성문들을 지키도록 한다). 어떤 이들은 우리가 여기에서 안식일 율법에 대한 랍비들의 결의론적 해석 및 적용의 좋은 본보기를 발견한다고 제안할지 모른다. 하지만 느헤미야의 조치들은 미쉬나의 규정들이 보여 주는 지나칠 정도로 세밀한 조항들과는 분명한 차이를 보인다.

② 느헤미야가 보기에, 그리고 어쩌면 그 당대 일반 이스라엘 백성이 보기에도, 안식일을 더럽히는 것은 예루살렘 멸망을 가져왔던 그리고 또 다시 가져올지도 모르는 주요 요인들 중의 하나였다.

③ 이처럼 느헤미야는 안식일의 거룩성에 대한 깊은 인식을 갖고 있었다.

---

70) Clines, *Ezra*, p. 245.

1.3. 예언서

1.3.1. 안식일과 제의적 활동들

예언서들에는 다양한 시대에 걸친 안식일의 제의적 특성을 엿볼 수 있는 몇몇 구절들이 있다.

(1) 회합 – 이사야 1:13; 참조. 호세아 2:11; 이사야 66:23

빌트베르거(H. Wildberger)와 다른 학자들이 제안하는 것처럼, 이사야 1:13은 이사야의 활동 초기(즉, 주전 730년경) 상황을 묘사하는 것으로 보인다.[71] 그렇다면, 사람들이 성전 뜰을 밟는 것으로 묘사되는 12절의 그림에 비추어 볼 때, 우리는 일찍이 주전 8세기 후반부에 모종의 형태의 회합('미크라'. מקרא; 참조. 14절의 '또한 너희의 정한 절기')이 안식일에 이루어지고 있었음을 추정해 볼 수 있다. 본 절의 문맥은 여호와께서 (다른 제의적 활동들과 더불어) 그와 같이 제도화된 안식일 회합을 증오하시는 이유가 그 회합들이 무의미하기 때문이라는 점을 보여 준다. 여기서 우리는 이스라엘의 거룩한 삶 가운데 드러나야 하는 안식일 제도의 원래 목적과 특성에 대한 충분한 인식은 결여한 채 안식일을 율법주의적으로만 지키려 했던 흔적을 발견하게 된다.[72]

또 하나의 주전 8세기 구절인 호세아 2:11은[73] 안식일이 아마도 매년 세 절기들과 월삭과 더불어 잘 정착된 축제들 중의 하나였음을 전제하고 있다.[74] 흥미롭게도 호세아 역시 그와 동시대 사람들이 안식일을 축제일로 인

---

71) Wildberger, *Isaiah 1-12*, pp. 38-39. 유사하게 Soggin, *Introduction*, p. 304. 참조. Oswalt, *Isaiah Chapters 1-39*, pp. 94-95. 하지만 다른 입장에 대해서는 Kaiser, *Isaiah 1-12*, pp. 24-28을 보라.
72) 참조. Kaiser, *Isaiah 1-12*, pp. 31-33.
73) 우리는 암 8:5에 또 하나의 8세기 안식일 구절을 갖고 있다. 비록 그 구절은 안식일 회합에 관해 명백하게 언급하고 있지는 않지만, 그러나 적어도 그 구절은 안식일이 주전 8세기 이스라엘 백성에 의해 정규적으로 (그리고 아마도 엄격히) 지켜졌음을 제안해 준다.
74) 참조. Mays, *Hosea*, p. 42 – 그는 다음과 같이 제안한다. '8세기 훨씬 이전부터 이 모든 절기들

지하였음에도 불구하고 그날의 주된 특성인 안식일에 대한 여호와의 소유권[75]은 인지하지 못하였음을 시사해 준다.

우리가 만일 이사야서의 문학적 통일성을 인정한다면,[76] 책의 서두에서 제기되었던 문제(즉, 무의미한 제의적 활동들)가 책의 결론부에서 진정한 제의적 활동들을 회복하리라는 여호와의 약속(사 66:23)에 의해 해결되고 있음을 주목해 보는 것은 흥미롭다. 그의 약속에 따르면, 모든 백성은 매 안식일마다[77] 예배를 드리려고 여호와 앞으로 나올 것이다. 이 약속은 이 책이 저작되던 당시에[78] 안식일 회합과 예배가 이스라엘의 종교에 있어서 매우 중요하였음을 보여 주는 것 같다.

(2) 제사 – 에스겔 45:16-17; 46:1-12

에스겔 45:16-17에 따르면, 이스라엘 백성은 군주('나씨', נשיא)에게 종교세를 바쳐야 할 의무가 있으며, 군주는 백성의 대표로서 새 성전에서 다른 제물들과 더불어 안식일 제물들을 공급해야 할 의무가 있다. 의미심장하게도 군주는 제사장들과 더불어 여호와와 바른 관계를 갱신하는 방편으로서 진정한 제사를 회복시키는 데 있어서 적극적인 역할을 담당하고 있다(참조. 8b-9절).

과 날들은 야훼를 예배하는 때로 확정되어 있었다.'
75) 참조. 13절: '바알들의 축제일들.' 11절에서 '나의[=여호와의] 안식일들' 이 아니라 '그녀의[=이스라엘의] 안식일들' 로 되어 있음을 주목하라; 참조. 사 56:4, 6; 58:13; 겔 20:12, 16, 20ff. 등.
76) 40-66장이 포로기 기간에 저작되었다는 J.C. Doderlein의 제안(1775년)과, 또한 56-66장은 이사야서의 세 번째 별개의 부분을 형성한다는 B. Duhm의 제안 이래로, 대부분의 주석가들은 이사야서의 둘 혹은 세 부분들을 거의 별도로 다루어 왔다. 하지만 Rendtorff, *Introduction*, p. 190이 적절히 지적한 것처럼, 그러한 시도들은 '40장 이하의 첨가를 필요로 하였던 이유들과 또한 두(혹은 세) 부분들 사이의 연관성 유무(有無)에 대한 적절한 논의도 없이' 이루어졌다. 학자들이 하나의 온전한 문학 작품으로서의 이사야서 전체의 저작 문제에 대해 보다 심각한 주의를 기울이기 시작한 것은 최근의 일이다. 둘 혹은 세 부분들 사이의 밀접한 문학적 주제적 연관성들(또는 통일성)에 대한 보다 상세한 논의에 대해서는 Rendtorff, *Introduction*, pp. 190-200; Watts, *Isaiah 1-33*, pp. xxiii-lvii을 보라.
77) '우미데 샤빠트 베샤빠토' (ומדי שבת בשבתו – 문자적으로는 '안식일로부터 안식일까지'). Whybray, *Isaiah 40-66*, p. 293; Westermann, *Isaiah 40-66*, p. 428을 보라.
78) 이사야서의 저작 연대에 대한 몇몇 최근의 논의들에 대해서는 Rendtorff, *Introduction*, pp. 190-200; Watts, *Isaiah 1-33*, pp. xxiv-xxvi; Soggin, *Introduction*, pp. 300-302, 365-67, 393-94를 보라.

에스겔 46:1-12은 새로운 성전에서 안식일의 제의적 절차에 있어서 군주와 백성의 역할을 기술하고 있다. 여기서도 군주는 백성의 대표로서 성전 안뜰의 동쪽 문 현관('울람', אולם)을 통해 들어가는 특권을 누린다. 그런데 이 특권은 백성들에게는 주어지지 않았다. 앨런(L.C. Allen)이 제안한 것처럼, 문을 닫는 것과 문에 접근이 제한된 것은 '성전의 거룩성이 침해받지 않도록 하기 위함'이었던 것 같다.[79] 하지만 문이 저녁까지는 열려 있는 것은 문밖에 있는 백성이 제사를 드리는 경배에 참여할 수 있도록 해 주기 위함이었던 것으로 보인다(3절).[80] 이는 에스겔에게 있어서 제사장들과 군주뿐 아니라 백성들까지도 안식일에 성전에 출석할 것이 기대되었으며, 안식일 제사(4-5절)[81]는 안식일 준수의 일부분으로 당연시되었음을 명확히 보여 준다. 하지만 안식일의 제의적 중요성이 기술되는 여기에서도 일을 하지 않는 날로서의 안식일의 특성이 암시되고 있다(1절).

1.3.2. 안식일과 언약

예언서들에서 대부분의 안식일 자료들은 여호와와 이스라엘의 언약적 관계와 연관되어 나타난다. 이 자료들에 대한 필자의 분류는 그 내용에 따른 것이다.

(1) (나의) 안식일을 더럽히는 것: 형벌 - 에스겔 20:10-26; 22:8, 26; 23:28

이스라엘 백성의 죄 많은 역사에 대한 에스겔의 기술(記述) 중 일부인 에스겔 20:10-26[82]에 따르면, 여호와의 안식일은 여호와와 이스라엘 사이의 언약

---

79) Allen, *Ezekiel 20-48*, p. 267.
80) Zimmerli, *Ezekiel*, II, p. 490.
81) 참조. 민 28:9-10. 이곳과 민수기에서 언급되는 제물의 양 사이의 불일치에 대해서는 Andreasen, *Sabbath*, pp. 47, 142-43; Zimmerli, *Ezekiel*, II, p. 491을 보라. 참조. Eichrodt, *Ezekiel*, p. 476.

의 표('오트', אוֹת)로서 광야에서 이스라엘에게 주어졌었다. 그렇게 함으로써 그들이 여호와께서 그들을 다른 나라들로부터 구분해 내어 그분의 백성으로 거룩하게 하셨으며(12절), 따라서 그분께서 그들의 하나님이신 것을(20절) 알도록 하기 위함이었다.[83]

하지만 이스라엘은 여호와를 배반하였고 여호와의 안식일을 더럽혔다(13, 16, 21, 24절). 이 언약의 표를 경시함으로 말미암아 그들은 자연히 형벌의 위협하에 놓이게 되었다. 비록 여호와께서는 '그의 이름을 위하여' 몇 번이고 반복해서 참으시지만(14, 17, 22절; 참조. 9절), 그분의 참으심은 점차 그 강도를 더하는 형벌의 위협들을 수반한다(15절에서는 단일한 위협; 23, 25절에서는 이중적 위협; 한편 9절에서는 아무런 위협도 없음).[84] 24절에 따르면, 이스라엘이 안식일을 더럽힌 행동(즉, 언약의 표를 경시한 행동)은 바빌로니아 포로의 결정적인 원인으로 간주된다(참조. 느 13:18).

에스겔 22:8은 예루살렘을 향한 심판 신탁(1-16절)의 일부이다. 그 도시를 향한 세부적인 죄목들(6-12절) 중의 하나는 그들이 여호와의 거룩한 것들 중의 하나인 여호와의 안식일을 더럽혔다는 것이다. 따라서 그들을 향한 형벌이 선언된다(13-15절). 즉, 여호와께서 그 도시를 치려고 하시며, 그 거민들을 흩으려고 하신다는 선언이다. 이처럼 안식일을 더럽히는 것이 또다시 예루살렘 멸망의 주요 원인들 중의 하나로 간주되고 있다.

26절은 8절의 경우와 유사하게 심판 신탁의 일부이다. 그러나 이번에는 땅에 거하는 모든 부류의 사람들을 향한 심판이다(23-31절). 그 대표적인 세 부류의 사람들 중에서,[85] 이스라엘의 거룩한 전통들을 지키고 실행하도록

---

82) 비록 Eichrodt는 20-23장의 대부분의 안식일 자료들이 부차적인 것들이라고 주장하지만, Andreasen, *Sabbath*, pp. 40-45는 그의 주장을 적절히 논박한다. 참조. Zimmerli, *Ezekiel*, I, pp. 406, 410; Allen, *Ezekiel 20-48*, pp. 5-7 ― 두 학자들 모두 20:1-31의 연대기적 배경은 주전 591년경이고 그 지리적 배경은 바빌로니아 포로 상황이라고 제안한다.
83) 참조. 출 31:12-17. 12절과 출 31:13 사이의 유사성에 관한 설명들에 대해서는 Fohrer, *Ezechiel*, pp. 151-52; Andreasen, *Sabbath*, p. 42; Zimmerli, *Ezekiel*, I, p. 410을 참조하라.
84) Zimmerli, *Ezekiel*, I, p. 407; Allen, *Ezekiel 20-48*, p. 11.
85) 즉, 25절의 그 군주들(70인역; 마소라 본문은 '선지자들의 배역함' ― 개역개정은 마소라 본문

소명을 받은 제사장들이 그들의 소명을 저버린 점에 대하여 힐문당한다. 거룩한 것과 세속적인 것, 깨끗한 것과 더러운 것 사이의 구분이 무시되었던 것이다. 그런데 '이러한 구분을 무시한 특별히 중요한 경우가 … 안식일 율법을 무시한 데서 발견된다.' 86) 따라서 여호와는 그 땅 위에 형벌을 내리신 것이다. 여기서(특히, 31절) 제시되는 형벌의 묘사는 아마도 주전 587년 예루살렘의 멸망을 회상하는 내용으로 보인다.

에스겔 23:38에서 우리는 또 하나의 간략한 안식일 자료를 발견한다. 이 자료는 두 분열된 왕국 유다와 이스라엘을 각각 지칭하는87) 두 자매가 다른 가증한 일들과 더불어 여호와의 안식일을 더럽혔다고 진술한다. 앞의 구절들에서와 마찬가지로 46-49절에서 형벌의 선언이 뒤따른다.

에스겔 20-23장에서 반복적으로 나타나는 이 안식일 구절들 모두는 에스겔에게 있어서 안식일을 더럽히는 것이 여호와와 그의 백성 사이의 언약 관계를 깨뜨리는 행위이고, 따라서 그것이 유다가 (그리고 어쩌면 이스라엘까지) 포로로 잡혀가게 된 결정적인 원인들 중 하나로 받아들여졌음을 보여 준다.

(2) (나의) 안식일을 (거룩히) 지키는 것: 축복 - 이사야 56:1-8; 58:13-14; 에스겔 44:24

이사야 56:1-8은 예배 공동체에 있어서 고자(鼓子)들과 외국인들의 지위에 주된 관심을 보인다. 2절에서 '안식일을 지키라'는 특정한 요구는 구체적인 데 반해 악행에 대한 경고는 일반적이라는 점은 좀 어색한 병행 관계를 형성하는데, 이러한 어색함은 안식일 준수의 중요성을 부각하는 효과를 자아낸다.88) 1절과의 관계에 비추어 볼 때, 저자에게 있어서 한 사람이 공평과 의를

을 따르고 있음; 참조. 27절 - '그 방백들'), 26절의 그 제사장들, 그리고 28절의 그 선지자들; 참조. 29절의 그 땅의 백성.
86) Zimmerli, *Ezekiel*, I, pp. 468-69. 이와 연관해서 44:24은 안식일과 관련된 제사장들의 새로워진 임무를 제시하고 있는 것 같다. 아래의 1.3.2-(2)를 보라.
87) 참조. 1-4절; Allen, *Ezekiel 20-48*, p. 48을 보라. 하지만 Zimmerli, *Ezekiel*, I, p. 481-84는 다른 견해를 제시한다.
88) Westermann, *Isaiah 40-66*, p. 310.

진실로 지키는지 여부의 진정한 표는 안식일을 지키는 것이었던 것 같다.

뒤에 이어지는 절들 역시 여호와와의 진정한 언약 관계에 대한 가장 명백한 표는 여호와의 안식일을 지키는 것임을 보여 준다. 고자들(4절)과 외국인들(6절)이 새로운 성전에서 예배 공동체에 받아들여지는 가장 분명한 조건 또한 안식일을 지키는 것이다. 여호와의 안식일을 지키는 자들에게는 이처럼 예상치 못한 약속(비교. 신 23:2-9[89])이 주어지는 것이다. 그들이 예배 공동체에 받아들여질 때, 그들은 여호와의 집에서 즐거워할 것이며, 그들의 희생 제물들은 열납될 것이다. 그들에게는 아들들과 딸들보다 더 좋은 이름인 영원한 이름이 주어질 것이다(5, 7-8절; 비교. 사 1:12-15). 이 약속은 하나님의 언약 관계가 더 이상 한 사람의 민족적(혹은 사회적) 신분에 의거하지 않고, 오히려 안식일을 지키는 것에 의해 증명되는 여호와께 대한 그 사람의 개인적인 헌신에 달려 있음을 보여 준다.

하지만 이러한 모든 사실에도 불구하고, 안식일을 지키는 것은 한 사람이 예배 공동체에 받아들여지는 유일한 조건이나 기준이 아님을 주목해야 한다. 두 경우 모두에 있어서 안식일을 지키라는 훈계에 뒤이어 나의 언약을 굳게 지키라는 또 하나의 훈계가 첨부된다(4b, 6b절). 하나님과의 언약 관계를 인지하지 못한 공허한 안식일 준수는 이사야 1:13에서 이미 거절된 바 있다. 안식일 준수는 그것이 하나님과의 언약 관계에 기초해 있을 때만 의미 있는 것이 된다. 그렇다면 안식일이란, 앞에서 이미 살펴본 것처럼, 언약의 표일 뿐이라는 점이 또다시 확인된다(참조. 출 31:12-17; 겔 20:10-26).

이사야 58:13-14에서는 안식일의 두 가지 특성, 즉 안식일의 거룩성과 그 날에 대한 하나님의 소유권이 두드러지게 드러난다. 조건절(13절)은 안식일의 거룩성을 매우 강조하며('나의 거룩한 날', '여호와의 거룩한 날') 그날을 '존귀한 날'이라고 칭한다. 안식일의 신성함을 범하는 자에 대한 사형 형벌의 경고 조항(참조. 출 31:15)이 이 시대에 이르러서는 이미 사문화(死文化)되어 있었

---

89) 본 구절에서 이 두 부류의 사람들은 예배 공동체로부터 명백히 배제되고 있다.

겠지만,90) 그날의 신성함은 안식일을 거룩히 지키는 것에 대한 보상의 약속이 수반됨으로써(14절) 여전히 강조되고 있다.

안식일의 거룩성과 연관된 문제로서, 조건절에서 안식일은 여호와의 날로 제시된다('나의 거룩한 날', '여호와의 거룩한 날'). 여호와의 백성이 그들 자신의 뜻과 오락을 구하지 말고 자신들의 (사사로운) 말을 하지 말라고 훈계받는 데 있어서, 문제는 즐거움이나 애통함에 관한 것이 아니라, '오히려 여호와의 날인가 아니면 우리의 날인가, 여호와의 뜻인가 아니면 우리의 뜻인가'에 관한 것이다.91) 그렇다면 안식일은 다른 사람들을 위해 선을 행하지 않는 데 대한 변명이 될 수 없다.92)

에스겔 44:24은 제사장들이 여호와의 거룩한 안식일을 더럽히는 문제를 기술하는 에스겔 22:26의 상황을 반영하고 있는 것 같다.93) 이곳에서 제사장들은 '나의 안식일들'을 거룩히 지키도록 명령받는다. 에스겔에게 있어서 안식일은 거룩한 시간이다. 왜냐하면 그날은 여호와께 특별한 시간이기 때문이다.94)

(3) 세부 규례들 - 예레미야 17:19-27; 아모스 8:5; 참조. 이사야 58:13-14

예레미야 17:19-27 95)은 네 부분으로 나뉠 수 있다.

① 19-22절 - 안식일 율법이 진술됨

---

90) Westermann, *Isaiah 40-66*, p. 341.
91) Watts, *Isaiah 34-66*, p. 276.
92) 참조. 마 12:9-12, 특히 12b절. 아래 4.4.2를 보라.
93) Zimmerli, *Ezekiel*, II, p. 460.
94) Zimmerli, *Ezekiel*, II, p. 460.
95) 대부분의 학자들은 주로 그 신명기적 양식에 근거하여 이 구절이 예레미야 자신으로부터 온 것이 아니라, 보다 후기(예를 들어, 느헤미야 시대; 참조. 느 13:15-22)에 속한다고 주장한다. Mowinckel, *Komposition*, p. 49; Rudolph, *Jeremia*, p. 109; McKane, *Jeremiah*, I, pp. 416-19를 보라. 참조. Carroll, *Jeremiah 1-25*, pp. 368-69. 하지만 Andreasen, *Sabbath*, p. 32 n. 1은 단지 본 구절의 신명기적 특성에 근거하여 본 구절을 후대의 진정성이 없는 구절로 간주할 필연성은 없다는 점을 적절히 지적한다. 더 나아가서 Thompson, *Jeremiah*, pp. 427-28은 본 구절이 안식일 준수에 대한 예레미야 자신의 논평에 의존한 것이라고 주장한다.

② 23절 – 조상들의 불순종
③ 24-26절 – 순종과 언약적 축복
④ 27절 – 불순종과 언약의 파기

이처럼 이 전체 단락은 안식일 계명을 지키는 것과 연관되어 있다. 21-22절에서는 몇몇 세부 규례들(즉, 안식일에 짐을 지지 않는 것과 짐을 예루살렘 안으로 들여 오지 않는 것, 그리고 짐을 집 밖으로 내어 오지 않는 것)이 특징적인 안식일 계명(즉, 안식일에 일을 하지 말고 그날을 거룩하게 지키라; 참조. 출 20:8-10; 신 5:12-14)에 덧붙여지고 있다. 아마도 선지자는 안식일 계명이 예루살렘의 당시 상황에서 적절히 시행될 수 있도록 하기 위해 이 규례들을 도입한 것 같다. 그렇다면 본 단락은 아마도 안식일 상업 활동이 핵심 문제였던 한 특정 상황 가운데서 안식일 계명의 의미를 보여 주기 위해 시행되었던 설교로 보인다(참조. 암 8:5; 느 10:31; 13:15-22).

만일 그들이 그들의 조상들과 달리 (세부 규례들을 준수함으로써) 안식일을 거룩하게 지킨다면(24절), 그들에게는 '언약적 축복들' (즉, 예루살렘과 유다의 도시들 그리고 성전과 그 제의들의 회복)96)이 약속되고 있다(25-26절). 이 약속의 기본적인 성격은 다윗적이고 메시아적이다. 즉, 다윗적이자 메시아적인 왕국의 종말론적 성취가 기대되고 있는 것이다(참조. 25절 – '영영히').97) 하지만 만일 그들이 안식일을 거룩히 지키지 않는다면, 여호와께서 꺼지지 않는 불로 예루살렘과 그 궁전들을 삼켜 버리도록 하실 것이다. 여기서 또다시 선지자는 안식일을 더럽히는 행위를 예루살렘의 파멸을 가져올 결정적인 요소로 보고 있다(참조. 겔 20:23; 느 13:18 등). 그렇다면 선지자에게 있어서 장차 예루살렘과 유다 그리고 왕가(王家)와 그 백성의 안정과 복지는 안식일을 신실하게 준수하는 데 달려 있다. 이처럼 안식일은 적어도 본 구절에 있어서 전(全) 언약을 대

---

96) Thompson, *Jeremiah*, p. 430은 이 축복들이 '야훼께서 순종하는 그의 백성에게 베푸신 언약의 축복들'을 대표하는 것으로 보인다고 제안한다. 참조. 신 28:1-14 등.
97) McKane, *Jeremiah*, I, p. 419.

표하는 것으로 간주된다.

아모스 8:5은 이스라엘 상인들의 말을 직접 인용하는데, 그 인용구로부터 우리는 8세기 중엽98) 북이스라엘에서 안식일에 행해지던 종교적 행습의 일면을 엿볼 수 있다. 본 인용구는 그 당시 안식일에 일반적인 교역이나 상업 활동이 허용되지 않았다는 점과, 여기서 그 말이 인용되고 있는 상인들이 그 외적인 규례들을 잘 지켰다는 점, 그리고 그렇게 함으로써 자신들이 안식일을 지키는 데 있어서 얼마나 헌신적인가를 보여 주려 하였다는 점을 시사해 준다.99) 그러나 내심 그들은 조급하기 이를 데 없었다. 왜냐하면 그들은 자신들의 부패한 상행위를 빨리 재개하기를 갈구하였기 때문이었다(5-6절). 따라서 종교적으로 안식일은 준수하면서도 여호와께 대한 내적 헌신은 결여하였고 부정직한 일상적 행위들로 얼룩져 있는(10절) 그들에 대한 고발이 뒤따른다. 이처럼 여호와와의 언약적 관계의 중요성을 인지하지 못한 율법주의적 안식일 준수는 거부되고 있다(참조, 사 1:13).

이사야 58:13-14에서 우리는 안식일에 관한 한두 가지 세부 규례들을 발견할 수 있다. ① 안식일에 여행을 제한하는 규정('[만일] 안식일에 네 발을 금하여'; 참조, 출 16:29 등);100) ② 자신의 이(利)를 추구하는 것을 금하는 규정('네 자신의 길 … 오락[또는 이익] … 말[또는 일들]'; 참조, 암 8:5; 느 13:15-22). 이 규례들의 정확한 의미는 결코 명백하지 않다. 하지만 한 가지 분명한 사실은 이곳에서의 진정한 관심이 금지 규례들을 규정하는 데 맞추어져 있는 것이 아니라, 안식일에 대한 여호와의 소유권을 인지하는 데 맞추어져 있다는 점이다.

---

98) 대부분의 학자들은 본 구절이 주전 8세기 중엽 아모스 자신으로부터 온 것이라는 데 동의한다. Mays, *Amos*, pp. 142-43; Stuart, *Hosea-Jonah*, p. 383; Paul, *Amos*, p. 257 등을 보라.
99) Mays, *Amos*, p. 144; Paul, *Amos*, p. 257.
100) Watts, *Isaiah 34-66*, p. 276. 하지만 본 구절에 대한 다른 이해에 대해서는 Whybray, *Isaiah 40-66*, p. 218을 보라.

(4) 축복 또는 형벌의 초점 그 자체로서의 안식일 – 호세아 2:11; 이사야 66:23

호세아 2:11은 이스라엘의 부정함에 대한 심판 선언의 일부를 형성하고 있다(9-13절; 참조. 6-7절과 14-15절).101) 본 절은 8세기 훨씬 이전에 안식일이 월삭(月朔)과 더불어 여호와를 예배하는 때로 정착되어 있었음을 시사해 준다.102) 하지만 호세아 때에 이르러 안식일을 포함한 이 종교적 축제들은 수치가 되어 버렸다. 왜냐하면 이 절기들에 여호와의 백성인 이스라엘이 여호와가 아니라 바알을 섬기고 좇았기 때문이다. 따라서 여호와는 그녀의(즉. 이스라엘의)103) 안식일들을 폐할 것이라는 심판을 이스라엘에게 선언하고 있다. 이는 호세아 시대에 안식일이 이스라엘에게 기쁨을 가져다 주었던 축제들 중의 하나였음을 보여 주며, 따라서 안식일의 중지는 중대한 언약적 저주에 해당한다고 볼 수 있다.104)

이사야 66:23에서 안식일(과 월삭)의 모임과 경배는 새 창조에 관한 결론적인 약속으로 제시되고 있다. 여기서 여호와 자신은 모든 인류('콜 바싸르', כל־בשׂר, '모든 혈육')가 참여하는 안식일 경배의 종말론적 완성을 약속하고 있다.105) 이는 안식일에 이스라엘의 제의적 활동들이 여호와에 의해 거부되고 있는 이사야 1:10-17을 되돌아 볼 때 의미심장하다. 깨어진 언약 관계가 종말론적으로 회복될 것이 약속되고 있으며, 그에 대한 구체적인 표는 영원하고 보편적인 안식일 경배인 것이다.

---

101) 2-15절에 나타난 말들은 일반적으로 호세아 자신에게 돌려지며, 여로보암 2세의 황금기인 그의 말년에 해당하는 주전 750년경의 것으로 추정된다. Mays, *Hosea*, p. 36; Wolff, *Hosea*, p. 33을 보라.
102) Mays, *Hosea*, p. 42.
103) 각 절기 뒤에 반복적으로 나타나는 여성형 소유격 어미(ה, '그녀의')는, Mays, *Hosea*, p. 42가 제안한 것처럼, '그것들[=절기들]이 비옥의 신들에 대한 이스라엘의 열광적인 추구로 인하여 이제 야훼가 아니라 이스라엘 자신에게 속하게 되었다'는 점을 강조해 주는 것으로 보인다.
104) 의심할 여지없이 이는 이스라엘에게 주권 국가로서의 종국을 의미하는 것으로 받아들여졌을 것이다(참조. 레 26:31). Stuart, *Hosea-Jonah*, p. 51. 참조. 애 2:6 – 여기서 안식일의 중지는 성전과 왕국의 파괴를 포함한 다른 언약적 저주들과 더불어 나타난다.
105) Whybray, *Isaiah 40-66*, p. 293; Watts, *Isaiah 34-66*, p. 365.

1.3.3. 결론

예언서 안식일 자료들 연구에서 필자는 안식일의 두 가지 주요 측면들을 고찰하였다: 1) 안식일 제의적 활동들; 2) 안식일의 언약적 의의.

① **제의적 활동들**에 관한 자료들은 주전 8세기경에 이르러 안식일이 국가적 축제들 중의 하나로 정착되어 있었으며, 그날에 모종의 형태의 회합이 이루어졌음을 제안해 준다(사 1:13; 호 2:13). 늦어도 에스겔 시대(아마도 주전 6세기 초)에 이르러서는 안식일에 제사장들과 군주뿐 아니라 백성도 성전에 출석하는 것이 기대되었다(겔 46:1-3).

이 자료들은 또한 주전 6세기 초에 이르러 (혹은 일찍이 주전 8세기에도: 참조 사 1:12-13) 안식일 제사가 안식일 준수의 일부로 당연시되고 있었음을 보여 준다(겔 45:16-17; 46:4-5). 백성은 제사에 소용되는 비용을 충당하기 위해 군주에게 종교세를 내도록 되어 있었고, 군주는 제사를 준비할 책임이 있었다(겔 45:16-17). 끝으로 일찍이 8세기 당시에 이미 안식일 제도의 진정한 언약적 성격을 인지하지 못하고 안식일을 헛되이 지키는 위험의 조짐들이 있었음을 주목할 수 있다(사 1:13; 호 2:13; 참조. 암 8:5).

② 예언서들에서 발견되는 안식일 자료들 중 상당수는 **언약적 뉘앙스**를 띠고 있다. 에스겔에게 있어서 그리고 어쩌면 다른 예언자들에게 있어서도 안식일은 여호와와 그의 백성 사이의 언약 관계에 대한 표로서 이해되고 있다(겔 20:12; 참조. 출 31:13). 어떤 경우들에는 안식일이 언약 전체의 대표로 간주되기도 한다(예. 사 56:1-8; 렘 17:19-27; 참조. 겔 22:26).

그와 같은 언약적 이해에 있어서, 안식일 준수는 자주 다양한 언약적 축복들에 대한 조건이 된다. 예를 들어,

① 여호와를 경배하는 공동체에 받아들여지는 것(사 56:1-8)
② 여호와 안에서 즐거움을 얻는 것(사 58:13-14)
③ 메시아적 왕국의 종말론적 완성(렘 17:25-26; 참조. 사 66:23)

이와 반대로 안식일을 더럽히는 것은 대개 언약적 관계를 깨뜨린 것으로 간주되며, 따라서 자주 다양한 언약적 형벌들의 원인이 된다. 예를 들어,

① 포로, 예루살렘 멸망(렘 17:27; 겔 20:23; 22:13-15, 31; 23:46-49)

② 약속된 땅에 들어가는 것으로부터 제외됨(겔 20:15 등)

하지만 여기서 우리는 안식일 준수가 축복의 유일한 조건이 아니라는 점을 주목하는 것이 필요하다. 몇몇 구절에서 안식일 제도의 언약적 성격에 대한 바른 인식 없이 피상적이거나 율법주의적인 안식일 준수는 여호와에 의해 거절되고 있다(사 1:13; 호 2:13; 암 8:5). 따라서 안식일에 관한 세부 규례들까지도 안식일 계명에 대한 단순한 율법주의적 첨가물들로서가 아니라 언약 관계에 입각해서 이해되어야 한다(사 58:13-14; 렘 17:19-27).

안식일의 이러한 언약적 특성은 안식일에 대해 지속적으로 사용되는 두 특징적인 수식구들에 의해서도 감지된다. 첫째, '거룩한'(사 58:13; 렘 17:22, 24, 27; 겔 20:20; 22:8, 26; 44:24 등), 둘째, '나의'(사 56:4; 58:13; 겔 20:12, 13, 16, 20, 21, 24; 22:8, 26; 23:38; 44:24 등; 참조. 호 2:13의 '그녀의'). 그렇다면 예언서들에 있어서 안식일의 거룩성과 그날에 대한 여호와의 소유권은 안식일의 언약적 특성에 대한 기반을 제공해 준다고 추정하는 것이 가능할 것이다.

1.4. 요약

앞의 다양한 논의들에서 내려진 결론들을 종합적으로 요약해 보면 다음과 같다.

① 안식일의 **근원**에 관한 연구는 창조 당시 일곱째 날 하나님의 안식이 모든 피조물에게 영향을 미치게 될 리듬을 만들어 내었음을 제안해 주며, 이런 점에서 하나님의 안식은 안식일의 근원으로서의 역할을 한다. 이러한 제안은 상당수의 안식일 계명들이 엿새 동안 하나님의 창조 활동과 일곱째 날 그분의 안식 모형을 따르는 것으로 보인다는 점에 의해 더욱 지지될 수 있을

것이다(참조, 특히 출 20:8-11; 31:12-17).

그럼에도 불구하고 창조 사역에서 하나님의 안식의 의미와 범위는 안식일 제도에만 제한되어서는 안 된다. 하나님 자신에 의해 축복되고 거룩케 된 일곱째 날의 궁극적인 목적은 안식일의 범위를 초월한다. 이러한 문맥에서 필자는 일곱째 날 하나님의 안식은 종말론적 의의(意義)를 갖는다고 조심스럽게 제안하였다.

② 구약성경 대부분의 안식일 구절들은 안식일의 **거룩성**을 전제하며, 때로는 명시적으로 안식일을 거룩하다고 규정하거나 안식일을 거룩히 지키라고 명령한다(출 20:8-11; 31:12-17; 신 5:12-15; 느 13:22; 사 58:13-14; 렘 17:19-27; 겔 20:20; 22:26; 44:24). 바로 이러한 사실에 기초하여 안식일의 거룩성을 범하는 자에 대해 사형이 규정된다(출 31:14-15; 민 15:32-36).

③ 구약성경의 많은 안식일 구절들이 안식일에 대한 하나님의 **소유권**도 전제하며(예. '여호와께 대한/여호와를 위한' 과 같은 표현들 — 출 16:23, 25; 20:10; 31:15; 35:2; 레 23:3; 신 5:14), 또한 때로는 명시적으로 '나의/당신의 안식일' 이라는 표현을 사용하기도 한다(출 31:13; 레 19:3, 30; 26:2; 느 9:14; 사 56:4; 58:13; 겔 20:12ff.; 22:8, 26; 23:38; 44:24).

④ 구약성경의 상당수 안식일 구절들이 (특히 예언서들에서) **언약적 뉘앙스**를 드러내 보여 준다. 두 곳에서 안식일은 여호와와 그의 백성 사이의 영원한 언약적 관계의 표라고 불린다(출 31:13; 겔 20:12). 많은 안식일 구절들에서 (특히 예언서들에서) 안식일을 지키는 것과 어기는 것이 언약적 축복과 형벌의 근거를 형성한다(사 56:1-8; 58:13-14; 렘 17:25-27; 겔 20:15, 23; 22:13-15, 31; 23:46-49; 느 13:18). 적어도 한 경우에 있어서 그 축복은 메시아적 왕국의 종말론적 완성과 연관되어 있음을 주목할 수 있다(렘 17:25-26; 참조. 사 66:23).

하지만 안식일을 지키는 것이 축복에 대한 유일한 조건으로 간주되지는 않는다. 어떤 구절들에 있어서 안식일 제도의 언약적 성격에 대한 인식 없이 그날을 율법주의적으로 지키는 것은 여호와에 의해 거절되고 있다(사 1:13; 호

2:13; 암 8:5). 안식일 계명들에 나타나는 창조와 출애굽 동기 구절들(출 20:11; 신 5:15; 참조. 출 31:17)은 안식일을 지키는 데 있어서 언약적 관계를 인식하는 것이 결정적으로 중요함을 강조해 주는 것으로 보인다.

⑤ 안식일 계명들 가운데서 **인간애적 관심**의 흔적들이 발견되기는 하지만 (예. 출 23:12; 신 5:12-15), 우리는 각 경우마다 그 주된 관심이 인간애적이거나 사회적이라기보다는 신학적이라는 점을 확인하였다.

⑥ 구약성경에는 안식일에 관한 몇몇 **세부 규례들**이 있지만(출 16:21-30; 35:3; 민 15:32-36; 느 10:32; 13:15-22; 렘 17:19-27; 암 8:5), 구약성경 내의 전 안식일 자료들에 있어서 그것들이 차지하는 비중은 후대에 (특히 미쉬나에서) 지나칠 정도로 세부적인 결의론적 규례들에 집착하는 경향과 비교한다면 매우 다른 그림을 보여 준다. 더욱이 느헤미야와 예레미야에서의 조치들은 랍비적 규례들에서 나타나는 지나치게 세부적인 조항들과 현저히 구분된다. 안식일 제도에 있어서 언약적 관계의 중심성을 고려해 볼 때, 세부 규례들까지도 안식일 계명에 대한 율법주의적 부가 조항들로서가 아니라 언약적 관계에 기초해서 이해되어야 할 것이다.

⑦ 상당수 안식일 구절들에서 안식일은 **제의적 요소들**과 명백히 (그리고 때로는 암시적으로) 연관되어 있다. 앞의 연구 결과에 의하면, 주전 8세기에 이르러 (그리고 어쩌면 일찍이 9세기 말에도) 안식일은 제사장들과 왕뿐 아니라 아마도 백성까지도 성전에 출석하는 것이 기대되던 국가적 축제들 중 하나로 정착되어 있었다(왕하 4:23; 11:4-14; 대하 23:1-3; 사 1:13; 호 2:13 등; 참조. 레 23:3; 겔 46:1-3).

또한 앞의 연구는 6세기에 이르러 (그리고 아마도 일찍이 8세기에도) 안식일 제사가 안식일 준수의 일부로 당연시되었음을 보여 준다(겔 45:16-17; 46:4-5; 참조. 사 1:12-13). 역대기 저자에 따르면, 안식일 제물은 일찍이 솔로몬 시대에도 드려졌었다(대하 8:13; 참조. 31:3). 안식일 제사의 주된 구성 요소는 진설병(참조. 레 24:5-9)과 번제(참조. 민 28:9-10)였다. 이 제사장적 직무는 레위인들에 의해 보좌되었다(대상 9:32; 23:28-31). 제물들은 왕들과 군주들에 의해 공급되었다(대하

8:13; 31:3; 참조. 겔 45:17). 그러나 포로기 이후에는 이 비용을 충당하기 위해 백성에게 성전세가 부과되었다(느 10:33-34).

안식일의 거룩성과 그날에 대한 하나님의 소유권을 고려해 볼 때, 안식일이, 그 초기 단계에서부터, 하나님과 자신들 사이의 언약 관계를 기념하기 위해, 거룩한 장소(들)에 함께 모여 특별한 제사와 더불어 그날을 축하하는 축제의 계기를 마련해 주었음은 자연스러운 현상일 것이다.

제2장
주후 1세기까지 유대교에서의 안식일
배경(II)

주된 연구에 들어가기에 앞서, 차후의 논의들에서 반영될 몇 가지 예비적 진술들이 필요할 것이다.

첫째, 소위 '신구약 중간기'의 유대교 문학은 그 장르뿐 아니라 그 역사적·지리적 배경에 있어서도 너무 방대하기 때문에, 때로는 고대 본문들의 해석에 있어서 결정적일 수도 있는 이 문제들에 대한 상세한 논의는 본 장(章)의 범위를 넘어서 있다.[1] 하지만 필요하다고 판단될 경우 이 문제들을 간략히 논의하려 한다.

둘째, 초기 유대교 문학을 다루는 데 있어서, 필자는 모든 자료들을 연대기적 순서로 제시하려 하지 않는다. 왜냐하면 그 자료들의 연대를 규정하는 것이 항상 가능한 것은 아니기 때문이다.

셋째, 초기 유대교 문학에서 안식일에 연관된 구절들은 너무 많아서 그 모두를 다루는 것은 본 배경 연구의 범위를 넘어서 있는 것이 분명하다. 따라

---

1) 본 문제들에 대한 입문적 논의에 대해서는 Nickelsburg, *Jewish Literature*를 보라.

서 논의는 좀 더 중요한 구절들에 집중될 수밖에 없으며, 이들 주요 구절들에 있어서도 집중적인 석의의 대상은 선별적이 될 것이다. 하지만 그렇다고 해서 덜 중요한 언급들을 완전히 무시해 버리지는 않을 것이다.

2.1. 외경과 위경[2]

구약 외경과 위경의 경우 안식일 자료들은 다수의 책들에서 나타난다. 그러나 보다 중요한 구절들은 네 권의 책들(곧, 희년서, 마카베우스1, 2서, 아리스토불루스)에서 발견되는데, 본 단원에서는 이 책들에 초점을 맞추려 한다.

2.1.1. 희년서[3]

(1) 희년서 2:17-33

창조 이야기를 재진술하는 가운데 저자는 본 구절에서 안식일의 의의를 설명하고(17-24절) 안식일 준수를 위한 몇몇 규례들을 예시하기 위해(25-33절) 안식일 자료를 매우 길게 확장시키고 있다.[4] 이야기의 화자(話者)들은 천사들이다(18절).[5] 이 이야기에서 핵심 인물은 책 전체에서와 마찬가지로 야훔

---

2) '외경'과 '위경'이라는 용어들은 수 세기에 걸쳐 저마다 다르게 이해되어 왔으며, 그 결과 이 두 문학의 범주들을 정확하게 구분한다는 것은 거의 불가능하다. 따라서 본 단락에서는 이들 둘 사이에 구분을 짓지 않고 함께 다루려고 한다. 또한 필자는 편의상 '외경과 위경'이라는 제목하에, the Revised English Bible(1989)에 포함된 열다섯 권의 통상적인 구약 외경 책들(혹은 책들의 부분들)과, Charlesworth (ed.), *Old Testament Pseudepigrapha*에 수록된 65편의 구약 위경적 문서들을 다루려고 한다. 별도 언급이 없는 한 위경적 문서들의 인용은 Charlesworth의 편집본에서 온 것으로서 번역은 필자 자신의 것이다.
3) 희년서의 저작 연대를 일찍이 주전 5세기경으로 잡으려는 시도들이 있기는 하였지만(참조. Zeitlin, 'Jubilees', pp. 8-16; Hoenig, 'Designated Number', p. 200), 대부분의 학자들은 주전 100년경 혹은 그보다 조금 이른 연대를 선호한다. 참조. VanderKam, *Jubilees*, pp. 214-85, 특히 pp. 283-84. 대부분의 학자들은 저자가 팔레스타인에 살던 유대인이었다는 데 동의한다. 참조. Sparks (ed.), *Apocryphal Old Testament*, p. 5; Gowan, *Bridge*, p. 274 등.
4) 참조. 창 2:2-3. 본 자료를 확장하는 가운데, 저자는 구약성경에 있는 다른 자료들을 자유로이 사용하고 있다; 예를 들어, 출 31:13ff.; 민 15:32-36; 느 13:19; 사 56:1-8; 렘 17:21ff.; 겔 20:12.

이다(참조. 20, 23-24, 26-29절).

먼저 저자는 안식일을 하나님께서 '야곱의 씨'를 자기 백성으로 선택하신 사실에 대한 위대한 표로 묘사한다(17-24절). 안식일을 거룩케 하시고 축복하신 하나님께서 야곱의 자손만을 그의 백성으로 구분해 내셨으며, 또한 그들이 안식일을 지키도록 하기 위해 그들을 축복하시고 거룩케 하셨다(21절).[6] 따라서 이스라엘의 자손은 안식일을 하나님께 대한 자신들의 독특한 관계의 표로서 지켜야 한다(참조. 25-33절).

25절에서 저자는 안식일이 거룩하다고 선언한다. 왜냐하면 그날은 하나님의 창조 당시 거룩하게 만들어졌기 때문이다. 그런 후 저자는 누구든지 그날을 더럽히는 자는 죽임을 당해야 한다는 처벌 조항을 반복해서 공표한다.[7] 하지만 28절에서 그는 누구든지 모든 일로부터 안식일을 지키는 자는 천사들과 같이 거룩해지고 언제나 축복받을 것이라는 약속을 간략하게 알린다.

이제 저자는 금지된 일을 보다 구체적으로 기술해 나간다. 안식일에 이스라엘의 자손은 먹고 마실 어떤 것을 준비하거나,[8] 물을 긷거나, 어떤 일거리를 자신들의 집 문 안으로 들이거나 집 문 밖으로 내어놓아서는 안 된다(29-30절; 참조. 50:6-13).

31-32절에 의하면, 안식일은 이스라엘 백성에게만 지키도록 주어졌기 때

---

5) 천사를 화자로 사용하는 효과는 30절에서 아주 돋보인다. 그곳에서 저자는 안식일의 태고성(혹은 영원성)을 다음과 같이 피력한다. '우리는 땅위에서 인간에게 안식일이 알려지기 이전에 하늘에서 그날을 이미 지켰다.'
6) 출 31:12-17에서는 초점이 명백히 이스라엘과 하나님 사이의 독특한 언약 관계에 맞추어져 있고 안식일은 단지 그 언약 관계의 표로 묘사되고 있는 데 반해, 여기에서는 초점이 언약 관계로부터 안식일 자체로 옮겨져 있는 듯하다. 하지만 본 절의 구조는 상당히 복잡하다. Charlesworth의 번역과 Charles, *Jubilees*, p. 17의 번역을 비교해 보라.
7) 세 절(25-27절)에서 네 번. 또한 27절의 '땅에서 뽑힌다' 라는 위협도 참조하라. 참조. 출 31:14-15; 35:2; 민 15:32-36.
8) 참조. 50:9; 『다메섹 문서』 10.22; 출 16:23. 음식물을 그 전날 준비해 놓는 주된 이유는 안식일에 불을 피우지 않도록 하기 위함이었던 것으로 보인다. Josephus, 『전쟁사』 2.147을 보라; 참조. 출 35:3.

문에(참조. 20절), 그들은 먹고 마심으로써, 그리고 모든 만물을 창조하시고 안식일과 그의 백성을 거룩케 하신 분을 경배함으로써, 그날을 축하해야 한다(21, 29절). 저자는 마지막으로 안식일 율법은 영원하다고 선언한다(33절).

(2) 희년서 6:32-38

노아 이야기 중간에 저자는 거룩한 축제들을 정결치 않은 날들에 지킬 수 있는 위험성에 대해 이야기한다. 그에게 있어서는 거룩한 날들이 매년마다 주간(週間)의 동일한 날에 돌아오는 것이 중요하였다(참조. 1QS 1.14-15; 1QH 12.8-9). 따라서 그는 일곱으로 나누어짐으로써 이러한 체계를 가능케 하는 364일 달력을 수호하는 것의 중요성을 강조한다.[9] 그렇다면 매주마다 정기적으로 일곱째 날에 돌아오는 안식일은 전 달력 체계에 열쇠가 되며, 따라서 안식일은 저자에게 특별한 중요성을 가졌던 것이 분명하다.

(3) 희년서 50:1-13

책 전체를 마감하는 모세 이야기 마지막 부분에서 저자는 안식일에 관련된 일단의 규정들을 제시한다(1, 6-13절). 1절에서 저자는 안식일이 신 광야에서 이스라엘에게 알려졌다는 점을 명백히 언급한다.[10] 간략한 희년의 역사(2-4절)와 메시아적 왕국에 대한 예견(5절)에 뒤이어, 저자는 안식일 계명에 관해 주석하기 시작한다. 그는 십계명 중 제4계명의 가운데 부분을 인용함으로써 그의 주석을 시작한다(7절; 참조. 출 20:9-10; 신 5:13-14).

의미심장하게도 뒤이어 나오는 주석들은 안식일에 '어떤 일'이라도 하는

---

9) 이 달력은 저자가 속하였던 공동체에 의해 채택되고 있었던 것 같다. 참조. 에녹1서 74:10, 12; 75:2; 에녹2서 48:1; 4Q394-398 (part 1). 364일 달력에 관한 보다 자세한 논의에 대해서는, Charles, *Jubilees*, pp. 56-57; VanderKam, *Jubilees*, pp. 270-77을 보라. 참조. Maier, *Temple Scroll*, pp. 70-76; Maier는 『성전 두루마리』(the Temple Scroll) col. 13-29에 기초하여 쿰란공동체의 364일 달력을 완전한 형태로 재구성하여 제시하고 있다. 저자가 음력 달력을 강력히 반대하고 있음이 특이한데(36-37절), 이는 그 음력 달력이 저자의 공동체 주변 사회에서 지켜지고 있었음을 시사해 준다. 참조. Sanders, *Practice*, pp. 360-61.

10) 출 16:1-30. 하지만 참조. 느 9:13-14; 겔 20:11-12.

자에 대한 사형 조항으로 시작되고 끝난다(8, 13절).11) 이러한 문학적 구조로 미루어 볼 때, 저자는 이 두 사형 조항들 사이에 금지된 일들을 열거함으로써 어떤 종류의 일들이 사형에 해당하는지를 보여 주고자 했던 것 같다. 이를 위반하면 사형이라는 조건하에, 이스라엘 백성은 안식일에 아내와 동침하거나, 사업에 관하여 이야기하거나, 물을 긷거나, 집에서 가지고 나가기 위해 짐을 들거나, 여행을 떠나거나,12) 밭을 갈거나, 불을 지피거나, 짐승을 타거나, 배를 타고 바다 여행을 하거나, 무엇이든지 죽이거나, 짐승이나 새나 물고기를 잡거나, 금식하거나, 전쟁을 하는13) 등의 행동이 금지되었다 (8-12절).

안식일 계명에 대한 유일한 예외는 평일과 안식일을 위한 분향과 예물들 및 희생 제물들을 드리는 것이다(10-11절).14) 이는 안식일에 금지된 행동들에 대한 가장 오래된 목록이다.15) 여기서 (그리고 2:29-30에서) 우리는 후일 미쉬나에서와 같은 지나치게 세부적인 랍비적 안식일 규례들로의 발전 조짐을 처음으로 명백하고도 구체적으로 보게 된다.

하지만 저자에게 있어서 안식일은 우울한 날이 아니다. 9-10절에서 그는 안식일이 먹고, 마시고, 쉬고, 그들에게 그 거룩한 날을 부여하신 주님을 예배함으로써 축하되어야 할 축제일임을 지적하고 있다. 따라서 금식은 명백히 금지되고 있다(12절; 참조. 2:21, 29).16)

---

11) 8절 마지막에서도 사형 형벌이 한 번 더 나타나고 있다. 사형 형벌이 이와 같이 반복적으로 나타나고 있는 것은 저자가 안식일 계명을 매우 중요하게 다루고 있음을 강력히 시사해 준다.
12) 이 규정은 출 16:29로부터 유래한 것이다. 『다메섹 문서』와 랍비 문서들은 여행 한계를 규정하고 있는 데 반해(각각 1,000규빗과 2,000규빗), 희년서는 한계 규정을 제시하지 않는다. 이러한 사실로부터 Rabin, *Qumran Studies*, p. 90은 희년서 저자가 여기서 안식일에 집을 떠나는 것 자체를 아예 금하고 있다고 결론 내린다.
13) 참조. 마카베우스1서 2:31-38; 마카베우스2서 6:11; Josephus, 『고대사』 12.4; *Mek. Shab.* 1. 보다 자세한 논의에 대해서는 본 장의 아래 단락들을 보라.
14) 참조. 민 28:9-10; 에스드라 1서 5:52. 약간 다른 견해들에 대해서는 『다메섹 문서』 11.17-18; *m. Pes.* 6.1-2을 보라. 이 문제에 대한 간략한 전반적 논의에 대해서는 Lohse, 'σάββατον', p. 14; Schürer, *History*, II, p. 473, 특히 n. 49를 보라. 참조. 마 12:5.
15) Lohse, 'σάββατον', p. 11; Braun, *Spätjüdisch-häretischer*, I, p. 120. 참조. 『다메섹 문서』 16.2-4.

2.1.2. 마카베우스1, 2서[17]

(1) 안식일에 전쟁 금지 - 마카베우스1서 2:32-38; 마카베우스2서 5:25

마카베우스2서 5:25에 따르면, 주전 168년에 안티오쿠스(Antiochus)에 의해 파병된 무시아인들의 대장 아폴로니우스(Appolonius)는 거룩한 안식일까지 기다렸다가, 유대인들이 그날에 일하지 않는 것을 발견하고서 그의 군대로 예루살렘을 공격하여 수많은 사람들을 학살하였다.[18] 그러나 유다스 마카베우스(Judas Maccabeus)는 그들에 대항하여 싸우지 않고 광야로 은신하였다.

마카베우스1서 2:32-38에 따르면, 위 사건이 있은 지 얼마 후 아마도 주전 167년경, 왕의 장군들이 안식일에 그들의 군대를 이끌고 광야로 쫓아가 일단의 경건한 유대인들을 공격하였는데, 유대인들은 그들을 대항하여 싸우기를 거부한 채 대량 학살의 제물이 되었다. 그날 무려 1,000명이나 되는 사람들이 죽임을 당하였다(참조. Josephus, 『고대사』 12.274-75).

별개의 사건들에 대한 독립적인 두 기록들은[19] 이 사건들이 일어날 당시

---

16) 유딧서 8:6에 의하면, 이 규정은 유딧에 의해 충실히 준수되고 있다. 이 이야기는 희년서와 같은 시대(즉, 하스몬 왕조 시대)에 속한 것으로 보인다; Lohse, 'σάββατον', pp. 15-16. 따라서 안식일을 금식일로 간주한 헬라와 로마 저자들은 사실을 오해하고 있다. 예. Strabo, *Geographica* 16.2.40; Suetonius, *Divus Augustus* 76.
17) 주전 2세기 중반부(170-134년경)에 걸친 기간을 다루는 역사적 서술인 마카베우스1서의 저작 연대는 아마도 주전 100년경으로 추정된다(참조. 16:23-24). 저자는 '충실한 하스몬 왕가 지지자'였던 것으로 보인다. Gowan, *Bridge*, p. 294. 참조. Nickelsburg, *Literature*, pp. 114-17. 마카베우스2서의 최종적 형태는 주전 50년경에 완성되었던 것으로 보인다. 이는 원래 Jason of Cyrene에 의해 저작된 다섯 권으로 구성된 역사서로부터 기인된 것인데, 이 원래 형태의 역사서는 아마도 마카베우스1서와 같은 시기에 저작되었던 것 같다. 마카베우스2서에서 다루어지는 기간은 마카베우스1서보다 약간 앞선 기간으로서, 대략 주전 180-161년경이다. 참조. Nickelsburg, *Literature*, pp. 118-21; Gowan, *Bridge*, pp. 294-95. 우리가 다루게 될 마카베우스1서의 안식일 자료와 관련된 기간(즉, 주전 168-152년경)은 마카베우스2서의 그것(즉, 주전 168-161년경)과 대부분 중복된다. 따라서 필자는 이들 두 저작의 구별된 특징들에도 불구하고 이들로부터 온 안식일 자료들을 함께 다루려 한다.
18) 마카베우스1서 1:39-45과 마카베우스2서 6:1-6에 따르면, 이 사건 이후 얼마 안 되어(주전 168/7년경), Antiochus는 안식일을 포함한 하나님의 율법들을 버리도록 강요하였다. 그 때문에 사람들은 안식일을 지킬 수 없었으며, 따라서 많은 유대인들이 안식일을 더럽혔다.
19) 우리는 Josephus, 『아피온』 1.209-11에서 이러한 종류의 기록을 또 하나 발견한다. 참조. *idem.*, 『고대사』 12.4. 또한 참조. 희년서 50:12.

안식일을 엄격하게 지키려는 상당수의 헌신적인 유대인들이 있었음을 제안해 준다.

(2) 안식일에 전쟁 허용 - 마카베우스1서 2:39-41; 9:43-49; 마카베우스2서 8:26-28; 15:1-5

위의 두 번째 사건 이후, 마타디아스(Mattathias)와 그의 추종자들은 안식일이라 할지라도 방어를 위해서는 칼을 들기로 결정하였다(마카베우스1서 2:39-41).[20] 이러한 결정은 주전 160년경 바키데스(Bacchides)와 그의 군대가 안식일에 요나단(Jonathan)과 그의 추종자들을 공격했을 때 그 효력을 발생하였다. 요나단은 그의 추종자들에게 바키데스의 공격에 대항하여 자신들의 생명을 보호하도록 독려하였고, 그래서 그들은 1,000명[21]에 달하는 바키데스의 군인들을 죽였다(마카베우스1서 9:43-49).[22]

하지만 이 결정은 공격적인 전투에까지 확대 적용되지는 않았다. 마카베우스2서 8:26-28에 따르면, 주전 166년경 유다스와 그의 형제들 그리고 그의 추종자들은 니카노르(Nicanor)의 군대를 격파하고 그들을 추적하였다. 그러나 안식일이 다가오자 그들은 자신들의 추적을 그만두고 안식일을 지켰다.[23]

마카베우스2서 15:1-5에서 우리는 니카노르와 그의 군대 중 유대인들 사이의 아주 흥미로운 대화를 발견한다. 주전 161년경 니카노르가 유대인들에게 안식일에 무기를 취하라고 명령하였을 때, 유대인들은 다음과 같은 대답

---

20) 참조. Josephus, 『고대사』 12.276-77. 그와 같은 실용주의적 결정은 후일 생명을 구하는 것이 안식일을 지키는 것에 우선한다는 랍비적 규칙을 형성하는 데 기반을 마련해 주었던 것 같다; 참조. *m. Yom.* 8.6-7; *m. Shab.* 16.1-7; 또한 참조. 『다메섹 문서』 11.16-17. Schürer, *History*, II, p. 474; Sanders, *Law*, p. 13을 보라.
21) 참조. Josephus, 『고대사』 13.14에서는 '2,000명'으로 나타난다.
22) 참조. Josephus, 『고대사』 13.12-14. 또한 참조. 『고대사』 18.319-24. 하지만 이러한 결정은 극단적인 재난의 상황들에만 적용되었으며, 따라서 이방인들은 여전히 자신들의 전쟁에 유대교의 안식일을 이용할 수 있었다. Josephus, 『고대사』 14.63을 보라.
23) 이와 유사한 또 하나의 이야기가 마카베우스2서 12:38에서 발견된다. 하지만 *t. Erub.* 3.7을 참조하라.

과 더불어 그렇게 하기를 거부하였다. '일곱 째 날을 지키라고 명령하신 분은 바로 하늘에 계신 전능자이신 살아 계신 주님 자신이십니다.' 결국 그는 유다스에 대한 자신의 공격을 수행하지 못하였다.[24]

2.1.3. 아리스토불루스[25]

단편 5에서 유대교의 안식일 준수가 피타고라스적 설명을 통해 논의되고 있다.[26] 먼저 아리스토불루스는 일곱째 날이 온 우주를 창조하신 하나님에 의해 쉬는 날로 주어졌는데, 그 이유는 삶이라는 것이 모든 이들에게 수고로운 것이기 때문이라고 확언한다(단편 5.9; 참조. 창 2:2-3; 출 20:8-11). 창조의 첫째 날을 일곱째 날과 일치시킨 후, 그는 일곱째 날 하나님 자신이 창조 사역으로부터 쉬셨음을 언급한다.[27] 하지만 아리스토불루스에게 있어서, 일곱째 날 하나님의 안식은 활동의 끝을 의미하는 것이 아니라 오히려 모든 시간을 위해 만물을 정돈함을 의미하며(단편 5.11; 참조. 요 5:17), 엿새 동안 하나님의 사역은 시간의 질서를 세우는 작업으로 이해되고 있다(단편 5.12). 헹겔(M. Hengel)이 제안한 것처럼, '아리스토불루스는 이와 같은 방법으로 시간 안에서의 하나님의 창조에 관한 구약성경의 개념을 하나님의 무시간적 활동에 관한 헬라 사상과 조화시키고자 하였다.'[28]

---

24) 후일에 로마인들은 유대인들의 군복무를 면제해 줄 수밖에 없었다. 왜냐하면 유대인들은 안식일에 무기를 들거나 행군하기를 거부하였기 때문이다; 참조. Josephus, 『고대사』 14.223-40. Schürer, *History*, II, pp. 474-75.
25) 아리스토불루스 저작의 다섯 개 단편들은 대개 주전 2세기 중반에 저작된 것으로 추정되는데 (M. Hengel: 주전 175-170년; J.H. Charlesworth: 주전 155-145년), 이들은 그 자신의 유대교적 전통을 헬라 철학적 사상과 조화시키고자 하는 방대한 시도의 일부였던 것으로 보인다. 본 단편들의 진정성을 인정하는 자들은 아리스토불루스가 알렉산드리아의 유대인이었다고 생각한다; Hengel, *Judaism*, I, pp. 163-64; Charlesworth, *Pseudepigrapha*, II, pp. 831-33.
26) Schürer, *History*, III, p. 583; 참조. Walter, *Aristobulus*, pp. 73, 150-77.
27) Hengel, *Judaism*, I, p. 166은 여기서 '일곱 날 하나님의 안식과 첫째 날 빛의 창조를 잠 8:22에 의거한 지혜의 선재성 및 몇몇 철학적 개념들과 독특하게 결합시키는 것'을 주목한다; 참조. *Judaism*, II, p. 108 n. 389.
28) Hengel, *Judaism*, I, p. 166; 참조. II, p. 108 n. 390; 또한 참조. Borgen, 'Philo', p. 276.

그런 후 아리스토불루스는 거기에서 더 나아가 호메로스(Homeros)나 헤시오도스(Hesiodos)나 리누스(Linus) 같은 헬라인들도 일곱째 날을 거룩한 것으로 간주하였다는 사실을 보여 줌으로써, 유대교의 안식일이 우주적 중요성을 갖는다고 주장한다(단편 5.13-16). 이러한 모든 논점을 전개해 나가는 가운데, 그는 으뜸 수로서의 '7'에 관한 피타고라스적 사고(思考)와 지혜에 관한 스토아적 정의를 활용하고 있다.29) 그가 보기에 유대교 사상과 조화될 수 있다고 생각한 이러한 개념들을 절충적인 방식으로 활용함으로써, 그는 안식일에 관한 유대교적 개념을 그 본래적 성격을 포기하지 않은 채 헬라 철학적 우주론과 인식론의 관점에서 해석하려 하였다.30)

2.1.4. 결론

주전 2세기에서 1세기 사이에 쓰인 것으로 보이는 네 권의 외경 및 위경 저작들 가운데서 발견되는 안식일 구절들에 대한 위의 연구로부터 다음 결론들이 도출된다.

[1] 희년서에서 우리는 안식일에 **금지된 행동들**에 대한 가장 오래된 목록을 발견한다(희년서 2:29-30; 50:8-12; 참조. 2:23[31]). 또한 우리는 여기서 후일 지나치게 세부적인 랍비적 안식일 규례들로의 발전 조짐을 처음으로 명백하고도 구체적으로 보게 된다. 마카베우스1, 2서에서 우리는 '전쟁을 하지 마라'라는 안식일 규례를 엄격하게 준수한 예들을 발견한다(마카베우스1서 2:32-38; 마카

---

29) Hengel, *Judaism*, I, pp. 166-67; Charlesworth, *Pseudepigrapha*, II, p. 834.
30) 필로의 선구자로서의 역할에 대해서는 Borgen, 'Philo', pp. 274-79를 보라.
31) 본 절에 근거하여 학자들은 희년서에서 금지된 일의 종류가 22가지 있다고 추정한다; 참조. Hoenig, 'Designated Number', pp. 199-200; Casey, 'Historicity', p. 5. 하지만 본 절은 안식일에 금지된 일들을 지칭하는 것이라기보다는 안식일 이전의 창조 사역을 지칭하는 것으로 보인다. 필자는 희년서에서 22종류가 아니라 14종류의 금지된 일들밖에 확인하지 못하였다. 참조. Sigal, *Halakah*, pp. 145-46 – 그는 14종류보다는 16개 항목을 제시한다. 하지만 그의 첫째 항목은 금지된 일로서 간주되기보다는 '일하는 것'에 대한 평행적 표현으로 간주되어야 할 것이다. 또한 필자의 판단에 그의 넷째와 다섯째 항목들은 다른 종류의 일들을 지칭하는 것이 아니라 같은 종류의 일들을 지칭한다.

베우스2서 5:25; 8:26-28; 15:1-5; 참조. 희년서 50:12).

하지만 우리는 안식일 계명에 대한 두 가지 예외들을 발견하게 된다: ① 주님 앞에 희생 제사를 드리는 일(희년서 50:10-11); ② 방어를 위해 칼을 드는 일(마카베우스1서 2:39-41; 9:43-49).32) 두 번째 예외 조항은 후일 생명을 구하는 일이 안식일을 지키는 것보다 우선한다는 랍비적 규칙을 형성하는 데 기반을 마련해 주었던 것으로 보인다.

② 앞에서 살펴본 구절들 중 많은 수가 다양한 방법들로 안식일의 권위에 대한 관심을 보여 준다. 희년서 2:17-33에서 저자는 안식일의 권위를 그 태고성과 영원성을 증명해 보임으로써 강조한다. 그러는 가운데 저자는 하나님께 대한 이스라엘의 독특한 언약적 관계에 대한 표로서의 그날의 역할을 지적하기도 한다.33) 하지만 아리스토불루스에게 있어서 그날의 권위는 오히려 그 우주적 보편적 성격에 의해 입증된다. 유사한 목적들을 위해 채택된 이와 같은 상반된 두 접근 방식들은 그들이 처한 다른 상황들(즉, 팔레스타인적 상황과 알렉산드리아적 상황)을 반영해 준다.

안식일의 권위는 안식일의 거룩성이 강조되는 가운데 한층 더 두드러진다. 마카베우스 구절들에 있어서 안식일의 거룩성은 이미 전제되고 있으며, 때로는 인상적인 방식으로 표현되기도 한다(예. 마카베우스1서 2:34, 37; 마카베우스 2서 5:25-26). 희년서 6:32-38에서 안식일의 거룩성은 364일 달력의 중요성이 강조되는 가운데 전제되고 있다. 희년서 2장과 50장에서 저자는 안식일의 거룩성에 대한 관심에 상당히 열광적으로 사로잡혀 있으며, 안식일을 더럽힌 자들에 대해서는 계속해서 사형이 선언되고 있다.

③ 희년서에 따르면, 안식일은 원칙상 우울한 날이 아니라 오히려 좋은 음

---

32) 우리는 여기서 특정한 그러나 아직 광범위한 규정(여기서는 '전쟁을 하지 마라.')이 어떤 집단의 상황들과 필요들에 맞추어 점점 더 정밀한 실정법 방향으로 발전되어 나가는 구체적인 경우를 보게 된다. 참조. Schürer, *History*, II, pp. 467-68.

33) 하지만 이미 살펴보았듯이, 출 31:12-17은 그 초점이 명백히 이스라엘의 하나님과의 독특한 언약 관계에 맞추어져 있는 데 반해, 여기서는 그 초점이 언약 관계보다는 안식일 자체에 맞추어져 있다.

식을 먹고 그날의 주인께 경배함으로써 축하되어야 할 축제의 날이다. 따라서 금식은 금지되고 있다(2:21, 29; 50:9-10, 12; 참조. 유딧서 8:6; 마카베우스2서 8:27).34)

2.2. 쿰란 문서들

쿰란 문서들35) 중 (구약성경, 위경, 외경 사본들을 제외한) 몇몇 문서들에서 안식일 구절들이 나타나고 있지만, 실질적으로 주요한 자료들은 일련의 세부 규례들을 각각 제시해 주는 『다메섹 문서』(the Damascus Document; CD)와 4Q251에서 발견된다. 따라서 필자는 이들 두 문서들에 논의를 집중할 것이다. 그 밖의 다른 자료들(그들 중 몇몇은 대체로 364일 달력에 연관되어 있다)은 아주 간략하게 다뤄질 것이다.

2.2.1. 세부 규례들

(1) 『다메섹 문서』 10.14-11.18; 12.3-6

요세푸스에 따르면, 에세네파36)는 '일곱째 날에 일을 금하는 데 있어서

---

34) 여기서 지금까지 우리가 논의하지 못한 구약의 외경과 위경 내의 다른 안식일 구절들에 대해 간략하게나마 정리해 보려 한다. 그들 대부분은 매우 간략하며, 구약성경이 보여 주는 안식일의 몇몇 특징들이 당연한 것으로 받아들여지고 있음을 확증해 주는 것 이상의 어떤 의미 있는 정보도 더해 주지 못한다; 예. 에녹2서 32:1-2의 하나님의 창조 사역 당시 안식일에 하나님의 안식과 그날에 대한 하나님의 축복; 에스드라1서 5:52 – 안식일 제사; 유딧서 8:6; 10:2 – 정규적인 안식일 준수. 바룩2서 84:8에서 안식일 계명은 특이하게 부정(否定)형으로 나타난다 – '안식일을 … 잊지 마라' (참조. 출 20:8). 위(僞)필로 25:13과 44:6-7은 안식일을 더럽히는 것이 심각한 죄들 중 하나임을 보여 주지만, 그 이상의 특별한 내용을 더해 주지는 않는다.
35) 구약성경, 외경, 및 위경적 사본들을 제외한 쿰란 문서들은 일반적으로 에세네파로부터 기인된 것으로 간주된다. 본 단원에서 우리의 주된 관심 대상은 바로 이 분파적 저작들이다. 참조. Dupont-Sommer, *Writings*, pp. 39-67; Knibb, *Qumran*, p. 1; Charlesworth, *Judaism*, p. 63 등. 이러한 일반적 견해에 반대하는 그러나 별 타당성이 없어 보이는 한 견해에 대해서는 Golb, 'Dead Sea Scrolls', pp. 68-82를 보라.
36) 본 단원에서 필자는 에세네파가 적어도 두 지류로 구성되어 있던 분파였다는 최근의 지배적인 견해를 수용할 것이다. 즉, 결혼을 하지 않고 사해 주변에 모여 살았던 수도원적 집단(소위 '쿰

어떤 다른 유대인들보다 엄격하였다'(『전쟁사』 2.147). 쿰란 문서들 중 입법적 성격을 띤 몇몇 저작들 중의 하나인 『다메섹 문서』(=CD)[37]는 10.14-11.18[38]에 28개에 달하는 안식일 규례들의 긴 목록을 포함하고 있으며, 12.3-6에는 안식일을 어긴 형벌에 관한 별도의 규례를 포함하고 있다. 이 규례들은 이후 랍비적 안식일 규범들과 비교해 볼 때 대체로 훨씬 더 엄격한 것으로 특징지어진다.

이 목록은 안식일이 언제 시작하는가를 규정함으로써 시작된다(10:15-16). 이 문제는 이전 안식일 자료들에서는 다루어지고 있지 않지만, 요세푸스에 따르면 이는 그때 당시 유대인들 사이에서 이미 깊은 관심의 대상이 되어 있었다.[39] 뒤이어 나오는 '천하거나 악독한 말'을 하는 것(10.17-18) 그리고 업무를 수행하는 것과 그것에 대해 말하는 것(10.18-20; 11.2, 15)에 대한 금지 조항들은 에세네파가 새로이 창안해 낸 것들은 아니다(참조. 사 58:13; 희년서 50:8). 그러나 이 금지 조항들이 훨씬 더 구체적이라는 특징은 한눈에 드러난다. 특히 업무 관련 금지 조항들이 반복적으로 나열되고 있음은 이 분파가 안식일에 업무를 수행하지 못하도록 하는 데 특별한 관심이 있었음을 시사해 준다.

란공동체'), 결혼을 하고 쿰란 이외의 팔레스타인 지역에서 모여 살았던 마을 거주 집단. 『다메섹 문서』는 후자에 속한 작품으로 보이는 데 반해, 『공동체 규칙』(the Community Rule; 1QS)은 전자에 속한 작품으로 보인다. Knibb, *Qumran*, pp. 14-15; Charlesworth, *Judaism*, pp. 63-64 — 그는 네 개의 지류들을 제안한다. 참조. Vermes, *Qumran in Perspective*, pp. 87-130. 하지만 쿰란공동체를 에세네파와 연관시키려는 생각을 거부하는 견해에 대해서는 Driver, *Scroll*, pp. 100-21을 보라.

37) 본 문서는 권면(1.1-8.21; 19.1-20.34)과 일련의 법령들(9.1-16.19)로 나뉘어져 있다. 안식일 자료들은 주로 후자에서 발견된다. 본 문서의 저작 연대와 관련해서 대부분의 학자들은 희년서보다는 후에, 그리고 주전 1세기 전반부 이전에 쓰였으리라는 데 동의한다. 『다메섹 문서』의 저자가 희년서를 알고 있었으리라는 점에 대해서는 학자들 사이에 의견의 일치가 이루어져 있다. 『다메섹 문서』 16.3-4는 의심할 여지없이 희년서를 지칭하는 것으로 보인다. 참조. Davies, *Damascus Covenant*, p. 203. 아래 논의에서 필자는 Rabin, *Zadokite Documents*을 사용할 것이다(이는 대부분 카이로 사본 A와 B에 기초한 것이다). 물론 필요할 경우 다른 본문들과 번역본들도 참조할 것이다. 특히, 히브리어 본문의 경우 Lohse, *Texte aus Qumran*도 참조할 것이다.

38) 본 구절에 대한 양식-분석적 연구에 대해서는 Zahavy, 'Sabbath Code', pp. 589-91을 보라.
39) Josephus, 『전쟁사』 4.582. 참조. Sharvit, 'Sabbath', p. 44.

10.21은 다음과 같이 진술한다. '[안식일에는 누구든지] 자기 마을 너머 1,000규빗 이상 걸어 나가지 못하도록 하여라.' 출애굽기 16:29과 희년서 50:12도 안식일에 여행하는 것을 금하고 있다. 하지만 둘 다 여행 한계를 규정하고 있지는 않다. 이에 반해 『다메섹 문서』는 안식일 여행 한계를 1,000 규빗으로 규정하고 있다. 이는 안식일 규례가 아마도 그 집단의 필요를 채우기 위해 보다 세부적이 되어 가는 경향을 보여 주는 또 하나의 예(例)이다. 많은 학자들은 이 안식일 여행 한계가 2,000규빗을 수용하던 랍비들의 여행 한계보다 훨씬 더 엄격하다는 점을 지적한다.[40] 하지만 11.5-6에서는 짐승을 목초지로 데려가려는 경우 2,000규빗이 허용되고 있다(참조. 눅 13:15).

10.22-11.2에서는 희년서 50:9에서와 마찬가지로 음식을 준비하는 것이 금지되어 있으며, 거주지(居住地) 밖에서는 물을 마시는 것조차 금지되고 있다.[41] 그러나 어떤 사람이 여행을 하는 중 거주지 밖에서 목욕을 하고 있을 경우 그는 자신이 서 있는 곳에서는 물을 마실 수 있다. 누구든지 들에 놓여 있는 어떤 것도 집어먹는 것이 금지되고 있는데, 이러한 금지 조항은 그 이전 안식일 자료들에서는 발견되지 않는 새로운 조항이다.[42] 또 하나의 새로운 조항이 11.9에서 발견되는데, 그곳에서는 역청으로 봉한 용기(容器)를 여는 것이 금지되고 있다(참조. m. Shab. 17.8; 22.3; b. Shab. 23).

11.3-4에서는 새로 세탁한 옷을 입을 것이 요구되고 있으며, 11.14-15에서

---

40) Dupont-Sommer, *Writings*, p. 152 n. 4; Sharvit, 'Sabbath', p. 45; Sanders, *Practice*, p. 367; 참조. Rosenthal, 'Sabbath Laws', pp. 10-17. 안식일 여행 한계는 출 35:4-5로부터 기인한다. 랍비적 안식일 여행 한계는 '게제르(Gezer)에서 역사적으로 확증되는데, 그곳에서 일단의 "경계표" 돌들이 가장 가까운 성벽으로부터 대략 2,000규빗 거리에 위치해 있다' (Rabin, *Documents*, p. 53 n. 21.5); 참조. 행 1:12.
41) 희년서 50:8-9의 조항과 유사한 이 조항은 랍비적 조항들(예. *m. Erub.* 8.6-8)보다 엄격한 것이 분명하다. 참조. Dupont-Sommer, *Writings*, p. 152 n. 6. *Pace* Rabin, *Documents*. p. 53 n. 23.3.
42) 어쩌면 출 16.22-30이 본 조항의 간접적인 근거를 제공하였을지도 모른다. 이를 제외하고는 이 조항의 선례를 찾아 볼 수 없다. 하지만 후대의 예들에 대해서는 *m. Pes.* 4.8을 보라. '그들은 [즉, 여리고의 사람들은] 안식일에 나무 밑에 떨어져 있는 과일을 먹었다. … 그러자 현자(賢者)들이 그들을 꾸짖었다.' 참조. Philo, *Spec. Leg.* 66-70; 마 12:1-2//; 아래 4.3.1-2를 보라.

는 '이방인들이 가까이 있는 곳에서 안식일을 보내는 것' 이 금지되고 있다. 이 두 규례들은 안식일의 거룩성을 보존하려는 에세네파의 관심을 반영하는 것으로 보인다.[43] 또한 희년서 50:12에서와 마찬가지로 금식(11.4-5)과 짐승을 때리는 것(11.5-6; 참조. m. Shab. 14.1)이 금지되고 있다. 어쩌면 11.2, 12[44]은 신명기 5:14의 조항('네 남종이나 네 여종이나 … 네 문 안에 유하는 객이라도')을 당대의 상황에 비추어 보다 구체적으로 명시한 것으로 보인다.

11.7-11에는 물건을 들여오거나 가지고 나가는 것에 관련된 금지 조항들의 목록이 나타난다. 그런데 우리는 여기서 성경에 나타난 (비록 구체적이기는 하지만) 일반적인 규례(느 10:32; 13:15-22; 렘 17:19-27)가 당시의 상황들에 부합하는 점점 더 구체적인 세부 규례들로 발전되어 가는 경향의 두드러진 예들을 발견한다. 학자들은 여기서도 다시 한 번 『다메섹 문서』의 규례('아무도 약제[藥劑]를 가지고 나가거나 가지고 들어가지 마라.' - 11.9-10)가 '양념 통이나 향수병' 은 허용하는 랍비들의 규례(예. t. Shab. 4.11)보다 엄격하다는 점을 주목한다.[45]

하지만 『다메섹 문서』와 랍비들 사이의 보다 중요한 대조는 11.13-14에서 발견된다. 이곳에서는 짐승이 새끼를 낳는 것을 도와주는 것이나 갓 태어난 새끼가 구덩이에 빠졌을 때 꺼내 주는 것이 명백히 금지되고 있는 데 반해, 랍비들은 두 경우 모두를 허용한다.[46]

안식일에 일을 금하는 계명에 대한 두 가지 분명한 예외들이 있는데, 하나는 사람의 생명을 구하는 것이고(11.16-17),[47] 다른 하나는 제사를 드리는 것

---

43) Sharvit, 'Sabbath' , p. 47. 위의 후자 규례 바로 뒤에 나오는 '아무도 안식일을 더럽히지 말도록 하라' 라는 구절을 참조하라.
44) 11.2: '누구든지 개종자(혹은 이방인)를 "업무차" 출타시키지 마라' ; 11.12: '누구든지 그의[즉, 유대인의] 종을 꾸짖지 마라.'
45) Sharvit, 'Sabbath' , p. 45; 참조. Rabin, *Documents*, p. 56 n. 10.2.
46) *m. Shab.* 18.3은 전자의 경우를 허용하며, *b. Shab.* 128은 후자의 경우를 허용한다. 참조. *t. Shab.* 15.1-3. 마 12:11에 따르면 일반적인 경향은 『다메섹 문서』가 규정한 것보다 훨씬 자유로웠던 것으로 보이는데, 위의 랍비 문학 자료들은 주후 1세기 당시의 바로 이와 같은 보다 자유로운 경향을 반영하고 있는 것으로 보인다.
47) 본문은 부분적으로 손상되어 있다. 여기서 필자는 Rabin의 정정된 번역을 채택하였는데, 그의 번역은 Dupont-Sommer와 Vermes의 번역본들에서도 채택되고 있다. 하지만 다른 판독에 대

이다(11.17-18). 하지만 『다메섹 문서』는 또다시 제사를 드리는 것과 관련해서도 랍비들보다 (그리고 어쩌면 희년서보다) 더 엄격하다. 11.17-18에서는 안식일 번제를 제외하고는 그 어떤 희생 제사도 허용되지 않는 데 반해,48) 랍비들은 안식일과 유월절이 겹칠 경우 유월절 희생 제사까지 드리도록 규정하고 있다(예. *m. Pes.* 6.1).

세부 규례들을 이와 같이 길게 나열한 후 잠시 막간을 삽입한 다음 『다메섹 문서』는 안식일을 더럽힌 자에 대한 처벌 규정을 첨가한다. 우리는 여기서 희년서와 『다메섹 문서』 사이의 놀라운 대조를 대하게 된다. 희년서는 지나칠 정도로 사형에 대한 강조에 집착하는 데 반해, 『다메섹 문서』 12.3-6은 명백히 사형을 금지시키고 있으며,49) 7년간의 감금 이후에 공동체의 일원으로 복귀하는 것을 허용한다. 어쩌면 킴브루(S.T. Kimbrough)의 다음과 같은 제안이 옳은지도 모른다. '쿰란공동체 가운데서 안식일 할라카가 관대한 방향으로 움직이는 경향이 이미 시작되었다.' 50)

위의 연구로부터 우리는 다음과 같은 내용들을 정리해 볼 수 있다.

1) 『다메섹 문서』 가운데는 앞서 존재해 왔던 금지 조항들(특히, 희년서의 조항들)을 단순히 반복하는 몇몇 규례들이 있다(10.22 – 음식을 준비하는 것; 11.4-6 – 금식과 짐승을 때리는 것; 11.15 – 더럽히는 것).

2) 희년서의 규례들과 비교해 보았을 때 새로운 것은 아니지만, 보다 구체적이고 정밀한 약간의 규례들이 있다: 말하는 것과 업무(10.18-20; 11.2, 15); 여

해서는 Sharvit, 'Sabbath', p. 46을 보라; 그는 '누구든지 그를 끌어 올려라' 라는 본문 대신 '누구도 그를 끌어올리지 마라' 라는 본문을 채택한다. 그러나 Rabin은 그와 같은 본문을 다음 이유 때문에 거절한다. '그 어떤 고대 분파도 *piqquah nefesh* 권리를 부인한 것으로 알려져 있지 않다' (*Documents*, p. 57 n. 17.3). Rabin의 정정은 4Q251 2.6-7에 의해서도 지지를 얻는다; 아래 2.2.1-(2)를 보라. Contra Sigal, *Halakah*, p. 150.
48) 이 규례는 레 23:38에 기초해 있다. 하지만 Dupont-Sommer, *Writings*, p. 153 n. 6에 따르면, '그 성경 본문은 아주 무리한 의미로' 이해되고 있다.
49) Rabin, *Documents*, p. 60 n. 3.3; Sanders, *Practice*, p. 350. 하지만 다른 입장에 대해서는 Dupont-Sommer, *Writings*, p. 154 n. 6을 보라. 이 문제에 대한 랍비적 견해에 대해서는 *m. Sanh.* 7.8; *m. Shab.* 7.1을 보라.
50) Kimbrough, 'Sabbath', p. 486.

행(10.21); 물을 마시는 것(10.23-11.2); 종들과 짐승들(11.2, 12); 생명을 구하는 것(11.6-17); 제사(11.17-18).

3) 이전의 안식일 자료들에서는 발견되지 않는, 따라서 에세네파가 처한 상황들에서 그들의 독특한 관심사를 반영하는 것으로 보이는 몇몇 새로운 세부 규례들이 있다: 안식일의 시작(10.15-16); 들에 있는 과일들(10.22-23); 용기(容器)를 여는 것(11.9); 옷(11.3-4); 이방인과의 거리(11.14-15); 짐승을 돕는 것(11.13-14).

4) 랍비들의 규례들보다 명백히 더 엄격한 몇몇 규례들이 있다: 안식일 여행 한계(10.21); 물건 나르기(11.9-10); 짐승을 돕는 것(11.13-14); 제사(11.17-18).

5) 안식일을 어긴 자를 처벌하는 한 규정(12.3-6)에 있어서, 비록 이 규정이 금지 조항은 아니라 할지라도, 우리는 『다메섹 문서』가 희년서보다 명백히 더 관대한 구체적인 한 예를 발견하게 된다.[51]

위의 내용으로 미루어 우리는 다음과 같은 결론들을 내릴 수 있다. 처음 두 항목은 많은 경우에 있어서『다메섹 문서』가 희년서의 안식일 자료들을 반영하거나 발전시키고 있음을 보여 준다. 항목 2)와 3) 그리고『다메섹 문서』의 긴 규례 목록 전체는 이전에 존재하던 보다 일반적인 규례들이, 그 이전 안식일 자료들에 비하여 안식일의 거룩성[52]이나 소유권 혹은 언약적 의의에 대한 강조는 결여한 채, 당대의 상황들을 반영하여 점점 더 구체적이고 정밀한[53] 방향으로 발전되어 가는 경향을 명백히 보여 준다.[54] 위의 두 결론

---

51) 참조. 『다메섹 문서』 10.21 — 여기서 안식일 여행 한계의 규정은 단순히 여행 자체를 금하고 있는 희년서 50:12보다 더 관대한 것으로 받아들여질 수 있다.
52) 『다메섹 문서』 3.4에서 우리는 안식일을 '거룩한' 것으로 묘사하는 지나가는 한 진술을 발견한다. 어쩌면『다메섹 문서』 6.18의 문맥도 안식일의 거룩성을 반영하는지도 모른다. 참조. 『다메섹 문서』 11.3-4, 14-15. 하지만 희년서에서 반복적으로 강조되고 있는 사형 형벌에 대한 『다메섹 문서』의 명백한 금지는 『다메섹 문서』의 저자가 희년서의 저자보다 안식일의 거룩성에 대해 관심이 적었음을 제안해 주는 것 같다.
53) 참조. 『다메섹 문서』 6.18: '그 정확한 규범들에 따라 안식일을 지킬 것.'
54) 세 권의 책들에 나타나는 금지된 일들의 숫자(즉, 희년서: 14; 『다메섹 문서』: 25; 미쉬나: 39 범주의 금지된 행동들 — 미쉬나의 숫자는 실제로 엄청난 숫자의 구체적인 행동들을 포괄한다)는 아마도 그와 같은 진행을 반영한다고도 볼 수 있다.

으로 미루어 볼 때, 『다메섹 문서』의 목록은 얼마 후 랍비들에 의한 안식일 규례들의 보다 세부적인 방향으로의 발전을 향한 결정적인 발걸음이었음을 보여 준다. 끝으로 항목 4)는 『다메섹 문서』의 금지 조항들이 전반적으로 랍비들의 금지 조항들보다 훨씬 더 엄격하다는 점을 보여 준다.

(2) 4Q251 2.1-3.6

아이젠만(R. Eisenman)과 와이즈(M. Wise)의 편집본55)에서 『만족스러운 향기』('A Pleasing Fragrance')라고 명명된 4Q251은 쿰란에서 발견된 전형적인 '세부적 규례' 모음집이다. 이 문서는 『공동체 규칙』(1QS)과 『다메섹 문서』의 평행 구절들을 상당히 포함하고 있다.56) 특히 2.1-3.6은 『다메섹 문서』 10.14-11.18에서 발견되는 안식일 자료들과 정확히 평행을 이루는 다수의 구절들을 포함하고 있다.

아이젠만과 와이즈의 재구성에 따르면, 4Q251 2.2-4은 실질적으로 더러운 옷을 입는 것을 금하는 『다메섹 문서』 11.3-4의 내용을 반복하고 있다(참조. 4Q274 1.1.3; 2.1.2-4). 2.4-5에서 우리는 『다메섹 문서』 11.7-9에서도 발견되는 물건을 집에서 내어가는 것과 들여오는 것을 금하는 조항을 발견한다. 여기서 전자는 후자보다 더 간략하기는 하지만, '무엇이든지'를 '무슨 그릇이나 음식물이든지'로 구체적으로 규정하고 있다.

4Q251 2.5-8에서 우리는 웅덩이에서 짐승이나 사람을 끌어올리는 것에 관한 『다메섹 문서』 11.13-17과 놀라울 정도로 유사한 규례들을 발견한다. 이 유사 구절로부터 우리는 에세네파가 위험에 처한 인간의 생명을 구하는 것은 허용하였지만, 짐승의 생명을 구하는 것은 허용하지 않았다는 앞의 결론

---

55) Eisenman and Wise, *Uncovered*, pp. 200-205; 본 단락에서 사용되는 쿰란 제4동굴(4Q) 문서들의 본문은 이 편집본으로부터 온 것이다. 하지만 참조. Martinez, *Scrolls*, p. 87 – 이 편집본은 상당히 다른 4Q251 본문을 제시하는데, 이는 안식일에 관한 아무런 언급도 포함하지 않고 있다.
56) Eisenman and Wise, *Uncovered*, pp. 200-201이 제안하는 바와 같이, 이 문서는 『공동체 규칙』과 『다메섹 문서』의 법률적 부분들을 좀 더 합리적으로 제시하고 있는 것 같다.

을 좀 더 확증할 수 있다. 4Q251 3.5-6에서 우리는 안식일 여행 한계[57]에 관한 『다메섹 문서』 10.21과 11.5-6에서 발견되는 것과 놀라울 정도로 유사한 규례들을 그 역순(逆順)으로 발견한다.[58]

이처럼 4Q251 2.1-3.5는 전체적으로 안식일에 관한 에세네파의 입장에 관한 앞의 관찰들과 결론들을 보다 확고하게 확증해 줄 뿐이며, 새로운 정보를 제공해 주지는 않는다.

끝으로, 사람들은 왜 『공동체 규칙』(1QS)이 안식일에 관하여 한마디도 포함하고 있지 않는지에 대해 질문을 던질지도 모른다. 어떤 이는 쿰란공동체가 안식일에 관심을 기울이지 않았으며 따라서 그들은 안식일을 위해 단 한 줄도 할애하지 않았다고 주장한다. 그러나 그와 같은 주장은 『공동체 규칙』의 전반적인 광신적 성격을 고려해 볼 때 납득이 가지 않는다. 『공동체 규칙』 배후의 집단은 『다메섹 문서』에 의해 대표되는 마을 거주 에세네파 집단들보다 율법을 지키는 일에 있어서 훨씬 더 엄격한 쿰란 공동체였다. 그렇다면 샌더스(E.P. Sanders)가 설득력 있게 제안한 바와 같이, 『공동체 규칙』은 '극도로 정밀한 문제들과 그에 대한 형벌들'만을 다루고 있으며, 따라서 그것은 성경적 율법 전체를 기정사실로 전제하고 있을 뿐 아니라, 아마도 『다메섹 문서』를 포함한 쿰란의 율법 관련 조항들 모두를 당연한 것으로 받아들이고 있는 것으로 보인다.[59]

2.2.2. 364일 달력

지금까지 출판된 그 밖의 쿰란 문서들 가운데서 몇몇 안식일 자료들이 발

---

[57] 가축을 데리고 갈 때는 2,000규빗, 그냥 걸어 갈 때는 30스타디아(약 1,200규빗 정도) — 그러나 이 거리는 '성[전]으로부터' 임을 주목하라. 3.5의 후반부는 매우 심하게 손상되어 있으며, 필자는 Eisenman과 Wise의 재구성 본문을 따랐다.
[58] 2.8-3.4은 너무 심하게 손상되어서 그 의미를 적절히 파악한다는 것이 거의 불가능하다. 따라서 필자는 그 부분을 본 논의에서 포함시키지 않았다.
[59] Sanders, *Law*, pp. 15-16.

견되는데, 그중 약간은 364일 달력과 연관되어 있다. 「의로운 것으로 인정된 일들에 관한 첫째 편지」(The First Letter on Works Reckoned as Righteousness: 4Q394-398) 제1부에서 우리는 한 해 전체의 완전한 안식일 날짜 목록을 발견한다. 이 목록은 364일 달력을 반영한 것인데, 이 달력은 희년서 6:32-38에서 음력 달력에 대항하여 옹호되고 있다.[60] 이 364일 달력은 11QTemple 13-29에서도 입증되는데, 거기에서는 축제들과 그 제물들이 규정되고 있다.[61] 4Q325는 역시 364일 달력에 기초하여 각 안식일과 축제를 담당하는 제사장들을 기록하고 있다(참조. 4Q323-324A-B; 1QM 2.1-4). 이 모든 문서들은 에세네파에게 안식일이 그들의 달력에 열쇠를 제공해 주는 결정적으로 중요한 문제였음을 보여 준다.[62]

2.3. 요세푸스

요세푸스(주후 36/37-100년경)의 현존하는 네 작품들(『유대 전쟁사』, 『유대 고대사』, 『자서전』, 『아피온 반박』)[63]은 안식일 관련 언급들을 풍성히 제공하는데, 그들 중 많은 것들이 안식일에 전쟁하는 문제와 관련되어 있다. 따라서 우리는 먼저

---

60) 이는 희년서가 에세네파 사이에서 적어도 안식일 준수와 관련해서는 지대한 역할을 하였음을 시사해 준다. 참조. Sanders, *Practice*, pp. 360-61.
61) 참조. Maier, *Temple*, pp. 70-87; pp. 71-76에서 그는 364일 달력에 의거한 에세네파의 축제 날짜들을 완전히 재구성하고 있다.
62) 나머지 자료들은 간단히 지나가는 언급들일 뿐이며, 안식일에 관한 에세네파의 사상에 대해 아무런 중요한 정보도 제공해 주지 않는다. 하지만 보충적으로 두 가지 점을 주목할 필요가 있을지 모르겠다. 11QTemple 17.15-16에 대한 Maier의 재구성에 따르면, 에세네파는 안식일을 '여[호와의 거룩한 회합]'으로 간주했던 것으로 보인다(*Temple*, p. 25); 참조. Vermes, *Scrolls (English)*, p. 133 ─ '[여호와를] 위한 [회합이 (있을 것이다)].' 1Q22 1.8-9은 이스라엘이 '언약의 안식일'을 어긴 것이 그들에 대한 하나님의 징벌의 결정적인 근거들 중의 하나였다는 에세네파의 확신을 보여 주는 것으로 보인다.
63) 요세푸스의 생애와 그의 작품들에 관한 최근의 논의들에 대해서는 특히 Attridge, 'Josephus and his Works', pp. 185-232와 Bilde, *Flavius Josephus*를 보라. 위의 두 학자들에 따르면 요세푸스의 작품들의 연대들은 다음과 같다: 『유대 전쟁사』, 75-79년; 『유대 고대사』와 『자서전』, 93/94년; 『아피온 반박』, 93/94년 이후. 본 단원에서 사용되는 본문은 Thackeray, *et al.*, *Josephus*로부터 온 것이다.

이 문제를 고찰해 볼 것이다.

2.3.1. 안식일에 전쟁

그의 두 주요 작품들(『전쟁사』와 『고대사』)의 주된 주제들 중의 하나가 외국 세력들에 대항한 유대인들의 투쟁이다. 이러한 사실을 고려해 볼 때, 그 작품들에 나타난 안식일 관련 구절들 대부분이 안식일에는 전쟁을 하지 않는다는 유대인들의 원칙 및 그 원칙으로 인한 결과들을 다루고 있다는 점은 그리 놀라운 일이 아니다.

『고대사』 12.274-75에 따르면 주전 167년경 안티오쿠스 에피파네스(Antiochus Epiphanes)의 군인들은 안식일에 유대인들을 공격하였으며, 굴 안으로 피신한 유대인들을 아무 저항 없이 태워 죽였다. 왜냐하면 그 유대인들은 죽음에 직면해서도 안식일의 존엄성을 범하려 하지 않았기 때문이다. 그날 1,000여 명이 그들의 아내들 및 자녀들과 함께 죽임을 당하였다(참조. 마카베우스1서 2:32-38). 『아피온』 2.235에서 죽음에 직면해서까지도 율법에 기꺼이 순종하는 모습으로 나타난 유대인들의 영웅주의에 대해 말할 때, 요세푸스는 아마도 이 사건을 염두에 두고 있었던 것으로 보인다. 『고대사』 12.4은 프톨레마이오스 소테르(Ptolemaios Soter)가 주전 320년경 예루살렘을 속임수로 장악했을 당시 유대인들이 안식일에 저항하지 않았던 보다 오래된 경우를 보여 주는 것 같다.[64]

전자의 사건이 있은 후 마타디아스와 그의 추종자들은 안식일이라 할지라도 필요가 있을 때마다 싸우기로 결정하였다(『고대사』 12.276-77; 참조. 마카베우스1서 2:40-41). 이러한 결정은 주전 160년경 바키데스가 안식일에 요나단을 공격했을 때 효력을 발생하게 된다. 요나단은 그의 동료들을 권하여 적과 전투

---

[64] 이러한 제안은 『고대사』 12.6에서 인용된 그 사건에 대한 Agatharchides의 묘사에 의해 지지를 얻는다. '이것[=예루살렘]을 Ptolemaios의 손에 넘겨주게 되었는데, 이는 무기 들기를 거절했기 때문이었다.' 참조. 『아피온』 1.209.

를 벌였고 바키데스의 군대 중 2,000명65) 정도를 죽였다(『고대사』 13.12-14). 『고대사』 18.319-24에서 우리는 주후 1세기에 아시나이우스(Asinaeus)의 통솔 하에 유대인들이 안식일에 파르티아 군대를 대항해서 자기 방어적 전쟁을 수행한 사건에 관한 또 하나의 기록을 발견한다. 하지만 이러한 결정은 적으로부터의 직접적인 공격에만 적용되었던 것으로 보인다. 『고대사』 14.63-64에 따르면 주전 63년경 폼페이우스(Pompeius)는 이 규칙을 이용하여 안식일에 직접적인 전투는 하지 않으면서 그의 투석기(投石機)를 위한 토루(土壘)와 탑을 쌓아 올리는 작업을 수행함으로써 예루살렘을 장악하였다.66)

하지만 위의 결정이 언제나 받아들여졌던 것은 아닌 듯하다. 『전쟁사』 7.361-62에 따르면 가이사랴의 유대인들은 주후 66년에 가이사랴 폭도들이 안식일에 그들을 공격하여 학살을 감행할 때 전혀 저항하지 않았다(2.457도 보라). 『자서전』 161에서 우리는 요세푸스 자신의 경험과 관련된 다음과 같은 명백한 언급을 대하게 된다. '명백한 필요가 아무리 절박하다 할지라도67) 내일[즉, 안식일에] 그들이 무기를 취한다는 것은 불가능할 것이다. 그와 같은 행동은 우리의 율법68)에 금지되어 있기 때문이다.'

안식일에 (공격적인) 전쟁 금지 규칙은 외국 군대에서 복무하는 유대인들에

---

65) 참조. 마카베우스1서 9:49에서는 '1,000명'.
66) 『고대사』 14.63에서 요세푸스는 다음과 같이 주석을 달고 있다. '왜냐하면 율법은 전쟁을 시작하여 우리를 공격하는 자들에 대항해서는 우리 자신들을 방어하는 것을 허락한다. 그러나 율법은 그 밖의 어떤 다른 일을 하는 적(敵)도 대항하여 싸울 것을 허락하지 않는다.' 참조. 『고대사』 12.227. 하지만 모든 유대인이 이 규칙을 지키지는 않았던 것 같다. 『전쟁사』 2.449-56에 따르면 주후 66년에 Eleazar의 군대는 안식일에 예루살렘에서 로마인들을 공격하여 대량학살을 자행하였다. 이와 약간 다른 경우가 『고대사』 18.354에서 발견되는데, 그 기록에 따르면, 주후 1세기 중엽에 Anilaeus는 안식일에 Mithridates의 군대를 그들이 자고 있을 때 급습하였다. 후자의 경우 다음날 아침 직접적인 공격의 위협이 있었지만, 전자의 경우 아무런 직접적인 위험 요소도 없었다. 하지만 이 두 경우들이 당시 유대인들의 일반적인 경향이었던 것으로 보이지는 않는다. 『전쟁사』 2.456에 나타나 있는 요세푸스의 지극히 부정적인 주석을 주목하라. '더욱이 그 학살은 종교적 양심상 유대인들이 지극히 결백한 행동들까지도 금하는 날인 안식일에 자행되었던 것이다.' 이 두 예외들을 제외하고 다른 구절들은 안식일에 공격적인 전쟁을 금하는 규칙을 지키는 데 있어서 보다 엄격한 경향을 보여 준다.
67) 밑줄은 필자의 것임. 참조. 『전쟁사』 2.634.
68) 여기서 '율법' ('톤 노몬', τῶν νόμων)은 구전 율법을 지칭하는 것 같다; 참조. 『고대사』 12.274; 마카베우스1서 2:34, 37.

의해서도 지켜졌다. 『고대사』 13.251-52에서 요세푸스는 니콜라스(Nicolas)의 다음과 같은 내용의 증언을 인용하고 있다. 주전 130년경 안티오쿠스(Antiochus)가 인다테스(Indates)를 격퇴시킨 후 히르카누스(Hyrcanus)의 요청으로 리쿠스(Lycus) 강에서 이틀을 머물렀는데, 이는 유대인들이 행군하는 것이 허용되지 않는 오순절 축제와 안식일이 연이어 있었기 때문이었다(참조. 마카베우스2서 15:1-5). 쉬러(E. Schürer)가 제안한 바와 같이, 아마도 유대인 군인들이 안식일 율법을 이처럼 엄격하게 준수한 결과로, '로마인들은 유대인들을 군복무 의무로부터 면제해 주어야 할 필요성을 느꼈던 것 같다.' 그렇지 않을 경우 유대인들의 안식일과 로마 군대의 규율은 결코 조화될 수 없었을 것이기 때문이다.69) 흥미롭게도 요세푸스가 『고대사』 14.223-40에서 인용하고 있는 주전 50년대 이후의 다양한 탄원서들과 편지들 및 법령들 가운데서 로마 시민인 유대인들을 군복무로부터 면제하는 것을 언급하거나 공포하는 일곱 개의 문서들이 발견된다.70) 14.226에는 군복무 면제의 근거가 명백히 언급되고 있다. '왜냐하면 그들은 안식일이라는 날들에 무기를 들거나 행군을 하지 않기 때문이다.'

2.3.2. 안식일에 대한 이방인의 태도들

요세푸스의 안식일 자료에 반영되고 있는 또 하나의 중심 주제는 안식일에 대한 이방인의 태도다. 우선적으로 요세푸스는 안식일이 이방 세계에 얼마나 널리 퍼져 있었고 또한 준수되고 있었는지를 보여 준다. 『아피온』 2.282에서 요세푸스는 다음과 같이 말한다. '일곱째 날에 일을 금하는 우리의 관

---

69) Schürer, *History*, II, pp. 474-75, 특히 n. 62. 참조. 『고대사』 14.225-27.
70) 문서들은 다음과 같다: Hyrcanus의 대사가 Dolabella에게 보내는 요청서(14.223-24); 에베소에 보내는 Dolabella의 편지(14.225-27); Lucius Lentulus가 에베소에 보내는 법령(14.228-29); 에베소에 보내는 Titus Ampius Balbus의 편지(14.230); Delos인의 법령(14.231-32); Publius와 Marcus가 Lentulus에게 보내는 탄원서(14.236-37); Lentulus가 에베소에 보내는 법령(14.237-40). 참조. 14.202-10에 나타나는 Caesar의 칙령.

습이 퍼져 나가지 않은 도시나 나라는 헬라와 야만 지역을 불문하고 하나도 없다.' 71) 그의 초기 작품(『전쟁사』 4.97-105)에서 요세푸스는 티투스(Titus)가 주후 67년에 기스칼라(Gischala)를 공격할 당시 안식일을 존중하였음을 시사한다(참조. 『전쟁사』 7.96-99).

『고대사』 14.241-64; 16.162-68에서 요세푸스는 유대인들이 안식일을 지킬 수 있는 자신들의 권리를 로마인들로부터 어떻게 획득하였는지를 보여 주기 위해 편지들과 법령들을 인용하고 있다.72) 유대인들에게 허용된 구체적인 권리들 중 한 가지는 그들이 안식일에는 법정에 나타나지 않아도 된다는 것이다(『고대사』 16.163).

하지만 이방인들이 유대인들의 안식일에 대해 언제나 호의적이지만은 않았던 것 같다. 유대인들에게 안식일을 지키는 것을 허용하는 로마의 법령들에도 불구하고, 『고대사』 16.27-30에 따르면 이오니아(Ionia) 사람들은 유대인들로 하여금 안식일에도 법정에 나오고 군복무에도 참여할 것을 강요함으로써 그들을 학대하였다. 위의 다른 법령들과 편지들도 다른 곳들에서의 그와 같은 학대를 시사해 준다(참조. 14.244-46, 256-58, 262-64). 안식일에 대한 그와 같은 적대적 태도는 요세푸스가 인용하고 있는 '사바톤'(σάββατον)의 어원에 대한 아피온(Apion)의 견해에도 잘 드러나 있다. 『아피온』 2.21에서 아피온은 '사바톤'이라는 단어가 sabbo라는 이집트어에서 유래되었는데, 이는 사타구니에 종양을 유발시키는 질병을 의미한다고 말한다.

그와 같은 견해에 대해, 요세푸스는 『아피온』 2.22-27에서 그러한 생각이 얼마나 어리석은 것인가를 비웃으면서 sabbo와 유대 언어에서 '모든 일로부터의 쉼'(ἀνάπαυσίς … ἀπὸ παντὸς ἔργου)을 의미하는 '사바톤' 사이의 엄청

---

71) 참조. Schürer, *History*, III, pp. 161-62, 특히 n. 50. 또한 참조. 『고대사』 12.257-59 – 이는 사마리아인들의 안식일 준수를 보여 준다.
72) 그 문서들은 다음과 같다: 라오디게아의 행정관들이 Gaius Rabirius에게 보내는 편지(14.241-43); Publius Servilius Galba가 Miletus에게 보내는 편지(14.244-46); Halicarnassus의 법령 (14.256-58); 에베소의 법령(14.262-64); Augustus의 법령(16.162-65); 에베소인들에게 보내는 Agrippa의 편지(16.167-68).

난 차이를 지적하고 있다.[73]

이처럼 요세푸스에 따르면 로마 세계에는 유대인들의 안식일에 대해서 호의적인 태도와 적대적인 태도 사이의 긴장이 있었다.

2.3.3. 안식일에 행해지던 유대인들의 관습들

요세푸스는 안식일에 행해지던 유대인들의 다양한 관습들에 대해 몇몇 지나가는 언급들을 제공해 준다. 『전쟁사』 4.582에 따르면 제사장이 성전 지붕에 서서 안식일의 시작과 끝을 나팔을 불어 알려 주는 것이 통례였다.[74] 『전쟁사』 5.230에 따르면 매 안식일마다 희생 제사는 대제사장에 의해서 시행되었다.[75] 『고대사』 3.143, 237, 255-56에는 공공 비용으로 마련되는 안식일 희생 제사와 진설병에 대한 언급들이 각각 나타나고 있다.

『자서전』 277에 따르면 안식일에는 '기도처'[76]에서 회합을 갖는 것이 통례였다. 『아피온』 2.175로 미루어 볼 때, 유대인들은 매 안식일마다 회당에 모여서 정기적으로 율법을 듣고 배웠던 것으로 추정된다. 『자서전』 279에서 요세푸스는 매 안식일마다 제6시(오늘날 정오)에 점심 식사를 하는 것이 유대인들의 관습이었다고 진술한다. 앞서 살펴본 바와 같이, 『전쟁사』 2.147에서 요세푸스는 안식일을 극도로 엄격하게 지키는 에세네파의 모습을 생생하게 묘사한다.[77]

---

73) 참조. 『고대사』 12.5-6: 여기서 요세푸스는 유대인들의 안식일을 '미신'으로 간주하는 Cnidus의 Agatharchides의 비난을 언급하고 있다; 『아피온』 1.209도 보라.
74) 참조. 『다메섹 문서』 10.15-16; 또한 참조. m. Suk. 5.5. 안식일에 사용되는 나팔의 다른 용도에 대해서는 4Q493 M'를 보라.
75) 요세푸스에 따르면, 대제사장은 다른 축제들에서도 희생 제사를 집례하였다. 하지만 율법에 의하면 속죄일 제사를 집례하는 것만이 그의 의무였다(참조. 레 16장).
76) 아마도 회당에 대한 다른 이름으로 보인다. Thackeray, et al., Josephus, I, p. 103 n. b를 보라.
77) '그들은 일곱째 날에 일을 금하는 데 있어서 어떤 다른 유대인들보다 엄격하다. 그들은 그날 불을 지피는 것을 피하기 위해 그 전날 자신들의 음식을 준비해 둘 뿐 아니라, 그 어떤 용기도 옮기려 하지 않고, 심지어는 변소에도 가지 않는다.'

요세푸스는 또한 안식일을 지키는 신학적 근거에 대해 몇 가지 흥미로운 주석을 제공한다. 『고대사』 1.33에서 요세푸스는 창세기 2:1-3을 재진술하는 가운데 두 가지 점을 명백히 하고 있다.

① 그는 창조 사역 당시 하나님의 일곱째 날 안식이 안식일의 근원을 제공한다고 간주한다. 하지만 여기서 그는 일곱째 날과 안식일을 단순히 동일시하고 있는데, 이는 우리가 이미 제1장에서 살펴본 바와 같이 창세기 본문에서의 일곱째 날에 대한 올바른 이해가 아닌 것으로 보인다.

② 그는 '사바톤'이 히브리어에서 '쉼' 이라는 의미를 갖는다고 규정한다. 여기서 그는 '쇠빠트' 라는 명사가 '쇠바트' 동사에서 기인된 것이라고 확신하고 있는 것으로 보이는데, 그의 이러한 견해는 최근의 어원 연구에 의하면 가장 가능성이 짙기는 하지만 결정적인 것은 아닌 것으로 나타난다.

한편, 『고대사』 3.91과 『아피온』 2.174에서 요세푸스는 안식일 율법이 다른 율법들과 더불어 모세에 의해 규정되었다고 확언한다.

2.3.4. 결론

[1] 요세푸스의 안식일 자료들[78]은 유대인들 사이에 안식일에 **전쟁 금지 원칙**에 대한 다양한 태도들이 있었음을 보여 준다.

① 주전 167년 이전 극단적인 전쟁 금지론자들(『고대사』 12.4. 274-75)

② 주전 167년 이후 타협적 보수주의자들(『고대사』 12.4. 274-75)

③ 주전 167년 이후 비타협적 극단주의자들(『전쟁사』 7.361-62)

④ 주전 167년 이후 자유주의자들(『전쟁사』 2.449-56; 『고대사』 18.354)

[2] 요세푸스의 안식일 자료들은 **이방 세계**에서의 안식일에 관한 몇 가지

---

[78] 요세푸스의 자료들의 역사적 신빙성에 대해서는 Bilde, *Josephus*, pp. 191-200에 나타난 논의를 보라 — 종래의 부정적 입장에 반하여, 그는 요세푸스의 역사적 신빙성을 긍정적으로 받아들인다.

점들을 제안해 준다.

① 안식일은 이방 세계 가운데 널리 퍼져 있었고, 유대인들의 관습으로 알려져 있었다(『아피온』 2.282; 참조. 『고대사』 14.223-64와 16.162-68에서 발견되는 법령들과 편지들).

② 이방인들 중에는 안식일에 대해 호감을 가질 뿐 아니라 안식일을 지키는 자들까지 있었다(앞에서 살펴본 법령들과 편지들; 『아피온』 2.282).

③ 이방인들 중에는 안식일에 대해 적대적인 자들도 있었다(『아피온』 2.21-27; 『고대사』 16.27-30).

④ 이처럼 이방 세계에는 안식일에 대한 호의적인 태도와 적대적인 태도 사이에 긴장이 있었다.

③ 요세푸스는 당대의 안식일에 대한 유대인들의 이해와 관습에 대한 몇몇 의미 있는 정보를 제공해 주지만(예를 들어 나팔 불기, 안식일 희생 제사, 안식일 회합, 율법 공부, 점심 식사, 안식일의 근원과 어원 등), 흥미롭게도 그는 안식일에 금지되어 있던 일들의 세부 규례들에 관한 정보는 거의 제공하지 않는다(물론 에세네파의 세부 규례들은 제외하고). 이는 아마도 그가 그러한 규례들에 대해 무관심했기 때문이었다기보다는, 그의 작품들의 목적과 특성이 그러한 규례들과 무관했기 때문이었던 것으로 보인다.

2.4. 필로

알렉산드리아의 필로(주전 20년경-주후 45년)는 그의 작품들을 통해 안식일에 대한 지대한 관심을 보여 준다.[79] 특별히 주목할 점은 그의 풍유적 해석들로서, 이는 특히 7이라는 숫자와 관련해서 두드러진다.

---

79) 그의 현존하는 작품들(대략 42권) 중 반 이상이 안식일 문제를 다루고 있는데, 많은 경우 그 다루는 분량이 상당히 길다. 필로의 생애와 작품 및 사상에 관한 일반적인 논의들에 대해서는 Wolfson, *Philo*, Williamson, *Philo* 등을 보라. 본 단락에서 사용되는 본문은 Colson *et al.*, *Philo*로부터 온 것이다.

2.4.1. 안식일의 의의(意義)

유대교의 율법과 전통을 헬라인들에게 받아들여질 수 있도록 만들고 또한 헬라 철학을 유대인들에게 전수시키고자 하는 필로의 전반적인 관심은 그로 하여금 알레고리적 해석의 수용을 불가피하게 만들었는데,80) 이러한 상황은 안식일의 경우도 예외가 아니었다.

『세계 창조에 관하여』(Op. Mund. 89-128)에서 필로는 안식일의 특성들을 7이라는 숫자의 특질들('퓌시스', φύσις)을 설명함으로써 증명해 보이려 한다. 안식일을 7이라는 숫자에 연관시키는 근거는 창세기 2:1-3에 나타나는 창조 기사에 의해 제공된다.81) 그는 우선적으로 '아버지' 자신에 의해 선언된 일곱째 날의 위엄과 거룩성을82) 진술한다. 그리고서 계속해서 그날을 '우주의 축제', '세계의 생일'이라고 부름으로써 그 우주적 성격을 진술한다(참조. Spec. Leg. 1.170; 2.59). 그 우주적 성격을 더 분명히 드러내기 위해서 그는 그 당대에 널리 퍼져 있던 7이라는 숫자에 대한 몇몇 이해들을 소개하며,83) 7이라는 숫자의 의의는 우주에서 일어나는 수많은 현상들84)에 대한 전 세계의 (즉, 헬라와 다른 나라의) 다양한 연구가들85)에 의해 일반적으로 인정되고 있음을 보여 준다.

이러한 관찰들로부터 필로는 이 숫자의 몇몇 특징적인 특질들을 지적한

---

80) 이와 같은 이중적 관심과 그러한 관심의 알레고리적 해석과의 관계에 대해서는 Schürer, History, III.2, pp. 876-78을 보라. 필로의 알레고리적 해석에 관한 보다 자세한 논의에 대해서는 Williamson, Philo, pp. 144-200을 보라.
81) 사실 필로는 여기서 '토 사바톤'(τὸ σάββατον)이라는 어휘를 사용하지 않는다. 그러나 그는 다른 곳들에서 일곱째 날을 안식일과 단순히 일치시킨다. 가장 명백한 경우들에 대해서는 Abr. 28; Spec. Leg. 2.41, 86, 194를 보라.
82) 안식일의 신성한 위엄과 거룩성은 필로에 의해 많은 곳들에서 반복적으로 강조된다. 예. Op. Mund. 128; Vit. Mos. 2.209, 218ff., 263ff.; Dec. 51, 96ff.
83) 숫자 7에 대한 그의 사색에 있어서 그는 피타고라스 학파의 영향을 강하게 받고 있다. 참조. Borgen, 'Philo', p. 256.
84) 예. 달의 궤도들, 인간의 성장 단계들, 하늘의 일곱 구역들, 큰곰자리, 수정란의 형성, 문법, 음악.
85) 예. 수학자들, 철학자들, 과학자들, 언어학자들, 음악가들.

다. 예를 들어, 조화(96, 107ff.; 참조. *Deus Imm.* 11 등), 어머니가 없는 출생/영원한 처녀/우두머리/주권자(100; 참조. *Leg. All.* 1.15 등), 부동성(不動性, 100), 완전성/완성(102, 106; 참조. *Vit. Mos.* 1.207 등), 천상성(天上性, 127). 그리고 그는 이 특질들을 일곱째 날에 적용시킨다. 그는 다음과 같이 결론을 맺는다. 덕(德)을 사랑하는 모세는 '숫자 7'의 고귀한 영예를 인지하였고, 그 숫자의 아름다움을 거룩한 율법 법전 대부분에 새겨 놓았으며, 또한 그에게 맡겨진 모든 사람들의 마음에도 그것을 심어 놓았다(128).

다른 책들에서 그는 안식일의 다른 특성들을 개진해 나간다. '입법자'('노모떼테스', νομοθέτης)에 따르면 '평화'와 '7'은 동일하다. '왜냐하면 일곱째 날에 창조 사역은 그 외관상의 활동을 그만두고 휴식을 취하였기 때문이다'(*Fug.* 173). 오로지 하나님께만 진정한 평화와 안식이 주어지기 때문에, 그분만이 안식일을 진정한 의미에서 지킬 수 있다. 따라서 모세는 안식일을 자주 '하나님의 안식일'이라고 부른다(*Cher.* 86-90).

하지만 하나님의 안식은 단순한 무활동을 의미하지 않는다. 왜냐하면 하나님은 본성상 결코 일을 멈추지 않으시기 때문이다. 그분의 안식은 오히려 '수고로움도 없고 고통도 없이 철저하게 편안하게 일하시는 것'이다(*Cher.* 87). 하나님께서 이 세상의 존재들을 짓는 것을 마치실 때, 그분은 만드시는 활동을 실제로 그치신 것이 아니라, 다른 신적 존재들을 짓는 활동을 시작하신 것이다(*Leg. All.* 1.16-18). [86] 덕 있는 삶을 사는 자들은 (그리고 그들만이) 하나님의 안식에 참여할 수 있는데, 그 안식이란 무활동의 게으름을 의미하는 것이라기보다는 철학[87]을 공부하는 것과 같은 보다 고결한 활동을 활발히 행하는 것을 의미한다(*Spec. Leg.* 2.46-51, 60-62). 육체가 6일 동안 실용적인 유익을 위해 일하는 동안 영혼은 휴식을 즐긴다. 그러나 일곱째 날 육체가 휴식을 갖

---

[86] 참조. Aristobulus, 단편 5.11; 요 5:17.
[87] 필로의 철학에 대한 이해는 철학을 '지혜의 실천'으로 규정하는 스토아 학파의 견해를 강하게 반영한다(Sextus, *Adversus Physicos* 1.13). 참조. Wolfson, *Philo*, II, pp. 211-12; Borgen, 'Philo', p. 256.

는 동안 영혼은 지식과 마음의 완전함과 같은 이론적/명상적 유익을 위한 일을 재개한다(Spec. Leg. 2.64).[88]

안식일은 이중적 목적, 곧 눈에 보이는 목적(또는 율법의 문자적/외적 의미)과 눈에 보이지 않는 목적(또는 율법의 알레고리적/내적 목적)을 갖는데, 전자가 소홀히 되어서는 안 되겠지만 후자가 훨씬 더 가치 있는 것이다(Migr. Abr. 89-93).

2.4.2. 안식일에 대한 이방인들의 태도들

앞에서 언급한 바와 같이 필로의 주된 관심 중 하나는 유대교의 율법과 전통을 헬라인들에게 받아들여질 수 있도록 만드는 것이었다. 우리는 안식일에 대한 이방인들의 태도들에 관한 그의 진술들로부터 그와 같은 관심의 이유를 엿볼 수 있다.

『꿈에 관하여』(Somn. 2.123-32)에 따르면, 지배 계급 중 한 사람이, 안식일 율법을 없애면 유대인들이 전반적으로 배교할 것으로 기대하고서,[89] 이집트에서 안식일 율법을 폐지하려는 시도를 했었다. 그러나 그의 시도는 실패로 돌아갔는데, 이는 안식일에 대한 유대인들의 헌신적인 태도 때문이었다. 그러자 그 지배자는 유대인들의 안식일에 대한 헌신이 실제로 어떤 재난 상황들에서는[90] 일관성이 없을 수밖에 없다는 점을 들어 유대인들을 공격하였다. 그러고서 그 자신이 그들에게 그와 같은 재난들을 가져오게 할 수 있다고 위협하였다. 그와 같은 주장에 대해 필로는 그의 주장이 진실일 수 없고, 오히려 그의 악한 성품을 보여 줄 뿐이며, 따라서 그의 주장은 그 기반을 상

---

88) 이는 필로의 사상 가운데 나타나는 플라톤적 몸-영혼 이원론의 명백한 예이다. 참조. Borgen, 'Philo', p. 256. 필로에게 나타나는 실용적-명상적 삶에 대한 이원론적 접근에 대해서는 Wolfson, Philo, II, pp. 262-66을 보라.
89) 이는 유대 종교에 있어서 안식일 율법의 중심 역할을 시사해 주며, 그러한 중심 역할이 그 통치자에 의해 올바로 인지되었던 것으로 보인다.
90) 예를 들어, 적군의 갑작스러운 공격, 불어난 강물, 터진 댐, 벼락, 기근, 전염병, 혹은 지진 등으로 말미암아 기인된 급작스러운 위험들, 또는 '인간이나 신적 대리인에 의해 발생한 다른 어려움' 등.

실한다고 반박하고 있다.

　『모세의 생애에 관하여』(*Vit. Mos.* 2.211-12), 『특별한 율법들에 관하여』(*Spec. Leg.* 2.60-70), 『도망과 발견에 관하여』(*Hyp.* 7.11-16)에서 필로는 몇몇 이방인들이 유대인들의 안식일 준수를 게으름이나 시간 낭비로 비난한다는 점을 지적하고, 안식일의 진정한 목표와 실천적 관습을 보여 줌으로써 그러한 비난에 응답하고 있다. 그는 먼저 유대인들이 그날에 시간을 허비하는 것이 아니라 오히려 진정한 철학인 그들의 거룩한 율법을 부지런히 연구한다는 점을 지적한다. 그는 또한 안식일을 지킴으로써 다가오는 6일 동안을 위해 몸을 상쾌하게 하고 원기를 불어넣어 주는 유익이 있음도 지적한다. 그는 이러한 사상을 더 발전시켜 안식일 안식의 인간애적 해석을 전개해 나간다. 그 안식의 목적은 자유인에게뿐 아니라 노예들과 심지어는 가축들에게까지도 끊임없는 수고의 멍에로부터 휴식을 주기 위한 것이다. 어쩌면 안식일 율법에 대한 필로의 알레고리적 해석은 전반적으로 그와 같은 이방인들의 비판에 대한 반응의 결과였는지도 모른다.

　하지만 필로는 『도망과 발견에 관하여』(*Hyp.* 7.20)에서 유대인뿐 아니라 온 인류를 위한 일곱째 날의 의의와 유익들이 수많은 의사들과 과학자들 그리고 철학자들에 의해 이미 인지되고 있다는 사실을 잊지 않고 지적한다. 『알레고리적 해석』(*Leg. All.* 155-58)에서 그는 로마 황제인 아우구스투스(Augustus)에 의해서도 안식일이 인정되고 있음을 언급한다. 로마제국 안에서 유대인들이 '그들의 민족적 제도들 중 어느 것도 어기도록 강요받지 않았다'라는 전반적인 경향을 지적한 후(155), 한 예를 제시한다. '배급이 안식일에 이루어진다 할지라도 … 그는[즉, 황제는] 배급 집행자들에게 그 구호품을 유대인들을 위해 그 이튿날까지 남겨 놓으라고 명령하였다'(158).

2.4.3. 안식일에 행해지던 유대인들의 관습 및 문자적 준수에 대한 필로의 견해

전반적으로 필로의 작품들은 알레고리적 특성을 띤다. 따라서 우리는 그의 자료들을 그 당대 유대인들의 관습에 대한 역사적 자료들로 사용하는 데 있어서 주의를 기울일 필요가 있다.[91]

『꿈에 관하여』(Somn. 2.123-24)에 따르면, 유대인들은 안식일을 '대단한 존경심과 경외심으로' 대하였으며, 알렉산드리아에서는 그날을 지키지 말라는 통치자의 명령들에도 불구하고 그들은 그것을 기꺼이 지킬 정도로 헌신적이었다.[92] 하지만 『아브라함의 이주에 관하여』(Migr. Abr. 89-93)에서 필로는 안식일의 상징적 의미를 너무 강조한 나머지 안식일의 문자적 의미를 소홀히 하였던 약간의 사람들이 있었음을 시사하고 있다. 이와 같은 경향에 반대하여, 필로는 '준수하도록 규정된 율법들'을 그 상징적 의미 때문에 폐지해서는 안 된다고 강하게 주장한다. 그는 그들이 영혼을 위해 그 율법들의 내적 의미를 주목하는 것과 마찬가지로, 육체를 위해서는 그 외적 준수에 주의를 기울여야 할 것이라고 촉구한다(참조. Spec. Leg 2.260). 그 구체적인 예들로서, 필로는 불을 켜는 것, 땅을 가는 것, 물건을 나르는 것, 법정에서 재판을 진행하는 것, 배심원으로 참여하는 것, 공탁금 반환을 청구하는 것, 대부금을 돌려받는 것 등을 열거한다.

불을 켜는 행동의 경우, 필로는 다른 곳들에서도, 특히 민수기 15:32-36 사건과의 연관성 속에서 풍부한 논의들을 제공해 준다(Vit. Mos. 2.213-20; Spec. Leg. 2.65, 249-51). 그러고서 그는 안식일을 어긴 자에 대한 사형 형벌에 지지를 표

---

[91] 역사적 출처로서의 필로의 자료에 대한 부정적 견해에 대해서는 Pettirsch, 'Vervot', pp. 307-308을 보라. 긍정적인 견해에 대해서는 Borgen, 'Philo', pp. 257-59를 보라. 비록 필자는 필로의 자료들에 대해 약간의 역사적 가치를 부여할 것이지만, 그의 상황이 알렉산드리아라는 사실과 따라서 팔레스타인 유대교에 대한 그의 증거는 간접적일 뿐이라는 점을 유념해야 할 것이다.
[92] 여기서 필로는 안식일을 '확립된 관습'이라고 묘사한다. 참조. Dec. 96.

한다.

『모세의 생애에 관하여』(*Vit. Mos.* 2,21-22)에서 필로는 안식일 율법을 극도로 결의론적인 방식으로 재진술한다. 그리고 그렇게 함으로써 안식일 안식은 자기 자신과 그의 이웃들, 자유인과 노예들, 그리고 그의 가축들에게뿐 아니라 모든 피조물들, 심지어는 모든 종류의 나무들과 초목에 이르기까지도 확장되어야 할 것을 주장한다. 그는 계속해서 '새순이나 가지 혹은 잎까지도 꺾어서는 안 되며, 어떤 과일도 따서는 안 된다' 라고 선언한다(참조. *Spec. Leg.* 2,66-70; 또한 참조. 마 12:1-2//). 이러한 모든 언급들은 필로에 대한 랍비적 유대교의 영향을 시사해 주는 것 같다.[93]

『특별한 율법들에 관하여』(*Spec. Leg.* 2,61-64), 『도망과 발견에 관하여』(*Hyp.* 12-13) 등에 따르면, 유대인들은 안식일에 회당에 모여서 대부분의 시간을 거룩한 율법 연구에 보냈다. 『모든 선한 자는 자유롭다』(*Omn. Prob. Lib.* 81-82)와 『명상적인 삶에 관하여』(*Vit. Cont.* 30-37)에서 필로는 에세네파와 데라퓨타이파(Therapeutae)가 어떻게 안식일을 지켰는지를 각각 기술한다. 그에 따르면, 두 집단 모두 안식일이면 율법을 연구하기 위해 자신들의 회당들에 모였다. 그리고 데라퓨타이파는 자신들의 일상적인 금식을 중지하고 공동 식사에 참여하였다.

『특별한 율법들에 관하여』(*Spec. Leg.* 1,168-76)에서 필로는 안식일 희생 제사와 진설병에 대한 모세 율법의 규칙들을 재진술하고 있다. 이 재진술은 아마도 당시 예루살렘 성전에서 시행되던 모습을 반영하는 것으로 받아들일 수 있을 것이다.

2.4.4. 결론

위에서 제안한 바와 같이, 안식일 율법들에 대한 필로의 알레고리적 해석

---

[93] Borgen, 'Philo', pp. 257-59.

은 유대교의 율법과 전통을 헬라인들이 받아들일 수 있도록 만들고 헬라 철학을 유대인들에게 전수시키고자 한 필로의 이중적 관심의 필연적인 열매인 것 같다. 그와 같은 관심을 고려해 볼 때, 한편으로 그의 알레고리적 해석 가운데 플라톤적, 스토아적, 피타고라스적 사상들을 채용하고 있는 점은 그리 놀랄 만한 일이 아니며, 다른 한편으로 그가 안식일 규례들의 문자적 준수를 고수하고 몇몇 랍비적 결의론적 전통들을[94] 채용하고 있는 것 또한 놀라운 일이 아니다. 이러한 모든 점들은 그가 그의 상황을 심각하게 고려하였다는 사실과 또한 문제의 본문들을 의미 있는 모습으로 상황화하려 노력하였음을 시사해 준다.

그의 알레고리적 해석에 있어서 필로는 안식일의 거룩성과 소유권을 강조하려 하는데, 이는 제1장에서 살펴보았듯이 구약성경 자체가 매우 강조하는 바이다. 그러나 구약성경에서 이 두 개념의 기초인 언약적 관계는 필로에게서 명백히 드러나지 않는다. 그의 관심은 오히려 온 세계에 대한 안식일의 보편적 연관성을 증명해 보이는 데 모아지고 있으며, 그렇게 하는 가운데 그는 평화, 조화, 어머니가 없는 출생, 부동성, 완전성 등과 같은 특질들을 안식일에 부여한다. 그리고서 안식일을 '우주의 축제' 혹은 '세계의 생일'이라고 부른다. 하나님께서 시공(時空) 가운데서 일하신다는 유대교의 개념을 하나님이 무시간적으로 활동한다는 헬라적 개념에 적응시키기 위해, 그는 끊임없이 일하시지만 수고와 고통은 없이 일하시는 하나님 개념을 발전시킨다. 비록 그의 석의적 방법들은 오늘날 독자들에게 자주 문제시되지만, 그럼에도 불구하고 이는 안식일 관련 문제들을 당시 상황에 의미 있게 적용시키고자 노력한 진지한 시도였음이 분명하다.

앞에서 지적한 바와 같이, 필로의 자료들의 역사적 가치는 제한적이다. 그럼에도 불구하고 우리는 그의 자료들로부터 안식일에 대한 이방인들의 태도

---

94) 여기서 그가 그 어떤 새순이나 나무의 열매도 꺾거나 따는 것을 구체적으로 금하는 할라카를 반향하고 있음은 괄목할 만하다. 아래 4.3.2를 보라.

들과 그날에 행하던 유대인들의 관습에 대한 약간의 정보들을 얻는다. 그에 따르면, 요세푸스의 경우에서도 이미 살펴보았듯이, 안식일은 이방 세계 가운데 널리 퍼져 있었고 유대인들의 풍습으로 널리 인식되고 있었다. 그런데 그러한 대중성은 때때로 그날에 대한 적대적 태도들이나 비웃음을 불러일으키기도 하였다. 어쩌면 그와 같은 태도들과 비웃음은 필로에게 자신의 알레고리적 해석의 동기를 제공해 주었는지도 모른다. 안식일에 행해지던 유대인들의 관습과 관련해서는 지금까지 확인된 것 이상의 내용을 거의 더해 주지 않는다. 단지 당시 대다수의 유대인들이 안식일을 '대단한 존경심과 경외심으로' 대하였지만 몇몇 유대인들은 반율법주의적 경향을 띠기도 하였다는 일반적인 상황 묘사는 주목할 만하다.

2.5. 그리스-로마 문학에 나타난 유대교에 관한 언급들

유대교의 안식일에 관한 몇몇 흥미로운 언급들[95]이 당시 상당수의 그리스-로마 이방 저자들의 작품들 가운데서 발견된다.

2.5.1. 안식의 날로서의 안식일

유대교의 안식일에 대한 대부분의 언급들은 그 쉬는 날로서의 특성에 주목한다. 오비디우스(Ovidius, 주전 43년-주후 17/18년)는 비(非)유대인의 출발이 '이국(異國)의 안식일'로 말미암아 늦어질 수 있는 가능성을 진술한다 (*Remedia Amoris* 217-20). 또한 그는 시리아의 유대인들이 그 안식일을 '신성하게' 지키고 있음을 언급하며(*Ars Amatoria* 1.75-76), '팔레스타인의 시리아인들'

---

[95] 본 단락에서 논의될 언급들은 두 개의 유익한 수집본들로부터 선정된 것들이다 — M. Stern, *Greek and Latin Authors on Jews and Judaism*; M. Whittaker, *Jews and Christians: Graeco-Roman Views*. 본문들은 전자로부터 온 것이나 필요할 경우 후자도 자주 참조될 것이다.

[=유대인들]이 지키는 일곱째 날 축제를 '사업하는 데 덜 적합한 날'이라고 묘사한다(Ars Amatoria 1.413-16). 이러한 언급들은 오비디우스가 유대교의 안식일을 심지어 비유대인들의 생활에까지 영향을 미칠 수 있는 휴식의 날로 인지하고 있음을 명백히 보여 준다.96)

때때로 휴식의 날로서의 안식일은 사투르누스(Saturnus)의 날로 불리고 있다.97) 프론티누스(Frontinus, 주후 30년경-104년)는 다음과 같이 말한다. '사투르누스의 날, 곧 그 어떤 일을 하는 것도 그들[즉, 유대인들]에게 죄가 되는 그날' (Strategemata 2.1.17). 티불루스(Tibullus, 주전 1세기 후반)가 '골치 아픈 사투르누스의 날'98)이 그를 붙들어 놓아 그의 출발을 지연시켰다고 말할 때(Carmina 1.3.15-18), 그는 앞의 오비디우스의 이해와 유사한 안식일 이해를 갖고 있었음을 보여 준다.99)

표면적인 안식일 무활동은 자주 많은 저자들의 조롱과 비판의 대상이 되곤 한다. 예를 들어, 세네카(Seneca, 주전 4년/주후 1년-주후 65년)는 안식일이 무익하다고 주장한다. '왜냐하면 매 7일마다 하루를 쉼으로 말미암아, 그들 인생의 거의 7분의 1을 게으름으로 허비하기 때문이다'(De Superstitione). 타키투스(Tacitus, 주후 56-112/113년)도 안식일을 '게으름의 쾌락'이라고 비판한다(Historiae 5.4.3). 그와 같은 무활동은 안식일에 전쟁의 금지와 연관해서 더욱 조롱의 대상이 된다. 플루타르크(Plutarch, 주후 50년 이전에 출생하여 120년 이후에 사망하였음)는 공격하는 적에 대항하여 자기 방어를 하지 않는 것은 미신(迷信)의 한 형태에 불과한 것으로 간주한다(De Superstitione 8).100) 요세푸스에 따르면,

---

96) 참조. Tacitus, Historiae 5.4.3 — 여기서 그는 '그날이 그들[즉, 유대인들]의 수고에 끝을 가져다주었기 때문에, 그들이 그 일곱째 날에 쉬기로 결정하였다'라고 주장한다. 또한 참조. Strabo, Geographica 16.2.40: '유대 거주자들이 모든 일로부터 금하고 있을 때.'
97) 안식일과 사투르누스의 날 사이의 관계에 관한 간략한 설명과 그 관련 구절들에 대해서는 Stern, Jews and Judaism, I, p. 319를 보라.
98) 혹은 '사투르누스에게 신성한 날'(Whittaker).
99) 안식일을 사투르누스의 날이라고 부르는 다른 언급들은 Tacitus, Historiae 5.4.3; Cassius Dio, Historia Romana 37.16.2-4; 37.17.3; Epitome 65.7.2 등에서도 발견된다. Cassius의 언급은 후대의 것이지만(주후 150-235년) 그 내용은 1세기 당시의 사건들을 다루고 있다.

아가타르키데스(Agatharchides, 주전 2세기)는 그처럼 자기 방어를 하지 않는 모습을 '그들의 어리석음'의 결과로 간주한다(『아피온』 1.210).

하지만 안식일 휴식이 언제나 비판의 대상이 되는 것은 아니다. 유베날리스(Juvenalis, 주후 60년경-130년)는 상당수의 비유대인들이 안식일에 삶에 대한 자신들의 모든 관심으로부터 벗어나 그날을 존중하였음을 시사해 준다(*Saturae* 14.96-106).[101]

2.5.2. 안식일에 대한 오해

안식일에 대한 그리스-로마 저자들의 지식은 다양한 오해들과 편견에 의해 자주 왜곡되어 있다. 아피온으로부터 따온 요세푸스의 한 인용구에 따르면(『아피온』 1.21), 아피온은 안식일을 광야에서 사타구니에 종양이 생겨 고생한 유대인들의 경험에서 기인된 것으로 돌린다. 한편 폼페이우스 트로구스(Pompeius Trogus)는 안식일을 금식일로 규정하고서, 그날은 광야에서 7일 동안 금식하며 유랑하였던 경험을 기념하고자 의도된 것이었다고 주장한다(*Historiae Philippicae* 36).[102] 이와 같이 안식일을 금식과 연관시키는 실수는 그리스-로마 저자들 사이에서 놀라울 정도로 자주 발견된다.[103]

때때로 안식일은 그 밖의 다른 날들과 잘못 연관되기도 한다. 호라티우스(Horatius, 주전 65-8년)는 30째 날과 안식일을 동일시하는 듯한 언급을 한다(*Sermones* 1.9.69). 페르시우스(Persius, 주후 34-62년)는 '헤롯의 날'이라는 수수께끼 같은 구절을 안식일과 연관시킨다(*Saturae* 5.179-84). 플루타르크는 안식일이 디오니수스(Dionysus)와 관련되어 있으며, 따라서 술에 취하는 날이라고

---

100) 참조. Persius, *Saturae* 5.176-84 -- 그는 미신이 인간을 노예화하는 첫 번째 예로서 안식일을 제시한다.
101) 하지만 Juvenalis 자신은 안식일 휴식을 '게으름'으로 묘사함으로써 그것을 비판하고 있다.
102) Justinus, *Epitoma* 2.14에서 인용됨.
103) 예. Petronius, *Fragmenta* 37; Martialis, *Epigrammata* 4.4; Suetonius, *Divus Augustus* 76.2; Tacitus, *Historiae* 5.4.3.

주장한다(*Questiones Convivales* 4.6.2). 우리는 또한 몇몇 잡다한 오해들을 발견하게 된다. 플리니우스(Plinius, 주후 23/24-79년)는 유대에 있는 '매 안식일마다 마르는 시내'에 대해 언급하며(*Naturalis Historia* 31.24), 유베날리스는 유대에서 '왕들이 안식일 축제를 맨발로 경축한다' 라고 진술한다(*Saturae* 6.159).104)

2.5.3. 안식일 등불

두 구절이 안식일에 등불을 켜는 유대인들의 관습을 언급한다. 페르시우스는 안식일이면 제비꽃으로 화환 장식된 등불들이 매끈한 창문턱에 놓여진다고 언급한다(*Saturae* 5.179-80). 요세푸스에 따르면, 이러한 풍습은 다른 민족들 사이에서도 널리 퍼져 있었던 것 같다(『아피온』 2.282). 이와 같은 광범위한 영향은 이러한 풍습에 대한 세네카의 공격(혹은 조롱)에 의해서도 입증된다(*Epistulae Morales* 95.47).105) 이와 연관되어 있으면서도 약간은 다른 안식일의 한 측면이 멜레거(Meleager, 주전 2세기 말-1세기 초)의 글에서 시사되고 있다(*Anthologia Graeca* 5.160). 거기서 그는 '추운 안식일' 이라는 표현을 사용하는데, 이는 아마도 유대인들이 안식일에 불 피우는 것을 금했던 것에서 기인된 표현으로 보인다.106)

2.5.4. 결론

위에서 살펴 본 그리스-로마 저자들의 안식일 관련 언급들에 대한 논의들은 유대교의 안식일이 널리 퍼져 있었으며, 유대교적 관습의 가장 특징적인 측면들 중의 하나로서 잘 인식되고 있었음을 보여 준다. 우리가 살펴본

---

104) 아마도 Juvenalis는 여기서 속죄일 행사와 안식일 행사를 혼동하고 있는 것 같다. Stern, *Jews and Judaism*, II, p. 100을 보라.
105) 그는 안식일에 등불 켜는 것을 금한다. '왜냐하면 신들은 빛을 필요로 하지 않기 때문이다.'
106) Stern, *Jews and Judaism*, I, p. 140; Whittaker, *Jews and Christians*, p. 71.

대부분의 언급들은 그날을 쉬는 날로 특징짓는다. 적지 않은 언급들은 유대교의 안식일이 비유대인의 생활에까지도 영향을 미칠 수 있음을 증언한다. 안식일 휴식은, 특히 그것이 전쟁 금지 원칙과 결부될 때면, 많은 조롱과 비판을 불러일으켰다. 하지만 어떤 비유대인들은 안식일 휴식에 매력을 느끼기도 하였다.

그리스-로마 저자들의 안식일 지식은 자주 다양한 오해들로 왜곡되곤 하였다. 대개 그러한 오해는 아마도 안식일 관습이나 그에 관한 자료들을 직접 접하지 못한 데서 기인되었던 것으로 보이지만, 때로는 편견에서 기인된 경우들도 있었던 것으로 보인다(예. 안식일의 기원에 관한 아피온의 주장). 그럼에도 불구하고 이러한 오해들마저도 이방 세계 가운데서의 안식일의 광범한 영향력을 입증해 준다. 그러한 영향력은 안식일 등불에 대한 언급들에 의해서도 더욱 입증된다.

2.6. 랍비 문학

본 서가 다루는 시대의 안식일에 관한 지식의 출처로서의 랍비 문학은, 특히 우리가 그것을 1세기 바리새파와 연관시키고자 할 때 몇 가지 복잡한 문제들을 야기한다. 본 단원의 제한된 지면은 이에 대한 충분한 논의를 허용하지 않는다. 그렇지만 이 문제들과 관련하여 아래 논의에서 전제될 우리의 입장을 명백히 진술해 두는 것은 필요할 것이다.

① 저작 연대들을 고려해 볼 때, 필자는 주로 타나임(Tannaim) 문학[107](그중

---

[107] 타나임이란 주후 1-2세기에 활동하였던 랍비들 중 특히 성경에 대한 그들의 해석이 '타나임 문학'에 보존된 자들을 지칭한다. 타나임 문학에는 미쉬나, 토세프타, 할라카적 미드라쉬(므킬타, 시프라, 시프레)가 포함된다. 별도 언급이 없을 경우 위의 작품들 및 바빌로니아 탈무드의 인용구들은 다음 번역본들(및 사본들)로부터 온 것이다: Danby (trans.), *Mishnah*; Neusner *et al.* (trans.), *Tosefta*; Lauterbach, *Mekilta* — 므킬타의 구절 표기는 Lauterbach 번역판 쪽 번호가 괄호 안에 부기될 것이다(예. [L.3.197]). Epstein (ed.), *Babylonian Talmud*. 시프라와 시프레 인용구들은 Neusner, *Traditions*로부터 온 것이다.

에서도 특히 미쉬나)에 초점을 맞출 것이다. 하지만 탈무드를 완전히 무시하지는 않을 것이다.

② 필자는, 뉴스너(J. Neusner)가 그의 많은 저서들에서 주장한 것처럼,[108] 미쉬나가 (그리고 토세프타도) 시대를 초월한 조직적인 철학 작품이라는 제안에 동의하지 않으며, 오히려 주로 주후 처음 2세기 동안 진행되어 왔던 율법 관련 논쟁들의 수집록이라는 제안에 동의한다.[109] 필자는 또한 미쉬나의 우선적인 목적[110]이 자료들의 수집이기는 하였지만,[111] 또한 부분적으로는 '법전' 으로 그리고 더 나아가서는 '교육을 위한 교본' 으로 의도되기도 하였다는 데 동의한다.[112]

③ 비록 타나임 저작들의 최종적 형태는 주후 200년경 혹은 그 직후에 가서야 완결되었지만, 그 저작들 안에서 1세기 랍비들에게로 돌려지고 있는 자료들은 전반적으로 우리가 다루고자 하는 기간에 이루어졌던 논의들을 대변한다고 추정할 만한 상당한 이유가 있다.[113] 2세기 초엽에 매우 활발하게 활동하였던 랍비 아키바(R. Akiba)와 랍비 이스마엘 b. 엘리사(R. Ishmael b. Elisha)에게 돌려진 자료들도 그들이 1세기 랍비들과의 토론에 참여하는 경우에 한해서 때때로 참조될 것이다.

④ 랍비 문학과 바리새파 사이의 관계와 관련해서, 필자는 랍비 문학이 (그 초기 작품들까지도) 바리새파를 전혀 대변하지 않는다는 뉴스너의 극단적인 회의적 견해를 따르지 않는다. 그렇다고 랍비 문학이 (심지어는 5세기경

---

108) 예를 들어, Neusner, *Evidence* , p. 261.
109) 참조. Sanders, *Law*, pp. 15, 312-24.
110) 미쉬나의 목적에 대한 간략한 논의에 대해서는 Strack and Stemberger, *Talmud*, pp. 151-54를 보라; Strack과 Stemberger 자신들은 전포괄적 목적을 제안한다.
111) Sanders, *Law*, pp. 15, 125-30, 249-50. 참조. Albeck, *Mischna*, pp. 149-57; Maccoby, *Rabbinic Writings* — 그들은 주된 목적과 관련해서는 의견의 일치를 보이지만, 그 궁극적 목표와 관련해서는 큰 의견차를 보인다: 순전히 학문적인 수집록(Albeck); 이스라엘의 재건을 위한 청사진(Maccoby).
112) Goldberg, 'Mishna' , p. 227.
113) 참조. Albeck, *Einführung*, pp. 149, 157; Strack and Stemberger, *Talmud*, pp. 42-49; Sanders, *Practice*, pp. 413, 444 등. 하지만 회의적인 견해에 대해서는 Neusner, *Evidence* 및 그의 후기 저작들을 참조하라.

에 집성된 탈무드까지도) 초기 바리새파 사상을 대변한다고 단정하는 뉴스너 이전 학자들의 무비평적 견해도 따르지 않는다.[114] 필자는 오히려 바리새파 사상을 재구성하는 데 있어서 70년 이전 자료들을 분별력 있게 사용하고 또한 바리새파와 타나임 랍비들 사이의 연속성을 인정하는 샌더스의 중도적 입장을 따른다.[115]

2.6.1 초기(70년 이전) 자료들

(1) 힐렐과 샴마이

뉴스너의 저서 *The Rabbinic Traditions about the Pharisees before 70*('70년 이전 바리새파에 관한 랍비 전승들')에 따르면, 랍비 문학 전체를 통해 단지 아홉 개의 안식일 구절들만이 소위 '랍비 세계의 아버지들'인 힐렐과 샴마이에게 직접 돌려진다.

출애굽기 20:8에 대한 *Mekilta de R. Simeon*(=MRS)에서 우리는 샴마이의 다음과 같은 진술을 발견한다. '그날을 기억하라 — 그날이 오기에 앞서, 그리고 그날을 지키라 — 그날이 오면.' 본 진술에 뒤이어 다음과 같은 주석이 따라 온다. '안식일에 대한 기억이 그의 입술로부터 사라지지 않았다.' 따라서 그는 무언가 좋거나 새로운 것을 살 때면, 먼저 안식일을 기억하고 '이것은 안식일을 위한 것이다'라고 말한다.[116]

안식일에 대한 샴마이의 집착은 *b. Betz* 16a에서 안식일에 대한 그의 태도가 힐렐의 그것과 대조되는 가운데 더욱 두드러진다. 본 구절에 따르면 샴마이는 언제나 '안식일을 기념하여' 음식을 먹었다. 그래서 그는 안식일을 위해 최상의 음식을 남겨 두었다. 이에 반해 힐렐에게 있어서 '그의 모든 일들

---

114) 예를 들어, Strack and Billerbeck, *Kommentar*; Jeremias, *Jerusalem*; Schürer, *History*.
115) Sanders, *Law*, 특히 pp. 5, 133, 243ff., 309, 328; idem, *Practice*, 특히 pp. 10-11, 413-14, 444, 461-62.
116) Neusner, *Traditions*, I, pp. 185-86으로부터 인용.

은 하늘을 위한 것이었다.' 왜냐하면 '날마다 하나님께 찬양을 돌려야' 하기 때문이다(시 68:20). 여기서 힐렐의 더 고급한 안식일 이해와 준수는 샴마이의 엄격한 안식일 준수를 능가한다. 힐렐은 날마다 안식일을 지키기 때문이다.117) 어쩌면 *Mek. Shab.* 1(I., 3.199)에서 발견되는 '그 세계에서는 언제나 안식일이다' 라는 언급은118) 힐렐의 이와 같은 안식일 이해와 연관을 갖는지도 모른다.

Sifre Deut. 203에서 샴마이는 '사람들은 안식일이 되기까지 사흘이 채 남아 있지 않을 경우 대해(大海)에 [여행을 떠나기 위해] 배[의] 닻을 올리지 않는다.' 119) *t. Erub.* 3.7과 *b. Shab.* 19a에서 또 하나의 결의론적 규칙이 샴마이에게 돌려지고 있다: 군대는 '안식일이 되기까지 사흘이 채 남아 있지 않을 경우, 이방 도성을 포위하지 않는다' (*t. Erub.* 3.7). 하지만 만일 그들이 이미 도성을 포위하였다면, '그 도성이 함락될 때까지' 안식일은 그 전쟁을 중단시키지 않는다.120) 이 두 결의론적 규칙들은 안식일을 흠 없이 지키고자 하는 샴마이의 극단적인 신중함을 다시 한 번 보여 준다. 그러나 샴마이도 만일 전쟁이 이미 시작되어 있는 상황에서는 안식일을 어기는 것을 허용하고 있는 점이 흥미롭다.

끝으로, *t. Pes.* 4.13(참조. *m. Pes.* 6.1)에서 힐렐은 그의 일곱 'middot' 121)의 몇 가지를 사용함으로써 유월절이 안식일에 우선한다는 일반 규칙을 제시하는데, 그는 이러한 규칙을 그의 스승들(곧, 전통)에게서 기인된 것으로 돌린다.122)

---

117) Neusner, *Traditions*, I, p. 325. 참조. Finkelstein, *Pharisees*, I, pp. 258-59.
118) 참조. *m. Tam.* 7.4: '오는 시대, 곧 영원한 생명 안에서 언제나 안식일이고 쉼이 될 날을 위한 노래인 시편.'
119) Neusner, *Traditions*, I, p. 187로부터 인용. 참조. *t. Shab.* 13.10, 12-13 – 하지만 본 구절들에서는 Shammai의 이름이 명기되어 있지 않다.
120) 참조. *Sifre* Deut. 203 – 하지만 그곳에서는 본 규칙이 Shammai에게 직접 돌려지지 않는다. 이 구절들에 대한 주석은 Neusner, *Traditions*, I, p. 205를 보라.
121) '표준' 혹은 '규범'이라는 기본적인 의미를 갖는 히브리어 명사 '미도트' (מִדּוֹת)는 전문적 용법으로 사용될 때 해석의 방법이나 원칙을 뜻한다. 최초의 middot은 주전·주후 1세기에 랍비 힐렐에 의해 편집된 일곱 가지 규칙들이다.

(2) 두 학파

힐렐 학파와 샴마이 학파에게 돌려지는 구절들의 수효는 안식일에 대한 그들의 견해를 감지하기에 충분할 정도로 많다. 그들의 설립자들과 마찬가지로 이 두 학파들은 자주 서로 상반되는 견해들을 제시한다. 랍비 시대에는 힐렐 학파가 주도권을 잡은 것이 명백하지만, '70년까지 주도권을 잡은 학파는 샴마이 학파였다' 라고 제안하는 학자들도 적지 않다.[123] 또한 *m. Shab.* 1.4과 *t. Shab.* 1.18-19에 따르면, 이러한 판단은 특히 안식일의 경우에 있어서 신빙성이 있는 것으로 보인다.

(가) 안식일 이전에 일 끝내기

m. Shab. 1.5-9; 출애굽기 20:9에 대한 *MRS*; *t. Shab.* 1.20-22에 따르면, 샴마이 학파는 관련된 일들이 아직 낮일 동안에(곧, 안식일이 시작하기에 앞서) 완전히 다 끝날 수 있지 않는 한, 무엇인가를 잉크 안에 담그거나, 염색하거나, 아마 섬유 꾸러미를 찜통에 넣거나, 고기, 양파, 달걀 등을 불 위에 올려놓거나, 들짐승, 새, 물고기 등을 잡기 위해 그물을 놓거나, 채소밭에 물을 대기 위해 물꼬를 트는 일 등을 금하고 있다. 이에 반해 힐렐 학파는 이 모든 일들을 허용하고 있다.[124]

샴마이 학파의 신중함은 안식일에 이방인들이 일에 연루되는 문제에까지 뻗친다. 그들은 금요일에, 한 이방인이 같은 날 가까운 마을에 도착할 수 있는 시간이 남아 있지 않는 한, 그 어떤 유대인도 이방인에게 무슨 물건이든지 파는 것을 금한다. 뿐만 아니라 금요일에는, 이방인 작업인이 같은 날 무

---

122) 참조. *b. Pes.* 66a-b 및 *y. Pes.* 6.1 — 두 구절들 모두 그 스승들을 Shemaiah와 Abtalion으로 규정한다. 또한 참조. *y. Shab.* 19.1. 본 구절들에 대한 상세한 논의들은 Neusner, *Tradition*, 1, pp. 231-57, 286-89를 보라.
123) Wright, *People*, p. 194; 또한 Moore, *Judaism*, I, p. 81; Hengel, *Zealots*, p. 334; Sanders, *Law*, p. 88을 보라.
124) 올리브 기름틀 눌림대나 포도주 술틀 굴림대를 올려 놓는 경우에 있어서 *MRS*는 미쉬나와 (그리고 아마도 토세프타와도) 다르다 — 전자의 경우 샴마이 학파는 그것을 금지하고 있는 데 반해서, 후자의 경우 그들은 힐렐 학파와 마찬가지로 그것을 허용하고 있다.

두질이나 세탁하는 일을 끝마칠 수 있는 시간이 남아 있지 않는 한, 그 이방인에게 생가죽이나 옷을 맡기는 것을 금한다. 이에 반해 힐렐 학파는 해가 떠 있는 한 그 모든 행동들을 허용한다(m. Shab. 1.7-8).

안식일에 앞서 일을 끝내는 문제에 대한 이러한 모든 의견 차이는 출애굽기 20:9에 대한 상이한 해석에서 기인한다. 출애굽기 20:9에 대한 MRS에서 샴마이 학파는 다음과 같이 말한다. '"너는 엿새 동안 일하고 너의 모든 일을 수행할 것이니라." – 이는 너의 모든 일이 안식일 전야(前夜)까지 끝마쳐져야 함을 뜻한다.' 이에 반해 힐렐 학파는 다음과 같이 말한다. '"너는 엿새 동안 일하고 [너의 모든 일을 수행할 것이니라.]" – 이는 네가 엿새 내내 일하고, 너의 일 중 나머지는 안식일에 그 스스로 되어질 것이라는 뜻이다.' 125)

(나) 안식일에 금지된 행동들

두 학파 사이의 의견 차이는 안식일에 금지된 행동들과 관련하여 더욱 두드러진다. m. Shab. 3.1에서 샴마이 학파는, 만일 쌍 구멍 곤로가 토탄이나 나무로 이미 가열되어 있다면, 사람들이 그 위에 뜨거운 물을 올려놓는 것은 허용하지만 요리된 음식을 올려놓는 것은 허용하지 않는다(참조. t. Shab. 2.13). 이에 반해 힐렐 학파는 두 가지 행동 모두를 허용한다. 또한 샴마이 학파는 사람들이 [그것을]126) 치우는 것은 허용하지만 [그것을] 다시 올려놓는 것은 허용하지 않는다. 이에 반해 힐렐 학파는 두 가지 행동 모두를 허용한다. m. Shab. 21.3에서 샴마이 학파는 사람들이 식탁에서 뼈나 조개껍질들을 주워 올리는 것을 허용한다. 이에 반해 힐렐 학파는 '식탁 전체를 들어 털어 내도

---

125) Neusner, *Tradition*, II, p. 11로부터 인용. 참조. *t. Shab*. 1.21.
126) 여기서 곤로로부터 치우는 물체가 무엇인지는 전혀 분명치 않다. 필자의 견해로는, 바로 앞의 샴마이 학파의 규칙을 고려해 볼 때, 그것은 '뜨거운 물'로 추측된다. 하지만 Epstein, *Talmud*, 'Seder Mo' ed' I, p. 170은 요리된 음식을 지지하고, Danby는 그의 번역에서 두 가지 모두를 포함하는 것으로 추정한다. 비록 *b. Shab*. 36b-37a는 이 문제를 장황하게 논의하지만, 그것이 무엇인지를 규명하는 데는 별로 도움을 주지 못한다. *t. Shab* 2.13도 별로 도움이 되지 못하기는 마찬가지이다. 하지만 한 가지 분명한 사실은 어느 경우든지 샴마이 학파가 힐렐 학파보다 더 엄격하다는 점이다.

록'지시한다. 하지만 t. Shab. 16.7에서는 두 학파의 가르침들이 뒤바뀌어 나타난다.127)

t. Shab. 14.1에 따르면, 가정용품을 움직이는 규칙은 두 학파 시대 이전에 이미 관대한 방향으로 잘 전개되어 있었다. 그런데 힐렐 학파는 모든 경우들에 있어서 가정용품을 움직이는 제한을 제거해 버리고자 하는 데 반해, 샴마이 학파는 허용되는 경우를 단지 필요가 있을 경우에만 한정시키고자 한다 (참조. m. Shab. 17.4; b. Shab. 124a-b). 랍비 시므온 b. 엘르아자르(R. Simeon b. Eleazar)은 샴마이 학파는 안식일에 이를 잡아 죽이는 것을 금한 데 반해, 힐렐 학파는 그것을 허용한다고 진술한다(t. Shab. 16.21). 라반 시므온 b. 가말리엘(Rabban Simeon b. Gamaliel)은 샴마이 학파는 안식일에 회합의 집에서 가난한 자들에게 구제품을 나누어 주는 것을 금하고 심지어는 아픈 사람을 위해 기도하는 것까지도 금하는 데 반해,128) 힐렐 학파는 그 모든 행동들을 허용한다고 말한다(t. Shab 16.22; 참조. b. Shab. 12a).

이 모든 내용들은 샴마이 학파가 힐렐 학파보다 시종일관 더 엄격하였음을 명백히 보여 준다.129) 특히 마지막 두 경우들에서는 샴마이 학파의 규칙들이 너무 엄격하여서 비인간적이기까지 하다는 인상을 지울 수 없다. 한편 t. Shab 14.1에서는 두 학파의 규칙들이 이미 상당히 완화되어 있었으리라는 상황이 시사되고 있다(참조. m. Erub. 5.5). 만일 그랬을 경우, 그 두 학파의 전임자들의 규칙들은, 필자가 앞서 제안했듯이, 그때 당시 (따라서 예수님 당시) 보다 영향력이 컸던 것으로 보이는 샴마이 학파의 입장을 따라, 훨씬 더 엄격하였을 것으로 추정된다.

---

127) 참조. b. Shab. 143a. 여하튼 이들 두 쌍의 규칙들은 정확하게 평행을 이루지 않으며, 따라서 어느 것이 더 엄격한지를 판단하기가 쉽지 않다. 참조. Epstein, Talmud, 'Seder Mo' ed' 1, p. 723 nn. 12, 13, and p. 724 n. 5.
128) 참조. b. Shab. 12a — 여기서 샴마이 학파는 병든 자를 심방하거나 애통하는 자를 위로하는 것을 금하고 있는 데 반해, 힐렐 학파는 그러한 행동들을 허용한다. 또한 참조. m. Shab. 14.3-4; t. Shab. 12.8-14; 마 12:9-14//.
129) 어쩌면 식탁을 치우는 문제와 관련된 m. Shab. 21.3은 유일한 예외일지 모른다.

(다) 에룹130) 규례들

  m. Erub. 1.2에서 샴마이 학파는 몇몇 안마당들을 단일한 영역으로 형성하기 위해서 유효한 골목 입구를 만드는 데 있어서 측면 기둥과 가로지르는 들보를 공히 규정하는 데 반해서, 힐렐 학파는 둘 중 하나만을 규정한다(참조. *b. Erub* 6a). *m. Erub.* 6.4에서 샴마이 학파는 에룹에 동참하는 것을 잊어버렸던 사람에게 주어지는 출입할 수 있는 권한이 '아직 낮일 동안에' 한해서 주어질 수 있다고 규정하는 데 반해, 힐렐 학파는 '어두워진 이후에도' 허용하고 있다.131) *m. Erub* 6.6에 따르면, '만일 다섯 집단이 동일한 식당 안에서 안식일을 지킬 경우', 샴마이 학파는 매 집단을 위해 각각 한 에룹을 규정하는 데 반해, 힐렐 학파는 모든 집단을 위해 한 에룹만을 규정한다.

  m. Erub. 8.6에 따르면, 두 개의 안마당 사이에 있는 물탱크에 분리대를 설치하는 데 있어서 샴마이 학파는 표면 아래로 설치할 것을 규정하는 데 반해, 힐렐 학파는 표면 위로 설치할 것을 규정한다. 하지만 후대의 일반적인 규칙은 둘 중 어느 쪽을 택해도 무방하다고 규정한다. *m. Erub.* 6.2에서 라반 가말리엘 2세(Rabban Gamaliel II)는 그의 아버지(즉, 힐렐의 손자 혹은 증손자인 라반 시므온 b. 가말리엘 1세[Rabban Simeon b. Gamaliel I])가 그에게 다음과 같이 말하였다고 진술한다. '그가[즉, 그들과 함께 살고 있는 한 사두개인이] [그의 그릇들을] 가지고 나와서 너를 제한하기 이전에 서둘러서 모든 [필요한] 그릇들을 골목에 내다 놓아라.' 이 이야기는 율법을 지키는 문제에 있어서 보다 엄격하였던 사두개파가, '안식일 율법의 반사회적 측면들'을 극복하기 위해 바리새파가

---

130) 문자적 의미는 '혼합', '조합', '합성'. 랍비들의 안식일 규례에 따르면 한 마을 사람이 안식일에 자기 마을 경계로부터 움직일 수 있는 거리는 2,000규빗으로 한정되어 있다. 그러나 안식일 전야에 2,000규빗 되는 장소에 두 끼에 해당하는 음식을 비축해 두면, 이 지점은 한 사람의 임시 거처로 간주되며 따라서 그로 하여금 2,000규빗을 더 여행할 수 있게 해 주는데, 이를 일컬어 '에룹'이라 한다. 이와 유사하게 '에룹'은 안마당을 공유하는 여러 거처들 사이에도 마련될 수 있다. 만일 모든 거주자들이 안마당에 놓아 둔 음식물에 분깃이 있으면, 그들은 다른 사람의 건물 내에도 아무런 제약 없이 드나들 수 있게 된다. 한편 이처럼 공동으로 마련된 에룹에 동참하여 다른 집에 드나드는 권리를 공유하는 규례를 쉬투프(Shittuf; 문자적 의미는 '제휴', '연합')라고 한다. Danby, *Mishnah*, p. 793 app. I.8, p. 796 app. 39를 보라.

131) 참조. *y. Erub.* 6.4 — 여기서는 두 학파의 가르침들이 뒤바뀌어 나타난다.

고안해 낸 '율법의 완화적 조치' 로서의 에룹 전통을 받아들이지 않았음을 보여 준다.132)

2.6.2. 후기(주후 70-100년) 자료들

이 기간에는 안식일과 관련하여 열 명 정도의 랍비들133)이 타나임 문학에서 언급되고 있다. 그들에게 돌려지고 있는 자료들은 너무도 많기 때문에 그 모든 자료들을 다 다루려 하지는 않는다. 아래의 논의들은 그들이 주로 대변하였던 관심사들을 예시해 주는 몇몇 예들이다.

(1) 안식일 이전에 일 끝내기

m. Shab. 1.9에서 라반 시므온 b. 가말리엘 2세(Rabban Simeon b. Gamaliel II)는 다음과 같이 말한다. '나의 아버지[즉, 라반 가말리엘 2세]의 집에서 그들은 보통 이방인 세탁인에게 안식일 3일 전에 흰색 옷들을 맡기곤 하였다.' 그런데 '안식일 3일 전' 이라는 시간 제한은 여행 및 전쟁과 관련된 샴마이의 신중한 규칙들을 반영하고 있는 것으로 보인다. 이는 힐렐 학파까지도 때로는 샴마이의 가르침을 채택하였음을 시사해 준다. *t. Shab.* 1.22에는 다음과 같은 구절이 첨가되고 있다. '그리고 유색 옷들은 안식일 전야에 [맡겼다].' 그 이유는 유색 옷은 흰옷보다 빨래하기가 더 쉽기 때문이다.

m. Shab. 1.10에서 랍비 엘리에제르(R. Eliezer)는 '케이크 밑바닥이 딱딱해

---

132) Sanders, *Practice*, pp. 335, 425, 466-67; 참조. *m. Erub.* 6.1; *b. Erub.* 68b; 또한 에세네파의 입장에 대해서는 『다메섹 문서』 11.5-9를 참조하라; 또한 앞의 2.2.1-(1)을 보라. 하지만 참조. Neusner, *Traditions*, I, pp. 379-80; 그는 가말리엘의 진술의 진정성에 대해 회의적이다. 또한 참조. Josephus, 『고대사』 13.294; Mason, *Flavius Josephus*, pp. 213-45.

133) *R. Johanan* b. Zakkai, *R. Zadok I*, *R. Nahum* the Mede, *R. Gamaliel II*, *R. Joshua* b. Hananiah, *R. Eliezer* b. Hyrcanus, *R. Dosa* b. Harkinas, *R. Eleazar* b. Hananiah b. Hezekiah b. Garon, *R. Judah* b. Bathyra, *R. Ben Bathyra*. 이들 이외에도 *R. Akiba*, *R. Ishmael* b. Elisha 및 몇몇 다른 랍비들의 말들도 선별적으로 주목될 것이다. 차후의 논의에서는 이텔릭체로 되어 있는 첫 번째 이름만 지칭될 것이다.

질' 시간이 남아 있지 않는 한 케이크를 숯불에 올려놓는 것을 금하고 있다. 이에 반해 아마도 양 학파 모두 동의하였던 것으로 보이는134) 일반적인 규칙은 보다 엄격하여서 '케이크의 윗 표면이 딱딱해 질 시간이 있을 경우' 라고 규정하고 있다.

(2) 안식일에 금지된 행동들

t. Shab. 4.6, 11에서 랍비 엘리에제르는 여인이 안식일에 관(冠; 일명 '황금 도시'), 헤어네트, 향수병 등을 장식하고 나가는 것을 허용한다. 그런데 이들 모두는 *m. Shab.* 6.1, 3에서 일반적으로 (특히 랍비 마이어[R. Meir, 150년경]에 의해) 금지된 행동들이다. *m. Shab.* 9.7에서 우리는 극도로 세밀한 규칙을 대하게 된다. 만일 한 사람이 말린 무화과 용량보다 좀 적은 양의 채소 씨앗이나, 두 개의 오이 씨앗, 두 개의 조롱박 씨앗 등을 집에서 가지고 나간다면, 그는 속죄제를 드려야 한다. 그런데 랍비 유다(R. Judah)는 채소 씨앗의 양을 다섯 개로 한정함으로써, 그 규칙을 더욱 정확하게 규정하고 있다.

m. Shab. 10.6에서 랍비 엘리에제르는, 만일 한 사람이 그의 손톱이나 머리카락 등을 깎거나 뽑으면, 그리고 한 여인이 자신의 머리를 손질하거나 눈꺼풀에 화장을 하는 등의 행동을 하면, 그러한 자는 속죄제를 드려야 한다고 선언한다.

m. Shab. 12.4, 6은 분명 우리가 다루는 시기에 속하는 것들로 보이는 쓰기에 관한 두 가지 결의론적 규칙들을 제공해 준다. 4절에서 랍비 엘리에제르는, 만일 한 사람이 글자들을 자기 피부 위에 긁어 쓰면, 그는 속죄제를 드려야 한다고 선언한다. 이에 반해 랍비 여호수아(R. Joshua)는 그가 과실이 없다고 선언한다. 6절에서 라반 가말리엘 2세는, 만일 한 사람이 동일한 안식일에 무심코 행한 두 행동 중에 각각 한 자씩 써서 두 자를 썼을 경우, 그가

---

134) 참조. 1.9. 만일 이러한 제안이 옳다면, R. Eliezer의 견해는 관대함 쪽으로의 발전을 보여 주는 일례(一例)인 것 같다.

과실이 있다고 선언한다. 이에 반해 현자(賢者)들은 그가 과실이 없다고 선언한다.135)

m. Shab. 13.1에서 랍비 엘리에제르는 베를 짜는 처음 단계에서 세 줄을 짜는 자, 혹은 '이미 짜여진 조각에는 단 한 줄만이라도' 짜는 자는 과실이 있다고 선언한다. 이에 반해 현자들은 어느 경우든 두 줄로 규정한다(참조. *t. Shab.* 12.1).

(3) 다른 세부 규례들

m. Shebi. 10.7에서 랍비 엘리에제르는 꿀벌 통에서 꿀을 긁어모으는 자는 과실이 있다고 선언한다. 왜냐하면 그는 꿀벌 통을 움직일 수 없는 자산으로 간주하며, 꿀을 긁어모으는 행동을 '추수 행위'로 간주하기 때문이다.136) *m. Shab.* 16.7에 따르면, 랍비 요하난(R. Johanan)은 인간의 안전을 위해 전갈을 접시로 덮어놓는 행동을 허용하는 것을 달갑지 않게 생각한다. 이는 아마도 그가 그러한 행동을 동물을 사냥하는 행동으로 간주하기 때문인 것 같다.137)

m. Shab. 16.8에서 라반 가말리엘 2세는 배로부터 내려오기 위해 안식일에 이방인이 놓은 트랩을 사용하는 것을 (그리고 어쩌면 이방인이 켠 등불을 사용하는 것도) 허용한다. *m. Shab.* 17.7에서 랍비 엘리에제르는 창문의 덧창이 창틀에 매달려 있을 경우에 한해서 그 덧창을 닫는 것을 허용한다. 이는 아마도 그렇지 않을 경우 덧창을 닫는 행동은 무엇인가를 건축하는 행동으로 간주

---

135) 참조. *t. Shab.* 11.17 — 여기서 그는 한 사람이 이번 안식일에 한 자를 쓰고 다른 안식일이나 축제일이나 속죄일에 다른 한 자를 썼을 경우 그가 과실이 없다고 선언한 현자들의 의견에는 동의한다.
136) Danby, *Mishnah*, p. 51 n. 9. 하지만 현자들은 정반대의 입장을 취한다. 참조. *m. Shab.* 22.1 — 여기서 깨어진 벌집들은 더 이상 움직일 수 없는 자산이 아니며, 따라서 엘리에제르는 그것들로부터 꿀을 모으는 행동을 허용한다. 한편 거두어들이는 행동은 안식일에 금지된 39가지 일의 종류들 중의 하나이다. *m. Shab.* 7.2; 아래의 2.6.3을 보라.
137) 참조. Danby, *Mishnah*, p. 115 n. 2; 참조. *b. Shab.* 121b. 사냥도 안식일에 금지된 39가지 일의 종류들 중 하나이다.

되기 때문인 것 같다(참조. m. Erub. 10.10).

m. Shab. 20.4; t. Shab. 16.4에서 랍비 도사(R. Dosa)는 살찐 황소 앞에 있는 구유를 깨끗이 비우거나 엎질러진 사료를 배설물로부터 보호하기 위해 한 쪽으로 쓸어 두는 행동을 허용한다. 이에 반해 현자들은 그러한 행동을 허용하지 않는다. m. Shab 22.3에 따르면, 랍비 요하난은 항아리 옆에 이미 뚫려 있는 구멍을 밀랍으로 막는 행동을 허용하는 것을 달갑지 않게 생각한다. 왜냐하면 그러한 행동은 밀랍을 평평하게 하는 동작을 유발시킬 수 있는데, 이는 문지르는 행동으로 간주되기 때문이다.[138]

다른 다양한 문제들에 관한 논쟁들은 다음 구절들에서 발견된다: m. Ter. 8.3 — 십일조를 드리지 않은 포도송이를 먹는 행동(랍비 엘리에제르 vs. 랍비 여호수아);[139] m. Shab. 2.1, 3 — 안식일 등불에 대한 자료들(랍비 나훔[R. Nahum] vs. 현자들; 랍비 엘리에제르 vs. 랍비 아키바[R. Akiba]); m. Shab. 16.1, 3 — 화재로부터 성경이나 음식물을 어느 곳들로 옮겨야 할 것인가에 관한 논의(랍비 벤 바투라 [R. Ben Bathyra]) 등.

(4) 안식일에 우선하는 문제들

타나임 문학에 따르면, 1세기 랍비들은 안식일의 구속력을 벗어나는 몇 가지 예외 규정들을 만들었다.

① 할례 — m. Shab. 19.1, 4; Mek. Shab. 1(L. 3.198, 203-204)

② 안식일 제사 — t. Shab. 15.16; Mek. Shab 1(L. 3.198)

③ 유월절 — m. Pes. 6.1-2

④ 화재로부터 성경이나 음식물을 구해 내는 일 — m. Shab. 16.1, 3

---

138) Danby, Mishnah, p. 119 n. 4; Epstein, Talmud, 'Seder Mo' ed' I, p. 739 n. 7. 문지르는 행동 역시 39가지 금지된 일의 종류들 중의 하나이다.
139) 참조. t. Ter. 7.10; 또한 참조. m. Bes. 4.7. 십일조와 연관된 복잡한 문제들에 대한 간략한 주석을 살펴보려면, Danby, Mishnah, p. 61 nn. 5, 6; Epstein, Talmud, 'Zera' im', p. 231 nn. 8-11, p. 231 nn. 1-3을 보라; 참조. m. Shab. 2.7 — 안식일에는 십일조를 떼어 놓는 것이 금지되어 있다.

⑤ 생명을 구하는 일 — *t. Shab.* 15.16; *Mek. Shab.* 1(L. 3.197-98)[140]
⑥ 자기 방어적 전쟁 — *Mek. Shab.* 1(L. 3.200-201)

m. Shab. 19.1에서 할례에 관한 랍비 엘리에제르와의 논의 마지막에 가서 랍비 아키바는 무슨 일이든지 안식일 전날에 (혹은 전야에) 행해질 수 있는 일은 안식일에 우선하지 않지만, 안식일 전날 (혹은 전야에) 행해질 수 없는 일은 안식일에 우선한다는 일반 원칙을 규정한다(참조. *m. Men.* 11.3; *t. Men.* 11.5).

(5) 에룹 규례들

에룹과 안식일 여행 한계에 관한 1세기 랍비들의 규칙들은 두 학파의 그것들과 유사하지만 훨씬 더 상세하고 세부적이다. 그들의 논의는 대개 세 가지 문제들에 집중되고 있다.

1) 여러 장소들을 사적인 (혹은 중립적인) 영역으로 형성하는 문제: ① 골목 입구(*m. Erub.* 1.2 — 랍비 엘리에제르 vs. 두 학파들); ② 공중 영역을 향해 터져 있는 안마당(*m. Erub.* 9.2 — 랍비 엘리에제르 vs. 현자들); ③ 울타리가 둘린 넓은 뜰(*m. Erub.* 2.5, 6 — 랍비 엘리에제르 vs. 랍비 아키바) 등.

2) 에룹 준비: ① 안마당을 공유하는 거주자들 중 에룹을 준비하는 것을 잊어버린 사람에 관한 규례(*m. Erub.* 2.6 — 랍비 엘리에제르); ② 에룹과 쉬투프[141]를 위한 재료의 종류와 양(*m. Erub.* 7.10 — 랍비 엘리에제르 vs. 랍비 여호수아); ③ 기탁을 통해 에룹에 분깃 확보하기(*m. Erub.* 7.11 — 랍비 엘리에제르 vs. 현자들) 등.

3) 안식일 여행 한계: ① 이방인이 한 사람을 다른 도시나 가축(家畜) 우리에 데려다 놓았을 때, 그 사람이 움직일 수 있는 거리(*m. Erub.* 4.1); ② 바다 위에 항해하고 있는 배 위에서 걸을 수 있는 거리(*m. Erub.* 4.1-2 — 랍비 가말리엘 2세 vs. 랍비 여호수아); ③ 여행 중에 밤이 된 줄을 모르고 잠이 들었던 사람이 움직

---

140) 본 문제에 대한 논의 마지막에서 편집자는 R. Simon b. Meahsiah(180년경)의 출 31:14의 의미에 대한 해석을 인용한다. 그런데 그의 해석은 막 2:27과 너무도 흡사하다 — '안식일은 너에게 주어진 것이요 네가 안식일에 넘겨진 것이 아니다.' 참조. Strack and Billerbeck, *Kommentar*, IV, p. 47, 특히 n. a.
141) '에룹' 과 '쉬투프' 에 대해서는 각주 130을 보라.

일 수 있는 거리(*m. Erub.* 4.5 – 랍비 요하난 b. 누리[R. Johanan b. Nuri, 110년경] vs. 현자들 vs. 랍비 엘리에제르); ④ 안식일 여행 한계를 넘어간 사람에 대한 규례(*m. Erub.* 4.11 – 랍비 엘리에제르); ⑤ 빈 들에서 발견된 성구함을 옮기기(*m. Erub.* 10.1 – 라반 가말리엘 2세) 등.

안식일 여행 한계가 2,000 규빗이라는 점에 대해서는 이견이 없었던 것으로 보인다. 이에 대해서는 아무런 논쟁이 없이 대부분 당연한 것으로 받아들여지고 있기 때문이다.[142]

(6) 안식일과 언약

Mek. Vayassa 5-6(L. 2.119-23)에서 우리는 안식일을 지킨 자들에 대한 약속과 관련된 두 언급을 발견한다. L. 2.119에서 랍비 여호수아는 하나님께서 그들에게 세 개의 축제(즉, 유월절, 오순절, 장막절)를 주실 것이라고 말한다.[143] L. 2.120에서 랍비 엘리에제르는 그들이 세 개의 재앙(즉, 곡의 날, 메시아의 도래에 앞서 있게 될 환난, 대심판의 날)을 피하게 될 것이라고 말한다.[144] *Mek. Bahodesh* 7(L. 2.252-53)에서 랍비 엘르아자르는 1세기 랍비로서는 특이하게 안식일의 거룩성에 관한 한 언급을 제공한다. '안식일을 기억하고 그날을 거룩히 지키라.'[145]

필자가 조사한 바에 따르면, 이 몇 개 안 되는 구절들이 타나임 문학 전체를 통해 안식일의 언약적 의의(意義)에 대한 바리새적 및 랍비적 사상을 그것

---

142) *m. Sot.* 5.3에서 랍비 아키바는 민 35:4-5에 대한 자신의 해석 가운데서 '1,000규빗은 성의 둘레이고 2,000규빗은 안식일 여행 한계이다'라고 설명한다. 참조. 『다메섹 문서』 10.21; 11.5-6.
143) L. 2.121에서 그는 또한 다음과 같이 말한다. '안식일을 지키는 자는 죄로부터 멀리 보호받는다.'
144) L. 2.120, 122에서 R. Eleazar of Modiim(120년경)도 하나님께서 그들에게 6개의 좋은 분깃을 주실 것이라고 말한다: 이스라엘의 땅, 미래 세계, 새로운 세계, 다윗 가문의 왕국, 제사장직, 레위 지파의 직책들.
145) 뒤이어 계속되는 부가적인 설명은 *b. Bes.* 16a에서 힐렐의 가르침에 대응해서 제시되는 샴마이의 가르침을 반영하는 것으로 보인다. '주간 중 첫째 날부터 그날을 마음에 두고서, 만일 너의 행하는 길에 무엇인가 좋은 것이 나타나면 안식일을 위하여 그것을 준비해 두라.'

도 간접적으로나마 증언해 주는 모든 경우들이다. 랍비 문학의 장르에 대한 샌더스의 설명을 고려해 볼 때,146) 안식일의 언약적 의의에 관한 어떤 직접적인 신학적 진술을 발견해 내려고 시도하는 것은 큰 실수일지도 모른다. 그럼에도 불구하고 극도로 많은 양의 세부 규례들에 비교해 볼 때, 안식일의 언약적 의의에 관한 간접적인 자료조차도 지극히 희귀하다는 사실은 매우 놀랄 만한 일임을 부인할 수 없을 것이다.

(7) 형벌

안식일을 범한 자에 대한 형벌에 관해서는 일반적인 그림을 그리기가 쉽지 않다. *m. Ker*. 3.10; 4.2에 따르면 다음 한 가지 점은 명백하다. 즉, 고의적이 아닌 위반은 속죄제를 드리면 된다(참조. 레 4:27-35). 하지만 구체적인 경우마다 얼마나 많은 속죄 제물이 요구되는지에 대해서는 최종적인 의견의 일치가 이루어져 있지 않다.147) 우리는 비록 고의적인 안식일 위반에 대한 형벌에 관한 그 어떤 직접적인 자료도 가지고 있지 않지만, 2세기의 랍비들이 일반적으로 1세기의 바리새파나 랍비들보다 더 관대한 입장을 취하는 경향이었음을 고려해 볼 때, *m. Sanh*. 7.1, 4, 8에서 경고 이후에도 의도적으로 안식일을 범한 자들에 대해서는 돌로 쳐 죽이는148) 사형이 명백히 선고되고 있는 입장은 1세기 바리새파와 랍비들의 견해를 계속 반영한 것이었을 가능성이 짙다.

샌더스가 제안한 바와 같이, 비록 바리새파는 실제로 사형을 실행에 옮길 수는 없었던 것으로 보인다.149) 하지만 이러한 간접적인 증거들로 미루어 볼

---

146) Sanders, *Law*, pp. 15, 309-24.
147) 참조. *m. Shab*. 7.1; *m. Sanh*. 7.8. 또한 앞의 연구 결과는 다수의 사소한 규칙들을 범한 경우들은 특히 70년 이후 랍비 자료들에서 속죄제만이 요구되고 있다. 하지만 이러한 입장이 70년 이전 바리새파의 일반화된 견해였는지는 분명치 않다.
148) *m. Sanh*. 7.1에 따르면, 이는 네 종류의 사형 형벌들 중 두 번째로 가혹한 것이다. 이는 안식일의 의의가 랍비들에 의해 얼마나 중요하게 인식되고 있었는가를 보여 준다. 참조. 민 15:32-36에 대한 *Sifre*.
149) Sanders, *Law*, pp. 16-19; *idem*, *Practice*, p. 426. 하지만 1세기 당시 바리새파의 영향력에

때, 바리새파는 경고 이후에도 안식일을 범하는 자들에게 사형을 부과하려고 노력할 충분한 이유와 근거를 가지고 있었을 것으로 보인다.

2.6.3. 안식일에 금지된 39가지 일의 범주들

비록 m. Shab. 7.2에서 안식일에 금지된 39가지 일의 범주들이 우리가 다루는 시기에 속한 것으로 직접 돌려지고 있지는 않지만, 그것들이 이 시기에 연관될 정도로 충분히 오래된 것으로 인정할 만한 몇 가지 이유들이 있다. Mek. Shab. 1(L. 3.206)에서 랍비 유다는 39가지 일의 범주들이 모세에 의해 구두(口頭)로 주어진 것이라고 말한다. L. 3.210에서 랍비 요나단(R. Jonathan, 140년경)은 39가지 범주들을 이미 확정된 규칙으로 간주하고 있다.[150] 더욱이 이 범주들 중 상당수는 우리가 앞에서 다루었던 구절들에서 이미 기정사실로 받아들여지고 있다.[151] 그렇다면, 39라는 숫자가 안식일에 금지된 일의 종류의 숫자로 정해진 것이 랍비 아키바에 의한 것이었다는 회니히(S. B. Hoenig)의 제안을 받아들일지라도,[152] 만일 목록 전체가 아니라면 적어도 상당수의 범주들이 우리가 다루는 시기에 이미 금지된 일들로 잘 인식되고 있었으리라는 추론은 상당히 타당성이 있어 보인다.[153]

대한 Sanders의 너무 부정적인 견해와 달리, Wright는 그의 *People*, pp. 189-99에서 바리새파가 어느 정도 중요한 영향력을 행사하였으리라는 견해를 신빙성 있게 제시한다.
150) 안식일과 관련하여 39라는 숫자가 갖는 의의에 대해서는 Hoenig, 'Designated Number', pp. 193-99, 202-208을 보라.
151) 적어도 15가지 — 예. 수확하기: *m. Shab.* 10.7; 청소하기: *m. Shab.* 20.4; 빵 굽기: *m. Shab.* 1.5 등; 세탁하기: *m. Shab.* 1.9; *t. Shab.* 1.22 등; 염색하기: *m. Shab.* 1.5; 출 20:9에 대한 MRS 등; 베짜기: *m. Shab.* 13.1; *t. Shab.* 12.1 등; 사냥하기: *m. Shab.* 16.7 등; 도살하기: *t. Erub.* 3.7; *t. Shab.* 16.21 등; 문지르기: *m. Shab.* 22.3; 자르기: *m. Shab.* 10.6; 글쓰기: *m. Shab.* 12.4, 6; *t. Shab.* 11.17 등; 건축하기: *m. Shab.* 17.7 등; 불켜기 및 불끄기: *m. Shab.* 2.1, 4; 물건 내어가기: *m. Shab.* 16.1 등.
152) Hoenig, 'Designated Number', p. 205.
153) Hoenig, 'Designated Number', p. 207도 Akiba의 시대에 '안식일 율법들이 이미 랍비적으로 충분히 규정되어 있었으리라' 고 제안한다. 참조. Sanders, *Practice*, p. 119: '미쉬나적 랍비들에게 알려져 있던 사회적 경제적 상황들은 성전 파괴 이전에 보편적이던 상황들과 크게 다르지 않았던 것 같다. 따라서 우리는 이것을 [즉, *m. Shab.* 7.2에 나타나는 39가지 일들의

비록 39가지 일의 범주들이 충분히 포괄적인 것처럼 보이지만,[154] 각 상황에 대해 보다 정확하게 규정하려 했던 바리새파와 랍비들에게는 이 범주들조차도 여전히 일반적인 원칙에 불과하였다. 따라서 그들은 세부적인 논의를 계속해 나갔고, 그래서 그들은 많은 경우에 있어서 일치되지 않기도 하는 규례들을 끊임없이 첨가해 나갔다. 그들의 그러한 노력의 극단적인 본보기는 에룹에 관한 그들의 논의 가운데서 잘 드러난다.

2.6.4. 결론

본 장의 연구에 따르면, 샴마이와 샴마이 학파는 그들의 안식일 규례에 있어서 힐렐이나 힐렐 학파보다 시종일관 더 엄격하였다. 샴마이와 샴마이 학파의 극단적인 신중함은 다양한 방면들에서 인상적으로 나타난다. 구제품을 나누어 주는 행동이나 병든 자를 위한 기도까지도 금지하는 그들의 엄격성은 너무 철저하여서 비인간적이기까지 하다. *t. Shab.* 14.1이 시사하듯이, 만일 두 학파의 규칙들이 이미 상당히 완화된 것이었다면, 우리는 그들의 전임자들의 규칙들이, 특히 그때 당시보다 영향력이 있었던 것으로 보이는 샴마이 계열의 경우, 얼마나 더 엄격했을지 가히 상상해 볼 수 있다.

m. Erub 5.5이 언급한 것처럼, 에룹 전통은 안식일 율법의 반사회적 측면들을 극복하기 위해 안식일 율법을 완화시키는 한 방편으로서 바리새파에 의해 고안되었다. 하지만 그와 같은 의도에도 불구하고, 안식일 관련 규례들이 지나치게 세부적인 결의론적 경향으로 발전해 감에 따라, 사람들은 오히려 그로 말미암아 불편을 느끼게 되고, 결국은 무거운 짐을 지게 되는 결과가 초래되었던 것 같다.

목록을] [성전 파괴 이전 시대에] "일" 이 무엇을 뜻하였는지에 대한 정확한 기술로 받아들일 수 있을 것이다.'

154) 특히 구약성경(5개 보다 적음)이나 희년서(14개; Hoenig가 제안한 것처럼 22가지가 아님) 혹은 『다메섹 문서』(필자의 계산으로는 15개; 각주 164를 보라)에서 발견되는 '일의 범주들'의 숫자에 비교해 볼 때, 39는 두드러지게 많은 수이다. 아래 2.7을 보라.

또한 두 학파 사이 논쟁들의 세부적인 논점들 대부분은 성경으로부터 직접 기인된 것이라기보다는 그들의 전통, 경향, 혹은 견해들로부터 기인된 것들이며(예. *m. Shab.* 3.1; *m. Erub.* 8.6 등), 따라서 세부 사항들에 있어서 그들의 의견 차이는 토라에 대한 불충실 문제와는 상관없이 공존할 수 있었던 것 같다.

70년 이후 자료들에 대한 연구는 위의 결론들을 대개 보다 더 확고히 입증해 주는데, 이러한 사실은 1세기 랍비들이 바리새파와 연속선상에 있었다는 필자의 애초 입장을 지지해 준다. 어떤 랍비들은 아직 샴마이적 신중함을 보여 준다(예. *m. Shab.* 1.9; *t. Shab.* 1.22). 대부분의 세부 규례들은 지극히 세밀한 결의론으로의 경향을 보여 준다. 두 학파의 자료들에 비해 이 기간의 자료들은 훨씬 더 풍부하기 때문에, 우리는 극도로 세부적이고 사소한 문제들에 대한 토론의 경우들을 더 많이 대하게 된다.[155] 보다 많은 규칙들이 논의되고 첨가되어 감에 따라, 그들 모두를 외우고 지켜야 하는 데서 생겨나게 되는 불편함이 증대되었을 것이고, 따라서 안식일 규례의 거체(巨體)는 결국 보다 무거운 짐이 되었을 것이다.

논쟁의 세부적인 논점들이 성경으로부터 직접 기인된 것이 아니라는 사실 역시 여기서도 명백하다. 하지만 두 학파들과 달리, 개별적인 랍비들은 자신들의 입장에 있어서 일관된 경향을 보여 주지는 않는다.[156] 한편 랍비들 사이의 의견 차이들은 더욱더 다양해지는데, 그러면서도 그들은 여전히 공존하고 있다.[157] 여하튼 안식일에 관한 논의의 풍성함은 바리새파와 랍비들의 사상에 있어서 안식일이 매우 중요하였음을 보여 주는데, 이러한 중요성은 *m. Sanh.* 7.1, 4, 8에서 안식일을 범한 자들에게 사형이 부과되고 있다는 사

---

155) 예. *m. Shab.* 13.1 — 한 줄, 두 줄, 혹은 세 줄을 짜는 문제와 관련하여; *m. Shab.* 9.7 — 집 밖으로 가지고 나갈 수 있는 씨앗의 개수에 관련하여 등.
156) 예를 들어, *m. Shab.* 12.4(R. Eliezer — 엄격; R. Joshua — 관대)와 *m. Erub.* 2.6(R. Eliezer — 관대; R. Joshua — 엄격).
157) 때로는 한 문제에 대해 다섯 가지의 다른 견해들이 공존하기도 한다 — 예. *m. Erub.* 1.2.

실에 의해서도 확인된다.

안식일에 금지된 39가지 일의 범주들에 대한 간략한 논의는, 그 목록 전체는 아니더라도 그 대부분은 아마도 매우 오래된 것들이라는 점과, 그것들은 당시 삶의 상황들을 가능한 한 포괄적으로 반영하고 있다는 점을 제안해 준다. 하지만 이러한 포괄적 범주들은 바리새파와 랍비들 사이에서의 보다 세밀하고 결의론적인 논의들을 위한 시발점에 불과하다.158) 39가지 일의 범주들은 구약성경, 희년서 및 『다메섹 문서』의 결의론적 수준을 이미 넘어서 있었기 때문에, 보다 후대의 바리새파와 랍비들의 더욱 발전된 안식일 규칙들의 총체는 그 세밀한 결의론적 성격에 있어서 이전의 문학들의 그것과 비교의 수준을 훨씬 넘어서 있다.

사실 결의론적 경향 그 자체는 결코 불건전한 것이 아니다. 그것은 성경을 당시의 상황에 의미 있게 적용하려는 진지한 시도의 결과일 수 있다.159) 따라서 랍비 문학에서 안식일에 대한 결의론적 규칙의 풍성함은 당시 바리새파와 랍비들의 그와 같은 진지한 시도를 반영한다고 볼 수 있다. 그럼에도 불구하고 안식일의 본질적인 의의는 강조하지 않은 채 일상생활의 사소한 영역들에 대한 극도로 세밀한 규칙들이 너무 많다는 사실은 필연적으로 심각한 불편함과 어려움 그리고 심지어는 위험까지도160) 야기했을 것이며, 결국 무거운 짐이 될 수밖에 없었을 것이다. 따라서 1세기 바리새파와 랍비들의 노력의 좋은 의도에도 불구하고, 그들의 주된 관심의 초점은 안식일을 **왜** 지켜야 하는가 보다는 안식일을 **어떻게** 지킬 것인가에 맞추어져 있었던 것으로 보이며, 어떤 의미에서는 안식일의 짐을 덜어 주기 위해 의도되었던 안식일에 대한 규례들의 양산(量産)이 결국에는 안식일을 보다 짐스러운 것으로 만드는 결과를 초래하게 되었던 것이다.161)

---

158) 율법 문제 전반에 있어서 바리새파의 정밀성과 엄격성의 경향에 대해서는 Josephus, 『전쟁사』 1.108-109; 2.162; 『자서전』 191을 보라; 참조. Mason, *Josephus*, pp. 89-106.
159) 참조. Rowland, 'Sabbath Observance', p. 54.
160) 예. *m. Shab.* 16.7 – 전갈을 덮는 것을 금하는 규칙.
161) 마 11:28의 예수님의 말씀('수고하고 무거운 짐 진 자들아, 모두 내게 오너라. 그러면 내가 너

2.7. 요약

이제 본 장의 다양한 논의들로부터 도출된 결론들을 요약하고 종합해 보도록 하자.

1 우리는 주후 1세기까지의 초기 유대교를 대변하는 문학 가운데 **안식일에 금지된 일들**(또는 일의 범주들)의 목록들이 적어도 세 개가 있음을 주목하였다: ① 희년서 50:6-13; ② 『다메섹 문서』 10.14-11.18; ③ m. Shab. 7.2.[162] 이 목록들 및 그 관련 자료들의 연대들[163]과 내용들[164]을 고려해 볼 때, 주후 100년에 이르기까지 안식일에 금지된 일들에 관한 구약성경의 일반 규칙들은 점점 더 구체적이고 세밀한 결의론적 방향으로 발전되어 나갔음을 알 수 있다. 그런데 이러한 발전은 아마도 안식일 율법을 당대의 상황들에 보다 잘 적용할 수 있도록 해 주기 위함이었던 것 같다.

한편 여러 저작들에 나타난 특정 규칙들의 엄격성 정도를 비교해 볼 때, 적어도 몇몇 안식일 규례들[165]은 이 기간 동안 관대한 방향으로 변하였다는

희를 쉬게 해 주겠다.')이 그와 같은 점스러운 상황을 반영한다는 가능성에 대해서는, 아래 4.2.2를 보라.
162) 또한 참조. Philo, *Migr. Abr.* 89-93; *Vit. Mos.* 2.21-22, 211-20; *Spec. Leg.* 2.249-51.
163) 희년서 – 가장 오래된 자료; 미쉬나 – 가장 최근 자료.
164) 특히 일들(혹은 일의 범주들)의 숫자(희년서: 14; 『다메섹 문서』: 25; 미쉬나: 39)와 각 규례들의 구체성. 『다메섹 문서』의 목록에 나타난 25가지 일들 중 적어도 다섯 가지(혹은 심지어 아홉 가지)는 『다메섹 문서』 11.15의 '업무'에 관한 일반 규칙에 대한 보다 구체적인 확장 조항들이며(참조. 『다메섹 문서』 10.18-21; 11.2; 또한 참조. 11.4-5, 12, 14-15), 네 가지는 짐을 나르는 행동의 다양한 종류들이다(참조. 『다메섹 문서』 11.7-11) – 그렇다면 『다메섹 문서』에 나타난 일의 범주들은 25가지라기보다는 많아야 15가지이다. 이미 앞에서 살펴보았듯이, 보다 일반적인 규칙들을 구체적인 조항들로 확장시키는 그와 같은 경향은 랍비 문학에 와서 가장 풍성히 발전된다.
165) 예를 들어, 안식일 여행 제한 거리: 희년서 50:12 – 여행 불가; 『다메섹 문서』 10.21 – 1,000 규빗; 랍비 문학 – 2,000규빗(참조. *m. Sot.* 5.3). 제사: 희년서 50:10-11 및 『다메섹 문서』 11.17-18 – 안식일 제사만; *t. Shab.* 15.16 및 *m. Pes.* 6.1-2 등 – 안식일과 유월절 제사. 짐 나르기: 희년서 50:8 및 『다메섹 문서』 11.7-10 – 무엇이든지 (특별히 향품들) 금지됨; *t. Shab* 4.11 등 – 향품 통 및 많은 다른 품목들이 허용됨. 전쟁: 희년서 50:12 – 전쟁 금지; *Mek. Shab.* 1 등 – 자기 방어 전쟁 허용(참조. 마카베우스1, 2서 및 요세푸스 관련 구절들). 형벌: 희년서 2:25-27; 50:8, 13 등 – 사형(참조. Philo, *Spec. Leg.* 2.249-51); 『다메섹 문서』 12.3-6 – 감금형; *m. Shab.* 10.6 등 – 속죄제(그러나 참조. *m. Sanh.* 7.1, 4, 8 – 사형). 허용된 예

결론에 도달하게 된다. 그런데 이러한 변화는 안식일 율법을 현실적으로 실천할 수 있도록 해 주기 위함이었던 것 같다. 하지만 그와 같은 관대함으로의 변화에도 불구하고, 보다 구체적이고 세밀한 규례들의 증가하는 수효는 안식일 율법을 보다 불편하고 짐스러운 것으로 만들어 주었으며, 사람들의 관심을 '안식일을 **왜** 지켜야 하는가?'로부터 '안식일을 **어떻게** 지킬 것인가?'로 돌려 놓는 결과를 초래했던 것이다.

② 쿰란 문서들과 필로 그리고 랍비 문학에서 안식일의 **언약적 의의**(意義)에 대한 인식과 강조는 희년서(2:17-33)의 그것에 비해 놀라울 정도로 빈약하며, 구약성경의 그것에 비해서는 더욱 빈약하다. 하지만 안식일의 거룩성은 보다 폭넓게 인식되거나 강조되고 있는데,166) 랍비 문학에서는 이 거룩성에 대한 관심마저도 전혀 명시적으로 표현되고 있지 않다. 아리스토불루스와 필로에서는 안식일의 상당히 다른 한 측면(즉, 안식일의 우주적 성격)이 논증 및 강조되고 있다. 그러는 가운데 그들은 헬라 철학(예를 들어, 숫자 7에 대한 피타고라스적 사고[思考])을 적극 활용하고 있다.

③ 이 시기의 저작들 가운데 다수의 구절들은 안식일을 좋은 음식을 먹고 그날의 주님께 찬양을 드려야 하는 **축제일**로 제시한다(예. 희년서 2:31-32; 50:9-10; Philo, *Op. Mund.* 89-128). 따라서 금식은 금지되고 있다(예. 희년서 50:9-10; 유딧서 8:6; 『다메섹 문서』 11.4-5; 참조. 에룹 규례들). 하지만 랍비 문학에서는 (그리고 아마도 쿰란 문서들에서도) 안식일의 축제적 성격이 덜 강조되고 있다. 많은 구절들에서 성전에서 안식일 희생 제사를 드리는 것이나, 토라를 배우고 공동체 식사를 나누기 위해 회당에 모이는 것은 기정사실로 전제되거나 명령되고 있다(예. Josephus, 『자서전』 277-79; 『아피온』 2.175; Philo, *Vit. Cont.* 30-37; *Leg. All.* 156).

외 규정들의 수효도 이러한 경향을 보여 준다: 희년서 — 한 가지 예외(안식일 제사); 『다메섹 문서』 — 두 가지 예외(안식일 제사, 생명을 구하는 행위); 랍비 문학 — 여섯 가지 예외(안식일 제사, 생명을 구하는 행위, 할례 등). 또한 참조 *t. Shab.* 14.1.

166) 희년서 2:25; 아리스토불루스, 단편 5.13-16; 『다메섹 문서』 3.14; 10.17; 11.14-15; 필로, *Op. Mund.* 89-128 등. 364일 달력에 대한 강조는 안식일의 신성함을 진지하게 받아들이는 좋은 예이다. 희년서 6:32-38; 4Q394-398; 11QTemple 13-29(특히 17.15-16)을 보라.

④ 요세푸스와 필로 그리고 그리스-로마 저자들에 나타나는 풍성한 자료들은 **이방 세계에서의 안식일**에 관한 다음 정보들을 제공해 준다.
① 안식일은 이방 세계 전반에 걸쳐 널리 지켜졌으며, 마침내 유대인들은 로마인들로부터 그날을 지키는 권리를 획득하였다.
② 하지만 이방인들은 유대교의 안식일에 대해 언제나 호의적인 것만은 아니었다. 그들은 자주 그날에 대해 적대적이었으며 그날에 행해지는 유대인들의 행동들을(특히, 안식일 전쟁 금지 현상을) 비판하거나 비웃었다.
③ 그와 같은 적대적인 비판이나 조롱은 때때로 다양한 오해들(예. 안식일의 기원에 대한 오해, 안식일을 금식일로 간주하는 오해)로부터 기인된 것들이었다.
⑤ 본 장에서 논의되었던 모든 자료들은 다음 몇 가지 점들을 제안해 준다.
① 안식일이 이 시기 유대교의 핵심적인 특징 중의 하나로 잘 확립되어 있었다는 점.
② 이 시기에 안식일에 대한 다양한 이해와 강조점들 그리고 규례들이 있었다는 점. 그런데 이러한 다양성은 서로 다른 신학적 관점들뿐 아니라 서로 다른 상황들에서도 기인되었던 것으로 보인다.
③ 랍비 문학에 따르면, 바리새파와 1세기 랍비들은 세 가지 측면에서 두드러진다는 점: i) 그들의 지극히 세밀한 결의론; ii) 관대한 경향으로의 변화(사형을 형벌로 보존하고 있다는 점은 한 가지 예외일 수 있다); iii) 안식일의 언약적 의의와 축제적 성격에 대한 강조의 결여(그들의 이러한 경향은 쿰란 문서들 및 몇몇 다른 문학에서도 공통적으로 나타난다).

제3장
마태복음에 나타난 예수님과 안식일
예비적 고찰

3.1. 연구를 위한 전제들

차후 장(章)들의 연구에 있어서 기본적으로 전제되어야 할 다수의 전제들이 필요하기에, 본 연구에 들어가기에 앞서 그들 중 중요한 몇 가지를 정리해 본다.

3.1.1. 공관복음서 문제[1]와 방법론

필자의 연구는 '두 자료 가설'[2]이나 '두 복음서 가설'(곧, 신그리스바하 가

---

[1] 네 복음서 중 처음 세 복음서(곧, 공관복음서) 사이에 드러나는 유사성과 상이성을 토대로 세 복음서의 기원에 있어서 상호 연관성을 설명하는 가운데 발생하는 다양한 문제들을 통상적으로 '공관복음서 문제'라고 부른다.
[2] 공관복음서 문제를 해결하는 일반적인 설명 방식으로서, 두 가지 연관된 가설에 기초하여 공관복음서의 기원을 설명한다. 첫째, 마가복음이 제일 먼저 저작되었고, 마태와 누가는 마가복음을 자료로 활용하였다. 둘째, 마태와 누가가 마가복음에는 없는 내용을 주로 다루는 다른 한 공통 자료, 곧 일명 Q도 자료로 활용하였다. 여기서 '두 자료'란 마태와 누가가 그들의 저작 과정에

설)³⁾ 또는 그 어떤 다른 특정 이론에도 기초하지 않는다.⁴⁾ 필자는 공관복음서들 사이의 관계가 일반적으로 추정되어왔던 것보다 훨씬 더 복잡하고 간접적이며, 오늘날 그 대부분이 소실된 다양한 (기록된 혹은 구전) 자료들에 연루되었으리라는 입장을 취할 것이다.⁵⁾

방법론과 관련하여, 필자는 편집 비평,⁶⁾ 사회-역사적 방법 및 문학 비평을 필요에 따라 상호 보완적으로 활용할 것이다. 스탠턴(G.N. Stanton)이 적절히 지적한 것처럼, 위의 방법들 각각의 고유한 가치 및 그들 상호 간의 상호 의존성에 대한 인식은 '복음서들에 대한 학문적 논의에 있어서 결정적이다.'⁷⁾

서 공통으로 사용한 '마가복음' 과 'Q' 를 지칭한다.
3) 일찍이(1783) J.J. Griesbach가 주창하였고, 근래에 W.R. Farmer를 비롯한 소수 학자들이 지지해온 설명 방식으로서, 마태복음이 제일 먼저 저작되었고, 누가가 마태복음을 자료로 활용하였으며, 마가는 마태복음과 누가복음을 자료로 활용하였다는 가설이다. 여기서 '두 복음서' 란 마가가 자료로 사용한 '마태복음' 과 '누가복음' 을 지칭한다. 이 가설은, 위에서 확인할 수 있듯이, '마태복음 우선설' 과도 긴밀하게 연관되어 있다.
4) 비록 두 자료 가설이 아직까지는 대다수 학자들에 의해 지지받고 있지만, 그것은 공관복음서 연구에 있어서 더 이상 기정사실로 받아들여지지 않는다. 최근에 들어서면서, 이 이론은 주로 '두 복음서 가설' 지지자들로부터 상당한 저항을 받아 왔다. 이 문제에 대한 입문적인 논의에 대해서는, Sanders and Davies, *Studying*, pp. 51-119; Stein, *Synoptic Problem* 등을 보라.
5) Rist, *Independence*의 제안이 흥미로운 것은 사실이지만, 그는 두 복음서 사이의 내용과 순서에 나타나는 일치 현상의 중요성을 너무 쉽사리 무시해 버리고 있다. 참조. Stanton, 'Origin', p. 1901. 필자는 두 복음서 사이에 오늘날 우리에게는 알려져 있지 않은 다른 자료들을 통한 간접적인 문학적 연관성이 있었을 것으로 추정한다. 한편, 마태복음 우선설보다는 마가복음 우선설이 더 타당해 보인다.
6) 필자가 생각하는 편집 비평은 전통적인 편집 비평과는 좀 다르다. 왜냐하면 그것은 두 자료 가설이나 통상적인 마가복음 우선설에 기초하지 않기 때문이다. 두 자료 가설을 전제하지 않고서 편집 비평을 활용하는 가능성에 대해서는 France, *Evangelist*, pp. 46-49를 보라. 그와 같은 접근의 실례로서 Segal, 'Matthew's Jewish Voice', pp. 3-37, 특히 p. 4 n. 4를 보라: '필자는 마가복음 우선설이나 마태복음 우선설 중 그 어느 입장도 취하려 하지 않으며, 단지 복음서 저자들이 그들의 이야기들을 해석한 방법들 사이의 차이점들을 구분해 내고자 한다.'
7) Stanton, *People*, pp. 23-110; 인용은 p. 108로부터. 편집 비평(그리고 사회-역사적 방법)과 문학 비평 사이에 평행선을 그리는 바람직하지 않은 상황을 깨달은 학자들은 그러한 방법들을 상호 연관시키려는 노력을 기울여 왔다. Stanton, 'Communities', pp. 379-82; Kingsbury, 'Analysis', pp. 259-69.

3.1.2. 저자, 저작 연대, 저작 장소

최근의 대다수 학자들의 견해를 따라, 필자는 마태복음의 저자가 유대인 그리스도인이었다는 입장을 취할 것이다. 이러한 입장은 모든 외적 증거뿐 아니라 복음서 자체의 성격에 의해서도 지지를 받는다.[8]

저작 연대와 관련하여, 교부들의 일치된 신념은 60년대 초반보다 늦지 않은 연대를 제안해 주는 것으로 보인다. 사실 적지 않은 현대 학자들도 (비록 아직 소수 집단이기는 하지만) 주후 70년대 이전 저작 가능성을 제안하고 있다. 하지만 대부분의 현대 학자들은 주후 70-100년 사이의 연대를 제안한다.[9] 최근 학계의 다수 입장은 주로 두 가지 가정(假定)에 기초하고 있다: 1) 마가복음 우선설; 2) 22:7의 도시 파괴에 대한 언급이 주후 70년 예루살렘 함락을 반영한 것이라는 신념. 하지만 두 가정(假定) 모두 논쟁의 여지가 없는 것은 아니다.[10] 그렇다면 현 상황은 저작 연대와 관련하여 확고한 결론을 내리는 것을 허락지 않는 것 같다.[11]

많은 학자들은 마태복음의 저작 장소를 규정하려고 시도해 왔다. 예루살렘(혹은 팔레스타인), 가이사랴 마리티마(Caesarea Maritima), 페니키아, 알렉산드리아, 펠라, 시리아 및 안디옥 등이 지금까지 제안되어 온 대표적인 지명들이

---

[8] 마태복음의 저자에 대한 세 가지 다른 입장들에 대해서는 Davies and Allison, *Matthew*, I, pp. 10-11에 나타나는 표를 보라. 이 표에 의하면, 필자가 취한 입장을 반대하는 학자는 10명 남짓밖에 없다. 그에 반해 대다수의 학자들은 유대인 그리스도인 저자를 지지하며, 적지 않은 학자들은 사도 마태가 마태복음의 저자였다고까지 제안한다. 아래 논의들에서 필자는 마태복음의 저자를 편의상 '마태'라는 이름으로 부를 것이다.
[9] 저작 연대에 관한 다양한 입장들에 대해서는 Davies and Allison, *Matthew*, I, pp. 127-28을 보라.
[10] 두 번째 가정에 대한 반론들에 대해서는, 다른 많은 자료들 중에서도 특히 Robinson, *Redating*, pp. 20-21; Reicke, 'Synoptic Prophecies', pp. 121-34; France, *Evangelist*, pp. 85-86을 보라.
[11] 마태복음의 저작 연대가 자주 주후 85년경 회당 전례에 도입된 소위 'birkath ha-minim' (그리스도인과 이단들에 대한 저주가 포함된 기도문)에 기초하여 판단되고 있다. 하지만 Stanton, 'Synagogue', p. 144가 적절히 지적하듯이, *birkath ha-minim*과 관련해서는 수많은 불확실성들이 존재하기 때문에, 그것을 마태복음의 기원에 직접 연관시키는 것은 바람직하지 못하다. 참조. France, *Evangelist*, pp. 85-86.

다.12) 이러한 의견의 다양성은 우리가 어떤 장소든지 신빙성 높게 주장하기 어려울 것임을 시사해 준다. 따라서 우리는 아마도 시리아나 팔레스타인 어느 곳인가가 저작 장소일 것이라는 어렴풋한 제안을 할 뿐이다.

3.1.3. 마태 공동체

마태복음 배후에는 마태가 일체감을 가지고 있고 그 상황이 그의 복음서에 반영되어 있는 한 공동체가 있었다는 점이 일반적으로 가정되어 왔다. 하지만 그 공동체의 정체를 규정한다는 것은 결코 간단한 문제가 아니다. 그러한 작업은 본 연구의 범위를 넘어서는 방대한 논의들을 필요로 한다.13) 따라서 필자는 복음서 자체에 의해 명백히 입증되는 그리고/혹은 현대 학자들 대다수에 의해 주장되는 가장 두드러진 특징들 몇 가지를 기술하고, 그것들을 차후의 연구에서 전제하고자 한다.14)

① 그 공동체는 주로 유대인 그리스도인들로 구성되어 있었으나, 이방인 개종자들이 배제된 것은 아니었다.15)

② 그 공동체가 사용하는 언어는 헬라어였지만, 그 대다수(즉, 유대인들)는

---

12) 저작 장소에 대한 다양한 제안들에 대해서는 Davies and Allison, *Matthew*, I, pp. 138-39에 나타나는 표를 보라.
13) 마태 공동체에 대한 최근의 방대한 연구들에 대해서는 Schweizer, 'Matthew' s Church', pp. 129-55; Brooks, *Community*; Overman, *Formative Judaism*; Balch (ed.), *Community*; Stanton, 'Synagogue', pp. 113-281; Saldarini, *Community*를 보라.
14) 이 시점에서 필자의 작업가설들과 차후의 연구 사이에 피할 수 없는 순환성(혹은 상호의존성)이 있음을 지적하는 것이 필요할 것이다. 한편으로 필자의 작업가설들은 대체로 필자가 앞으로 연구해 나가고자 하는 복음서 자료들에 기초할 수밖에 없고, 다른 한편으로 그 가설들은 필자의 차후 연구에 반영될 수밖에 없다. 그럼에도 불구하고 적어도 몇몇 가설들은 전제되지 않을 수 없다. 이러한 종류의 연구에 있어서 피할 수 없는 순환성과 그와 같은 순환성으로부터 생겨나는 위험에 대해서는 France, *Evangelist*, pp. 81-82; Hagner, *Matthew 1-13*, p. xli을 보라.
15) Stanton, 'Synagogue', pp. 113-45는 마태 공동체에 구성원들에 대한 네 가지 주요 견해들을 제시한다 — i) 70년 이전 유대인들; ii) 아직 유대교 안에 머물러 있던 70년 이후 유대인들; iii) 70년 이후 유대교로부터 분리한 지 얼마 되지 않은 유대인들과 약간의 이방인들; vi) 이방인들. Stanton 자신은 세 번째 견해를 지지한다. 필자 역시 기본적으로 세 번째 견해를 지지하지만, 70년 이전 상황도 배제하지 않는다. 참조. Stendhal, *School*, pp. xiii-xiv.

아마도 히브리어나 아람어도 이해했던 것 같다.

③ 그 공동체는 과도기에 살고 있었다. '유대교 그리스도인 공동체와 비그리스도인 유대교 사이에 명백한 구분이 지워지고, 더 나아가서는 적개심이 생겨나기에 충분할 정도로 늦은 시기, 그러나 두 공동체 사이의 관계가 여전히 당면한 문제로 남아 있기에 충분할 정도로 이른 시기.' 16)

④ 스탠턴이 통찰력 있게 제안한 것처럼, 그 공동체는 한 도시 안에 그리고 그 주변에 흩어져 존재하던 다수의 지역 가정 교회들로 구성되어 있었다. 이 가정 교회들은 공통적인 경향뿐 아니라 그들 나름대로의 구별된 경향들도 보였을 것이다. 17)

⑤ 그 공동체는 주로 그 안과 밖의 두 경향들과 싸우고 있었다. 안으로는 율법경시론적(혹은 율법폐기론적) 경향과 바리새적 영향, 밖으로는 '공식 유대교' 혹은 '바리새주의.' 18) 이 마지막 특징은 본 연구와 보다 밀접하게 관련되어 있기 때문에 아래에서 좀 더 자세하게 논의하려 한다.

3.1.4. 문학 구조

마태복음의 구조는 오랜 동안에 걸쳐 핵심적인 논쟁의 대상이 되어 왔다. 본 문제에 대하여 엄청나게 많은 글들이 쏟아져 나왔음에도 불구하고, 이 복음서가 주의 깊게 구성되었고 잘 짜인 작품이라는 일반적인 동의를 제외하고, 그 구조 자체에 대해서는 아무런 의견의 일치도 이루어져 있지 않다. 19)

---

16) France, *Evangelist*, p. 108; 참조. Stanton, 'Synagogue', pp. 124-31; Gundry, 'Evaluation', pp. 62-67.
17) Stanton, 'Redaction', pp. 50-51. Stanton의 이러한 견해는 통상적인 공동체 견해보다 훨씬 더 넓은 대상을 포괄한다. 최근에 Bauckham은 Stanton보다 더 급진적인 견해, 곧 마태복음의 독자가 특정 공동체(들)라기보다는 오히려 열린 대상이었다는 주장을 편다. Bauckham, 'For Whom Were Gospels Written', pp. 9-48.
18) Stanton, 'Judaism', pp. 146-68.
19) 구조에 대한 다양한 접근들을 주의 깊게 분석하고 분류해 놓은 한 연구가 Bauer, *Structure*, pp. 11-13, 21-55에서 발견된다. 보다 간략한 연구에 대해서는 France, *Evangelist*, pp. 141-53 을 보라.

이 문제를 충분히 다루는 것 역시 본 연구의 범위를 넘어서기 때문에, 필자는 여기서 몇몇 기본적인 구조적 지침들과 필자 자신의 입장을 제시하고자 한다.

① 마태복음에서는 지명 또는 지리적 이동이 명백히 구조적, 신학적 의의를 갖는다.[20]

② 5중 형식구인 '예수님께서 …을 마치시자'(καὶ ἐγένετο ὅτε ἐτέλεσεν ὁ Ἰησοῦς …)에 의해서 강력히 지시되고 있듯이, 마태복음에는 이야기 단락과 강화 단락 사이에 의도적인 구성적 관계가 있다.[21]

③ 4:17과 16:21에 나오는 형식구 '그때부터 예수님께서 … 시작하시니'(ἀπὸ τότε ἤρξατο ὁ Ἰησοῦς)는 복음서 이야기 전개상 새로운 단계를 도입해 주는 것으로 보인다. 하지만 정작 그 바로 앞뒤 이야기들은 단절됨이 없이 계속 진행된다.[22]

④ 마태는 예수님의 시대가 그의 탄생으로부터 재림까지 연장되는 것으로 인식한다.[23]

⑤ 마태복음은 일관성 있는 이야기로서, 줄거리(plot)와 아마도 몇몇 부줄거리(subplot)들을 갖는다.[24] 예를 들어, 복음서 이야기의 줄거리(혹은 극적[劇的] 흐름)는 이야기 안에서 전개되는 시간의 흐름에 의해 잘 나타난다. 마태는 그의 이야기를 구약성경의 예언들을 성취하였던 예수님의

---

20) Bauer, *Structure*, pp. 22-26, 특히 p. 26.
21) Bauer, *Structure*, pp. 27-35; France, *Evangelist*, pp. 142-45; 참조. Bacon, *Studies*. Bacon의 구조적 접근을 따르는 1972년까지의 학자들 목록이 Kingsbury, *Structure*, p. 3 n. 13에서 발견된다.
22) Kingsbury, *Structure*, pp. 1-37; *idem, Story*, pp. 2-9, 40-93. 이러한 구조를 채택하는 학자들의 목록에 대해서는 Bauer, *Structure*, p. 153 n. 37을 보라.
23) Kingsbury, *Structure*, p. 31. 마태의 구조에 반영되고 있는 시간의 연장에 대해서는 Matera, 'Plot', pp. 240-43을 보라.
24) 예를 들어, Powell, 'Plot', pp. 193-204는 예수님을 통한 하나님의 구원 활동과 사탄의 도전에 관한 줄거리를 제안하며, 예수님과 종교 지도자들 사이의 투쟁에 관한, 그리고 예수님과 그의 제자들 사이의 관계에 관한 두 부줄거리들을 제안한다. 마태복음의 줄거리에 관한 몇몇 다른 제안들에 대해서는 Edwards, *Story*; Matera, 'Plot', pp. 233-53; Kingsbury, *Story*; Howell, *Story*, pp. 93-160을 보라.

탄생, 그리고 엘리야에 관한 예언을 성취하였던 세례 요한의 준비와 더불어 시작한다(1:1-4:16). 그러고서 그는 구약성경을 성취하였고 하늘 나라의 막을 연 예수님의 갈릴리 사역을 제시한다(4:17-16:20). 마지막으로 그는 예수님의 예루살렘으로 이동, 그리고 구약성경 전체에서 계시된 하나님의 뜻을 성취하신 그분의 고난, 죽음, 부활을 제시함으로써, 예수님에 관한 그의 이야기를 마무리한다(16:21-28:20).[25] 이 줄거리는 베들레헴에서 이집트를 거쳐 나사렛에 이르는 그리고 갈릴리로부터 예루살렘에 이르는 지리적 이동들에 의해서 더욱 강화되는데, 이러한 지리적 이동의 중요성은 4:17과 16:21의 두 전환적 형식구에 의해서도 잘 시사되고 있다. 우리가 일단 이러한 줄거리를 받아들이기만 하면, 4:17과 16:21의 2중 형식구뿐 아니라, 5중 형식구, 대(大)강화들, 교차 대칭 구조, '인클루지오 구조' 등을 포함한 수많은 문학적 기교들[26]이 복음서의 줄거리 전개를 도모하는 데 사용되었으리라는 결론에 도달하게 된다. 프랑스(R.T. France)의 다음 결론은 주목할 만하다. '마태의 예수님에 관한 기술은 정적이거나 균형을 이루어 가는 구조가 아니라, 그 자체가 역동적인 힘을 가진 강력한 드라마이다.'[27]

3.2. 마태복음에 나타난 예수님과 율법

마태복음 12:1-14의 안식일 논쟁들이 예수님과 율법 사이의 관계에 대한 마태의 전반적인 이해에 밀접하게 연관되어 있다는 점에 비추어 볼 때, 우리

---

25) Matera, 'Plot', p. 241이 지적한 것처럼, 비록 예수님 이야기가 그분의 탄생과 더불어 시작되고 그분의 부활 후 출현과 더불어 결론 맺고 있기는 하지만, 보다 세밀히 관찰해 보면, 마태가 예수님의 탄생 이야기 서두에 아브라함에게까지 거슬러 올라가는 계보(1:1-17)를 위치시키고 마지막 절정에서는 시대의 끝(28:20)을 언급하고 있음을 확인할 수 있다. '따라서 … 그것즉, 마태의 이야기은 보다 방대한 전망, 곧 아브라함과 재림 사이의 시간을 포괄한다. 마태복음의 줄거리는 구속사와 연관성이 있다.'
26) 마태가 사용한 다양한 문학적 기교들에 대해서는 Bauer, *Structure*, chs. 3-7을 보라.
27) France, *Evangelist*, p. 153.

는 마태복음 12:1-14과 24:20에 제시된 안식일에 대한 예수님의 입장을 연구하기에 앞서, 그 관계에 대한 전반적인 이해를 먼저 살펴보는 것이 필요할 것이다.

3.2.1. 마태복음 5:17-20 – 열쇠 단락

마태복음에서 율법을 이해하는 데 마태복음 5:17-20이 결정적으로 중요한 열쇠 단락이라는 점은 의심할 여지가 없다. 하지만 이 단락은 마태복음에서 가장 난감한 석의적 문제들 중 몇 가지를 제기해 주며, 그래서 이 단락에 대한 수많은 제안들과 견해들이 상세하게 제시되어 왔다.[28] 본 단락 자체가 우리의 주된 관심사가 아니기 때문에, 필자는 우리의 연구에 가장 밀접하게 연관된 몇몇 핵심 문제들에 대한 두드러진 견해들을 간략하게 제시하고 나서 필자의 입장들을 진술하고자 한다.[29]

5:18에 대한 부분적 평행구(눅 16:17)를 제외하고는 본 단락의 어느 구절도 공관복음서 평행 구절들이 없다. 그리고 본 단락의 전승사와 관련해서는 학자들 사이에 의견의 일치가 전혀 이루어져 있지 않다.[30] 이와 같은 미결정의 상황에서는 우리의 관심의 초점을 우선적으로 있는 그대로의 본문에 맞추고, 몰랭(R. Mohrlang)이 제안한 것처럼, 그것을 '그 전체로서 저자 자신의 이해와 관점을 반영하는 해석된 전승'으로 간주하는 것이 적절할 것이다.[31] 본 단락은 마태 공동체의 상황을 잘 반영하고 있는 것으로 보인다. 하지만

---

28) 예. Ljungmann, *Gesetz*, pp. 7-96; McConnell, 'Law', pp. 6-58; Banks, *Jesus*, pp. 204-26; Meier, *Law*, pp. 41-124; Luz, 'Erfüllung', pp. 398-435; Broer, *Freiheit*, pp. 9-74; Loader, *Law*, pp. 165-82; 그리고 최근에 출판된 마태복음과 산상 설교에 대한 주요 주석들의 관련 부분들.
29) 필자의 입장에 관한 보다 상세한 논증에 대해서는 필자의 미출판 논문인 Yang, 'Jesus, Fulfilment and Law', pp. 23ff.와 양용의, '율법의 성취자 예수', pp. 25-54를 보라.
30) 상이한 제안들을 제시하는 학자들의 간략한 목록이 Mohrlang, *Matthew*, p. 137 n. 17에 나타난다.
31) Mohrlang, *Matthew*, pp. 8-9.

이러한 가설과 본 단락의 기원이 예수님 자신에게까지 거슬러 올라가는 마태 이전 전승에 있다는 제안이 상충될 필요는 없을 것이다.32)

(1) 구약성경의 성취자이신 예수님(마 5:17)

'너희는 내가 율법이나 선지자들을 폐하러 온 줄로 생각하지 마라' 라는 도입구는 기독교 공동체 내의 율법폐기론자들 또는 공동체 밖에서 기독교를 비난하는 유대인들이 (혹은 그 양자 모두가) 예수님께서 율법을 폐하러 오셨다고 주장하는 경향이 있었음을 시사해 준다.33) 하지만 본 절의 주된 강조점은 하반절의 긍정적인 측면에 놓여 있다.

복음서들에서 '엘똔'(ἦλθον, '내가 … 왔다')이라는 어휘는 자주 '구속사의 놀라운 대단원을 도래케 할 종말론적 인물의 선교'를 묘사하는 데 사용되고 있다.34) 아마도 본 절에서도 동일한 용법으로 사용된 것으로 보인다.

'율법이나 선지자들'('톤 노몬 에 투스 프로페타스', τὸν νόμον ἢ τοὺς προφήτας)은 구약성경 전체를 지칭하는 전통적인 유대교적 어구이다(참조. 마카베우스2서 15:9; 행 24:14; 롬 3:21 등). 11:13에서 마태는 동일한 어구를 (역순으로) '예언하다'('프로페튜에인', προφητεύειν) 동사와 함께 사용하고 있다. 이는 선지자들뿐 아니라 율법도 '예수님께서 이루어 가시려는 것'을 내다보는 예언적 기능을 갖고 있음을 시사해 준다.35)

17절(그리고 아마도 17-20절 전체)의 핵(核)은 의심할 여지없이 '플로레사이'(πληρῶσαι)라는 동사이다. 하지만 이 동사의 해석은 어렵기로 유명하며, 그

---

32) 우리는 이 말씀들이 마태 공동체의 상황에 보다 직접 연관되었기 때문에 마태에 의해 보존되었다고 생각한다. 최근 학자들 중 상당수는 17-19절의 뿌리들을 마태 이전 전승에 돌리는 경향이다. 참조. Meier, *Law*, pp. 41-124; Guelich, *Sermon*, pp. 134-74, 특히 pp. 135-36, 161-72; 또한 참조. Moo, 'Jesus', p. 29. 하지만 다른 견해에 대해서는 Luz, *Matthew 1-7*, pp. 257-59를 참조하라.

33) Betz, *Essays*, p. 40; Goulder, *Midrash*, p. 284 등.

34) Meier, *Law*, pp. 66-69; 인용은 p. 69로부터. 참조. Trilling, *Israel*, pp. 171-72; Luz, *Matthew 1-7*, p. 265 등.

35) France, *Matthew*, p. 114.

결과 상당히 다양한 해석들이 존재한다. 다음은 그중 중요한 것들이다.

1) 율법의 진정한 의미, 정신, 의도, 혹은 기본적 원리들을 율법에 관한 예수님의 가르침을 통해 명백히 하다.[36)]

2) 율법의 요구들을 행하거나, 순종하거나, 혹은 실행하다. 또는 율법에 말하여진 바를 행함으로써 실현시키다.[37)]

3) 율법의 영속적인 유효성을 확증하거나, 세우다.[38)]

4) '가득히 채우다.' 곧, 구약성경의 궁극적 목표를 달성하거나 성취하다.[39)]

물론 이들 중 어느 한 해석이 본 절의 '플레로사이' 의미를 완전히 드러낼 수 있는지는 의심스럽다. 그러나 필자의 판단에 마지막 넷 째 아래의 이유들 때문에 가장 적절한 해석으로 보인다.[40)]

① 70인역에서 '플레로사이'는 시종일관 '말레' (מלא)를 번역하는 데 사용된다. 그런데 이 히브리어 단어는 (끝까지) '가득히 채우다', (궁극적인 목표를) '성취하다', 혹은 '완결하다' 등의 의미를 갖는다.[41)]

---

36) 이는 널리 퍼져 있는 해석으로서 다수의 학자들에 의해 지지를 받아 왔다. 예. M' Neile, *Matthew*, p. 58; Klostermann, *Matthäusevangelium*, pp. 40-41; Dibelius, 'Bergpredigt', p. 125; Lagrange, *Matthieu*, pp. 93-94; Lambrecht, *Sermon*, p. 84; 유사하게 Hagner, *Matthew 1-13*, pp. 105-106.

37) 이러한 해석은 Zahn, *Matthäus*, pp. 210-13에 의해 제안된 이래로 일단의 주석가들에 의해 채택되어 왔다. 예. Schlatter, *Matthäus*, pp. 153-54; Schniewind, *Matthäus*, pp. 54ff; Luz, *Matthew 1-7*, pp. 264-65.

38) 문제의 동사가 아람어 '쿰' (קום)을 반영한다고 하는 추정에 기초하고 있는 이 해석은 오랜 역사를 가지고 있으며, 상당수의 학자들에 의해 지지를 받고 있다. 예. Dalman, *Jesus-Jeshua*, pp. 57-61; Branscomb, *Jesus*, pp. 226-28; Daube, *Judaism*, pp. 60-61; Hill, *Matthew*, p. 117; Hare, *Matthew*, p. 47 등. 또한 참조. Wenham, 'Jesus', pp. 92-96.

39) 이러한 해석은 Meier, *Law*, pp. 41-124, 160-61에서 아주 상세하게 제시되고 있다. 그의 해석은 약간씩 다른 형태들로 다음 학자들에 의해서도 채택되고 있다: Banks, *Jesus*, pp. 203-26, 229-35; Guelich, *Sermon*, pp. 134-74; Moo, 'Jesus', pp. 3-49; Carson, 'Matthew' pp. 141-47; France, *Matthew*, pp. 113-17; idem, *Evangelist*, pp. 191-97. 하지만 이러한 해석은 이미 Moule, 'Fulfilment-Words', pp. 293-320; Jeremias, *Theology*, pp. 82-85에 의해 착상된 바 있다.

40) 다른 해석들에 대한 비평에 대해서는 필자의 'Jesus, Fulfilment and Law', pp. 27-29를 보라. 참조. McConnell, 'Law', pp. 14-19; Davies and Allison, *Matthew*, I, pp. 485-86 nn. 8-11, 13-15.

② 마태복음에서 본 동사의 각 용례마다 직접[42] 혹은 간접적으로[43] 성경의 성취에 연관되어 있으며, 따라서 아마도 본 절에서도 동일한 의미, 곧 [성경을] '성취하다'로 이해되어야 할 것이다.

③ '선지자들'('투스 프로페타스', τοὺς προφήτας)이 '플레로사이'의 직접 목적어로 나타난다는 점 역시 우리의 선택을 더욱 지지해 준다.

④ 길리히(R.A. Guelich)가 적절히 지적한 것처럼, 예레미야 31:31-34에서 '마음에 쓰인 율법'(혹은 길리히의 표현으로는 '시온-토라')을 동반한 '새 언약'이 '돌판들에 쓰인 율법'(혹은 길리히의 표현으로는 '시내-토라')을 동반한 '옛 언약'에 대조하여 약속되고 있다.[44] 그렇다면 마태복음 5:17은 '시내-토라'가 내다보았던 이 '시온-토라'에 대한 약속이 예수님의 오심 가운데서 성취된 것을 말하는 것으로 이해될 수 있다.[45]

⑤ 필자가 제안한 것처럼, 만일 마태의 줄거리가 구약성경에 계시된 하나님의 뜻을 성취하시고 그 자신이 구속사의 전환점으로서 새로운 시대를 도래케 하신 메시아 예수님께 초점이 맞추어져 있다면, 여기에서도 마태의 관심이 예수님을 선지서들뿐 아니라 율법까지 포함한 구약성경 전체를 성취하신 메시아로 제시하는 것이라고 제안하는 것이 가장 자연스러울 것이다.

하지만 넷째 제안은 첫째와 둘째 제안을 부분적으로 수용한다.[46] 한편으로, 구약의 궁극적 목표 달성은 실제로 율법의 원래 의도와 진정한 정신 그리고 근본 원리를 총체적으로 드러내 보여 주는 결과를 가져오며, 다른 한편

---

41) 고대 문헌에서 나타나는 본 문제에 연관된 구절들에 대한 상세한 논의에 대해서는 Moule, 'Fulfilment-Words', pp. 302-12를 보라.
42) 마태의 16개 용례들 중 12개: 1:22; 2:15, 17, 23; 4:14; 8:17; 12:17; 13:35; 21:4; 26:54, 56; 27:9; 참조. Meier, *Law*, p. 80.
43) 13:48; 23:23; 또한 3:15 – 이 구절과 관련해서는 Meier, *Law*, pp. 76-79가 적절히 논증하고 있다.
44) 참조. 겔 36:25-27; 사 2:2-5; 56:1; 미 4:1-5; 한편 참조. 고후 3:3.
45) Guelich, *Sermon*, p. 140; 그는 이러한 통찰력을 Gese, 'Gesetz', pp. 56-84에 빚지고 있다. 참조. Moule, 'Fulfilment-Words', p. 317.
46) Menninger, *Israel*, p. 107.

으로 예수님의 순종이 구약의 궁극적 목표를 달성하는 요소를 포함하기 때문이다. 예수님의 구약 성취는 이처럼 율법이 궁극적으로 내다보았던 목표를 달성하여 그 의도와 정신과 원리를 총체적으로 성취하는 것이다.

하지만 예수님의 총체적 성취는 율법을 초월하는 결과를 가져온다(참조. 5:32, 34, 39). 그런데 이러한 결과는 어떤 이들로 하여금 예수님께서 율법을 '폐하러' 오셨다고 생각하도록 만들었던 것 같다. 하지만 예수님은 그러한 가능성을 일축하신다. 예수님의 구약 성취가 율법을 초월하는 측면을 갖기는 하지만, 그것은 폐하는 것과 철저하게 구분되어야 한다는 것이다. 폐하는 것은 율법의 의도와 정신과 원리를 무시하는 것이고, 따라서 율법의 목표를 철폐하고 말살하는 것이다. 하지만 예수님의 성취는 율법의 의도와 정신과 원리를 무시하는 것이 아니라 완전한 형태로 드러내 보이는 것이고, 따라서 율법의 궁극적 목표에 도달하는 것이다. 물론 때때로 율법의 '성취'와 '폐함' 공히 율법의 문자적 규정을 무효화 한다는 현상적 유사점이 있기는 하지만(참조. 3.2.2-(2)), 그 궁극적 결과는 이처럼 정반대이다. 마태는 예수님의 이러한 구분을 명확히 제시하고 있다.

결론적으로 마태복음에서 율법 문제는 '구속사, 예언적 성취, 종말론, 그리고 고도(高度)의 기독론의 문제'이다. 마태에게 있어서 예수님은 '그리스도인의 관심과 헌신 그리고 순종의 구심점'으로서 율법의 지위를 대신한다.[47] 뱅크스(R. Banks)가 지적한 것처럼, '그가 [즉, 마태가] 기술하고자 하는 바는 율법에 대한 예수님의 태도라기보다는, 오히려 율법이 예수님과 연관해서 어떤 위치에 있는가이다. 이 예수님은 다름 아닌 그 율법을 성취하신 분이시고, 따라서 이제 모든 관심이 그분께 돌려져야 하는 인물인 것이다.'[48]

하지만 이는 율법의 규범적 성격이 본 단락 안에서 여전히 고려되고 있음을 부인하는 것은 아니다(참조. 18, 19절). 그러나 그 규범적 성격마저도 '성경

---

47) Meier, *Law*, pp. 88-89.
48) Banks, *Jesus*, p. 226.

을 성취하기 위해 구원 시대의 도래자로 오신 예수님의 종말론적 사역에 대한 보다 폭넓은 이해의 구도 안에' 설정되고 있다.49) 그렇다면 17절의 '플레로사이' 동사는 예수님께서 그리고 특히 율법을 성취한 그분의 가르침이 율법 자체가 내다보았던 바를 완전하게 드러내 보여 준다는 점에 있어서 '연속성'의 요소를 포함하며, 동시에 예수님께서 그리고 율법을 성취한 그분의 가르침이 이제 율법의 문자적 규정을 초월한다는 점에 있어서 '불연속성'의 요소를 포함한다고 제안될 수 있다.50)

이러한 제안은 복음서의 줄거리, 종말론적 선교의 관점에서 '엘똔'('내가 왔다')의 용법, 율법의 예언적 기능을 보여 주는 '율법이나 선지자' 구절의 용법에 가장 잘 어울리는 것으로 보이며, 또한 '카타뤼사이'(καταλῦσαι, '폐하다')의 대구(對句)로서의 기능에도 가장 잘 어울린다. 아래 단락들에서 우리는 이 제안이 뒤따라오는 절들(18-48절)과 다른 율법 관련 구절들에 의해 제기되는 문제들 역시 가장 잘 설명해 준다는 점을 살펴볼 것이다.

(2) 율법의 지속적인 유효성(마 5:18)

본 절은 누가복음 16:17에서 약간의 내용상 평행구를 갖지만 그 문맥과 형식은 전혀 다르다. 따라서 마태복음 5:18에 대한 석의에 있어서 두 절들 사이의 관계에 너무 많이 의존하는 것은 적절치 않다.51)

'율법'('투 노무', τοῦ νόμου)의 지시 대상은 우선적으로 모세 율법인 것으로 보인다.52) 마태의 관심은 이제 성경 전체로부터 율법으로 좁혀지고 있는데, 이 초점은 뒤따라오는 절들에서 계속 지속된다(참조. 19, 21-48절). '일점일획'

---

49) Guelich, *Sermon*, p. 142.
50) Banks, *Jesus*, p. 210; Menninger, *Israel*, p. 107. 누가복음에서 성경(율법)의 연속성과 불연속성 사이의 긴장에 관한 간략하면서도 흥미로운 관찰이 Tyson, 'Scripture', pp. 89-104에서 발견된다.
51) 본 절의 출처와 편집에 대해서는 Hübner, *Gesetz*, pp. 15-22; Meier, *Law*, pp. 46-65 등을 보라.
52) Sand, *Gesetz*, pp. 33-36; Banks, *Jesus*, pp. 214-15; Gutbrod, 'νόμος', p. 1059. '노모스'의 지시 대상에 대한 다양한 견해들에 대해서는 Banks, *Jesus*, p. 214 n. 2를 보라.

('이오타 헨 에 미아 케라이아'. ἰῶτα ἓν ἢ μία κεραία) 구절은 가장 세부 사항에까지 미치는 율법의 양적 전체성을 강조해 준다. 그렇다면 '율법으로부터 일점일획도 없어지지 않을 것이다' 라는 구절 전체는 율법의 손상될 수 없는 전체적 유효성을 확증해 준다. 하지만 이 확증은 중앙 주절을 앞뒤로 감싸고 있는 두 '헤오스'(ἕως, '…까지') 종속절들에 의해 한정되고 있다.53)

'하늘과 땅이 없어질 때까지'(ἕως ἂν παρέλθῃ ὁ οὐρανὸς καὶ ἡ γῆ) 구절은 '결코' 라는 의미의 통속적 과장법일 수도 있고,54) 또는 특정 시한(時限)을 지칭할 수도 있는데,55) 필자의 판단에는 전자의 용법이 현 문맥에 더 잘 어울리는 것으로 보인다.56) 이러한 제안이 옳다면, 두 번째 종속절을 제외한 전체 문장은 다음과 같이 번역될 수 있다. '율법은 ['헤오스 안 판타 게네타이'(ἕως ἂν πάντα γένηται)] 그 가장 작은 세부 사항까지도 결코 없어지지 않을 것이다.'

두 번째 종속절('헤오스 안 판타 게네타이'. ἕως ἂν πάντα γένηται)은 적어도 두 가지의 상호 연관된 문제를 제기한다. 첫째, '기네스따이'(γίνεσθαι) 동사의 의미. 둘째, '모든 것들'('판타'. πάντα)의 지시 대상.

마태복음에서 동사 '기네스따이' 는 자주 '일어나다', '발생하다', 또는 '실현되다' 의 의미로 사용되는데, 필자의 판단에 이러한 의미가 본 문맥에서도 적용되어야 할 것 같다.57)

---

53) 개역한글의 번역은 매우 아쉽다. 주절과 종속절의 역할이 애매해져 버렸기 때문이다. 원문에 가까운 번역은 다음과 같다. '진실로 내가 너희에게 말한다(a). 하늘과 땅이 없어질 때까지(b). [곧] 모든 것이 이루어질 때까지(d), 율법의 일점일획도 없어지지 아니할 것이다(c). 원문의 어순은 a-b-c-d이지만, 한국어의 특성상 어순이 a-b-d-c로 바뀌었다.
54) Allen, *Matthew*, p. 46; Klostermann, *Matthäusevangelium*, p. 41; 본 구절을 이러한 과장법적 의미로 이해하는 다른 학자들의 목록에 대해서는 Meier, *Law*, pp. 49-50 n. 27을 보라. 보다 최근의 학자로는 France, *Matthew*, p. 115; Luz, *Matthew 1-7*, pp. 265-66을 들 수 있다. 참조. Philo, *Vit. Mos.* 2.136.
55) Filson, *Matthew*, p. 83; Davies, 'Matthew 5.17, 18', pp. 60-65; Traub, 'οὐρανός', pp. 515-16; Guelich, *Sermon*, p. 144 등. 참조. 마 24:35.
56) 하지만 우리가 두 번째 가능성을 취한다 할지라도, 본 구절은 그 자체로서 시한을 정확하게 명시해 주는 것으로 보이지 않으며, 따라서 그것은 두 번째 '헤오스'(ἕως) 절에 의해 좀 더 명확히 규정되어야 한다.

'모든 것'의 지시 대상과 관련해서는 몇 가지의 가능성들이 있다:

1) 율법의 요구들[58]

2) 실현되어야 할 사건(들)

둘째 가능성의 경우 '모든 것'에 의해 지칭되는 사건은 다양하게 규정되어 왔다.

① 이 시대의 끝[59]

② 그리스도의 죽음 그리고/또는 부활[60]

③ 예수님의 전 생애[61]

전체적으로 위의 네 가능성 중에서 마지막 것(2)-③, 곧 실현되어야 할 사건으로서, 예수님의 전 생애)이 가장 적절한 것으로 보이는데, 그 이유들은 다음과 같다.[62]

i) 이 가능성은 마태복음의 줄거리에 가장 잘 맞는다. 앞에서 살펴본 바와 같이, 그 줄거리는 그분의 죽음과 부활, 그리고 그분의 가르침과 능력 있는 행동들을 통하여(즉, 그분의 전 생애를 통하여) 성경 전체에서 계시된 '하나님의 뜻'을 성취하셨고 새 시대의 막을 여신 예수님께 그 초점이 맞추어져 있다.

ii) 이 가능성은 그 전후 문맥과도 잘 들어맞는다. 첫째, 그것은 17절에 잘 들어맞는다. 성경 전체('율법이나 선지자')가 예수님의 전 생애의 사건들에 의해 성취되고 있기 때문이다. 둘째, 그것은 18c절(즉, 주절 — '율법은 그 가장 작은 세부 사항까지도 없어지지 않을 것이다.')에도 잘 들어맞는다. 성경을 성취한다는 것은, 예수님의 가르침(율법의 규범적 측면과 관련하여) 및 그의 인격과 행동들(율법의

---

57) Meier, *Law*, pp. 53-54, 61-62; Davies and Allison, *Matthew*, I, p. 494 등. 여기서 '기네스따이'가 '행하여지다'라는 의미를 갖는다는 Luz, *Matthew 1-7*, p. 266의 대안적 제안은 신빙성이 없다. 이 견해에 대한 필자의 간략한 비평에 대해서는 Yang, 'Jesus, Fulfilment and Law', p. 36을 보라.

58) Ljungman, *Gesetz*, pp. 45, 47; Schweizer, 'Mt 5,17-20', pp. 82-84; Banks, *Jesus*, p. 217.

59) Manson, *Sayings*, p. 154; Sand, *Gesetz*, p. 38.

60) Davies, 'Matthew 5:17, 18', pp. 60-65 — 예수님의 죽음; Hamerton-Kelly, 'Attitudes', p. 30 — 예수님의 부활.

61) Meier, *Law*, pp. 60-64.

62) 다른 가능성들에 대한 비평에 대해서는 Guelich, *Sermon*, pp. 145-48을 보라.

예언적 측면과 관련하여; 참조. 11:13) 가운데서 이루어지는 예수님의 율법 성취를 포함하기 때문이다.63)

하지만 이러한 모든 장점들에도 불구하고, 이 가능성은 결정적인 약점을 갖는다. 필자가 앞에서 제안한 바와 같이, 마태복음의 구조는 마태가 예수님의 시대를 그의 탄생으로부터 그의 (부활까지가 아니라) 재림까지 연장되는 것으로 인식하고 있음을 강력히 시사해 준다. 만일 이러한 관찰이 옳다면, 우리는 '판타'의 지시 대상을 단순히 그분의 초림뿐 아니라 재림에까지 확대시켜야 할 것이다. 그렇다면 우리는 이 종속절의 시한(時限)이 예수님의 초림 가운데서 성취되었던 '이미'의 측면뿐 아니라, 그분의 재림 시에 완성되어야 할 '아직'의 측면도 포함한다고 결론 내릴 수 있다.64) 이러한 결론은 예수님의 성취에 비추어 본 율법의 '연속성'과 '불연속성'(또는 '초월성') 사이의 해결 불가능해 보이는 긴장을 부분적으로 설명해 준다.65)

결론적으로 18절에 따르면, 마태에게 있어서 율법은 구속사의 제한된 기간 동안 그 유효성을 갖는데, 그 기간의 끝은 이미 예수님의 첫 번째 종말론적 강림에 의해 시작되었지만, 그 완결은 아직 그분의 재림을 내다보고 있다.

---

63) 우리가 첫 번째 '헤오스' 구절을 특정 시점을 지칭하는 것으로 받아들인다 할지라도, 이 가능성은 첫 번째 종속절(18b절)과 두 번째 종속절(18d절) 사이의 관계에 대한 최선의 설명을 제공해 주는 것으로 보인다. 두 번째 종속절은 첫 번째 종속절에 결여되어 있는 새로운 개념, 곧 메시아 예수님께 초점이 맞추어진 명백한 종말론적 시한(時限) 개념을 도입함으로써, 첫 번째 종속절의 의미를 명확히 해 준다. 그렇다면 두 번째 종속절은 첫 번째 종속절을 단순히 반복한 중복이 아니다. 그것은 오히려 구속사에 대한 마태의 이해의 관점으로부터 첫 번째 개념을 규정해 주는 필수적 설명이다. 왜냐하면 당대의 유대교에 의하면, 첫 번째 구절만으로는 다양하게 이해될 수 있었기 때문이다. 참조. Moo, 'Jesus', p. 27.
64) 하나님 나라의 시간적 요인과 연관된 이 시한(時限)의 '아직' 측면은 19절의 '하늘 나라에서 불릴 것이다' 혹은 20절의 '하늘 나라에 들어갈 것이다'와 같은 언어에 의해서 시사되고 있다. 하나님 나라의 '이미'와 '아직' 사이의 긴장에 대해서는 Perrin, *Kingdom*, pp. 74-78, 83-89; Ladd, *Presence*, pp. 45-217, 307-28; 양용의,『하나님 나라 어떻게 이해할 것인가』, pp. 125-40을 보라.
65) 예를 들어, France, *Evangelist*, p. 196은 율법의 성취 결과 생겨나게 되는 연속성과 불연속성(또는 초월성) 사이의 긴장이 '권위'와 '기능'을 구분함으로써 실제적으로 설명될 수 있다고 제안한다. 곧, 예수님의 율법 성취 결과 구약 율법의 '기능'은 이미 전체적으로 철저하게 변화되었지만(참조. 마 11:12-13), 하나님의 말씀으로서의 구약 율법의 '권위'는 예수님께서 재림하실 때까지 아직 변함없이 유지된다는 것이다.

(3) 계명을 버림/행함(마 5:19)

본 절은 18절과 접속사 '그러므로'('운', οὖν)에 의해 연결되는데, 이는 추론적 접속사로서 본 절이 18절의 사상에 논리적으로 연관되어 있음을 보여준다.

동사 '뤼에인'(λύειν)은, 17절의 동족어 동사 '카타뤼에인'(καταλύειν, 그곳에서 이 동사는 명백히 율법 전체를 '폐하다'라는 의미로 사용되고 있다)에 비추어 볼 때, 계명을 '불순종하다'라는 의미보다는 계명을 '제쳐두다'라는 의미를 갖는 것으로 보인다.[66]

본 절의 해석에 대한 열쇠는 '이 계명들'('톤 엔톨론 투톤', τῶν ἐντολῶν τούτων)이라는 구절에 놓여 있는 것으로 보인다. 이 구절의 지시 대상과 관련하여 두 가지 주된 가능성이 있다.

① '예수의 명령들', 또는 보다 구체적으로 21-48절의 '대조적 교훈들'[67]
② 18절에서 언급된 '율법'[68]

그런데 마태복음에서 '엔톨레'(ἐντολη, '계명')와 지시대명사 '후토스'(οὗτος, '이')의 일반적 용법을 고려해 볼 때,[69] '이 계명들'이 18절의 '율법'('노모스', νόμος)을 지칭한다는 것(곧, 가능성 ②)은 거의 확실하다.[70] 여기서 우리는 '이 계명들'의 성격을 보다 정확하게 규정할 필요가 있다. 만일 18절에 대한 위의 해석이 옳다면, 구속사의 시간 선상에서 19절 '계명들'의 지시 대상은 성취-이후 시기에 속하는 데 반해, 17-18절에서 '율법'의 지시 대상은 명백히 성취-이전 시기에 속한다. 이러한 시기적 구분을 도표로 그려 보면

---

66) Büchsel, 'λύω', 336.
67) Banks, *Jesus*, pp. 221-23; 후자의 견해에 대해서는 Carlston, 'Things', p. 79를 보라.
68) Ljungman, *Gesetz*, pp. 48-55; Meier, *Law*, p. 91.
69) 마태복음에 나타나는 '엔톨레'의 다른 모든 경우들(15:3; 19:17; 22:36, 38, 40)은 명백히 구약 성경의 계명들을 지칭한다. 또한 Moo, 'Jesus', p. 48 n. 197은 마태복음에서 '후토스'가 뒤이어 나오는 내용을 내다보며 사용된 적이 결코 없음을 지적한다.
70) 사실 Banks, *Jesus*, p. 222도 '이 계명들'의 선행사를 가장 가까운 명사인 18d절의 '판타'(πάντα, '모든 것들')로 규정한다. 그런데 그는 이 구절이 결국 예수의 가르침을 지칭한다고 제안한다(p. 217). 하지만 18d절에 대한 그의 해석이 그리 설득력이 없으며, 따라서 '이 계명' 관련 그의 제안 역시 받아들이기 어렵다.

다음과 같다.

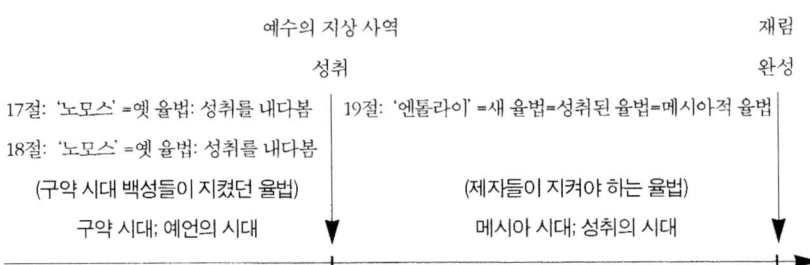

여기서 17-18절에서 '노모스'(νόμος, '율법')가 19절에서는 '엔톨라이'(ἐντολαί, '계명들')로 바뀐 어휘 변화를 주목하는 것은 의미심장하다. 아마도 마태는 그러한 지시 대상의 변화를 암시하기 위해 의도적으로 어휘를 바꾸었던 것 같다. 그렇다면 '이 계명들'은 단지 '있는 그대로의 율법' 71)을 지칭한다기보다는 오히려 '성취된 율법'을 지칭한다. 이 '성취된 율법'이란 옛 율법이 내다보았던 '새 율법'이고, 예수님의 종말론적 초림에 의해 이미 성취된, 그리고 그분의 재림에 의해 완성될 때까지 그분의 제자들에 의해 지켜질 것이 아직 기대되는 '메시아적 율법' 72)이다.

바로 이 때문에 제자들이 율법의 모든 계율들, 심지어는 가장 작거나 가장 덜 중요한(참조. '가장 작은 것들 중 하나') 계율까지도, 예수님의 지상 사역에 의해 성취된 의미로(참조. 5:21-48; 7:12; 11:28-30; 15:19-20; 19:7-9; 22:36-40) 그분의 재림을 내다보면서(참조. 5:29-30; 18:4, 8-9; 28:20; 또한 참조. 19:17), 신실하게 지키는 것은 지극히 중요하다. 따라서 마태는 바로 뒤이어 나타나는 두 쌍의 귀결절('그들은 하늘 나라에서 지극히 작은 자/큰 자라 불릴 것이다')에서 자연히 율법에 대한

---

71) 곧, 성취-이전 시기에 속하는 17-18절 '노모스'의 지시 대상.
72) Gerhardsson, *Memory*, p. 327; Davies, *Setting*, pp. 94-108; Allison, *New Moses*, pp. 185-90. Pace Barth, 'Law', pp. 153-59. 사실 '메시아적 율법'은 가능성 1)의 '예수님의 명령들'을 포함한다. 하지만 필자가 제안한 '메시아적 율법'은 가능성 1)의 제안보다 훨씬 더 포괄적이다. 참조. Carson, 'Sabbath', p. 78.

그들의 태도 및 복종과 연관된 하나님 나라의 미래적 측면, 그리고 그 안에서 제자들의 지위로 그의 관심을 돌린다.

끝으로, 19절에서 '하늘 나라' 73)의 반복적 출현은 율법 문제와 관련하여 종말론에 대한 마태의 관심을 드러내 보여 준다. 마이어(J.P. Meier)가 지적한 것처럼, 마태복음에서는 '과거, 현재, 그리고 미래 모두가 하늘 나라의 도래의 다양한 단계들에 연관된다.' 74) 하지만 5:19에서 동사의 미래 시제('불릴 것이다', '클레떼세타이', κληθήσεται)는 하늘 나라의 미래적 측면, 곧 예수님의 재림 때 완성될 하늘 나라의 마지막 단계를 지시한다.

그렇다면 19절 전체의 사상과 기능은 다음과 같이 정리될 수 있다. 두 쌍의 조건절과 귀결절은, 율법(곧, '메시아적 율법')의 가장 사소하고 덜 중요한 사항들까지도 순종하느냐 아니면 제처두느냐가 하나님께서 하늘 나라의 완성 단계에서 사람들의 운명을 판가름하시는 근거가 된다는 점을 분명히 해 준다.75) 이처럼 본 절은, 18절에서 진술된 예수님의 성취에 비추어 이해된 '율법의 지속적인 유효성'을, 제자들의 행동의 관점에서 그 구체적인 의의(意義)를 드러내 보여 줌으로써, 잘 설명해 준다.

이렇게 함으로써 18절과 더불어 본 절은 17절에 대한 율법경시론적 해석에 대해 경계하도록 해 준다. 따라서 본 절은 마태 공동체 내의 (또는 밖에도 포함하여) 제자들의 율법경시론적 경향에 대한 경고로서 의도되었다고 추정해

---

73) '하늘 나라'는 마태복음에만 특징적으로 나타나는 유대적 표현으로서, 다른 복음서들 및 다른 신약 책들에서 나타나는 '하나님 나라' (곧, '하나님의 통치')와 같은 의미이다.
74) Meier, *Law*, p. 99.
75) 본 절의 '하늘 나라에서 가장 작다고 불릴 것이다' 라는 구절이 실제적으로 의미하는 바가 무엇인지에 대해서는 논란의 여지가 있다. 문자적으로 하늘 나라에서의 '지위'를 의미할 수도 있고(Meier, *Law*, pp. 92-95; Mohrlang, *Matthew*, p. 18; Betz, *Essays*, p. 49; Davies and Allison, *Matthew*, I, p. 497; Hagner, *Matthew 1-13*, pp. 108-109 등), 아니면 비유적으로 하늘 나라에서 아예 제외되는 것을 의미할 수도 있다(Schweizer, *Matthew*, p. 105; Luz, 'Erfüllung', p. 410; 그러나 참조. Luz, *Matthew 1-7*, pp. 267-68). 이들 두 제안 모두 타당성과 난점들이 있는데, 어쩌면 마태는 이 표현을 표면적으로 전자의 의미를 채택하면서도, 실제로는 지위보다는 제외됨의 위험을 지적하기 위한 수사학적 표현으로 사용했는지도 모른다(비교. 18:1-4). 참조. France, *Matthew* (NICNT), p. 188.

볼 수 있다.

(4) 더 큰 의(마 5:20)

상당수의 학자들이 제안한 것처럼, 20절은 교량(橋梁)으로서의 이중적 기능을 한다. 한편으로는 앞 절들(17-19절)을 결론 맺고, 다른 한편으로는 뒤따라오는 대조적 교훈들(21-48절)을 도입해 준다.[76]

여기서 '하늘 나라' 는 다시 '최종적인 초역사적 의미' 로, 곧 역사의 마지막에 완성될 나라로 이해되어야 할 것이다.[77] 제자들이 소유해야 할 '더 큰 의' 는 완성된 하늘 나라에 들어가는 기준으로 제시되고 있다. 이 의(義)가 없이는 누구도 그 나라에 들어갈 수 없다.

신약성경과 성경 이외 헬라어에서 '페리슈에인' (περισσεύειν, '능가하다') 동사의 용법은 이 동사가 양적 의미뿐 아니라 질적 의미도 수반함을 보여 준다.[78] '더 많이' ('플레이온', πλεῖον)의 첨가는 제자들의 의(義)와 '서기관들과 바리새인들' 의 의(義) 사이의 대조를 고조시킨다.

마태복음에서 서기관들과 바리새인들은 유사어로 사용되지 않는다. 실제로 그들은 1세기 역사적 유대교 세계에서도 두 개의 구분된(물론 어느 정도 중복되기는 했지만) 집단들을 지칭하였다. 하지만 '서기관들과 바리새인들' 이라는 연결 구절에서는 그러한 구분이 분명치 않으며, 따라서 본 구절은 중언법적으로 이해되어야 할 것 같다. 마태복음에서 서기관들과 바리새인들은 유대교 적대자들을 대표하는 두드러진 인물들이다. 그들의 종교는 율법주의와 외식으로 특징지어지고, 그들은 또한 '예수님께 대한 공격을 주도하며, 그

---

[76] Meier, *Law*, pp. 108, 116; Luz, *Matthew 1-7*, p. 270. 어떤 이들은 20절을 대조법들에만 연관시키려 하고 앞 단락과는 연관시키려 하지 않는데, 그들은 접속사 '가르' (γάρ)의 추론적 의미를 너무 쉽게 무시해 버린 것 같다; 참조. Strecker, *Weg*, pp. 151-52; Przybylski, *Righteousness*, pp. 80, 85 등. Broer, *Freiheit*, p. 73의 제안도 주목할 만하다: 18-20절은 17절 첫 부분('내가 율법을 폐하러 온 것이 아니다')을 발전시키고 있고, 21-48절은 두 번째 부분('내가 율법을 성취하러 왔다')을 발전시키고 있다.

[77] Meier, *Law*, p. 114.

[78] McConnell, 'Law', pp. 37-38.

결과 예수님의 날카로운 질책을 받는 자들이다.' 79) 이처럼 마태는 그의 관심을 내부의 율법경시론적 경향으로부터(19절), 외부의 유대교 율법주의적 대적들에게로 돌리고 있다.

본 절의 핵심은 분명 '너희의 의'('휘몬 헤 디카이오쉬네', ὑμῶν ἡ δικαιοσύνη) 구절이다. 하지만 본 구절의 해석은 결코 쉽지 않다. 제자들의 의가 서기관들과 바리새인들의 의와 비교되고 있기 때문에, 결정적인 질문들 중의 하나는 그 비교가 질적인 것인가 아니면 양적인 것인가이다.

21-48절의 대조적 교훈들에 비추어 볼 때, 제자들의 의는 서기관들과 바리새인들의 의보다 양적인 향상을 필요로 하는 것이 분명하다. 하지만 구약성경에서 '의'와 관련된 세 단어 '체덱'(צֶדֶק), '츠다카'(צְדָקָה), '차디크'(צַדִּיק)의 용법이 인간의 행동과 관련된 양적 의미뿐 아니라 하나님의 은혜와 관련된 질적 의미를 포함하고 있고,80) 신약성경 및 고대 헬라문학에서 '디카이오쉬네'(δικαιοσύνη, '의')의 용법도 양적 의미뿐 아니라 질적 의미도 수반한다는 점으로 미루어 볼 때,81) 제자들의 의가 서기관들과 바리새인들의 의와 질적인 차이도 갖는다는 점은 부인하기 어려워 보인다.82)

사실 제자들의 의가 서기관들과 바리새인들의 의와 본질적으로 다른 것은 그 질적 차이에서 발견된다. 제자들에게 요구되는 '더 큰 의'는 '하나님의 통치에 기초한', 그리고 '그것에 의해 가능케 된' 행동을 의미하기 때문이다.83) 이 통치적 관계는 율법과 선지자에 의해 계시된 하나님의 뜻을 성취하신 메시아 예수님을 통해 가능하게 된다. 이런 점에서 제자들의 의는 자기 스스로 이룬 자기(自己) 의가 아니라, 철저하게 하나님의 은혜로 주어진 하나

---

79) Meier, *Law*, p. 111. 마태복음에서 그려지고 있는 바리새인들의 모습에 대한 더 상세한 논의에 대해서는 169쪽의 '별도연구'를 보라.
80) Ziesler, *Righteousness*, pp. 22-32; Przybylski, *Righteousness*, pp. 8-12. 하지만 Przybylski는 마태의 의가 구약성경의 용법에 영향을 받지 않고 쿰란문학과 랍비문학에서의 용법에 영향을 받았다고 단정한다.
81) McConnell, 'Law', pp. 37-38; 참조. Luz, *Matthew 1-7*, p. 270.
82) Banks, *Jesus*, p. 225; Betz, *Essays*, p. 53; Guelich, *Sermon*, p. 159.
83) Meier, *Law*, pp. 109-10.

님 나라의 의라고 특징지어질 수 있다. 하지만 서기관들과 바리새인들은 그 예수님을 메시아로 인정하기를 거부하였으며, 따라서 그들의 의는 이러한 근본적인 관계를 결여한 율법주의적인 자기(自己) 의로 특징지어질 수 있다. 그 결과 그들의 의는 메시아께서 도래케 하신 하나님 나라에 들어가는 기준에 미치지 못하였고, 따라서 제자들의 의가 그들의 의보다 더 낫지 못하면 '결코 하늘 나라에 들어가지 못한다.'

제자들에게 기대되는 '더 큰 의'는 이처럼 하나님 나라에 그 시발점을 두며, 동시에 하나님 나라를 그 목표점으로 삼는다. 또한 제자들의 '더 큰 의'는 하나님 나라의 결과인 동시에 하나님 나라에 들어가는 조건이 된다. 그런데 여기서 요구되는 '더 큰 의'는 윤리적 규범들을 자기 스스로 지켜나가는 자기 의가 아니다. 그것은 하나님의 통치를 통해 은혜로 주어지는 하나님의 전적인 선물로서, 그 통치의 결과 하나님의 뜻을 완전히 행하는 행동을 수반하는 의이다.

그렇다면 제자가 하나님 나라에 들어가는 것은 자기 스스로가 획득한 자격이나 권리에 의한 것이 아니라, 철저하게 하나님의 은혜의 결과인 것으로 드러난다. 이렇게 볼 때, 예수께서 제자들에게 기대하시는 더 큰 의는 하나님께 전적으로 의존적인 '하나님 나라의 의'라는 점에서 서기관들과 바리새인들의 율법주의적 '자기 의' 보다 질적으로 더 우월하고, 하나님의 통치로 말미암아 하나님의 뜻에 완전히 순종하는 행동, 곧 완전을 이룬다는 점에서 (참조. 5:48) 서기관들과 바리새인들의 결의론적인 의보다 양적으로 더 우월하다.[84]

마태가 율법경시론과 율법주의라는 이중적인 적을 대항하여 싸우고 있음은 명백하다. 하지만 19절과 20절에서 마태가 문제를 다루는 바에 따르면, 20절에서 서기관들과 바리새인들로 대표되는 율법주의에 대한 예수님의 경

---

84) '더 큰 의'의 은혜 의존적 성격과 완전 지향적 성격에 대한 필자의 간략한 논의에 대해서는 양용의, 『하나님 나라 어떻게 이해할 것인가』, pp. 291-93을 보라.

고(즉, 하늘 나라로부터 제외됨)는 19절에서 제자들 사이에서 나타나는 율법경시론에 대한 경고(즉, 하늘 나라에서 가장 낮은 지위)보다 훨씬 더 신랄하다. 하지만 좋은 제자는 19절과 20절의 이들 상호 보완적인 경고들에 대해 공히 충분한 주의를 기울임으로써, 율법주의뿐 아니라 율법경시론에 대해서도 경계를 게을리 하지 않는 자다. 좋은 제자는 성경 전체에 계시된 하나님의 뜻을 성취하신(17, 18절) 메시아 예수님을 통해 하나님과 새로운 관계를 우선적으로 갖추는 것이 필요하다(20절). 그러나 메시아로 오신 예수님에 의해 도래케 된 하나님의 통치의 필연적인 결과인 하나님의 뜻에 순종하는 행동도 결여해서는 안 된다(19절).

지금까지 정리된 대부분의 결론들은 어느 정도 잠정적인 것들이며 따라서 임시적이다. 이제 우리는 17-20절에 직접 연관되어 있는 21-48절의 대조적 교훈들을 살펴봄으로써, 이러한 우리의 결론들이 타당한지를 확인해 보고자 한다.

3.2.2. 마태복음 5:21-48 – 여섯 대조적 교훈들[85]

마태복음 5:21-48과 마태복음 5:17-20 사이의 긴밀한 관계는 부인할 수 없다. 마태가 대조적 교훈들을 열쇠 단락(17-20절)에 바로 뒤이어 위치시킨 것은 열쇠 단락에서 제시된 원리들이 실제로 어떻게 적용되는지에 대한 구체적인 예들을 제공해 주기 위해서였든지, 아니면 열쇠 단락을 대조적 교훈들에 대한 필요 불가결한 서론으로 만들기 위해서였을 것이다. 어느 경우이든지 3.2.1에서 도출된 결론들이 그 신빙성을 확보하기 위해서는 이 대조적 교훈들에 적용됨으로써 점검되는 것이 필요하다.

현재 형태의 여섯 대조적 교훈들의 기원에 대해서는 어떤 확고한 입장을

---

85) 본 단락에 대한 필자의 보다 상세한 논의에 대해서는 양용의, '그러나 나는 너희에게 말한다', pp. 1-47을 보라.

취한다는 것이 가능하지 않을 뿐더러 꼭 필요한 것도 아니다.[86] 따라서 필자는 본문의 현재 형태에 관심을 집중시킬 것이며, 본문의 현재 형태가 그 전체로서 마태의 입장을 반영하고 있는 것으로 다룰 것이다. 그럼에도 불구하고 그 도입 형식구와 대조적 교훈들의 형식 그리고 그 교훈들의 내용이 예수님 자신의 것이라고 제안하는 것은 충분히 가능하다.[87]

여섯 개 모두가 약간씩 변형된 형태로 공유하고 있는 도입 형식구는 첫째와 넷째 대조법들에서 그 완전한 형태를 띤다: '옛 사람들에게 말하여진 것을 너희가 들었다. 그러나 나는 너희에게 말한다'('Ηκούσατε ὅτι ἐρρέθη τοῖς ἀρχαίοις … ἐγὼ δὲ λέγω ὑμῖν, 21-22, 33-34절). '너희가 들었다'('에쿠사테', 'Ηκούσατε)는 '너희가 율법을 문자적으로 그러나 그릇된 방법으로 이해하였다'라는 의미로서의 랍비적인 전문적 용법으로 이해될 수도 있고,[88] 아니면 회당에서 성경을 읽는 것을 지칭하는 비전문적 용법으로 이해될 수도 있다.[89] 하지만 회당에서 성경이 보통 해석된 형태(곧, 탈굼 형태)로 읽혀졌으리라는 강한 가능성을 인정한다면,[90] 위의 두 경우 중 어느 쪽을 택한다 해도 '너희가 들었던' 내용에는 성문 율법에 의해 원래 의도되지 않았던 해석적 요소들이 포함될 수 있다.

하지만 형식구 전반부의 실제적인 비중은 두 번째 동사 '[그것이] 말하여졌다'('에레떼', ἐρρέθη)에 주어지고 있다. 사실 형식구 후반부의 동사 '내가 말한다'('레고', λέγω)의 대칭을 이루는 동사는 '너희가 들었다'라기보다는 '[그것이] 말하여졌다' 이다. '[그것이] 말하여졌다'가 신적 수동형으로서 그 내용은 시내 산에서 말하여졌던 '하나님의 말씀'을 지칭할 가능성이 높다.

---

86) 크게 세 가지 견해가 있다: ① Bultmann, *History*, pp. 134-36은 첫째, 둘째, 넷째 대조법은 마태 이전 전승으로, 셋째, 다섯째, 여섯째 대조법은 마태의 편집으로 돌린다. ② Jeremias, *Theology*, pp. 251-53은 모든 대조법들을 마태 이전 전승으로 돌린다. ③ Suggs, *Wisdom*, pp. 109-15는 모든 대조법들의 구조적 형성을 마태 자신에게 돌린다.
87) 참조. Luz, *Matthew 1-7*, pp. 274-79.
88) 특히 Daube, *Rabbinic Judaism*, pp. 55-62를 보라.
89) Banks, *Jesus*, pp. 201-203; Luz, *Matthew 1-7*, p. 278 등.
90) Moo, 'Jesus', p. 18.

그럴 경우 그것이 주어진 '옛 사람들'은 시내 산 세대를 지칭하게 된다. 그렇다면 형식구의 전반부는 전체적으로 다음과 같이 의역될 수 있다. '너희는 하나님께서 시내 산 세대에게 말씀하셨던 바를 (회당에서 서기관들의 해석과 더불어) 들었다.'

우리가 20절과 여섯 대조적 교훈들(21-48절) 사이의 연관성을 고려할 때, 성문 율법을 설명하는 데 있어서 그 안에 계시된 하나님의 뜻을 왜곡시키곤 하던 전통적인 서기관적 · 바리새파적 해석이 형식구 전반부의 부차적 요소일 가능성은 부인하기 어렵다. 하지만 17-20절 전체에서의 핵심 논점(즉, 율법의 성취자로서의 예수님)을 고려해 볼 때, 형식구의 주된 초점은 하나님께서 시내 산에서 주신 성문 율법 그 자체에 맞추어져야 할 것이다.

형식구 후반부 '그러나 나는 너희들에게 말한다'('에고 데 레고 휘민', ἐγὼ δὲ λέγω ὑμῖν)라는 표현 자체는 랍비 문학에서 평행구들이 발견된다.[91] 하지만 그 형식구가 이끄는 교훈들의 특징적인 권위로 미루어 볼 때, 현 문맥에서의 용법은 독특하다.[92] 우선적으로 이 후반부의 표현은 예수님의 교훈들('나는 너희에게 말한다')을 성문 율법에 대한 서기관들의 해석이나 이해('너희가 들었다')보다는, 우선적으로 시내 산에서 모세에게 주어졌던 성문 율법 자체('그것이 말하여졌다')와 대조시킨다. 둘째로, 이 후반부의 표현은 예수님의 제자들('너희')을 시내 산에 있었던 이스라엘 백성('옛 사람들')과 대조시킨다. 그러나 이러한 대조들의 성격은 무엇인가? 이 질문은 개별적인 대조적 교훈들을 고찰해 봄으로써 적절히 답변될 수 있다.

---

91) 특히 Lohse, 'Ich aber sage euch', pp. 193-96을 보라.
92) 한편 France, *Matthew*, p. 118은 '"나"('에고')의 강조적이고 반복적인 용법이 특이하다'는 점을 지적한다.

(1) 첫째, 둘째, 여섯째 대조적 교훈[93]

(가) 첫째 대조적 교훈(마 5:21-26)

'살인하지 마라'(21上절)는 십계명 중 제6계명인 출애굽기 20:13과 신명기 5:18을 인용한 것이다. 또한 '살인하는 자는 누구든지 심판을 받을 것이다'(21下절)는 출애굽기 21:12과 레위기 24:17 등의 내용들을 요약적으로 표현한 것이다. 구약의 율법은 살인 행위 자체를 정죄한다. 그러나 예수님의 성취적 가르침은 살인 행위의 이면으로 들어가서, 살인 행위를 일어나게 하는 마음의 분노와 그로 말미암은 욕설까지 문제 삼는다. 형제에게 화를 내는 것과 증오심을 표현하는 것이 인간 법정에서는 살인 행위와 동등한 유죄 판결을 받지 않는다. 하지만 예수님은 이러한 분노와 사소한 욕설까지도 제자에게는 살인 행위에 해당하는 유죄 판결 요건이 된다고 단호히 선언하신다.

율법주의는 쉽게 빠져나갈 여지가 많다. 예를 들어, 율법주의자에게는 '나는 살인하지 않았다. 그러니 나는 의롭다'라는 식의 주장이 가능하다. 하지만 하나님의 통치를 받는 제자들에게 기대되는 더 큰 의는 단순히 율법주의적으로 이룰 수 있는 것이 아니다. 더 큰 의는 그 시발점 자체가 율법주의나 일반 윤리와 전혀 다르다. 이 의는 하나님과의 깨어진 관계가 회복되어 하나님의 백성으로서 하나님의 통치를 누리게 된 제자들이 그 내적 성품과 태도가 철저하게 바뀌어 이루어지는 의이다. 따라서 제자들의 더 큰 의는 자기 의가 아니라 철저하게 하나님 나라(곧, 하나님의 통치)의 결과로서의 의이다.

(나) 둘째 대조적 교훈(마 5:27-30)

'간음하지 마라'(27절)는 십계명 중 제7계명인 출애굽기 20:14과 신명기

---

[93] 이 세 대조적 교훈들은, 필자가 판단하기에, 다른 세 대조법들에 비해 구약 율법을 폐지하는 문제와 관련해서 보다 덜 문제시되기 때문에 함께 분류되었다. 앞으로 살펴보겠지만, 이 세 대조적 교훈들에서는 율법이 확증되고 있는 데 반해, 다른 세 대조적 교훈들에서는 예수님의 가르침이 율법의 문자적 규정들을 무효화시킨다. 이와 유사한 분류는 Meier, *Law*, pp. 135-61에서도 발견된다.

5:18을 인용한 것이다. 구약의 율법은 간음 행위 자체를 정죄한다. 그러나 예수님의 성취적 교훈은 간음 행위의 이면으로 들어가서, 간음 행위를 일어나게 하는 마음의 정욕에 초점을 맞춘다. 마음에 정욕을 품고 다른 남자의 아내를 바라보는 것이 인간 법정에서는 유죄 판결을 받지 않는다. 하지만 예수님께서는 이처럼 마음에 정욕을 품는 것조차도 간음 행위 자체나 마찬가지로 유죄 판결의 대상이 된다고 단호히 선언하신다.

예수님께서 율법을 성취하신 결과 제자들에게 기대되는 더 큰 의의 기준에 의하면, 제자는 실제로 간음을 범함으로써뿐 아니라, 마음으로 정욕을 품기만 하여도 하나님을 기쁘게 해 드릴 수 없다. 구약 율법의 외적 기준에 따라 하나님을 기쁘게 해 드리기란 오히려 쉬운 일이다. 그러나 예수님은 여기에서 한 걸음 더 나아가신다. 제자는 마음 자체가 하나님의 통치를 받아 전적으로 하나님의 뜻에 맞는 감정과 생각을 가져야 한다는 것이다.

(다) 여섯째 대조적 교훈(마 5:43-48)

'네 이웃을 사랑하여라'(43上절)는 레위기 19:18을 인용한 것이다. 하지만 부가적 구절('네 원수를 미워하여라')은 구약성경으로부터의 인용구가 아닐뿐더러 구약성경의 가르침의 요약으로 간주되기도 어렵다. 이 부가적 구절은 아마도 신명기 7:2, 5; 23:3-6; 30:7 등과 같은 구절들로부터 그릇 추론된, 하지만 당시 일반적으로 받아들여지던 해석을 반영하는 것으로 보인다(참조. 1QS 1.3-4, 9-11; 9.21-22).[94] 구약의 율법은 이웃을 사랑할 것을 요구한다. 하지만 이 율법을 성취하신 예수님은 그 사랑의 대상을 원수에게까지 확대하도록 요구하신다. 이러한 요구 자체만으로도 예수님의 가르침은 구약 율법의 기준을 훨씬 더 뛰어넘고 있다.

그런데 원수를 사랑하는 데 있어서도 마음의 내적 태도와 관심이 매우 중요하다. 그 사랑은 제자가 자신을 해치고자 하는 자에 대해서까지도 그의 최

---

94) Daube, *Rabbinic Judaism*, p. 56; Davies, *Setting*, p. 245; *pace* Banks, *Jesus*, pp. 199-200.

선의 삶을 진정으로 그리고 간절히 열망하는 자세, 그리고 그러한 열망으로 하나님께 간구하는 행동을 의미한다(44절). 이처럼 중심으로부터 갈망하는 원수 사랑만이 예수께서 요구하시는 사랑이다.

과연 인간이 어떻게 이 정도까지 사랑할 수 있는가? 그런데 예수님은 하나님의 아들인 제자라면 그렇게 할 수 있고, 그렇게 해야 한다고 선언하신다 (45, 48절). 원수에 대한 진정한 사랑은 하나님의 통치를 받는 모든 제자들의 특성인 내적 의이다. 그리고 이러한 의는 자기 노력의 결과인 자기 의가 아니며, 하나님의 통치의 선물이다. 따라서 그 가운데서는 그 어떤 깨어진 관계도 허용되지 않으며, 하늘 아버지의 완전하심과 같은 완전함이 기대될 뿐이다(48절; 참조. 레 11:44-45; 신 18:13).

(라) 결론

그렇다면 이들 세 대조적 교훈(첫째, 둘째, 여섯째)에 나타난 예수님의 가르침은 율법(첫째, 둘째, 여섯째)에 대해서 그리고 율법에 대한 서기관적 이해(여섯째)에 대해서 어떤 영향을 미치는가? 대부분의 학자들이 동의하듯이, 예수님의 이들 세 교훈들은 구약성경의 계명들을 단순히 확증하지도 그렇다고 폐지하지도 않는다. 그것들은 오히려 그 문자적 의미는 약화시키지 않으면서, 그 계명들을 <u>내면화시키고</u>(첫째, 둘째), <u>강화시키고</u>(첫째, 둘째, 여섯째), <u>극단화시키고</u>(첫째, 둘째, 여섯째), <u>확장시킴</u>으로써(여섯째, 그리고 아마도 첫째, 둘째), 그 계명들을 <u>능가하거나 초월</u>한다.[95]

이들은 예수님의 율법 성취의 구체적인 예들 중의 몇 가지이다. 즉, 극단적이기는 하지만 율법의 이면에 깔려 있던 원래 의도를 이끌어 냄으로써, 율법이 내다보았던 하나님의 궁극적인 뜻을 성취한 구체적 예들인 것이다. 그런데 이 극단적 요구들은 메시아 예수님과의 관계를 통해 현재 하나님의 통

---

95) 다른 많은 학자들 가운데, McConnell, 'Law', p. 54; Jeremias, *Theology*, pp. 251-52; Meier, *Law*, pp. 136-39를 보라. 하지만 다른 견해에 대해서는 Sand, *Gesetz*, p. 53을 보라.

치를 받으며 살아가고 있는 그분의 제자들에게만 주어진 것이다. 현재 하나님의 통치를 받는 삶에서는 그 어떤 깨어진 관계도 고려의 대상에서 제외되며, 따라서 회복된 관계 이외의 어떤 것도 과실로 드러나게 된다(참조. 48절: '그러므로 하늘에 계신 너희 아버지의 완전하심과 같이 너희도 완전하라').[96] 이는 '더 큰 의'가 서기관들과 바리새인들의 의와 얼마나 다른가를 보여 준다.

한편, 예수님의 가르침은 여섯째 논제에 반영된 바와 같은 당대 서기관들의 율법주의적이고 결의론적인 율법 해석을 반박하려는 목적도 가지고 있는 것 같다. 어쩌면 예수님께서, '더 큰' 의를 보다 가시적으로 보여 주시기 위해, 당신의 대조적 교훈들에서 당대 유대교적 결의론을 반어적인 방법으로 반향하셨을 가능성은 얼마든지 있다.[97]

(2) 셋째, 넷째, 다섯째 대조적 교훈[98]

(가) 셋째 대조적 교훈(마 5:31-32)

'자기 아내를 버리려는 자는 누구든지 그녀에게 이혼증서를 써 주어라' (31절)는 신명기 24:1에 대한 자유로운 의역(意譯)이다. 신명기 24:1은 남편이 자기 아내에게서 '부정한 것' ('에르바트 다바르' ערות דבר)을 발견한 경우 이혼을 기정사실로 받아들이고 있다. 사실 신명기 24:1-4은 이혼뿐 아니라 이혼한 여인의 재혼까지도 기정사실로 받아들인다.

그런데 신명기 24:1의 이혼 허용 조건인 '부정한 것'이 구체적으로 무엇을 의미하는가에 대해서는 예수님 당시 많은 논의가 진행되고 있었다. 샴마이 학파는 신명기 24:1의 '부정한 것'을 성적 죄만을 지칭하는 것으로 해석하였는 데 반해, 힐렐 학파는 남편의 어떤 불평 원인이든지를 지칭한다고 이해하

---

96) Guelich, *Sermon*, p. 241. 참조. Goppelt, 'Bergpredigt', p. 40.
97) 참조. Moo, 'Jesus', p. 18; France, *Matthew*, p. 119; Luz, *Matthew 1-7*, p. 285.
98) 선별적인 참고 문헌에 대해서는 Meier, *Law*, pp. 140-41 n. 38, p. 151 n. 62, p. 157 n. 76을 보라. 또한 보다 최근의 문헌에 대해서는 Luz, *Matthew 1-7*, pp. 298-99, 310-11, 322-23을 보라.

였다.99) 그런데 이들 중 아마도 후자의 입장이 보다 폭넓은 영향력을 행사했던 것으로 보인다.

하지만 예수님께서 제시하신 예외 규정인 '음행의 경우를 제외하고'(32上절)는 힐렐 학파의 예외 규정보다 훨씬 더 엄격하다.100) '또한 버림받은 여인과 결혼하는 자는 누구든지 간음하는 것이다'(32下절)라는 선언 역시 이혼한 여인의 재혼을 기정사실로 받아들이는 신명기 24:1-4보다 훨씬 더 엄격하다.

마태복음 19:4-9은 여기서 문제가 되는 구약 율법과 예수님의 가르침 사이의 관계에 좀 더 많은 빛을 던져 준다. 19:8에 따르면 예수님은 사실상 그분의 제자들과 관련하여 구약의 이혼 규정을 무효화시키신다. 그리고 그분은 제자들에게 창세기 2:24에 계시된 결혼의 첫 번째 원리('그러므로 남자가 그 아버지와 어머니를 떠나 자기 아내와 합하여 둘이 한 몸이 될 것이다')로 돌아갈 것을 교훈하신다.

하지만 첫 번째 원리로 돌아가라고 하는 예수님의 가르침이 반드시 신명기 24장의 이혼 규정을 반박하는 것은 아니다. 각 율법에는 각각에게 적절한 기능이 주어져 있다. 곧, 창세기 2:24은 결혼에 대한 하나님의 이상적인 뜻을 진술하는 기능을 하고, 신명기 24:1-4은 마음을 강퍅하게 함으로써 그 이상(理想)을 유지하는 데 실패한 사람들을 위한 조치로서의 기능을 한다. 그런데 예수님의 메시아적 성취는 제자들로 하여금 하나님의 이상적인 뜻에 도달하는 것을 가능하도록 해 주었고, 따라서 예수님은 그들에게 첫 번째 원리로 돌아갈 것을 명령하신다. 옛 시대를 위한 조치가 그들에게 더는 적용되지 않기 때문이다.101)

---

99) *m.Git.* 9.10; 참조. Strack and Billerbeck, *Kommentar*, I, pp. 313-15. 하지만 '부정한 것'은 '간음'을 의미할 수 없다. 왜냐하면 구약 시대에 간음에 대한 형벌은 이혼이 아니라 사형이기 때문이다(신 22:22). 참조. Craigie, *Deuteronomy*, p. 305; 그는 '육체적 결함, 곧 아이를 낳지 못하는 바와 같은 결함'을 제안한다.

100) 이 점에 있어서 32절에 드러난 예수님의 견해는 신 24:1의 '부정한 것'에 대한 샴마이 학파의 이해와 결과적으로 유사하다. 그러나 예수님의 입장은 신 24:1의 명령을 뛰어넘은 것이고, 샴마이 학파의 입장은 신 24:1에 대한 해석에 기초한 것이라는 점에 있어서, 두 입장은 근본적으로 구별된다.

끝으로, 예수님의 가르침에 나타난 예외 규정('음행의 경우를 제외하고')은 실질적인 예외 규정이 아니다. 왜냐하면 간음이란 그 본성상 결혼 관계를 이미 깨뜨린 것이며, 따라서 그러한 경우에 있어서 '이혼'이란 이미 깨어진 결혼 관계를 인정하는 절차에 불과하기 때문이다.102) 사실 이러한 예외 규정이 필요할 수밖에 없는 이유는 결혼이 제자 한 사람의 문제가 아니라 배우자와의 관계 문제이기 때문이다. 제자 자신에게 문제가 없을지라도 상대 배우자에게 문제가 있을 경우 결혼 관계는 유지될 수 없으며, 따라서 이혼이 필요할 수 있는 것이다. 다만 이 경우 상대 배우자는 '제자'일 수 없을 것이다. 제자에게 간음이란 상상할 수도 없는 문제이기 때문이다(참조. 27-30절).

(나) 넷째 대조적 교훈(마 5:33-37)103)

33절은 구약으로부터의 정확한 인용은 아니지만, 본 주제에 대한 구약의 가르침들을 요약해 놓은 것들이다('거짓 맹세를 하지 말고': 레 19:12; '주님께 한 너의 맹세를 지켜라': 민 30:2; 신 23:21-23). 구약에서는 맹세가 기정사실로 받아들여졌을 뿐 아니라 때로는 명령되기도 하였다(예. 출 22:7-10; 민 5:19-22). 다만 거짓 맹세는 금지되었는데, 이러한 금지는 궁극적인 진실성을 지향하는 것으로 이해될 수 있다.

34-37절에서 예수님께서 맹세를 철저하게 거부하고 계시는 가르침이 구약성경이나 당대 유대교 문학에서 아무런 평행구도 찾아볼 수 없는 독특한 것이라는 점은 일반적으로 받아들여지고 있다.104) 예수님의 가르침은 이처럼 당대의 유대교 가르침뿐 아니라 구약 율법까지도 초월한다. 하지만 이러한 초월은 구약의 맹세 관련 규정들을 반박하거나 폐하는 것이 아니다. 사람

---

101) Hagner, *Matthew 1-13*, p. 125; 참조. Sanders, *Jesus*, p. 260.
102) France, *Matthew*, p. 281; Luz, *Matthew 1-7*, p. 306.
103) 맹세 금지 명령의 진정성 문제에 대해서는 Ito, 'Authenticity', pp. 5-13를 보라; 이 논문은 예수님의 맹세 금지 명령의 진정성을 부정하는 Dautzenberg, 'Mt 5,33-37; Jak 5,12', pp. 47-66에 대한 비평적 답변이다.
104) 특히 Banks, *Jesus*, pp. 195-96.

의 말에 대한 불신을 전제하는 맹세 관련 규정들은 옛 시대 사람들에게 꼭 필요한 것이었다. 왜냐하면 깨어진 관계 속에 살아가던 옛 시대 사람들은 다른 사람들과의 관계에서 비진실성을 전제하지 않을 수 없었기 때문이다. 하지만 하나님 나라를 소유한 제자들에게 요구되는 더 큰 의는 절대적 진실성 그 자체이며, 따라서 그들에게는 맹세 관련 규정들이 더는 필요하지 않으며, 그 결과 무효화될 수밖에 없다.

그렇다면 본 대조법의 진정한 초점은 맹세 그 자체에 맞추어져 있지 않다. 그보다는 오히려 진실한 맹세에 관한 구약 규정들의 궁극적 목적(곧, 무조건적 진실)을 성취하신 예수님께서 그분의 제자들에게 기대하시는 절대적 진실성에 그 초점이 맞추어져 있다.[105]

(다) 다섯째 대조적 교훈(마 5:38-42)

'눈에는 눈으로 그리고 이에는 이로'(38절)는 출애굽기 21:24; 레위기 24:20 등을 인용한 것이다. 구약의 율법은 보복을 허용하되 보복의 한계를 엄격히 한정하는 데 목적이 있다. 하지만 율법을 성취하신 예수님의 명령은 보복의 정도에 대한 구약 율법의 제한에 관한 규정들을 뛰어넘어, 보복의 권리 자체를 포기하는 무저항의 원리를 요구하고 있다.[106] 예수님의 이러한 명령은 지금 하나님 나라를 소유한 제자들, 따라서 하나님의 뜻에 순종하도록 부름을 받은 제자들에게 주어진 것이다. 그런데 그 하나님의 뜻이란 보복법으로는 도달할 수 없는, 그러나 그것이 궁극적으로 목표하였던, 무한한 용서와 원수 사랑(여섯째 대조적 교훈)의 원리이다. 그렇다면 우리는 예수님의 '무저항' 명령이 구약의 보복법을 폐하거나 반박한다기보다는, 그 율법이 궁극적으로 지향하였던 하나님의 목적을 드러내 보이기 위해 그것을 초월하여 무효화시킴으로써[107] 그것을 성취한 것이라고 결론 내릴 수 있다.

---

[105] 참조. Jeremias, *Theology*, p. 220; Davies and Allison, *Matthew*, I, p. 536.
[106] Hare, *Matthew*, p. 55; 참조. Meier, *Law*, p. 158.
[107] Banks, *Jesus*, p. 199.

예수님의 가르침은 이러한 요구 자체만으로도 구약 율법의 기준을 훨씬 더 뛰어넘는다. 그런데 제자들에게 요구되는 더 큰 의의 기준은 이 무저항의 원리를 실행하는 데 있어서 결국 마음의 내적 감정과 태도까지도 중시한다. 사람이 예수님의 무저항 원리의 규범들을 율법주의적으로 순종함으로써, 다른 쪽 뺨을 돌려 댈 수는 있을 것이다. 하지만 그렇게 하면서, 마음에 불타는 분노가 있고 보복의 칼을 갈고 있다면, 그러한 외적 행동은 더 큰 의가 지향해야 하는 목표를 이미 벗어나 있는 것이 분명하다. 앞에서 살펴보았듯이, 마음에 분노나 증오심을 가지는 것은 살인과 마찬가지의 과오를 범한 것이기 때문이다(22절).

(라) 결론

위의 연구에 따르면, 이들 세 대조법(셋째, 넷째, 다섯째) 모두는, 자주 제안되어 왔던 것과는 달리,[108] 구약 율법과 상충되거나 혹은 그것을 폐하는 요소를 포함하지 않는다. 이 대조적 교훈들은 오히려 문제가 되는 세 가지 논제로 대변되는 율법 이면에 숨겨져 있는 하나님의 원래 뜻을 드러내 보여 주고, 제자들의 관심을 그 원래 뜻에 집중시키도록 해 준다.

하지만 그 필연적인 결과로서 나타나는 현상들은 율법의 특정한 문자적 규정들을 <u>초월</u>하거나 뛰어넘거나 <u>무효화</u>시키거나 <u>무시</u>하는 모양으로 나타나게 된다. 왜냐하면 그러한 규정들은 깨어진 관계 하에서 굳은 마음을 소유함으로써 하나님의 이상을 유지하는 데 실패한 옛 시대 사람들을 위해 마련된 조항들이었기 때문이다. 하지만 예수님의 구약 율법 성취는 제자들로 하여금 하나님의 <u>이상적인</u> 뜻에 도달할 수 있게 해 주었고, 그 결과 옛 시대를 위해 주어졌던 조항들은 더 이상 그들에게 적절하지도, 의미 있지도, 그리고 필요하지도 않게 된 것이다.

---

[108] 이 대조법들이 율법을 폐하는 요소를 포함한다고 제안하는 학자들의 목록에 대해서는 Mohrlang, *Matthew*, p. 144 n. 121을 보라.

이제 제자들에게 요구되는 바는, 결혼 관계에 있어서의 영속적인 일체성과 절대적인 진실성, 그리고 어떠한 상황하에서도 무저항적인 태도일 뿐, 그보다 못한 그 어떤 것도 아니다. 즉, 완전하신 하늘 아버지에 의해 통치 받는 삶 그 자체인 것이다(참조. 48절). 이는 하늘 나라에 들어가기를 원하는 모든 제자들에게 각각 요구되는 바로 그 '더 큰 의' 이다(참조. 20절).

(3) 종합

여섯 대조적 교훈에 대한 필자의 지금까지 해석은 다음 결론들을 제안해 준다.

1 3.2.1에서 제안되었던 '플레로사이' 의 의미는 여섯 대조적 교훈이 예시해 주는 성취의 전반적인 그림과 조화를 이룬다. 더욱이 위의 예들은 '플레로사이' 의 의미가 예수님만이 이루실 수 있는 전체성과 충만성의 요소를 포함한다는 점을 명백히 제안해 준다.[109]

2 예수님의 성취에 나타나는 '이미' 와 '아직' 사이의 긴장 관계는 다음 두 가지 사실들에 의해 잘 입증된다.

① 여섯 대조적 교훈 모두가 여섯 개의 구약 율법 안에/배후에 깔려 있는 하나님의 궁극적 뜻을 계시해 보이기 위해, 그것들을 능가하고, 초월하고, 뛰어넘고, 혹은 심지어 무시하기까지 함으로써, 그것들을 이미 성취하였다.

② 제자들에게는, 아마도 예수님의 재림 시까지는, 여섯 대조적 교훈 가운데서 드러난 성취된 형태의 율법을 여전히 지킬 것이 요구되고 있다.

3 앞에서 필자가 제안한 바와 같이, 19절의 '이 계명들' 은 예수님에 의해 이미 성취된 새로운 '메시아적 율법' 인 것이 명백하다. 여섯 개의 구약 율법에 대한 예수님의 여섯 대조적 교훈은 모두가 제자들이 지키도록 요구되고 있는 이 성취된 새로운 메시아적 율법의 실례(實例)들이다.

---

109) Luz, *Matthew 1-7*, p. 265.

④ 예수님의 여섯 대조적 교훈은 문자적 행동 규범으로서의 옛 율법에만 여전히 얽매여 있는 서기관들과 바리새인들의 의(義)에 대조되는 더 큰 의가 무엇인지를 보여 준다. 여섯 대조적 교훈은 더 큰 의가 율법의 범위를 확장시키는 것뿐 아니라, 경건한 삶의 보다 높고 보다 깊은 수준으로 진전하는 것까지를 포함함을 보여 준다.

3.2.3. 다른 구절들

열쇠 단락(5:17-20)과 여섯 대조적 교훈(5:21-48)을 제외하고도 마태복음 안에는 예수님과 율법의 관계에 대한 마태의 이해를 보여 주는 몇몇 중요한 구절들이 있다. 본 단락에서는 이 구절들을 주제에 맞추어 자세한 석의 없이 검토해 나갈 것이며, 그러한 가운데 3.2.1과 3.2.2에서 도달한 우리의 결론들이 이들 율법 관련 구절들에 부합하는지, 따라서 그 결론들이 신뢰할 만한 것들인지를 살펴보고자 한다.

(1) 예수님, 전통, 율법(마 15:1-20; 23:1-36; 참조. 16:12; 19:17)

마태복음 15:1-20에서 예수님은 바리새인들과 서기관들의 비난에 대한 반응으로서 '장로들의 전통'(= 바리새적 구전 율법)110)을 비판하고 계신다. 그런데 그분 비판의 가장 주된 이유는 그들의 그러한 '전통' 때문에 사람들이 '하나님의 계명'을 어기도록 유도되기 때문이다. 여기서 결정적인 문제는 권위의 문제이다. 예를 들어, '고르반' 111)과 같은 율법 조항에 대한 바리새적 활용 방법은 제5계명에 나타난 하나님의 뜻과 정면충돌을 일으키는데, 결과적으로는 그러한 전통이 '계명'의 권위 위에 있게 되는 것이다.

---

110) Hill, *Matthew*, pp. 250-51; Davies and Allison, *Matthew*, II, p. 520 등을 보라.
111) 참조. 막 7:11; *m. Ned.*

하지만 그러한 전통이 예수님과 그분의 제자들에게는 아무런 존중의 대상이 되지 못하며, 따라서 아무런 권위도 갖지 못한다(3-6절). 예수님은 그러한 전통을 가르치는 바리새인들을 하나님께서 심지 않으셨기 때문에 뽑히게 될 나무에 비유하시며(13절), 또한 자신들이 인도하는 자들과 더불어 구덩이에 빠지게 될 맹인 인도자들로 특징짓고 계신다(14절). 11, 18-20절에서는, 5:21-48에서와 마찬가지로, 예수님의 관심이 다시 외부적 행동 이면에 깔려 있는 내면세계에 돌려지고 있다. 그에게 있어서 '무엇보다 중요한 것은 마음인 것이다.' 112)

본 단락이 구약성경의 음식 규례들에 어떤 영향을 끼치는가의 문제는 단순하지 않다. 많은 학자들이 지적하는 바와 같이, 마태는 본 단락에서 어쩌면 음식 규례 문제를 의도적으로 직접 다루지 않으려 했는지도 모른다.113) 그럼에도 불구하고 마태복음 내에도 음식 규례 포기의 원칙이 이미 내재해 있음을 부인할 만한 실제적 이유는 없다(참조. 11절).114) 그렇다면 이는 5:17('너희는 내가 율법이나 선지자들을 폐하러 온 줄로 생각하지 마라')과 상반되지 않는가? 하지만 이러한 외견상의 상반성은, 마태가 예수님께서 음식 규례를 명백히 포기하신 것을 구약성경 자체를 공격하거나 그것과 충돌하는 것으로 받아들이지 않았다는 제안에 의해 설명될 수 있다. 오히려 뱅크스가 적절히 지적하고 있는 것처럼, 11절 이면에 깔려 있는 예수님의 원칙은 무엇이 더럽게 하고 무엇이 더럽게 하지 않는지에 관한 전혀 새로운 이해를 표현하고 있다.115)

그렇다면 마태에게 있어서 더럽힘에 관한 예수님의 급진적인 가르침은 예

---

112) Davies and Allison, *Matthew*, II, p. 531.
113) 막 7:19b의 다음 설명이 빠져 있음을 주목하라 — '모든 음식이 깨끗하다.' 또한 손 씻는 문제에 대한 토의로 되돌아가고 있는 마 15:20b의 첨가 부분도 주목하라. Green, *Matthew*, pp. 143-44; Banks, *Jesus*, pp. 140-46; Mohrlang, *Matthew*, p. 11; Harrington, *Matthew*, p. 233 등을 보라.
114) France, *Matthew*, p. 245. *Pace* Barth, 'Law', p. 90.
115) Banks, *Jesus*, p. 141.

수님의 구약성경 성취가 수반하는 바에 대한 또 하나의 구체적인 예(例)이다. 요한의 때까지 예수님의 성취를 예언하고 내다보았던(참조. 11:13) 음식 규례 배후에 감추어져 있던 하나님의 뜻이 이제 더럽힘에 대한 예수님의 새로운 기준(즉, 입으로 들어가는 음식이 아니라 마음으로부터 나오는 악한 것들이 사람을 더럽게 한다. 참조. 18-19절)에 의해 드러나게 된 것이다. 그렇다면 이는 내면화의 모습을 띤 성취의 또 한 가지 경우일 것이다.

마태복음 23:1-36에서, 마태는 서기관과 바리새인에 대한 예수님의 또 하나의 인상적인 비평을 제시해 준다. 여기에서도, 15:1-20에서와 마찬가지로, 예수님께서 그들의 가르침과 행위를 비판하신 주된 이유는 그들이 보다 사소한 율법적 규율들에 지나친 관심을 빼앗긴 나머지 율법에 나타난 보다 중요한 하나님의 근본적인 요구들을 무시하기 때문이다. 예를 들어, 심지어 아주 사소한 향료와 관련된 십일조에 대해서까지 기울여진 그들의 꼼꼼한 관심으로 말미암아, 그들은 정작 '율법의 보다 중요한 것'(즉, 정의와 자비와 신실함 [23절; 참조. 미 6:8])에 대해서는 눈이 멀게 되었던 것이다. 따라서 그들은 또다시 맹인 인도자들로 특징지어지고 있는 것이다(16-17, 19, 20절).[116] 여기서 문제가 되는 것은, 23절의 '율법의 더 중요한 것들'이라는 구절이 시사해 주듯이, 우선권의 문제이다. 즉, '정의'와 '자비'와 '신실함'과 같은 내적인 덕목들이 십일조나 맹세에 관한 결의론적 규정들보다 훨씬 더 중요하다는 것이다(참조. 16-22절).

(2) 더 큰 의(마 7:12; 9:13; 12:7; 19:16-21; 22:40 등)

마태복음 19:16-21에 따르면 '제자가 되는 것'(21절)은 '완전하여지는 것'을 요구한다. 이미 앞에서 살펴본 바와 같이, 하늘 나라에 들어가기 위한 조건, 곧 5:20의 '더 큰 의'는 다름 아닌 5:48에서 진술된 '완전함' 그 자체이

---

116) 23장에서는 서기관들과 바리새인들에 대한 다른 묘사들도 눈에 띈다: 위선하는 자(13, 15, 27절 등); 바보(17절); 뱀들과 독사의 자식들(33절) 등.

다. 그런데 여기서 그 동일한 완전함이 영생에 들어가기를 원하는(즉, 제자가 되고자 하는) 부자 청년에게 요구되고 있는 것이다.117) 예수님에 의해 요구되고 있는 완전함은, 5:48에서와 마찬가지로(참조. 5:43-47), 레위기 19:18의 사랑의 계명에 대한 올바른 이해와 밀접하게 연관되어 있다(21절, '가서 네 소유를 팔아 가난한 자들에게 주어라'; 참조. 19b절: '네 이웃을 네 자신처럼 사랑하여라'). 사실 완전함과 사랑의 계명에 대한 급진적인 이해 사이의 이와 같은 밀접한 관계는 우연한 것으로 보이지 않는다. 많은 학자들이 주목한 것처럼, 마태는 사랑의 계명에 대한 특별한 중요성을 부여하는 경향이 있는데,118) 그러한 경향은 7:12과 22:40에서도 입증되고 있다.

마태복음 7:12의 소위 '황금률'은 이웃에 대한 사랑의 호의가 '율법과 선지자'(참조. 5:17; 22:40)라고 선언한다. 하지만 이 언급만으로 이웃에 대한 사랑의 계명과 구약성경 전체 사이의 관계의 성격을 정확히 규명하기란 어렵다. 단지 이웃에 대한 사랑과 구약성경 사이에 어떤 특별한 관계가 있다는 사실 정도만 확인될 수 있을 뿐이다. 우리는 이들 둘 사이의 관계에 대한 보다 확실한 그림을 22:34-40에 대한 다음 논의에서 기대하게 된다.

마태복음 22:34-36에서 한 바리새인이 율법 중 가장 큰 계명119)에 관한 질문을 던짐으로써 예수님을 시험한다. 이 질문에 대한 답변으로서, 22:37-40에서 예수님은 구약성경으로부터 사랑의 두 계명(즉, 신 6:5 – 하나님께 대한 사랑; 레 19:18 – 이웃에 대한 사랑)을 인용하신다. 37-39절에 따르면, 예수님은 '첫째'와 '둘째' 사랑의 계명들 사이에 모종의 논리적 관계를 전제하고 계시는 것이 분명하다. 그러나 '첫째'와 '둘째'의 용법은 둘 중 하나가 다른 하나와

---

117) 그렇다면 마 19:16-26은 많은 로마 가톨릭 신자들이 주장하는 두 단계 윤리(즉, 단순히 영생을 소유하는 '일반 그리스도인들' [참조. 17-19절]의 윤리와 '성직자들 및 수도사들'의 윤리)에 대해 진정한 기반을 제공해 주지 못한다. Barth, 'Law', pp. 95-100; Gnilka, *Matthäusevangelium*, II, p. 165를 보라.
118) Barth, 'Law', pp. 75-85; Banks, *Jesus*, pp. 164-71 등.
119) 참조. 막 12:28: '첫째 계명'. 하지만 마 22:38에 비추어 볼 때, 마태에게 있어서 두 어휘(즉, '큰'과 '첫째')는 유사한 의미를 가졌던 것으로 추정된다. Banks, *Jesus*, p. 165를 보라.

다른 수준의 권위를 갖고 있음을 의미하지 않는다(참조. 39절의 '…과 같은', '호모이아', ὁμοία). 오히려 이들 두 계명은 각각 그 고유한 위치에 서 있으면서도 그 진정한 의미를 갖기 위해서는 서로 상대 계명에 의존해야 하는 상호 보완적이며 상호 의존적인 성격을 띤다.[120]

이처럼 이들 두 계명은 불가분의 관계에 있다.[121] 하지만 그의 반응의 마지막 부분(40절: '이 두 계명들에 모든 율법과 선지자들이 달려 있다')은 학자들 사이에 심각한 논쟁의 대상이 되는 한 문제를 제기한다. 즉, 이들 '두 큰 계명'과 '모든 율법과 선지자들' 사이의 관계에 관한 문제이다. 이 문제의 핵심은 '크레마누미'(κρεμάννυμι, '달려 있다', '의존하다') 동사의 의미를 규정하는 데 있다. 이와 관련하여 다양한 견해들이 제안되어 왔지만 학자들 사이에 의견의 일치는 보지 못한 상태이며,[122] 따라서 어떤 결정적인 결론을 기대하기란 어렵다.

하지만 무(D.J. Moo)는 긴 논의 끝에 다음과 같은 신뢰할 만한 결론을 내린다. '예수님은 여기서 [모든] 율법 위에 있는 사랑의 우위성이 아니라 [모든] 율법 가운데서 사랑의 우위성을 이야기하고 계신다.'[123] 이들 두 계명은 분명 가장 큰 계명들이지만, 결코 다른 모든 계명들을 대신하는 것은 아니다. 나머지 계명들이 이 사랑의 두 계명에 의존해 있는 것은 사실이지만, 나머지 계명들의 유효성과 적용성이 이 사랑의 두 계명에 의거해서 결정될 수는 없는 것이다.[124]

본 단락의 논의들로부터 우리는 다음과 같은 몇 가지 결론에 도달하게 된다.

① 예수님께서 비판하시는 것은 율법 자체가 아니라 서기관과 바리새인의

---

120) France, *Matthew*, p. 320; 참조. Mohrlang, *Matthew*, p. 95; Hare, *Matthew*, pp. 259-60.
121) Moo, 'Jesus', pp. 6, 33 n. 27.
122) 지금까지 제안된 다양한 견해들에 대해서는 Bertram, 'κρεμάννυμι', pp. 919-21; Moo, 'Jesus', pp. 6, 7, 34-35 nn. 30-35를 보라.
123) Moo, 'Jesus', p. 11.
124) Banks, *Jesus*, p. 169; Moo, 'Jesus', p. 11; Harrington, *Matthew*, p. 316 등. 그럴 경우 이 구절은 P. Lehmann과 J. Fletcher에 의해 주창된 소위 '상황 윤리'를 지지해 주는 구절이 되지 못한다.

가르침과 행동들이다.

② 율법의 유효성은 자주 당연한 것으로 받아들여지고 있지만, 개개의 율법의 문자적 적용은 더 이상 기대되지 않는다(15:11에서는 음식법이 [비록 암시적이긴 하지만] 포기되고 있다).

③ 성취의 한 측면으로서, 예수님의 관심은 사람의 마음과 그 내적 덕목들에 집중되고 있다.

④ 하나님의 계명들 가운데 그 중요성에 있어서 모종의 우선성이 가정되고 있거나 적어도 시사되고 있다.

⑤ 사랑의 계명에 특별한 중요성이 부여되고 있다.

⑥ 이들 두 사랑의 계명이 가장 크기는 하지만, 그러나 그것들이 구약성경의 다른 모든 율법들을 대체하지는 않는다. 그것들은 결코 유일한 계명이 아니다.125)

⑦ 따라서 우리는 사랑의 두 계명이 '더 큰 의'(=완전함)의 중심이기는 하지만 결코 더 큰 의가 수반하는 모든 것은 아니라고 결론 내릴 수 있다.

3.2.3 전체에 걸친 관찰들과 논의들은 3.2.1에서 필자가 내린 결론들이 마태복음 전체의 다른 율법 관련 구절들과 조화를 이룬다는 점을 보여 준다. 마태복음 내의 그 어떤 구절도 명시적으로나 암시적으로 필자의 결론들과 상충되지 않는다. 그보다는 오히려 지금까지의 논의들은 한편으로는 앞의 결론들(예. 철저화, 내면화, 초월 등의 관점에서의 성취 개념; 더 큰 의를 특징짓는 완전함)을 더욱 확증해 주며, 다른 한편으로는 예수님께 비추어 본 율법에 대한 마태의 이해에 몇 가지 측면들(예. 계명들 사이의 우월성; 예수님의 가르침에서 사랑의 계명의 두드러진 위치)을 첨가해 준다. 이제 아래에서는 이러한 결론들이 전제될 것이다.

---

125) 이와 같은 평결은 호 6:6이 인용되고 있는 마 9:13과 12:7(참조. 18:12-35)에도 적용될 수 있을 것이다. 필자는 이 구절들을 제4장에서 다시 다루려 한다.

〈별도 연구〉 마태복음에서의 '바리새파'

본 별도 연구의 목표는 마태복음에서 묘사되고 있는 바리새파의 그림을 그려봄으로써 다음 장(章)들에서 사용될 '바리새파'라는 어휘의 용법을 명백히 하는 것이다. 따라서 본 연구는 1세기 당시 (특히 예수님 당시) 바리새파의 전반적인 역사적 실체를 재구성하려 하지 않는다. 이러한 시도들은 이미 샌더스나 그 밖의 많은 학자들에 의해 폭넓게 수행되었으나 아직까지는 신뢰할 만한 결론이 도출되지 못한 상태이며,[126] 따라서 이 작은 연구가 그들의 연구에 덧붙여 큰 기여를 하리라 생각하지 않는다. 또한 본고는 마태가 제시한 바리새파 그림의 역사적 신뢰성을 평가하려 하지도 않는다.[127] 본고는 마태가 그의 작품 세계에서 보여 주는 바리새파의 특성과 역할을 잘 정리하여 기술하는 것을 그 목표로 삼는다.

1. 공관복음서에 나타난 '바리새인들' 및 그 관련 어휘들의 용법
(U. Luz, *Matthew 1-7*, pp. 52-70)[128]

다음 도표에 나타난 통계로부터 우리는 다음과 같은 사실들을 확인할 수 있다.

---

[126] Jeremias, *Jerusalem*, pp. 246-67; Schürer, *History*, II, pp. 381-403; Saldarini, *Pharisees*; Neusner, *Jews and Christians*; Sanders, *Law*; idem, *Practice*, pp. 380-490; Wright, *People*, pp. 181-203 등.
[127] 참조. Mohrlang, *Matthew*, p. 20. 하지만 위의 두 문제들에 대해 논의의 과정상 필요할 경우 간략한 의견들이 제시될 것이다.
[128] 아래 어휘들의 용법들에 대한 또 하나의 편리한 목록이 Garland, *Intention*, pp. 218-21에서 발견된다. 하지만 말미의 그의 요약적 진술은 문제들이 없지 않다.

어휘들	마태복음	마가복음	누가복음
바리새인(Φαρισαῖος)	30	12	27
서기관들/바리새인들(γραμματεῖς/Φαρισαῖοι)	11	3	5
바리새인들과 사두개인들(Φαρισαῖοι καὶ Σαδδουκαῖοι)	5	0	0
대제사장들/바리새인들(ἀρχιερεῖς/Φαρισαῖοι)	2	0	0
서기관(γραμματεύς)	23	21	14
사두개인들(Σαδδουκαῖοι)	7	1	1
대제사장(ἀρχιερεύς)	25	22	15
장로(πρεσβύτερος)	12	7	5
대제사장들/장로들(ἀρχιερεῖς/πρεσβύτεροι)	8	1	1

① 마태복음에서는 바리새인들이 위에 나열된 어떤 다른 집단들보다 더 자주 언급된다. 이러한 현상은 마가복음과 비교해 볼 때 아주 괄목할 만하다. 마가복음에서는 서기관들(21회)과 대제사장들(22회)이 바리새인들(12회)보다 거의 두 배 정도 더 자주 나타난다. 갈란드(D.E. Garland)가 제시한 목록에 따르면, 마가가 서기관들을 언급한 다섯 구절들에서는 마태가 바리새인들을 대신 언급하고 있는 데 반해, 마가가 바리새인들을 언급한 모든 구절들에서는 마태가 바리새인들을 그대로 보존하고 있다. 누가복음에서는 바리새인들의 출현 횟수가 27회로서 마태복음에서의 출현 횟수(30회)와 비슷하다. 하지만 다른 집단들의 출현 횟수(35회)는 마태복음이나(67회) 마가복음에서(51회)보다 현저히 적다.

② 마태복음에서는 바리새인들이 다른 집단들과 자주 연결되어 나타나는데(18회), 이는 마가복음이나(3회) 누가복음의 경우(5회)와 비교해 볼 때 현저하게 많은 빈도수이다. 가장 잦은 연결은 서기관들과의 연결인데(11회), 이는 마태의 특징적인 용법으로 보인다.[129] 바리새인들과 사두

개인들의 연결(5회)은 마태복음에만 나타나는 아주 독특한 연결로서, 두 집단들의 불편한 관계로 미루어 볼 때 아주 놀라운 것이다.130) 바리새인들과 대제사장들의 연결도(2회) 마태복음에만 나타나는 독특한 경우인데, 27:62의 경우는 특히 괄목할 만하다. 왜냐하면 이 경우는 모든 복음서들에 있어서 바리새인들이 수난 기사 가운데 나타나는 유일한 경우이기 때문이다.

일반적으로 관찰될 수 있는 경향으로서, 세 개의 모든 공관복음서들에서 서기관들과 바리새인들은131) 전반부에서 보다 자주 언급되는 데 반해, 대제사장들과 장로들은 후반부에서(즉, 수난 이야기에서) 주도적인 인물들로 나타난다.

2. 마태복음에서 예수님과 바리새인들 사이에 대립된 영역들

마태복음에서 바리새인들은 예수님께서 죄인들과 관계 맺으신 일(9:9-13; 참조. 막 2:13-17; 눅 5:27-32), 그리고 그의 제자들이 금식(9:14-15; 참조. 막 2:18-20; 눅 5:33-35)과 안식일(12:1-8, 9-14; 참조. 막 2:23-28; 3:1-6; 눅 6:1-5, 6-11) 및 정결(15:1-20; 참조. 막 7:1-23; 눅 11:37-41)에 관한 전통적인 규례들을 지키지 않은 일과 관련하여 예수님과 대립 관계에 들어간다. 또한 이혼의 타당성 문제와 관련된 논쟁에서도 모종의 대립이 시사되고 있다(19:3-9; 참조. 막 10:2-12). 더 나아가서 예수님의 가르침 중 상당 부분이 율법과 관련된 바리새인들의 가르침들과 실천들

---

129) 열한 경우들 중 일곱 경우는 23장에서 나타난다. 한편 마가복음에는 단지 세 경우, 누가복음에는 다섯 경우의 연결들이 나타나는데, 흥미롭게도 마태복음의 경우들과 중복되는 경우들은 없다.
130) 많은 논란의 대상이 되고 있는 이 연결에 대한 논의들에 대해서는, 한편으로 Tilborg, *Leaders*, p. 35; Meier, *Law*, pp. 18-19 등을 보고, 다른 한편으로 Carson, 'Leaders', pp. 167-69; Stanton, 'Origin', p. 1919; Saldarini, *Pharisees*, pp. 166-67; France, *Evangelist*, pp. 106-107 등을 보라.
131) 본 부록의 제한된 지면 때문에 서기관들과 바리새인들의 관계 및 이들 두 집단의 연결(그리고 다른 집단들 사이의 연결)이 갖는 함축적 의미에 대해서는 논의할 수 없다. 이러한 문제들에 대한 간략한 논의가 Garland, *Intention*, pp. 41-43; Saldarini, *Pharisees*, pp. 163-66에서 발견된다.

에 명시적 암시적으로 상반된 모습으로 제시되고 있다(예. 5:17-20, 21-48; 6:1-8, 16-18; 11:28-30; 23:4 등). 이러한 가르침들과 더불어 바리새인들에 대한 예수님의 직접적인 비판은(특히 23장의 경우) 바리새인들의 적개심을 불러일으키기에 충분하였던 것으로 보인다(참조. 15:12).

3. 마태복음에서 특징지어진 '바리새인들'의 모습

예수님의 제자들에 대응되는 집단인 바리새인들은 마태복음 전체를 통해 시종일관 예수님의 적대자들로 묘사되는데, 심지어는 마가복음이나 누가복음에서 구체적으로 바리새인들이 언급되지 않은 경우들에서도 그러하다.[132] 마태복음에서 그들은 언제나 예수님의 행동에 대해 비평적이며(예. 9:11; 12:24), 또한 예수님께 대한 그들의 질문들에 있어서 적대적인 태도와[133] 악의에 찬 의도를[134] 드러내 보여 준다. 심지어 그들은 예수님을 죽이기 위해 모의하는 일까지를 서슴지 않으며(12:14), 그가 장사된 후 예수님의 무덤에 파수꾼을 세우도록 요청하는 일에도 동참한다(27:62).[135] 물론 마태복음에서

---

[132] 다음은 공관복음서 평행구절들 중 마태만이 바리새인들을 언급한 경우들이다:
　　12:24(참조. 9:34) – 막 3:22(서기관들); 눅 11:14-15(무리들)
　　21:45 – 막 12:12(서기관들); 눅 20:19(서기관들 등)
　　22:34 – 막 12:28(서기관들); 눅 10:25(한 율법사)
　　22:41 – 막 12:35(서기관들); 눅 20:41(서기관들; 참조 46절)
　　23:2 – 막 12:36(서기관들); 눅 20:46(서기관들)
　　23:13 – 마가복음 평행구절 없음; 눅 11:52(율법사들)
　　23:29 – 마가복음 평행구절 없음; 눅 11:47-48(율법사들)
　　참조 3:7 – 마가복음 평행구절 없음; 눅 3:7(무리들)
　　Weiss, 'φαρισαῖος', pp. 37-38을 보라. 참조. Hummel, *Auseindandersetzung*, pp. 12-14. 마태복음에는 다른 공관복음서에서는 발견되지 않는 다른 바리새인 구절들도 있다: 5:20; 22:15; 23:15, 26; 27:62; 참조. Kilpatrick, *Origins*, p. 106.
[133] 특히 22:34을 막 12:28과 비교해 보라. 참조. 눅 10:25.
[134] 바리새인을 예수님 그리고(혹은) 그의 제자들에 대한 적대자로서 묘사하는 마태의 시종일관성은 누가복음과 비교해 볼 때 더욱 두드러진다. 누가복음에서는 비록 양자 사이에 대립이 있기는 하지만, 어떤 바리새인들은 때때로 예수님께 호의적이기도 하다. 예를 들어, 그들이 예수님과 더불어 식사하는 경우라든지(눅 7:36; 11:37; 14:1), 혹은 헤롯의 음모에 대해 예수님께 주의를 주는(눅 13:31) 등의 경우들이다.

바리새인들은 예수님의 유일한 적대자들이 아니며, 또한 언제나 그들이 대적의 구심점으로 드러나는 것은 아니다.[136] 그럼에도 불구하고 마태복음에서 바리새인들은 예수님께 대한 그들의 대적에 있어서 지극히 두드러지고 있음을 부인할 수 없다.

4. 마태복음에서 '바리새인들'에 대한 예수님의 평결

마태복음에서 바리새인들에 대한 예수님의 평결은, 위의 관찰에서 예측되듯이, 철저하게 부정적이다. 예수님은 바리새인들의 위선과[137] 왜곡된 결의론(예. 23:23), 자기 의(예. 9:13), 자찬(自讚, 23:5-7), 다른 사람들을 위한 진정한 배려나 동정심이 결여된 율법주의(예를 들어, 9:10-13; 12:7; 23:4, 13, 23) 등을 신랄하게 나무라신다. 그렇다면 예수님께서 그들을 '악하고 음란한' 세대(12:39; 16:4),[138] 혹은 '독사의 자식들'(12:34; 23:33; 참조. 3:7)이라고 부르신 것은 놀라운 일이 아니다. 더욱이 예수님은 그들을 거짓 지도자들이라고 규정하신다. 즉, 그들은 '맹인 인도자들'로서(15:14; 23:16, 17, 19, 24, 26), 그 자신들만 하나님의 사자(使者)들과 하나님 나라에 대한 그들의 메시지를 거절할 뿐 아니라(23:34), 더 나아가서 진심으로 그 하나님 나라에 들어가고자 하는 자들까지도 가로막는 자들인 것이다(23:13).

갈란드 및 다른 학자들이 제안한 바와 같이,[139] 만일 23:33-39이 23장 앞부분과 직접 연관해서 이해되어야 한다면, 마태는 예루살렘의 패망할 운명을

---

135) 본 구절은 마가복음과 누가복음에 평행구절이 없다. 사실상 본 구절은 모든 공관복음서를 통틀어 예수님의 체포 이후 바리새인들에 관한 유일한 언급이다.
136) 수난 이야기에서 대제사장들과 장로들의 주도적인 역할을 주목하라. Garland, *Intention*, p. 45를 보라.
137) 예를 들어, 15:1-12; 23:25-27, 28 그리고 23장에서 '위선하는 자들'로서의 그들에 대한 일곱 화. 참조. 6:1-8, 16-18; 7:1-5. 마태복음에서의 위선에 대한 상세한 논의가 Garland, *Intention*, pp. 91-123에서 발견된다.
138) 그와 같은 평결이 마가복음에서는 발견되지 않으며(참조. 막 8:11-12), 누가복음에서는 무리들에게 돌려지고 있다(참조. 눅 11:29).
139) Garland, *Intention*, pp. 26-32, 170-209; Schweizer, 'Matthäus 21-25', pp. 116-25.

민족의 거짓 지도자들로서의 서기관들과 바리새인들의 죄악 때문으로 돌리고 있는 것 같다. 여하튼 바리새인들의 그러한 의(義)는 하나님 나라에 들어가는 기준에 분명 모자라는 것이다(5:20).

5. 결론

갈란드가 지적한 바대로, 반(反)바리새적 태도가 마태복음만의 특징은 아니다.[140] 하지만 바리새인들을 철저히 예수님의 적대자들로 묘사하는 시종일관성은, 특히 누가가 바리새인들을 묘사하는 방법과 비교해 볼 때,[141] 지극히 괄목할 만한 것이다. 더욱이 마태복음에서 바리새인들에 대한 예수님의 평결은 바리새인들의 모습을 더욱 어둡게 해 준다. 따라서 이와 같이 지극히 어두운 그림은 근래의 많은 학자들을 불편하게 만들었으며, 그 결과 그들은 그러한 부정적인 모습을 완화시킬 수 있는 해결책들을 모색하게 되었다.

어떤 학자들은 이 문제를 마태 공동체의 상황과 관련해서 설명해 보려 한다. 즉, 그들은 마태가 그 자신의 공동체적 상황을 예수님의 사역 당시의 상황으로 재구성하였다고 제안하는 것이다.[142] 그와 같은 설명의 한 아쉬운 극단적인 결과로서 바리새인들에 대한 마태의 묘사를 전적으로 편견에 사로잡힌 것으로 간주하며, 따라서 바리새인들에 관한 그의 자료에 거의 아무런 역사적 가치도 부여하지 않으려 한다.[143]

한편 갈란드와 같은 다른 학자들은 다음과 같이 주장한다. 마태에게 있어서 바리새인들, 사두개인들, 서기관들, 대제사장들, 장로들과 같은 모든 부류의 적대자들은 한결같이 거짓된 것으로 특징지어질 수 있는 '하나의 동질

---

140) Garland, *Intention*, p. 221.
141) 바리새인들에 대한 누가의 보다 복잡한 그림에 대한 간략한 설명이 Westerholm, 'Pharisees', p. 614에서 발견된다.
142) 참조. Davies, *Setting*, pp. 290-92; Hare, *Theme*, pp. 80-96, 126-29 등.
143) 이러한 견해에 대한 간략한 소개와 비평이 France, *Evangelist*, pp. 221-22에서 발견된다. Dunn, 'Pharisees', pp. 61-88도 참조하라.

집단'을 형성하는데, 바리새인들은 서기관들과 더불어 이러한 이스라엘의 거짓 지도자들을 포괄적으로 통칭하는 데 가장 자주 사용된다.144)

이러한 두 접근들은 어느 정도 적절한 통찰력을 보여 준다. 그렇지만 마태는 각 집단들 사이의 구분을 전혀 의식하지 못하거나 혹은 예수님 당시 바리새주의의 역사적 측면들을 부주의하게 무시하지도 않았던 것으로 보인다. 특히 22:34에서 발견되는 마태의 상황 묘사는 그가 사두개인들과 바리새인들 사이의 구분을 적절히 인식하고 있었음을 암시해 주며, 예수님의 수난 이야기에서 바리새인들이 사라져 버린 것은, 샌더스나 다른 학자들이 제안한 것처럼,145) 그때 당시 역사적 권력 구조와 완전히 일치하는 것이다.

그렇다면 우리는 오히려 프랑스의 결론에 귀를 기울일 필요가 있다:

> 마태가 바리새인들에게 초점을 맞춘 것은, 이 어휘가 어떤 종교적 적대자들에게도 통용될 수 있는 편리한 호칭이기 때문이라기보다는, 오히려 마태는 예수님 당대의 공식 종교와 예수님 사이에 야기된 (그리고 마태 자신의 시대에까지도 계속된) 대립의 본질적인 문제가 바리새인들(특히, 그들 중 서기관들)의 특별한 관심사였던 신학과 윤리의 영역에 보다 밀접하게 관계되어 있었음을 깨달았기 때문일 것이다.146)

끝으로, 마태의 반(反)바리새주의는, 슬프게도 지난 수세기 동안에 걸쳐 그러해 왔던 것처럼,147) 결코 반(反)유대주의나 반(反)셈족주의의 근거를 마련

---

144) Garland, *Intention*, pp. 44-46; 참조. Weiss, 'φαρισαῖος', pp. 38-39; Kingsbury. *Matthew*, p. 8; Sand, *Gesetz*, pp. 81-82 등. 여기서 '지도자들'이라는 어휘는, 비록 학자들에 의해 통상적으로 사용되기는 하지만, 그렇게 적절한 표현이 아니다. 왜냐하면 바리새인들은 1세기 당시 팔레스타인 내에서 공식적인 '지도력'을 갖는 위치에 있었던 것으로 보이지 않기 때문이다.
145) 특히 Sanders, *Practice*, pp. 380-490를 보라. 참조. Weiss, 'φαρισαῖος', p. 37.
146) France, *Evangelist*, p. 222. 참조. Mohrlang, *Matthew*, pp. 20-21 – '마태가 여기서 투쟁하려 했던 관심사는 율법에 대한 바리새인들의 해석과 실천인 것이 분명한데, 그는 그러한 바리새인들의 경향으로부터 그의 공동체를 보호하고자 했다.' Stanton, 'Judaism', pp. 156-57 – '서기관들과 바리새인들을 향한 신랄한 말들은 기독교 제자도의 역(逆)개념의 한 본보기로서의 허수아비를 세우는 것으로 설명되어서는 안 된다.'
147) 참조. France, *Evangelist*, p. 223; Dunn, 'Pharisees', p. 80; 등.

해 주는 수단으로 사용되어서는 안 된다. 마태복음이 복음에 반응하는 유대인들에게는 예수님의 복음으로의 초청을 여전히 열어 놓고 있다는 제안은 상당히 타당성이 있어 보인다(참조. 28:19).[148] 마태복음에서 바리새인들(그리고 다른 지도자들)이 예수님에 의해 혹독한 비난을 받은 유일한 이유는 그들이 종교적 인도자들로서 그들 스스로가 그리스도의 사역과 가르침 그리고 그의 왕국에 반응하기를 실패하였을 뿐 아니라, 또한 다른 유대인들을 잘못 인도하고 그들에게 오히려 장애가 되었기 때문이다.

그렇다면 우리는 마태복음에서 예수님께서 비판하거나 거절하신 것은 이스라엘 전체가 아니라 반응하지 않는, 따라서 자격이 없는 종교 전문가들, 특히 그중에서도 바리새인들이었다고 결론 내릴 수 있을 것이다. 따라서 마태복음에서 나타나는 바리새인들이란 전반적으로 반응할 줄 모르는 것으로 특징지어지는 바리새인들을 포괄적으로 지칭한다고 결론 내릴 수 있을 것이다.

---

[148] Meier, 'Matthew 28.19', pp. 94-102; France, *Evangelist*, pp. 235-37; Stanton, 'Judaism', pp. 157-61. 다른 견해에 대해서는 Hare & Harrington, 'Gentiles', pp. 359-69를 보라.

제4장
마태복음에 나타난 예수님과 안식일
본문 연구(I)

마태복음에서 '사바톤'(σάββατον, '안식일')이라는 어휘는 11회(12:1, 2, 5[2회], 8, 10, 11, 12, 24:20; 28:1[2회]) 나타난다.[1] 이 경우들 대부분(11회 중 8회)은 두 개의 연속 단락들(12:1-8, 9-14)에서 발견되는데, 그 두 단락들 모두는 마가복음(막 2:23-28; 3:1-6)과 누가복음(눅 6:1-5, 6-11)에서 평행구들을 갖는다. 우리의 연구는 이 두 단락들에 집중될 것이다. 24:20의 안식일 언급은 마태복음에만 나타나는 독특한 경우로서(참조. 막 13:18), 보다 자세하게 논의될 필요가 있다.

28:1에서도 '사바톤'이라는 어휘가 2회에 걸쳐 나타나지만, 사실상 그 언급은 안식일이 아니라 일요일에 일어났던 사건에 관한 것이며, 따라서 이는

---

[1] 28:1의 2회 중 한 경우 본 어휘는 '안식일'의 의미로서가 아니라 '미안 사바톤'(μίαν σαββάτων, '주간 중 첫째 날')이라는 어구 가운데서 '주간'(週間)이라는 의미로 사용되고 있다. 위의 경우들 중 네 경우(12:5[2회]; 12:11; 24:20)는 마태복음에만 나타나는 독특한 경우들인데 반해, 나머지 모든 경우들은 마가복음과 누가복음에서 평행구들이 발견된다. 본 어휘가 마가복음에서는 13회(1:21; 2:23, 24, 27[2회], 28; 3:2, 4; 6:2; 15:42; 16:1, 2, 9) 그리고 누가복음에서는 20회(4:16, 31; 6:1, 2, 5, 6, 7, 9; 13:10, 14[2회], 15, 16; 14:1, 3, 5; 18:12; 23:54, 56; 24:1) 나타난다. 참조. Turner, 'Sabbath', pp. 100, 139 nn. 3과 4 - 그는 눅 6:5에서 1회 나타나는 것을 2회 나타나는 것으로 잘못 세고 있으며, 그 결과 누가복음에서의 횟수를 20회가 아니라 21회로 제시한다. 제6장 <표 1>(344-35쪽)을 보라.

본 장의 연구 대상에서 제외될 것이다. 한편 27:62-66에서는 '사바톤' 이라는 어휘 자체가 사용되지는 않았지만 실제로 '안식일에'[2] 이루어진 바리새인들의 요구와 행동이 제시되고 있으며, 따라서 이 구절은 주목될 가치가 있다.

본 장과 다음 장에서 필자는 이처럼 안식일 문제를 명시적으로 언급하고 있는 세 안식일 구절들(마 12:1-8, 9-14; 24:20)에 대해 집중적으로 연구할 것이며, 27:62-66의 의의와 시사점에 대해서도 필요하다고 생각될 때마다 주의를 기울일 것이다. 본 구절들에 대한 공관복음서 평행구들(막 2:23-3:6; 눅 6:1-11; 참조. 막 13:18)에 대해서도 지속적으로 유의할 것이다.

본 장은 앞의 세 장들에서 상당한 길이로 진행된 예비적 연구가 왜 필요했는지를 보여 줄 것이다. 제1장의 관찰들과 결론들은 안식일의 주된 의도와 궁극적 목표 및 그 성취에 대해 다루게 될 때 우리 논의의 확고한 기반을 마련해 줄 것이다. 제2장의 연구는 예수님과 마태 당시 안식일에 대한 견해들 및 그날과 관련된 관습들의 그림을 비록 제한적이지만 그래도 균형 잡힌 형태로 제공해 줄 것이며, 그렇게 함으로써 우리가 다루게 될 본문에 대한 상황 설정을 어느 정도 가능케 해 줄 것이다. 제3장의 필요성은 너무도 명백하다. 안식일에 대한 예수님의 태도는 구약성경(특히 율법)에 대한 그분의 태도의 한 측면이며, 따라서 안식일에 대한 예수님의 태도에 관한 그 어떤 연구도 율법에 대한 그분 견해의 전반적인 그림에 비추어 보기 전까지는 신뢰할 만한 것이 될 수 없다.[3]

4.1. 안식일 논쟁 단락들(12:1-8, 9-14)의 문맥

두 안식일 논쟁 단락들을 적절히 이해하기 위해서는 그 단락들을 문맥에 비추어 살펴보는 것이 필요하다.

---

[2] 27:62에서 우리는 '그 이튿날, 즉, 예비일 다음 날에' 라는 이상한 표현을 발견하는데, 이는 안식일을 지칭하는 것이 분명하다.
[3] 참조. Carson, 'Sabbath', p. 58; Turner, 'Sabbath', p. 108.

4.1.1. 두 단락의 상호 관계

마태복음 12:1-8과 12:9-14이 두 개의 별도 단락들인 것은 명백하다. 하지만 이 두 단락은 모든 공관복음서에서 연결되어 나타나고 있는데, 이는 모든 공관복음서 저자들이 이 두 단락을 상호 연관된 것으로 보고자 했음을 강력히 시사해 준다. 아마도 그 이유는 두 단락 모두 동일한 주제(즉, 안식일에 대한 예수님의 태도와 그에 대한 그분 대적들의 반대)를 다루고 있기 때문이었을 것이다. 마태의 제시 방식에 따르면 이들 사이의 연관성은 더욱 명백하다.

① 9절에서 마태의 고유한 표현인 '그곳으로부터 떠나가서'('메타바스 에케이덴', μεταβὰς ἐκεῖθεν[4])는 두 사건들이 동일한 안식일에 일어났으리라는 마가의 암시(참조. 막 3:1)를 보다 명백히 해 준다.

② 누가복음에서는 각 단락의 대적들이 다른 집단들인 데 반해(6:1-5, '어떤 바리새인들'; 6:6-11, '서기관들과 바리새인들'), 마태복음에서는 (그리고 마가복음에서도) 두 단락들의 대적들이 동일 집단으로 나타난다.

③ 그럴 경우 마지막 절(14절)에서 예수님을 죽이려는 결정은 두 번째 단락의 결론일 뿐 아니라, 두 단락 모두의 전체적인 결론으로서도 받아들여질 수 있다.

그렇다면 필자의 문맥 연구에서 이 두 단락을 하나의 단일 단락으로 다룸으로써, 12:1-8의 앞 단락(11:25-30)과 12:9-14의 뒤 단락(12:15-21)을 이 단일 단락의 전후 문맥으로 간주하는 것이 적절할 것으로 보인다.

4.1.2. 넓은 문맥: 11:2-12:50

인접 문맥에 대한 연구에 들어가기에 앞서, 넓은 문맥을 먼저 고찰해 보는 것이 적절할 것이다. 이는 본문(12:1-14) 및 그 인접 문맥(11:25-12:21)을 보다 넓

---

4) 참조. 막 3:1 – 그곳에는 이 구절이 없다; 눅 6:6 – 그곳에서는 '다른 안식일에'로 나타난다.

은 이야기 단락(11-12장)의 흐름에 비추어 살펴 볼 수 있도록 해 줄 뿐더러, 본문 및 그 문맥의 위치와 기능을 복음서 전체의 줄거리에 비추어 고찰해 볼 수 있도록 해 줄 것이기 때문이다.

많은 학자들은 11-12장이 이야기 단락을 형성한다는 점을 잘 주목하고 있다.[5] 이러한 점은 이들 두 장이 두 강화들(10, 13장) 사이에 끼어 있다는 사실 뿐 아니라, 이들 두 장 가운데서 특정 주제들이 계속 되풀이해서 나타나고 있다는 사실에 의해서도 확인된다. 다음은 몇 가지 제안된 주제들이다. 한편으로는 이스라엘의 불신앙, 대적, 거절,[6] 그리고 다른 한편으로는 예수님의 초청.[7]

불신앙과 거절 주제는 이들 두 장을 통해 줄곧 나타난다. 예를 들어, 예수님과 요한에게 반응하지 않는 '이 세대'(11:16-19); 예수님의 능력 행하심을 보고도 회개하지 않는 세 갈릴리 도시들에 대한 저주들(11:20-24); 안식일에 대한 예수님의 태도에 대해 적대적인 반응을 하는 바리새인들(12:1-14); 예수님의 치유 능력을 바알세불의 것으로 돌리는 바리새인들(12:22-37); 표적을 요구하는 몇몇 서기관들과 바리새인들 및 '이 세대'를 정죄하시는 예수님 (12:38-45).

이스라엘의 다양한 집단들/도시들의 예수님께 대한 부정적 반응이 이처럼 두드러진 주제이지만, 다른 다양한 집단들에 대한 예수님의 긍정적인 태도가 또 하나의 열쇠 주제를 이룬다는 점도 괄목할 만하다. 예수님은 어린아이들에게 긍정적인 태도를 보이시며, 또한 무거운 짐 진 모든 이들을 초청하신다(11:25-30). 예수님은 이방인들의 소망으로 묘사된다(12:18-21). 예수님의 가족이 되는 권한은 하늘에 계신 아버지의 뜻을 행하는 누구에게든지 제공된다(12:46-50).

---

5) 예를 들어, Bacon, *Studies*, pp. 205-15, 288-93; Lohr, 'Oral Techniques', p. 427.
6) Kingsbury, *Structure*, p. 20; Howell, *Story*, pp. 138-39; Davies and Allison, *Matthew*, II, p. 234 등.
7) Howell, *Story*, p. 140; Davies and Allison, *Matthew*, II, p. 234.

이 주제들과 더불어 이들 두 장을 통하여 줄곧 나타나는 결정적인 주제는 기독론이다. 11:2-6에서는 예수님께서 장차 오실 그리스도라는 사실이 시사되고 있다. 11:10-14과 12:25-29에서는 예수님 자신이 하늘 나라를 이미 도래케 하신 자라는 사실이 암시되고 있다. 11:19(참조. 25-27절)에서 예수님은 자신을 지혜와 동일시하시는 것 같다. 11:25-30에서 예수님은 자신을 아버지와 그분의 뜻을 계시하는 자로서 그리고 사람들을 그분 자신께로 초청하는 자로서 계시하신다. 12:5-6, 41-42에서 예수님은 자신이 성전과 요나와 솔로몬보다 더 크다고 선언하신다. 12:8에서 예수님은 자신이 안식일의 주(主)라고 선언하신다. 12:15-21에서 예수님은 하나님께서 당신의 성령을 그 위에 부으시는 선택된 종으로 묘사된다. 이 단락은 뒤이어 나오는 단락(22-37절)과 인상적으로 연관되고 있는데, 거기서 바리새인들은 성령에 의한 예수님의 사역을 바알세불의 것으로 돌리고 있다.

이러한 주제상의 경향에 더하여, 데이비스(W.D. Davies)와 앨리슨(D.C. Allison)은 11-12장의 구조가 이야기 단락으로서의 통일성을 드러내 보여 준다는 점을 드러내 보이고자 한다. 그들은 11-12장을 세 개의 삼중 구조로 나누어 다음과 같은 패턴을 제안한다.

		1	2	3
불신앙/거절	1	11:2-19	12:1-8	12:22-37
불신앙/거절	2	11:20-24	12:9-14	12:38-45
초청/받아들임	3	11:25-30	12:15-21	12:46-50[8]

데이비스와 앨리슨이 인정하는 것처럼, 마태 자신은 이와 같이 깔끔하게 균형 잡힌 구조를 의도하지 않았을지도 모른다.[9] 하지만 마태가 그의 복음서를 통해 삼중 구조를 자주 사용하고 있다는 점을 고려해 볼 때,[10] 그들이

---
8) Davies and Allison, *Matthew*, II, p. 234.
9) Davies and Allison, *Matthew*, I, p. 69.

제안한 위의 패턴은 적어도 두 장들의 전반적인 이야기 흐름과 관련해서는 마태의 문학적 의도를 적절히 대변하는 것으로 보인다. 그럴 경우 위의 패턴은 우리가 다루는 단락들(우선적으로 12:1-8, 9-14, 그리고 부가적으로 11:25-30; 12:15-21)의 역할과 위치를 확인하는 데 상당히 도움을 줄 것이다.

4.1.3. 인접 문맥: 11:25-12:21

데이비스와 앨리슨의 11-12장 구조 패턴에 따르면, 11:25-30과 12:15-21은 흥미롭게도 공히 초청/받아들임 단락들로서, 두 개의 불신앙/거절 단락들(12:1-8, 9-14)의 인접 문맥을 형성한다. 하지만 우리가 다루는 본문(12:1-14)의 인접 문맥으로서의 11:25-30과 12:15-21의 기능은 단지 본문의 바로 옆에 인접해 있는 그 위치들뿐 아니라, 그 주제들이 본문의 주제들과 밀접하게 연관되어 있다는 점에 의해서 보다 의미심장하게 확인된다.

(1) 마태복음 11:25-30

12:1의 '그때에' ('엔 에케이노 토 카이로', ἐν ἐκείνῳ τῷ καιρῷ)라는 구절은 마태의 특징적인 표현으로서,[11] 우리의 본문을 그 바로 앞 단락(11:25-30)과 주제상 긴밀하게 연결시켜 준다.[12]

11:25-30과 우리의 본문 사이의 주제상 일치는 명백하다. 다음은 이러한 일치의 보다 인상적인 예들이다.

① 25절의 '지혜롭고 슬기로운 자들'은 바로 뒤이어 나타나는 예수님의 대적들인 12:2, 14, 24, 38의 바리새인들을 아주 자연스럽게(물론 배타적으

---

10) 참조. Allen, *Matthew*, p. lxv; Davies and Allison, *Matthew*, I, pp. 86-87. 유대교 문학에서 삼중 구조의 잦은 사용에 대해서는 m. Ab. ch. 1 등을 보라. 참조. Delling, 'τρεῖς κτλ.', pp. 216ff.
11) 본 구절은 막 2:23과 눅 6:1에서는 나타나지 않는다. 본 구절은 마 11:25과 14:1에서도 동일한 형태로 나타나는데, 사실 이는 신약성경 전체를 통해 나타나는 모든 경우들이다.
12) Schweizer, *Matthew*, p. 277; Harrington, 'Sabbath Tensions', p. 47 등.

로는 아니더라도13) 지칭하는 것으로 보인다. 이러한 제안은 바리새인들이 율법과 관련하여 지혜롭고 잘 교육받은 자들이라는 사실과, 그들은 보통 마태복음 안에서 예수님의 대적들로 나타나고 있다는 사실에 의해 더욱 지지를 얻는다.14)

② 아들 신분(25-27절) 및 그 아들에게 주어진 모든 것을 계시하는 권한(27절) 은 12:1-14에서 제시되고 있는 유대교의 전통에 반하는 그분의 율법 해석 및 12:8에서 나타나는 안식일의 주(主)되심에 대한 그분의 선언에 권위를 부여해 주는 원천이 된다.15)

③ 23:4에 비추어 볼 때, 우리는 28절의 '수고하고 무거운 짐 진 자들'은 율법에 대한 바리새적 해석의 짐을 지고 있는 자들을 지칭하는 것으로 추정할 수 있다.16) 그렇다면 인접 문맥에서 그 짐의 보다 구체적인 지시 대상은 12:1-14에서 드러나는 안식일 율법에 대한 바리새적 해석이 될 것이다.17)

④ 30절에서 '쉬운'('크레스토스', χρηστός) 것으로 묘사되고 있는 29절의 '멍에'('쥐고스', ζυγός)18)는 바리새인들의 해석에 반(反)하는 율법 해석을 포함하는 예수님의 가르침을 지칭하는 것으로 보인다.19) 그리고 뒤에 곧 이어 나오는 안식일 논쟁들(12:1-14)은 이러한 두 종류의 짐·멍에 사이의 대조를 예시해 주는 것으로 보인다.20)

---

13) 본 구절의 지시 대상은 11:16의 이 세대와 11:20-24의 세 도시들 그리고 어쩌면 복음서 전체를 통해 나타나는 반응하지 않는 모든 이스라엘 백성들까지도 포함하는 것으로 보인다. Deutsch, *Yoke*, p. 31을 보라.
14) Hagner, *Matthew 1-13*, p. 318.
15) Deutsch, *Yoke*, p. 34.
16) Suggs, *Wisdom*, p. 106; Deutsch, *Yoke*, p. 41 등.
17) Suggs, *Wisdom*, p. 107; Deutsch, *Yoke*, p. 41.
18) 또한 30절의 '가벼운' 것으로 묘사되고 있는 '나의 짐'도 참조하라.
19) Strecker, *Gerechtigkeit*, p. 173; Deutsch, *Yoke*, pp. 42-43 등. 뒤이어 나오는 구절, '내게 배우라'는 이러한 제안을 지지해 주는 것으로 보인다. 우리는 이 문제를 아래 4.2.2에서 보다 자세하게 다룰 것이다.
20) 참조. Deutsch, *Yoke*, p. 43; *idem*, 'Wisdom', p. 38; Hare, *Matthew*, pp. 128-30.

⑤ 29절에서 특징지어지고 있는 예수님의 온유함은 두 안식일 논쟁들(12:1-14)에서 또다시 잘 예증되고 있는데, 특히 바리새인들의 호전적 태도와 대조되는 점에서 더욱 두드러진다. 또한 예수님의 이러한 성품은 이사야 42:1-4의 종의 노래를 인용하는 가운데(12:15-21) 더욱 확증된다.

⑥ 예수님께 와서(28절) 그의 멍에를 메는(29절) 모든 이들에게 약속되고 있는 29절의 '안식'('아나파우시스', ἀνάπαυσις)은 이스라엘의 역사를 통하여 기대되어 왔던 그리고 예수님에 의해 이미 성취된 종말론적 안식을 경험하는 것을 지칭하는 것으로 보인다.[21] 그럴 경우 이 단어는 뒤이어 나올 안식일 논쟁들을 효과적으로 내다본다.

그렇다면 우리는 마태복음의 경우 우리의 본문을 그 바로 앞의 단락(11:25-30)에 비추어 이해하는 것이 필수적이라는 결론을 상당히 확신 있게 내리게 된다. 이러한 결론은 마가복음과 누가복음에서 본 안식일 논쟁들의 문맥을 비교 고찰해 볼 때 더욱 확고해 진다.

양 복음서에서 공히 본 안식일 논쟁들은 새 포도주 부대에 관한 예수님의 말씀에 의해 선행되고 있다(막 2:21-22; 눅 5:36-39; 참조. 마 9:16-17). 예수님의 이 말씀은 당신의 현존에 의해 이제 새로운 내용뿐 아니라 새로운 형식들이 존재하게 되었음을 의미한다. 그렇다면 마가복음과 누가복음에서 이 말씀은 본 안식일 논쟁들로의 길을 아주 잘 예비해 준다.[22] 두 논쟁들에서 안식일은 '안식일의 주'의 현존과 더불어 새로운 형식을 취하게 되었음이 전제되고 있기 때문이다. 만일 마태가 그의 자료에서 이러한 순서를 알고 있었다면 ('마가 우선설'을 받아들일 경우, 그러한 상황의 가능성은 상당히 높다), 주의 깊은 저자로 정평이 난 마태가 잘 연결된 새 포도주 부대에 관한 예수님의 말씀과 본 안식일 논쟁 단락들을 분리시킨 것은 아마도 우리의 본문을 보다 나은 새로운

---

21) Bacchiocchi, *New Testament*, pp. 263-70; Davies and Allison, *Matthew*, II, pp. 288-89 등.

22) 참조. Nolland, *Luke 1-9.20*, p. 253. 하지만 이는 새 포도주 부대에 관한 말씀이 그 앞의 금식-결혼 잔치 단락(막 2:18-20; 눅 5:33-35)에 보다 밀접하게 연관되어 있음을 부인하는 것이 아니다. 이 두 단락들 사이의 통일성에 관한 문제에 대해서는 Gundry, *Mark*, pp. 138-39; Nolland, *Luke 1-9.20*, p. 243을 보라; 참조. 도마복음 47.

문맥에 위치시키기 위해서였을 것이다.23)

우리 본문의 바로 앞 단락(11:25-30), 특히 그 후반부(11:28-30)는 이처럼 우리 본문과 현저한 연관성을 보여 준다. 따라서 우리 본문을 그 앞 단락과의 연관성 속에서 이해하는 것은 필수적으로 보인다. 그렇다면 11:25-30, 특히 11:28-30을 우리의 석의적 연구 대상으로 포함시키는 것은 매우 적절하다.

(2) 마태복음 12:15-21

마가복음에서는 본 안식일 논쟁들에 뒤이어 '예수님의 활동과 그 영향에 대한 지극히 일반적인 언급'을 제공해 주는 한 단락(막 3:7-12)이 나타나고 있는데, 이 두 단락은 매우 느슨하게 연관되고 있을 뿐이다.24) 이에 반해 마태는 우리의 본문에 뒤이어, 예수님의 사역에 대한 간단한 요약적 기술(12:15-16)과 더불어 형식 도입구를 동반한 이사야 42:1-4 인용구(12:17-21)를25) 제공하는 한 의미심장한 단락을 제시한다.

마가의 진술(3:7-12)과 비교해 볼 때, 예수님의 사역을 간략히 요약하는 형태로 제시되는 마태의 진술(12:15-16)은 뒤이어 나오는 형식 인용구를 단독으로 지배하는 독립적인 진술로서보다는, 오히려 그 형식 인용구를 좀 더 폭넓은 문맥에 연결시켜 주는 도입구로서의 기능을 하는 것으로 보인다.26) 만일 마태가 인용구를 단지 15-16절에만 연결시키고자 의도하였다면, 네 절들(18-21절) 중 한 절(19절)만 인용했어도 충분했을 것이다.27) 게르하르드슨(B. Gerhardsson)이 적절히 관찰한 것처럼, 만일 마태가 '그의 인용구들의 길이에 있어서 엄밀히 경제적'이었다면,28) 과연 마태가 여기에서 불필요한 내용을

---

23) 참조. Lindemann, 'Sabbat', pp. 95-96.
24) Gundry, *Mark*, p. 159.
25) 이 인용구는 마태에만 나타나는 것으로서, 마태복음에서 제일 긴 인용구이다.
26) 참조. France, *Evangelist*, pp. 181-82. 물론 17절의 인용 형식구('이는 … 하신 말씀을 성취하시려는 것이었다', ἵνα πληρωθῇ τὸ ῥηθέν … λέγοντος)는 문법적으로는 15-16절에 부속되어 있지만, 그러나 그러한 문법적 연결이 너무 지나치게 강조되어서는 안 될 것이다.
27) Luz, *Matthäus (8-17)*, p. 246; 참조. Cope, *Matthew*, p. 34.
28) Gerhardsson, *Mighty Acts*, p. 26.

어떻게 세 절이나 포함시켰겠는가? 따라서 우리는 마태가 그의 가장 긴 인용구를 보다 확장된 문맥(좁게는 11:25-12:14, 그러나 보다 폭넓게는 11-12장 혹은 그 이상의 문맥)에 비추어 이해하도록 의도하였을 것으로 추정하게 된다.[29]

그렇다면 우리는 11:25-12:14이 12:15-16과 더불어 이사야 42:1-4의 인용에 대한 근거를 제공해 주는지 질문해 볼 필요가 있다. 이 질문에 대한 필자의 대답은 긍정적이다. 이러한 대답의 타당성은 아래 나열된 이들 두 단락 사이의 일치점들과 대조점들[30]이 잘 보여 준다.

① 만일 마태가 이사야 42:1-4(특히 '내 마음이 기뻐하는 나의 사랑하는 자' 구절[참조. 3:17; 17:5])을 메시아적 의미로 이해하였다면, 마태는 아마도 6절과 8절에 나타난 예수님의 두 결정적인 기독론적 진술들('성전보다 더 큰 이가 여기 있다'; '인자는 안식일의 주이다')을 18절의 인용구 내용을 포함시킴으로써 더 강화시키고자 의도했음직하다.

② 18절에서 언급된('내가 내 영을 그에게 줄 것이다') 성령의 소유자로서의 예수님의 모습은 비록 암시적이기는 하지만 이미 12:9-14에서 그의 치유 활동 가운데 그려지고 있다. 여기서 마태는 예수님의 그와 같은 암시적 그림을 '저희[즉, 바리새인들의] 회당'의 암시적인 영적 상태(10절)[31]와 대조시키고 있는 것으로 보인다. 저희 회당은 성령을 결여하고 있을 뿐 아니라, 예수님을 성령의 소유자로 인지하는 데도 실패하고 만다.[32] 이러한 사실은 예수님과 그의 사역에 대한 그들의 적대적 태도 가운데 잘 드러난다(참조. 10, 14절). 한편 이러한 충돌의 암시적 그림은 12:22-32에 가서 바리새인들이 예수님의 성령에 의한 사역을 바알세불의 것으로

---

29) 참조. Luz, *Matthäus (8-17)*, pp. 246-50.
30) 우리가 만일 11-12장을 통해 흐르는 어떤 일관된 주제상의 흐름이 있음을 인정한다면, 그리고 12장 전체를 통해 예수님의 대적들로 나타나는 바리새인들의 성품이 예수님의 성품과 대조되고 있음을 인정한다면, 일치뿐 아니라 대조의 요소들도 주의 깊게 주목되어야 할 것이다.
31) '저희 회당'이라는 표현의 반복적인 사용의 중요성에 대해서는 Anderson, *Web*, pp. 57-59을 보라.
32) Harrington, *Matthew*, p. 181.

돌리는 가운데 분명해지게 된다.

③ 하나님은 그의 택한 종 예수님을 사랑하고 기뻐하시는 데 반해(18절, '내 마음이 기뻐하는 나의 사랑하는 자'), 바리새인들은 예수님과 그분의 제자들을 기뻐하지 않으며(2, 10절), 오히려 그들을 정죄하고(7절) 마침내는 그분을 죽이기 위해 의논한다(14절).

④ 본 문맥에서 '상한 갈대'와 '꺼져가는 심지'의 지시 대상을 규명하기란 쉽지 않다. 이는 복음서 전체를 통해 확인할 필요가 있을 것이다. 바르트(G. Barth)는 이 구절들이 12:15의 '많은 [무리들]'(이들은 병든 자들로 추정된다)보다는, 11:28의 '수고하고 무거운 짐 진 자들' 및 11:5의 다양한 집단의 가난한 자들을 지칭한다는 제안을 설득력 있게 제시한다.33)

⑤ 19-20절에서 특징지어지고 있는 예수님의 겸손과 온유는 11:28-30에 나타난 예수님 자신의 말씀(특히 29절 - '나는 마음이 온유하고 겸손하니')에 비추어 이해하는 것이 가장 자연스럽다. 특히 그분의 온유함은 12:1-14에서 잘 예시되고 있다.

이렇게 볼 때, 마태가 그의 가장 긴 인용구를 현 문맥에 위치시킨 것은, 단지 그것을 12:15-16에만 비추어 이해하기보다는, 오히려 좀 더 폭넓은 앞 단락들에 비추어 이해하고자 하였다는 결론에 어느 정도 확신 있게 도달하게 된다. 그렇다면 본 인용구도 우리의 석의적 연구 대상으로 포함시키는 것이 적절할 것이다.

4.1.4. 마태의 줄거리에 있어서 12:1-14과 그 주변 문맥의 위치

위의 문맥 연구 결과들로 미루어 볼 때, 본문(12:1-14)은 그 문맥으로부터 독립되어 있지 않고, 그 인접 문맥과 넓은 문맥에 긴밀히 연관되어 있다. 이제 남은 한 가지 과제는 우리의 본문과 그 문맥이 복음서 전체의 줄거리에서 어

---

33) Barth, 'Law', p. 128.

떤 위치에 있으며 어떤 기능을 하는지를 살펴보는 것이다.

제3장의 예비적 고찰에 따르면, 11:2-12:50은 복음서 이야기의 제2단계(4:17-16:20)에 속하고, 두 개의 강화들(9:35-11:1, 파송과 격려에 대해; 13:1-53, 하늘 나라의 비유들)에 감싸여 있으면서, 복음서의 세 번째 이야기 단락을 형성한다.34)

본 이야기 단락의 처음 시작인 11:2에 나타나는 '그리스도께서 하신 일들'('타 에르가 투 크리스투', τὰ ἔργα τοῦ Χριστοῦ)의 지시 대상을 규명하는 일은 이 두 장들과 그 앞의 장들 사이의 관계를 확인하는 데 결정적인 것으로 보인다. 그런데 예수님은 그것을 11:4에서는 '듣는 것'과 '보는 것'에 연결시키시고 11:5에서는 '병고침'과 '복음 선포'에 연결시키신다. 이러한 사실은 본 구절이 8-9장의 기적 사건들뿐 아니라 5-7장과 10장의 예수님의 가르침까지도 지칭하고 있음을 보여 준다. 그렇다면 11:2의 '그리스도께서 하신 일들'은 4:17-11:1의 내용을 포괄적으로 요약한 것으로 볼 수 있다.35)

구약을 성취하시고(5:17) 하늘 나라를 도래케 하신(4:17; 참조. 5:3, 10) 예수님의 말씀과 행동은 자연히 다양한 사람들로부터의 반응들을 기대하게 한다. 그런데 11-12장은 예수님의 사역에 대한 사람들의 반응이 얼마나 다양하고 대체로 부정적인지를 보여 준다. 이 다양한 반응들은 13장에 제시되는 예수님의 비유들의 주제를 형성하며, 14-16장에서 좀 더 예시된 후, 16:13-20에 이르러 베드로의 고백 가운데서 그 절정에 이른다. 바로 베드로의 이 고백과 더불어 복음서 이야기의 두 번째 단계가 완결된다.36)

한편, 제3장의 예비적 고찰에서 살펴보았듯이, 예수님의 생애와 사역에 관한 마태의 이야기는 시간의 흐름에 따라 다음 세 단계로 구분된다.

① 제1단계: 예수님의 탄생과 요한의 준비(1:1-4:16)
② 제2단계: 예수님의 사역과 이스라엘의 반응(4:17-16:20)

---

34) 마태복음을 세 부분으로(즉, 1:1-4:16; 4:17-16:20; 16:21-28:20) 나눌 경우 그 구조 안에서 이야기와 강화들 사이의 관계에 대해서는 Bauer, *Structure*, pp. 129-32를 보라.
35) Held, 'Miracle', pp. 250-52; 참조. Kingsbury, *Story*, pp. 72, 76, 161.
36) France, *Matthew*, p. 191; 참조. Bauer, *Structure*, pp. 93-95.

③ 제3단계: 예수님의 고난, 죽음, 부활(16:21-28:20)

마태의 이야기는 구약성경의 예견들을 성취한(참조. 1-2장의 형식 인용구들) 예수님의 탄생, 그리고 엘리야에 관한 예언을 성취한(3:1-12; 참조. 11:2-19) 세례 요한의 준비와 더불어 시작한다. 이 제1단계에서 마태는 예수님을 하나님의 아들이신 다윗적 메시아로 제시한다(참조. 3:16-17). 37)

제2단계(4:17-16:20)에서, 마태는 율법과 선지자를 성취하시고 하늘 나라를 도래케 하신 예수님의 사역에 대해 이야기하며, 또한 그에 대한 이스라엘의 다양한 반응들에 대해 이야기한다. 다양한 유대인 집단들(특히, 바리새인들)은 예수님을 거역하고, 배척하고, 죽이려는 모의를 하는 한편(특히, 참조. 12:1-14), 무리들은 예수님을 이런저런 종류의 선지자 정도로 잘못 이해한다(참조. 16:13-14). 이에 반해, 제자들은 그분을 따르고, 그분으로부터 가르침을 받고, 마침내는 그분을 하나님의 아들 그리스도라고 고백한다(16:20; 참조. 11:27; 14:33).

제3단계(16:21-29:20)에서, 마태는 예루살렘을 향한 예수님의 지리적 이동과 그분의 고난, 죽음, 부활을 기술해 나감으로써, 예수님에 관한 그의 이야기를 완결 짓는다. 그런데 예수님의 이러한 마지막 사역은 구약성경에 계시된 하나님의 뜻을 성취하였고, 유대인들뿐 아니라 이방인들에게까지도 하늘 나라를 가져다주는 결과를 가져왔다.

이러한 마태복음 전체 줄거리에서 11-12장(특히, 11:25-12:21)의 위치와 기능은 다음과 같이 이해될 수 있다.

① 11:2-12:50은 이야기의 두 번째 단계에 있어서 하나의 전환점 역할을 한다. 즉, 본 단락은 예수님의 메시아적 말씀과 행동에 대한 다양한 반응들을 제시하기 시작한다. 특히 우리 본문(12:1-14)은 안식일에 행해진 예수님의 메시아적 가르침과 행동에 대한 바리새인들의 두드러진 부정적 반응들을 제공해 준다.

---

37) Kingsbury, *Story*, pp. 43-58.

②더욱이 우리 본문(12:1-14)은 복음서 이야기의 끝에 가서 예수님의 메시아적 말씀과 행동이 그분의 대적들로 하여금 그분을 죽이도록 만들 것이라는 최초의 명백한 조짐을 제공해 준다(12:14; 참조. 27:7).[38]

③비록 이전 장들(곧, 4:17-11:1)에서처럼 두드러지게는 아닐지라도, 11:2-12:50은 여전히 예수님을 그분의 말과 행동을 통해 메시아직을 성취하시는 분으로 제시한다. 이러한 경향은 11:25-30과 12:15-21에서 가장 두드러진다. 하지만 바리새인들의 부정적인 반응들로 특징지어지는 12:1-14도 예외가 아님을 알 수 있다. 12:1-14 역시 예수님을 오랫동안 그 성취를 기다려왔던 안식일을 성취하신 메시아로 제시하고 있기 때문이다(참조. 12:8). 우리의 이러한 생각은 12:1-14이 계획적으로 두 개의 종말론적 기독론적 단락들(11:25-30; 12:15-21) 사이에 위치하고 있다는 점에 의해서 보다 확고한 지지를 받는다.[39]

만일 마태의 줄거리가 구약성경의 계시를 전체적으로 성취하셨고 하늘 나라를 도래케 하신 메시아 예수님께, 그리고 그분 자신 및 그분의 말씀과 행동에 대한 사람들의 다양한 반응들에 초점이 맞추어져 있다면, 우리 본문은 그 주변 인접 문맥과 더불어 그 줄거리에 있어서 다음과 같은 중요한 역할을 한다.

①마태 시대뿐 아니라 예수님 당시에도 유대교에 있어서 중심적인 부분을 차지했던 안식일의 성취에 대해 보여 줌으로써, 메시아적 성취의 한 중요한 측면을 예시해 준다.

②메시아적 성취에 있어서 그처럼 중요한 측면인 안식일 성취의 종말론적 중요성에 대해 바리새인들이 결정적으로 부정적인 반응을 하고 있음을 제시해 준다. 그들의 반응이 결정적인 이유는 그 결과가, 복음서

---

[38] 마태복음에서 '의논하다' ('쉼불리온 람바네인', $\sigma\upsilon\mu\beta\omicron\acute{\upsilon}\lambda\iota\omicron\nu\ \lambda\alpha\mu\beta\acute{\alpha}\nu\epsilon\iota\nu$)의 반복적 사용의 의의에 대해서는 Anderson, *Web*, pp. 113-16, 특히 p. 114를 보라.

[39] 11:28-30과 12:17-21 모두가 마태복음에만 나타나는 독특한 단락들이라는 사실은 마태가 두 안식일 단락들의 문맥을 얼마나 계획적으로 구성하였는지를 보여 준다.

의 이야기 흐름에 있어서 처음으로, 예수님을 죽이려는 결정으로 나타나게 되었기 때문이다.

4.2. 하나님의 계시와 예수님의 멍에(11:25-30)

두 안식일 논쟁 단락들(마 12:1-8, 9-14)은 마가복음(2:23-28; 3:1-6)과 누가복음(6:1-5, 6-11)에서 공히 평행 단락들을 갖고 있다. 하지만 이 단락들은 단지 마태복음에서만 예수님의 초청과 안식에 대한 약속에 관한 단락(11:25-30)에 의해 선행되고 있다. 그런데 앞에서 고찰해 보았듯이, 이들 두 단락과 그 선행 단락 사이의 연관성은 매우 밀접하다. 따라서 두 안식일 논쟁 단락들을 그 선행 단락에 비추어 이해하기 위해서, 필자는 석의적 연구를 11:25-30[40])에서부터 시작하려 한다.

그 전체로서 혹은 부분적으로 11:25-30에 부여된 중요성은 본 단락에 기울여진 학자들의 관심에 의해 잘 입증된다. 11:25-30이 '아마도 공관복음서들에 있어서 가장 중요한 절들'을 제공해 준다는 헌터(A.M. Hunter)의 진술은[41]) 단순히 과장만은 아닐 것이다.[42]) 하지만 학자들의 열렬한 관심에도 불구하고, 본 단락의 의미는 아직까지도 전혀 합의에 이르지 못하고 있다.[43]) 사실 본 단락은 여러 단어와 구절들(예. 25절의 '이것들', '지혜롭고 슬기로운 자들', '어린아이들'; 27절의 '모든 것'; 28절의 '수고하고 무거운 짐 진 자들'; 29절과 30절의 '멍에' 등) 각각의 지시 대상뿐 아니라 그 기원과 성격에 관한 일련의 필수적인 질문들을 제기하는 데 반해, 현재 학자들은 그러한 질문들 중 그 어느 것에 대해서도 확고한 의견의 일치를 보이지 못하고 있는 것이다.

필자는 우선 본 단락의 성격과 기원에 관한 연구의 역사를 간략하게 개괄

---

40) 본 단락에 대한 부분적인 평행 단락이 눅 10:21-22에서 발견된다.
41) Hunter, 'Matt. XI. 25-30', p. 241.
42) 다양한 전례들에서 본 단락(특히 28절)이 얼마나 두드러지게 사용되었는가에 대해서는 Stanton, 'Matthew 11.28-30', pp. 364-66을 보라.
43) 참조. Betz, 'Logion', p. 10.

할 것이며, 이 문제들에 대한 필자 자신의 입장을 제시하려 한다. 그리고 나서 이러한 입장들에 근거하여 본 단락의(특히, 28-30절의) 이해에 필요한 단어/구절 각각의 지시 대상을 규명하고자 한다. 그런 이후에라야 우리는 비로소 그 뒤이어 나오는 논쟁 단락들(12:1-8, 9-14)과의 관계에 있어서 본 단락의 의의(意義)를 살펴볼 수 있게 될 것이다.

11:25-30의 자료와 관련하여, 대다수의 학자들은 11:25-27만 'Q 자료' 44)에 현존해 있었으리라는 데 의견을 모은다.45) 하지만 그들은 11:28-30이 어디로부터 왔는지에 대해서는 의견의 일치를 보지 못하고 있다.46) 28-30절은 누가복음의 평행 단락(눅 11:21-22)에서도 나타나지 않는다는 사실로 미루어 볼 때, 아마도 28-30절은 '마태 특별 자료' 47)에서 기인된 것으로 보인다.

본 단락의 진정성 문제는 훨씬 더 복잡하며, 이 문제에 대해서는 학자들 사이에 아무런 의견의 일치도 보지 못하고 있다.48) 하지만 마태 자신이 본

---

44) 필자가 앞에서 언급했듯이, 본 서는 두 자료 가설에 특별히 의존하지 않는다. 특히 필자는 두 자료 가설에서 일반적으로 마태와 누가가 공동으로 사용하였다고 추정하는 'Q' 라는 문서를 기정사실로 받아들이지 않는다. 따라서 필자는 'Q 자료' 라는 표현을 사용할 것인데, 이는 마가는 소유하지 않았지만 마태와 누가는 공동으로 사용하였을 몇몇 구전 혹은 기록된 자료들을 통칭한다. 참조. Wrege, *Bergpredigt, passim;* Jeremias, *Theology,* pp. 38-39; Ellis, *Luke,* pp. 21-29.
45) 참조. Strecker, *Gerechtigkeit,* p. 172; Betz, 'Logion' , pp. 19-20; Suggs. *Wisdom,* pp. 79-82; Sand, *Matthäus,* p. 251; Gnilka, *Matthäusevangelium,* I, p. 433 등. 그러한 주장의 근거들에 대해서는 특히 Deutsch, *Yoke,* pp. 48-49를 보라.
46) 예를 들어, 분실된 한 유대교 지혜문학 작품 — Bultmann, *History,* pp. 159-60; '마태 특별자료' — Schniewind, *Matthäus,* p. 149; Gnilka, *Matthäusevangelium,* I, p. 433; Deutsch, *Yoke,* p. 49; 마태의 편집 — Bacon, *Studies,* p. 290.
47) 필자는 '마태 특별자료' 라는 표현으로 한 특정 문서를 지칭하기보다는, 오히려 포괄적인 어휘로서, 마가나 누가에 의해서는 사용되지 않고 마태에 의해서만 사용된 구전 혹은 기록된 다수의 자료들을 지칭할 것이다. 참조. Meier, *Law,* p. 2; Davies and Allison, *Matthew,* I, pp. 121-25, 특히 p. 125. '마태 특별자료' 는 현실적으로 항상 가능한 것은 아닐지라도 원칙상 마태의 편집적 주석과는 구별된다.
48) 이 문제에 대한 다양한 견해들에 대해서는 Deutsch, *Yoke,* pp. 50-52를 보라. 그녀는 이들 세 로기아(즉, 25-26, 27, 28-30절) 중 그 어느 것도 진정성을 보여 주는 확고한 증거를 갖추지 못하고 있다고 주장한다. 참조. Norden, *Agnostos,* pp. 303-304. 그러나 진정성을 반대할 수 있는 확고한 증거가 없다는 그 반대 주장 역시 제기되어 왔다. 참조. Cullmann, *Christology,* pp. 288-90; Hunter, 'Criticorum' , pp. 241-49. 진정성을 지지하는 더 많은 학자들의 목록에 대해서는 Wilckens, 'σοφία κτλ.' , p. 516 n. 356을 보라.

단락 전체를 예수님의 말씀으로 제시하고 있다는 점은 명백하다.

본 단락의 배경들로는 다음 두 가지를 들 수 있다.

① 집회서 51장과 몇몇 다른 제2성전 기간의 지혜문학 작품들: 집회서 6:23-32; 24장; 바룩서 3:9-4:4; 지혜서 *passim*; 에녹1서 42장; 에스라4서 5:9-12 등49)

② 구약성경: 출애굽기 33:12-14; 레위기 26:13; 신명기 12:9; 28:47-48; 30:11; 34:10; 예레미야 2:20; 5:5; 6:16; 30:8; 예레미야애가 5:5; 미가 2:10; 스바냐 3:9-13 50)

필자는 아래 연구에서 위에 제시된 자료들을 본 단락의 배경들로 참조할 것이다. 그런데 그러는 가운데 이 자료들은 본 단락과 유사성이 있을 뿐더러 차이점들도 있다는 사실을 늘 주목하게 될 것이다. 한편, 스탠턴이 적절히 제안하듯이, 본 단락을 복음서 자체의 다른 구절들(그 인접 문맥 및 넓은 문맥을 포함하여)에 비추어 보는 것은 가장 중요하고 기대되는 해석 방법일 것이다.51)

4.2.1. 11:25-27 – 계시에 대한 감사

25-27절로부터 제기되는 첫 번째 질문은 지혜롭고 슬기로운 자들에게는 숨기시고 어린아이들에게는 계시하신 '이것들'('타우타', ταῦτα)이 무엇인가이다. 현 문맥에서 그것은 아마도 예수님의 '일'('에르가', ἔργα; 11:2, 19),52) 곧 왕국의 현존을 드러내 보여 주는 예수님의 말씀과 행동을 지칭할 것이다.53)

---

49) 참조. Norden, *Agnostos*, pp. 277-308; Betz, 'Logion', pp. 19-20; Suggs, *Wisdom*, pp. 83-108; Deutsch, *Yoke*, pp. 55-143 등.
50) 참조. M'Neile, *Matthew*, p. 166; Manson, *Messiah*, pp. 71-72; Allison, 'Matthew 11.25-30', pp. 477-85; Charette, 'Liberty', pp. 290-97.
51) Stanton, 'Matthew 11.28-30', pp. 366-77.
52) 누가복음의 문맥에서는 '이것들'의 지시 대상이 마태복음의 문맥에서보다 훨씬 덜 명백하다는 점을 주목하라; 참조. 눅 10:21-22. Marshall, *Luke*, p. 434를 보라.
53) Deutsch, *Yoke*, p. 104; 참조. Hill, *Matthew*, p. 205; France, *Matthew*, p. 198 – '예수님의 선교의 의의'.

'이것들'의 내용은 이처럼 종말론적이다. 여기서 우리는 종말론적 진리를 감추고 계시하는 동일한 주제가 13:11에서도 다시 나타나는 점을 주목할 필요가 있다. 그곳에서 감추고 계시하는 내용인 '하늘 나라의 비밀들'과 이곳에서 '이것들'의 내용은 동일한 것으로 보는 것이 가장 자연스럽다.54)

다음 질문은 25절의 '지혜롭고 슬기로운 자들'('소폰 카이 쉬네톤', σοφῶν καὶ συνετῶν)과 '어린아이들'('네피오이스', νηπίοις)의 지시 대상들이 누구인가이다. 현 마태복음의 문맥에서 '지혜롭고 슬기로운 자들'은 예수님의 대적들, 특히 바리새인들과 서기관들을 지칭할 것이다.55) 이들은 한편으로는 율법과 관련하여 잘 교육받은 자들이고(참조. 23:2), 다른 한편으로는 바로 뒤이어 나오는 12장에서 그리고 복음서 전체를 통하여 예수님의 가장 두드러진 대적들로 나타난다. 지혜롭고 슬기로운 자들이 역설적으로 하나님의 참된 지혜를 진정으로 이해하지 못한다는 사상은 이미 이사야 29:14에서 나타나고 있다. '내가 지혜로운 자의 지혜를 부술 것이며, 슬기로운 자의 슬기를 숨길 것이라'(ἀπολῶ τὴν σοφίαν τῶν σοφῶν καὶ τὴν σύνεσιν τῶν συνετῶν κρύψω[70인역]). 25절은 아마도 이사야의 이러한 사상을 반향하고 있는 것으로 보인다.

'어린아이들'('네피오이', νήπιοι)56)은 반대로 아들 예수님에 의해 선택받은 자들을 지칭한다(참조. 27절, '그 아들이 계시해 주고자 하는 자'). 그런데 그들이 선택받은 것은 그들이 (구전) 율법에 대한 충분한 지식을 가지고 있기 때문이 아니라, 오히려 무식하고 약하고 단순하고 어쩌면 그래서 겸손하고 수용적이기 때문이다.57) 바로 이러한 자들이 '이것들'을 부여받는 특권을 가진 자들

---

54) Davies and Allison, *Matthew*, II, p. 277; Hagner, *Matthew 1-13*, p. 319.
55) Hill, *Matthew*, p. 205; 참조. Deutsch, *Yoke*, p. 111 - '종교 지도자들과 진정으로 이해하지 못하는 무리들'; Luz, *Matthäus (8-17)*, pp. 206, 229 - '종교적 지도층 전체'(p. 206).
56) Davies and Allison, *Matthew*, II, p. 275는 70인역에서 '네피오스'(νήπιος, '어린아이')라는 어휘가 종종 의로운 자를 지칭하는 전문적인 의미로 사용되는 것을 주목하고서(참조. 시 18:7[개역한글 19:7]; 114:6[개역한글 116:6]; 118:130[개역한글 119:130]), 여기서도 그러한 전문적 의미로 사용되고 있음을 주장한다. 70인역에서 본 어휘의 용법에 대한 보다 상세한 논의에 대해서는 Bertram, 'νήπιος', pp. 914-17을 보라. 하지만 필로에서는 본 어휘가 다르게 사용되며, 단지 지혜를 추구하는 데 있어서 초보적인 단계에 있는 자들을 지칭한다. Philo, *Sobr.* 9; *Congr.* 9-11; *Leg. Gai.* 27을 보라.

이며, '이것들'에 대한 진정한 지식을 통하여 예수님의 제자들이 된다. 그렇다면 우리는 25절의 '어린아이들'을 예수님의 제자들 혹은 기독교 공동체(어쩌면 마태는 여기서 자신의 공동체를 염두에 두고 있었는지도 모른다) 전체와 동일시할 수 있을 것이다.

끝으로 27절의 '모든 것'('판타', πάντα)의 지시 대상은 무엇인가? 인접 문맥(특히 27절의 후반부)은 '모든 것'이 우선적으로 하나님과의 밀접한 관계를 표현해 주는 예수님의 아들 신분을 지칭함을 제안해 준다.58) 27절에서 기술되고 있는 아버지와 아들 사이에서만 공유되는 상호 지식은 이 밀접한 관계의 필수적인 부분이다. 아버지에 대한 아들의 지식은 고유한 아버지-아들 관계에 기초하고 있기 때문에, 자신의 지식을 다른 사람과 나누는 것은 곧 계시의 문제이다. 그런데 그 지식을 계시하는 권위가 그 아들 신분의 일부로서 예수님께 속해 있는 것이다. 하지만 아버지께 대한 그 지식의 계시는 모든 사람들에게 개방되어 있는 것이 아니라, 그분의 택함을 받은 자들(곧, 그분의 제자들; 참조. 25절)에게만 주어진다.

그렇다면 그분의 택함을 받은 자들에게 계시되는 아버지께 대한 지식의 내용은 무엇인가? 25-26절과의 관계를 고려해 볼 때, 아버지께 대한 예수님의 계시는 예수님 안에서 나타난 하나님의 종말론적 계시 전체(이는 암시적으로 25절의 '이것들'에 대한 지식을 포함한다)와 동일한 것으로 보인다.59) 예수님의 아들 신분, 아버지께 대한 지식 및 그 지식을 계시하시는 권위는 이처럼 상호 연관되어 있다. 간단히 말해서, 27절의 '모든 것'은 아버지께 대한 지식과 그 지식을 계시하시는 권위를 수반하는 예수님의 아들 신분을 지칭한다. 그리고 택함을 받은 자들에게 계시된 그 지식은 예수님의 종말론적 행동과 말씀에 나타난 하나님의 계시 전체를 포괄한다.

---

57) 참조. Suggs, *Wisdom*, pp. 86-87; France, *Matthew*, p. 198; Davies and Allison, *Matthew*, II, p. 275; Hagner, *Matthew 1-13*, pp. 318-19.
58) Deutsch, *Yoke*, p. 33.
59) Davies and Allison, *Matthew*, II, pp. 279-80; 참조. Bacchiocchi, *New Testament*, p. 260.

4.2.2. 11:28-30 – 예수님, 멍에, 그리고 안식

11:28-30로부터 제기되는 우선적인 질문들은 '수고하고 무거운 짐 진 자들 모두'의 정체와 그들이 지는 '짐'의 성격에 관한 것이다. 무엇보다도 먼저 주목해야 할 점은 초청받은 자들이 아직 예수님의 제자들이 아니라는 점이다.[60] 그들은 오히려 예수님의 제자가 되기 위해 지금 그분의 초청을 받고 있다. 따라서 그들은 명백히 예수님의 제자들을 지칭하는 25절의 '어린아이들'이나 27절의 택함을 받은 자들과 동일시되어서는 안 된다.

그렇다면 그들이 고통당하는 '수고'와 '짐'은 무엇인가? 세 가지의 선택이 가능하다.

1) 죄의 짐[61]
2) 희생을 수반하는 제자도의 특성[62]
3) 바리새인들과 서기관들에 의해 부과된 율법에 대한 율법주의적 해석의 짐[63]

필자는 다음 몇 가지 이유들 때문에 대다수의 근대 학자들과 더불어 마지막 견해를 선호한다.

① 반(反)바리새적 논점은 바로 뒤이어 나오는 단락들(12:1-8, 9-14)에서뿐 아니라 복음서 전체를 통해서도 드러나고 있다.

② 생소한 단어 '짐을 지다'('포르티조', φορτίζω)는 마태복음의 다른 곳에서는 나타나지 않는다. 그러나 23:4에서는 그 동족어 명사 '짐'('포르티온', φορτίον)이 나타나는데,[64] 그곳에서 이 단어는 바리새인들과 서기관들

---

60) 대부분의 학자들이 이 견해를 선호한다. 특히 Deutsch, *Yoke*, p. 41; Hagner, *Matthew 1-13*, p. 323을 보라. 참조. Davies and Allison, *Matthew*, II, p. 288. *Pace* Stanton, 'Matthew 11.28-30', p. 374.
61) 대부분의 초기 교회 교부들: 예. Chrysostom, *Hom. on Mt.* 38.3; Eusebius, *Dem. ev.* 88d 필자는 이 정보를 Davies and Allison, *Matthew*, II, p. 288로부터 차용하였다.
62) Stanton, 'Matthew 11.28-30', p. 374.
63) 대부분의 학자들이 이 견해를 선호한다. Allen, *Matthew*, p. 124; Barth, 'Law', p. 148 n. 2; Betz, 'Logion', pp. 22-23; Deutsch, *Yoke*, p. 41; Luz, *Matthäus (8-17)*, p. 219 등.

에 의한 율법주의적 해석의 짐을 지칭한다. 그렇다면 우리의 구절도 이러한 내용에 비추어 이해하는 것이 가장 자연스러울 것으로 보인다.[65]

③ 이 견해는 본 단락의 '멍에'('쥐고스', ζυγός)와 '안식'('아나파우시스', αςνάπαυσις)을 그 인접 문맥뿐 아니라 그 배경에 비추어 가장 타당하게 해석할 수 있도록 해 준다.

본 단락의 해석의 열쇠는 '내 멍에'('호 쥐고스 무', ὁ ζυγός μου, 29, 30절)라는 구절에 놓여 있는 것으로 보인다. '멍에'(히. '올', עֹל)는 구약성경에서 종종 '이방 나라의 압제'를 상징하는 데 사용된다(예. 레 26:13; 사 9:4; 58:6; 렘 27-28장; 30:8; 겔 34:27). 그러나 이 단어는 또한 '하나님을 섬김'(예. 렘 2:20; 애 3:27), 혹은 '하나님의 율법에 의한 교훈'(렘 5:5) 등과 같은 긍정적인 의미로도 사용된다. 제2성전 시대 유대교 문학에서 이 단어는 통상적으로 '율법'(바룩의 제2묵시서 41:3; *m. Ab.* 3.5; *m. Ber.* 2.2), '계명들'(*m. Ber.* 2.2), '지혜'(집회서 6:30; 51:26), '메시아'(솔로몬의 시편 7:9; 17:30), '하늘'(*b. Ber.* 10b) 등의 '교훈' 혹은 '통치'[66]를 지칭하는 데 사용된다.[67] 신약성경에서 '멍에'는 '율법 자체'를 지칭한다(행 15:10; 갈 5:1; 참조. 에녹2서 34:1-2).

'멍에'라는 단어의 용법은 이처럼 복잡하며, 따라서 그 용법의 그림을 그리기가 그리 쉽지 않다. 하지만 우리의 목적상 다음과 같은 점들을 정리해 볼 수 있다.

① '멍에'라는 어휘는 '지배·통치' 혹은 '교훈·가르침'을 의미할 수 있다.

② '멍에'의 목적어는 인격체(예. 하나님, 지혜, 메시아, 이방 왕) 혹은 율법·계

---

64) 마태복음에서 이 명사는 본 단락 안에 속해 있는 11:30에서 한 번 더 나타난다.
65) 마 23:4의 누가복음의 평행구(눅 11:46)가 신약성경 전체를 통해 '포르티조' 동사가 사용되는 유일한 다른 한 경우라는 사실은 우리의 제안을 보다 신빙성 있게 해 준다.
66) 적지 않은 학자들이 '멍에'를 굴복이나 순종 개념과 동일시하려 한다(예. Davies and Allison, *Matthew*, II, p. 289). 그러나 그들은 순종과 불순종이 멍에 자체가 아니라 그 멍에를 취함 또는 거절함의 결과라는 사실을 간과한다. 따라서 필자는 오히려 '멍에'의 의미로서 '교훈' 혹은 '가르침'의 개념과 더불어 '지배' 혹은 '통치'의 개념을 제안하는 것이다. 이러한 개념들은 위에 제시된 대부분의 예들에 아주 잘 들어맞는다. 유사한 견해가 Maher, 'Yoke', p. 99에서도 제안된 바 있다.
67) 참조. Strack and Billerbeck, *Kommentar*, I, pp. 608-10; Deutsch, *Yoke*, pp. 113-39.

명들이 될 수 있다.

③ 그리스도인들에게 그 멍에는 부정적인 의미에서의 율법을 지칭할 수 있었다.

그런데 주목할 가치가 있는 또 한 가지 중요한 점은 그 어떤 유대교 교사나 선지자도 (심지어는 모세까지도) 그의 제자들이나 이스라엘에게 '내 멍에를 너에게 메라' 라고 말한 적이 없다는 사실이다. 본 문구에 가장 유사한 평행구인 집회서 51:26에서 벤 시라(Ben Sira)는 다음과 같이 말한다. '너의 목에 그녀의[=지혜의] 멍에를 메라.' 68)

그렇다면 '나의 멍에를 너희에게 메라' 라는 예수님의 초청은 무슨 뜻인가?

첫째, 이 초청을 발하시는 예수님은 단순히 지혜(인격체로서든 아니면 토라로서든)나 선생(벤 시라 혹은 랍비와 같은)과 동일시될 수 없다.69) 마태는 오히려 그분을 아들과 동일시한다. 이 아들은 하나님께서 모든 것을 주신 분이시고(참조. 27절), 또한 안식일에 관한 그 자신의 가르침을 바리새인들의 가르침에 반하여 계시할 분이시다(12:1-14).

둘째, 예수님의 멍에는 율법에 대한 새로운 해석을 포함하는 그분의 '가르침'을 우선적으로 지칭한다.70) 하지만 예수님의 멍에는 그분의 가르침에만 제한되어서는 안 될 것이다. 그것은 또한 그분과의 인격적인 관계(즉, 예수님에 의해 '지배' · '통치' 를 받음, 혹은 그의 제자도)도 지칭하는 것으로 보인다.71) 이러한 제

---

68) 이러한 속격은 참으로 의미심장하다. 왜냐하면 조금 앞에서(집회서 51:23) 벤 시라는 그 자신의 초청을, 28절의 예수님의 초청('내게로 오라')과 아주 흡사한 형태로 제공하고 있기 때문이다. '배우지 못한 그대여, 내게로 가까이 오라.'
69) 집회서 51:23-30과 마 11:28-30 사이의 유사성들이 놀랍기는 하지만, 이들 둘 사이의 차이점들 또한 명백하다. 예를 들어, 바로 위에서 지적한 바와 같이, 벤 시라는 독자들에게 '그녀의 멍에'를 메라고 명령한 데 반해 예수님은 '내 멍에'를 제공하고 계신다. 또한 지혜는 그녀 자신의 초청을 친히 제공하지 않는 데 반해, 예수님은 그 자신의 초청을 친히 제공하고 계신다. 그렇다면 France의 평결은 옳다. '그 문구는 친밀하지만, 그 의미는 새롭다' (*Evangelist*, p. 304).
70) 특히, Deutsch, *Yoke*, p. 42; Hagner, *Matthew 1-13*, p. 324를 보라.
71) 참조. Betz, 'Logion', p. 23; Maher, 'Yoke', p. 103; Bacchiocchi, *New Testament*, p. 270; Deutsch, *Yoke*, p. 135; Stanton, 'Matthew 11.28-30', p. 375 등.

안의 타당성은 예수님의 초청들('내게로 오라', '내게 배우라'), 약속('내가 너희를 쉬게 하리라'), 그리고 당신 자신의 성품에 대한 그분의 묘사('나는 마음이 온유하고 겸손하다') 모두가 예수님의 가르침보다는 오히려 예수님 자신에게 초점이 맞추어져 있다는 사실에 의해 잘 입증된다. 특히 '내게 배우라'라는 초청은 '우리가 여기서 제자도에 대한 초청을 다루고 있음'을 강하게 시사해 준다.72)

하지만 이들 두 제안(곧, 멍에를 '가르침'으로 보는 제안과 '관계, 제자도'로 보는 제안)은 사실 서로 충돌되는 것이 아니다. 예수님께 와서 그분의 제자가 되는(곧, 그분의 멍에를 메는) 자들은 필연적으로 예수님으로부터 그분의 새로운 가르침을 배우게 되기 때문이다. 그런데 그분의 새로운 가르침은 바리새인들의 해석에 대조되는 율법에 대한 새로운 해석을 포함할 뿐 아니라(참조. 12:1-14; 23:4; 또한 참조. 5:17-20, 21-48), 하늘 나라에 관한 종말론적 진리 전체를 계시해 준다(참조. 25-27절; 13:11).

우리가 만일 '내 멍에'에 대한 이러한 해석을 받아들인다면, 언뜻 보기에 역설적으로 보이는 구절인 30절의 '내 멍에는 편하고 내 짐은 가볍기 때문이다'도 설명하기가 그리 어렵지 않다. 사실 5:20에 따르면 그분의 가르침에 나타난 예수님의 요구는 바리새인들의 요구보다 결코 가볍지 않다. 오히려 그분의 제자들은 <u>더 큰</u> 의를 요청받고 있다(또한 참조. 5:18-19).

그런데 이러한 문제에 대한 해결의 실마리는 29절에서 발견된다. 바로 위에서 제시된 필자의 해석에 따르면, 예수님의 초청은 단순히 그분의 새로운 가르침으로의 초청일 뿐 아니라, 그 마음이 온유하고 겸손한(29절; 참조. 12:7, 18-21) 그분 자신과의 관계로의 초청이기도 하다. 예수님의 가르침은 온유와 겸손으로 특징지어지는 이 관계에 기초해 있기 때문에, 보다 철저한 성격에도 불구하고(참조. 5:21-48), 역설적으로 바리새인들의 가르침처럼 무겁지 않고73)

---

72) Deutsch, *Yoke*, pp. 43, 135 (인용은 p. 43으로부터 온 것임).
73) 23:4에서는 율법에 대한 바리새인들의 해석을 지칭하는 바리새인들의 '짐들'('포르티아'; 동일한 단어가 11:30에서도 사용되고 있음을 주목하라)이 '무거운'('바레아', βαρέα) 것으로 기술되고 있음을 주목할 필요가 있다.

오히려 편하고 가볍다. 마태는 예수님의 멍에의 이와 같은 특징들을 바로 뒤이어 나오는 두 안식일 논쟁들에서 특히 바리새인들의 멍에와 대조적인 모습으로 예시할 것이다(12:1-8, 9-14).

끝으로, 29절에서 예수님은 그에게 와서 그의 멍에를 메는 자에게 '안식'을 약속하신다(참조. 28절 - 이곳에서 이미 '안식'이 약속되고 있다). 그렇다면 예수님의 멍에를 메는 자들은 어떻게 안식을 확보할 수 있는가? 그 이유는(30절의 접속사 '가르' [γάρ, '왜냐하면']를 주목하라) 그의 멍에는 쉽고 그의 짐은 가볍기 때문이다. 예수님의 멍에의 가벼움과 안식에 대한 그의 약속은 이처럼 상호 연관적이다.

'너희가 너희 영혼을 위한 안식을 얻을 것이다'라는 구절은 예레미야 6:16을 반영하는 것 같다. 그런데 그곳에서 '안식'은 선한 길을 따르는 자들에게 하나님께서 베푸신 것이다. 예수님은 이제 그분께 와서 그분의 멍에를 메고 그분께 배우는 자들에게 그 약속을 그분 자신의 이름으로 제공하신다. 이처럼 하나님에 의해 약속되었던 '안식'이 이제 예수님에 의해 성취되고 있는 것이다.

구약성경에서 '안식'이라는 개념은 자주 이스라엘 백성이 대적들의 압제로부터 벗어나 하나님으로부터 얻게 될 민족적 구속과 구원의 개념을 수반한다(신 12:9; 25:19; 시 95:11; 사 14:3). 이러한 구절들에서 기술되고 있는 구속의 개념이 대개는 그 성격상 정치적이지만, 히브리서 4장은 그러한 개념을 창세기 2:2의 하나님의 안식과 연결시키며, 그렇게 함으로써 그 개념을 종말론적 구속의 관점에서 이해한다.[74] '안식' 개념에 대한 이와 같은 종말론적 이해는 히브리서에서만 독특하게 나타나는 것이 아니다. 상당수의 제2성전 시대 유대교 저작들도 메시아 시대를 안식 개념과 연관시키며(에스드라2서 8:52; 에스라4서 7:36, 38; 8:52; 단의 언약 5:11-12 등), 특히 몇몇 구절들에서는 안식일이 이 안식 개념과 연관해서 나타나고 있다.[75]

---

74) 참조. von Rad, *Hexateuch*, pp. 94-102, 특히 pp. 99-101.

이 모든 점들은 안식 개념에 대한 종말론적 이해가, 특히 안식일 개념과 연관해서, 주후 1세기경까지는 이미 잘 확립되어 있었음을 입증해 준다. 그럴 경우 예수님에 의해 약속되고 있는 '안식'에 대한 마태의 언급은 이처럼 기대되던 종말론적 메시아적 안식의 성취를 지칭한다고 볼 수 있다. 이와 같은 해석은 본 단락의 종말론적 성격에 잘 들어맞을 뿐더러, 안식일 주제를 예수님의 성취 관점에서 다루는 바로 뒤이어 나오는 단락(12:1-14)에도 잘 들어맞는다. 더욱이 이러한 해석은 구약성경의 전(全) 계시를 성취하셨고 (그의 백성에게 영원한 안식을 제공하게 될) 종말론적 하늘 나라를 도래케 하신 메시아 예수님께 초점이 맞추어져 있는 복음서의 전체적인 줄거리에도 잘 들어맞는다.[76]

간략히 말해서, 본 단락(11:25-30)은 전체적으로 바로 뒤따라 나오는 안식일 논쟁 단락들(12:1-8, 9-14)을 효과적으로 준비해 준다. 이제 본 단락을 두 안식일 논쟁 단락들 바로 앞에 위치시킨 마태의 의도가 아주 명백해진다.

① 25절은 안식일에 대한 바리새인들의 진정한 이해 결핍의 근본적인 이유를 제공해 준다. 그것은 단순히 아버지께서 그 진정한 이해를 그들로부터 감추셨기 때문이다.

② 25절과 27절은 그분께 모든 것(우선적으로 아들 신분)이 주어졌으며, 따라서 이제 그것을 그의 택함을 받은 자들에게 계시할 권위를 가지신 예수님과, 그들로부터는 이 모든 것들이 감추어져 있는 바리새인들을 대조시킨다.

③ 28-30절은 예수님의 쉽고 가벼운 멍에와 짐을 바리새인들의 무거운 멍에와 짐(이는 28절에서 암시되고 있다: 참조. 23:4)에 대조시킨다. 또한 예수님의 온유하고 겸손한 성품(참조. 12:18-21)은 바리새인들의 자비롭지 못하

---

75) 에녹2서 33:1-2에서는 메시아 시대가 대(大)안식일로 표현되고 있다. 사 66:23에서는 범세계적인 안식일 모임과 예배가 새 창조의 결론적인 약속으로 제시되고 있음도 주목할 만하다. 앞의 제1장에서의 논의를 보라.
76) 참조. Bacchiocchi, *New Testament*, pp. 266-67.

고 판단적인 성품(참조. 12:1, 2, 7, 10, 14)과의 대조를 내다보는 것 같다.

④ 27절에서 아버지-아들 관계에 대한 예수님의 선언은 12:6, 8에서 예수님의 기독론적 선언들을 내다본다.

⑤ 28-30절은 기독론적이고 종말론적인 문맥에서 안식 개념을 도입시킴으로써 예수님에 의한 안식일 성취 논의를 예견하고 있다.

이러한 암시들을 염두에 두고, 이제 첫 번째 안식일 단락으로 들어가 보자.

4.3. 안식일에 곡식을 잘라 먹음(12:1-8)

마태복음 12:1-8의 공관복음서 평행 단락들(막 2:23-28; 눅 6:1-5)에 대한 문학적 관계는 간단하지 않다. 문제의 복잡성은 대체로 두 가지 문제들로부터 생겨난다.77)

1) 마가복음 2:23-28에 반(反)하여 마태복음 12:1-8과 누가복음 6:1-5 사이에서 발견되는 사소한 일치점들(minor agreements),78) 특히 마가복음 2:27의 생략

2) 마태복음 12:5-7의 첨가

첫 번째 문제는 특히 '두 자료 가설' 지지자들에게 어려움을 가져다주며, 따라서 그들로 하여금 다양한 해결책들을 제시토록 하였다: ① 제2마가복음 가설;79) ② 마가복음과 Q 자료 동시 사용;80) ③ 기원 불명의 '평행 전승' 사

---

77) 여기서 필자는 막 2:23-28의 전승사에 대한 복잡한 논의를 다루려 하지 않는다. 왜냐하면 그러한 논의가 우리의 연구에 직접적으로 연관되지 않는다고 판단되기 때문이다. 하지만 이 문제에 대해서는 Neirynck, 'Sabbath', pp. 227-70에서 잘 논의되고 있다. 또한 Hultgren, 'Formation', pp. 38-43도 보라.

78) 예. ① ὁδὸν ποιεῖν(막 2:23)의 생략; ② ἐσθίειν/ἤσθιον(마 12:1/눅 6:1), εἶπαν(마 12:2/눅 6:2), εἶπεν(마 12:3/눅 6:3)의 삽입; ③ χρείαν ἔσχεν(막 2:25), ἐπὶ Ἀβιαθὰρ ἀρχιερέως(막 2:26)의 생략; ④ μόνοις/μόνους(마 12:4/눅 6:4)의 삽입; ⑤ 막 2:27의 생략; ⑥ 마 12:8/눅 6:5의 순서 등. 보다 많은 예들에 대해서는 Aichinger, 'Ährenraufen', p. 141을 보라.

79) Aichinger, 'Ährenraufen', pp. 141-53, 특히 pp. 148-49; 참조. Luz, Matthäus (8-17), p. 229.

용.81)

두 번째 문제는 상황을 보다 복잡하게 만든다. 몇몇 주요 제안들은 다음과 같다: ① 마태의 편집;82) ② 7절은 마태의 편집, 5-6절은 마태의 자료(들);83) ③ 5-7절 모두 마태 이전 자료.84)

본 단락의 자료(들)에 대해서 학자들 사이에 아무런 의견의 일치도 보지 못한 채 그처럼 다양한 제안들이 제시되어 왔다는 사실은, 그 어떤 단순한 가설도 그처럼 복잡한 문제들을 완전히 설명할 수 없다는 점을 시사해 준다.85)

위의 문제들에 의해 제기된 두 자료 가설의 난점들로 미루어 볼 때, 세 공관복음서 단락들 사이의 문학적 관계들은 일반적으로 추정되어 왔던 것보다 훨씬 더 복잡하고 간접적인 것이 아닌지 의심해 보게 된다. 또한 그 문학적 관계들은, 불행히도 그 기원들과 발달 과정들이 우리에게 알려져 있지 않은, 보다 다양한 자료들에 연관되어 있었으리라는 추론을 하게 한다.

하지만 우리가 그러한 관계들에 관해 보다 적절하게 설명할 수 있을까? 만일 우리가 두 자료 가설에 얽매이지만 않는다면, 보다 타당성 있는 해결책을 제안하는 것도 가능해 보인다. 예를 들어, 사소한 일치들은 간단히 '공동 전승'86)을 가정함으로써 설명될 수 있다. 즉, 마가는 이 '공동 전승'의 한 형태

---

80) Hübner, *Gezetz*, pp. 113-28, 특히 pp. 117-21. 하지만 이와 같은 마가복음-Q 중복 이론의 난점들에 대해서는 Sanders and Davies, *Synoptic Gospels*, pp. 74-83을 보라.
81) Lohmeyer, *Matthäus*, p. 183. 하지만 Gnilka, *Matthäusevangelium*, I, p. 443은 이러한 제안이 타당성이 없다고 생각한다.
82) Davies and Allison, *Matthew*, II, pp. 312-13, 특히 n. 36; 참조. Hill, 'Hosea VI. 6', pp. 114-15; Hummel, *Auseinandersetzung*, p. 44, 특히 n. 57.
83) Bultmann, *History*, p. 16; Barth, 'Law', p. 82; Schmid, *Matthäus*, p. 206; Schweizer, 'Matthäus 12,1-8', pp. 170-72.
84) Manson, *Sayings*, p. 187; 참조. Allen, *Matthew*, pp. lviii, 127-28(마태의 로기아): Banks, *Jesus*, p. 118.
85) 참조. Luz, *Matthäus (8-17)*, p. 229.
86) 필자는 '공동 전승'이라는 표현으로 한 특정 문서를 지칭하기보다는 구전이나 기록된 다양한 형태들로 존재하던 예수님의 이야기들이나 말씀들로서 공관복음서 저자들 모두에게 알려져 있던 자료를 포괄적으로 지칭할 것이다. 사실 '공동 전승'은 두 자료 가설 지지자들 중 상당수에 의해 제안된(Sanders and Davies, *Synoptic Gospels*, pp. 93-102를 보라) '원-마가복음'과 크게 다르지 않은 어떤 것을 지칭하는지도 모른다. 하지만 필자는 이 전승이 이 단계에서 아직 두드러지게 마가복음적 성격을 띠었다거나 하나의 원-복음서 형태로 존재하였다고 보지

를 사용하였고, 마태와 누가도 마가복음 자체가 아니라 이 '공동 전승'의 다른 한 형태를 각각 사용하였다는 설명이다.[87] 그러했을 경우, 마태는 5-7절을 '마태 특별자료'로부터 취하여 그것을 그의 '공동 전승'에 채택해 넣었다고 추정할 수 있다.

본 안식일 논쟁 이야기의 역사성에 대한 불트만의 도전 이래로,[88] 본 이야기의 역사성 문제는 많은 논의의 대상이 되어 왔다. 최근에 그 역사성에 대한 가장 주목할 만한 도전은 샌더스에 의해 제시되었다. 하지만 그의 도전은 의문의 여지가 많은 가정들에 크게 의존하고 있다.[89] 그런데 최근 들어 많은 학자들이 본 이야기의 역사성을 지지하는 경향을 보여 왔다.[90] 페쉬(R. Pesch)는 보다 회의적인 견해들에 반하여 본 이야기의 역사성을 지지하는 다섯 가지의 강력한 논점들을 그의 마가복음 주석에서 제공하고 있다.[91] 그중 처음 세 가지는 우리의 마태복음 단락 연구에도 유효하다.

않는다. 따라서 필자는 원—마가복음보다는 '공동 전승'이라는 표현을 선호한다.

87) 참조. Albright and Mann, *Matthew*, p. 150: '1-8절에서, 특히 1-4절에서 마태복음과 누가복음이 마가복음에 반(反)하여 헬라어 자구상 일치하는 현상들은 이들 두 복음서 저자들이 마가복음보다는 다른 전승들에 의존하고 있음을 보여 주는 좋은 예들이다.'

88) Bultmann, *History*, p. 16. 그는 본 이야기에서 예수님께 대한 질문이 예수님 자신의 행동에 관한 것이 아니라 제자들의 행동에 관한 것이라는 점에 입각하여, 초기 교회가 자신들의 안식일 행습을 예수님께 돌려 정당화하고자 하여 본 이야기를 만들어 내었다고 주장한다.

89) 예를 들어, 1세기 팔레스타인에서 바리새인들의 영향에 대한 너무 소극적인 입장, 그리고 전반적으로 공관복음서 기록의 역사적 가치에 대한 너무 부정적인 입장 등. Sanders, 'Constraint', p. 20에서 그는 단순히 다음과 같이 말한다. '그 장면은 가공의 것이다. 그것은 마가복음 2:28의 인자 구절에 대한 배경을 설정해 주기 위해 고안된 것이다. 바리새인들은 실제로 곡식밭을 감시하며 안식일을 보내지 않았다.' 이러한 언급에 대한 이유는 그의 *Law*, pp. 19-23에서 제시되고 있다. 예를 들어, 그의 결정적인 논점들 중 하나는 다음과 같다. 만일 제자들이 마을이나 시내로부터 2,000규빗(약 900미터, 곧 안식일 여행 한계)보다 덜 떨어져 있었다면, 그들은 그들의 이전 거처로 돌아가 음식을 먹을 수 있었을 것이다. 하지만 그의 이러한 추론은 Casey, 'Historicity', pp. 1-5에서 Peah 제도(가난한 자나 거류민을 위해 밭 경계의 곡식을 남겨 두는 제도)를 통해 잘 논박되고 있다. Sanders나 Bultmann에 대한 반론들에 대해서는 본 장에서 바로 뒤따라오는 석의적 연구를 보라.

90) Rordorf, *Sunday*, pp. 59-61, 72-75; Haenchen, *Weg Jesu*, p. 122, 특히 n. 4; Roloff, *Kerygma*, pp. 55-58; Banks, *Jesus*, pp. 113-23; Gnilka, *Markus*, I, p. 122; Borg, *Conflict*, p. 152; Pesch, *Markusevangelium*, I, p. 183; Casey, 'Historicity', *passim*; Davies and Allison, *Matthew*, II, pp. 304-305 등.

91) Pesch, *Markusevangelium*, I, p. 183.

① 마가 전승(2:23-28//; 3:1-6//)이나 누가 특별자료(13:10-17; 14:1-6) 그리고 요한복음(5:1-18; 9:1-41) 모두 예수님의 안식일 행습이 유대교 당국자들과의 논쟁을 불러 일으켰음을 증언해 준다. 더욱이 마가복음 2:23-26에서 기술되고 있는 상황은 불트만의 주장처럼 초기 그리스도인들의 전형적인 행습을 대변해 주는 것으로 간주될 수 없다.
② 예수님과 그의 제자들은, 다른 전승들이(예. 막 10:28; 마 8:20; 눅 8:3) 증언해 주고 또한 본 이야기도 가정하고 있는 바와 같이(막 2:23; 참조. 마 12:1), 가난한 순회 설교자들이었다. 그렇다면 그들이 음식을 먹기 위해 그들의 이전 거처로 돌아갈 수 있었다는 가정에 기초한 샌더스의 역사성에 대한 회의(懷疑)는 논박될 수 있다.
③ 예수님께서 그의 제자들의 행동에 대해 법적으로 책임이 있었다는 점은(막 2:24) 역사적으로 타당성이 높다(참조. 막 2:18; 7:5).[92] 그럴 경우 역사성을 부인하는 불트만의 논점은 그 근거를 상실하게 된다.[93]

이러한 논점들에 비추어 볼 때, 본 이야기의 역사성을 받아들일 이유는 충분한 것으로 보인다.[94]

4.3.1. 12:1 – 상황 설정

첫 번째 안식일 논쟁 이야기의 상황에 대한 마태의 기술은 그 공관복음서 평행 단락들과 몇 가지 점들에 있어서 괄목할 만한 차이를 보인다.

마태복음에서만 특징적으로 나타나는 '그 무렵에'('엔 에케이노 토 카이로', ἐν ἐκείνῳ τῷ καιρῷ) 구절은 본 단락을 예수님의 쉬운 멍에를 메라는 초청에 관

---

92) Daube, 'Responsibilities', pp. 1-15를 보라. *Contra* Bultmann, *History*, p. 16.
93) Bultmann의 논점에 대한 유사한 비평은 Roloff, *Kerygma*, pp. 55-56에서도 발견된다.
94) Davies and Allison, *Matthew*, II, pp. 304-305. 예수님께서 구약성경을 사용하시는 방법과 관련하여 본 이야기의 역사성과 진정성을 논증하는 시도들에 대해서는 Gundry, *Mark*, pp. 148-49를 보라. 하지만 본 이야기의 역사성이 본 단락 전체나 각 개별 구절들의 진정성을 보증해 주는 것은 아니다. 진정성 문제는 아래의 석의적 논의들에서 다시 다루어질 것이다.

한, 그리고 메시아적 안식에 대한 예수님의 약속에 관한 앞 단락(11:25-30)에 연결시켜 주는 효과를 갖는다.

'[그의 제자들이] 시장하였다'('에페이나산', ἐπείνασαν) 동사는 문장 흐름상 별다른 의미 없이 첨가된 것으로 보인다. 이 동사는 한편으로는 마가와 누가의 이야기들에서 전제되고 있는 실제 상황을 명시해 주는 역할을 하며, 다른 한편으로는 3절의 '그가 시장하였다'('에페이나센', ἐπείνασεν)를 내다봄으로써 예수님의 제자들의 상황과 다윗과 그의 동료들의 상황 사이의 평행성을 증진시켜 준다.

'그리고 먹기 [시작하였다]'('카이 에스띠에인', καὶ ἐσθίειν) 구절도 문장 흐름상 별다른 의미 없이 첨가된 것으로서, 아마도 두 가지 기능을 한다: 1) 마가복음에서 전제되고 있는 실제 상황을 명시해 주는 기능; 2) 4절의 '그들이 먹었다'('에파곤', ἔφαγον)를 내다보는 기능. 사실 본 동사의 첨가는 '시장하였다' 동사의 첨가에 의해 기대되는 것이다.

마가복음의 '그들이 길을 열기 [시작하였다]'('호돈 포이에인', ὁδὸν ποιεῖν) 구절이 생략된 것 역시 그렇게 큰 의의가 없어 보인다. 어쩌면 본 구절은 '공동전승'에 없었는데, 마가가 상황을 보다 명백히 하기 위해 첨가했는지도 모른다.[95]

12:1 전체는 이야기의 상황을 제시해 준다. ① 사건에 연루된 사람들은 누구인가? — 예수님의 제자들 (그리고 예수님); ② 무슨 일이 일어났는가? — 이삭을 꺾어 그것을 먹음; ③ 언제, 어디에서, 그리고 왜 그 일이 일어났는가? — 안식일에, 곡식밭에서, 시장해서 (그리고 그들이 예수님과 함께 있었기 때문에).

아래의 논쟁이 전개된 것은 그 사건이 안식일에 일어났기 때문이라는 점은 명백하다. 그 사건의 현장은 단순히 '곡식밭'('타 스포리마', τὰ σπόριμα)이

---

[95] 마가복음 문맥에서 본 구절의 의미에 대한 다양한 해석들에 대해서는 Neirynck, 'Sabbath', pp. 254-59를 보라. Derrett, 'Judaica', pp. 85ff.와 Hooker, *Mark*, p. 102는 제자들의 행동에 있어서 문제가 되는 것이 이삭을 꺾은 행동이 아니라 길을 만든 행동이었다고 제안한다. 하지만 그러한 제안의 비타당성은 Gundry, *Mark*, p. 140에 의해 잘 지적되고 있다. 참조. Gould, *Mark*, p. 48; Neirynck, 'Sabbath', pp. 257-58.

라고[96] 묘사되고 있을 뿐, 그것이 도시(마을)로부터 얼마나 떨어져 있었는지는 분명치 않다.

그 사건에 관한 한 제자들이 중심인물인 것은 분명하다. 하지만 우리는 마태가 마가/누가의 대명사 '아우톤'(αὐτόν, '그') 대신 '호 예수스'(ὁ Ἰησοῦς, '예수님')라는 이름을 명시할 뿐 아니라, 이 이름을 본 이야기 맨 앞 문장의 주어로 등장시키고 있음을 주목할 필요가 있다. '그때에 <u>예수님께서 안식일에</u> … 걸어가셨다.' 이러한 변화는 본 이야기의 마지막 문장과 연관해서 읽을 때 그 의의가 특별히 두드러지게 된다. '이는 <u>인자가 안식일의 주(主)</u>이기 때문이다.' 마태는 아마도 처음 시작 문장의 구조를 바꿈으로써 일종의 인클루지오(inclusio)를 만들고자 했던 것으로 보인다.[97] 이렇게 함으로써 마태는 처음 시작부터 본 이야기의 주인공이 제자들이 아니라 예수님 자신임을 명백히 하고자 했던 것 같다.

끝으로 '배고픔' 주제에 대해 간단히 덧붙이자면, 제자들의 배고픔이 그들 행동의 표면적인 이유인 것은 사실이다. 하지만 이야기가 진행되어 감에 따라, 제자들의 행동을 바리새인들의 기준에 의거해서까지도 무죄한 것으로 (참조. 7절) 만들어 주는 근본적인 이유는 그들의 배고픔 때문이 아니라, 안식일의 주(主)이신 예수님께서 그들과 함께 계시기 때문이라는 사실이 명백해지게 될 것이다.

4.3.2. 12:2 – 바리새인들의 비난

이제 마태복음에서 예수님의 (그리고 제자들의) 가장 두드러진 대적들인 바리새인들이 예수님의 비난자들로 등장한다. 그들이 제자들의 행동과 관련하여 (제자들이 아니라) 예수님을 비난하고 있는 것은 그리 이상한 일이 아니다.

---

96) 신약성경에서 본 단어는 이곳과 그 평행 구절들(막 2:23; 눅 6:1)에서밖에 나타나지 않는다.
97) 마태복음에 나타난 inclusio 구조의 예들에 대해서는 Davies and Allison, *Matthew*, 1 pp. 92-93을 보라.

왜냐하면 선생이 그 제자들에 대해 책임을 지는 것은 당시의 통례였기 때문이다.98)

바리새인들의 비난의 역사성은 상당수의 학자들에 의해 의문시되어 왔다.99) 그런데 역사성에 대한 반론들은 대개 상호 연관된 두 가지 점으로 집약된다.

① 그들은 안식일에 바리새인들이 곡식밭에 있게 된 점을 미심쩍게 생각한다.
② 그들은 바리새인들이 매 안식일마다 사람들이 안식일을 어기는 것을 막기 위해 곡식밭을 감시하였다는 점을 의아하게 생각한다.

첫 번째 반론과 관련하여 우리는 1세기 당시 바리새인들의 에룹 행습100)을 고려해 볼 필요가 있다. 만일 에룹이 어떤 마을의 경계로부터 이웃 마을로 가는 노상의 안식일 여행 한계(=2,000규빗; 약 900미터) 지점에 보관되도록 규정되어 있다면,101) 이는 우선적으로 그때 당시 마을과 마을 사이의 거리가 2킬로미터보다 가까운 경우들이 많았음을 전제한다.102) 이는 또한 바리새인들이 안식일에도, 예를 들어 잔칫집이나 상가(喪家)를 방문하기 위해, 자신들의 마을을 떠나 이웃 마을로 여행하는 경우들이 종종 있었음을 전제한다(참조. *m. Erub.* 8.1).103) 만일 그 마을이 농촌 마을이었다면, 그들은 밭 가장자리

---

98) Daube, 'Responsibility', pp. 1-15, 특히 pp. 4-8.
99) 예. Schweizer, *Mark*, p. 70; Hultgren, 'Formation', p. 41; Sanders, 'Constraint', p. 20.
100) '에룹'은 안식일 여행 한계 지점에 안식일 전날에 음식을 보관해 두는 행습으로서, 이렇게 함으로써 안식일 여행 한계는 두 배가 될 수 있다. 본 용어의 보다 상세한 정의에 대해서는 Danby, *Mishnah*, p. 793, app. I.8을 보라. 에룹 규례들에 관한 필자의 논의에 대해서는 위의 제2장을 보라.
101) 바리새인들 사이에서는 안식일 여행 한계가 2,000규빗이라는 점에 대해서는 이건이 없었던 것으로 보인다. 하지만 CD 10.21은 2,000규빗보다는 1,000규빗을 제안하고 있다. 위의 제2장을 보라.
102) 그럴 경우, 샌더스의 다른 한 가지 질문은 왜 제자들이 그 이전 거처로 돌아가지 않았는가라는 것이다. 하지만, Pesch, *Markusevangelium*, I, p. 183과 Casey, 'Historicity', pp. 1-4는 적절히 제안한다. 만일 제자들이 가난하였고 따라서 그들은 자신들의 이전 거처에 먹을 것을 비축해 두지 않았다면, 그들에게는 곡식밭에서 이삭을 잘라 먹는 것 이외에 다른 방법이 없었을 것이다(참조. Peah 제도). 더욱이 제자들이 가까운 마을에 자신들의 거처를 가지고 있었는지도 의문스럽다. 참조. Sigal, *Halakah*, p. 129, 특히 n. 59.

로 나 있는 길을 따라 여행했으리라고 추정하는 것은 너무도 자연스럽다.104) 이처럼 제자들이 곡식 이삭을 꺾은 곡식밭에 바리새인들이 있었을 가능성은 얼마든지 있다.105)

그럴 경우, 두 번째 반론처럼 바리새인들이 곡식밭을 감시하며 안식일을 보냈다고 가정할 필요도 없다. 어떤 바리새인들이 옆 마을로 여행하던 중 우연히 예수님의 제자들이 곡식 이삭 꺾는 것을 목격하게 되었을 가능성은 충분하기 때문이다. 하지만 케이시(M. Casey)는 바리새인들의 보다 적극적인 활동을 제안하기도 한다. '바리새인들은 예수님께서 율법과 일치하게 가르치는가를 가서 확인하는 데 익숙해 있었기' 때문에, 어떤 바리새인들이 예수님과 그의 제자들을 따라가면서 그를 비난할 기회를 엿보고 있었을 가능성도 배제할 수 없다(참조. 12:10).106) 이처럼 역사성 관련 두 가지 반론 모두 그 타당성이 희박하다.

제자들이 안식일에 곡식 이삭을 자르는 것을 보자, 바리새인들은 그들의 행동에 대해 이의를 제기한다. 그들이 그와 같은 행동에 대해 왜 이의를 제기해야 했을까? 밭의 가장자리에서 곡식 이삭을 자르는 행동 자체는 불법한 것이 아닌 것이 명백하다. 왜냐하면 그와 같은 행동은 구약성경에서 허용되고 있기 때문이다(레 19:9; 23:22; 신 23:25; 참조. *m. Peah passim*; 4Q159; Josephus, 『고대사』 4.231-39). 하지만 출애굽기 34:21에는 안식일에 추수하는 것이 금지되고 있다. 또한 *m. Shab.* 7.2은 그 금지 규정을 보다 명백히 하고 있다(참조. 희년서 50:12).

---

103) 그렇지 않다면 그들은 에룹 규정을 그처럼 방대하게 발전시킬 필요가 없었을 것이다.
104) 참조. *b. Shab.* 127a; 이곳에서는 랍비들이 안식일에 밭에 있을 가능성이 전제되고 있다.
105) 한편 Schweizer, *Mark*, p. 70과 Sanders, *Law*, p. 20은 바리새인들이 안식일에 제자들이 안식일 여행 허용 거리를 초과한 것에 대해 왜 비난하지 않았는가라는 질문과 관련해서는, 이미 앞의 논의에서 그 대답이 암시되었듯이, 그 질문 자체가 무의미하다. 왜냐하면, 한편으로 만일 제자들이 안식일 여행 한계를 넘어 있었다면, 어떻게 그곳에 바리새인들이 있을 수 있겠는가? 다른 한편으로 만일 제자들이 안식일 여행 한계 내에 있었다면, 바리새인들은 여행과 관련된 문제 제기를 할 아무런 이유도 없는 것이다. 위에서 살펴본 바로 미루어 볼 때, 필자는 후자의 상황이었을 것으로 확신하게 된다.
106) Casey, 'Historicity', pp. 4-5.

그렇다면 어떤 종류의 활동들이 추수에 해당하는가가 문제로 제기된다. 그런데 2절의 바리새인들의 비난은 그들이 밭에서 이삭을 꺾는 것을 추수 행위로 간주하고 있음을 시사해 준다.107) '보십시오. 당신의 제자들이 안식일에 적법하지 않은 일을 하고 있습니다.' 여기서 마태가 마가와 누가의 본문들에서 공히 나타나는 의문부사 '티'(τί, '왜')를 제거함으로써 질문을 비난으로 바꾸어 놓은 점이 눈에 띈다. 이는 예수님께 대한 바리새인들의 적대적인 태도를 더욱 부각시켜 주는 효과를 자아낸다.

하지만 그들의 비난은 오직 출애굽기 34:21에 대한 그들의 전통적 해석이 아무런 논란 없이 받아들여질 때만 유효하다. 그러나 샌더스가 적절히 지적한 바처럼, 바리새인들의 안식일 관련 입장은 다른 분파들(예. 사두개파,108) 에세네파109))에 의해서 이의 없이 받아들여지지 못하였다.110) 사실 바리새인들이 예수님을 비난하는 근거로 삼고 있는 안식일 관련 규범들은 그들의 방대한 할라카(곧, 구전 율법)의 한 부분을 형성하는데, 이 할라카는 율법에 대한 다양한 해석들 중의 하나에 불과할 뿐이며, 유대인들 사이에서도 그 권위가 전면적으로 받아들여지지 못하였다.111)

이런 상황에서 예수님께서 그들의 주장을 당연한 것으로 받아들이셨을 리가 만무하다(참조. 마 15:3). 그런데도 예수님의 답변의 진정한 초점은 바리새인들의 비난을 직접 반박하여 그분의 제자들이 안식일을 범하지 않았음을

---

107) 타나임 문학은 1절에서 묘사된 제자들의 행동에 실질적으로 평행되는 예를 포함하고 있지 않다. 위의 제2장을 보라. 참조. Sigal, *Halakah*, p. 129. 하지만 후대의 문서인 *y. Shab.* 7.2 (9c)은 곡식 이삭을 꺾는 것이 추수에 해당하는 행동이라고 진술하며, 따라서 안식일에 금지되고 있다; 또한 참조. Philo, *Vit. Mos.* 2.22; *Spec. Leg.* 2.66-70. 하지만 다른 후대 문서인 *b. Shab.* 128a는 안식일에 도구를 사용하지 않는 한 손가락으로 이삭을 꺾는 것을 허용하고 있다. 이는 후대 랍비 전통에서 보다 관대한 방향으로 발전되어 가는 경향을 반영하는 것으로 보인다.
108) 그들은, 예를 들어, 바리새인들의 에룹 규정을 받아들이지 않았다.
109) 그들은, 예를 들어, 안식일 여행 한계에 있어서 그들과 다른 입장을 취하였다.
110) Sanders, *Law*, pp. 22-23; 참조. Sigal, *Halakah*, p. 125. 제2장에서 살펴보았듯이, 사실 바리새인들 자체 안에서도 안식일과 관련된 상당수의 구체적인 규정들에 있어서 의견이 일치되지 못하는 경우들이 많이 있었음을 주목할 필요가 있다.
111) 예를 들어, 사두개인들은 바리새인들과 달리 할라카를 권위 있는 것으로 인정하지 않았다. Josephus, 『고대사』 13.297; 참조. Sanders, *Practice*, pp. 332-36.

증명해 보이는 데 있지 않다. 그분의 논점은 안식일 율법을 흠 없이 지키는 차원에서 세워지기보다는, 오히려 그 율법의 성취 차원에서 세워져 나갈 것이다.112)

4.3.3. 12:3-4 – 예수님의 첫 번째 응답: 다윗과 진설병

바리새인들의 비난에 대한 예수님의 첫 번째 응답은 구약성경에, 특히 사무엘상 21:1-6에서 다윗이 율법을 어긴 한 사건에 그들의 관심을 돌리게 한다.113) 흥미롭게도 마가의 본문(막 2:25-26)에 현존하는 예수님의 첫 번째 응답과 사무엘상 21:1-6의 이야기 사이의 한두 가지 심각한 불일치들이 마태의 본문에는 빠져 있다.114) 하지만 사람들은 아직도 한두 가지 중요한 불일치가 남아 있다고 느낄 것이다.

첫째, 예수님의 응답에 따르면 다윗이 그의 동료들과 동행하고 있는 것으로 나타나는데, 사무엘상 이야기는 다윗이 아히멜렉을 혼자 방문하는 것처럼 기술하고 있다. 하지만 이 문제는 언뜻 보기보다 그렇게 심각하지 않다. 사실 사무엘상의 이야기는 다윗 동료들의 동행을 부정하지도 확증해 주지도 않는다. 바로 이런 이유 때문에 어떤 구약 주석가들은 사무엘상 본문과 관련

---

112) 사실 3-4절과 5-6절에 나타난 예수님의 논점들은 바리새인들이 제기한 적법성 기준을 기정사실로 받아들인 듯하다. 그러나 예수님의 논점들 자체는 제자들이 적법하지 않은 행동을 하였다는 바리새인들의 전제를 인정하는 것으로 이해될 필요가 없다. 필자의 생각에, 예수님의 답변(3-8절)에서 드러나는 숨은 논점은 다음과 같다. '[제자들은 사실상 구약성경의 안식일 율법을 전혀 어기지 않았다. 그러나 설령 그들이 어겼다 할지라도,] 그들은 무죄다. 왜냐하면 인자는 다윗이나 성전보다 더 크며 또한 "안식일의 주" 이시기 때문이다.' 아무튼 우리는 예수님의 대답들 가운데서 제자들이 안식일을 실제로 범하였음을 적극적으로 인정하는 내용을 발견하기 어렵다.
113) 몇몇 학자들은 다양한 이유로 본 응답의 진정성 문제에 대해 의문을 제기해 왔지만, 그들의 주장은 본문에 대한 제한된 이해에서 비롯된 것일 뿐 설득력이 부족하다. 참조. Yang, *Jesus*, p. 171.
114) ① 사무엘상의 본문('아히멜렉')과 충돌되는 '대제사장 아비아달 때에' (막 2:26) 생략; ② '그리고 그와 함께 있던 자들에게도 주었다' (막 2:26; 참조. 눅 6:4 – 이는 사무엘상 본문이 보증해 주지 않는 내용이다) 삭제.

하여 다윗 동료들의 동행 가능성을 제기한다.115) 하지만 보다 중요하게 예수님의 이야기는 다윗에게 초점이 맞추어져 있기 때문에,116) 그분의 말씀은 그 장면 가운데 다윗의 동료들이 실제로 현존하였는가의 사실성 여부를 떠나서 그의 동료들에 대한 다윗 자신의 언급(참조. 삼상 21:2-5)을 반영하는 것일 수도 있다.

둘째, 사람들은 다윗과 그의 동료들이 시장하였다고 한 예수님의 기술 가운데서 아직 한 가지 불일치점을 더 지적할지도 모른다. 하지만 사무엘상의 이야기에서 다윗의 배고픔은 전제되고 있음이 명백한 것으로 보인다.117) 그렇다면 예수님의 기술은 사무엘상 이야기에서 암시적인 것을 명시적으로 밝혀 주고 있을 뿐이다.

'진설병'('호이 아르토이 테스 프로떼세오스', οἱ ἄρτοι τῆς προθέσεως)은 매 안식일마다 지성소 앞 상(床)에 두 줄로 놓았다가 후에 제사장들이 먹는 열두 개의 빵을 지칭한다.118) 예수님은 다윗과 그의 동료들이 그 빵을 먹는 것이 옳지 않다는 점을 명백히 하시는데, 마태는 4절 끝에 '오직'('모노이스', μόνοις)을 첨가함으로써 이러한 행동의 불법성을 더욱 강조한다.

콘(S.S. Cohn)은 예수님의 첫 번째 응답을 다윗의 선례를 사용함으로써 제자들의 행동을 정당화하고자 하는 시도로 이해한다. 그는 예수님께서 랍비적 논점 전개 방식(곧, '게제라 샤바', Gezera Shava, '유사 원칙')을 사용하고 계시다는 점을 확신한다.119)

---

115) 예. Gordon, *1 & 2 Samuel*, p. 170; Robinson, *1 and 2 Samuel*, p. 115; 참조. Klein, *1 Samuel*, p. 213. 하지만 다른 입장에 대해서는 Hertzberg, *I & II Samuel*, p. 180을 보라.
116) 예수님의 본 이야기 재구성에 있어서 제사장의 역할이 다윗의 주도권과 책임에 대한 전적인 강조 때문에 아예 장면에서 사라져 버리고 있다는 사실은 주목할 만하다. Nolland, *Luke 1-9:20*, p. 257을 보라.
117) 참조. Klein, *1 Samuel*, p. 213.
118) 참조. 출 25:23-30; 레 24:5-9; 민 4:1-8; 대상 9:32; 23:29; 또한 참조. Philo, *Spec. Leg.* 1.168-76; Josephus, 『고대사』 3.142-43, 255-56.
119) Cohn, 'Place', p. 97; 참조. Nineham, *Mark*, pp. 105-106; Sigal, *Halakah*, pp. 131-32; Kuthirakkattel, *Beginning*, p. 223. '게제라 샤바'는 힐렐의 일곱 가지 성경해석 원칙들 중 하나로서, 유비를 통한 추론으로 해석하는 원칙이다. 이 원칙은 비교될 수 있는 두 개의 율법 본문에서 동일한 단어나 표현이 나타날 때만 사용될 수 있다.

하지만 콘-셔복(D.M. Cohn-Sherbok) 및 다른 학자들이 지적하는 것처럼, 제자들의 행동과 다윗의 이야기 사이의 유사성은 매우 빈약하다.

① 다윗의 경우에 있어서는 진설병을 먹는 것이 문제인 데 반해, 제자들의 경우에 있어서는 안식일에 일을 하는 것이 문제이다.[120]

② 유대교의 전통에 따르면[121] 다윗과 그의 동료들은 그들의 생명이 위험에 처해 있었던 데 반해, 예수님과 그의 제자들은 그렇지 않았다.[122]

③ 다윗 자신은 진설병을 먹는 일에 동참했던 데 반해, 예수님은 이삭을 꺾는 일에 직접 참여하지 않으셨다.[123]

만일 예수님께서 실제로 랍비적 '유사 원칙'(곧, '게제라 샤바')에 따라 제자들의 행동을 정당화 하고자 시도하셨다면, 예수님의 첫 번째 응답은 바리새인들의 비난에 대한 아주 형편없는 대답으로 드러날 수밖에 없다. 왜냐하면 그 답변은 랍비들의 해석적 기준에 비추어 보았을 때 타당하지 않았기 때문이다. 물론 예수님께서 랍비적 해석에 익숙하셨을 가능성은 얼마든지 있다. 그렇지만 예수님은 그러한 해석 방법에 의존하지 않으셨을 뿐더러, 전혀 구속받지 않으셨던 것이 분명하다. 오히려 그분은 '서기관들이나 사두개인들이나 바리새인들의 전문적인 결의론으로부터 완전히 구별된 … 그분 자신의 권위에 따라 가르치셨다.'[124] 이는 두 안식일 논쟁들 끝에 가서 왜 바리새인

---

120) 어떤 이들은, 유대교의 전통을 따라(참조. *b. Men.* 95b; *Yalkut* on 1 Sam. 21.5 — 하지만 이 랍비적 증거들은 그리 오래된 것으로 보이지 않는다), 다윗의 행동이 안식일에 일어났고, 따라서 두 사건들은 안식일 율법과 연관되어 있다고 제안한다. Casey, 'Historicity', pp. 9-13을 보라. 참조. Sigal, *Halakah*, p. 131. 하지만 Guelich, *Mark*, p. 122가 적절히 지적한 것처럼, 예수님의 첫 번째 응답에서의 문제는 안식일이 아니라 진설병이다. 다만 그분의 응답은 진설병이 매 안식일마다 교체된다는 사실을 통하여 간접적으로 안식일에 연관될 수 있는지는 모른다.
121) 참조. *b. Men.* 95b-96a; Strack and Billerbeck, *Kommentar*, I, pp. 618-19를 보라.
122) Borg, *Conflict*, pp. 153-54는 예수님과 그의 제자들도 다윗이 그러했던 것과 마찬가지로 어떤 위급한 선교적 임무를 띠고 있었다고 주장하지만, 그의 이러한 주장은 설득력이 약하다. 본 단락의 장면에서는 그와 같은 선교적 위급성이 명백하게 혹은 암시적으로라도 드러나 있지 않다.
123) Cohn-Sherbok, 'Plucking', pp. 31-36. 참조. Daube, *Rabbinic Judaism*, pp. 67-71.
124) Cohn-Sherbok, 'Plucking', p. 34; 또한 Davies and Allison, *Matthew*, II, p. 308도 보라: '예수님은 그 당대의 성경학자들로부터 많은 것을 배우셨는지도 모른다. 그러나 그분은 그들

들이 설득되기보다는 오히려 그를 대항하여 모의를 하였는지를 부분적으로 설명해 준다.

그렇다면 예수님께서 사무엘상 21:1-6에 호소함으로써 주장하시는 바는 정확하게 무엇인가? 만일 예수님의 논점이 랍비적 '유사 원칙'(곧, '게제라 샤바')에 기초한 것이 아니라면, 예수님은 어떤 종류의 평행·대조를 생각하고 계시는가?

위의 관찰로부터, 예수님께서 과거에 다윗과 같은 의로운 사람도 율법을 범한 적이 있기 때문에 이제 제자들도 율법을 범할 수 있다는 주장을 하시는 것이 아니라는 점은 명백해 졌다. 이와 같은 주장이 타당하지 않은 이유는, 위에서 예시한 바처럼 그 유사점들이 빈약하기 때문만이 아니라, 사실상 예수님은 본 단락 그 어디에서도 그분의 제자들이 안식일 율법을 실제로 범하였다는 점을 긍정적으로 받아들이지 않으시기 때문이다.

바로 이 후자의 사실로부터 혹자는 예수님께서 율법이 아니라 랍비적 할라카를 공격하고 계시다고 주장하거나, 또는 보다 긍정적으로 '예수님께서 그 그릇된 해석자들에 대항하여 율법을 지지하고' 계시다고 주장할지 모른다.[125]

이와 같은 주장은 앞의 주장보다 훨씬 더 매력적이다. 왜냐하면 이는 예수님의 답변에서 드러나는 빈약한 유사성의 문제를 심각하게 받아들이고 있기 때문이다. 그렇지만 여기서 고려되어야 할 또 한 가지 결정적인 사실이 있다. 즉, 예수님은 안식일에 관한 구약성경의 문자적 규정들이 그분의 제자들에게 여전히 적용되어야 한다는 점을 본 단락 그 어디에서도 시사하지 않으신다는 점이다. 오히려 그와 반대로 그분의 둘째(5-6절), 셋째(7절), 넷째(8절)

의 방법들을 습득하는 데 힘을 허비하지 않으셨다. 오히려 … 그분은 할라카적 세부 사항들에 대해서는 거의 흥미가 없으셨으며, 그 대신 모(母) 전통의 중심 정신에 매우 강한 관심을 가지셨다. 그런데 그 중심 정신이란 "크고 첫째 되는 계명"(마 22:38), "율법의 더 중요한 문제들"(마 23:23), 혹은 몇몇 다른 형태의 형식구들로 요약될 수 있을 것이다.' 참조. Bacchiocchi, *Sabbath*, p. 50.

125) Davies and Allison, *Matthew*, II, p. 312. 참조. Cranfield, *Mark*, p. 115; Carson, 'Sabbath', p. 61.

응답들은 (뒤에서 확인해 가게 되겠지만) 안식일 율법이 그분의 제자들에게 더는 문자적으로 적용되지 않는다는 점을 강력히 시사하신다. 이러한 점은 예수님께서 모든 율법의 문자적 적용을 더는 기대하지 않으신다는 제3장에서의 결론에 비추어 볼 때 충분히 예측되는 일이다.

혹자는 제자들의 행동과 다윗 이야기 사이에서 '배고픔' 이라는 진정한 유사성 요소를 발견할지 모른다. 이 점에 근거하여, 어떤 이들은 예수님께서 예외적인 경우들에 있어서는 보다 저급한 선(善)(즉, 의식법)이 보다 고급한 선(善)(즉, 인간적 필요)에 종속되어야 함을 주장하고 계시다고 제안할지 모른다.126) 다른 이들은 유사하게 다음과 같이 주장할지 모른다: 한 신적(神的) 요구는 다른 신적(神的) 요구를 무효화 할 수 있으며, 따라서 모든 계명들 중 가장 크고 첫째 되는 계명인 사랑의 계명은(참조. 마 23:34-40) 의식법적 규례뿐 아니라 안식일 계명도 무효화 할 수 있다.127)

이러한 제안들은 다음 이유들 때문에 적어도 마태복음 안에서는 어느 정도 타당성이 있어 보인다.

① '배고픔' 의 요소는 실제로 마태복음 안에서 특별히 실질적인 평행성을 제공해 준다. 왜냐하면, 마태는 1절에서 '에페이나산' (ἐπείνασαν. '그들이 시장하였다')을 첨가하고 3절에서는 마가의 본문(막 2:25)의 '에페이나센' (ἐπείνασεν, '그가 시장하였다') 앞뒤 단어들('그들이 먹을 것이 없어', χρείαν ἔσχεν καί; '그가', αὐτός)을 생략함으로써 그 평행성을 부각시키고 있다.

② 마태복음에서는 하나님의 계명들 사이에 중요성의 정도 차가 존재한다는 점이 가정되거나 적어도 암시되고 있다(참조. 5, 7절).

③ 더욱이 마태복음에서는 사랑의 계명에 특별한 중요성이 부여되고 있다 (참조. 7:12; 23:34-40).

그럼에도 불구하고 필자는 위의 제안들이 단지 부분적으로만 타당성이 있

---

126) Allen, *Matthew*, p. 127; Schlatter, *Matthäus*, pp. 394-95; Hagner, *Matthew 1-13*, p. 329.
127) 참조. Hummel, *Auseinandersetzung*, pp. 42-43; Davies and Allison, *Matthew*, II, pp. 311-12.

을 뿐이며, 따라서 그 제안들의 현 형태 자체로는 지지받기 어렵다는 결론을 내리게 되는데, 그 주된 이유들은 다음과 같다.

① 제자들의 행동과 다윗의 이야기 사이의 평행성이 강조되고 있기는 하지만, 그러나 단락 전체에 있어서 마태의 관심의 실제 초점은 제자들보다는 예수님 자신께 맞추어져 있다(참조. 6, 8절). 따라서 '제자들'과 '다윗/그의 동료들' 사이의 배고픔 주제 평행성은 단지 표면적 유사로서, 보다 근본적인 비교인 '예수님'과 '다윗' 사이의 비교를 도입해 주는 역할을 할 뿐이다.

② 배고픔 요소만으로는 두 사건을 의미 있는 평행 사건으로 만들기에 충분치 않다.[128] 생명이 위태롭지도 않은 배고픔은 율법을 범하는 근거로서는 너무 애매하며, 따라서 이내 걷잡을 수 없는 무질서를 초래할 수 있다.[129]

③ 위에서 지적한 바와 같이, 사실상 예수님은 본 단락 그 어느 곳에서도 그분의 제자들이 안식일 율법을 실제로 범하였다는 점을 긍정적으로 받아들이지 않으신다.

④ 우리가 앞으로 살펴볼 것이지만, 5-7절의 초점은, 언뜻 보이는 것처럼 구약성경의 선례나 율법들 사이의 우선권에 맞추어져 있지 않으며, 오히려 성전보다도 더 큰 예수님의 권위(5-6절)와 바리새인들의 성품에 반하는 예수님의 성품(7절)에 맞추어져 있다.

⑤ 보다 중요하게, 우리가 제3장에서 살펴본 바와 같이, 마태복음에서 사랑의 율법은 나머지 구약성경을 대체하지 않는다. 사랑의 계명은 더 큰 의(義)의 중심이기는 하지만, 결코 유일한 계명은 아니다.[130]

이렇게 볼 때, 많은 학자들이 사무엘상 21:1-6에 대한 예수님의 호소의 근

---

128) France, *Matthew*, p. 202.
129) 참조. Guelich, *Mark*, p. 123.
130) 더우이 제자들의 행동이나 다윗의 이야기 그 어느 것도 사랑의 계명에 적극적으로 연관되어 있지 않다.

본적인 이유로서 기독론적 주장을 주목하는 것은 놀라운 일이 아니다.131) 그들은 본 응답의 요지가 5-6, 8절에서와 마찬가지로 예수님의 권위라고 제안한다. 만일 위대한 왕(=모형) 다윗이 율법을 재해석할 권위를 가졌다면, 더 큰 왕/메시아(=실체) 예수님은 더 큰 권위를 가지셔야 한다. 프랑스가 지적하듯이, '다윗에 대한 예수님의 우월성 사상을 배제할 경우 … 본 논점은 불합리한 추론이 될 수밖에 없다. 그런데 그 우월성은 … 모형론적 관계에 의해 가장 잘 성립된다.' 132) 다윗 이야기에 대한 예수님의 호소 배후에는 이처럼 암시적 다윗-모형론이 자리 잡고 있는데, 이 모형론은 예수님의 논점을 적절히 이해하는 데 필수적이다.

이 암시적 모형론의 논점은 그 자체만으로는 예수님의 메시아적 권위를 주장하기에 충분히 강력하지 않을지도 모른다. 하지만 마태복음에서는 이 암시적 논점이 예수님의 뒤이은 응답 가운데 나타난 명시적 성전-모형론에 의해 좀 더 명확해 진다. '성전보다 더 큰이가 여기 있다' (6절). 마태복음 단락에 나타난 예수님의 논점 흐름에 있어서, 예수님의 첫 번째 응답은 암시적으로 '다윗보다 더 큰이가 여기 있다'라고 말함으로써(참조. 22:41-45),133) 그분의 두 번째 응답의 명시적 성전-모형론으로의 길을 적절히 예비해 준다. 이 암시적 모형론은 마태복음에서 특별히 의미심장하다. 왜냐하면 마태는 예수님을 다윗적 메시아로 제시하려는 명백한 관심을 가지고 있기 때문이다(참조. 1:1-17; 12:23; 21:9, 15).134)

사실 다윗 이야기에 대한 이러한 메시아적 해석은 그 인접 문맥과 넓은 문맥에서의 마태의 논점 전개와도 잘 들어맞는다. 11:25-30의 기독론적 종말론적 성격(특히, 예수님의 하나님과의 아버지-아들 관계[11:27], 예수님에 의한 안식일의 종말론적 성취[11:28-30])과 12:18-21의 인용구의 메시아적 성격은 우리로 하여금 현 단

---

131) Roloff, *Kerygma*, pp. 56-58; France, *Jesus*, pp. 46-47; Gnilka, *Markus*, I, p. 182 등.
132) France, *Jesus*, p. 47. 참조. Goppelt, *Theology*, I, p. 94; Roloff, *Kerygma*, pp. 56-58; Gnilka, *Markus*, I, p. 122.
133) France, *Matthew* (NICNT), p. 459.
134) 이 '다윗의 자손' 구절들 모두는 마태복음에만 나타나는 독특한 구절들이다.

락에 대한 기독론적 종말론적 해석을 지향하도록 해 준다. 그럴 경우 본 단락에 나타난 예수님의 첫 번째 응답이 그러한 논점을 갖는다는 것은 너무도 자연스러운 일이다. 또한 12:41-42의 이중 모형론 역시 우리로 하여금 다윗 이야기에 대한 메시아적 해석을 지향하도록 해 준다. 만일 마태가 예수님을 구약성경의 중요한 권위들 중 몇몇(즉, 성전, 왕 솔로몬, 선지자 요나)에 견주고자 하였다면, 그는 예수님을 또 하나의 위대한 인물인 왕 다윗에 견주려 하였을 가능성은 얼마든지 있다.135)

예수님의 이 첫 번째 응답(3-4절)과 그 다음 두 응답들(5-6, 7절)의 기독론적 중요성은 8절의 결정적인 기독론적 선언('인자는 안식일의 주[主]이다')의 기반이 될 것이다.

4.3.4. 12:5-6 – 예수님의 두 번째 응답: 성전과 예수님

마태만이 현 단락에서 바리새인들의 비난에 대한 예수님의 두 번째 응답(5-6절)을 포함하고 있다.136) 필자가 4.3에서 제안했듯이, 본 응답의 말씀들은 '마태 특별자료'로부터 왔을 가능성이 짙다.

데이비스와 앨리슨 그리고 몇몇 다른 이들은 마태가 이 말씀들을 현 문맥에 포함시킨 것은 12:3-4의 논점이 그 자체로서 불충분하다는 신념 때문이었다고 제안한다.137) 그들에 따르면, 다윗 이야기는 안식일 문제에 아무런 직접적인 연관이 없으며, 또한 보다 중요하게 그 이야기는 법적 논쟁에 있어서 최종적 권위를 갖지 못하는 학가다138)의 영역에 속한다. 그에 반해 성전에서

---

135) France, *Evnagelist*, p. 170.
136) 마가는 이 말씀들과 그다음 말씀(마 12:7) 대신 다른 말씀을 포함하고 있다. '안식일이 사람을 위하여 생긴 것이지, 사람이 안식일을 위하여 생긴 것이 아니다.' 누가는 그 어느 말씀도 포함하고 있지 않다.
137) Davies and Allison, *Matthew*, II, p. 313; 유사하게 Hill, 'Hosea VI. 6', pp. 114-15; 참조. Hummel, *Auseinandersetzung*, pp. 41-42; Neirynck, 'Sabbath', p. 230.

제사장들의 경우는 안식일 문제에 직접 연관되어 있을 뿐 아니라, 그 할라카적 성격 때문에 현 논쟁에 있어서 최종적인 권위를 갖게 된다는 것이다.139)

하지만 필자가 보기에, 마태가 3-4절의 예수님의 논점이 그 학가다적 성격이나 안식일과의 연관성 결여 때문에 불충분한 것으로 믿었을 것 같지 않다. 한편으로, 예수님은 랍비적 해석 방법에 의존하거나 얽매이지 않았으며, 다른 한편으로 3-4절에서 예수님의 논점의 초점은 두 사건들 사이의 평행성보다는 예수님 자신의 권위에 맞추어져 있기 때문이다.140) 필자의 판단에, 5-6절의 말씀들을 포함시킨 마태의 목적은 3-4절의 예수님의 암시적인 기독론적 주장의 무게를 명시적인 방법으로 보다 강화시키고자 함이었던 것 같다.

예수님의 두 번째 응답은 잘 알려진 랍비적 예외들 중의 하나에 호소하고 있는 듯하다. 우리가 제2장에서 보았듯이, 타나임 문학에 의하면, 1세기 랍비들은 적어도 여섯 경우들에 있어서 안식일을 범하는 것을 허용하였는데,141) 성전 제사도 그들 중 한 경우였다. 예수님은 마땅히 그러한 예외들에 익숙해 있으셨을 것이다. 하지만 우리는 예수님께서 여기서 랍비들의 할라카적 결의론(決疑論)을 다루고 계시다고 가정할 필요가 없다. 왜냐하면 예수님은 랍비적 할라카보다는 구약성경 자체에 호소하고 있음을 명백히 밝히시기 때문이다(참조. 5절의 '…을 너희가 율법에서 읽지 못하였느냐?'). 민수기 28:9-10에

---

138) 랍비적 유대교에 있어서 다윗 이야기는 학가다적이다. 그것은 율법의 일부가 아니라 역사적 자료의 일부이기 때문이다. 참조. Daube, *Rabbinic Judaism*, pp. 68-69.
139) '할라카' 와 '학가다' 의 차이에 대해서는 본 서의 '용어 및 약어 해설' 을 보라.
140) 참조. Banks, *Jesus*, pp. 116-17. 그의 논점은 주목할 만하다. '하지만 그 이전 예(例)와 마찬가지로 본 예(例)도 제자들의 행동에 대한 적절한 선례를 제공해 주지 못한다. 왜냐하면 그들의 행동과 제사장들의 행동은 평행을 이룬다고 보기 어렵기 때문이다. 뿐만 아니라 본 예(例)는 보다 전문적으로 빈틈없는 할라카적 증거를 더해 주려고 의도된 것도 아니다. 물론 그 형식적인 측면에서 볼 때, 본 예가 랍비적 청중들에게 보다 큰 무게를 싣고 있기는 했겠지만 말이다.'
141) 그 여섯 경우들은 다음과 같다. ① 할례(*m. Shab.* 19.1, 4; *t. Shab.* 15.10; 참조. 요 7:22-23); ② 유월절(*m. Pes.* 6.1-2); ③ 불로부터 성경과 음식을 꺼내오는 일(*m. Shab.*16.1, 3); ④ 자기 방어적 전쟁(*Mek. Shab.* 1 [L. 3.200-201]; 참조. Josephus, 『고대사』. 12. 276-77; 13.12-14); ⑤ 생명을 구하는 일(*t. Shab.* 15.16); ⑥ 성전 예배(*t. Shab.* 15.16; *Mek. Shab.* 1 [L. 3.198]). 보다 자세한 논의에 대해서는 위의 제2장을 보라.

서 하나님은 안식일 희생제물을 바칠 것을 명령하신다. 이 명령을 수행하기 위해 제사장들은 어쩔 수 없이 안식일에 금지된 일들을 행하지 않을 수 없다. 이처럼 제사장들은 안식일 희생제물을 바치기 위해 성전 안에서 안식일을 범하지만('베벨루신', βεβηλοῦσιν) 그러나 무죄하다는('안아이티오이', ἀναίτιοι) 것이 당연시되었다.142)

하지만 리바인(E. Levine)은 다음과 같은 대안적 제안을 한다. 예수님의 두 번째 응답은 '널리 논쟁되어 왔고 열렬히 옹호되어 왔던 바리새인들의 곡물 첫째 단(즉, '오메르', omer) 제물 추수 행습'에 호소하고 있다.143) 그의 이러한 대안적 제안의 이유는 성전에서 제사장들의 예(例)가 제자들의 행동과 유사하지 않다는 점이다.144) 안식일에 '곡물 첫째 단'을 추수하는 행습은 밭에서 제자들의 행동에 훨씬 밀접한 유사점을 제공해 주는 것이 사실이다. 그럼에도 불구하고, 잠시 후에 살펴볼 것이지만, 만일 예수님의 논점의 초점이 제자들의 행동의 선례보다는 예수님의 권위에 맞추어져 있다면, 리바인의 대안은 필요치 않게 될 것이다. 게다가 예수님의 도입 형식구의 '율법에'('엔 토 노모', ἐν τῷ νόμῳ) 구절은 랍비적 구전 전통보다는 성문화된 율법을 지칭하는 것이 분명하다. 더욱이 '성전에서' 구절은 제사장들이 안식일을 리바인의 제안처럼 밭에서가 아니라 성전에서 범하였음을 명백히 보여 준다. 이렇게 볼 때, 리바인의 제안은 그렇게 설득력이 없어 보인다.

그렇다면 예수님은 성전에서 제사장들의 경우에 호소함으로써 무엇을 주장하려 하시는가? 위에서 주목하였듯이, 제자들의 행동과 성전에서 제사장들의 행동 사이에는 우선적으로 보다 명백한 표면적 유사성이 있다. 즉, 둘 다 안식일에 일하는 문제에 연관되어 있는 것이다. 따라서 우리는 예수님의 논점이 어느 정도는 제사장들이 안식일을 범한 선례에 의존하고 있다고 제

---

142) 또한 참조. 레 24:5-9. 이곳에서는 안식일에 진설병을 교환하는 일이 명령되고 있다.
143) Levine, 'Controversy', p. 481. 이 행습은 바리새인들이 사두개인들의 반대에 반하여 의도적으로 옹호했던 문제였다.
144) Levine, 'Controversy', p. 481; 참조. Albright and Mann, *Matthew*, p. 149.

안할 수 있을 것이다.

이러한 사실과 6절의 예수님의 진술에 기초하여, 상당수의 학자들은 예수님께서 여기서 랍비적 논점 전개 방식인 '칼 와호메르'(qal wahomer, '가벼운 것과 무거운 것', 곧 '경중 원칙')를 사용하고 계시다고 제안한다.145) 그럴 경우 논점의 흐름은 다음과 같이 정리될 수 있다.

1) 성경은 안식일 준수가 성전 사역에 양보해야 할 것을 규정하며, 따라서 성전 안에서 그 사역을 수행하는 제사장들은 당연히 안식일을 범하도록 허용된다.146)

2) 예수님은 성전보다 더 크시다.

3) 따라서 안식일 준수는 예수님의 사역에 양보해야 하며, 따라서 예수님과 그의 사역을 위해 일하는 제자들은 안식일을 범하는 것이 더욱 정당화될 수 있다.

하지만 콘-셔복이 또다시 적절히 지적하고 있듯이, 예수님의 논점은 랍비적 해석 방식인 '경중 원칙'(곧, '칼 와호메르')을 엄격하게 반영하지 않는다. 우선적으로 제자들과 제사장들 사이의 평행은 랍비적 원칙의 기준을 맞추기에 충분할 만큼 정확하지 못하다. 성전 사역에 직접 종사함으로써 안식일을 범하는 권한이 부여되었던 제사장들의 경우와 달리, 제자들은 곡식 이삭을 꺾음으로써 어떤 종교적 활동이나 예수님을 직접 섬기는 일에 종사하게 되는 것이 아니었고, 그들은 단순히 자신들의 배고픔을 해결하는 데 관심이 있었다. 따라서 그들에게는 안식일을 범할 수 있는 권한이 부여될 수 없는 것이다.147) 더욱이 랍비적 '경중 원칙'과 달리 예수님의 논점은 한 논제(즉, 논제

---

145) Daube, *Rabbinic Judaism*, pp. 67-71; Sigal, *Halakah*, p. 132; Davies and Allison, *Matthew*, II, p. 313 등. '칼 와호메르'는 힐렐의 일곱 가지 성경해석 원칙들 중 하나로서, 작은 것에서 큰 것으로, 또는 쉬운 것에서 어려운 것으로 전개하는 해석 원칙이다.

146) 참조. *l. Shab.* 15.16; 이곳에서 R. Akiba는 말한다. '토라가 어떤 문제를 더욱 엄격하게 규정하는가? 성전 예배의 경우인가 아니면 안식일의 경우인가? 안식일의 경우보다는 성전 예배의 경우가 보다 더 엄격하다.'

147) 참조. Cohn-Sherbok, 'Plucking', p. 39. Bacchiocchi, *Sabbath*, pp. 53-54는 제사장들의 안식일 사역의 구속적 성격을 적절히 지적하고 있지만, 제자들의 행동(즉, 이삭을 꺾는 행동)을

1)) 만이 율법에 그 기초를 두고 있으며, 다른 한 논제(즉, 논제 2))는 율법으로부터 아무런 지지도 받지 못한다.148) 이처럼 예수님의 논점은 랍비적 '경중원칙'에 따르면 전혀 유효하지 못하다.

그렇다면 우리는 다윗 이야기 경우처럼 다시 한 번 다음과 같이 제안하게 된다. 예수님은, 비록 랍비들의 '경중 원칙'에 친숙해 있기는 하셨지만, 그분의 두 번째 응답에서 그 원칙에 의존하거나 얽매이지 않았으며, 오히려 그 자신의 권위 자체에 의거하여 가르치고 계신다. 이처럼 그분의 두 번째 응답 역시 첫 번째 응답과 마찬가지로 설명적이라기보다는 오히려 선언적이며, 따라서 설득적이라기보다는 오히려 도발적인 결과를 가져오게 된다. 이는 14절에서 바리새인들이 설득되기보다는 오히려 그분을 죽이려고 모의하게 된 점을 거듭 설명해 준다.

그렇다면 예수님의 논점의 초점은, 5절에서 언뜻 드러나는 인상처럼, 제자들의 행동에 대한 선례에 맞추어져 있지 않다. 논점의 흐름에 있어서의 진정한 초점은 오히려 6절에 있다. 그곳에서 예수님은 율법의 어떤 특정 구절로부터 아무런 지지도 없이 당신 자신의 권위를 스스로 선언하신다. 5절에 제시된 성전에서 제사장들의 평행적 경우는 진정한 선례가 아니며, 오히려 명시적 모형론을 활용한 6절의 기독론적 선언을 준비하는 기능을 한다.

몇몇 학자들은 6절의 '메이존'(μεῖζον, '더 큰 것')이 남성이 아니라 중성인 것을 주목하고서, '메이존'의 지시 대상이 예수님 자신이라기보다는 '하나님 나라',149) '사랑의 계명',150) '하나님의 자비'(참조. 7절),151) '예수님의 사역 현상',152) 혹은 '예수님 주변의 공동체'153)라고 다양하게 제안한다. 하지

그 평행적인 구속적 사역으로 잘못 간주하고 있다.
148) 참조. Cohn-Sherbok, 'Plucking', p. 38.
149) Manson, *Sayings*, p. 187; Schweizer, *Matthew*, p. 278.
150) Sigal, *Halakah*, p. 132.
151) Luz, *Matthäus (8-17)*, p. 231.
152) Hagner, *Matthew 1-13*, p. 330.
153) Harrington, *Matthew*, p. 172; 참조. Hill, *Matthew*, p. 211.

만 중성형 '메이존'은 반드시 비인격적 '사물'을 지칭하는 것으로 간주될 필연성이 없다. 왜냐하면 12:41-42의 그 유사한 말씀들에서도 역시 중성형 ('플레이온', πλεῖον, '더 큰 것')이 사용되고 있는데, 거기서 이 중성형은 구약성경의 두 인물들(요나와 솔로몬)과 관련해서 사용되고 있으며, 이 인물들은 예수님과 비교되고 있는 것이 분명하기 때문이다. 그렇다면 여기서도 '메이존'이 지칭하는 바가 예수님 자신일 가능성이 가장 짙다.[154]

그렇다면 이 명시적 성전-모형론이 논점의 흐름 가운데서 어떤 역할을 하는가? 우선적으로 이 성전-모형론은 앞의 암시적 다윗-모형론(3-4절)이 제안하였던 바를 명확히 해 준다.[155] 이렇게 함으로써 전체 단락의 논점의 초점으로서 메시아적 권위에 대한 기독론적 주장은 보다 명백하고 강력해진다. 이스라엘 백성(특히 제사장들)은 성전에서 하나님의 임재를 특별히 경험해 왔다. 그런데 이제 예수님과 함께 있는 제자들은 하나님의 임재를 보다 더 충분히 경험한다. 왜냐하면 예수님은 성전보다 더 크시기 때문이다. 하나님의 임재의 초점으로서의 성전의 기능과 권위는 이처럼 예수님에게 이전되고 그에 의해 성취된다.

하나님의 임재가 예수님에게 이전되고 그에 의해 성취된다는 이 개념은 마태에게 특별히 의미심장한 것으로 보인다. 이는 단지 이 성전-모형론에 의해서 명시적으로 부각될 뿐 아니라, 복음서 전체가 1:23의 '임마누엘'(Ἐμμανουήλ, '하나님께서 우리와 함께 계신다')과 28:20의 '내가 항상 너희와 함께 있다'로 감싸이는 인클루지오(inclusio) 구조를 형성하고 있고, 18:20의 '두세 사람이 내 이름으로 모여 있는 곳에, 나도 그들 가운데 있다'라는 예수님의 말씀에 의해서도 암시적으로 드러나 있다.[156]

---

154) Barth, 'Law', p. 82; Banks, *Jesus*, p. 117; Gundry, *Matthew*, p. 223: 'μεῖζον의 중성형은 예수님의 인격적 정체보다는 자질의 우월성을 강조한다'; France, *Matthew*, p. 203; Sand, *Matthäus*, p. 255; Davies and Allison, *Matthew*, II, p. 314.
155) Beare, 'Sabbath', pp. 134-35; France, *Jesus*, p. 47.
156) 예수님께서 성전을 대체하시는 것과 관련한 이 말씀의 중요성에 대해서는, Gärtner, *Temple*, p. 114를 보라.

현 문맥에서 이 개념의 중요성은 명백하다. 만일 성전이 하나님 임재의 초점으로서의 기능 때문에 안식일보다 더 권위가 있다면, 성전의 그 기능을 대체하시고 성취하신 예수님은 안식일보다 얼마나 더 큰 권위가 있으시겠는가? 성전보다 더 크신 따라서 안식일보다 더 크신 예수님의 권위 개념은 8절에서 제시될 예수님의 결정적인 메시아적 선포로의 길을 잘 준비해 준다: '인자는 안식일의 주이다.'

앞에서 간단히 주목한 바와 같이, 이 성전-모형론은 사실 12장의 3중적(혹은 4중적) 모형론의 일부이다. 이 3중적 (혹은 4중적) 모형론을 통해서 마태는 예수님께서 <u>성전</u>, 위대한 왕 <u>솔로몬</u>(그리고 다윗), <u>선지자</u> <u>요나</u>(즉, 구약성경의 세 가지 중심적인 역할들)보다 더 큰 분이신 메시아라는 사실을 효과적으로 선언하고 있다. 그리고 이러한 선언은 예수님께서 구약성경의 성취시라는 사실을 인상적으로 증언해 준다(참조. 5:17). 이 정도로 12:5-6(그리고 3-4절)은 제자들의 행동에 대한 단순한 선례의 예시가 아니며, 오히려 예수님의 권위가 성전(그리고 다윗)의 권위보다 더 크며, 따라서 안식일(그리고 궁극적으로는 율법)의 권위를 능가한다는 기독론적인 주장이다.

끝으로, 제사장들의 활동과 제자들의 행동 사이에는 진정한 유사성이 있다. 즉, 제사장들과 제자들 모두 '무죄'하다는 유사성이다(참조. 제사장들에 대한 5절의 '안아이티오이' [ἀναίτιοι, '무죄한']와 제자들에 대한 7절의 '안아이티우스' [ἀναιτίους, '무죄한']).157) 제사장들은 그들이 안식일을 범하였음에도 불구하고 왜 무죄한가? 전제된 이유는 그들이 하나님 임재의 초점으로서의 그 기능 때문에 안식일보다 우월한 권위를 가진 <u>성전</u> 안에 있기 때문이라는 것이다. 당연히 이어지는 질문은 '제자들의 경우는 어떠한가'이다. 예수님의 암시적인 대답은 그들은 더욱더 무죄하다는 것이다. 왜냐하면 그들은 성전의 기능을 성취하고 대체하기 때문에 성전보다 더 권위 있고(6절) 따라서 안식

---

157) 하지만 우리가 위에서 살펴보았듯이, 예수님께서 여기서 그의 제자들이 안식일 율법을 범하였음을 가정하고 계시다고 추정할 필요는 없다.

일보다 더 권위 있는(5절) 예수님과 함께 있기 때문이다(참조. 1:23; 18:20; 28:20).158)

그렇다면 이 진정한 유사성까지도, 성전에서 제사장들의 활동에 대한 예수님의 호소의 초점이 제자들의 행동에 대한 선례로서의 역할에 맞추어져 있기보다는, 오히려 성전의 '성취/대체' 이시고 안식일의 '성취/주(主)' 이신 (참조. 8절) 메시아 예수님께 대한 제자들의 관계와 비교된 성전에 대한 제사장들의 관계에 맞추어져 있음을 시사해 준다.

4.3.5. 12:7 – 예수님의 세 번째 응답: 제사보다 자비

바리새인들의 비난에 대한 예수님의 세 번째 응답(7절) 역시 마태복음에서만 나타난다. 그의 응답은 이제 호세아 6:6에 호소한다. 이 인용구는 사실 9:13에서 이미 발견되는데, 그곳에서는 예수님께서 세리들 및 죄인들과 관계를 맺으시는 것에 대한 바리새인들의 비판에 대해 반응하시는 데 사용되고 있다.159)

7절 전체는 현 문맥에서 '무죄한 자들'('투스 안아이티우스', τοὺς ἀναιτίους; 참조. 5절의 '무죄한'['안아이티오이', ἀναίτιοι])을 통해 5-6절과 연관되고 있는데,160) 그렇다면 5-7절 전체가 초기 전승으로부터 왔을 가능성이 있다.161) 그럴 경

---

158) 여기서 우리는 Carson, 'Sabbath', p. 67(및 몇몇 다른 학자들)이 예수님의 권위를 성전 자체가 아닌 제사장들의 권위와 비교하고 있는 실수를 범하고 있음을 주목할 필요가 있다. 마태의 본문은 Carson이 생각하는 것처럼 대제사장으로서의 예수님의 개념을 보여 주지 않는다. 이러한 개념은 오히려 히브리서에서 잘 발전되고 있다. 유사한 실수가 Bacchiocchi, *Sabbath*, p. 53에서도 발견된다.
159) 9:13에서 본 인용구의 정확한 역할에 대한 논의에 대해서는 Banks, *Jesus*, pp. 108-13을 보라. Banks에 따르면, '본 인용구는 율법에 대한 평가나 하나님의 성품에 대한 정의(定義)로서가 아니라 우선적으로 기독론적 확증으로 의도된 것이다'(p. 110). 몇몇 다른 학자들도 본 인용구의 기독론적 목적을 간과하고 있다. 예. Held, 'Miracle', pp. 257-59; Lohmeyer, *Matthäus*, p. 174 등.
160) Hummel, *Auseinandersetzung*, pp. 43-44; Banks, *Jesus*, p. 118. *Pace* Davies and Allison, *Matthew*, II, p. 315.
161) Banks, *Jesus*, p. 118; 또한 참조. M' Neile, *Matthew*, pp. 119, 169; Beare, 'Sabbath', p. 135;

우 7절도 5-6절과 더불어 '마태 특별자료'로부터 왔을 것으로 추정된다.

본 절에 대한 적절한 이해를 위해 제기되는 한 결정적인 질문은 본 인용구의 정확한 역할이 무엇인가이다. 보통은 본 인용구에서 도덕법과 의식법 사이의 대조를 주목하곤 한다.[162] 하지만 여기서 '자비'('엘레오스', ἔλεος)가 도덕법을 지칭한다고 보기는 어렵다. 더욱이 곡식의 이삭을 꺾는 제자들의 행동이 '도덕법에 대한 순종의 관점에서 정당화 될 수는 없는' 것이 분명하다.[163]

어떤 이들은 본 인용구가 제자들의 행동에 대한 예수님의 관용을 변호해 주는 역할을 한다고 제안한다.[164] 어떤 다른 이들은 본 인용구가 안식일 율법에 대한 '사랑의 계명'의 우선권을 보여 주며, 그렇게 함으로써 바리새인들에게 제자들에 대한 자비를 가질 것을 요청하는 효과를 갖는다고 제안한다.[165]

언뜻 보기에 이들 두 제안 모두 표면적인 논점의 흐름에 상당히 잘 맞는 것처럼 보인다. 하지만 이 제안들은 예수님께서 그의 제자들이 안식일 율법을 어김으로써 죄를 범하였다는 바리새인들의 비난에 동의하셨음을 가정하고 있다. 그러나 지금까지 우리의 연구에 따르면, 그러한 가정은 현 단락에서의 예수님이나 마태의 논점에 맞지 않는 것이 분명하다(특히 7절의 '무죄한 자들'을 참조하라). 게다가 두 제안들은 7절의 예수님의 응답을 결과적으로 지극히 소극적인 형태로 귀결시키는데, 이는 6절에서의 권위 있는 기독론적 선언에 바로 뒤이어 나오는 응답으로서는 어울리지 않는 것으로 보인다.

여기서 우리는 다음 두 가지 점들을 우선적으로 정리해 볼 필요가 있다.

① 예수님의 세 번째 응답은 제자들의 행동에 대한 예수님의 (단순한 관용이 아니라) 승인을 (단지 소극적인 방식으로가 아니라) 적극적인 방식으로 정당화

---

pace Bultmann, *History*, p. 16; Hill, 'Hoewa vi. 6', pp. 107-109.
162) 예. Strecker, *Gerechtigkeit*, pp. 32-33.
163) Banks, *Jesus*, p. 117; 또한 참조. Gundry, *Matthew*, p. 224.
164) Hagner, *Matthew 1-13*, p. 330.
165) 참조. Hare, *Matthew*, p. 132.

해 준다. 즉, 본 응답은 그분의 제자들이 구약성경에 계시된 하나님의 뜻에 어긋난 아무런 잘못도 행하지 않았음을 증명해 주고 있는 것이다.

② 예수님은 바리새인들의 정죄적 태도를 비판하신다. 이는 그들이 제자들에게 자비를 보여 주지 않았기 때문이 아니라, 그들이 하나님의 원래 뜻을 이해하지 못하였고 그 결과 무죄한 제자들을 정죄하였기 때문이다.[166]

보다 타당성이 있어 보이는 또 한 가지 제안은 다음과 같다. 희생 제사보다 더 우월한 자비는 제자들에 대한 예수님의 관용을 정당화 해 주거나 바리새인들의 자비롭지 못한 태도를 비평하는 데 소용되는 원리가 아니라, 제자들이 그에 따라 행동했던 원칙이다. 이 제안에 따르면, 안식일에 밭에 있던 제자들은 양자택일 상황에 놓여 있었다. 한 가지는, 비록 안식일의 안식을 범할지라도, 생명을 위협할 정도는 아닌 그러나 실제적인 배고픔을 해결하는 것을 허용하는 자비의 원칙을 따르는 것이다. 다른 한 가지는 생명이 위험한 상황이 아니고서는 안식일 율법을 어길 수 없는 것으로 규정한 바리새인들의 방식을 따라 안식일 율법을 지키는 것이다. 그런데 제자들은 안식일 율법보다 자비의 원칙이 더 우월한 것을 알았기 때문에 그 자비의 원칙을 따라 행하였으며, 따라서 비록 자비의 원칙의 우월성을 이해하지 못한 바리새인들은 그들을 정죄하였을지라도 사실상 그들은 무죄하다는 것이다.[167]

이 제안은 위의 어떤 다른 제안들보다 설득력이 있어 보인다. 왜냐하면 이 제안은 제자들의 죄를 전제하지 않을 뿐 아니라, 제자들이 안식일을 범하였는데도 불구하고 왜 무죄한지를 설명해 주기 때문이다. 더욱이 이 제안은 마

---

[166] 7절의 '…라는 말씀이 무슨 뜻인지 알았다면, 너희가 무죄한 자를 정죄하지 않았을 것이다'를 주목하라.

[167] 특히 Saldarini, *Community*, pp. 130-31을 보라. 또한 참조. Bacchiocchi, *Sabbath*, pp. 52-53; Hicks, 'Sabbath', pp. 84, 88; Dunn, 'Mark 2.1-3.6', p. 22. Simon the Just(주전 3세기)와 같은 랍비는 이미 자비의 중요성을 인지하고 있었음을 주목하는 것은 흥미롭다. '세 가지 것들에 의해 세계가 유지된다. 율법에 의해, [성전] 제사에 의해, 그리고 사랑이 넘치는 친절한 행동에 의해'(*m. Ab.* 1.2).

태가 1절에서 '그들이 시장하였다'를 첨가한 이유도 적절히 설명해 준다.

그럼에도 불구하고 이 제안 역시 완전히 만족할 만하지는 않다. 왜냐하면 한편으로 이 제안은 제자들이 (비록 죄를 짓지는 않았지만 그러나) 실제로 안식일을 범하였음을 여전히 가정하기 때문이다. 그러나 앞에서도 지적하였듯이, 현 단락 그 어느 곳에서도 예수님은 제자들이 안식일을 범하였음을 적극적으로 인정하시지 않는다. 다른 한편으로 '실제적인' 배고픔은 안식일을 범할 수 있는 근거로서는 여전히 너무 막연하다. 만일 그러한 기준을 받아들일 경우 안식일 율법 준수는 이내 무질서에 빠질 수밖에 없을 것이다.

앞의 세 가지 제안들은 이처럼 각각 어느 정도의 진리를 내포하고 있기는 하지만, 그 어느 것도 있는 그대로는 만족스럽지 못하다. 그렇다면 본 인용구의 역할에 대한 좀 더 만족할 만한 다른 설명이 가능한가? 먼저 어떤 설명이 보다 만족할 만한 것이 되기 위해 갖추어야 할 조건은 다음과 같다.

1) 위의 제안들이 드러내 보여 준 타당한 요소들을 모두 수용함과 동시에, 그 요소들 사이의 연관성을 적절히 설명할 수 있어야 한다.

2) 당신의 제자들이 안식일을 범하였음을 전제하지 않으시는 예수님의 입장이 반영되어야 하고, 그 결과 예수님의 세 번째 응답에 대한 보다 적극적인 해석으로 귀결되어야 한다.

그런데 이와 같은 설명은 또 다시 본 인용구에 대한 기독론적 이해 가운데서 발견될 수 있다. 여기서 '나는 자비를 원하고 제사를 원하지 않는다'라는 구절은 우선적으로 요구하시는 분으로서보다는 오히려 자비로우신 분으로 이해되어야 하는,[168] 따라서 당신의 백성으로부터 눈먼 제사보다는 사랑이 넘치는 친절함을 기대하시는 하나님의 성품을 보여 준다.[169] 그런데

---

168) Barth, 'Law', p. 83.
169) 마태에 의해 채택되고 있는 '엘레오스'(ἔλεος, '자비')의 의미에 대한 간략한 연구가 Hill, 'Hosea vi. 6', pp. 109-10, 118-19에서 발견된다. 그에 따르면, 마태복음에서 '엘레오스'의 의미는 하나님께 대한 신자의 신실한 충성과 사랑의 구체적인 표현으로 드러나는 동정심 있는 태도와 자비로운 행동을 뜻한다. 다시 말해서 자비의 행동과 사랑이 충만한 친절함의 행동[즉, 인간을 향한 의미로 표현되는, 하나님께 대한 충성된 사랑[즉, 하나님을 향한 의미을 뜻한

이제 예수님께서 호세아 6:6에서 계시된 하나님의 뜻의 성취자로서 그 성품을 취하신다.170) 그분의 이러한 자비로운 성품은 두 안식일 논쟁들에서, 그리고 좀 더 분명하게는 그 인접 문맥들(즉, 11:28-30과 12:18-21)에서 잘 증언되고 있다.

여기서 예수님 자신이 성전보다 더 크심을 선언한 성전-모형론에 곧 뒤이어 예수님의 이 말씀(7절)이 나오고 있다는 점을 주목하는 것은 의미심장하다. 자비로운 분이신 예수님은 이제 자비가 성전-제사보다 더 중요하다고 선언하신다. 이처럼 본 인용구는 성전-모형론의 기독론적 주장을 훨씬 더 발전시키며, 바리새인들의 비난에도 불구하고 왜 제자들이 무죄한가에 대한 이유와 근거를 제공해 준다.

그들이 무죄한 것은 그들이 랍비들의 안식일 규례들을 어기지 않았거나, 혹은 심지어 '옛'(혹은 '성취되지 않은') 의미에서의171) 안식일 율법 자체를 어기지 않았기 때문이 아니다. 그들이 무죄한 것은 오히려 그들이, 안식일을 성취함으로써 '안식일의 주(主)'가 되신(참조. 8절), 자비로우신 예수님의 권위하에서 행동하였기 때문이다. 다시 말해서, 예수님께서 보시기에, 자신의 권위 하에 있는 제자들은 안식일의 성취된 의미와 궁극적 목적을 오히려 올바로 이해하였고, 또한 그 바른 이해에 따라 행동한 것으로 인정되기 때문에, 그들은 무죄하다는 것이다.

제자들에 대한 예수님의 자비로운 태도는 이 정도로 온전히 정당화되며, 그에 반해 바리새인들의 정죄적인 태도는 명백히 비평되고 있다. 여기서 예수님의 자비로운 성품과 바리새인들의 적대적이고 자비롭지 못한 성품 사이의 대조는 그 절정에 도달한다.172)

다(p. 110). 그는 이처럼 인간을 향한 의미뿐 아니라 하나님을 향한 의미를 균형 있게 지적함으로써, 본 어휘의 언약적 분위기를 적절히 보여 준다. 참조. Bacchiocchi, *Sabbath*, p. 54.
170) 참조. 5:17 - 예수님은 율법의 성취자일 뿐 아니라 선지자들의 성취자이시기도 하다: 위의 제3장을 보라.
171) 위의 제3장에서 새 율법(혹은 성취된 메시아적 율법)과 옛 율법(혹은 있는 그대로의 율법) 사이의 대조에 대한 필자의 논의를 보라.

이 시점에서 우리는 하나님의 자비로운 성품과 안식일 사이에 어떤 관계가 있는지 살펴볼 필요가 있다. 사실 하나님의 자비로운 성품은 안식일 제도의 원래 의도와 무관하지 않은 것으로 보인다. 우선적으로 제1장의 고찰에 따르면 안식일 제도는 일곱째 날에 대한 축복을 반영하고 있는데, 이 일곱째 날의 궁극적인 목적은 하나님의 백성을 위한 영원한 안식에 있는 것으로 드러난다(참조. 창 2:2-3; 출 20:8-11; 신 5:12-15). 이처럼 안식일은 그 근원에 있어서 짐이 아니라 하나님의 은혜와 자비의 표현인 것이다.[173]

이사야 1:13에서 여호와께서 (다른 제의적 활동들과 더불어) 제도화된 안식일 회합들을 미워하시는데, 그 이유는 그 회합들이 무익하기 때문이다. 그리고 그것들이 무익한 이유는 이스라엘의 자비롭지 못한 행동 때문이다(참조. 사 1:15-17). 이처럼 구약성경은 압제 당하는 자들과 고아들과 과부들에 대한 자비로운 태도를 결여한 율법주의적 안식일 준수는 안식일에 대한 하나님의 원래 의도를 이룰 수 없음을 이미 보여 준다.

그렇다면 우리는 안식일 제도가 그 기원부터 하나님의 자비로운 성품(특히 그의 백성을 위한 그분의 자비로운 구원 계획)과 연관이 있었다는 점과, 또한 이스라엘이 안식일에 대한 하나님의 원래 의도를 이해하지 못하고 안식일 자체를 지키는 데만 열중하였을 때 하나님은 그들을 기뻐하지 않으셨다는 점을 확인하게 된다.

그런데 이러한 사상은 마태복음에서도 동일하게 나타난다. 우선적으로 11:28-30은 안식일 제도에 반영된 하나님의 자비로운 성품을 취하신 예수님의 자비로운 성품과 안식일의 궁극적인 목표를 성취한 종말론적 안식 사이

---

172) 바리새인들의 이러한 태도는 마태가 후에 소개하고 있는 바리새인들에 관한 한 이야기(27:62-66)와 역설적인 대조를 이룬다. 그 이야기에서 바리새인들은 대제사장들과 더불어 빌라도의 허락하에 안식일에 돌무덤을 인봉하고 있는데, 그렇게 함으로써 그들은 자신들의 규례에서 허용되지 않은 행동을 명백히 행하고 있다. 참조. Weiss, 'Sabbath', p. 16. 그는 바리새인들의 '파렴치한 안식일 위반'을 예수님의 시체에 기름을 바르는 일을 어쩔 수 없이 안식일이 지날 때까지 기다렸다가 행하는 여인 제자들의 행동(28:1)과 대조시킨다.
173) 바로 이런 이유 때문에 사 58:13에서 여호와는 이스라엘이 안식일을 짐이라기보다는 '즐거움'이라 일컫기를 기대하신다. 참조. Hooker, *Son of Man*, pp. 95-96.

의 연관성을 명백히 보여 준다. 더욱이 이 연관성에 대한 언급에 바로 앞서 11:25에서는 구체적으로 바리새인들을 지칭하는 것으로 보이는 '지혜롭고 슬기로운 자들'의 이해 결핍에 대한 예수님의 언급이 나타난다. 그런데 그들의 이러한 이해 결핍은 그들의 안식일 규례들로 말미암아 다른 사람들에게 안식을 주기는커녕 짐만을 지워주었던 것이다.

만일 필자의 제안이 옳다면, 7절은 구약성경 가운데 이미 현존해 있었고, 이제 11:25-30에서 보다 구체적으로 표현된 사상의 흐름에 비추어 이해될 수 있다. 안식일은 원래 짐으로서보다는 그분의 백성을 향한 하나님의 자비의 표현으로서 제정되었다. 그러나 이사야 시대의 이스라엘과 마찬가지로 바리새인들은 이 원래 의도를 이해하지 못하기 때문에(참조, '너희가 …라는 말씀이 무슨 뜻인지 알았다면'), 그들은 자신들의 기계적이고 짐스러운 규례들에 근거하여 무죄한 제자들을 정죄하고 있는 것이다.

그럴 경우, 프랑스가 제안하듯이 7절의 예수님의 말씀은 마태가 대체하고 있는 마가복음 2:27의 선언('안식일이 사람을 위하여 생긴 것이지, 사람이 안식일을 위하여 생긴 것이 아니다')과 동일한 효과를 자아낸다고 볼 수 있다.[174] 그렇다면 이러한 대체를 마태의 보수주의적 성향의 표현이라고 추정하거나,[175] 혹은 마태 공동체 가운데 안식일 준수가 계속되고 있었음을 시사해 주는 증거로 간주하는 것은[176] 그릇된 것으로 보인다. 7절에서 호세아 6:6을 인용함으로써, 예수님은 안식일을 향한 하나님의 원래 의도가 무엇이었는가를 보여 주신

---

174) France, *Matthew*, p. 204; 또한 참조. Banks, *Jesus*, p. 120; Carson, 'Sabbath', p. 68. 아주 유사한 말이 출 31:14에 대한 *Mek. Shab.* 1에서 발견되는데, 이 말은 R. Simon b. Meahsiah(180년경)에게 돌려지고 있으나 보다 오래된 전승을 반영하고 있는 것으로 보인다. '안식일이 너희에게 주어진 것이지 너희가 안식일에 넘겨진 것이 아니다.' 이러한 사실에 근거하여 Davies and Allison, *Matthew*, II, p. 315는 다음과 같이 제안한다. '아마도 마태는 [막 2:27의] 그러한 견해가 그의 대적들에 의해 사용되고 있음을 간파하였고' 그래서 그 말을 대체하였다.
175) 예를 들어, Kilpatrick, *Origins*, p. 116; Schweizer, *Matthew*, p. 227; Hagner, *Matthew 1-13*, p. 327. Casey, 'Historicity', p. 19는 그와 같은 견해의 함정을 직접적으로는 아닐지라도 아주 적절히 지적하고 있다. '2:27이 이것[=2:28]보다 더 과격하다는 견해는 그 말씀을 그 [유대교적] 상황으로부터 떼어 내어 이방 기독교의 배경에 비추어 해석한 결과이다.'
176) 예를 들어, Saldarini, *Community*, p. 131; 참조. Wong, 'Sabbath', pp. 6-7, 14-15.

다. 즉, 안식일은 인간의 유익을 위해 제정되었으며, 짐으로서가 아니라 자비의 표현으로서 제시되었다. 그런데 그 의도가 이제 자비로운 분이신 예수님 자신에 의해 성취되고 있으며, 그의 권위하에 있는 제자들은 그 안식일의 진정한 의미와 의도를 올바로 이해하였고 그에 따라 행동하였기 때문에 무죄하다는 것이다.[177]

4.3.6. 12:8 – 예수님의 네 번째 응답: 안식일의 주(主)

마가나 누가와 마찬가지로 마태도 그의 이야기의 절정으로 다음 말씀을 기록하고 있다. '인자는 안식일의 주(主)이니라' (κύριος γάρ ἐστιν τοῦ σαββάτου ὁ υἱὸς τοῦ ἀνθρώπου).[178] 마태가 이 말씀을 '공동 전승'으로부터 취하였다는 점은 거의 분명하다.

예수님의 마지막 응답이 그 앞 절(들)에 접속사 '왜냐하면'('가르', γάρ)[179]으로 연결되고 있다는 사실은 다음 두 가지 점을 말해 준다. 한편으로, 마지막 응답은 7절에서의 주장(즉, 제자들의 무죄함)에 대한 근거를 제공해 준다. 다른 한편으로, 이 응답은 '그에 앞서 제시된 다양한 기독론적 주장들의 목표와 근거'로서 1-7절 전체에 연관된다.[180]

'인자'('호 휘오스 투 안뜨로푸', ὁ υἱὸς τοῦ ἀνθρώπου) 어구는 복음서들에 있어서 가장 복잡한 몇 가지 문제들을 야기한다. 그 기원과 의미를 규명하기 위해 다양한 시도들이 있어왔지만, 학자들 사이에 그 어떤 확고한 의견의 일치도 이루어져 있지 못한 상태이다. 그러한 다양한 시도들은 그 분량이 엄청나서 그것을 개괄하는 것조차도 본 연구의 범주를 벗어나는 것이 분명하다.[181]

---

177) 참조. France, *Matthew* (NICNT), p. 462 n. 41; Osborne, *Matthew*, p. 454. 그들은 필자의 입장을 수용적으로 인용한다.
178) 이 말씀의 진정성 문제는 많이 논의되어 왔지만 의견의 일치를 보지 못하고 있다. 학자들의 다양한 견해에 대한 필자의 간략한 개관을 보려면 Yang, *Sabbath*, p. 189 n. 211를 참조하라.
179) 아쉽게도 개역한글을 비롯한 대부분의 한글 번역본들은 이 접속사를 번역하지 않는다.
180) Banks, *Jesus*, p. 120.

본 연구에 보다 직접적으로 연관된 문제는 마가복음 2:28에서 본 어구의 지시 대상과 그 아람어적 배경에 대한 논의 가운데서(특히 막 2:27의 '사람' ['호 안 뜨로포스', ὁ ἄνθρωπος]과 관련하여) 발견된다. 세 가지 견해들이 주목할 만하다.

첫째, 여기서 본 어구는 '호칭적' 의미를 수반하지 않았으며, 오히려 '인간'을 의미하는 아람어 어구 '바르 나샤' (בר נשא)의 총칭적 의미를 갖는다는 주장이다. 그럴 경우 본 어구는 마가복음 2:27의 '사람'('호 안뜨로포스')의 유사어로 받아들여질 수 있다.[182] 이 견해에 따르면 마가복음 2:28은 앞 절 말씀의 논리적 연장 혹은 단순한 반복에 불과할 뿐이다. 즉, 만일 안식일이 '사람'을 위해 만들어졌다면(27절), '사람'은 '안식일의 주인'이라는 논리적 귀결이 따른다. 하지만 많은 학자들이 지적하듯이, 구약성경이 안식일을 줄곧 여호와의 것이라고 기술하는데도, 예수님께서 일반 인간을 안식일의 '주'라고 선언하셨을 가능성은 극도로 희박하다.[183]

둘째, 맨슨(T.W. Manson)은 자신의 원래 입장과는 정반대로, 마가복음 2:27의 '사람'은 '인자'를 오해한 것이며, 따라서 우리는 마가복음 2:27-28을 다음과 같이 읽어야 한다고 주장한다. '안식일은 인자를 위해 만들어진 것이요, 인자가 안식일을 위해 만들어진 것이 아니다. 따라서 인자는 안식일의 주이다.' 맨슨에게 있어서 '인자'는 집단적 뉘앙스를 가지며(참조. 단 7:18의 '지극히 높으신 자의 성도들' ; 또한 참조. 단 7:13-14), 특별히 예수님을 지칭하지만 또한 제자들도 지칭한다.[184] 하지만 그의 제안은 특히 인자가 신약성경에서 집

---

181) 본 주제에 대한 선별된 참고 문헌 목록에 대해서는, Nolland, *Luke 9:21-18:4*, pp. 468-69를 보라. 본 주제에 관한 다소 간략하기는 하지만 유용한 개관이 Marshall, 'Son of Man', pp. 775-81에서 발견된다. 본 어구에 대한 보다 방대한 최근의 논의들에 대해서는, Kim, *Son of Man*; Lindars, *Jesus*; Caragounis, *Son of Man*; Hare, *Tradition*을 보라.

182) 예. Wellhausen, *Marci*, p. 20; Jackson and Lake, *Christianity*, I, pp. 378-79; Manson, *Teaching*, p. 214; Bultmann, *Theology*, I, p. 30; Rordorf, *Sunday*, p. 64; Crossan, *Historical Jesus*, p. 257 등.

183) Rawlinson, *Mark*, p. 34; Hooker, *Son of Man*, p. 94; Taylor, *Mark*, pp. 219-20; Guelich, *Mark*, p. 125 등.

184) Manson, 'Mark ii. 27-28', pp. 138-46; 또한 참조. *idem*, 'Son of Man', p. 143. Beare, 'Sabbath', p. 131은 Manson의 제안의 첫 번째 부분에는 동의하지만, 두 번째 부분에는 동의

합적 의미를 갖는다는 주장과 관련하여 심각한 비평들에 직면하게 된다.[185]

셋째, 훅커(M. Hooker)는 이 두 절들이 원래 별도의 말씀들이었다는 점과, 마가복음 2:27에서 '사람'의 지시 대상은 하나님의 백성 '이스라엘'이라는 점, 그리고 예수님 자신은 단순한 인간의 권위를 뛰어넘는 2:28의 인자와 적어도 암시적으로는 동일시되고 있다는 점을 주장한다.[186] 우선적으로 이 제안은 두 말씀들의 독립적 기원을 가정함으로써 마가복음 2:27의 '사람'과 2:28의 '인자'를 동일시해야 한다는 전제로부터 비교적 자유롭다. 동시에 이 제안은 이 두 말씀들이 전체 단락의 논점 흐름에 어떻게 들어맞는지에 대한 설득력 있는 설명을 제공해 준다.[187]

이 시점에서 우리는 본 어구의 마태복음에서의 용법을 살펴볼 필요가 있다.[188] 킹스베리(J.D. Kingsbury)는 마태복음에서 '인자'가 다른 기독론적 호칭들과 달리 예수님의 신원을 밝혀 주는 '고백적 호칭'이 아니라 '대중적 호칭'의 기능을 한다고 주장한다.[189] 그의 제안이 상당한 설득력을 갖는 것은 사실이지만, 마태복음에 나타난 본 어구의 모든 용례들이 그가 제안하는 체계에 말끔히 들어맞는 것은 아니다.[190] 특히 그의 제안의 가장 결정적인 약점은 본 어구의 배경으로 다니엘 7:13-14의 가능성을 받아들이지 않는 데 있다.[191] 사실 다니엘 7:13-14이 본 어구의 배경일 가능성은 마태복음의 경우 특별히 강하다. 왜냐하면

하지 않는다. 그는 인자를 '공관복음 전승에서 "메시아"에 대한 대용어로 사용되는 호칭으로서, 예수님 자신에 대한 개인적 호칭'으로 해석한다.
185) Hooker, *Son of Man*, pp. 95-102; Higgins, 'Son of Man', pp. 126-27 등.
186) Hooker, *Son of Man*, pp. 94-102; 참조. Todt, *Son of Man*, pp. 130-31.
187) 특히 Hooker, *Son of Man*, pp. 96-98을 보라.
188) 본 어구에 대한 방대한 논의와는 대조적으로, 본 어구의 마태복음에서의 용법은 상대적으로 별로 주목을 받지 못해 왔다. 참조. France, *Evangelist*, p. 288, 특히 n. 27; 그의 각주에서는 이 주제에 대한 간략한 참고 도서 목록이 발견된다.
189) Kingsbury, 'Figure', pp. 27-32.
190) France, *Evangelist*, p. 289를 보라. 참조. Hill, 'Son and Servant', pp. 2-3.
191) Hill, 'Figure', p. 50; 참조. France, *Evangelist*, p. 290. 이 배경에 대한 보다 자세한 논의에 대해서는 특히 Kim, *Son of Man*, pp. 15-37; Caragounis, *Son of Man*, pp. 61-119, 168-243을 보라.

마태의 독특한 용례들 대부분은 인자의 미래적 보상과 영광에 초점을 맞춘 집단에 속한다… 그리고 이 구절들 중 많은 경우에 다니엘 7:13-14의 반향들이 그 호칭뿐 아니라 구름, 하늘, 오심, 영광, 나라, 심판 등과 같은 표현들 가운데서도 명백히 감지된다.[192]

그럴 경우, 마태가 이 어구를 무미건조하고 공허한 대중적 호칭으로서나 혹은, 많은 사람들이 추정하듯이,[193] 예수님의 단순한 자기 지칭으로 사용하였을 가능성은 지극히 희박하다. 마태는 오히려 이 어구를 다니엘 7:13-14에 그 배경을 두고, 하나님의 궁극적인 뜻의 성취자이신 예수님의 권위 있는 종말론적 선교에 대한 지침으로서의 기능을 하는 기독론적 호칭으로 사용하였고, 또한 그의 독자들도 그렇게 이해하기를 기대하였을 가능성이 높다.[194]

위의 고찰들로부터 우리는 다음 제안을 상당히 확신 있게 제시하게 된다. 마태복음 12:8에서 '인자'는 마태에 의해서 인간을 의미하는 총칭적 용어나 이스라엘/제자들을 지칭하는 집합적 용어 또는 예수님의 자기 지칭적 표현으로 사용되고 있지 않다. 오히려 이 어구는 예수님께서 당신의 종말론적 선교를 성취한, 따라서 다윗과 성전보다 더 큰, 그리고 특히 바리새인들의 반대에 직면하여 안식일에 대한 그 자신의 주(主)되심을 선언하시는 상황에 아주 잘 어울리는 기독론적 호칭으로 사용되고 있다.

12:8 전체의 의미는, 그리고 12:1-8에 드러난 예수님의 논점의 흐름에 있어서의 본 절의 기능은 이제 매우 명백하다. 그분의 마지막 응답(8절)은 더 이상 간접적이지 않으며, 안식일에 대한 그 자신의 주(主)되심을 공공연하게 선언한다. 제1장에서 살펴보았듯이, 구약성경에서 안식일에 대한 하나님의 주

---

192) France, *Evangelsit*, p. 291; 참조. Vermes, *Jesus the Jew*, pp. 178-79.
193) 예를 들어, Vermes, 'בר נש/בר אנש', pp. 310-28. 이러한 견해에 대한 간략한 비평에 대해서는 Jeremias, *Theology*, p. 261 n. 1을 보라.
194) 마태복음에서 '하나님 나라'와 '인자' 사이의 연관성에 대해서는 France, *Evangelist*, p. 122를 보라. 예수님의 가르침 전체에서 이 관계에 대한 포괄적인 연구에 대해서는 Caragounis, *Son of Man*, pp. 232-43을 보라; 또한 참조. Kim, *Son of Man*, pp. 74-81.

(主)되심(혹은 소유권)은 여러 차례 전제되거나 표현되고 있다(참조. 출 16:23; 신 5:14 등에 나타나는 '여호와께/여호와를 위한' 과 같은 표현들; 출 31:13; 느 9:14; 사 58:13 등에 나타나는 '나의 안식일'). 그리고 이 주(主)되심은 자주 안식일의 언약적 성격의 기반을 마련해 준다. 구약성경에서는 하나님에 의해서만 배타적으로 주장되었던 안식일에 대한 이 주(主)되심이 이제 인자이신 예수님에 의해 주장되고 있다. 그렇다면 이러한 권리 주장은 전대미문의 것이다. 이는 자신이 하나님이심을 혹은 최소한 하나님과 동등한 권위를 가지신 분임을 주장하는 것이나 마찬가지이기 때문이다. 기독론적 어조가 이보다 더 높이 고조될 수는 없을 것이다.195)

물론 이는 급작스런 주장이 아니다. 그의 복음서의 맨 처음부터 시작하여 (참조. 1:1-17의 계보; 1-2장의 형식인용구들) 그 후속 장(章)들 내내(참조. 3:13-17의 예수님의 세례; 5-7장의 산상설교; 8-9장의 치유 기적들), 마태는 예수님을 구약성경을 성취하시고 하늘 나라를 그분 제자들에게 도래케 하신, 약속된 자 메시아로 제시해 왔다. 바로 앞 11:25-30에서 그리고 현 단락에서 마태는 종말론적 안식을 성취하시고 그것을 그분 제자들에게 가져다주신 메시아 예수님께서 왕 다윗과 성전보다 더 크시다는 사실을 보여 줌으로써, 본 기독론적 주장에 대한 기반을 보다 확고하게 확립하고 있다. 이제 이들보다 더 큰 주장이 뒤따라 나올 것이 기대되는 바, 바로 안식일에 대한 주(主)되심의 주장인 것이다.

구원의 시대를 도래케 하시고 그분 제자들을 그들의 짐으로부터 구출해 내신 인자 예수님은 안식일 제도를 통해 기대되어 왔던 영원한 안식을 제공하심으로써, 이제 안식일에 대한 하나님의 궁극적 뜻을 성취하신다. 그러기에 그분은 안식일에 대한 주(主)되심을 주장할 합법적 권리를 가지고 계신다. 그렇다면 실제로 문제가 되는 것은 안식일에 대한 예수님의 태도가 아니다. 그보다는 오히려 안식일 율법이 예수님과 관련하여 어떤 위치에 있는가가

---

195) 헬라어 구조상 보어인 '퀴리오스' (κύριος, '주')에 강조가 주어지고 있다; 참조. Hicks, 'Sabbath', p. 88; Davies and Allison, *Matthew*, II, p. 316.

문제이다. 그분은 안식일이 성취되도록 하셨으며, 따라서 이제 안식일보다는 그분께 모든 관심의 초점이 맞추어져야 하기 때문이다.196) 이제 진정으로 중요한 문제는 더 이상 안식일 율법의 문자적 규정들을 단순히 지켜 나가는 것이 아니다. 그보다는 오히려 예수님을 메시아로 받아들이고, 그 안에 현존하는 종말론적 안식(=구속)197)을 얻는 것이다.

제자들은 안식일의 주(主)이신 메시아와 함께 있기 때문에, 구약성경의 안식일 율법을 있는 그대로 지킬 의무가 없다. 그들은 더 이상 안식일을 구약시대 사람들이 지켰던 것처럼 지킬 필요가 없다. 왜냐하면 그들은 이제 예수님에 의해 성취되었고 제공되는 안식일의 궁극적 목표인 종말론적 안식에 참여하고 있기 때문이다. 예수님은 안식일 율법의 원래적이고 근본적인 목적을 성취하심으로써 이제 그 안식일 율법을 초월하신다. 물론 이러한 초월성이 제자들이 안식일을 지키는 방법에 어떻게 영향을 미쳐야 하는지는 아직 분명치 않다.198) 그러나 그 초월성은 초대교회가 후에 그 문제를 결정할 수 있도록 해 주는(적어도 어떤 이들에게는 그 초월성이 안식일을 제쳐두는 것으로 받아들여졌다) 결정적인 기독론적 열쇠를 제공해 준다.

이처럼 예수님의 안식일 성취는 다른 율법들과 마찬가지로 한편으로는 예수님의 구속이 궁극적으로 안식일을 성취한다는 의미에서 '연속성'을 가지며, 다른 한편으로는 안식일이 예수님의 성취에 의해 초월된다는 의미에서 '불연속성'을 갖는다. 그렇다면 이는 5:17의 예수님의 말씀('내가 율법이나 선지

---

196) 참조. Banks, *Jesus*, p. 226.
197) 이 두 개념들 사이의 연관성의 배경에 대해서는 Hooker, *Son of Man*, pp. 99-102를 보라; 참조. Hoskyns, 'Jesus, the Messiah', pp. 74-78; Carson, 'Sabbath', p. 66; Kim, *Son of Man*, pp. 93-94; 또한 참조. 히 4:1-11.
198) 이러한 상황에 대한 Lincoln, 'Perspective', p. 364의 설명은 주목할 만하다. '이러한 상황은 그의[=예수님의] 지상 생애의 가려진 성격 때문에 예측되는 것이다. 그분의 죽음과 부활을 통해 그분의 사역이 마무리된 이후에라야 그분의 인격과 행동의 의의가 명백해지게 되었을 것이다. … 예수님의 사역의 이러한 가려진 성격은 안식일에 대한 그분의 관계와 관련된 약간의 애매성을 설명해 주며, 또한 초대교회에서 그리스도에 의해 도래한 새 시대로의 진입이 무엇을 의미하는지를 충분히 깨닫지 못하였던 기간 동안 안식일을 당분간 계속해서 지키는 자들이 있었다는 사실도 설명해 준다.' 그럴 경우 28:1(참조. 눅 23:56)에서 시사되고 있는 여인들의 안식일 준수는 예측 밖의 일이 아니다.

자들을 … 폐하러 온 것이 아니라 성취하러 왔다')이 의미하는 바를 보여 주는 또 하나의 좋은 예(例)일 것이다.199) 인자이신 예수님은 어떤 이들(예를 들어, 예수님 당대의 바리새인들; 마태 공동체의 율법폐기론자들)이 의심하거나 생각하는 것처럼 안식일을 폐하러 오시지 않았으며, 오히려 그것을 성취하러 오셨다. 이제 제자들이 왜 무죄한가는 분명해졌다. 그들이 무죄한 것은 안식일에 곡식밭에서 행한 그들의 행동이 예수님의 안식일 성취의 영향력하에 있기 때문이다.

본 단락은 예수님께서 안식일에 곡식밭을 지나가심을 묘사하는 개시 문장과 더불어 시작하였다.200) 이제 이 단락은 인자이신 예수님께서 안식일과 관련하여 어떤 분인가를 선언하시는 마무리 문장과 더불어 종결된다. 필자가 앞에서 제안했듯이, 마태는 안식일과 연관된 본 단락에서 예수님의 역할의 중심성을 부각시키기 위해 인클루지오(inclusio) 구조를 활용했을 수도 있다. 안식일에 행해진 예수님의 여행으로 말미암아 제기된 질문은 안식일에 대한 예수님의 주(主)되심을 선언하는 이 마지막 응답 가운데서 그 궁극적 답변을 발견한다.

물론 앞선 세 가지 응답들 각각은, 어느 정도 간접적이기는 하지만, 그 자체로서 적절한 답변들이었다. 이 모든 답변들이 구약성경(하나는 역사서=전기예언서); 하나는 토라; 하나는 예언서)에 근거를 두고 있다는 사실과 또한 이 답변들이 다양한 논점 방식들(하나는 암시적 모형론; 하나는 명시적 모형론; 하나는 인용)을 채택하고 있다는 사실은 주목할 만하다. 이 모든 답변들을 쌓아 감으로 말미암아 예수님의 논점의 효과는 이미 극도로 강력해졌다. 하지만 마태에게 있어서 이 모든 답변들은 어떤 의미에서 이야기의 절정인 마지막 응답을 위한 준비로서의 기능을 한다. 이 마지막 응답은 안식일에 대한 예수님의 궁극적 권

---

199) 본 단락과 5:17 사이의 연관성은 Gnilka, *Mätthausevangelium*, I, p. 446에 의해서도 인지되고 있다; 또한 참조. Luz, *Matthäus (8-17)*, p. 233; France, *Matthew* (NICNT), p. 463 n. 44.
200) 본 첫 문장에서 제자들이 언급되지 않고 있다는 사실과 마태만이 '예수'라는 이름을 포함하고 있다는 사실은 주목할 만하다.

위를 선언하고, 이렇게 함으로써 원래 질문에 대한 궁극적 답변을 제공해 주기 때문이다.

이미 앞의 답변들의 초점이 되어 왔던 예수님의 권위는 이제 마지막 답변에서 그 표현의 절정에 도달한다. 하지만 이 결정적인 선언은 그 원래 질문에 대한 답변으로서의 기능을 할 뿐 아니라, 또한 복음서 이야기 전체의 흐름 가운데 고조된 기독론적 어조를 주입함으로써 또 하나의 중요한 측면을 더하게 된다.[201] 그렇다면 이 결정적인 선언이 그 영향력을 다음 안식일 논쟁 단락에까지 미치게 되는 것은 자연스러운 것으로 보인다.

4.4. 안식일에 손 마른 자를 고침(12:9-14)

마태복음 12:9-14의 공관복음서 평행 단락들(막 3:1-6; 눅 6:6-11; 참조. 눅 14:5; 13:15)에 대한 문학적 관계는 앞의 단락의 경우와 그 성격이 약간 다르다. 두 자료 가설을 채택하는 많은 학자들은 마태복음 단락의 주된 출처를 마가복음과 Q라고 규정하는 데 주저하지 않는다.

① 9-10, 12b-14절은 마가로부터
② 11절은 Q로부터
③ 12a절은 아마도 마태 자신으로부터[202]

그럴 경우, ① 9-10, 12b-14절과 마가복음 3:1-6 사이의 차이점들 대부분은 마태의 편집적 변형들로 귀결된다. 하지만 이러한 차이점들은, 4.3에서 제안한 바 있는, '공동 전승'을 가정함으로써 훨씬 더 용이하게 설명될 수 있다.[203] ② 11절(//눅 14:5)은 'Q 자료'에 기초했을 수도 있지만,[204] 그 평행구

---

201) 참조. Banks, *Jesus*, pp. 120-21.
202) Tuckett, *Reading*, pp. 90-93; Davies and Allison, *Matthew*, II, p. 316; Weiss, 'Sabbath', p. 19 등.
203) 두 자료 가설에 의한 설명이 '공동 전승'에 의한 설명보다 용이하지 못한 경우들은 다음과 같다. ① 10절에서 '이두'(ἰδού, '보아라') 첨가; ② 막 3:1의 '엔 에케이'(ἦν ἐκεῖ, '거기 있었다') 생략(참조. 눅 6:6); ③ 막 3:1의 '엑세람메넨'(ἐξηραμμένην, '오그라든')을 10절에서

인 누가복음 14:5과의 상당한 차이점들에 비추어 볼 때 '마태 특별자료' 로부터 왔을 가능성도 배제할 수 없다.205) ③ 12a절이 마태의 편집이라는 제안이 많은 지지를 얻고 있지만,206) 이 제안은 그처럼 결정적이지 못하다. 그것은 얼마든지 '마태 특별자료' 나 'Q 자료' 로부터 온 것으로 추정될 수도 있다.207)

안식일 치유 이야기의 역사성은 대부분의 학자들에 의해 일반적으로 받아들여지고 있다.208) 본 단락에 나타나는 예수님의 말씀들의 진정성은 12a절의 '그런데 사람이 양보다 얼마나 더 귀하냐!' (πόσῳ οὖν διαφέρει ἄνθρωπος προβάτου)를 제외하고는 많은 학자들에 의해 대부분 기정사실로 받아들여지거나 잘 입증되고 있다.209) 그리고 12a절의 말씀조차도 그것이 '마태 특별자료' 로부터 왔다고 추정할 경우 그 진정성의 가능성은 상당히 높다.210)

대부분의 학자들은 본 단락의 이야기가 기적 이야기라기보다는 '선포-이야기' 라는 데 동의한다.211) 13절의 치유는 이야기의 초점이 아니다. 본 단락 전체의 주된 관심은 안식일 문제인 것이 분명하다. 루츠(U. Luz)는 ABCDC' B' A' 교차 대칭 구조를 제안한다. 이러한 구조에 따르면 11-12a절은 중심을

'크세란' (ξηράν의, '오르라든')으로 대체(참조. 눅 6:6의 '크세라' [ξηρά]); ④ 막 3:2의 '아우톤 (αὐτον, '그를') 생략; ⑤ 막 3:5의 '노하셔서, 그들의 마음이 완악함을 슬퍼하시며' 생략.
204) 참조. Turner, 'Sabbath' , p. 107: '마태와 누가는 그 [동일] 자료의 다른 형태들을 사용하였다' .
205) 참조. Davies and Allison, *Matthew*, II, p. 319; Nolland, *Luke 9:21-18:34*, p. 746.
206) Hummel, *Auseinandersetzung*, p. 44; Hendrickx, *Miracle Stories*, p. 162; Luz, *Matthäus (8-17)*, p. 238; Davies and Allison, *Matthew*, II, pp. 316, 321.
207) 참조. Tuckett, *Reading*, pp. 91, 133.
208) Lohse, 'Worte' , pp. 83-84; Schweizer, *Matthew*, pp. 279-80; Tuckett, *Reading*, pp. 113-14; Davies and Allison, *Matthew*, II, pp. 316-17 등. *Pace* Bultmann, *History*, p. 12.
209) Lohse, 'Worte' , pp. 84, 86-89; Schweizer, *Matthew*, pp. 279-80; Tuckett, *Reading*, pp. 113-14; Davies and Allison, *Matthew*, II, pp. 316-17 등. Bultmann, *History*, p. 147도 막 3:4(=마 12:12b)의 진정성을 인정하는 경향이다.
210) 참조. Allen, *Matthew*, p. 129; Lohse, 'Worte' , pp. 84, 88-89; Rordorf, *Sunday*, pp. 58 (특히 n. 2), 74; Banks, *Jesus*, pp. 127, 130.
211) Taylor, *Formation*, pp. 63-64; 참조. Dibelius, *Tradition*, p. 43 (paradigm); Bultmann, *History*, p. 12 (apophthegm); Theissen, *Miracle Stories*, pp. 106-12 (justificatory rule miracle) 등.

형성한다.212) 하지만 본 이야기의 절정은 11-12a절의 내용을 결론적으로 요약해 놓은 그리고 그렇게 함으로써 10b절에서 바리새인들에 의해 제기된 질문에 대한 대답을 제공하고 있는 12b절에서 도달된다.213)

4.4.1. 12:9-10 - 상황 설정과 바리새인들의 도전

이야기의 상황 및 이야기 안에서 바리새인들의 역할에 대한 마태의 기술은 마가나 누가의 평행 구절들(막 3:1-2; 눅 6:6-7)에 나타난 것들과 상당히 다르다.

9절의 '거기서 떠나'('메타바스 에케이덴', μεταβὰς ἐκεῖθεν)는 마태의 특징적인 어구로서 앞 단락과 본 단락 사이의 연관성을 보다 분명히 해 준다. 마태에 따르면, 예수님과 그의 제자들은 논쟁이 일어났던 곡식밭으로부터 그들의 여행을 계속하여, 그 동일한 안식일에 아마도 회당 예배에 참석하기 위해 마을로 들어온 것으로 나타난다.214) 그럴 경우 앞의 논쟁에 참여하였던 바리새인들도 그 동일한 회당에 출석하고 있었을 가능성은 매우 짙다.215)

이러한 상황하에서 마태가 '회당'에 '그들의'('아우톤', αὐτῶν)라는 인칭대명사를 첨가한 것은 매우 의미심장하다. 마태복음에서 회당은 '대결의 장소'이다(참조. 10:17; 23:34).216) 여기에 '그들의'를 첨가함으로써(곧, '그들의 회

---

212) Luz, *Matthäus (8-17)*, p. 237.
213) Hagner, *Matthew 1-13*, p. 333.
214) 예수님께서 안식일에 회당을 자주 방문하신 것은 아주 명백하다(막 1:21; 3:1//; 6:2//; 또한 참조. 마 9:35; 막 1:39//; 요 18:20). 하지만 이러한 사실의 의의(意義)가 너무 과장되어서는 안 될 것이다. Rordorf, *Sunday*, pp. 67-68은 이 사실에 대해 다음과 같이 설명한다. '이 행동[즉, 예수님께서 안식일에 회당을 방문하신 행동]은 예수님께서 유대교 율법을 열렬하게 준수하신 분이었다든지 혹은 그분께서 안식일 계명을 매우 엄격하게 지키셨음을 의미할 필요가 없다.' 예수님께서 안식일에 사람들이 모여 있는 회당들에서 당신의 메시지를 전할 기회를 활용하셨을 가능성은 얼마든지 있다. 참조. Marshall, *Luke*, p. 181; Turner, 'Sabbath', pp. 101-102; *pace* Bacchiocchi, *Rest*, pp. 145-46. 보다 자세한 논의에 대해서는 아래 제6장을 보라.
215) 마가도 이러한 점을 가정하고 있는 것으로 보인다. 하지만 누가는 상황을 좀 다르게 제시한다: '또 다른 안식일에'(눅 6:6). '서기관들과 바리새인들'(눅 6:7)도 참조하라 -- 이는 앞 단락 이야기(눅 6:1-5)의 바리새인들과는 다른 구성원들을 지칭하는 것으로 보인다.
216) Davies and Allison, *Matthew*, II, p. 317.

당'), 마태는 '예수님과 유대교(특히, 바리새인들) 체제 사이에 생겨나고 있던 간격'을 돋보이게 한다(참조. 14절, 또한 2절).217) 바리새인들의 회당은 예수님과 그의 제자들에 대해 더 이상 중립적이지 않다. 그것은 이미 적대적인 분위기로 충전되어 있었으며, 이제 곡식밭에서의 충돌 이후로는 더욱더 그렇게 되었을 것이다.

마태는 말로 표현되지 않은 바리새인들의 생각(참조. 막 3:2; 눅 6:7)을 명시적인 질문으로 전환시킴으로써, 예수님께 대한 바리새인들의 적대감을 보다 명백히 하고 있다. '안식일에 병을 고치는 것이 적법합니까?'(10절) 이렇게 함으로써 바리새인들은 이 시험 상황에 보다 적극적으로 개입하는 모습을 띤다. 그들의 질문은 안식일에 관한 예수님의 할라카적 입장이 무엇인가를 알고자 하는 순수한 관심에서 비롯된 것이 결코 아니며, 단순히 그분을 고발할 보다 나은 증거를 찾고자 하는('이는 그를 고소하기 위한 것이었다') 적대적 열심을 드러내 보여 줄 뿐이다(참조. 14절).

이 명시적 질문에서 마태의 본문은 마가의 본문과 두 가지 의미심장한 차이를 보인다.

① 동사 '엑세스틴'(ἔξεστιν, '적법하다')의 출현
② 대명사 '아우톤'(αὐτόν, '그를')의 부재

첫째, 질문 가운데 '엑세스틴'('적법하다')이 출현한 것은 한편으로는 1-8절과 9-14절 사이의 연관성을 강화시켜 주며(참조. 2, 4절),218) 다른 한편으로는 '율법 문제를 보다 명시적으로 드러내 보여 준다.'219) 더욱이 이는 질문과 대답(12절) 사이의 어휘 및 구조상의 일치를 만들어 낸다.

둘째, 질문 가운데 마가의 '아우톤'('그를', 곧 '손이 오그라든 사람을')이 결여됨으로써 문제의 핵심이 순전히 할라카적인 것에 집중된다. 마태복음에서 바리새인들의 질문은 더 이상 그 현장의 특정인을 치유하는 것에 초점이 맞

---

217) France, *Matthew*, p. 204.
218) Davies and Allison, *Matthew*, II, p. 317.
219) Banks, *Jesus*, pp. 123-24; 또한 참조. Barth, 'Law', p. 79.

추어져 있지 않으며, 오로지 일반적인 치유 문제에 초점이 맞추어져 있을 뿐이다. 그들의 관심은 어려움 중에 있는 그 사람을 위해 조금도 할애되고 있지 않으며, 오직 자신들의 할라카적 질문을 통해 예수님을 고발하려는 데에만 초점이 맞추어져 있다. 그 어려움에 처한 사람에 대한 바리새인들의 그와 같은 무관심은 한편으로는 11-12절에서 그들의 도전에 대한 예수님의 반응에 있어서 그분의 논점의 기반을 제공해 주며, 다른 한편으로는 14절에서 예수님을 죽이려는 바리새인들의 음모를 향한 길을 닦아 나간다.

이제 결정적인 질문은 과연 치유 행위가 안식일에 금지되어 있었는지 여부이다. 예수님 당시 이 질문에 대한 유대인들의 입장을 명시적으로 증언해 주는 일차 자료는 존재하지 않는다.220) *m. Shab.*에 나타나는 안식일에 금지된 39범주의 '일'(work) 목록에도 치유는 언급되지 않는다(또한 참조. *m. Bes.* 5:2). 하지만 치유의 금지는 다양한 랍비 저작들에서(예. *m. Shab.* 14.3; 22.6; 참조. *t. Shab.* 16.22) 주장되고 있기보다는 오히려 당연한 것으로 받아들여지고 있으며,221) 그에 대한 유일한 예외는 생명이 당장 위협을 받을 때에 한정되고 있다. *m. Yom.* 8.6에서 랍비 헤레쉬(R. Mattithiah b. Heresh, 130년경)는 한 흥미로운 상황에 관한 규례를 일반 원리와 더불어 제시한다. '만일 한 사람이 목구멍에 고통을 느낄 때, 안식일이라 할지라도 그의 목구멍에 약을 떨어뜨려 넣어도 된다. 왜냐하면 생명이 위험할 수도 있기 때문이다. 목숨이 위험할 수도 있다는 의심이 들 때, 이는 안식일에 우선한다'(참조. *Mek. Kaspa* 4 [L. 180-81]).222)

---

220) 제2장에서 1세기 당시 안식일 자료에 대한 전반적인 논의를 참조하라.
221) *m. Shab.* 22.6에 따르면, 안식일에 치유는 실제적으로 가능하지만, 단지 치유가 의도적으로 시행되지 않고 또한 치유에 따르는 행동도 안식일에 허용된 경우에 한하여 그러하다. *t. Shab.* 16.22에서 샴마이 학파는 심지어 병든 자를 위해 기도하는 것조차 금지한다. 하지만 힐렐 학파는 이를 허용한다.
222) 제2장에서 살펴본 바와 같이, 생명을 구하는 것이 안식일에 우선한다는 원칙은 유대교 내에서 상당히 일찍이 확립되었다. 참조. 마카베우스1서 2:39-41; 9:43-49; 『다메섹 문서』 11.16-17; 4Q251 2.6-7; *t. Shab.* 15.16; *Mek. Shab.* 1(L. 3.197-201) 등. 랍비 문학에 나타나는 안식일 치유에 대한 더 많은 언급들에 대해서는 Strack and Billerbeck, *Kommentar*, I, pp. 623-39를 보라.

이러한 자료들의 연대가 대개 예수님보다 상당히 후대이기는 하지만, 마태복음에서 바리새인들의 질문과 마가복음과 누가복음에서 그들의 태도로 미루어 볼 때, 본 장면의 바리새인들은 생명이 당장 위험하지 않는 한 안식일에 치유 행위는 허용되지 않는다는 랍비적 견해를 이미 인지하고 있었고, 또한 그러한 입장을 채택하고 있었던 것이 분명하다. 이처럼 바리새인들의 할라카적 입장에 따르면 안식일에 '손이 오그라든 사람'을 치유하는 것은 합법적이지 않은 것이 분명한 것처럼 보인다. 왜냐하면 손이 오그라든 사람은 당장 생명이 위험한 자로 분류될 수 없기 때문이다.

예수님은 바리새인들에 의해 이처럼 완벽한 덫에 걸려드신 것처럼 보인다. 바리새인들의 할라카적 입장에 입각해서, 그들의 질문에 대해서는 단지 하나의 대답, 곧 '아니오'만 있을 수 있었다. 그럼에도 불구하고 '이는 그를 [곧, 예수님을] 고소하기 위한 것이었다'(10절) 구절은 예수님의 대답이 '아니오'가 아닐 것을 바리새인들이 이미 예측하고 있었음을 시사해 준다. 그렇지 않다면 그들의 질문의 의도는 이루어질 수 없기 때문이다. 그들이 예측하였듯이, 예수님의 대답은 '아니오'가 아닐 것이다. 일단 예수님께서 도전을 받게 되신 상황하에서, 그분께서 안식일의 주(主)의 권위를 가지시고 그들을 정면 대응하시는 것이 마땅하다.

하지만 우리가 예수님의 반응을 논하기에 앞서, 한 가지 추가적인 그러나 매우 중요한 사실을 상기해 볼 필요가 있다. 즉, 앞의 제1장의 연구 결과에 따르면, 율법 자체는 (그리고 구약성경 전체는) 그 어느 곳에서도 안식일에 치유가 허용되어서는 안 된다는 점을 진술하거나 심지어는 암시조차 한 곳이 없다는 사실이다.

4.4.2. 12:11-12 – 예수님의 반응

마태만이 11-12a절의 예수님의 말씀을 현 단락 안에 포함시키고 있다. 물론 누가복음 14:5에서 이 말씀과 유사한 부분적 평행구가 발견되기는 한다.[223] 데이비스와 앨리슨은 마태가 이 말씀을 본 문맥에 포함시킨 것이 '예수님의 할라카적 논리'를 보다 예리하게 하고자 함이며, 그렇게 함으로써 예수님을 '일류 토론가'로 만들고자 함이었다고 제안한다.[224] 하지만 마태복음 단락에 나타난 예수님의 논점이 진정으로 할라카적인지는 의심스럽다. 우리가 나중에 살펴볼 것이지만, 그가 바리새인들의 할라카적 전통을 활용하고 있는 것은 사실이지만, 그분의 논점은 결코 그들의 할라카적 전통에 호소하지 않으며, 오히려 그들의 할라카적 체제의 모순성을 지적해 줄 뿐이다. 그렇다면 그분의 논점은 할라카적이라고 볼 수 없으며, 오히려 반(反)-할라카적이라고 보아야 할 것이다.

본 단락에서 11-12절의 말씀들의 기능은 10절의 바리새인들의 도전에 대한 반응이다. '그분께서 그들에게 말씀하셨다'(11절). 따라서 이 말씀들(특히 11절의 '너희 가운데 어떤 사람이')의 1차적인 청중은 분명 바리새인들이다. 여기서 '양 한 마리'('프로바톤 헨', πρόβατον ἕν)가 단순히 '한 마리의 양'(a sheep)을 지칭하는지,[225] 아니면 '단 한 마리의 양만'(only one sheep)을 강조적으로 지칭하는지는 분명하지 않다. 후자의 경우, 이 표현은 18:12-14의 한 마리의 잃어버린 양 이야기를 내다보는 것일 수도 있다.[226] 후자의 가능성을 선호하는 루츠는 다음과 같이 주장한다. '마태는, 사무엘하 12:3의 나단 이야기에서와 같이, 한 가난한 사람이 소유한 오직 한 마리의 양을 염두에 두고 있다.'[227] 만일 루츠의 주장이 옳다면, 그 양을 구출해야 할 절박성은 율법적인 차원에서는 아닐지라도 인간애적 차원에서는 더욱 중대된다.[228]

---

223) 또한 참조. 눅 13:15.
224) Davies and Allison, *Matthew*, II, p. 319. 하지만 이에 곧 뒤이어 그들은 다음과 같이 첨언한다. '그럼에도 불구하고 … 첫째 복음서의 율법 논쟁들은 상대적으로 덜 세련된 편이다.'
225) Zahn, *Matthäus*, p. 347 n. 4; Beare, *Matthew*, p. 272; Neirynck, 'Luke 14:1-6', pp. 252-53.
226) 참조. Gundry, *Matthew*, p. 226; Hagner, *Matthew 1-13*, p. 333.
227) Luz, *Matthäus (8-17)*, p. 239; 참조. Sigal, *Halakah*, p. 138.
228) 눅 14:5에서는 마태의 '양' 대신 '아들이나 소'('휘오스 에 부스', υἱός ἢ βοῦς)가 나타난다. 누가의 연결 형태가 아람어로 번역했을 때 언어유희의 효과(즉, ברא['아들'], רבא['소'],

예수님 당시에는 안식일에 동물을 '구덩이'('보뒤노스', βόθυνος)229)로부터 구출해야 할 것인지 하지 말아야 할 것인지에 대해 서로 다른 의견들이 공존하고 있었던 것 같다. 『다메섹 문서』 11.13-14에 따르면, 만일 (갓 태어난) 짐승이 웅덩이나 구덩이에 빠졌을 경우, 안식일에는 그것을 꺼내 주는 것이 명백히 금지되고 있다. 4Q251 2.5-6에서도 유사한 금지 조항이 발견된다. '안식일에 가축이 물에 빠졌을 경우 그것을 꺼내 주어서는 안 된다.'230) 사실 이 구절들은 복음서들 이외에 예수님 이전 혹은 그 당대의 현존하는 유대교 문학에서 이 문제가 다루어지고 있는 유일한 경우들이다. 하지만 탈무드에 기록된 한 랍비 전승에서(b. Shab. 128b)231) 이 문제가 다시 다루어지고 있다. 이 전승에 따르면, 랍비들은 이 문제에 대해 서로 다른 입장들을 가지고 있었다.

> 라브 유다(Rab Judah)는 라브의 이름으로 말하였다. '만일 짐승이 도랑에 빠졌다면, 사람들은 베개나 침구를 가져다가 그 아래 놓아주어서, 만일 그 짐승이 올라오면 올라오도록 할 수 있다.' 이에 대해 반론이 제기되었다. '만일 짐승이 도랑에 빠지면, 그 짐승에게 필요한 식량을 넣어 줌으로써 그 짐승이 죽지 않도록 해 준다. 이처럼 식량은 넣어 줄 수 있지만, 베개나 침구는 안 된다.'

하지만 온건한 입장(즉, 짐승이 기어 올라올 수 있도록 구덩이에 물건들을 던져 넣어 주는 것을 허용하는 전자의 입장)이나 엄격한 입장(즉, 짐승이 이튿날까지 살아남을 수 있도록

בארי ['우물'])를 갖는 데 대해서는 Lohse, 'Worte', p. 87; Marshall, Luke, p. 580 등을 보라. 참조. Black, 'Luke 14', pp. 60-62.
229) 눅 14:5은 '구덩이' 대신 '우물'('프레아르', φρέαρ)을 갖는다. '우물'이 '구덩이' 보다 더 긴박한 위험을 초래한다고 본다면, 마태의 형태는 누가의 형태보다 덜 위급한 상황을 상정한다.
230) 하지만 『다메섹 문서』 11.16-17에서 사람의 경우에는 '사다리나 줄이나 가재도구(와 같은 것)를 사용해서' 물이나 구덩이로부터 끌어내 주는 것이 허용되고 있다. 또한 참조. 4Q251 2.6-7: '[… 그러나 만일] 안식일 [날에 물에 빠진 자가 사람이라면], 그에게 옷을 던져 주어 그를 꺼내 줄 것이니라.' 위의 제2장을 보라.
231) 본 구절에서 화자(話者)들 중의 한 사람인 Rab Judah는 신약 시대로부터 그리 멀리 떨어져 있지 않은 인물이다.

음식을 던져 넣어 주는 것만을 허용하는 후자의 입장) 그 어느 것도 짐승을 구덩이로부터 직접 끌어올리는 것을 허용하지는 않는다.232) 이처럼 우리는 예수님께서 전제하고 계시는 입장과 예수님 당시 혹은 그 이후에 현존하던 규칙들 사이에 현저한 차이가 있음을 발견하게 된다.

이러한 사실로 말미암아 많은 학자들은 여기서 예수님께서 그때 당시 받아들여지고 있던 율법적인 규칙에 호소하신 것이 아니라, 그의 청중들의 실제/통상적인 행습에 호소하신 것이거나, 혹은 단지 그들의 상식·양심에 호소하신 것이라고 제안한다.233) 이와 연관하여 b. Shab. 128b에 나타난 편집자의 주석을 주목하는 것은 흥미롭다. '말 못하는 짐승들의 고통[을 피하는 것은 성경적인 [율법]이다.234) 따라서 성경적인 율법은 랍비들의 [금지 명령]을 능가한다.' 만일 랍비들의 안식일 규칙들에 반하여 짐승을 고통으로부터 구원해 주는 것이 예수님 당시에 이미 일반적으로 인정되는 경향이었다면, 예수님은 그와 같은 일반 행습에 호소하셨을 수도 있다.

이러한 제안은 예수님의 전제를 지지해 주는 당대의 자료들이 존재하지 않는다는 사실로 말미암아 제기되는 문제를 해결해 주는 것으로 보이며, 또한 예수님의 논점은 할라카적이 아니라고 하는 필자의 이전 제안과도 일치되는 측면을 보여 준다. 하지만 예수님의 반응(11절)의 직접적인 청중이 바리새인들이라는 점을 상기해 볼 때, 이러한 제안은 설득력을 잃는다. 무엇보다도 예수님의 반응 중 11절의 수사학적 질문('너희 가운데 어떤 사람이 … 그것을 붙잡아 끌어올리지 않겠느냐?')은 그 질문자들인 바리새인들도 그 질문에 마땅히 긍정적인 답변을 하리라는 점을 전제하고 있기 때문이다(특히 '너희 가운데'를 주목하라). 만일 이 질문에 대한 답변이 긍정적이 아니라면, 계속되는 예수님의 논점은 적어도 눈앞의 바리새인들에게는 힘을 잃게 된다.

---

232) Pace Barth, 'Law', p. 79, n. 3; 여기서 그는 다음과 같이 주장한다. '여기서 마태는 온건한 입장에 호소한다.' 유사한 실수가 Hummel, *Auseinandersetzung*, p. 45에서도 발견된다.
233) Manson, *Sayings*, pp. 188-89; Borg, *Conflict*, p. 150; Hare, *Matthew*, p. 133 등.
234) 편집자는 잠 12:10; 신 22:14; 출 23:5과 같은 절들을 염두에 두고 있었던 것 같다.

이처럼 예수님의 논점이 의미 있는 것이 되려면 바리새인들이 적어도 자신들의 할라카적 규칙들에 비추어 예수님의 일차적인 전제에 동의할 수 있어야 했다. 그렇다면 우리는 바리새파가(혹은 적어도 예수님 앞에 있던 바리새인들이) 예수님께서 당신의 질문에서 전제하고 계시는 바와 같은 규칙을 실제로 가지고 있었든지(비록 오늘날 기록으로 남아 있지는 않지만), 아니면 최소한 그와 같은 행습이 자신들의 할라카를 범하는 것은 아닌 것으로 간주했으리라고 추정할 수밖에 없다.

그런데 예수님의 전제를 지지해 주거나 반증해 주는 증거가 불충분할 경우 (특히 갈릴리 지방의 바리새인들과 관련하여),235) 우리는 복음서의 증거 자체를 예수님 당대의 실질적인 상황에 대한 증거로 받아들여야 할 충분한 이유를 가지고 있다.236) 바리새인들 사이에 초기부터 안식일에 관한 상이한 할라카적 견해들이 있었다는 제2장에서의 관찰을 고려해 볼 때, 예수님 당시 바리새인들(특히 갈릴리 지역의 바리새인들237))이 본 문제와 관련하여 쿰란 공동체뿐 아니라 *b. Shab.* 128b에서 대변되는 랍비들과 다른 입장을 취했을 가능성은 얼마든지 있으며, 따라서 그들이 안식일에 구덩이로부터 짐승을 끌어내 주는 것을 허용했을 가능성은 얼마든지 열려 있다.238)

예수님은 이 수사학적 질문에 다음의 강력한 선언을 부연하신다. '그런데 사람이 양보다 얼마나 더 귀하냐?'(12a절). 이 점증적인 논점은 그들의 상식에 호소하고 있다(참조. 6:26; 10:31). 그렇다면 예수님의 논점은 비록 부분적으로 암시적이기는 하지만 분명하다. 만일 너희가 안식일에도 짐승을 그 고통으로부터 기꺼이 구출해 내 준다면, 안식일이라 할지라도 (그 생명의 당장 위험한

---

235) 참조. Hübner, *Gesetz*, p. 140. 1세기 당시 '갈릴리 바리새파'에 관한 자료들이 전반적으로 결여되어 있는 상황에 대해서는, 예를 들어, Saldarini, *Pharisees*, pp. 291-97을 보라.
236) 이러한 논점의 가능성은 이미 Tuckett, *Reading*, pp. 65-66에서 제안된 바 있다. 하지만 그는 동시에 이러한 논점의 순환 논리적 위험성에 대해서도 인지하고 있다.
237) 갈릴리에 바리새인들이 있었다는 사실과 갈릴리 유대인들에 대한 그들의 영향력에 대해서는 Freyne, *Galilee from Alexander*, 특히 ch. 8; idem, *Galilee, Jesus and the Gospels*; Saldarini, *Pharisees*, pp. 291-97.
238) 참조. Saldarini, *Community*, p. 132.

지의 여부에 상관없이) 사람을 그의 고통으로부터 구출해 주는 것은 아주 적절한 것이다. (그런데도 너희의 할라카적 규칙들은 부당하게 이 적절한 행동을 금하고 있다.) 필자가 앞에서 제안한 바대로, 예수님께서 바리새인들의 할라카적 규칙들 중 하나를 사용하시기는 하지만, 그분의 논점은 결코 랍비적이거나 할라카적이지 않다.239) 그것은 오히려 그들의 할라카적 체계의 모순성과 비인간성을 지적해 주는 반(反)할라카적이다.

이제 예수님은 바리새적 할라카에 기초한 것이 아니라 '안식일의 주'로서 당신 자신의 권위에 기초한 일반 원칙을 제시하심으로써 그의 논점을 결론 내리신다. '그러므로 안식일에 선하게 행하는 것은 적법하다'(12b절).240) 이 원칙을 10절에서 바리새인들이 제기한 원래 질문('안식일에 병 고치는 것이 적법합니까?')과 비교해 보는 것은 흥미롭다. 한편으로 예수님의 답변 구조는 바리새인들의 질문 구조와 정확하게 일치한다('안식일에 …하는 것이 적법하다' ἔξεστιν τοῖς σάββασιν + 부정사). 이는 질문과 대답을 보다 밀접하게 연관시키고자 하는 마태의 의도를 보여 주는 것 같다. 하지만 다른 한편으로 대답의 초점은 질문의 초점과 전혀 다르다. 바리새인들의 질문은 보다 구체적이며('병 고치는 것') 따라서 그 성격상 결의론적인 데 반해, 예수님의 대답은 보다 일반적이며('선을 행하는 것') 따라서 비결의론적이다. 이는 예수님의 관심과 바리새인들의 관심 사이의 대조를 강조하고자 하는 마태의 의도를 보여 주는 것 같

---

239) 참조. Banks, *Jesus*, p. 127. 다시 한 번 예수님의 논점은 결코 '경중 원칙'(곧, '칼 와호메르') 방식이 아니다(그 이유는 앞서 12:5-6과 관련해서 제시하였던 바와 유사하다); *pace* Sigal, *Halakah*, pp. 136-41; Hicks, 'Sabbath', pp. 89-90; Saldarini, *Community*, p. 132. 랍비적인 '경중 원칙'과 달리 예수님의 논점의 어느 전제도 율법에 그 기초를 두고 있지 않다. 참조. Cohn-Sherbok, 'Plucking', pp. 36-39. 예수님의 논점은 이처럼 설명적이라기보다는 오히려 선언적이며, 따라서 설득적이라기보다는 도발적이다. 이는 14절에서 바리새인들이 예수님에 의해 설득되기보다는 오히려 그분을 죽이고자 모의하는 이유를 재차 설명해 준다.
240) 현존하는 랍비 문학 가운데는 12b절에서 예수님께서 제시한 바와 같은 일반 원칙이 존재하지 않는다. 그와 반대로, 이 일반 원칙에 반하는 구체적인 규칙들이 발견된다. 예를 들어, *t. Shab.* 16.22에서 샴마이 학파는 안식일에 회합의 집에서 가난한 자에게 구제품을 나누어 주거나 병든 자를 위해 기도하는 것조차도 금하고 있다(하지만 힐렐 학파는 이러한 행동들을 허용한다).

다.241)

바리새인들은 자신들의 할라카적 관심에 노예가 되어 있다. 그리고 그들의 그러한 관심은 한편으로는 자신들의 할라카적 질문에 의해 예수님을 고소하려는 데 열중하도록 만들고, 다른 한편으로는 그들로 하여금 손 마른 자의 필요에 대해 눈이 멀도록 만든다. 그에 반해, 예수님은 안식일을 향한 하나님의 원래 뜻을 회복하시는 데 관심을 쏟으시며, 또한 안식일의 주(主)이신 (8절) 당신 자신 안에서 안식일이 성취됨의 의미를 드러내 보이시는 데 관심을 가지신다. 그리고 그분의 이러한 관심은 자연히 그분으로 하여금 손 마른 자의 필요를 보도록 해 주며, 또한 그분으로 하여금 안식일이 성취된 상황 하에서 안식일과 관련된 보다 일반적인 원칙을 선언하도록 해 준다.

그렇다면 마태복음에서 예수님의 답변은 방어적이거나 바리새인들의 질문에 의해 좌우되지 않으며, 오히려 선포적이다. 필자가 앞에서 지적한 바와 같이, 그분의 답변('안식일에 선하게 행하는 것은 적법하다')은 바리새인들의 할라카에 기초해 있지 않으며, 오히려 '안식일의 주'로서 그분 자신의 권위에 기초하고 있다. 만일 우리가 그분의 답변을 바리새인들의 할라카적 기준에 따라 판단한다면, 그것은 형편없는 답변일 수밖에 없다.242) 하지만 그분의 답변은 바리새적 할라카에 대한 부가물이 결코 아니다. 그렇다고 해서 그분의 답변이 구약성경의 안식일 율법을 단순히 반복한 것이거나 혹은 대변하는 것도 아니다. 왜냐하면 구약성경에서는 그와 같은 적극적인 명령이 그 어느 곳에서도 제시되고 있지 않기 때문이다.

예수님의 답변은 구원의 시대를 가져오신 그분께서 구약성경에서 예견되고 기다려져 왔던 안식일의 성취를 가져오심으로써 '안식일의 주'가 되시기 때문에 비로소 가능해진 그러한 답변이다. 그렇다면 그분의 답변은 메시아

---

241) 마태의 이러한 관심은 보다 구체적인 마가와 누가의 형태와 비교해 볼 때 더욱 두드러진다.
242) *Pace* Tuckett, *Reading*, p. 132 — 마태복음의 예수님은 결코 그가 제안한 것처럼 '전형적인 랍비적 방식으로' 논증하시지 않는다. 그와는 정반대로 마태복음에서 예수님의 논점은 마가에서처럼 랍비적 해석 방식보다는 그분 자신의 권위에 기초하고 있다. 참조. Banks, *Jesus*, p. 127.

적 권위를 전제하고 있는 것이 분명하며,243) 따라서 그것은 기독론적으로 이해되어야 한다.244) 예수님께서 의도하신 논점은 분명한 것 같다. '나는 안식일을 폐하고 있는 것이 아니라 그것을 성취하고 있으며, 또한 나의 진술 가운데서 그 성취의 의미를 보여 주고 있다!' 설득적이라기보다는 오히려 도전적인 그분의 이러한 답변은 자연히 바리새인들로부터 강력한 적대적인 반응(14절)을 불러일으킬 수밖에 없었을 것이다.

지금까지의 고찰들에 기초하여 이제 예수님의 마지막 진술('따라서 안식일에 선하게 행하는 것은 적법하다'; 12b절)의 의미를 보다 면밀히 살펴보도록 하자. 첫째, '호스테'(ὥστε, '따라서')는 예수님의 진술이 앞의 두 말씀들(11-12a절)로부터 이끌어 낸 결론임을 보여 준다.245) 하지만 우리가 바로 위에서 살펴본 바와 같이, 예수님의 결론은 랍비적 논점 전개 방식에 따라 도출된 것이 아니다. 그것은 오히려 그분 자신의 권위로부터 나온 자유로운 선언이다. '만일 너희가 안식일에도 짐승을 그 고통으로부터 기꺼이 구출해 내 준다면, 안식일이라 할지라도 인간을 그 고통으로부터 구출해 내는 것은 (그 사람의 생명이 당장 위험한지의 여부에 상관없이) 당연히 옳을 수밖에 없다(비록 할라카적 규칙들은 너희로 하여금 이러한 행동을 금하고 있겠지만). 따라서 일반적으로 말해서 안식일에 (인간에게)246) 선을 행하는 것은 당연히 옳다.'

그렇다면 '선하게 행한다'('칼로스 포이에인', καλῶς ποιεῖν)는 것은 무엇을 의미하는가? 그것은 어떤 학자들이 제안하는 것처럼 단순히 '이웃을 사랑하는 것'을 의미하는가?247) 그것은 사랑의 계명과 연관되어 있는 것이 분명하다.

---

243) 참조. Rordorf, *Sunday*, pp. 69-71; Roloff, *Kerygma*, p. 66; Banks, *Jesus*, pp. 125-28.
244) 그렇지 않으면, 우리가 바로 위에서 지적했듯이, 바리새인들의 질문(병 고치는 것)에 대한 그분의 답변(선하게 행하는 것)은 특히 바리새인들의 관점에서 보았을 때 별 의미를 갖지 못할 것이다. '선하게 행하는 것'은 결코 바리새인들의 질문의 요점이 아니다. 이와 관련하여 Carson, 'Sabbath', pp. 69-70이 지적한 바는 흥미롭다. '바리새인들은 당연히 안식일을 지키는 것이 선이요, 안식일을 범하는 것이 악이라고 주장할 것이다.'
245) 마가와 누가의 평행구절들(막 3:4; 눅 6:9)에서는 이 진술이 수사학적 질문 형태를 띠고 있음을 주목하라.
246) Davies and Allison, *Matthew*, II, p. 321은 자신들의 의역(意譯)에서 이 한정 구절을 포함시킨다.

그럼에도 불구하고 '선하게 행하는 것'의 범주를 사랑의 계명으로만 규정하는 것은 올바른 이해로 보이지 않는다. 그보다 오히려 예수님은 당신의 앞선 논쟁에서(7절) 직접 인용하셨던 호세아 6:6의 자비의 원칙을 지칭하시는 것으로 보인다.248) 이러한 제안은 설득력이 있다. 왜냐하면 그것은 10절에서 바리새인들의 자비롭지 못한 태도에 잘 들어맞기 때문이다

그렇다면 '(사람에게) 선하게 행하는 것'은 도움을 필요로 하는 사람에게 도움을 베푸는 모든 행동을 지칭할 것이다. 그럴 경우 예수님의 진술은 너무도 급진적이어서 '안식일의 주'(혹은 하나님 자신)가 아니고서는 그 누구도 선언할 수 없는 그런 종류의 것이다. 7절에서 인용된 원칙('나는 자비를 원하고 제사를 원하지 않는다')과 더불어 본 진술('안식일에 선하게 행하는 것은 적법하다')은 자비로운 분이신 예수님 자신에 의해 성취된 안식일의 진정한 의미와 의도를 잘 드러내 보여 준다.

사실 '(사람에 대해) 선하게 행하는 것'은 안식일에 전적으로 허용될 만한 행동이다. 왜냐하면 그것은 안식일에 대한 하나님의 원래 의도와 일치되기 때문이다. 안식일이 사람에 대한 하나님의 자비의 표현으로 제정되었기 때문에, 안식일에 사람에게 자비롭게 행하는 것(=선하게 행하는 것)은 지극히 옳다. '선하게 행하는 것'은 안식일을 범하는 행동이 아니다. (또한 폐하는 행동은 더욱 아니다). 그렇다고 해서 그것은 단순히 안식일을 있는 그대로 지키는 행동도 아니다. 보다 적절히 말하자면, 그것은 안식일의 성취 결과로서 필연적으로 요청되는 행동이다. 다시 말해서, 예수님은 안식일을 폐하시는 것이 아니라 오히려 그것을 성취하시고, 그 성취를 통해 드러나게 된 원칙을 밝히시며, 그 원칙에 따라 행동하신다.

---

247) 예. Barth, 'Law', p. 79; Luz, *Matthäus (8-17)*, pp. 239-40.
248) France, *Matthew*, p. 205; Saldarini, *Community*, p. 133.

4.4.3. 12:13 - 예수님의 치유

원칙 선언에 바로 이어 예수님은 이제 당신의 대화 상대를 바꾸어 도움을 필요로 하는 그 사람에게 말씀하신다. 만일 마가복음 3:5a의 두 구절('그러자 예수께서 노하셔서 그들을 둘러보시고, 그들의 마음이 완악함을 슬퍼하셨다.')이 '공동 전승'에 들어 있었다고 가정할 경우, 이들 두 구절이 마태복음에서 빠져 있는 점은 바리새인들의 자비롭지 못한 태도를 강조해 온 마태의 관심을 고려해 볼 때 의외이다. 그래서 몇몇 학자들은 이 구절들이 마가 자신의 편집적 설명일 것이라고 추론하기도 한다. 하지만 그 구절들이 '공동 전승'에 포함되어 있었다 할지라도, 마태는 다음 이유들 때문에 그 구절들을 의도적으로 생략했을 수도 있었을 것이다.

① 예수님의 원칙 선언(12b절)과 뒤이은 치유 행동(13절) 사이의 긴밀한 연관성을 강조하기 위해
② 그에 더하여 그분의 원칙 선언(12b절)의 극적 효과를 극대화하기 위해

여하튼 마태복음의 현 이야기 형태에서 예수님의 치유는 그분께서 바로 앞서 선언하신 원칙의 즉각적인 적용으로 보인다. 원칙을 선언하셨고, 또한 이를 통하여 당신의 치유 행동을 미리 정당화하셨기 때문에, 예수님은 이제 아무 거리낌 없이 그 사람의 오그라든 손을 치유하신다. 예수님은 그 사람에게 말씀하신다. '네 손을 펴라.' 그러자 그 사람은 예수님의 말씀에 순종하며, 그러자 치유 기적이 일어난다. '그가 손을 펴자 다른 손과 같이 온전하게 회복되었다.'

그런데 예수님의 치유가 사실상 구약의 안식일 율법을 어기는 아무런 행동도 수반하지 않으며,[249] 어쩌면 랍비적 규칙들을 어기는 행동조차도 수반하지 않고 있음을 주목하는 것은 흥미롭다. 예수님은 그 자신의 손을 내밀지

---

249) 필자가 이미 언급한 바와 같이, 구약성경은 사실상 어디에서도 안식일에 치유 활동이 허용되어서는 안 된다는 점을 언급하지 않으며 심지어는 암시조차 하지 않는다.

도 않으시며, 그 사람을 만지거나 붙잡지도 않으신다. 그는 단지 말씀을 하실 뿐인데, 이는 분명 가장 엄격한 랍비적 입장에 따르더라도 안식일에 허용되는 행동이다.250)

그럼에도 불구하고 다음 절(14절)에서의 바리새인들의 반응으로 미루어 볼 때, 그들은 다르게 생각하고 있는 것으로 보인다. 만일 그들이 예수님의 명령 자체(13a절)에 대해서는 문제를 느끼지 않았다 할지라도, 예수님의 명령의 결과(즉, 13b절의 치유)에 대해서는 아마도 문제를 느꼈을 것이다. 왜냐하면 그들은 안식일에 의도적인 치유는 허용되지 않는다는 후대 랍비들의 전제를 이미 공유하고 있는 것으로 보이기 때문이다.251)

하지만 그렇다 하더라도 단순히 말에 의한 치유는 바리새인들 사이에서조차도 결코 명백한 영역이 아니었던 것으로 보이며, 바로 그 때문에 그들은 회당 안에 머물면서 예수님께 대해 계속 비판을 가하기보다는 오히려 회당 밖으로 '나가' 버리지 않았나 싶다(참조. 14절). 그렇다면 '그분의 치유 행동은 11-12절의 그분의 말씀보다는 훨씬 덜 도발적이다' 라는 데이비스와 앨리슨의 제안은 적절한 판단으로 보인다.252)

이처럼 13절의 예수님의 치유 행동이 본 이야기의 관심의 초점은 아니더라도, 이 치유 기적 자체도 본 이야기 가운데서 상당한 의의를 가지고 있음을 주목할 필요가 있다.

① 이 기적은 12b절의 예수님의 권위 있는 진술('그러므로 안식일에 선하게 행하는 것은 적법하다')에 대해 (그리고 어쩌면 '안식일의 주' [8절]로서의 그분의 권위에 대해서도) 추가적인 지지를 보낸다. 마른 손의 즉각적인 회복은 예수님의 말씀의 효력을 입증해 주는데, 이 효력은 마태복음에서만 독특하게 포함된 '다른 손과 같이' 구절에 의해 훨씬 더 부각된다.

---

250) Osborne, *Matthew*, p. 460 n. 12는 필자의 이러한 지적을 공감한다.
251) 그럴 경우 예수님의 치유는 그의 행동이 치유를 가져왔다는 단순한 결과보다는 그의 의도 때문에 바리새인들을 불편하게 만들었을 것이다.
252) Davies and Allison, *Matthew*, II, p. 321.

② 기적의 결과(곧, 오그라든 손의 회복)는 육체적 불구(=육체적 짐)로부터 구출이라는 점에서 안식일 성취를 은연중에 나타내 주는 것 같다. 마태의 독특한 구절 '다른 손과 같이'는 치유의 완결성, 즉 육체적 짐으로부터 완전한 구출을 강조하는 것으로 보인다.253)

③ 보다 근본적인 문제로서, 이 기적 자체는, 8-9장의 치유 기적들과 마찬가지로, 구약성경을 성취하시고 하나님의 통치를 당신 백성에게 가져오신 약속된 자 메시아로서의 예수님께 대한 추가적인 증거이다.

④ 그의 육체에 하나님의 통치가 영향을 미치도록 해 준 그 사람의 순종은 바리새인들의 무감각한 태도 및 그로 말미암아 하나님의 통치가 그들 위에 영향을 미치지 못하는 상황과 대조를 이룬다.254) 바리새인들은 하나님 나라 도래의 징조로서 기적의 진정한 의의를 놓쳤기 때문에 그 기적에 대해 적절히 반응할 수 없었으며, 오히려 예수님을 죽이고자 궁리하였던 것이다.

이처럼 비록 그분의 치유 행동이 바리새인들의 시험하는 질문에 의해 유발되기는 하였지만, 예수님은 그 자신의 사역 관점에서 보아 안식일에 그 사람을 치유할 충분한 이유들을 가지고 계셨던 것이다.

4.4.4. 12:14 - 바리새인들의 반응

우리의 두 단락을 통해 줄곧 예수님의 대적들로 나타나는 바리새인들은 결국 '나가서 그분을 없애려고 그분을 대항하여 모의하였다.' 마가복음의 평행구에 나타나는 '헤롯당과 함께'(막 3:6)라는 구절이 본 절에 빠져 있다는 점은 예수님의 대적으로서 바리새인들의 역할을 더욱 두드러지게 해 준다.255)

---

253) Hagner, *Matthew 1-13*, p. 334.
254) 아마도 15절에서 무리의 반응과 예수님의 치유 역시 바리새인들의 무감각한 태도와 대조를 이룬다. Derrett, 'Christ', p. 170을 보라.

우리가 앞에서 살펴본 바와 같이, 예수님은 구약성경의 안식일 율법을 범하지 않으셨으며 또한 어쩌면 바리새인들의 안식일 규례들도 범하지 않으셨던 것 같다. 동사 '엑셀톤테스'(ἐξελθόντες, '나갔다')는 바리새인들이 적어도 신학적 차원에서는 안식일 율법과 관련하여 죄목을 조작해 내는 데 실패했음을 시사해 준다.256) 그들은 이러한 자신들의 실패 때문에 회당 안에 더 이상 머물러 있을 수 없었다. 뿐만 아니라 치유 사건 이후 회당을 가득 메운 예수님의 압도적인 권위 때문에라도 그들은 더 이상 회당 안에 머물러 있을 수 없었을 것이다. 그들에게는 회당으로부터 나가는 것 이외에 다른 선택의 여지가 없었던 것이다.

비록 그들이 자신들의 실패를 이처럼 인정하지 않을 수 없었지만, 그렇다고 해서 자신들의 원래 의도를 포기할 수는 없었다. 오히려 그들은 단순히 예수님의 가르침을 반박하는 데 그치는 것이 아니라(참조. 10절: '이는 그를 고소하기 위한 것이었다'), 예수님 자신을 아예 제거해 버려야 한다는 확고한 결론에 도달하게 된다('그분을 없애려고 … 모의하였다'). 그들은 비록 치유에 연루된 예수님의 행동(즉, 13a절의 말씀) 자체에 의해서는 아니더라도, 12b절의 예수님의 말씀('그러므로 안식일에 선하게 행하는 것은 적법하다')에 의해 (또한 6-8절의 그분의 말씀들에 의해) 그리고 기적의 결과(즉, 13b절의 치유 자체)에 의해서는 마음이 상하였을 것이다. 그들은 또한 예수님의 압도적인 권위에 위협을 느꼈을 것이다.

이처럼 그들의 질문에 순수성이 결여되어 있었음은 명백해졌다. 그렇다면, 해그너가 지적한 바와 같이, 바리새인들에게 있어서 진정한 비극은 예수님의 논점을 이해하고 받아들이는 데 실패한 것에 그치지 않고, 더욱 근본적으로 예수님을 하나님 나라를 도래시키고 또한 '안식일의 주(主)'가 되신 메시아로 받아들이는 데 실패한 것이었다.257)

---

255) 한편 본 절과 유사한 상황을 묘사하는 22:16(//막 12:13)에서는 마태가 '헤롯당'을 언급하고 있음을 주목하라. 참조. Banks, *Jesus*, p. 127; Davies and Allison, *Matthew 1-13*, p. 332.
256) 참조. Gundry, *Mark*, p. 152. 그는 그와 같은 조짐을 마가복음에서 바리새인들이 헤롯당과 연합 전선을 펴고 있는 데서 찾는다.
257) Hagner, *Matthew 1-13*, p. 334를 보라.

'쑴불리온 엘라본'(συμβούλιον ἔλαβον, '모의하였다')은 마태의 특징적인 어구이다.258) 마태복음에서 이 어구는 오직 예수님의 대적들이259) 예수님께 대항하여 의논을 하거나 계획을 세우는 상황에서만 사용된다.260) 본 절에서 이 어구는 공식 결정을 의미하지는 않는다. 바리새인들은 예수님께 대항하여 단순히 의견을 교환하고 어떻게 예수님을 죽일지에 대해 (공식적인 구속력은 없이) 계획을 수립하였을 것이다.261)

이러한 해석은 그 당시 세력 구도와도 잘 들어맞는다. 필자가 앞에서 제안한 것처럼, 회당과 사람들 가운데서 자신들의 권위가 예수님의 권위에 의해 위협을 받게 된 상황하에서, 바리새인들은 자신들의 영향력과 권위가 손상을 입지 않기 위해서는 예수님이 제거되어야 한다는 점을 직관적으로 깨달았을 것이다.262) 더욱이 만일 그들이 실제로 예수님께서 손이 오그라든 사람을 치유함으로써 안식일을 범하였다고 생각했다면, 그들은 적어도 자신들의 규례들에 근거하여(참조. m. Sanh. 7.1, 4, 8; 또한 참조. 출 31:14) 예수님을 죽이기로 결정할 충분한 이유를 가지고 있었을 것이다.

하지만 바리새인들은 단지 어떤 사람이 자신들의 할라카적 규례들을 따르지 않았다는 사실에만 근거하여 그 사람을 죽일 수 있는 그러한 권위를 가지고 있지 않았다(물론 그들은 그렇게 할 수 있기를 바랐겠지만).263) 따라서 그들은 예수님을 죽일 다른 방도들을 발견할 필요를 느꼈을 것이며, 그래서 그들은 그렇게 하려 하고 있는 것이다. 하지만 만일 바리새인들의 계획이 그때 당시

---

258) 마태: 5회(12:14; 22:15; 27:1, 7; 28:12); 마가: 0회; 누가: 0회. 마가는 그 대신 '쑴불리온 에디둔'(συμβούλιον ἐδίδουν)이라는 아주 어색한 표현을 2회 사용한다(3:6; 15:1). 위에 제시된 일곱 경우들을 제외하고 '쑴불리온'이라는 명사는 신약성경 전체를 통해 행 25:12에서 한 번 더 사용될 뿐이다.
259) 바리새인들 - 12:14; 22:15; 공회 안의 집단들 - 27:1, 7; 28:12.
260) 참조. Schneider, 'συμβούλιον, ου, τό', p. 286.
261) 22:15에서의 상황도 비슷하다. 두 경우 모두 바리새인들이 주어이고 그 뒤에 '호포스'(ὅπως, '…하기 위해') + 가정법 구조가 뒤따라오는 점을 주목하라. 이들 두 경우를 27:1. 7: 28:12의 경우들과 비교해 보는 것은 흥미롭다. 그곳들에서는 주어가 공회의 집단들이고, '호포스' 구조도 발견되지 않는다.
262) Hagner, Matthew 1-13, p. 334; 참조. Sigal, Halakah, p. 142.
263) 특히, Sanders, Practice, pp. 380-490을 보라.

아무런 공식적인 구속력이 없었다면, 그리고 만일 예수님께서 사실상 안식일 율법을 범하지 않으셨다면(비록 그분께서 아직 확고하게 정착되지 못한 바리새파의 규례들을 어기셨을지는 모르지만), 예수님의 재판 상황(26-27장)에서 안식일을 범한 죄목이 그분께 부과되지 않았다는 사실은 그렇게 이상한 일이 아니다.

예수님의 원칙 선언(12b절)과 치유 기적(13절)에 대한 바리새인들의 궁극적인 반응은 이처럼 안식일에 대한 그 성취의 관점에 입각한 예수님의 급진적인 접근과 자신들의 결의론적 할라카 관점에 입각한 바리새인들의 전통적인 접근 사이의 조화될 수 없는 차이점을 드러내 보여 준다. 아이러니하게도 예수님은 손이 오그라든 사람을 그의 육체적 짐으로부터 벗어나게 해 줌으로써 그에게 구원 시대의 선물로서 온전한 생명을 제공해 주신 데 반해, 바리새인들은 이 자비의 행동을 예수님의 생명을 없애려는 모의(謀議) 기회로 사용하고 있다. 예수님은 하나님 나라가 가져온 참된 생명을 제공하심으로써 당신 자신의 생명을 위태한 상태에 내놓으시게 된 것이다.[264] 또한 아이러니하게도 소위 '안식일의 수호자들' 이 '안식일의 주(主)' 를 제거하려고 모의하고 있다.[265] 그 이유는 단지 '안식일의 주' 이신 예수님께서 안식일에 대한 하나님의 궁극적 목적과 의도를 가르치시고(6-8, 11-12절), 이제 당신의 안식일 성취를 통해 드러나게 된 원칙을 따라 행동하시기 때문인 것이다(13절).

앞에서 살펴본 바와 같이, 본 단락은 홀로 서 있지 않다. 그것은 앞 단락과 '거기서 떠나' (9절)라는 개시 구절로 연결되어 있다. 마태에 따르면, 동일한 안식일에 그 두 사건이 일어났으며, 예수님의 대적들은 거의 확실히 앞의 사건에서 나타났던 그 동일한 바리새인들인 것으로 보인다. 만일 이 두 단락들이 이처럼 매우 밀접하게 연결되어 있다면, 14절에서의 바리새인들의 반응은 11-13절에서의 예수님의 논점과 치유에 대한 반응일 뿐 아니라 3-8절에서

---

264) Guelich, *Mark*, p. 139.
265) Gundry, *Mark*, p. 152.

의 예수님의 논점과 선언에 대한 반응이기도 한 것으로 보인다.

그럼에도 불구하고 본 단락은 그 자체로 충족한 구조를 갖는다. 처음에 바리새인들에 의해 제기된 질문(10절)은 예수님에 의해 답변되고 있는데(11-12절), 안식일에 대한 원칙의 선언에서 그 절정에 달한다(12b절). 예수님을 고소하려던 바리새인들의 원래 의도(10절)는 14절에서 실행에 옮겨진다. 그런데 예수님은 그들의 회당으로 들어가신 데 반해(9절), 바리새인들은 회당 밖으로 나간다는 이 아이러니한 사실(14a절)은 바리새인들이 자신들의 의도를 실행에 옮기는 데서 직면하게 된 당혹감을 부각해 준다.

지금까지의 연구로부터 우리는 본 단락에 대한 다음 몇 가지 두드러진 특징들을 정리해 볼 수 있다.

첫째, 바리새인들의 저항과 자비롭지 못한 성품이 (다른 공관복음서 평행 단락들에서보다) 본 단락 가운데서 매우 두드러지게 나타난다.

① 마가복음과 누가복음에서 바리새인들의 내면적 생각이 명시적인 질문으로 전환되고 있다(10절).

② 그들의 질문에서 '그를'('아우톤', αὐτόν, 곧 '손이 오그라든 사람을')이 빠진 것(10절)은 그들의 질문을 순전히 할라카적인 것으로 만든다. 그들의 할라카적 관심은 그들로 하여금 어려움 중에 있는 그 사람에게 주의를 기울이는 것을 가로막고 있다. 그들은 앞의 사건에서 7절의 예수님의 가르침에도 불구하고 자비의 감각을 완전히 상실해 버렸던 것이다.[266]

③ 그들의 질문의 숨은 의도는 예수님의 할라카적 입장을 진지하게 알아보려는 것이 아니며, 오히려 그를 고소할 증거를 찾고자 하는 적대적인 것이다(10절 - '이는 그를 고소하기 위한 것이었다').

④ 예수님의 논증과 기적 이후에 그들은 설득을 당하기보다는 오히려 그분을 죽이려고 모의하고 있다.

---

[266] 이에 반해, 마가의 본문에서는 어려움에 처한 그 사람이 논의의 대상임을 주목하라. 물론 거기에서도 바리새인들의 관심은 그 사람의 복지에 맞추어져 있는 것은 결코 아니지만 말이다.

둘째, 본 단락을 지배하고 있는 율법 관련 관심사는 결국은 바리새인들의 할라카를 능가하는 그리고 심지어는 율법 자체를 능가하는 예수님의 권위에 그 자리를 내준다. 그 결과 논의의 초점은 율법 주제에서 기독론으로 옮겨가게 된다.

① 바리새인들의 질문에서 '적법합니까'('엑세스틴', ἔξεστιν)의 출현은 1-8절(참조. 2, 4절)과 9-14절 사이의 연관성을 돋보이게 해 줄 뿐 아니라, 율법 문제를 특히 이에 대한 예수님의 입장과 연관해서 전면에 대두시킨다.

② 비록 본 단락에서 예수님께서 바리새적 할라카를 사용하고 계시지만(11절), 이는 예수님께서 그 할라카에 얽매여 있음을 의미하지는 않는다. 오히려 예수님의 결론적인 진술은 그분께서 할라카적인 차원에서가 아니라 그 차원을 넘어서서 논점 전개를 하고 있음을 명확히 보여준다.

③ 12b절에서 예수님의 답변('안식일에 선하게 행하는 것은 적법하다')은, 비록 그 구조가 바리새인들의 할라카적 질문의 구조와 유사하기는 하지만, '안식일의 주'이신 당신 자신의 권위에 기초해 있다. 이처럼 본 단락의 율법적인 분위기는 안식일을 성취하신 안식일의 주로서 예수님의 기독론적 지위와 권위를 드러내 보여 주는 역할을 할 뿐이다. 이 성취는 단순히 안식일 율법의 진정한 의미를 드러내 보여 주는(혹은 재해석하는) 점에서뿐 아니라, 안식일에 대한 하나님의 원래 뜻을 회복하는 점에서(즉, 그분의 가르침과 치유를 통해 그분의 백성에게 [짐이 아니라] 자비를 가져다줌으로써), 그리고 안식일의 궁극적인 목표를 채우고 완성하는 점에서(즉, 예수님의 구속적 사역을 통해 하나님의 백성에게 종말론적 안식을 가져다줌으로써) 이루어진 것이다. 구약성경에서 안식일 율법은 이 모든 것들을 내다보았다. 그런데 그 모든 것들이 이제 '메시아', '자비로운 분', '안식일의 주'이신 예수님의 인격과 가르침(참조. 11:28-30; 12:3-8, 11-12), 그리고 그분의 행동(12:13; 참조. 12:15) 가운데서 성취되고 있는 것이다.

셋째, 비록 치유 기적 자체가 본 단락의 초점은 아닌 것으로 드러나지만, 그럼에도 불구하고 그것은 육체적 고통 중에 있는 자들에게 참된 생명을 가져다주는 메시아로서의 예수님을 증언해 준다. 그리고 그렇게 함으로써 이 기적은 예수님을 사탄의 속박(여기서는 오그라든 손)으로부터 당신의 백성을 구출해 내는 메시아적 권위와 권능을 행사하시는 자비롭고 능력 있는 분으로 제시해 준다.

끝으로, 예수님을 죽이려는 바리새인들의 계획 역시 마태복음의 흐름에 있어서 기독론적 의의를 갖는다. 물론 메시아에 대한 거절이 마태복음에서 이미 하나의 중요한 주제로 드러났지만(예. 2:1-18에서 예수님을 죽이려는 헤롯의 시도), 메시아로서 예수님의 권위 있는 가르침과 기적에 직면하여 그분을 죽이려는 바리새인들의 시도는 바로 그분의 메시아 신분 때문에 당신의 대적들에 의해 죽임을 당하게 될 메시아의 운명을 내다보는 역할을 한다. 이러한 운명은 16:21에서 처음으로 명시적으로 설명될 것이며, 마침내는 26-27장에서 실제로 이루어질 것이다(또한 참조. 22:15; 27:1).[267] 이와 같은 적대적인 저항에도 불구하고 예수님은 '상한 갈대를 꺾지 않고, 꺼져 가는 심지를 끄지 아니하는'(20절) 자비로운 분으로서 자신의 메시아 임무를 계속 수행해 나가신다(15-16절).

4.5. 하나님의 택한 종 예수님(12:15-21)

우리는 4.1에서 본 단락과 앞의 두 안식일 논쟁 단락들(12:1-8, 9-14) 사이의 연관성이 긴밀하다는 점을 이미 살펴보았다. 그렇다면 본 단락을 석의적 연구에 포함시켜 그것을 앞의 단락들(두 논쟁 단락들 및 11:25-30)에 대한 석의적 연구들로부터 도출된 결론들에 비추어 고찰해 보는 것은 필수적이라고 생각된다.[268]

---

267) 참조. Luz, *Matthäus (8-17)*, p. 240; Hare, *Matthew*, p. 133.

4.5.1. 12:15-16 – 예수님의 철수 및 치유 사역

15-16절의 어휘들 대부분이 그 평행 단락인 마가복음 3:7-12에서 발견되지만, 마가복음의 이야기 형태와 비교해 볼 때 이들 두 절에 나타난 마태의 기술의 간결성은 매우 인상적이다. 마태복음에서 이들 두 절은 마가복음(3:7-12)에서처럼 독자적인 이야기로서보다는 현 문맥 가운데 형식 인용구(18-21절)를 삽입해 넣어 주는 도입구로서의 기능을 한다. 이 절들과 앞 단락(들)(특히 14절) 사이의 밀접한 연관성은 마태복음에만 나타나는 15절의 '아시고'('그누스', γνούς)와 '거기서'('에케이뗀', ἐκεῖθεν) 두 단어의 도입에 의해 보다 분명해 진다.[269]

예수님의 자비롭고 온유한 성품은 그분을 죽이려 하는 바리새인들의 부당한 계획(14절)에 직면하여 그들에게 능동적으로 저항하거나 혹은 그들에 대한 즉각적인 판단을 내리지 않으시고,[270] 오히려 조용히 철수하시는 모습에서 더욱 두드러진다.[271] 예수님의 자비로움과 온유함은 이처럼 바리새인들의 공격적인 저항과 인상적으로 대조를 이룬다.

15b절에서 우리는 또 하나의 흥미로운 대조를 발견한다. 바리새인들은 예수님을 떠나는 데 반해, 많은 무리들은 예수님을 좇고 있는 것이다('많은 [무리들이] 그분을 뒤따랐다'). 마태복음에서 흔히 그러하듯이, 무리들 가운데는 병든 자들이 있었으며, 예수님은 '그들 모두를 고쳐 주셨다.' 여기서 예수님의 치

---

[268] 필자는 본 단락에 대한 전면적인 연구를 제시하려 하지 않는다. 필자의 탐구는 본 서의 연구 목적에 보다 밀접하게 연관된 문제들에 한정될 것이다. 더욱이 필자의 탐구는 본 단락과 그 앞 단락들과의 연관성에만 집중될 것이며, 그 뒤 단락들과의 연관성에 대해서는 꼭 필요하다고 사료되지 않는 한 다루지 않을 것이다.

[269] 마가복음에는 '거기서' 대신 '바다로'가 나타나며(막 3:7), 그 결과 앞 단락과의 긴밀한 연관성은 사라진다.

[270] 하지만 그분은 궁극적으로 공의로 승리하실 것이다(20절). 그렇다면 예수님의 철수는 죽이려는 위협으로부터 수동적으로 피신한 것으로 이해되어서는 안 된다. 그러한 행동은 권위 있는 기독론적 선언들(참조. 6-8, 12절)과 치유(13절) 직후에 취할 행동으로 보이지는 않는다. 게다가 앞에서 살펴보았듯이 예수님을 죽이고자 하는 바리새인들의 계획은 사실상 예수님의 생명에 직접적인 위협이 되지 못하였다.

[271] Harrington, *Matthew*, pp. 179-81. 참조. Stendahl, *School*, pp. 111-12.

유 사역은 8-9장과 12:13의 치유 기적들과 마찬가지로 예수님께서 구약성경, 특히 이사야 42:1-4의 메시아적 종의 노래를 성취하신(참조. 18-21절) 약속된 종 메시아이심을 다시 한번 증언해 주는 것 같다. 마태의 특징적인 '모두'('판타스', πάντας) 사용은272) 여기서 예수님의 사역의 포괄적 성격을 강조해 준다(참조. 11:28).

16절의 예수님의 명령('그분은 자신을 드러내지 말라고 그들에게 엄중히 경고하셨다')은 이사야 인용구와 잘 들어맞는다(특히 19절=사 42:2). 이사야 42:2에서 종의 처신은 예수님의 성품과 일치한다. 특히 메시아적 비밀 및 그분의 비과시적 성품에 비추어 볼 때 그러하다.273) 이처럼 조용할 것에 대한 예수님의 명령은 '종의 역할의 성취'로서 간주되고 있다.274)

4.5.2. 12:17-21 – 종이신 예수님

17-21절의 성취 형식구와 이사야 인용구는 마태복음에서만 독특하게 나타난다. 특별한 형식구('이는 선지자[…]를 통하여 [주께서] 하신 말씀을 성취하시려는 것이었다')275)에 의해 도입되는 마태의 열 개 인용구들(1:22-23; 2:15; 2:17-18; 2:23; 4:14-16; 8:17; 12:17-21; 13:35; 21:4-5; 27:9-10)은 그 어느 것도 마가복음이나 누가복음에서 평행구를 갖지 않는다. 한편 형식구 그 자체도 마태복음에만 독특한데,276) 아마도 마태는 '하나님께서 이전에 선포하셨던 목적이 예수님 안에서 그 예정된 결론에 어떻게 도달하였는가를 확고히 선포하기 위해, 그의 독

---

272) 참조. (4:23); 8:16; (9:35). 마가복음과 누가복음에서는 '모두'가 '고쳐 주다'('떼라퓨오', θεραπεύω) 동사와 더불어 사용되지 않는다. 마가는 여기서 그리고 다른 곳에서도(1:34; 6:13) '많은'('폴뤼스', πολύς)을 대신 사용한다. 참조. 눅 7:21.
273) Hagner, *Matthew 1-13*, p. 337; 참조. Strecker, *Gerechtigkeit*, p. 69.
274) France, *Matthew*, p. 206.
275) [ἵνα] πληρωθῇ τὸ ῥηθὲν [ὑπὸ κυρίου] διὰ […] τοῦ προφήτου λέγοντος. 이 도입 형식구의 형태는 각 경우마다 약간씩 다르지만, 그러나 그 기본적인 구조는 대체로 동일하다.
276) 형식구와 그 배경에 대한 상세한 논의를 보려면 Soares-Prabhu, *Formula Quotations*, pp. 46-63을 참조하라.

자들을 준비시키려는 목적으로' 277) 이 형식구를 고안해 내었던 것 같다. 마태는 18-21절에서 이제 이 성취 형식구(17절)에 의해 도입되는 종의 노래(사 42:1-4)를 인용함으로써, 예수님 안에서 종에 대한 이사야의 예언이 그 성취에 도달하였다는 진리를 확증해 준다. 278)

마태의 인용 본문은 현존하는 그 어떤 헬라어 번역본과도 일치하지 않으며, 그렇다고 마소라 본문을 정확히 따르고 있지도 않다. 279) 아마도 마태는 히브리어 본문을 독자적으로 아니면 그에게 주어져 있던 자료들(예. 탈굼. 70인역)로부터 어느 정도 영향을 받아 번역하였던 것 같다. 280) 그런데 그의 이러한 번역은 예수님의 사역이 종의 선교를 어떻게 성취하였는가를 보여 주고자 하는 목적을 적극적으로 반영한 것임이 분명하다. 그래서 스텐달(K. Stendahl)은 다음과 같이 주장한다. '마태복음에 있는 본문의 형태는 예수님께 무엇이 일어났는가에 비추어 <u>해석된</u> 예언이다.' 281)

마태는 70인역과 마찬가지로 18a절에서 '둘로스'(δοῦλος, '종') 대신 '파이스'(παῖς, '아들, 종')로 번역하고 있다. 282) '파이스'가 '종'이나 '아들' 어느 의미도 가질 수 있다는 사실은 마태의 본 어휘 선택을 매우 의미심장하게 만들어 준다. 만일 세례 받으실 때(3:17)와 변화하셨을 때(17:5) 하늘로부터 들려온 음성이 발한 선언들이, 많은 학자들이 추정하는 것처럼, 283) 이사야

---

277) France, *Evangelist*, p. 172.
278) Kingsbury, *Structure*, p. 95. 마태는 이 종의 노래를 메시아에 대한 예언으로 이해하였음이 분명하다. Cope, *Scribe*, p. 36은 '그 첫 번째 절에 대한 탈굼의 번역 "나의 종, 메시아…." (עבדי משיחא)는 이 구절이 유대교에서 메시아적 본문으로 사용되었음을 보여 준다'라는 점을 지적하고 있다.
279) 본 인용 본문에 대한 몇몇 철저한 연구들은 다음과 같다. Stendahl, *School*, pp. 107-15; Gundry, *Use*, pp. 110-16; Grindel, 'Matthew 12,18-21', pp. 110-15; Cope, *Scribe*, pp. 32-52; Neyrey, 'Use', pp. 457-73.
280) Grindel, 'Matthew 12,18-21', p. 110; Gnilka, *Matthäusevangelium*, I, pp. 451-53; Davies and Allison, *Matthew*, II, p. 323. 하지만 다른 견해들에 대해서는 Strecker, *Gerechtigkeit*, pp. 67-70; Lindars, *Apologetic*, pp. 144-52를 보라.
281) Stendahl, *School*, p. 112; 필자의 강조. 또한 참조. Cope, *Scribe*, p. 49: '마태는 종의 노래 본문을 예수님께 적용하는 데 있어서 그 자신의 목적들에 맞추어 자유롭게 구성하였다.'
282) 마소라 사본은 עבדי('종')를 갖는다. Aquila역과 Symmachus역은 여기서 공히 δοῦλος를 대신 갖는다. 하지만 Theodotion역은 70인역이나 마태와 마찬가지로 παῖς를 갖는다.

42:1로부터의 인용(혹은 적어도 암시)으로 간주된다면, '파이스'는 '종'이라는 기본적인 의미는 버리지 않으면서도, '휘오스'(υἱός, '아들')가 사용되고 있는 다른 두 인용구들(3:17; 17:5)과 본 인용구 사이의 연관성도 효과적으로 살려 준다.

히브리어 본문의 '나의 택한 자'('베히리', בְּחִירִי)를 '나의 사랑하는 자'('호 아가페토스 무', ὁ ἀγαπητός μου)로 바꾼 마태의 번역은 본 인용구를 세례와 변화 사건의 다른 두 인용구들(3:17; 17:5; 이들 모두 '나의 사랑하는 아들'[ὁ υἱός μου ὁ ἀγαπητός]로 번역하고 있음)과 조화시키려는 마태의 관심으로 다시 한 번 설명될 수 있다.

이 인용구를 이처럼 두 핵심적 기독론 인용구들에 유사하게 변형시킴으로 말미암아 마태는 본 인용구의 기독론적 수준을 다른 두 인용구들의 높이로까지 올려놓고 있다. 게다가 성령의 수여를 언급하는 다음 줄('내가 나의 영을 그에게 줄 것이다')은 본 인용구와 세례에서의 인용구(참조. 3:16) 사이의 연관성을 더욱 강화시켜 준다. 이들 두 인용구를 이처럼 연결시켜 줌으로써, 마태는 세례와 더불어 시작되었던 메시아의 선교가 지금 성취되고 있다는 점을, 비록 암시적이지만 매우 인상적으로 주장하고 있는 것 같다.[284]

이 종의 노래는 이처럼 예수님을, 하나님께서 택하셨고 하나님께서 기뻐하시며 하나님께서 그 위에 당신의 영을 주시는, 하나님의 아들이자 종이신 메시아로 인증해 준다. 그런데 이 종의 노래가 12장에서 인용되고 있다는 사실은 지극히 중요하다. 안식일과 관련해서 예수님의 엄청난 주장들이 있은 후에(3-8, 11-13절; 또한 참조. 11:28-30) 이 핵심적인 메시아적 인용구를 소개함으로써, 마태는 예수님의 권위가 하나님에 의해 인증된 것이며, 따라서 그분의 기독론적 주장들은 바리새인들의 적대적인 반응(14절)에도 불구하고 진정한 것이라는 점을 견고히 확증해 준다.

---

283) Stendahl, *School*, pp. 109-10; Gundry, *Use*, pp. 29-32; Grindel, 'Matthew 12,18-21', p. 110 등을 보라.
284) 참조. France, *Matthew*, p. 206.

바리새인들이 예수님을 하나님께서 택하신 종으로 인지하는 데 실패한 것은 그들이 하나님께서 예수님께 주신 성령을 소유하지 못하였기 때문이다. 이러한 사실은 곧 뒤이어 그들이 성령에 의한 예수님의 사역을 바알세불의 것으로 돌리는 행동 가운데서 보다 명백해 질 것이다(24절). '그렇다면 예수님께 대한 하나님의 평결은 바리새인들의 적개심에 대한 중요한 변증적 답변으로서의 기능을 한다.' 285) 이러한 상황에서 '내 마음이 그를 기뻐한다'라는 언급은 특별히 의미심장하다. 왜냐하면 예수님께 대한 하나님의 태도와 바리새인들의 태도가 너무도 인상적으로 대조되기 때문이다. 바리새인들은 예수님을 지극히 싫어하고 그래서 부당하게도 그분을 어떻게 죽일지 모의하고 있는 데 반해(14절), 하나님은 예수님을 기뻐하시며 그래서 나라들에게 공의를 선포하고(18d절) 정의를 승리로 이끄는 권한(20c절)을 그에게 부여하고 계시는 것이다.

프랑스가 적절히 지적한 바와 같이, '정의를 승리로 이끄는 것'은 단순히 법적인 설욕 이상의 의미를 갖는다.286) 바르트가 제시한 바와 같이, 그것은 오히려 예수님의 사역의 목표인 하나님의 뜻을 완전히 세우고 실행하는 것을 의미한다.287) 그렇다면 18d절과 20c절은 안식일의 주되심에 대한 예수님의 선언(8절)과 안식일에 관한 다른 진리들의 선언(3-7, 11-12절) 및 안식일에 그분의 치유(들)(13절; 또한 참조. 15절)는 하나님의 뜻, 특히 안식일에 대한 하나님의 뜻의 성취의 주요 핵심임을 잘 증언해 준다.

18d절과 관련된 남은 문제는 여기서 '에뜨네'(ἔθνη; 또한 참조. 21절)가 이방인들만 지칭하는가 아니면 유대인들도 포함하는가 여부이다. 많은 무리가

---

285) Neyrey, 'Use', p. 460; 참조. Hummel, *Auseinandersetzung*, pp. 125-27.
286) France, *Matthew*, p. 207.
287) Barth, 'Law', p. 141. 여기서 '크리시스'(κρίσις)의 적절한 번역이 '정의' 인지 '심판' 인지를 결정하기란 쉽지 않다. Gundry, *Matthew*, p. 229는 이방인들의 제자화에 대한 마태의 관심이 본 단어를 '심판' 보다는 '공의' 로 이해해야 할 것을 요청한다고 제안하는데, 이는 상당히 설득력 있는 제안이다. Grundmann, *Matthäus*, p. 326; Hagner, *Matthew 1-13*, p. 338도 보라. 하지만 다른 견해에 대해서는 Luz, *Matthaus (8-17)*, pp. 247-49를 보라.

예수님을 뒤따르고 있고(15절) 그들 중 어떤 이들은 예수님을 '다윗의 자손'이라고 고백하고 있는 점(23절)으로 미루어 볼 때, 그리고 제자들 자신도 유대인이라는 점으로 미루어 볼 때, 여기서 '에뜨네'가 이방인들만 지칭한다고 주장하는 것은 타당성이 없어 보인다. 그럼에도 불구하고 본 인용구에서 '에뜨네'가 반복해서 나타나고 있는 점은[288] 예수님의 메시지와 기적들에 호의적으로 반응하는 데 실패한 유대인들, 특히 바리새인들(참조. 12:2, 10, 14, 24)을 거절하고(참조. 11:20-24, 25-27; 12:30-37, 39-42), 그들의 특권을 이방인들에게도 제공하는[289] 결정적인 성경적 기반을 제공해 준다.[290] 예수님의 이러한 입장은 복음서가 진행되어 가면서 보다 명시적으로 드러나게 될 것이다 (참조. 12:30-50; 15:1-12, 21-28; 21:28-22:11; 23장; 26:13; 28:18-19 등).

필자가 앞에서 시사한 것처럼, 19절은 15-16절과 연관해서 이해하는 것이 가장 적절할 것 같다. 물론 예수님께서 바리새인들과의 논쟁들에 참여하기는 하시지만(1-14절), 그분의 의도는 인기를 얻으려는 것이 아니라 메시아적 종(참조. 18d, 20c절)의 역할을 수행하는 것이다. 하지만 정당한 사유도 없이 당신을 죽이고자 하는 바리새인들의 모의에 직면한 상황에서 예수님의 조용한 철수(15절)는 다투지도 아니하고 들레지도 아니하며 아무도 길에서 그 소리를 듣지 못하는(19절; 또한 참조. 11:29) 메시아적 종으로서의 그분의 역할을 성취하는 또 다른 측면일 것이다.[291]

종의 사역의 이러한 성격은 16절에서 자신을 나타내지 말라고 하는 예수님의 명령에 의해 좀 더 부각된다(참조. 11:29). 하지만 이 '메시아적 비밀'에

---

[288] 마태의 인용구에서 사 42:3c-4a(혹은 4ab)가 모종의 이유 때문에 생략되고 있는 점을 주목하라. 마태는 만일 그의 목적에 맞지 않았을 경우 '에뜨네'도 이처럼 생략해 버릴 수 있었을 것이다.
[289] 마태복음 안에는 이방인들에게도 특권을 제공하는 암시들이 이미 있어 왔다. 예를 들어, 예수님의 족보에 아마도 이방인들로 추정되는 네 명의 여인들(1:3-6); 동방으로부터 온 박사들(2:1-12); 예수님의 이집트로 피신(2:13-15); 이방인 백부장에 대한 예수님의 반응(8:5-13) 등.
[290] 참조. Neyrey, 'Use', p. 466: '$\acute{\epsilon}\theta\nu\eta$의 언급은 어투에 있어서 논쟁적이며 따라서 12장에서의 유대인들에 대한 반박의 효과를 자아낸다.'
[291] 참조. Stendahl, *School*, pp. 111-12; Barth, 'Law', p. 127; France, *Evangelist*, p. 301.

관한 그분의 깊은 관심에도 불구하고, 예수님은 감당할 수 없는 짐을 지고 있는 어려움을 당하는 자들을 돌보기 위해서는 당신의 권위나 능력을 제어하시지 않는다. 그분의 이러한 행동 원리는 이미 11:28-30의 초청에서 그리고 12:1-15의 가르침과 치유 사역에서 잘 드러나 있다. 사실 이 자비로운 사역은 상한 갈대를 꺾지 아니하고 꺼져 가는 심지를 끄지 아니하는 메시아의 역할을 성취하는 또 다른 한 측면이다(20절).292) 예수님 안에서 이처럼 성취된 메시아의 자비로운 성품(참조. 11:27, 28-30; 12:3-8[특히 7절], 11-13, 15)은 2, 7, 10, 14절(또한 참조. 11:28)에서 드러난 바리새인들의 자비롭지 못한 성품과 다시 한번 뚜렷한 대조를 이룬다.

간단히 말해서 도입 단락(15-16절)과 형식 인용구(17-21절)는 전체적으로 안식일에 관한 앞 두 단락들의 성취적 측면들을 보다 분명하게 드러내 보여 줌으로써, 이들 두 단락의 기독론적 성격을 아주 효과적으로 확증해 준다. 마태는 그와 같은 효과를 도출해 내기 위해 그의 자료를 매우 주의 깊게 다루고 있는 것으로 드러난다.

첫째, 15-16절의 예수님의 사역에 관한 마태의 기술(記述)은 마가의 형태(3:7-12)와 비교해 볼 때 놀라울 정도로 간략한데, 이러한 간결성은 15-16절의 기술이 앞 단락들과 뒤이은 인용구 사이의 다리로서의 기능을 효과적으로 할 수 있도록 해 준다. 하지만 그 간결성에도 불구하고 이 기술은 또 하나의 효과적인 기능을 잘 수행한다. 즉, 앞 단락들이 보여 주지 않는 메시아적 비밀과 관련하여 메시아의 성품을 잘 균형 잡아 준다('자신을 드러내지 말라고 그들에게 엄중히 경고하셨다' ; 참조. 19절).

둘째, 이사야의 종의 노래로부터 인용을 소개해 주는 마태의 특징적인 인용 형식구는 예수님 안에서 종에 관한 구약의 예언이 그 성취에 도달했다는 사실을 강조적으로 확증해 준다.

셋째, 성취 형식구에 의해 도입된 이사야 42:1-4로부터 마태의 인용은 안

---

292) 참조. Barth, 'Law', p. 128.

식일에 관한 예수님의 선언들과 안식일에 행한 그분의 치유가 종의 노래에 드러난 종의 선교를 성취하는 본질적인 측면들이라는 사실을 뒷받침해 준다. 또한 종의 노래에 대한 마태의 독특한 번역은 예수님의 사역이 종으로서의 메시아 선교를 어떻게 성취하였는지를 보여 주는 데 있어서 그 인용구의 효율성을 높여 준다. 18절에서 그의 단어 선택이나 대체(예. '파이스', '아가페토스')는 본 인용구를 세례와 변화 사건에서의 다른 두 인용구들과 조화를 이루도록 해 준다. 본 인용구를 다른 두 핵심적인 기독론적 인용구들과 동질화시킴으로써, 마태는 본 인용구의 기독론적 분위기를 다른 두 인용구들의 분위기만큼 고조시킨다. 이처럼 고조된 기독론적 인용구와 더불어 마태는 앞 단락들에서 안식일에 행한 예수님의 선언들과 치유가 하나님 자신에 의해 인증된 것이라는 사실을 효과적으로 확증하고 있다. 그 안식일에 행한 예수님의 사역은 안식일에 대한 하나님의 뜻의 성취의 주요 사항들이다(참조. 18d, 20c절).

부가적으로, 하나님께서 주신 권위(18절; 참조. 6, 8, 12-13; 11:25-30)와 더불어 예수님의 자비롭고(7, 20절; 참조. 11:29) 온유한(15, 19-20절; 참조. 11:29) 성품과, 하나님께서 주신 권위는 결여한 채 자비롭지 못하고(7, 10절; 참조. 11:28) 공격적인(14절) 바리새인들의 성품 사이의 대조는 지금까지 우리가 살펴본 단락들 전체를 통해 아주 두드러진다. 그들이 예수님을 메시아로 인지하는 데 실패한 이유는 그들이 하나님께서 예수님께 부여하신 성령(18절)을 결여하고 있기 때문이다. 이러한 사실은 그들이 예수님의 성령에 의한 사역을 바알세불의 것으로 돌리는 데서도 입증되고 있다(24절; 참조. 11:25-27). 예수님의 메시아적 사역이 유대인들(참조. 11:20-24, 25-27) 특히 바리새인들(참조. 1-14절)에 의해 거절당하기 때문에, 이제 예수님의 초대는 당신의 메시아적 사역을 하나님의 뜻의 성취로 기꺼이 인정하는 이방인들에게도 열리게 된다(11d, 21절; 참조. 11:28). 이처럼 18d절과 21절은 종의 노래의 성취의 또 다른 한 측면을 보여 준다. 그런데 마태가 이와 같이 결정적인 구절들을 그의 인용구에 포함시키는 구체적인 계기를 바로 앞의 두 안식일 논쟁 사건들이 제공하고 있는 것이다.

4.6. 결론: 두 안식일 논쟁 단락들의 의의(意義)와 함의(含意)

이제 앞 단락들의 석의적 결론들을 종합해 보고, 그 결론들의 신학적 의의와 실천적 함의를 검토해 볼 단계에 이르렀다.

4.6.1. 문맥

문맥 연구는 다음과 같은 점들을 보여 준다.
① 두 안식일 단락들(12:1-8, 9-14)이 매우 밀접하게 상호 연관되어 있다는 점
② 11-12장이 그 전체를 통해 면면히 흐르는 핵심 주제인 기독론과 더불어, 계속 반복해서 등장하는 주제들(즉, 한편으로 이스라엘의 불신앙, 반대, 거절; 다른 한편으로 예수님의 초청)로 특징지어지는 하나의 통일된 이야기 단락을 형성한다는 점
③ 11:25-30(특히 28-30절)이 두 안식일 단락들에 밀접하게 연결되어 있으며, 또한 두 안식일 단락들을 그 앞 단락에 비추어 이해하는 것은 필수적이라는 점
④ 12:15-16은 형식 인용구(12:17-21)를 보다 넓은 문맥으로 연결시켜 주며, 따라서 12:17-21은 12:15-16뿐 아니라 그 앞의 보다 확장된 단락들(11:25-30; 12:1-8, 9-14)에 비추어 (그리고 물론 그에 뒤따라오는 단락들(특히, 12:22-37)에 비추어) 이해되어야 한다는 점
⑤ 11-12장(그리고 특히 11:25-12:21)은 메시아적 성취의 주요 측면들 중 하나(특히, 안식일의 성취)를 보여 줌으로써, 그리고 예수님의 메시아적 사역에 대한 바리새인들의 결정적인 적대적 반응(이는 결국 예수님을 죽이기로 결정하는 데까지 이른다)을 보여 줌으로써, 마태의 줄거리에 있어서 주요한 역

할을 담당한다는 점

4.6.2. 논지의 흐름

① **11:25-30**은 전체적으로 뒤이어 나오는 안식일 논쟁 단락들로의 길을 매우 효과적으로 준비해 준다. 25절은 안식일에 대한 바리새인들의 진정한 이해 결핍의 근본적인 이유를 미리 설명해 준다. 그 이유는 성부께서 그들로부터 그 진정한 이해를 감추셨기 때문이다. 이와 더불어 25, 27절은 예수님과 바리새인들을 대조시켜 주는데, 예수님께는 '모든 것'이 주어져 있고, 그래서 그분은 그것을 당신께서 선택한 자들에게 계시할 권위를 가지고 계신 데 반해, 바리새인들에게는 '이것'이 감추어져 있는 것이다.

더욱이 28-30절에서 지기에 편하고 가벼운 예수님의 멍에와 짐은 무거운 바리새인들의 짐과 대조되고 있다. 예수님의 온유하고 겸손한 성품은 바리새인들의 자비롭지 못하고 판단적인 성품과의 대조를 내다본다(참조. 12:2, 7, 10, 14). 27절에서 아버지 - 아들 관계에 대한 예수님의 진술은 12:6, 8에서 예수님의 기독론적 선언들로 적절히 연결된다. 기독론적이고 종말론적인 문맥에서 '안식'(29절) 개념의 도입은 안식일의 성취에 대한 예수님의 논의로 자연스럽게 이어진다.

② **첫 번째 안식일 논쟁 단락**(12:1-8)에서의 논점은 언뜻 보기에 안식일 율법의 해석 문제와 관련된 것처럼 보인다. 그러나 실제로 여기서 주장되고 있는 것은 단순히 율법에 대한 예수님의 해석이 바리새인들의 그것보다 더 낫다는 점이 아니다. 오히려 본 단락에서의 논점의 초점은 다윗과 성전보다 더 위대한 엄청나게 중요한 인물이 현존해 있다는 사실과 또한 그분은 다름 아닌 안식일의 주(主)라는 사실에 모아져 있다.

마태는 바리새인들에 대한 예수님의 처음 세 응답들(이들은 모두 다양한 방법들로 구약성경에 근거를 두고 있다)을 연이어 제시함으로써, 이미 지극히 강력한 논점 전개의 효과를 가져왔다. 하지만 마태에게 있어서 이 모든 답변들은 어떤 의미에서 이야기의 절정인 마지막 응답을 위한 준비로서의 기능을 한다. 이 마지막 응답은 안식일에 대한 예수님의 궁극적 권위를 선언하고, 이렇게 함으로써 원래 질문에 대한 궁극적 답변을 제공해 주기 때문이다.

이미 앞의 답변들의 초점이 되어 왔던 예수님의 권위는 이제 이 마지막 답변에서 그 표현의 절정에 도달한다. 하지만 이 결정적인 선언은 그 원래 질문에 대한 답변으로서의 기능을 할 뿐 아니라, 또한 복음서 이야기 전체의 흐름 가운데 고조된 기독론적 어조를 주입함으로써 또 하나의 중요한 측면을 더하게 된다. 그렇다면 이 결정적인 선언이 그 영향력을 다음 안식일 논쟁 단락에까지 미치게 되는 것은 자연스러운 것으로 보인다.

③ **두 번째 논쟁 단락**(12:9-14)은 홀로 서 있지 않으며 그 첫 번째 단락과 밀접하게 연결되어 있다. 마태에 따르면, 이들 두 사건은 동일한 안식일에 일어났으며, 예수님의 대적들은 거의 확실히 앞의 사건에서 나타났던 그 동일한 바리새인들인 것으로 드러난다. 만일 이 두 단락들이 이처럼 매우 밀접하게 연결되어 있다면, 14절에서 바리새인들의 반응은 11-13절에서의 예수님의 논점과 치유에 대한 반응일 뿐 아니라, 3-8절에서의 예수님의 논점과 선언에 대한 반응이기도 한 것으로 보인다.

그럼에도 불구하고 본 단락은 그 자체로 충족한 구조를 갖는다. 처음에 바리새인들에 의해 제기된 질문(10절)은 예수님에 의해 답변되고 있는데(11-12절), 안식일에 대한 원칙의 선언에서 그 절정에 달한다(12b절). 예수님을 고소하고자 하던 바리새인들의 원래 의도(10절)는 14절에서 실행에 옮겨진다. 예수님은 그들의 회당으로 들어가신 데 반해(9절), 바리새인들은 회당 밖으로 나간다(14a절). 다음은 본 단락의 몇 가지 두드러진 특징들이다.

① 바리새인들의 저항과 자비롭지 못한 성품이 매우 두드러지게 드러난다.

② 본 단락을 지배하고 있는 율법 관련 관심사는 결국 바리새인들의 할라카를 능가하는 그리고 심지어는 율법 자체를 능가하는 예수님의 권위

에 그 자리를 내준다. 그리고 그 결과 논의의 초점은 율법 주제에서 기독론으로 옮겨가게 된다.

③ 비록 치유 기적이 본 단락의 초점은 아니지만, 그럼에도 불구하고 그것은 육체적 고통 중에 있는 자들에게 참된 생명을 가져다주는 메시아 예수님을 입증해 준다.

④ 예수님을 죽이려는 바리새인들의 계획 역시 마태복음의 흐름에 있어서 기독론적 의의를 갖는다. 메시아로서 그분의 권위 있는 가르침과 기적에 직면하여, 예수님을 죽이려는 바리새인들의 시도는 바로 그의 메시아직 때문에 당신의 대적들에 의해 죽임을 당하게 될 예수님의 운명을 내다보는 역할을 한다(참조. 16:21; 26-27장).

④ **도입 단락**(15-16절)과 **형식 인용구**(17-21절)는 전체적으로 안식일에 관한 앞 두 단락들의 성취적 측면들을 보다 분명하게 드러내 보여 줌으로써, 이들 두 단락의 기독론적 성격을 아주 효과적으로 확증해 준다.

① 15-16절의 예수님의 사역에 관한 마태의 기술(記述)은 놀라울 정도로 간략한데(참조. 막 3:7-12), 이러한 간결성은 15-16절의 기술이 앞 단락들과 뒤이은 인용구 사이의 다리로서의 기능을 효과적으로 할 수 있도록 해 준다.

② 이사야의 종의 노래로부터 인용을 소개해 주는 마태의 특징적인 인용 형식구(17절: '이는 선지자 이사야를 통하여 하신 말씀을 성취하시려는 것이었다')는 예수님 안에서 종에 관한 구약의 예언이 그 성취에 도달하였다는 사실을 강조적으로 확증해 준다.

③ 성취 형식구에 의해 도입된 이사야 42:1-4로부터 마태의 인용은 안식일에 관한 예수님의 선언들과 안식일에 행한 그분의 치유가 종의 노래에 드러난 종의 선교를 성취하는 본질적인 측면들이라는 사실을 뒷받침해 준다. 또한 종의 노래에 대한 마태의 독특한 번역은 예수님의 사역이 종으로서의 메시아의 선교를 어떻게 성취하였는지를 보여 주는 데 있

어서 그 인용구의 효율성을 높여 준다.

④ 부가적으로, 18절과 21절은 종의 노래 성취의 또 다른 한 측면을 보여 준다. 즉, 예수님의 메시아적 사역이 바리새인들에 의해 거절당하였기 때문에, 이제 예수님의 초대는 당신의 메시아적 사역을 하나님의 뜻의 성취로 기꺼이 인정하는 이방인들에게도 열리게 된 것이다.

4.6.3. 예수님의 안식일 성취의 신학적 의의

이제 우리는 앞 장들에서의 연구 결과들에 비추어 본 장에서 내린 결론들의 신학적 의의(意義)를 살펴보도록 하자.

① 11:25-12:21에서 예수님은 구약성경에 이미 계시되어 왔던 안식일에 대한 하나님의 **원래 의도와 궁극적 목표를 성취하신 분**으로 나타난다. 우리가 제1장에서 살펴보았듯이, 이 의도와 목표는 구약성경에 잘 계시되어 있다.

제1장에서의 연구 결과에 의하면, 안식일 제도는 일곱째 날에 대한 하나님의 축복을 반영한 것인데, 그 일곱째 날의 궁극적인 목적은 하나님의 백성을 위한 영원한 안식 가운데서 발견된다. 이 안식은 하나님의 창조 사역 이후 끝이 없는 하나님의 안식 가운데 암시되고 있다(참조. 창 2:2-3; 출 20:8-11). 또한 이 안식은 이집트로부터 이스라엘을 이끌어 내신 하나님의 구속적 구출 가운데서도 예시된다(참조. 신 5:12-15; 또한 참조. 히 4:1-11). 안식일 율법은 이처럼 그 근원에 있어서 짐으로 주어지지 않았으며, 오히려 하나님의 언약적 축복의 표현으로 주어졌다.

안식일을 지키는 데 있어서 언약적 관계를 인식하는 것의 근본적인 중요성은 안식일 계명들 가운데 포함된 창조와 출애굽 동기 구절들에 의해 효과적으로 지적되고 있다(출 20:11; 신 5:15; 참조. 출 31:17). 그러나 제1장과 제2장에서 살펴보았듯이, 안식일의 이러한 원래 의도와 목표는 이스라엘 역사를 통해(즉, 예수님 당시뿐 아니라 구약 시대에도) 자주 망각되고 심각하게 왜곡되어 왔다.

몇몇 구약성경 구절들 가운데서 우리는 안식일 제도의 언약적 성격을 인지하거나 귀하게 여기지 못한 채 율법주의적으로 지키는 경향을 이미 주목할 수 있다. 그런데 그러한 율법주의적 준수는 여호와에 의해 거부되고 있는 것이다(사 1:13; 호 2:11; 암 8:5). 예수님의 사역 시대에 이르기까지 안식일의 언약적 중요성에 대한 인식과 강조는 심각하게 약화되었던 것으로 보이는데, 이러한 경향은 쿰란 문서들이나 필로 그리고 랍비 문학에 의해 잘 입증된다.

한편 주후 100년경에 이르기까지 안식일에 금해야 할 일들에 관한 구약성경의 보다 일반적인 규례들은 보다 구체적이고 세세한 결의론적 규정들로 점점 더 발전해 갔다. 물론 몇몇 안식일 규례들은 이 기간에 걸쳐 좀 더 관대한 방향으로 변하기도 하였지만, 그러나 보다 구체적이고 세부적인 정밀한 조항들의 수효가 점점 늘어남에 따라, 안식일 율법은 필연적으로 사람들에게 보다 불편하고 짐스러운 것이 되어 갈 수밖에 없었다. 그 결과 사람들의 관심은 자연히 '자신들이 안식일을 왜 지켜야 하는가?' 보다는 '자신들이 안식일을 어떻게 지켜야 하는가?' 에 집중되게 되었다. 결국 원래 하나님의 언약적 축복의 표현으로 제정되었던 안식일이 이제는 짐스러운 제도가 되어 버린 것이다(참조. 11:28).

이러한 상황하에서 예수님은 안식일에 대한 원래 의도를 회복하고 그 궁극적 목표를 성취하기 위해 오셨다. 그분은 사람들에게 종말론적 안식(즉, 구속)을 주는 자신의 멍에(즉, 그의 새로운 가르침 및 그와의 관계)를 메라고 초청하신다. 안식일의 원래 의도에 관한 그분의 가르침(12:7), 안식일에 대한 그분의 주권 선포(12:8), 안식일의 일반적인 행동 원리 선언(12:12), 안식일 치유 사역(12:13), 이들 모두는 예수님께서 안식일에 대한 하나님의 원래 의도와 궁극적 뜻의 회복자이시자 성취자이심을 강력하게 증언해 준다.

② 이들 두 안식일 단락 및 그 주변 단락들의 성취 신학은 제3장에서 고찰해 본 5:17-20 및 다른 율법 관련 구절들에 나타난 성취 신학과 완벽한 조화를 이룬다. 이미 4.3에서 지적한 대로, 11:25-12:21에서 드러난 예수님의 안

식일 성취 주제는 5:17의 예수님의 말씀이 의미하는 바를 예시해 주는 또 하나의 좋은 본보기이다. 인자이신 예수님은, 어떤 이들(예를 들어, 예수님 당시의 바리새인들, 혹은 마태 공동체 내의 율법폐기론자들)이 의구심을 갖거나 생각한 것처럼, 안식일을 폐하러 오신 것이 아니라 오히려 성취하러 오셨다.

예수님의 안식일 성취는 다른 율법들의 경우와 마찬가지로 '연속성'과 '불연속성' 두 요소를 공히 가지고 있다. 연속성의 요소는 예수님의 구속이 안식일을 궁극적으로 성취했다는 데서 발견된다. 한편 불연속성의 요소는 예수님의 성취 이후에는 안식일이 이전과 동일한 모습으로 남아 있는 것이 아니라, 그의 성취에 의해 초월되었다는 데서 발견된다.

이제 예수님의 제자들은 구약 시대 사람들이 지켰던 것과 동일한 방법으로 구약의 안식일을 지켜야 할 의무가 더는 없다. 왜냐하면 제자들은 이제 예수님에 의해 성취되었고 제공된 안식일의 궁극적 목표인 종말론적 안식, 즉, 구속(救贖)에 참여하고 있기 때문이다. 이러한 사실은 12:5-6에서 너무도 강력하게 시사되고 있다. 만일 제사장들이 성전 안에 있는 한 안식일 율법을 준수해야 할 의무가 없었다면, 제자들은 성전보다 크신 예수님과 함께 있기 때문에 안식일을 지켜야 할 의무가 훨씬 덜하다는 것이다(또한 참조. 12:7, 12b).

이러한 사상은 마태복음 안에서 좀 더 전개시켜 볼 수 있다. 만일 안식일보다 더 큰(12:6) 성전이 예수님의 성취로 말미암아 그 모형으로서의 기능을 그만 두게 되었다면(24장: 참조. 27:51), 안식일은 예수님의 성취 이후에(참조. 12:8; 11:28-29) 훨씬 더 쉽게 그 모형으로서의 기능을 그만 두게 되지 않겠는가! 물론 예수님의 성취로 말미암아 안식일이 초월되었다는 사실이 제자들이 안식일을 지키는 방식에 어떤 영향을 미치게 되는가에 대해서는 아직 명백하게 설명되고 있지 않다. 그러나 이 초월성은 초기 교회(특히 사도 교부들)가 이 문제를 다룰 때 결정적인 열쇠를 제공하게 된다(우리는 이 문제를 제7장에서 고찰할 것이다).

③ 11:25-12:21에서 계시된 예수님의 안식일 성취는 종말론적 성격을 갖기

때문에, 이 성취 역시 종말론적 긴장 관계를 갖는다. 즉, 안식일은 예수님의 사역에 의해 이미 성취되었으나, 예수님의 구속이 세상 끝날 완성될 때(참조. 28:20) 이루어지게 될 그 완성을 아직 내다보고 있는 것이다.293) 예수님은 이미 안식일의 주(主)이시고(12:8), 이미 종말론적 안식·구속을 제공해 주시며(11:28-30; 12:13), 이미 성취된 안식일의 진정한 의미를 설명해 주신다(11:28-30; 12:3-7, 11-12). 그럼에도 불구하고, 예수님께서 제공해 주시는 종말론적 안식은 미래적 요소를 가지고 있고(참조. 11:29: '너희가 쉼을 찾게 될 것이다'), 예수님의 안식일에 대한 주(主) 되심은 대다수의 이방인들뿐 아니라 많은 유대인들에 의해서 아직 인정되고 있지 못하며, 보다 중요하게 이방에 대한 예수님의 정의 선포는 아직 완수되지 않고 있는 것이다(12:18, 20-21; 참조. 28:19-20).

결론적으로, 마태에게 있어서 안식일 문제는 다른 율법의 경우와 마찬가지로 성취와 종말론 그리고 기독론의 문제, 즉 구원사적 문제이다.294)

4.6.4. 예수님의 안식일 성취의 실천적 함의(含意)

그렇다면 이러한 신학적 의의는 예수님의 동시대 사람들에게 그리고 마태 공동체에게 무슨 함축적 의미를 가져다주었을까?

①예수님과 동시대 사람들에게, 예수님의 안식일에 대한 주권 선포(12:8), 안식일의 진정한 의미에 대한 그의 가르침(12:3-7, 11-12), 그리고 그의 안식일 치유 사역(12:13) 등은 너무도 급격한 것으로 비추어졌을 것이며, 따라서 그들은 무언가 전에 없던 일이 일어나고 있으며, 누군가 비범한 인물이 현존해 있음을 감지하지 않을 수 없었을 것이다. 하지만 그럼에도 불구하고 그들은 예수님의 안식일 성취의 충분한 의미와 그 영향력을 온전히 파악하지는 못했을 것이다. 왜냐하면 그들은 예수님의 구속 사역 중 많은 부분(즉, 그분의 고

---

293) 예수님의 율법 성취에 있어서 '이미'와 '아직'의 측면에 대한 제3장에서의 논의를 보라. 참조. 히 4:11.
294) 참조. Meier, *Law*, pp. 88-89.

난, 죽음, 부활 및 재림)이 아직 이루어지지 않은 상태에 살고 있었기 때문이다. 어쩌면 이러한 사실은 여인들이 예수님께서 묻히셨던 무덤을 안식 후 첫날에야 방문한(28:1) 이유를 설명해 줄지도 모른다.[295]

물론 그들의 그러한 행동 자체가 꼭 잘못된 것은 아니다. 그러나 그것은 아마도 그들이 예수님께서 안식일을 성취하시고 안식일의 주(主)가 되셨다는 사실의 의미를 적절히 이해하지 못하고, 아직도 안식일에 얽매여 있는 모습을 증언해 주는 것으로 이해될 수도 있을 것이다. 만일 이것이 그들의 태도였다면, 그들이 예수님의 안식일 성취의 신학적 의의는 파악하였을지 몰라도, 그 신학적 의의로부터 안식일과 관련한 자신들의 실천적 함의를 이끌어 내는 데는 상당한 시간이 걸렸으리라는 추론을 할 수 있다.

[2] 마태의 공동체는 예수님의 동시대 사람들과 상당히 다른 차원에서 예수님의 안식일 성취의 실천적 의미를 이해했을 것으로 보인다. 예수님을 메시아로 믿지 않는 유대인들과의 투쟁을 통해, (안식일을 포함한) 구약 율법에 대한 예수님의 관계, 그리고 그 율법에 대한 자신들의 관계는 그들에게 심각한 문제였을 것이다. 그러한 투쟁의 과정을 거치면서, 어떤 이들은 유대인들과 타협하여 율법주의적 경향을 어느 정도 수용하는가 하면, 다른 이들은 너무 극단적으로 반응하여 율법폐기론적·율법경시론적 경향에 빠지기도 하였을 것이다.

이러한 상황하에서, 마태는 5:17-20의 근본적인 원칙을 제시한 바 있다. 이 원칙은 예수님의 구약 성취를 선언하면서(5:17-18), 그 성취가 율법에 대한 제자들의 관계에 미치는 영향에 대해, 특히 위의 두 가지 위험(즉, 율법주의[20절]와 율법폐기론·율법경시론[19절])을 염두에 두고 설명해 나간다. 그는 또한 이 원칙을 실제 계명들에 적용하는 구체적인 실례(實例)들을 제시한 바 있다(예, 5:21-48). 그런데 마태는 이제 11:25-12:21에서 그때 당시 중대한 문제들 중 하나였던 안식일 계명에 그 원칙을 적용하고자 하는 것이다. 예수님의 안식일 성취

---

295) 그들은 아마도 안식일 계명을 지키기 위해 안식 후 첫날에야 무덤을 방문했던 것으로 보인다 (참조. 눅 23:56).

는 그분의 공동체에게 과연 무슨 실천적 함의를 갖는가?

이미 언급한 바와 같이, 마태는 예수님의 안식일 성취를 다른 율법의 경우와 마찬가지로 '연속성'과 '불연속성' 두 요소를 공히 갖고 있는 것으로 제시한다. 그렇다면 이 연속성-불연속성의 이중적 특성은 그분의 공동체에게 무슨 실천적 함의를 갖는가?

마태복음 내에서는 마태 공동체가 안식일을 계속해서 지켰는지 아니면 지키는 것을 이미 포기해 버렸는지에 대해 아무런 구체적 암시도 찾아볼 수 없다. 아마도 어떤 집단들[296]은 안식일을 여전히 지키고 있었던 데 반해, 다른 집단들은 이미 안식일을 지키는 것을 그만두지 않았을까 생각된다.[297] 만일 아직도 안식일을 율법주의적으로 지키는 집단들이 있었다면, 그들에 대한 마태의 메시지는 강하고 분명했을 것이다. '너희의 관심을 예수님의 안식일 성취의 의의(意義)로 돌려라. 왜냐하면 안식일 그 자체는 그것이 성취되기 이전과 동일한 의미를 갖지 않기 때문이다' (참조. 12:3-8, 12; 5:17). 그에 반해 만일 안식일을 등한시하거나 안식일을 지키는 것을 증오하는 그룹이 있었다면, 마태는 아마도 그들에게 다음과 같은 사실을 상기시켜 주었을 것이다. '너희 관심의 초점을 안식일을 성취하신 예수님께 맞추기만 한다면, 안식일 계명 그 자체가 너희들이 생각하는 것처럼 그렇게 부정적인 것은 아니다' (참조. 5:19).

만일 우리의 이러한 추론이 옳다면, 마태의 안식일 성취에 대한 이해는 5:17-20에서 예수님의 율법주의에 대한 경고(20절)가 율법경시론에 대한 경고(19절)보다 더 엄중했다는 점과 잘 조화를 이룬다. 마태에게 있어서 안식일은 성전이나(참조. 24장; 또한 참조. 12:6)[298] 제사장 제도 및 제사 제도와 마찬가지

---

[296] 필자는 Stanton의 견해를 받아들여 마태 공동체가 한 도시 안과 그 주변의 여러 지역 가정 모임들로 구성되어 있었을 것이라고 제안하였다. 그런데 이 집단들은 아마도 여러 가지 문제들에 있어서 공통점들뿐 아니라 독특한 경향들도 소유하고 있었을 것으로 보인다.
[297] 24:20은 마태 공동체가 안식일을 지켰음을 보여 주는 증거가 될 필요가 없다. 우리는 이러한 사실을 제5장에서 살펴볼 것이다.
[298] 만일 성전이 성취 때까지만 구속력이 있다면, 마태에 따르면 성전보다 덜 중요한 안식일은 더욱 그와 같이 간주될 수 있을 것이다.

로 그 성취 때까지만 구속력이 있다.299) 예수님의 안식일 성취 이후, 안식일의 모형으로서의 기능은 더 이상 필요하지 않게 되었다. 왜냐하면 안식일의 '실체' 이신 예수님의 구속(救贖)이 그 '모형'을 불필요하게 만들어 버렸기 때문이다.

그렇다면 마태는 그의 공동체에게 안식일 준수를 그만두고, 그 대신 안식일의 주(主)이신 예수님 자신과 안식일의 궁극적인 목표인 예수님의 구속에 관심의 초점을 맞추도록 격려할 충분한 이유가 있었을 것이다. 그러한 격려는 내부적인 율법주의의 위험과 외부적인 결의론적 바리새주의의 위협에 직면하여 더욱 필요하였을 것이다. 왜냐하면 이런 내외적인 결의론적 율법주의는 예수님의 안식일 성취의 진정한 의미와 중요성을 망각하도록 하는 위험을 수반했을 것이기 때문이다.

물론 이러한 결론은 마태복음 11:25-12:21에서 명백하게 시사되고 있는 바를 훨씬 넘어선 추론이라는 느낌이 든다. 그러나 우리가 제7장에서 고찰해 볼 사도 교부들의 증거에 의하면 우리의 이러한 추론이 전혀 근거 없는 억측은 아니라는 사실이 확인될 수 있을 것이다.

---

299) 참조. Lincoln, 'Perspective', pp. 352-53. 그는 안식일 제도뿐 아니라, 성전, 제사장, 제사 이 모든 제도들과, 또한 노아 언약, 아브라함 언약, 다윗 언약 모두가 영속적인 것으로 묘사되고 있음을 적절히 지적하고 있다(참조. 출 27:21; 28:43; 29:28; 30:21; 40:15; 레 6:18, 22; 7:34, 36; 24:8; 민 18:19; 창 9:16; 17:7, 13; 삼하 7:13, 16; 23:5). 그는 또한 이 모든 제도들과 언약들이 그 성취 때까지만 구속력이 있다고 제안한다.

제5장
마태복음에 나타난 예수님과 안식일 본문 연구(II)

우리가 연구할 마지막 본문(24:20)은 매우 짧다. 그러나 이 본문을 적절히 해석하기 위해서는 본문 가운데서 제기되는 다양한 문제들을 주의 깊게 검토해 볼 필요가 있다. 그 문제들을 검토해 보기에 앞서, 지금까지 제안되어 왔던 본 절에 대한 다양한 해석 방법들을 요약해 보는 것이 필요할 것이다. 스탠턴이 이미 여섯 가지 방법들에 대한 훌륭한 요약을 제공해 주고 있기 때문에,[1] 필자는 스탠턴의 요약을 전반적으로 채택하면서, 스탠턴 자신의 견해와 그의 견해에 대한 옹(E.K.-C. Wong)의 견해[2]를 덧붙일 것이다. 필자는 또한 스탠턴이 포함시키지 않은 뱅크스의 견해도 포함시킬 것이다.

5.1. 마태복음 24:20에 대한 다양한 견해들

① 클로스터만(E. Klostermann)[3]과 다른 학자들은 마태복음 24:20이 마태 공

---

1) Stanton, 'Pray', pp. 193-98.
2) Wong, 'Sabbath', pp. 3-18.

동체가 안식일을 엄격히 지켰음을 증언해 준다고 주장한다.⁴⁾ 클로스터만은 마태가 전승의 원형을 보존하였고 마가는 그것을 단축시켰다는 입장⁵⁾을 거부한다. 그는 오히려 마태복음 24:20이 마태복음 내의 유대화 구절들 중 하나라고 주장한다. '그리스도인들은 마치 그들이 여전히 희생 제사를 드리고 (5:23) 또한 성전세를 내는 것(17:27)처럼 안식일을 엄격하게 지킨다.' ⁶⁾ 하지만 우리가 살펴보겠지만, 이 견해는, 특히 12:1-14에 비추어 볼 때, 옹호되기 어렵다.

② 마태복음이 기록된 첫 번째 복음서였다고 주장하는 쉴라터(A. Schlatter)는 마태복음 24:20이 '성전으로부터의 완전한 분리'를 선언하였고 '유대교 신앙'으로부터 떠났으며 안식일을 지키지 않았던 팔레스타인 제자들의 두려움을 반영한다고 믿는다. 그들에게 있어서 '안식일에 도주하는 것은 특별히 위험하였다. 왜냐하면 모든 도망자들이 즉시 드러나게 될 것이기 때문이다.' ⁷⁾ 히르쉬(E. Hirsch)도 유사하게 본 절은 증오심에 불타는 유대교 당국자들로부터 오는 위험을 암시한다고 주장한다. '안식일에 도망하는 기독교 회중은 팔레스타인 안에서는 얼룩무늬 개와 같이 금방 눈에 띌 수밖에 없었을 것이다.' ⁸⁾ 이 견해는 통찰력이 뛰어나기는 하지만, 문제점이 없지 않다. 우리는 나중에 이 문제점들을 살펴볼 것이다.

③ 마태복음의 '유대교적 요소들은 공동체-전승의 결과이며, 따라서 편집자의 특징일 필요가 없다'라고 주장하는 스트렉커(G. Strecker)는 마태복음 24:20의 '안식일에도 말고' ('메데 사바토', μηδὲ σαββάτῳ) 구절이 유대교 묵시론적 전승의 원형을 반영한다고 제안한다.⁹⁾ 로돌프도 유사하게 다음과 같이

---

3) Klostermann, *Matthäusevangelium*, p. 194.
4) 참조. Allen, *Matthew*, p. 256; Montefiore, *Gospels*, II, p. 312; Hummel, *Auseinander-setzung*, p. 41; Patte, *Matthew*, p. 35 등.
5) Weiss, *Matthäus-Evangelium*, pp. 402-403, 410, 413; Loisy, *Evangiles Synoptiques*, II, pp. 422-23.
6) Klostermann, *Matthäusevangelium*, p. 194.
7) Schlatter, *Matthäus*, p. 706.
8) Hirsch, *Frühgeschichte*, II, p. 313.

주장한다. '마태복음 24:20에서 "메데 사바토"(혹은 본 절 전체)의 첨가는 후대 유대교적 … 환경' 즉, '후기 유대교 묵시론적 혹은 민족주의적 열심당 무리들로부터 유래된 것이다.'10)

하지만 위의 편집적 변화들을 단지 마태의 두드러진 입장에 대한 해석자의 특정 이해에 일치하지 않는다고 해서 공동체 전승으로 제쳐 둔다는 것은 독단적인 것처럼 보인다. 마태와 같이 주의 깊은 저자가 자신의 입장에 들어맞지도 않는 자료를 부주의하게 첨가했으리라고 추정하는 것은 거의 설득력이 없어 보인다.

④ 바르트(G. Barth)는 우선적으로 마태복음 24:20이 안식일 전반(全般)과 관련하여 마태가 결코 '유대교의 견해보다 더 엄격한 견해를 취하였음'을 시사해 주지 않는다는 점을 적절히 지적한다. 그는 더 나아가 마태가 마태복음 24:20에서 '안식일에도 말고' 구절을 첨가한 것은 그의 공동체가 당대 유대교의 반감을 불러일으키지 않기 위한 관심의 결과였다고 주장한다.11) 다시 말해서 마태 공동체는 유대교 당국자들과의 좋은 관계를 유지하기 위해 안식일을 자신들의 신념이 요청하는 것 이상으로 엄격하게 지킬 준비가 되어 있었다는 것이다.

하지만 바르트의 이러한 주장은 '유대 전쟁들에 있어서 안식일에 피난하는 일은 자주 일어났을 뿐 아니라 더는 수치스러운 일로 간주되지 않았다'라는 바르트 자신의 앞선 결론과 상충된다.12) 만일 마태 당대에 이르러 유대인들에게 있어서도 적군으로부터 심각한 위협을 당할 경우에는 안식일에도 피난하는 일이 허용되고 있었다면, 마태 공동체가 안식일에 피난함으로써 그들 동시대 유대인들의 반감을 불러일으켰을 이유를 발견하기란 힘들다.13)

---

9) Strecker, *Gerechtigkeit*, p. 18, 특히 n. 3.
10) Rordorf, *Sunday*, pp. 68, 120.
11) Barth, 'Law', p. 92.
12) Barth, 'Law', pp. 91-92; 참조. Strack and Billerbeck, *Kommentar*, I, pp. 952-53. 또한 제2장에서 '안식일에 전쟁 금지와 허용'에 관한 논의를 보라.
13) 다만, '멸망케 하는 가증스러운 것이 거룩한 곳에 서는' 사건(24:15)이 유대인들 눈에 적군으

따라서 스탠턴이 지적한 것처럼 '마태의 첨가는 유대교 지도자들과의 원만한 관계 유지를 위한 바람을 반영한다고 보기 힘들다.' 14)

⑤ 로제(E. Lohse)는 마태복음 24:20이 아직 유대교 안에 남아 있던 유대 기독교 회중들에 의해 안식일이 지켜지고 있었음을 보여 주는 한 예를 보여 준다고 주장한다.15) 하지만 그는 생명의 위험이 있을 경우 안식일에 피난하는 일은 당대의 유대교에 의해서도 일반적으로 합법적인 것으로 간주되었다는 점을 인지하고 있기 때문에, 마태복음 24:20에서 '안식일에도 말고'가 첨가된 점에 대해서는 좀 더 설명이 필요함을 느낀다. 그래서 그는 다음과 같이 제안한다. '만일 마지막 때의 공포 상황에 직면하여 안식일을 더럽히는 것이 요청된다면, 이는 재앙의 상황을 더욱 가중시킬 수 있다.' 16)

로제의 제안은 언뜻 보기에 호감이 가기도 하지만, 그는 당대 유대교 문헌으로부터 마태 당시 그와 같은 견해가 통용되고 있었음을 확증해 주는 아무런 증거도 제시하지 못한다. 더욱이, 아래에서 살펴보겠지만, 24장의 문맥은 마태가 기술하고 있는 피난이 마지막 때의 공포 상황에 의해 기인될 것이라는 견해를 지지해 주지 않는다.17)

⑥ 워커(R. Walker)는 마태복음 24:20의 첨가 구절 '안식일에도 말고'가 마태에게는 이미 시대착오적 구절이었으며, 따라서 그의 독자들에게 그 원래적 의미와 효력은 이미 상실되었다고 제안한다.18) 만일 마태가 여기서 단지 전승의 원래 형태를 보존하고 있다고 추정할 경우, 워커의 그와 같은 제안은 가능하다. 하지만 원래 전승에서 본 구절의 의미가 무엇이었는가에 대한 설명은 여전히 과제로 남는다.

로부터 가해진 심각한 공격 상황으로 받아들여질 수 있는가의 문제는 그 사건을 무엇으로 보는가에 따라 달라질 수 있다.
14) Stanton, 'Pray', p. 196.
15) Lohse, 'σάββατον', p. 29.
16) Lohse, 'σάββατον', pp. 29-30. 밑줄은 필자의 것임. 또한 참조. Harrington, *Matthew*, pp. 337, 339, 341.
17) Stanton, 'Pray', pp. 196-97.
18) Walker, *Heilsgeschichte*, p. 86; 이와 유사하게 Lambrecht, 'Parousia Discourse', p. 322.

그에 반해 마태가 그의 독자들에게 예수님의 초기 제자들이 한때 안식일을 매우 엄격하게 지킨 적이 있었다는 사실을 지적해 주기 위해 본 구절을 첨가했으리라고 추정한다면, 이 설명은 그리 타당성이 있어 보이지 않는다. 만일 안식일이 그의 공동체와 그 주변에서 더 이상 중요한 문제가 아니었다면, 마태가 본 구절을 여기에 삽입한 이유는 전혀 분명치 않기 때문이다. 더욱이, 스탠턴이 지적한 바와 같이, 만일 마태가 자신의 시대와 상관없는 역사적 구절을 일부러 첨가하고 있다면, 그는 (안식일을 엄격하게 지켰던) 예수님의 초기 제자들을 (아마도 안식일 준수를 포기하였을) 마태 당시 그리스도인들과 날카롭게 대조시키는 결과를 가져오게 된다. 그러나 실제로 마태복음에서 '복음서 저자는 제자들을 마태 당시 그리스도인을 위한 모델들로 사용하고 있다.' 19)

[7] 마태복음의 비-팔레스타인 배경을 전제하고, 또한 마태 공동체가 유대교로부터 분리되었지만 유대교에 대하여 그 자체의 정체성을 아직 규정해 나가고 있는 상태라고20) 믿는 스탠턴은 우선적으로 '너희의 피난'('헤 퀴게 휘몬', ἡ φυγὴ ὑμῶν) 첨가 구절이 복음서 저자 시대의 독자들 혹은 청중들을 포함하는 제자들과 직접 연관되어 있다고 제안한다. 그러고서 그는 그 피난을 유발시킨 핍박이 유대교 종교 지도자들로부터 온 것이라고 결론짓는다.21) 그는 또한 마태복음 12:1-14에 비추어 볼 때, 마태 공동체가 안식일을 엄격하게 지켰고 그래서 안식일에 피난하는 것을 꺼렸을 것이라는 제안을 받아들이는 것은 불가능하다고 결론짓는다.22) 이러한 제안들과 결론들에 근거하여 스탠턴은 '안식일에도 말고' 첨가 구절을 다음과 같이 설명한다. '그들[즉, 제자들]이 안식일을 엄격하게 지키지 않았기 때문에, 그들은 안식일에 피난하는 것을 망설이지 않았을 것이다. 하지만 그들은 그렇게 함으로써 그들

---

19) Stanton, 'Pray', p. 197; 또한 참조. Luz, 'Disciples', pp. 98-128.
20) Stanton, 'Pray', pp. 198-203, 206을 보라; 또한 *idem*, 'Origin', pp. 1914-21도 보라.
21) Stanton, 'Pray', p. 203.
22) Stanton, 'Pray', p. 205.

의 핍박자들 중 어떤 이들에게 더욱 반감을 갖도록 할 것임을 알았으며,' 23) 따라서 '만일 가능하기만 하다면 그러한 상황을 피하고자 하였다.' 24) 바로 그런 이유 때문에 마태는 이 구절을 첨가하였다.

스탠턴의 제안은 매우 철저한 연구의 결과로서 상당한 설득력을 갖는다. 하지만, 웅이 지적하고 있는 바와 같이, 그의 제안 역시 어느 정도의 약점들이 있는데, 우리는 그 문제들을 아래에서 보다 상세하게 다루려고 한다.

⑧ 스탠턴의 견해를 비평한 후,25) 웅은 다음과 같이 제안한다. '너희의 도망하는 일이 … 안식일에도 되지 않도록 기도하라' 라고 한 마태의 훈계는 '적어도 마태 공동체 구성원들 중 어떤 이들(아마도 여전히 자신들의 전통을 좇아 행동하던 보수적인 유대교 그리스도인들 중 어떤 이들)은 자신들의 생명이 매우 위협을 당하는 상황에서도 안식일에는 피난하기를 주저하였으리라는 점' 을 시사해 준다. 웅은 계속해서 제안한다. '안식일에도 말고' 구절을 첨가함으로써 '마태는 (위기 상황에서조차 피난하는 것을 망설일지도 모르는) "약한" 자들을 보살핌으로써 그 공동체가 흠 없이 보존되기를 원하고 있으며 … 그래서 그들이 시험에 들지 않도록 … 기도하고 있는 것이다' (참조. 마 6:13).26) 웅의 제안은 흥미롭기는 하지만, 클로스터만의 견해와 동일한 난관에 직면하게 된다.

⑨ 뱅크스는 '안식일에 의해 제기되는 방해들이 유대-기독교의 [안식일 준수] 원칙들로부터 생겨난 것이라기보다는 유대인들의 안식일 생활 풍습(예를 들어, 성문의 폐쇄, 생필품 확보의 어려움 등)으로부터 생겨난 것' 이라고 제안한다.27) 마태복음 24:20에서는 안식일에 피난하는 것이 기정사실로 받아들여지고 있다고 생각하는 건드리(R.H. Gundry)도 유사하게 제안한다. 마태는 '랍비적 제한 규정들, 여행 수단들의 지연, 그리고 특히 식량 구입이 불가함 등의 이유

---

23) Stanton, 'Pray', p. 203.
24) Stanton, 'Pray', p. 206.
25) Wong의 비평 제1부는 실망스럽다. 하지만 제2부와 제3부에서의 비평은 적절한 관찰과 유익한 제안들을 제공해 준다. 그럼에도 불구하고 이것들 역시 약점들이 없는 것은 아니다.
26) Wong, 'Sabbath', p. 15.
27) Banks, *Jesus*, p. 102.

때문에 피난하는 데 따르는 방해 요소들을 염두에 두고 있다.'[28] 마이어도 역시 본 구절의 문맥이[29] '피난의 불가능성이 아니라 어려움을 가져다 줄 외부적 상황들을 언급하고 있다'는 점을 지적한다.[30] 이러한 설명은 가장 설득력이 있어 보이는데, 필자는 이 견해를 잠시 후 다시 살펴보려 한다.

5.2. '안식일에도 말고' – 필자의 제안

위에서 제시된 설명들 중 몇몇(곧, 2, 4, 7-9 제안들)은 그 가운데 어느 정도의 진리를 포함하고 있다. 하지만 위에서 간략히 지적한 것처럼, 위의 설명들 모두는 다양한 문제점들과 약점들을 내포하고 있는 것으로 드러난다. 그렇다면 24:20의 첨가 구절(들)에 대한 보다 만족할 만한 설명은 없을까? 필자는 그러한 가능성을 제안해 보고자 한다. 그렇게 하기 위해서 필자는 우선적으로 몇 가지 중요한 문제들을 검토해 보고자 하는데, 필자가 보기에 이들은 '안식일에도 말고' 구절을 보다 적절히 설명하는 데 결정적인 것들이다.

5.2.1. 출처

많은 학자들은 마태복음 24:20의 '안식일에도 말고'('메데 사바토') 구절이 마태 자신으로부터 온 것이라고 추정한다.[31] 그들의 이러한 추정은 주로 마태가 '메데'(μηδέ, '…도 말고')를 선호한다는 점에 근거하고 있다.[32] 그러나 그

---

28) Gundry, *Matthew*, p. 483.
29) 예를 들어, '아이 밴 상황, 갓난아이를 돌보아야 하는 상황, 팔레스타인의 추운 겨울에 쌀쌀한 비로 질척거리는 길을 통해 피난해야 하는 상황' (19-20절).
30) Meier, *Matthew*, p. 284.
31) 예. Banks, *Jesus*, pp. 102-103; Barth, 'Law', p. 91; Stanton, 'Pray', p. 192; Wong, 'Sabbath', p. 14.
32) 이 접속사는 마태복음에서 11회 나타나는 데 반해, 마가복음에서는 6회 누가복음에서는 8회 나타나고 있다. 하지만 이 통계가 진정으로 본 단어에 대한 마태의 선호 경향을 보여 주는가? 사실 본 단어는 Hawkins, *Horae Synopticae*, pp. 3-10; Davies and Allison, *Matthew*, I, pp. 77-79; Luz, *Matthew 1-7*, pp. 54-70에 제시된 마태의 선호 단어들과 구절들 목록 그 어디에도

와 같은 추정은 결코 결정적이지 않다. 실제로 본 구절의 출처를 초기 전승에서[33] 찾으려는 학자들도 적지 않으며, 어떤 이들은 본 구절의 진정성을 인정하거나 전제하기도 한다.[34] 본 구절의 출처와 진정성 문제가 이처럼 확고하게 결론나지 않은 상황에서, 본 구절에 대한 설명은 적어도 두 가지 다른 관점에서 설명될 필요가 있다. 곧, 예수님의 관점과 마태의 관점.

5.2.2. 문맥과 상황

4-14절과 29-44절에 대한 이해가 어떠하든지 간에 넓은 문맥(곧, 24장)은 15-21절이 주후 66-70년의 유대 전쟁 상황을 (과거 사건들을 묘사하는 형식으로서가 아니라 미래적 예언의 형식으로) 지시하고 있음을 보여 준다(참조. 특히 3, 15절). 사실 실제로 일어났던 사건들에 관한 현존하는 기록들[35]을 15-21절에 제시된 예견의 세부 사항들과 맞추는 것은 지극히 어렵다.

그리스도인들이 '신적 신탁'에 반응하여 전쟁에 앞서 요단 강 동편에 있는 펠라로 피난한 사건[36]이 예수님께서 여기서 예견한 사건일 가능성은 희박하다. 무엇보다 펠라는 산지에 있지 않기 때문이다(참조. 16절). 다른 많은 학자들과 더불어 라이케(B. Reicke)는 팔레스타인에서 그리스도인들 가운데 그 어떤 조직화된 대규모 이주가 있었으리라는 추론 자체에 대해 회의적이다.[37]

포함되어 있지 않다.
33) Strecker, *Gerechtigkeit*, p. 18; Braun, *Spätjüdischhäretischer*, p. 69 n. 4; Schweizer, *Matthew*, p. 452 등. 참조. Allen, *Matthew*, p. lv n. 1, and p. 256.
34) M 'Neile, *Matthew*, p. 349; Carson, 'Matthew', p. 501; Morris, *Matthew*, p. 605 등.
35) 주로 Josephus, 『전쟁사』 2.271-7.455; 『자서전』 17-413; Tacitus, *Histories* 5.1-13; Cassius Dio, *Historia Romana* 66.4-7 등. Schürer, *History*, I, pp. 484-85를 보라.
36) Eusebius, *Historia Ecclesiastica* 3.5.3; Epiphanius, *Panarion* 29.7.7-8, 30.2.7을 보라.
37) Reicke, *Era*, p. 216; 참조. Brandon, *Fall*, pp. 172-73; Beasley-Murray, *Jesus*, pp. 330, 414 n. 82. 하지만 다른 견해에 대해서는 Schürer, *History*, I, p. 498을 보라. 그는 열심당이 예루살렘에서 그들의 폭정을 휘두르던 주후 68년을 제안한다. 그리스도인들의 펠라 피난의 역사성에 대한 논증과 그와 관련된 참고문헌에 대해서는 Verheyden, 'Flight', pp. 368-84를 보라.

어떤 이들은 '멸망의 가중한 것'('토 브델뤼그마 테스 에레모세오스', τὸ βδέλυγμα τῆς ἐρημώσεως, 15절; 참조. 단 9:27; 11:31; 12:11)이 주후 70년에 성전이 실제로 파괴될 당시 성전에 모습을 드러내었던 로마 군기(軍旗)들을 지칭한다고 제안한다. 하지만 이 제안 역시 그렇게 만족스럽지 못하다. 왜냐하면 제시된 시간이 예루살렘으로부터 탈출하기에는 너무 늦은 때일 뿐 아니라,[38] 피난의 주 대상인 유대 지역은 이미 전쟁이 끝난 상황이기 때문이다. 더욱이 예루살렘 함락 직후 유대 그리스도인들이 유대로부터 산지로(참조. 16절) 즉각적이고도 전면적인 탈출을 하였음을 시사해 주는 아무런 현존하는 증거도 발견되지 않는다.

다른 이들은 거룩한 곳에 세워진 '멸망의 가중한 것'이 주후 67/68년 겨울 열심당원들에 의해 성전이 더럽혀진 사건을 지칭한다고 제안한다.[39] 이러한 제안은 상당히 호감이 간다. 특히 이 제안이 제시하는 시기는 우리 본문이 시사하는 바와 매우 잘 들어맞는 것으로 보인다. 하지만 열심당원들의 신성모독 행위가 15절이 시사하는 바와 같은 그 어떤 우상적 상징과도 연관되지 않는다는 점은 이 제안의 약점으로 남는다.

이처럼 마태의 15-28절 본문이 주후 66-70년 유대 전쟁의 역사적 사건들에 맞추어 조정된 것이라고 믿기는 어렵다. 이렇게 볼 때, 우리가 마태복음의 70년 이후 저작 가능성을 결정적으로 부인하지는 못하지만, 70년 이전 저작 가능성도 상당히 높다고 결론짓게 된다.[40] 로빈슨(J.A.T. Robinson)은 먼저 다음 질문을 던진다. '유대에서의 위기와 관련된 경고들과 예견들이 왜 문제의 그 사건들이 발생한 이후에 그처럼 자세하게 창작되었거나 혹은 재구성되었겠는가?' 그러고서 그는 다음과 같이 결론짓는다. '필자는 유대 땅에 격

---

[38] Carson, 'Matthew', p. 500. 참조. Reicke, *Era*, pp. 265-70, 283-317.
[39] Josephus, 『전쟁사』 4.150-57: '그들은 자신들의 오만함을 신(神)께 전가하고, 자신들의 오염된 발로 성소를 침범하였다. … 이 철면피들은 하나님의 성전을 군중의 폭력 행위에 대항하는 자신들의 요새와 피난처로 만들어 버렸으며, 지성소를 자신들의 횡포의 본부로 만들어 버렸던 것이다.' 참조. Reicke, *Era*, p. 258; Schürer, *History*, I, pp. 496-97.
[40] 참조. Reicke, 'Prophecy', pp. 121-34; Gundry, *Matthew*, pp. 481-83, 600, 603-604.

동의 먼지가 다 가라앉은 지 오랜 세월이 지난 후 그에 관한 예언들을 창작해 내는 것은 물론이고 보존해야 할 어떤 동기도 발견하지 못하겠다. 만일 그러했다면 이는 예수님을 신통하게도 정확하게 맞추는 점쟁이로 제시하고자 하는 의도에서였을 것이다.' 하지만 그럴 경우 다른 복음서 저자들과 더불어 마태는 '명백히 성취되지 못한 예견들을 포함시킴으로써 그러한 시도들을 좌절시켜버리고 만다.' 41)

해어(R.D.A. Hare)는 '과거의 사건에 관해 기도하는 것은 무의미하다' (참조. 20절)는 점을 지적한 후, 마태에게 있어서 15-21절의 사건들은 '아직 일어나지 않은' 것이 분명하다는 결론을 내린다.42) 그럼에도 불구하고 마태가 그의 복음서를 예루살렘 함락 이후에 저작하였다고 추정해야 한다면, 우리는 마태의 의도를 다음과 같이 설명할 수 있을 것이다. 마태는 예루살렘의 함락에 관한 예수님의 예견을 보존하는 데 관심이 있었으며, 그래서 그는 예수님의 예견을 실제로 일어났던 사건들에 비추어 교정하기보다는 오히려 그것을 있는 그대로 그의 공동체에게 전수하는 데 관심이 있었다.43)

이제 우리는 보다 넓은 문맥에 비추어 20절의 말씀에 관한 몇 가지 질문들을 던져 볼 필요가 있다. 우선적으로, 비록 이 말씀의 출처는 확실하게 규명하기 어렵다 하더라도, 화자(話者)는 명백히 예수님 자신이다. 한편 비록 본 복음서의 독자들은 70년 이전 혹은 이후에 유대 지방 안이나 밖에 살았던 공동체였겠지만, 본문의 세계에서 청중은 유대 지방에서 예수님 앞에 서 있는 제자들이다. 따라서 기도하도록 권고 받는 자들도 역시 제자들이다. 그렇다면 20절에서 언급되고 있는 피난은 앞으로 예측되는 그 동일한 제자들의 피

---

41) Robinson, *Redating*, p. 25; 참조. France, *Evangelist*, p. 85.
42) Hare, *Matthew*, p. 277. 그럼에도 불구하고 그는 마태복음의 70년 이후 저작을 받아들인다. 따라서 그는 15-21절에서 묘사되고 있는 사건들을 자연적이 아닌 초자연적 관점에서 설명하려 한다. 하지만 그의 이러한 시도는 그렇게 설득력이 없다.
43) 여기서 우리는 눅 21:20이 예수님의 예견을 주후 66-70년의 유대 전쟁 동안(특히 마지막 4개월 동안) 실제로 일어났던 바에 따라 상당히 교정한 흔적을 보여 준다는 점을 주목할 필요가 있다.

난이다. 한편 만일 복음서가 70년 이전에 저작되었다면, 독자들은 제자들과 같이 그 피난에 동참할 것을 내다보았을 것이다. 그에 반해 만일 복음서가 70년 이후에 저작되었다면, 독자들은 그 피난을 단순히 과거 역사로서 회고했을 것이다. 핍박을 가져다주는 자들은 이방인들이었던 것 같다. 왜냐하면 도망할 것이 명령되는 대상들 가운데는 제자들뿐 아니라 (비그리스도인) 유대인들도 포함되고 있는 것처럼 보이기 때문이다(16-19절).[44]

이와 같은 문맥과 역사적 상황을 염두에 두고서, 이제 필자는 '안식일에도 말고' 구절과 관련하여 문맥과 상황에 보다 잘 들어맞는 필자 자신의 설명을 제시해 보고자 한다.

5.2.3. 필자의 제안

만일 마태가 그의 복음서에서 예수님의 그림을, 특히 안식일에 대한 예수님의 태도 및 이해와 관련하여, 일관성 있게 묘사하고 있다면(아마도 마태처럼 주의 깊은 저자라면 당연히 그러했을 것 같다), 20절의 '안식일에도 말고' 구절은 11:25-12:21에서 묘사된 안식일에 대한 예수님의 태도와 이해에 비추어 설명되어야 할 것이다. 그런데 제4장 연구 결과로 미루어 볼 때, 예수님께서 당신의 제자들(청중들)이 당대 바리새인들보다 안식일을 더 엄격하게 지키도록 기대하지 않으셨을 것이라는 점은 분명하다(특히 참조. 11:28-30; 12:3-7, 11-13). 그렇다면 예수님을 이처럼 묘사하는 마태도 그의 독자들이 안식일을 당대 랍비들보다 더 엄격하게 지킬 것을 기대하지는 않았을 것이다.

사실 역사적으로 예수님 당시 제자들이나 마태 당시 그리스도인이 비그리스도인 유대인들보다 안식일을 더 엄격하게 지켰으리라고 추정하는 것은 거의 불가능하다(혹 어떤 이들은 동일한 정도로 엄격하게 지켰을지는 몰라도!). 하지만, 우리가 제2장에서 살펴본 것처럼, 대부분의 랍비들은 즉각적으로 생명이 위협

---

44) Wong, 'Sabbath', pp. 8-14를 보라; *pace* Stanton, 'Pray', pp. 198-203.

을 당하는 상황에서는 안식일에라도 생명을 구하는 것을 허용하였으며, 따라서 그들은 안식일에라도 피난 가는 것을 허용했을 것이다.[45] 그렇다면 '안식일에 도망하는 기독교 회중은 팔레스타인 안에서는 얼룩무늬 개와 같이 금방 눈에 띌 수밖에 없었을 것'이라는 히르쉬의 견해도 단지 그 핍박이 이방인이 아니라 유대인으로부터 왔을 경우에만 성립될 수 있다. 하지만 앞에서 살펴본 넓은 문맥에 비추어 볼 때, 이러한 가능성은 지극히 희박하다. 필자가 제안했듯이, 만일 핍박이 이방인들로부터 왔다면, 그리스도인들뿐 아니라 대부분의 유대인들도 안식일에 피난하였을 것이며, 따라서 피난하는 그리스도인들이 '얼룩무늬 개와 같이 금방 눈에 띌' 수 없었을 것이다.[46]

많은 학자들이 지적하고 있듯이, 20절의 예수님의 말씀은 사실상 안식일에라도 피난이 일어날 것임을 전제하고 있다는 사실을 주목하는 것은 매우 중요하다.[47] 필자가 위에서 지적하였듯이, 본 구절의 인접 문맥(곧, 19-20절)은 '피난의 불가능성이 아니라 어려움을 가져다줄 외부적 상황들을 언급하고 있다.'[48] 그럴 경우 위에서 제안된 견해들 중 가장 타당성이 있는 견해는 제안 ⑨일 것이다. 뱅크스와 다른 학자들이 제안하듯이, 핍박이 닥쳤을 때 안식일로 말미암아 야기되는 문제는 안식일 준수에 대한 유대-기독교의 원칙들에 의해 발생할 피난의 불가능성이 아니라(만일 유대-기독교에 그러한 원칙들이 존재하였다면!), 오히려 안식일 규정들의 일상적 실행으로 말미암아 발생할 제반 어려움들(예. 성문의 폐쇄, 여행 수단들의 지연, 생필품 공급의 어려움 등)인 것이다.[49]

---

45) 이러한 사실은 ①과 ② 견해들을 배제시킨다.
46) 이러한 사실은 ②, ④, ⑤, 및 ⑦ 견해들을 배제시킨다.
47) Filson, *Matthew*, p. 255; Meier, *Matthew*, p. 284; Hare, *Matthew*, p. 272 등.
48) Meier, *Matthew*, p. 284.
49) Banks, *Jesus*, p. 102; Gundry, *Matthew*, p. 483; France, *Matthew* (NICNT), pp. 914-15 등. 또한 참조. Davies, *Matthew*, p. 168. Davies and Allison, *Matthew*, III, p. 350은 생필품이 없이도 하루를 도망하는 데는 큰 불편이 없을 것이라고 지적한다. 하지만 하루를 생필품 없이 지내는 것도 결코 편안한 일은 아닐 것이다. 한편 Hagner, *Matthew 14-28*, p. 702는 17-18절이 생필품을 가지러 가는 것도 금하고 있다는 점을 들어, 생필품을 구입하는 문제점은 어려움이 될 수 없다고 지적한다. 하지만 17-18절은 문자적으로 이해되기보다는 오히려 피난 상황의 긴박성을 보여 주는 과장법적 표현들로 이해되어야 할 것 같다.

긴박한 상황에서 유대인들에게 허락된 것은 피난이지 그 밖의 다른 생활 편의적 활동은 아니었기 때문이다.

물론 문제가 되는 어려움을 정확하게 재구성하기란 쉽지 않다. 그럼에도 불구하고 우리가 제2장에서 살펴본 바 주후 1세기 당시의 유대교 규례들은 도시들과 마을들이 그 정상적인 활동을 멈춘 상황인 안식일에 피난을 한다는 것이 얼마나 어려웠을지를 잘 예시해 준다. 소수 집단인 그리스도인들이 안식일의 일반적인 규례들을 아직도 충실히 지키던 다수 집단인 비그리스도인 유대인들(즉, 유대교 회당들)에 둘러싸인 상황하에서, 그와 같은 규례들은 그리스도인들에게뿐 아니라 유대인들 자신에게도(참조. 16절) 갑작스런 여행과 피난을 수행하는 데 있어서 분명 심각한 어려움들을 초래하였을 것이다(참조. 16, 20절).

그렇다면 마태가 추가 구절을 포함시킨 것은 그의 복음서 저작 시기를 70년 이전으로 가정할 경우 아주 잘 설명될 수 있다. 그럴 경우 그의 공동체(즉, 독자들)는 그 자신들을 본문의 제자들(즉, 청중들)과 쉽게 일치시킬 수 있었을 것이다. 제자들과 마찬가지로 공동체는 가까운 미래에 있게 될 자신들의 피난이 겨울이나 안식일에 일어나지 않도록 기도하라고 권고 받고 있는 것이다. 왜냐하면 계절과 요일은 그들의 피난에 극도의 어려움들을 초래할지도 모르기 때문이다.

하지만 마태가 그의 복음서를 주후 70년 이후 팔레스타인 밖에서(예를 들어, 시리아에서) 저작한 것으로 추정할 경우, 마태가 본 첨가 구절을 포함시킨 사실은 다음과 같이 설명될 수 있다. 마태가 본 구절을 포함시키는 데 있어서 주된 관심사는 예수님께서 권고하였던 바를 보존하는 것이었는데, 그 권고는 그의 공동체 중 많은 구성원들에게 자신들이 팔레스타인을 떠나기에 앞서 몸소 경험하였던 팔레스타인 상황을 생생하게 상기시켜 주었을 것이다. 사실 이러한 마태의 관심사는 그의 복음서의 다른 곳에서도 관찰될 수 있다.

예를 들어, 제단에50) 예물을 드리는 것(5:23-24), 성전세를 바치는 것51)(17:24-27) 등.52)

5.3. 결론

24:20의 첨가 구절(들)에 대한 필자의 설명은 그 인접 문맥에 잘 들어맞을 뿐 아니라, 필자가 제3장과 제4장에서 살펴보았던 마태의 율법에 대한 전반적인 입장 그리고 특별히 안식일에 대한 입장에 잘 들어맞는다. 만일 제자들이 바리새인들의 안식일 규례들(12:1)과 다른 '장로들의 전통'(15:2)을 기꺼이 어겼고, 예수님은 바리새인들의 비난들(12:2; 15:1-2)에 대응하여 그들의 그러한 행동들을 옹호하셨다면(12:3-8; 15:3-20; 참조. 12:11-13; 23:4, 16-26), 그러한 예수님께서 당신의 제자들에게 바리새적 안식일 규례들(예. 에룹)을 바리새인들 자신보다 더 엄격하게 지킬 것을 기대하였으리라고는 상상하기 힘들다.

우리가 제2장에서 살펴본 것처럼, 만일 대부분의 바리새인들과 랍비들이 안식일에라도 생명이 위태로운 상황에서 생명을 구하는 것을 허용하였고, 따라서 안식일에도 피난하는 것을 기꺼이 허용했을 것이라면, 예수님과 그의 제자들(=그리스도인들)은 안식일에 피난하는 것을 더욱 기꺼이 허용했을 것이다. 이러한 사실은 첨가 구절에 대한 설명을 필자가 제안한 바대로 해야 할 필요성을 잘 보여 준다. 즉, 본 첨가 구절은 안식일에 피난하는 것 자체가 잘못된 것임을 시사해 주는 것이 아니라, 안식일에 피난하는 것이 실질적으로 어려운 일임을 보여 준다는 설명이다. 그렇다면 단지 24:20에 근거하여 마태 공동체가 안식일을 준수하였다고 주장하는 것은 옳지 않으며,53) 또한

---

50) 만일 마태가 그의 복음서를 주후 70년 이후에 저작하였다면, 그때 당시 성전이 이미 파괴된 상황에서 제단이란 더 이상 존재할 수 없었음을 주목하라.
51) 만일 마태가 그의 복음서를 주후 70년 이후에 저작하였을 경우, 성전이 파괴된 상황하에서 성전세를 바치는 것은 당대의 문제가 될 수 없었다. 참조. Robinson, *Redating*, pp. 104-105; Gundry, *Matthew*, p. 357.
52) 이들 두 구절 모두 마태복음에만 독특하다는 점을 주목하라.

그와 같은 이해에 비추어 12:1-14을 해석하는 것도 적절치 않다.

안식일 피난에 어려움들이 따를 것이라는 점이 전제되고 있는 사실은 예수님 당시 그리고/혹은 마태 당시 유대인들이 안식일 규례들을 엄중히 실행했음을 시사해 준다. 이는 마태 공동체가 마태복음에서 '바리새파'로 대표되고 있는 율법주의적 경향에 직면해 있었다는 필자의 앞선 결론을 더욱 지지해 준다.

필자는 마태의 24:15-28 본문이 주후 66-70년 유대 전쟁의 역사적 사건들에 맞추어 조정되었을 가능성은 지극히 희박하다는 점을 지적했었다. 더욱이 필자는 70년 이전 팔레스타인 상황이 마태가 본 첨가 구절을 포함시킨 점에 대한 최선의 설명을 제공해 준다는 점도 보여 주었다. 이러한 상황들은 마태복음의 70년 이후 저작 가능성이 대다수의 학자들이 일반적으로 생각하는 것만큼 절대적이 아니라는 점을 확인시켜 준다.

---

53) *Contra* Hummel, *Auseinandersetzung*, p. 41; Hare, *Persecution*, p. 6; Gnilka, *Matthäusevangelium*, II, p. 323 등.

제6장
마태복음에 나타난 예수님과 안식일
비교 연구

제4장에서 필자는 두 개의 주된 안식일 단락들(12:1-8, 9-14)을 복음서 전체뿐 아니라 그 인접 문맥에 비추어 연구함으로써 마태복음에서 예수님의 안식일 성취의 의의와 함의를 고찰하였다. 또한 제5장에서는 24:20에서 마태가 첨가하고 있는 '안식일에도 말고' 구절을 그 인접 문맥에 비추어, 그리고 필자가 제3장과 제4장에서 고찰한 율법, 특히 안식일에 대한 마태의 전반적인 입장에 비추어 고찰해 보았다.

이제 남은 과제는 마가복음과 누가복음의 다른 안식일 관련 구절들을 고찰하는 것이다.[1] 그런데 이 구절들은 마태복음에서 아예 빠져 있거나 아니면 안식일과 무관한 구절들로 나타나고 있으며, 따라서 우리는 이러한 구절들을 그 자체로서 고찰한 후에 그것들이 왜 마태복음에서 생략되거나 다른

---

1) 곧, 막 1:21-34//눅 4:31-41(참조. 마 4:13; 7:28-29; 8:14-17); 눅 4:16-30//막 6:1-6a(참조. 마 13:53-58); 눅 13:10-17(참조. 마 12:11); 눅 14:1-6(참조. 마 12:11); 눅 23:56(참조. 마 27:61; 28:1; 또한 참조. 막 16:1). 공관복음서들에서 '안식일' ('사바톤', σάββατον)이라는 어휘는 44회 나타난다: 마태복음 – 11; 마가복음 – 13; 누가복음 – 20. 이 구절들의 전체적인 목록은 <표 1>에서 발견된다.

형태들로 나타나고 있는지에 대한 설명(들)도 제시하려 한다. 본 구절들에 대한 필자의 고찰은 결코 포괄적인 것이 아니며, 단지 우리의 연구 목적에 보다 직접 연관된 몇몇 문제들에 한정될 것이다.

6.1. 안식일에 행해진 예수님의 가르침과 치유(막 1:21-34; 눅 4:31-41; 참조. 마 4:13; 7:28-29; 8:14-17)

대부분의 학자들은 마가복음 1:23-26,[2] 29-31,[3] 32-34[4])을 전승에서 온 것으로 돌리며, 또한 적지 않은 학자들은 마가복음 1:21-22, 27-28의 몇몇 부분들도 원 전승에 포함되어 있었을 것이라고 생각한다.[5]

마가복음 1:21(//눅 4:31)의 희미한 평행 구절이 마태복음 4:13에서 발견된다. 그러나 마태복음의 형태에서는 회당 방문이나 안식일이 언급되고 있지 않으며, 따라서 마가복음과 누가복음 형태들의 안식일 상황은 사라져 버렸다.

마가복음 1:22(//눅 4:32)과 정확한 평행 구절이 마태복음 7:28b-29에서 발견된다. 그렇지만 마태복음 구절의 문맥은 마가복음 형태의 문맥과 전혀 다르며, 또 다시 안식일 상황을 결여하고 있다.

마가복음 1:23-28(//눅 4:33-37)은 마태복음에 아무런 평행 구절도 갖지 않는다.

마가복음 1:29-34(//눅 4:38-41)의 평행 구절이 마태복음 8:14-17에서 발견된다. 그러나 그들의 문맥들은 다시 한번 매우 다르다. 마가복음과 누가복음에서는 그 치유 사건이 안식일에 회당에서 행한 예수님의 귀신 축출에 뒤이어

---

2) Bultmann, *History*, p. 209; Schweizer, *Mark*, p. 50; Kuthirakkattel, *Beginning*, pp. 120-24 등.
3) Klostermann, *Markusevangelium*, p. 18; Lohmeyer, *Markus*, p. 40; Taylor, *Mark*, p. 178; Schweizer, *Mark*, pp. 53-54; Pesch, *Markusevangelium*, I, pp. 128-29 등.
4) Taylor, *Mark*, p. 180; Schweizer, *Mark*, p. 54 (32, 34a절); Pesch, *Markusevangelium*, I, p. 133 등. *Contra* Kuthirakkattel, *Beginning*, pp. 151-52.
5) Taylor, *Mark*, p. 171; Cranfield, *Mark*, p. 71; 참조. Kuthirakkattel, *Beginning*, pp. 120-24. 하지만 Gundry, *Mark*, pp. 79-80은 다음 사실을 적절히 지적한다. '우리가 마가의 출처들을 소유하고 있지 못하다는 사실과 그 결과 전승과 편집을 구분하는 것의 어려움이 점점 더 인식되어 가고 있는 상황은 이러한 문제들을 다루어야 하는 우리를 곤경에 빠뜨리고 만다.'

나타나고(막 1:23-28; 눅 4:33-37), 또한 (이튿날 이른 아침에) 예수님의 개인 기도와 갈릴리에서 그분의 계속되는 가르침 사역의 요약(막 1:35-39; 눅 4:42-44: 참조. 마 4:23)에 앞서 위치해 있는 데 반해, 마태복음에서는 그 사건이 백부장의 종을 치유하는 사건에 뒤이어 나타나고(8:5-13; 참조. 눅 7:1-10), 또한 예수님께서 한 서기관 및 한 제자와 더불어 대화하는 사건(8:18-22; 참조. 눅 9:57-60)과 폭풍을 잠잠케 한 사건(8:23-27; 참조. 막 4:35-41; 눅 8:22-25)에 앞서 위치해 있다. 마태복음의 형태에서 안식일 상황은 이처럼 완전히 결여되어 있다. 마가복음 1:32의 두 번째 시간 지시 구절('해 질 때에'; 참조. 눅 4:40)은 특별히 흥미로운데, 마태복음의 형태에서는 이것 역시 결여되어 있다(참조. 8:16).

6.1.1. 안식일에 회당 방문(막 1:21//; 참조. 눅 4:16//)

상당수의 공관복음서 구절들이 예수님께서 안식일에 자주 회당을 방문하셨음을 증언해 준다: 마가복음 1:21(//눅 4:31; 참조. 마 4:13); 누가복음 6:6(//막 3:1// 마 12:9); 마가복음 6:2//누가복음 4:16(참조. 마 13:54). 이러한 사실에 근거하여(특히 눅 4:16에서 누가가 제시한 바에 근거하여), 바키오키는 복음서 저자가 그리스도의 그러한 행습을 안식일을 지키는 모델로서 그의 독자들에게 제시하고 있다고 주장한다.6) 하지만 예수님의 안식일 회당 방문의 의의(意義)가 과장되어서는 안 될 것이다. 로돌프는 이와 관련하여 다음과 같은 의견을 제시한다.

> 이러한 행동[=예수님께서 안식일에 회당을 방문하신 행동]은 예수님께서 유대교 율법을 열렬히 준수하는 자였다거나 혹은 그분께서 안식일 계명에 대해 매우 엄격하셨음을 의미해야 할 필연성이 없다. 예수님의 그러한 방문은 안식일에 회당에 모여 있는 사람들에게 자신의 메시지를 전달하는 기회로 사용되었다고 추정하는 것이 더 이치에 맞는다.7)

---

6) Bacchiocchi, *Rest*, pp. 145-46.

로돌프의 논점은 바키오키의 논점보다 더 설득력이 있다. 특히 앞에서 제시된 모든 구절들에서 예수님의 회당 방문은 그분의 설교나 가르침과 연관되어 있고 때로는 약간의 가르침 효과를 갖는 논쟁들과 연관되어 있다는 사실을 고려해 볼 때 그러하다. 하지만 보다 중요하게 안식일에 회당을 방문하는 것은 사실 율법 그 어디에서도 (그리고 심지어는 구약성경 전체 그 어디에서도) 명령되고 있지 않다.8) 그렇다면 예수님의 회당 방문은 율법에 대한 순종의 문제라기보다는 기껏해야 관습의 문제였음이 분명하다(참조. 눅 4:16).

많은 학자들은 누가복음 4:16의 '자기 규례대로' ('카타 토 에이오도스 아우토', κατὰ τὸ εἰωθὸς αὐτῷ) 구절이 안식일에 예수님의 회당 출석의 규칙성을 보여준다고 추정한다.9) 하지만 이러한 추론은 결코 확실한 것이 아니다. 뱅크스는 본 구절이 오히려 예수님께서 회당에서 가르치신 습관을 지칭한다고 제안한다.10) 바로 앞 절(4:15 – '그가 그들의 회당에서 가르치셨다'), 그리고 누가가 이 표현('규례대로')을 바울의 회당 사역과 연관해서 단 한 번 더 사용하고 있다는 사실(행 17:1-2 – '거기에는 유대인의 회당이 있었다. 바울이 자기 규례대로["카타 … 토 에이오도스"] 그들에게 들어가서, 세 번의 안식일에 걸쳐 성경을 가지고 그들에게 강론하였다.')에 비추어 볼 때,11) 뱅크스의 제안이 일반적인 추정보다 더 타당성이 있어 보인다.12)

---

7) Rodorf, *Sunday*, pp. 67-68; 또한 Marshall, *Luke*, p. 181; Turner, 'Sabbath', p. 102; Pesch, *Markusevangelium*, I, p. 120을 보라.
8) 하지만 이는 구약성경에서 안식일이 자주 제의적 요소들과 연관되어 있음을 부인하는 것이 아니다. 그럼에도 불구하고 그러한 제의적 활동들은 성전에 집중되어 있었으며(어쩌면 왕하 4:23의 경우를 제외하고), 구약성경 그 어디에서도 안식일을 회당 모임과 연결시켜 주는 언급은 찾아볼 수 없다; 사실 '회당'은 구약 시대 이후에 발전된 것일 뿐더러, 토라 자체는 안식일 회합에 대해서도 아무런 언급을 하지 않고 있다.
9) 예. Temple, 'Rejection', pp. 229-42, 특히 p. 237; Bacchiocchi, *Sabbath*, p. 19; Fitzmyer, *Luke (I-IX)*, p. 530; Evans, *Luke*, p. 268 등.
10) Banks, *Jesus*, p. 91.
11) Schürmann, *Lukasevangelium*, I, p. 227 n. 45; Chilton, *God*, pp. 134-35. 바울의 회당 사역은 사도행전 안에서 충분히 증언되고 있다(곧, 9:20; 13:5, 14ff., 42ff.; 14:1; 17:2; 18:4, 19; 19:8). 사실 위에서 언급된 두 구절이 신약성경 전체를 통해 '규례대로' 라는 표현이 사용된 모든 경우들이다.

그렇다면 우리는 다음과 같이 결론 내릴 수 있다. 예수님은, 비록 율법이 요청하지는 않지만 (따라서 신학적 이유는 없이), 유대인으로서 (아마도 당대의 유대교 전통에 따라) 예배에 참석하기 위해 안식일에 회당을 방문하셨다고 추정하는 것도 가능하다. 하지만 동시에 예수님은 가르치는 기회를 갖기 위해 (즉, 실질적 목적을 가지고) 안식일에 회당을 방문하셨을 가능성도 있다. 그런데 아마도 후자의 제안이 더 타당해 보인다. 여하튼 터너(M.M.B. Turner)가 결론짓듯이, 예수님께서 지속적으로 안식일에 회당에 나타나셨다는 사실 자체는 그분께서 '안식일 예배에 대해 신학적으로 헌신되어 있었음에 대한 아무런 실질적 증거도 제공해 주지 않는다.' 13)

마태가 예수님께서 안식일에 회당을 방문하신 사건들을 명시적으로 언급하지 않고 있다는 사실을 주목하는 것은 흥미롭다. 4:13(참조. 막 1:21; 눅 4:31)에서 마태는 예수님의 회당 방문 자체를 언급하지 않는다. 13:54(참조. 막 6:2; 눅 4:16)에서는 '안식일' 에 대한 언급은 없이 단순히 그들의 회당에서 행하신 예수님의 가르침 사역만을 언급한다. 12:9에서조차도 마태는 '그 같은 안식일에' (문맥은 이 점을 시사하고 있다: 참조. 눅 6:6 – '또 다른 안식일에')와 같은 구절을 명시적으로 사용하지 않은 채, 단지 예수님께서 그들의 회당을 방문하신 점만을 언급하고 있다.

우리는 이러한 사실로부터 어떤 함의를 이끌어 낼 수 있을까? 만일 그러한 구절이 마태의 '공동 전승' 에 현존해 있었다면, 마태는 단순히 그가 채택한 구조 때문에 그 구절을 생략했을 수도 있었을 것이다.14) 혹은 '만일 예수님

---

12) Chilton, *God*, p. 135 n. 34는 다음 사실을 덧붙여 지적한다. '예수님께서 나사렛에 "왔다"는 보도는 그분께서 그곳 주민이었고 회당에 통상적인 참석자로서 회당에 들어갔다는 견해와 일치하지 않는다.' 또한 Schmidt, *Rahmen*, p. 39; Ellis, *Luke*, p. 97 등을 보라. *Pace* Wilson, *Law*, pp. 23-24.
13) Turner, 'Sabbath' , p. 102.
14) 그의 복음서의 첫 부분은 마가복음이나 누가복음과 그 사건들의 순서에 있어서 상당히 다르다는 점을 주목하라. 특히 Davies and Allison, *Matthew*, I, pp. 70-72를 보라.

께서 회당에서 가르치셨다면 그것은 안식일일 수밖에 없다는 사실을 그의 독자들이 당연히 이해하였을 것' 임을 전제하고서,15) 그 구절이 굳이 필요하지 않다는 판단에서 생략했을 가능성도 있다.

하지만 마태가 그 구절을 어떤 신학적 이유들 때문에 생략했다고 추정해 보는 것도 충분히 가능하다. 그는 율법주의적 경향을 가지고 있던 그의 공동체 일부 독자들이 예수님의 모본을 좇아 안식일에 예배를 드려야 한다는 식의 오해를 하지 않을까 우려하여, 그 구절의 사용을 의도적으로 금하였을 수도 있다. 마가와 누가는 그 안식일 언급들을 포함시키는 데 있어서 그 어떤 적극적인 신학적 목적을 갖지 않았다 할지라도, 마태는 자기 공동체의 상황에 비추어 그 언급들을 의도적으로 생략하기로 결정하였을 수도 있는 것이다. 위의 관찰들로부터 적어도 한 가지 점이 분명해진다. 마태는 안식일 전통과 관련하여 마가나 누가보다 결코 더 보수적이지 않았다.

6.1.2. 안식일에 귀신 축출과 치유(막 1:23-28//, 29-31//)

첫 번째 사건(막 1:23-28//)과 관련하여 필자의 연구에 있어서 중요한 한 가지 질문은 예수님 당시 귀신 축출 행동이 안식일에 금지되어 있었는가이다. 주후 1세기 당시 유대인들의 견해를 명시적으로 증언해 주는 일차 자료는 존재하지 않는다(참조. 본 서의 제2장). 사실 귀신 축출은 *m. Shab.* 7.2의 안식일에 금지된 39가지 일의 범주들 목록이나 또는 타나 문학의 안식일에 금지된 일들에 관한 다른 목록들(예. *m. Bes.* 5:2)에서도 언급되지 않는다. 랍비 문학에서 안식일 치유 금지는 기정사실로 받아들여지고 있지만, 그러한 경향이 귀신 축출 경우에도 적용되는지는 분명치 않다. 예수님께서 당신의 귀신 축출 행동과 관련하여(참조. 막 1:27-28) 바리새인들로부터(참조. 막 2:23-3:5//)나 회당장으로부터(참조. 눅 13:10-17) 아무런 저항도 받지 않으신다는 사실은 귀

---

15) Gundry, *Matthew*, p. 282.

신 축출 행동이 예수님 당시 금지된 행동들 중의 하나로 명확히 규정되어 있지 않았음을 증언해 주는 것으로 보인다.

두 번째 사건(막 1:29-31)도 유사한 질문을 제기한다. 예수님께서 안식일에 행하신 치유 행동에 대해 왜 반대가 없는가? 앞서 지적했듯이, 안식일 치유 금지는 주장되고 있지는 않지만 랍비 문학 여러 곳에서(예. *m. Shab.* 14.3: 22.6: 참조. *t. Shab.* 16.22) 이미 기정사실로 받아들여지고 있기 때문에, 예수님의 치유에 대한 반대의 결여는 앞의 경우보다 더 괄목할 만하다. 몇몇 학자들이 제안하는 것처럼, 만일 시몬의 장모 열병이 너무 심하여 그녀의 목숨을 위협할 수 있었다면,16) 예수님의 치유는 바리새인들에 의해서도 허용된 범위 안에 있었던 것으로 보인다. 왜냐하면 그 어떤 바리새인이라 할지라도 한 사람의 목숨이 위협을 받는 상황에서는 치유 활동을 허락하였을 것이기 때문이다(참조. *m. Yom.* 8.6).

그러나 보다 중요하게 만일 그 사건이 예수님의 제자의 집에서 아마도 그분의 네 제자들과(참조. 막 1:29) 시몬의 가족만 보는 앞에서 비공개로 이루어졌다면, 바리새인들이나 그 밖의 다른 누구로부터도 반대가 있지 않았다는 점은 전혀 이상할 것이 없다.

많은 학자들은 예수님의 이 행동들이 갖는 기독론적 및 종말론적 의의(意義)에 관심을 돌린다(참조. 특히 막 1:24-27, 31).17) 첫 번째 행동을 '영적 치유'로 그리고 두 번째 행동을 '육체적 회복'으로 규정하는 바키오키는 여기서 더 나아가 이 행동들의 기독론적 및 종말론적 의미들을 (그 누가복음의 형태[눅 4:33-

---

16) 참조. Gundry, *Mark*, p. 86: '그녀가 남자들, 특히 손님들을 수종하는 대신에 누워 있다는 사실은 그녀의 열병이 얼마나 심했는가를 보여 준다. … 다른 사람들이 시몬의 장모의 열병에 관해 예수님께 즉시 말한 점이나 또한 "레구신"(λέγουσιν, "그들이 말한다")의 역사적 현재 시제는 그녀가 처한 곤경을 강조해 준다.' 또한 참조. Gnilka, *Markus*, I, p. 84. Davies and Allison, *Matthew*, II, p. 34는 그녀가 '말라리아'에 걸렸으리라고 추론한다.

17) Taylor, *Mark*, p. 174; Bacchiocchi, *Sabbath*, pp. 29-30; Kuthirakkattel, *Beginning*, pp. 136-41, 144-48 등. 메시아 시대가 악한 세력의 파멸을 가져올 것이라는 유대교의 기대에 대해서는 특히 에녹1서 55:4; 69:27을 보라. 다른 참고 구절들에 대해서는 Strack and Billerbeck, *Kommentar*, IV, p. 527을 보라.

39]에 기초하여) 안식일에 연결하고자 시도한다. 그는 다음과 같이 주장한다. '구속과 기쁨과 봉사로서 안식일의 의미는 그리스도의 이 처음 치유 행동들 가운데 수정난의 단계로 이미 현존해 있다.' 18)

그의 이러한 주장은 누가의 형태에 있어서는 사실일지 모른다. 하지만 우리는 누가의 형태에 있어서도 그의 주장이 누가복음 4:16-21에 대한 문제의 소지가 있는 해석에 과도하게 의존하고 있다는 점을 아래(6.2)에서 확인하게 될 것이다. 여하튼 마가의 형태에 관한 한, 마가가 과연 예수님의 두 행동들의 기독론적 및 종말론적 의의를 특히 안식일에 연관시키고자 했는지에 대해서는 지극히 회의적이다. 카슨이 지적하듯이, '적어도 마가복음에 있어서 날에 대한 언급은 오로지 (그리고 약간은 별다른 생각 없이) 예수님께서 가르치기 위해 회당에 들어가심과 연관되어 있을 뿐이다.' 19)

이제 남은 문제는, 만일 이 두 사건들이 마태의 '공동 전승' 형태에서 안식일 문맥에 위치해 있었다면(그리고 그리했을 가능성이 농후하다), 왜 마태가 첫 번째 경우는 생략해 버리고, 두 번째 사건은 안식일과 아무런 명백한 연관도 없는 전혀 다른 문맥에(즉, 보다 넓은 문맥인 8:1-9:34 가운데 8:14-15) 위치시켰는가에 관한 것이다.

보른캄(G. Bornkamm)은 이 생략과 문맥 변형을 '마태에게 있어서 안식일 계명이 그 유효성을 아직 상실하지 않았음'을 보여 주는 증거라고 간주하였다.20) 하지만 마태가 안식일 계명의 유효성을 주장하기 위해, 혹은 예수님께 명백한 안식일 위반 혐의를 덜어 주기 위해 이러한 변화들을 도입하였다고 가정하는 것은 거의 타당성이 없어 보인다(특히 참조. 12:10-13). 우리가 바로 위에서 살펴보았듯이, 예수님은 사실상 율법과 구약성경 전체는 물론이고 심지어는 바리새인들의 할라카에 의거해 볼지라도 그 두 사건들에서 안식일을

---

18) Bacchiocchi, *Sabbath*, pp. 29-30; 인용은 p. 30으로부터; 또한 *idem*, *New Testament*, p. 62도 보라.
19) Carson, 'Sabbath', p. 59.
20) Bornkamm, 'End-Expectation', p. 31 n. 2; 또한 참조. Kilpatrick, *Origins*, p. 116.

범하지 않으셨을 가능성이 지극히 높다.

따라서 바르트는 마태복음에서 치유 사건(막 1:21-28)의 생략은 '중요하지 않다'고 결론짓는다.[21] 어쩌면 이러한 변화들은 다시 한 번 마태복음의 전반부에 나타나는 마태의 독특한 순서로 말미암은 것이라고 설명될 수 있을 것이다. 이러한 설명은 마태복음 8-9장에서 마태가 세 개의 3중 구조를 사용하고 있다는 점에 비추어 볼 때 더욱 힘을 얻는다.[22] 뱅크스가 제안하듯이, 마태가 마태복음 8:1-9:34에서 초기 기적들을 세 개의 3중 구조에 모아 놓는 과정에서, 그는 이 마가의 두 이야기들 중 하나는 생략되어야 한다는 점과 또한 다른 하나의 안식일에 대한 암시적 언급(즉, 막 1:29의 '회당에서 나온 즉시')은 문맥에 적절치 않다는 점을 발견했을지도 모른다. 그러했을 경우, 이 변화들에 있어서 '신학적 기준들은 … 결여되어 있었다'라는 뱅크스의 결론은 아마도 옳을 것이다.[23]

6.1.3. '저물어 해 질 때에' (막 1:32//)

마가는 '해 질 때에'('호테 에뒤 호 헬리오스', ὅτε ἔδυ ὁ ἥλιος) 구절을 '저녁이 되었을 때'('오프시아스 데 게노메네스', ὀψίας δὲ γενομένης)에 첨가함으로써 유대교 방식의 날짜 산정 방식에 따라 안식일이 막 끝났음을 정확히 명시한다. 이러한 사실에 근거하여 어떤 이들은 마가가 본 첨가 구절을 포함시킨 것이 다음 사실들을 보여 주기 위함이었다고 주장할지도 모른다.

① 사람들은 안식일이 지난 후에 병든 자들과 귀신 들린 자들을 옮겨옴으로써 안식일을 범하지 않았다.

② 예수님도 역시 안식일이 지난 후에 치유와 귀신 축출을 행하심으로써 안식일을 범하지 않으셨다.[24]

---

21) Barth, 'Law', p. 91 n. 1.
22) Davies and Allison, *Matthew*, I, pp. 67, 101-102.
23) Banks, *Jesus*, p. 127 n. 2; 또한 참조. Gundry, *Matthew*, p. 148.

그러나 그와 같은 주장은 설득력이 없다. 우리가 제4장에서 이미 살펴보았듯이, 마가는 마태와 마찬가지로 2:23-3:6에서 예수님을 안식일 위반 혐의로부터 벗어나게 하려는 시도 없이 그분을 안식일의 주(主)로 선언하고 있을 뿐 아니라, 보다 중요하게 마가는 1:23-31에서 예수님께서 안식일에 귀신 축출과 치유 활동을 수행하신 것으로 이미 명백히 기술하고 있기 때문이다. 이처럼 마가는 '예수님께서 그리고 그분께 나아온 사람들이 안식일을 위반하지 않았음을 입증해 보이는 데 관심이 있었던 것 같지 않다.' 25)

어쩌면 마가의 관심사는 사람들이 해가 넘어감과 동시에 안식일 제한이 없어지자 그들의 병든 자들과 귀신들린 자들을 데려왔다는 사실에 맞추어져 있는지도 모른다. 시간을 나타내는 구절들의 이중성(마가가 그중 어느 것을 첨가했든지 안 했든지 간에)과 반의 접속사 '그러나' ('데', δέ)는, 건드리가 제안하듯이, '안식일이 끝나자마자 자신들의 병든 자들과 귀신들린 자들을 데려 오는 사람들의 열심을 강조해 준다.' 26) 이는 예수님 당시 일반 유대인들이 적어도 몇몇 안식일 규례들(예. 짐 나르기, 여행, 치유)을 상당히 충실히 준수했다는 상황을 증언해 주는 것 같다. 그래서 케어드(G.B. Caird)는 본 시간 구절의 누가복음 형태(4:40: '해가 졌을 때')에 대해 다음과 같이 설명한다. '무리는 예수님보다 더 철저하였으며 그래서 그분의 치유 능력의 도움을 받기에 앞서 안식일이 끝나는 해질녘까지 기다렸다.' 27) 카슨은 심지어 다음과 같은 가능성

---

24) 참조. Rawlinson, *Mark*, p. 18; Taylor, *Mark*, p. 148.
25) Gundry, *Mark*, p. 87.
26) Gundry, *Mark*, pp. 87-88. 하지만 시간적이거나 지역적인 이중적 언급들은 마가복음의 두드러진 특징이며(특히 참조. 1:35; 4:35; 13:11; 14:1, 12; 16:2), 따라서 그들이 각 경우마다 대단한 의의를 수반한다고 보기는 어렵다는 점을 지적할 필요가 있다. 참조. Schweizer, *Mark*, p. 54. 그럼에도 불구하고 Taylor, *Mark*, p. 180은 다음과 같이 주장한다. 'ὅτε ἔδυσεν ὁ ἥλιος 구절은 시간을 보다 정확하게 일몰로 규정한다. 이처럼 이 이중적 구절은 마가복음에서 자주 그러하듯이 언뜻 보기처럼 단순한 동의어 반복이 아니다.' 또한 참조. Guelich, *Mark*, p. 65. 마가복음에 나타나는 이중적 언급들에 대해서는 Neirynck, *Duality*, pp. 94-96을 보라. 그는 마가복음 내에 시간적이거나 지역적인 이중 언급들이 68회에 걸쳐 나타나고 있는데, 그중 열일곱 개가 마태복음에 그리고 여덟 개가 누가복음에 나타난다는 점을 주목한다. 참조. Kuthirakkattel, *Beginning*, p. 123 n. 35.
27) Caird, *Luke*, p. 89.

까지 제안한다. '그들[마가와 누가]은 이미 바리새적 규례들이 사람들을 예수님으로부터 격리시켜 놓고 있음을 암시적으로 비판하고 있다.' 28)

마태가 비록 그의 '공동 전승'에서 마가의 두 번째 구절('해 질 때에')을 발견하였음에도 불구하고, 8:16에서 왜 그 구절을 포함시키지 않았는지는 상당히 명백한 것으로 보인다. 마태가 바로 앞 단락(즉, 8:14-15 — 베드로 장모 치유 이야기)으로부터 안식일 상황을 제거하였기 때문에, 본 단락 역시 안식일 관련 단락이 아니다. 이처럼 마가의 두 번째 구절('해 질 때에')은 마태 문맥에서는 이미 그 안식일 관련 논지를 상실한 상태다. 따라서 마태는 단지 무의미한 표현 중복을 피하기 위해 두 번째 구절을 생략한 것으로 보인다.

그렇다면 마태가 두 번째 구절('해 질 때에')을 생략한 사실로부터 어떤 신학적 의의를 이끌어 내려는 시도는 적절해 보이지 않는다. 하지만 본 이야기의 두 형태(즉, 막 1:32-34[및 눅 4:40-41]의 형태와 마 8:16-17의 형태)를 비교해 보면, 결과적으로 예수님 당시 일반 유대인들이 적어도 몇몇 안식일 규례들(예. 짐 나르기, 여행하기, 병 고치기)을 꽤 충실히 준수하였음에 대한 마가의 증거를 마태가 상실하고 있음을 알 수 있다. 과연 마태가 그와 같은 결과적인 효과를 의도하였을까? 이는 결코 확실하게 단정할 수 없다. 그러나 그가 그 어떤 불필요한 부작용도 피하고자 하여 본 구절을 의도적으로 생략하였을 가능성은 얼마든지 있다. 예를 들어, 그는 그와 같은 구절을 포함시키는 것이 그의 공동체의 어떤 구성원들로 하여금 랍비적 안식일 규례들에 율법주의적으로 속박되도록 조장할 수도 있다는 위험을 생각했는지 모른다.

6.1.4. 결론

위의 연구로부터 우리는 다음과 같은 몇 가지 결론들을 이끌어 낼 수 있다.

---

28) Carson, 'Sabbath', p. 60. 바리새적 규례들의 짐은 마 11:28-30; 23:4에서 보다 명시적으로 발견된다.

① 마가복음 1:21-34과 누가복음 4:31-41은 예수님 자신이 안식일을 할라카나 율법에 따라 충실히 지키셨음에 대한 아무런 확고한 증거도 제시해 주지 않는다. 예수님께서 안식일에 계속해서 회당을 방문하신 것은 (막 1:21//; 6:2//; 눅 6:6 등) 할라카나 율법에 대한 충실한 순종의 문제라기보다는 오히려 기껏해야 관습의 문제였다.

② 본 단락들은 예수님께서 안식일 계명이나 안식일 할라카를 범하셨다는 아무런 명백한 증거도 보여 주지 않는다.

③ 그럼에도 불구하고 본 단락들에 나타나는 예수님의 안식일 행동은 마가복음 2:27, 28//; 3:4-5//(또한 참조, 마 12:5-6, 7, 11-12)에서 명백하게 드러난 안식일에 대한 예수님의 이해를 이미 드러내 보여 주고 있다.

④ 마가의 (그리고 아마도 누가의) 단락들의 초점은 안식일에 맞추어져 있지 않다. 따라서 이 단락들은 고양된 안식일 신학을 증언해 주지 않을 뿐 아니라, 암시해 주지도 않는다.

⑤ 마가복음 1:21-34과 누가복음 4:31-41 단락들/구절들의 문맥 변화들과 생략들은 마태가 안식일과 관련하여 보다 보수적이라는 점을 전혀 보여 주지 않는다. 실제로 그러한 변화들과 생략들은 오히려 마태가 그의 공동체 내의 율법주의적 경향에 대해 보다 세심한 주의를 기울이고 있음을 시사해 주는 것 같다. 그래서 그는 때때로 안식일을 율법주의적으로 지키는 것을 조장할지도 모르는 문맥을 변화시키기도 하고, 때로는 그러한 특정 단락/구절들을 생략하기조차 하는 것이다.

6.2. 나사렛 회당에서 예수님의 설교(눅 4:16-30; 막 6:1-6; 마 13:53-58)

예수님의 첫 번째 공중 사역(눅 4:14-15, 16-30; 참조, 막 6:1-6a; 마 13:53-58)을 제시하는 누가의 방식이 마가의 형태(막 1:14-15)나 마태의 형태(마 4:12-17)보다 '훨씬 더 예술적이고 인상적'[29]이라는 점은 잘 인지되고 있다. 그래서 대부분의 학자들은 누가복음 4:16-30이 예수님의 공중 사역 전체에 대한 '계획적인 서언'이라는 데 동의한다.30)

누가복음 4:16-30의 자료(들)의 성격과 범위는 널리 논의되어 왔지만, 그러나 마가복음 6:1-6a가 자료(들)의 일부일 것이라는 점 이외에는 그 어떤 확실성이나 일치된 견해도 도출되어 있지 못하다.31) 하지만 예수님의 나사렛 회당 방문의 역사성은 일반적으로 받아들여지고 있다.32) 하지만 이 사건이 예수님의 사역 연대표에서 첫 번째 행동이었던 것 같지는 않다. 사실 누가가 예수님의 나사렛 회당 방문을 그분의 첫 번째 사역 이야기로 소개한 것이 이 사건을 연대기적으로 첫 번째 공중 사역으로 제시하려 한 것인지는 의문스럽다.33) 누가는 어떤 문학적 혹은 신학적 목적들 때문에 그의 자료를 그 연대기적 순서에 엄격하게 구속받지 않고 재배치할 만한 충분한 이유를 갖고 있었을 것이다.

하나의 계획적인 서언으로서 본 단락은 실제로 누가복음-사도행전의 주된 주제들 중 상당수를 반영하고 있다.

① 예수님의 사역은 구약성경의 성취이다(18-19, 20절 — 사 61:1-2; 58:6의 직접적 성취; 25-26, 27절 — 왕상 17-18장; 왕하 5장의 모형론적 성취).

② 마지막 때, 즉 주의 은혜의 해(19절)가 예수님의 사역의 개시와 더불어

---

29) Evans, *Luke*, p. 266.
30) Bornkamm, *Jesus*, p. 75: '예수님의 모든 사역을 지배하는 본문'; Conzelmann, *Theology*, p. 221; Beare, *Earliest Records*, p. 46: '예수님의 선교 전체의 예고편'; Hill, 'Rejection', p. 161: '공중 사역에 대한 계획된 서언'; Chilton, 'Announcement', pp. 150, 161; Kingsbury, *Conflict*, p. 44 등.
31) 눅 4:16-21에서 편집과 전승을 구분하기 위한 방대한 시도가 Chilton, 'Announcement', pp. 147-172에 의해 수행되었다. 다른 시도들에 대해서는 Dibelius, *Tradition*, p. 110; Bultmann, *History*, pp. 31-32; Anderson, 'Horizons', pp. 259-75; Leaney, *Luke*, pp. 50-54; Miller, 'Luke 4:16-21', p. 418; Nolland, *Luke 1-9:20*, pp. 192-94 등.
32) Anderson, 'Horizons', pp. 261-63; Hill, 'Rejection', pp. 170-80; Chilton, 'Announcement', pp. 147-72, 특히 pp. 166-68 등.
33) 눅 4:15은 예수님께서 나사렛에 오시기 전에(참조. 4:16a — '그리고 그분께서 나사렛으로 가셨다'; 또한 가버나움에서의 그분의 초기 활동에 대해 4:23을 참조하라) 가르침 사역을 이미 수행하셨음을 확실히 시사해 준다('그분께서 그들의 회당들에서 가르치셨다').

이제 시작되었다(21절 - '오늘 이 성경이 너희가 듣는 가운데 성취되었다').
③ 예수님의 종말론적 사역은 가난한 자에 대해 좋은 소식을 선포하는 것과 억압받는 자를 그들의 굴레로부터 구출하는 것으로 특징지어진다 (18절).
④ 엘리야와 엘리사의 이야기에 대한 예수님의 언급(25-27절)은 교회에 의한 이방인 선교를 예증적으로 예견한다.
⑤ 나사렛 사람들에 의한 예수님의 거절과 예수님의 안전한 피신은 '장차 임할 예수님의 수난과 부활(28-30절)에 대한 상징적인 예언'[34]이라고 할 수 있다.

필자의 논의는 본 서의 연구에 보다 직접 연관된 16-21절에 집중될 것이다.

6.2.1. 누가복음 4:16-21에서 안식일에 대한 누가의 언급의 의의

단지 누가복음 4:16의 '자기 규례대로' 구절에 근거하여 예수님께서 습관적으로 안식일을 준수하셨다고 간주하는 바키오키는 4:16-21 문맥에서 누가가 안식일을 언급한 점의 의의(意義)를 부각한다. 우선적으로 그는 누가복음에서 그리스도의 사역이 안식일에 시작되고 있다는 점을 상당히 강조한다. 여기에서 더 나아가 안식일에 행해진 예수님의 나사렛 개시 설교가 메시아적 희년(혹은 안식년)의 언어로 전개되고 있음을 주목하는 것이 중요하다고 주장한다. 그리고 나서 이 메시아적 희년 메시지가 주간 안식일에 대해 중요한 함의를 갖는다고 주장한다.

그는 다음과 같이 질문한다. '그리스도는 안식일을 그분의 구속적 활동들에 어울리는 기념일로 만들기 위해 당신의 선교와 안식일을 일치시키신 것이 아닌가?'[35] 그의 대답은 당연히 긍정적이다.[36] 하지만 바키오키의 주

---

34) Marshall, *Luke*, p. 178.
35) Bacchiocchi, *Sabbath*, p. 21.
36) 참조. Bacchiocchi, *Sabbath*, pp. 25-26; *idem*, *New Testament*, pp. 63-64.

장은 몇 가지 심각한 문제점에 직면하게 된다.

터너는 바키오키의 근본적인 논점들 중 두 가지에 대해 문제를 제기한다.
① 과연 누가가 메시아적 희년 언어를 주간 안식일과 실제로 연결시키고자 했을까?
② 설령 누가가 그것을 의도했다 할지라도, 과연 누가가 주간 안식일을 예수님의 구속적 활동들에 어울리는 기념일로 간주하고자 하는 후속 조치를 취하였음에 대한 구체적인 증거가 복음서 가운데서 발견되는가?37)

두 번째 질문과 관련하여 필자의 대답은 부정적이다. 물론 바키오키는 그의 주장을 주로 누가복음 13:16에 나타난 예수님의 수사학적 질문('그러면 십팔년 동안 사단에게 매인 바 된 이 아브라함의 딸을 안식일에 이 매임에서 푸는 것이 합당치 아니하냐?')에 근거하고 있다.38) 하지만 예수님의 수사학적 질문은 결코 안식일이 그와 같은 구출을 위한 가장 (혹은 유일하게) 적절한 때임을 드러내 보이고자 한 것이 아니며, 오히려 그와 같은 구출은 모든 날에 허용된 일이지만 안식일에도 역시 허용될 수 있음을 드러내 보이고자 한 것이다. 과연 그 누가 안식일이 소나 나귀를 그 마구에서 풀어 물을 먹이는 데 가장 그리고 유일하게 적절한 때라고 주장하겠는가(참조. 눅 13:15)?

첫 번째 질문과 관련해서도, 터너가 지적한 바와 같이, '바키오키의 주장은 이사야 61장이나 그에 대한 쿰란의 해석(11QMelchizedek) 그 어느 것도 주간 안식일을 실제로 언급하고 있지 않다는 관찰에 의해 약화될 수밖에 없다.'39) 누가 자신에게 있어서조차도 이사야 61장의 메시아적 희년 언어는 그 적용에 있어서 분명 <u>주간 안식일보다 훨씬 더 그 폭이 넓다</u>. 그러한 사실

---

37) Turner, 'Sabbath', p. 102.
38) Bacchiocchi, *New Testament*, pp. 62-63; 참조. Grundmann, *Lukas*, pp. 278-81; Caird, *St Luke*, pp. 107-108. 바키오키는 또한 눅 4:31-39에서도 몇 가지 근거들을 도출해 낸다. 그러나 그는 그곳에서 발견된 증거는 단지 '수정란' 과도 같은 것이고, 따라서 확고한 근거가 될 수 없다는 사실을 인정한다.
39) Turner, 'Sabbath', p. 102.

은 7:22에서 나타난 누가의 용법이 잘 보여 준다.[40] 터너의 지적은 계속된다. 이제 만일 인용된 이사야 단락이 (유일하게는 물론이고) 특별히 주간 안식일에 적용되었다고 하는 아무런 힌트도 누가 자신이 제공하지 않는다면, '우리는 누가복음에서 예수님의 계획적인 연설이 안식일에 일어나고 있다는 사실에 특별한 의미를 부여해야 할 아무런 이유도 갖지 못한다.' 아마도 누가복음 4:16에서 안식일에 대한 언급은 '어떤 다른 이유들 때문에 그 계획적인 위치에 선정된 장면에 우연히 나타나게 된 것 같다.'[41]

하지만 위의 논점들은 안식일이 원래 당신의 백성을 위한 하나님의 구속의 표로 제정되었다는 점이나, 희년 역시 하나님의 구속 개념과 연결되어 있다는 점을 부인하는 것은 결코 아니다. 게다가 필자는 안식일의 구속적 성격이 예수님에 의해 성취되었다는 점이나, 누가복음 4:18-21에서 이사야 61:1-2의 희년 언어가 예수님의 사역에 의한 희년의 종말론적 측면, 즉 하나님의 구속의 성취를 시사해 준다는 점 역시 부인하지 않는다.[42] 필자도 결코 부인하지 않는 이 의미심장한 사실들에 비추어, 사람들은 하나님의 구속에 대한 표로서 유사한 기능들을 하는 안식일과 희년 사이에 먼 암시적 연관성이 있음을 발견할 수 있을지 모른다. 하지만 필자는 누가복음 4:16-21과 관련해서, 누가가 예수님의 사역의 계획적인 선언(눅 4:16-21)의 문맥에서 안식일을 언급함으로써, 안식일에 특별한 신학적 의의(예를 들어, '예수님의 구속 활동들에 적합한 기념일')를 부여하려 했다는 제안에 대해서는 그 어떤 구체적인 증거도 발견하기 어렵다.

---

40) 세례 요한으로부터 온 사자(使者)들의 방문이 안식일에 일어났다거나 누가가 그 동일한 언어를 그곳에서 사용할 때 안식일 개념을 염두에 두었으리라는 추론은 타당성이 지극히 희박하다.
41) Turner, 'Sabbath', pp. 102-103.
42) Carson, 'Sabbath', pp. 71-72; Lincoln, 'Sabbath', pp. 201-202를 보라. 이 문제에 대한 보다 상세한 논의에 대해서는 Sloan, *Favorable Year*, 특히 pp. 28-110을 보라.

6.2.2. 마태복음 13:54에서 안식일 생략의 의의

누가복음 4:16-30에 해당하는 마태의 형태는 마태복음 13:53-58에서 발견된다. 마태의 형태는 누가복음 4:16-30보다는 마가복음 6:1-6a에서 훨씬 더 근접한 평행구를 갖는다. 사실 누가의 기술은 다른 두 복음서들의 것들보다 훨씬 더 길다. 이러한 현상은 마태와 마가가 이 부분에서 유사한 '공동 전승' 형태들을 사용한 데 반해, 누가는 상당히 다른 '공동 전승' 형태를 사용하였든지, 아니면 유사한 '공동 전승'을 사용하면서도 '누가 특별자료'도 활용했을 것으로 추정함으로써 설명될 수 있다. 이 시점으로부터 (혹은 마 14:1로부터) 마태의 순서는 마가의 순서와 아주 유사하다.[43] 대개의 경우와 마찬가지로 마태의 본 이야기(13:53-58)는 마가의 이야기보다 짧다.[44] 아마도 마태는 '공동 전승'을 자유로이 줄이고 재구성하였던 데 반해, 마가는 '공동 전승'을 보다 충실히 보존했던 것 같다.[45]

앞에서 지적했듯이, 마태는 예수님께서 회당을 방문하시고 그곳에서 가르치신 것이 안식일이었음을 명백히 언급한 적이 결코 없는데, 13:54의 경우도 예외가 아니다. 만일 '안식일이 되어' ('게노메누 사바투', γενομένου σαββάτου; 막 6:2)[46] 구절이 마태가 사용한 '공동 전승'에 현존해 있었다면, 마태는 아마도 '고향으로 갔다'와 '그가 가르치기 시작하였다'는 두 구절을 직접 연결시키기 위해서든지,[47] 아니면 그의 독자들이 만일 예수님께서 회당에서 가르치셨다면 그날을 당연히 안식일로 이해할 것으로 기대하였기 때문에 그 구절

---

43) 아주 명백하게 막 6:7-13(참조. 마 9:35; 10:1, 7-11, 14); 막 9:38-41(참조. 마 10:41)은 제외하고.
44) 마가는 127단어를 갖는 데 비해, 마태는 106단어만을 갖는다. 필자는 이 통계를 Morris, *Matthew*, p. 364에게서 따왔다.
45) 참조. Davies and Allison, *Matthew*, II, p. 452; Hagner, *Matthew 1-13*, p. 404. 하지만 그들의 주석들은 필자가 회의적으로 생각하는 두 자료 가설에 기초한 것들이다.
46) 누가는 이와 약간 다른 구절을 포함한다: '엔 테 헤메라 톤 사바톤' (ἐν τῇ ἡμέρᾳ τῶν σαββάτων, '안식일 날에'; 눅 4:16).
47) Gundry, *Matthew*, p. 282. 막 6:1b의 '그분의 제자들이 그분을 따랐다' 구절도 마태복음에 빠져 있음을 주목하라.

을 생략했을 수도 있다.48) 어쩌면 마태는 '그 이야기가 안식일 준수에 관한 논쟁을 포함하지 않기 때문에' 그 구절을 생략했을 수도 있다.49)

하지만 마태는 사람들이 예수님의 본을 따라 안식일에 회당을 방문하여 예배해야 한다는 불필요한 오해를 야기하지 않기 위해 의도적으로 그 구절을 생략했을 가능성도 얼마든지 있다. 만일 율법에 대한 자신들의 충성심의 표현으로 매 안식일마다 회합을 가지던 유대교 회당들이 안식일을 지키지 않는 마태 공동체를 비난하는 상황이었다면, 이는 민감한 문제였을 것이다. 이러한 관점에서 보았을 때, 마태복음 13:54에서 '회당' 뒤에 인칭대명사 '그들의'('아우톤', αὐτῶν)가 덧붙여 진 것은 다시 한번 지극히 의미심장하다. 마태복음 12:9에서와 마찬가지로 '그들의'를 '회당'에 덧붙임으로써, 마태는 우선적으로 예수님과 유대교 제도권 사이에 이미 벌어져 가고 있던 간격을 강조해 준다(참조. 특히 마 12:14).50) 물론 역사적 관점에서 보아 '그들'은 나사렛 사람들을 지칭한다(참조. 눅 4:16). 그럼에도 불구하고 마태는 예수님께 대한 그들의 적대적인 반응(참조. 마 13:55-58)을 그의 공동체 주변에 있던 비기독교 유대교 회당들의 전형적인 적대적 태도로 제시하고자 했을 수도 있다.51)

앞에서 지적했듯이, 비록 마가와 누가가 마가복음 6:2과 누가복음 4:16에서 안식일 관련 구절들을 포함시킨 데 있어서 아무런 적극적인 신학적 목적도 갖지 않았을지라도, 마태가 자신의 공동체의 상황 때문에 그 구절을 의도적으로 생략했으리라는 제안은 여전히 타당성이 있다. 그렇다면 필자는 앞서 제시했던 결론을 다시 한 번 반복하게 된다. 마태는 마가나 누가보다 안식일에 대한 보다 높은 혹은 보수적인 견해를 견지하지 않았다. 어쩌면 마태

---

48) Gundry, *Matthew*, p. 282.
49) Hagner, *Matthew 1-13*, p. 404.
50) 참조. France, *Matthew*, p. 204. 사실상 이는 마태복음에서 예수님께서 회당에서 가르치신 마지막 기록이다.
51) 참조. Gundry, *Matthew*, p. 282; Harrington, *Matthew*, pp. 210-11. 하지만 다른 입장에 대해서는 참조. Hagner, *Matthew 1-13*, p. 405.

는 실제로 그들보다 더 자유로운 견해를 가졌는지도 모른다. 특히, 마태의 안식일 구절 생략은 그의 공동체 내의 율법주의적 경향에 관한 그의 경계심을 드러내 보여 줄 수 있다. 또한 인칭대명사 '그들의'의 첨가는 마태 공동체와 그 주변 비기독교 유대교 회당들 사이에 형성되어 있던 화해할 수 없는 간격을 증언해 준다고도 볼 수 있다.

6.3. 안식일에 행해진 예수님의 다른 치유들(눅 13:10-17; 14:1-6; 참조. 마 12:11-12; 막 3:1-6)

누가복음 13:10-17과 14:1-6 두 안식일 논쟁 단락들은 누가복음에만 나타난다. 이 단락들에서 누가는 각각 회당과 한 두령의 집에서 안식일에 행한 예수님의 다른 치유 기적들을 제시하고 있다.

아마도 누가복음 13:10-17은 '누가 특별자료'로부터 온 것으로 보인다.[52] 어떤 학자들은 본 단락에서 전승과 편집을 구분해 내려고 시도하지만, 그것을 확정하기는 어려운 것 같다.[53]

두 번째 단락의 경우, 상당수의 학자들은 주로 3b, 5절과 마태복음 12:11-12 사이의 연관성에 기초하여 본 단락이 'Q 자료'로부터 왔으리라고 추정한다.[54] 그런가 하면 다른 학자들은 그것이 '누가 특별자료'로부터 왔으리라고 생각한다.[55] 마태복음 12:9-14과 누가복음 14:1-6 사이에서 발견되는 그 배경과 내용상의 차이점들에 비추어 볼 때, 아마도 본 단락을 '누가 특별자료'에서 기인된 것으로 보는 것이 더 나을 것 같다. 만일 그것이 'Q 자료'로부터 왔다면, 마태와 누가는 'Q 자료'의 다른 형태들을 사용했던 것 같다.

---

52) Turner, 'Sabbath', p. 106; Fitzmyer, *Luke X-XXIV*, p. 1010.
53) Hamm, 'Freeing', p. 24.
54) Schürmann, *Traditionsgeschichtliche*, p. 213; Marshall, *Luke*, p. 579.
55) Manson, *Sayings*, pp. 188, 277; Fitzmyer, *Luke X-XXIV*, p. 1039; Kloppenborg, *Q Parallels*, p. 160.

6.3.1. 허리 굽은 여자의 치유(눅 13:10-17)

누가복음에 나타난 두 개의 독특한 안식일 치유 중 첫 번째 치유(13:10-17)는 '회당들 중 하나'(10절)에서 일어났다. 누가복음에 따르면 이 치유 사건은 회당에서 행해진 예수님의 마지막 사역이다. 오툴(R.F. O'Toole)은 본 단락의 대칭판 구조를 제안한다.

① 10절 — 서론(장면 설정)
② 11-13절 — 첫째 판: 예수님의 치유 기적 및 여자의 긍정적 반응
③ 14-17절 — 둘째 판: 회당장의 반대 및 예수님의 반응

오툴에 따르면, 누가는 첫째 판(11-13절)보다는 둘째 판(14-17절)에 보다 많은 무게를 싣고 있다.[56]

대다수의 학자들은 본 단락과 바로 뒤따라오는 두 비유들(18-21절; 특히 참조. 18절의 '그러므로'['운', οὖν]) 사이의 밀접한 연관성을 주목한다.[57] 한편 오툴은 이 비유들이 본 단락에 '해석적 열쇠'를 제공해 준다고 제안한다.[58] 그럴 경우, 두 비유들의 주제가 현재 진전해 가고 있는 하나님 나라의 능력이기 때문에, 본 단락은 그 능력이 하나님의 선택된 백성(참조. 16절의 l '아브라함의 딸'l) 가운데서 어떻게 활동하고 있는지를 보여 주는 것으로 이해될 수 있을 것이다.

여기서 우리는 여인의 상태(11, 16절)와 예수님의 치유(12-13, 16절)를 묘사하는 누가의 언어 사용에 주목할 필요가 있다.

첫째, 귀신 들림보다는(하지만, 참조. 11절의 '병을 일으키는 귀신에 들린') 육체적 병(참조. 11절의 '허리가 굽어 조금도 펴지 못하는')인 것으로 보이는[59] 그 여자의 상

---

[56] O'Toole, 'Reflections', pp. 85-90, 105. 11-13절은 44 단어를 포함하고 있는 데 반해, 14-17절은 106 단어를 포함하고 있음을 주목하라. O'Toole은 또한 둘째 판이 첫째 판보다 더 정교한 문체를 보여 준다는 점을 지적한다.

[57] Hamm, 'Freeing', pp. 29-31; Green, 'Jesus', pp. 651-53; O'Toole, 'Reflections', pp. 90-100 등.

[58] O'Toole, 'Reflections', p. 91.

태가 '사탄에 매임'(참조. 16절의 '사탄에게 매어 있던') 문제로 간주되고 있다.

둘째, 예수님의 치유는 '사탄에 매임으로부터 해방'으로 간주되고 있다(참조. 16절의 '이 매임에서 풀려나는 것').60) 이 매고 푸는 언어(12, 15-16절)는 누가복음 4:16-21의 계획적인 선언(특히 4:18-19, 21)을 회상케 해 주며, 따라서 본 단락의 종말론적 성격을 제안해 준다.

그렇다면 본 단락은 누가복음 11:20의 예수님의 선언과 전적으로 일치된다. '그러나 내가 하나님의 손가락을 힘입어 귀신들을 쫓아낸다면, 하나님 나라가 너희에게 임하였다.' 사탄의 나라(즉, 사탄에게 매인 바 되어 허리가 굽은 여자의 상태 - 참조. 16절)가 하나님의 성령으로 기름부음 받은(참조. 눅 4:18; 행 10:38) 예수님의 능력 있는 치유 기적을 통해 하나님 나라에 의해 정복되고 있는 것이다(참조. 12-13, 16절). 이 정도로 본 단락은 하나님 나라 주제와 강하게 연관되어 있다.

또한 아마도 이미 일요일을 예배일로 지켰을 가능성이 짙은(참조. 행 20:7)61) 누가와 그의 독자들에게 안식일 준수는 더 이상 진정한 문제가 아니었다는 폭넓은 의견의 일치에 비추어 볼 때,62) 필자는 누가에게 있어서 본 단락의 진정한 초점이 안식일 문제보다는 하나님 나라의 현존에 맞추어져 있다고 추정하게 된다.

예수님의 치유 기적은, 그것이 하나님 나라 현존의 표현임에도 불구하고, 회당장을 화나게 만들었다. 왜냐하면 그는 예수님께서 그분의 치유 활동을 통해 안식일을 범하신 것으로 생각하였기 때문이다(14절). 그는 전통에 대한

---

59) 그 여자의 상태에 대한 누가의 묘사를 주의 깊게 분석한 후 Wilkinson, 'Case', pp. 195-205는 여자의 상태를 의학적으로 '관절의 교착을 일으키는 척추 장애'(spondylitis ankylopoietica)라고 진단한다. 그럼에도 불구하고 그는 '그녀의 상태가 죄와 질병을 일으키는 사탄의 활동에 기인한 것'임을 인정한다(p. 204). 또한 참조. Derrett, 'Positive Perspectives', pp. 274-77.
60) Kee, *Miracle*, p. 204.
61) Lohse, 'Worte', p. 89; Rordorf, *Sunday*, pp. 196-205; Turner, 'Sabbath', pp. 128-33; O'Toole, 'Reflections', p. 95 등. 하지만 다른 견해에 대해서는 Bacchiocchi, *Sabbath*, pp. 101-11을 보라.
62) Wilson, *Law*, pp. 38-39; Schweizer, *Luke*, p. 222; O'Toole, 'Reflections', p. 95.

집착으로 말미암아 하나님 나라의 현존을 지각하거나 예수님을 그 나라의 도래자로 받아들이는 데 실패하였으며, 그 결과 안식일의 진정한 의미를 이해하는 데도 실패하고 있다. 그의 이러한 태도는 하나님의 통치를 받아들이고 그로 말미암아 하나님을 찬양하는 여자의 태도(13절)와 극명한 대조를 이룬다. 어떤 이들이 제안하듯이, 그 회당장의 비호응적 태도는 바로 앞서 제시되었던 무화과 나무의 열매 없는 모습(6-9절)과 동일시 될 수 있는지도 모른다.63)

그와 같은 반대에 대한 반응으로 예수님은 그 회당장도 (그리고 그의 의견에 동조하는 그 자리에 있는 누구든지) 안식일에 소나 나귀를 마구에서 풀어내어 이끌고 가서 물을 먹일 것이라는 점을 지적하신다(15절). 안식일에 매고 푸는 것(참조. *m. Shab.* 7.2)과 여행하는 것(참조. 『다메섹 문서』 10.21; *m. Erub.* 4.1-2, 5, 11)이 엄격하게 금지되어 있었음에도 불구하고, 회당장과 그의 추종자들은 자신들의 가축에게 물을 주는 데 있어서는 안식일을 장애로 생각하지 않았다.64) 일반적으로 용인되고 있던 이 행습으로부터 예수님은 마태복음 12:12a에서와 유사한 점증적 논점을 전개하신다. '만일 안식일이 단지 몇 시간 동안 매여 있는 짐승의 유익을 위해서도 장애가 되지 못한다면, 아브라함의 딸로서 18년 동안을 사탄에게 매여 있는 이 여자를 위한 하나님의 구속적 활동을 시행하는 데 있어서 안식일이 장애가 되는 것은 옳지 않다. 만일 너희가 주간의 다른 6일과 마찬가지로 안식일에도 너희 짐승들을 풀어 이끌고 가서 물을 먹이는 것을 허용한다면, 내가 주간의 다른 6일과 마찬가지로 안식일에도 이 여인을 사탄의 매임으로부터 풀어내어 하나님 나라로 이끌어 들이는 것은 훨씬

---

63) Hamm, 'Freeing', pp. 30-31; Danker, *New Age*, pp. 260-61; Green, 'Jesus', pp. 651-52. 하지만 적지 않은 학자들이 9절과 10절 사이에 단절을 제안한다는 점을 주목해야 할 것이다. 참조. Tannehill, *Unity*, pp. 240-42; Evans, *Luke*, p. 549.
64) 『다메섹 문서』 11.5-6에 따르면 바리새파의 안식일 여행 한계(2,000규빗)보다 훨씬 더 엄격한 규정(1,000 규빗)을 두었던 에세네파조차도 짐승을 목초지로 끌고 가는 경우에는 2,000규빗을 허용하였다. 따라서 랍비들의 행습이 본문에서 언급된 경우보다 더 엄격하였다고 하는 Roloff의 주장(*Kerygma*, p. 67)은 정당화될 수 없다.

더 허용해야 하지 않느냐?

여기서 예수님의 논점은 바리새적 할라카나 율법에 의거한 것이 아니다. 이는 오히려 '안식일의 주'로서(참조. 눅 6:5; 또한 참조. 마 12:8) 그리고 하나님 나라의 개시자로서(참조. 눅 11:20) 그분 자신의 권위를 반영하는 것으로 보인다. 게다가 예수님께서 주도권을 잡고 계시는(참조. 12절)[65] 이 치유 활동은 한편으로는 누가복음 6:9('안식일에 선을 행하는 것과 악을 행하는 것, 목숨을 구하는 것과 죽이는 것 가운데 어느 것이 적법하냐?'; 참조. 마 12:12b)에서 이미 시사된 바 있는 그분의 안식일의 행동 원리에 따라 이루어졌으며, 다른 한편으로는 하나님 나라의 능력의 구체적인 표현으로서(참조. 16, 18-21절) 이루어졌다.

이처럼 예수님의 논증과 치유는 공히 안식일의 주로서 그리고 하나님 나라의 개시자로서 그분의 권위를 한층 더 확고히 증언해 준다. 이 정도로 본 단락에서 안식일 주제는 기독론과 종말론의 관점에서 다루어진다.[66] 본 단락의 기독론적 및 종말론적 성격은 그 문맥(즉, 두 하나님 나라 비유들[18-21절]과 열매 없는 무화과 나무 비유[6-9절])뿐 아니라 이처럼 그 단락 자체에 의해서도 잘 드러나고 있는 것이다. 마태의 경우와 달리, 누가에게 있어서 안식일 준수가 비록 살아 있는 민감한 문제는 아니었다 하더라도, 일단 그가 이 문제를 다룰 때는 그것을 마태와 마찬가지로 기독론과 종말론의 관점에서 다루고 있는 것이 분명하다.[67]

---

65) 예수님의 주도권의 중요성에 대해서는 Nolland, *Luke 9:21-18:34*, pp. 724-25를 보라.
66) 이러한 상황은 6:1-5, 6-11(//마 12:1-8, 9-14)의 경우에도 마찬가지이다. 앞의 제4장을 보라. Turner, 'Sabbath', pp. 103-104가 주장하듯이, 누가가 그의 첫 번째 안식일 논쟁 단락(6:1-5)에서 막 2:27을 생략한 것은 다윗과 예수님 사이의 기독론적 비교를 고조시키고자 한 그의 관심을 보여 주는 것 같다.
67) 참조. Wilson, *Law*, pp. 38-39; Hamm, 'Freeing', pp. 23-39; O'Toole, 'Reflections', pp. 84-107. 필자는 여기서 안식일에 대한 누가의 전반적인 이해를 제시하려 하지 않는다. 이를 위해서는 안식일 관련 단락들뿐 아니라 율법에 대한 누가의 전반적인 이해가 필요한데, 이는 필자의 현 연구 범위를 넘어서 있는 것이 분명하다. 하지만 이와 관련하여 도움이 되는 몇몇 논의들이 있다: Turner, 'Sabbath', pp. 100-57, esp. pp. 100-13; Wilson, *Law*, pp. 12-58, esp. pp. 31-39; Tyson, 'Scripture', pp. 89-104, esp. pp. 97-104; 또한 참조. Blomberg, 'Law', pp. 53-80. Turner의 연구 결과에 비추어 볼 때, 안식일과 율법에 대한 누가의 이해는 제3-5장에서 필자가 제시한 마태의 이해와 크게 다르지 않다.

하지만 예수님의 논점 가운데서 안식일이 그와 같은 치유를 행하기에 특별히 적절한 날이라는 논지는 전혀 발견되지 않는다. 이는 마치 예수님의 논점 가운데서 안식일이 짐승을 그 마구로부터 풀어내어 물을 먹이는 데 특별히 적절한 날이라는 주장이 발견되지 않는 것이나 마찬가지이다.[68] 터너가 지적하듯이, 예수님의 논점은 안식일이 이러한 점에서 특별한 날이라는 것이 아니라, 오히려 정반대로 특별한 날이 아니라는 것이다. 이 세상 가운데서 활동하는 하나님 나라, 즉 사탄의 종들을 해방시키는 활동은 특정 날과는 아무런 상관이 없다.[69]

6.3.2. 수종병자의 치유(눅 14:1-6)

누가복음에 나타난 두 개의 독특한 안식일 치유 중 두 번째 치유(14:1-6)는 '바리새인 지도자들 중 한 사람 집에서' 일어났다(1절). 이는 누가복음에 나타나는 마지막 안식일 논쟁 단락이다.

여기서 바리새인의 집에서 식사하는 예수님께 대한 누가의 묘사(이와 유사하게 7:36; 11:37; 참조. 13:31)는 바리새파가, 마태의 경우와는 달리(참조. 부록 2), 누가와 그의 독자들에게 그리 민감한 주제가 아니었음을 보여 주는 것 같다. 하지만 이는 누가가 예수님께 대한 바리새인들의 적개심을 인지하지 못하였음을 의미하는 것은 아니다(예. 눅 11:53-54). 사실상 본 단락에서도 바리새인들은 이내 예수님의 추종자의 역할이라기보다는 오히려 예수님의 대적들로서의 역할을 취한다(참조. 1, 3-6절; 또한 참조. 눅 6:7, 11; 15:2; 16:14 등).

바리새인들의 말없는 도전(1절: '그들이 예수를 지켜보고 있었다')에 대해[70] 예수님은 다음 질문으로 반응하신다. '안식일에 병을 고치는 것이 적법하냐, 그

---

[68] Turner, 'Sabbath', p. 107; Carson, 'Sabbath', p. 72를 보라. *Pace* Grundmann, *Lukas*, pp. 278-81; Bacchiocchi, *Sabbath*, p. 37.
[69] Turner, 'Sabbath', p. 107.
[70] 또한 6:7도 참조하라. 거기서는 주시하는 바리새인들의 의도가 명백히 언급되고 있다. '서기관들과 바리새인들이 예수께서 안식일에 병을 고치시는지 지켜보고 있었다.'

렇지 않으냐?'(3절). 그런데 그분의 질문에 대해 바리새인들이 침묵을 지키고 있는 것(4절: '그들은 잠잠하였다')은 놀랍다. 왜냐하면 생명이 즉각적으로 위험에 처해 있지 않는 한 안식일 치유 금지는 바리새인들에 의해 거의 기정사실로 받아들여지고 있었기 때문이다. 그들이 왜 침묵을 지키고 있었는지 확언할 수는 없지만,[71] 예수님의 강압적인 질문 이후에 그와 같은 침묵의 함의(含意)는 매우 의미심장하다. 특히 예수님의 또 하나의 질문에 대해서도 그들이 여전히 반응하지 못하고 있는 모습과 함께 고찰해 볼 때 더욱 그러하다(6절: '그들이 이에 대해 대답하지 못했다').

비교적 짤막한 이야기 안에서 대적들의 침묵에 대한 이와 같은 이중(二重) 묘사는 괄목할 만하다. 따라서 필자는 누가가 그와 같은 인상적인 이중 반응을 의도적으로 기록하였을 가능성이 상당히 짙다고 생각한다. 그는 아마도 예수님의 대적들에 대한 그분의 권위를 돋보이게 하고자 했던 것 같다. 그와 같은 가능성은 대화의 주도권이 예수님에 의해서만 독점되고 있을 뿐, 바리새인들은 실제로 그 대화에 단 한마디도 끼어들지 못하고 있다는 점을 주목해 볼 때 더욱 높아진다.

비록 바리새인들이 침묵을 지키고 있지만, 예수님은 당신의 첫 번째 질문이 그들로부터 긍정적 반응을 기대할 수 없음을 알고 계셨던 것이 분명하다. 그들의 침묵은 동의를 표하는 침묵이라기보다는, 권위 있는 인물 앞에서 다른 선택의 여지가 없는 어쩔 수 없는 침묵이었다. 예수님은 그들의 이와 같은 불편한 침묵을 인지하셨음에도 불구하고, 자신의 치유 사역을 수행하신다. 그분의 치유는 이처럼 바리새적 할라카의 권위에 대한 정면 도전이었으며, 따라서 지극히 도발적인 성격을 띠고 있었다. 예수님은 수종병자 치유를 바리새인들의 동의하에 수행하신 것이 아니라, 누가복음 6:5에서 친히 선언하신 바 있는 '안식일의 주'로서의 권위에 의거하여 수행하신 것이다. 또한 그

---

71) 다양한 설명들에 대해서는 예를 들어 Danker, *Jesus*, p. 268; Nolland, *Luke 9:21-18:34*, p. 746 을 보라. Nolland는 다음과 같이 제안한다. '예수님의 안식일 치유 활동을 비판하는 것과 한 어려움에 처한 사람의 회복을 거부하는 책임을 지는 것은 별개의 문제이다.'

분의 치유는 '안식일에 병을 고치는 것이 옳다' (참조. 3절; 또한 참조. 눅 6:9)는 원칙을 행동으로 옮기신 것이었다. 그분의 첫 번째 질문과 치유는 이 정도로 (할라카적이 아니라) 반(反)-할라카적이며, 동시에 지극히 기독론적인 성격을 띤다.

수종병자를 치유하신 후에, 예수님은 바리새인들에게 두 번째 질문을 던지신다: '너희 가운데 누가 아들이나 소가 웅덩이에 빠지면, 안식일에라도 당장 그를 끌어내지 않겠느냐?' (5절).[72] 겉으로 보기에 이 질문은 첫 번째 질문(3절)과 달리 예수님의 치유 활동(4절)과 아무런 의미 있는 연관성도 없어 보이며, 따라서 잘못 위치한 것처럼 보인다. 하지만 예수님의 두 번째 질문과 그분의 치유 사이에 예수님의 논점을 보다 효과적으로 만들어 줄 어떤 연관성은 없을까?

그분 질문의 기본적인 전제는 예수님 앞에 있는 바리새인들이 그들의 아들이나 소가 우물에 빠졌을 경우 안식일에라도 그들을 '당장' (5절: '유떼오스'. εὐθέως) 물에서 건져 낼 것이라는 점이다. 대부분의 1세기 당시 유대인들은 특히 사람이 빠졌을 경우에는 그와 같은 행동을 허용하였던 것이 분명하다 (참조. 『다메섹 문서』 11.16-17; 4Q251 2.6-7).[73] 그럴 경우 예수님의 첫 번째 질문에 대해서와 달리 두 번째 질문에 대해 바리새인들은 아무런 문제 제기도 하지 않았을 것이다. 그러나 그들은 수종병자에 대한 예수님의 치유(4절)에 대해서는 여전히 문제 제기를 할 수 있었다. 왜냐하면 (그들의 판단에) 그 수종병자는 그리 위급한 상황에 처해 있지 않았기 때문이다.

하지만 예수님께서 문제 제기를 하시는 바는 바로 이처럼 자명해 보이는 그들의 가정에 대한 것이었던 것 같다. 바리새인들과 달리 예수님은 그 수종

---

72) 비록 유사한 질문이 마 12:11에서 발견되지만, 두 질문들의 문장 구조와 내용(예. '아들이나 소'/'양'; '우물'/'구덩이' 등) 및 어휘(두 질문들에 있어서 17 단어[마태복음의 경우 22 단어] 중 3 단어[보다 정확하게는 단 한 단어]만이 동일하다. 곧, ὑμῶν[?], εἰς, καί[?])가 대단히 다르다. 따라서 필자는 두 질문들이 정확히 동일한 자료로부터 왔다는 데 회의적이다. 그럼에도 불구하고 두 질문들이 'Q 자료'로부터 왔다면, 아마도 마태와 누가가 'Q 자료'의 서로 다른 형태들을 사용한 것 같다. 참조. Marshall, *Luke*, p. 31; Turner, 'Sabbath', p. 107.

73) 짐승의 경우에 대해서는 *b. Shab.* 128b를 보라. 하지만 극단적인 견해에 대해서는 『다메섹 문서』 11.13-14; 4Q251 2.5-6을 보라.

병자가 우물에 빠진 아들이나 소와 마찬가지로 실제로 위급한 상황에 처해 있다고 생각하신다는 것이다. 그럴 경우 예수님의 질문과 그분의 치유 사이에 깔려 있는 접촉점은 명백해 진다. 그들은 공히 위급한 상황에 처해 있으며, 따라서 그들은 즉각적인 구조를 필요로 한다. 그렇다면 해석적 열쇠는 5절의 '당장'('유떼오스')이라는 단어에 놓여 있다. 하지만 예수님(과 누가)은 무슨 근거로 그 수종병자가 위급한 상황에 처해 있는 것으로 간주하시는가? 본문 자체 안에서는 이 질문에 대한 아무런 결정적인 단서도 찾을 수 없다. 이러한 상황에서 본 단락의 문맥을 살펴보는 것은 유익한 결과를 가져 올 수 있다.

본 단락에 바로 뒤이어 '손님과 주인'에 관한 두 개의 교훈들(7-11, 12-14절)과 '큰 잔치'에 관한 결론적인 비유(15-24절)가 따라 온다. 1-24절의 통일성은 많은 학자들에 의해 잘 인지되고 있는데,74) 피츠마이어와 다른 학자들은 본 단락(1-6절)이 뒤이어 따라오는 식탁 강화들을 도입하는 수단으로 사용되고 있다고 제안한다.75)

1-24절의 전반적인 주제는 바리새인들에 대한 비판이다. 1-24절에 들어 있는 네 단락들 모두 동일한 상황, 즉 예수님께서 바리새인들(및 율법사들)과 식탁에 앉아 있는 상황에서 일어난 내용을 담고 있다. 사실 치유 단락을 제외하고 나머지 세 강화들 모두는 연회나 만찬에 관한 것들이다. 엘리스(E. E. Ellis)는, 누가복음의 다른 곳에서와 마찬가지로, 도입 이야기(1-6절)는 결론 비유(즉, 큰 잔치 비유, 15-24절)에서 적용되고 있다는 흥미로운 제안을 한다.76) 만일 그의 제안이 받아들여질 만하다면, 결론 비유에서 본 단락의 적용점은 다음과 같을 것이다. 하나님 나라 잔치가 이미 준비되어 초청과 그에 대한 반응이 긴급한 상황인 것과 마찬가지로, 하나님 나라의 치유 능력을 시행하는

---

74) Ellis, *Luke*, p. 192; Banks, *Jesus*, p. 129; Marshall, *Luke*, pp. 577-78; Turner, 'Sabbath', p. 108; Fitzmyer, *Luke X-XXIV*, p. 1038; Evans, *Luke*, p. 568 등.
75) Fitzmyer, *Luke X-XXIV*, p. 1038; 또한 Creed, *Luke*, p. 188; Evans, *Luke*, p. 568.
76) Ellis, *Luke*, p. 192; 다른 경우들에 대해서는 같은 책 p. 179를 보라.

것과 그 능력을 체험하는 것 역시 긴급하다. 초청을 받아들인 가난한 자들, 불구자들, 맹인들 및 절름발이들이 (오래전부터 초청을 받았으나 반응의 긴급성을 깨닫는 데 실패한 손님들 대신에) 잔치에 참여하는 특권을 누리고 있는 것과 마찬가지로, 예수님의 종말론적 치유를 기꺼이 받아들인 수종병자가 (이 종말론적 치유에 대한 그 사람의 긴급한 필요를 깨닫는 데 실패한 바리새인들 대신에) 하나님 나라의 능력을 체험하고 있는 것이다.

물론 이러한 적용은 본문 자체에 명확히 내재해 있는 것은 아니다. 그럼에도 불구하고 본 단락의 문맥은 그와 같은 적용의 가능성을 강력히 시사해 준다. 만일 이와 같은 적용이 받아들여질 만하다면, 예수님의 지고(至高)한 기독론적 치유 활동에 뒤이은 그분의 두 번째 질문의 논점은 그분의 안식일 치유 사역의 종말론적 의의를 효과적으로 보여 주기에 충분하다.

예수님의 그와 같은 논점은 바리새인들의 관점에서 이상하게 보였을 것이다.77) 하지만 예수님의 논점은 할라카적인 것으로 의도되고 있지 않다. 물론 바리새적 할라카가 사용되고 있기는 하지만, 단지 수사학적으로 사용되고 있을 뿐이다. 사실 예수님의 논점의 궁극적인 기반은 바리새적 할라카 자체에 있다기보다는 안식일의 주(主)이시기 때문에 안식일에도 종말론적 치유 능력을 시행하는 것이 마땅한 그분 자신의 권위에 있다. 두 번째 질문에 비추어 볼 때, 그분의 치유는 이 정도로 기독론적일 뿐 아니라 종말론적인 성격을 띤다.

간단히 말해서 본 단락에 대한 위의 연구들로부터 우리는 다음과 같은 결론들에 도달하게 된다.

① 본 단락 전체는 바리새인들과 그들의 할라카에 대하여 안식일의 주로서 (그리고 또한 종말론적 치유 능력을 시행하는 자로서) 예수님의 권위를 묘사해 주며, 따라서 본 단락은 이처럼 지극히 기독론적 성격을 띤다.

---

77) 사실 바리새인들은, 15절의 그들의 질문이 시사해 주듯이, 예수님께서 여기에서 주장하는 바를 이해하는 데 실패한 것으로 보인다.

② 예수님의 치유와 두 번째 질문에서 그분의 논점은 예수님 자신의 종말론적 치유 능력 체험의 긴급성의 관점에서 가장 잘 이해될 수 있으며, 이처럼 (비록 암시적이기는 하지만) 종말론적 성격을 띤다.
③ 이러한 점들은 비록 누가에게 있어서 안식일이 살아 있는 민감한 문제는 아니었을지 모르지만, 그는 이 주제를 문제의 핵심인 기독론과 종말론 논의를 이끌어 내는 효과적인 도약대로 사용하고 있다.

6.3.3. 마태복음에서 누가복음 13:10-17과 14:1-6이 빠져 있는 점의 의의

마태복음에 누가복음의 두 독특한 안식일 치유 단락들이 빠져 있다는 사실이 안식일에 대한 마태의 이해에 빛을 던져 주는가? 만일 그렇다면, 우리는 그것을 밝힐 수 있는가?[78]

앞에서 언급했듯이, 누가복음 13:10-17은 거의 명백히 '누가 특별자료'로부터 온 것으로 보인다. 물론 그것이 'Q 자료'로부터 왔을 가능성을 완전히 배제할 수는 없지만 말이다. 누가복음 14:1-6 역시 아마도 '누가 특별자료'로부터 온 것으로 보인다. 그러나 'Q 자료'로부터 왔을 가능성 역시 배제할 수는 없다.

만일 두 단락 모두 '누가 특별자료'로부터 왔다면, 마태복음에서 그들이 빠져 있는 점의 의의는 미미하다. 하지만 둘 중에 하나(그럴 경우, 눅 14:1-6이 보다 가능한 후보일 것이다) 혹은 둘 모두가 'Q 자료'로부터 왔다면, 그에 따르는 질문은 '왜 마태가 그것(들)을 생략했는가?' 이다.

한 가지 가능한 설명은 마태의 특징적인 경제적 및 조직적 저작 스타일에

---

78) 이러한 질문들 배후에 깔려 있는 근본적인 문제는 우리가 누가의 단락들의 자료(들)에 관해 확신할 수 없다는 점과 또한 이 자료 문제를 해결하지 않고서는 이 질문들에 관한 확고한 결론에 도달할 수 없다는 점이다. 따라서 본 단락에서 필자의 연구는 자료(들)에 관한 보다 타당하지만 그러나 아직 명확하지는 않은 가설들에 따라 하나 이상의 가능한 결론들을 제시할 수밖에 없다.

서 찾을 수 있다.79) 그 단락(들)은 대체로 그 주제(즉, 안식일에 예수님의 치유)에 있어서 마태복음 12:9-14과 유사하기 때문에, 마태는 그 앞에 가지고 있던 이 야기들의 기본적인 요소들을 이끌어 내어 그들을 한 단락(즉, 12:9-14) 안에 함 께 집어넣었을 수 있다. 그럴 경우 마태복음 12:11-12은 다른 곳에서 다른 이 야기들의 생략을 보상해 준다. 마태의 그와 같은 습관은 누가가 그의 자료들을 사용하는 방법과 좋은 대조를 이룬다. 누가는 그 앞에 가지고 있던 안식일 치유 이야기들을 대체로 모두 다 채택하여 충실히 기록하고 있는 것으로 보이기 때문이다. 이는 '그에게 전수된 전승을 대체로 손상 없이' 보존하고 재생하는 그의 일반적인 경향에 일치한다.80) 그럴 경우 안식일 치유 이야기 의 반복적 출현(정확히 세 번)은 '누가가 그 주제에 부여했던 중요성을 보여 준 다'라는 에반스(C.F. Evans)의 제안81)은 그렇게 신뢰할 만하지 않다. 특히 우 리가 위에서 도달한 다음 두 결론들을 상기해 볼 때 에반스의 제안은 더욱 그 타당성을 상실한다.

① 누가복음에서 안식일 치유 이야기들의 초점은 (적어도 마지막 두 단락들의 경우에 있어서는) 안식일 준수에 있다기보다는 하나님 나라의 현존 주제에 있다.

② 누가에게 있어서 안식일 문제는 아마도 살아 있는 민감한 문제가 아니었다.

하지만 누가와는 달리 마태와 그의 공동체에게 있어서 안식일은 아마도 살아 있는 민감한 문제였던 것으로 보인다(참조. 제4장). 그럴 경우 앞의 설명과 무관하지는 않지만 또 하나의 설명이 가능하다. 즉, 마태는 안식일 문제가 매우 조심스럽게 다루어져야 하는 그의 상황 때문에 그 단락(들)을 생략하였다는 것이다. 우리는 이미 마태가, 그의 공동체 중 율법주의적 경향을 갖

---

79) 마태의 특징적인 저작 스타일에 대해서는 특히 France, *Evangelist*, pp. 123-65; Davies and Allison, *Matthew*, I, pp. 72-96을 보라.
80) Banks, *Jesus*, pp. 128-31을 보라(인용은 p. 128로부터); 또한 참조. Moule, 'Christology', pp. 181-82; Marshall, *Luke*, pp. 216ff.
81) Evans, *Luke*, p. 568.

고 있던 사람들에게 불필요한 오해의 소지를 제공하지 않기 위해, 예수님의 회당 방문과 연관된 안식일 언급들과 '해 질 때에' 구절 모두를 생략해 버렸을 가능성을 살펴보았다.

　이와 유사한 설명이 본 경우와 관련해서도 가능하다. 그와 같이 민감한 상황하에서 안식일 치유 이야기를 반복하는 것은 그러한 보수적인 구성원들에게 불필요한 오해를 불러일으킬 수 있었을 것이다. 즉, 예수님께서 안식일에 대단한 중요성을 부여하셨다든지, 혹은 예수님께서 안식일을 치유에 특별히 적합한 날로 구별하셨다는 등의 오해이다.[82]

　결국 누가와 비교해 볼 때 마태는 안식일 문제와 관련하여 결코 더 보수적이지 않다. 오히려 그는 안식일 문제와 관련하여 그의 공동체 가운데 존재하던 율법적이고 보수적인 경향에 대해 대단한 경계심을 보이고 있다.

　두 복음서 저자들의 상황들이 이처럼 매우 달랐음에도 불구하고, 두 저자들 모두 안식일을 기독론과 종말론의 시각에서 제시하고 있음을 주목하는 것은 흥미롭다. 필자가 지금까지 논의한 모든 안식일 단락들에서,[83] 두 복음서 저자들에게 궁극적인 문제는 안식일이 아니라, 안식일의 주(主)이신 그리스도(마 12:8; 눅 6:5)와, 율법의 성취(마 5:17; 눅 24:44), 그리고 하나님 나라의 도래(마 5:20; 12:28; 눅 11:20)이다.

---

82) 이러한 오해는 실제로 오늘날 해석자들에 의해서도 생겨나고 있다; 예를 들어, 후자의 경우는 Grundmann, *Lukas*, pp. 278-81; Bacchiocchi, *Sabbath*, p. 37; 전자의 경우는 Evans, *Luke*, p. 568.

83) 사실상 필자는 눅 23:56을 제외하고는 공관복음서에 나타난 안식일 관련 단락들을 모두 다루었다. 한편 눅 23:56은 다음 단락에서 다룰 것이다. 물론 막 2:23-3:6과 눅 6:1-11은 별도로 다루지 않았지만, 그 단락들과 관련된 중요한 문제들은 그 평행 구절인 마 12:1-14을 다룬 제4장에서 이미 다루었다.

6.4. 안식일에 갈릴리로부터 온 여인들의 안식(눅 23:56; 참조. 막 16:1; 마 27:61-28:1)

본 장의 비교 연구에서 마지막으로 살펴볼 구절은 누가복음 23:56로서, 이 구절 역시 누가복음에서만 독특하게 나타난다. 누가복음 23:56이 속한 단락들(즉, 눅 23:50-56a; 23:56b-24:12)은 아마도 대부분 '공동 전승'으로부터 왔지만, 약간의 내용들은 '누가 특별자료'로부터 보충된 것 같다.[84] 누가복음 23:56('그녀들은 돌아가서, 향료와 향유를 준비하였다. 그리고 계명을 따라 안식일에 쉬었다')은 아마도 '누가 특별자료'로부터 온 것으로 보인다.[85] 하지만 누가 자신의 설명일 가능성도 완전히 배제할 수는 없다.[86]

누가복음 23:56b와 24:1(-12) 사이의 밀접한 연관성은 상당수의 학자들에 의해 잘 인지되고 있다.[87] 그렇다면 우리는 누가복음 23:56a('그녀들은 돌아가서, 향료와 향유를 준비하였다')는 앞 이야기(즉, 예수님의 장사 이야기)의 결론으로, 그리고 23:56b('그리고 계명을 따라 안식일에 쉬었다')는 뒤이어 나오는 이야기(즉, 여인들에 의해 발견된 빈 무덤 이야기)의 도입으로 간주해야 할 것이다.[88] 이들 두 이야기의 전반적인 역사성을 의심해야 할 이유는 없다.[89]

후기 미쉬나적 전통에 따르면(m. Shab. 23.5), 유대인들은 안식일에 죽은 자를 위해 필요한 모든 것들을 준비하고, 죽은 자에게 기름을 바르고, 죽은 자를 씻는 등의 행동들을 허용하였다. 하지만 주후 1세기 당시 예루살렘에서도 그러한 행동들이 허용되었는지는 분명치 않다. 하지만 누가복음 23:56에 나타난 여인들의 행동 묘사로 미루어 본다면(참조. 막 16:1),[90] 그 기간에는 예

---

84) 본 단락들의 자료들에 대해서는 Grundmann, *Lukas*, pp. 436, 439; Taylor, *Passion Narrative*, pp. 99-109; Fitzmyer, *Luke X-XXIV*, pp. 1523-25, 1533-43을 보라.
85) Grundmann, *Lukas*, p. 436; Taylor, *Passion*, pp. 101-109.
86) Evans, *Luke*, p. 883.
87) 특히 23:56b-24:1의 '멘 … 데 …' [μέν … δέ … , '한편으로 … 다른 한편으로 …'] 문장 구조를 참조하라. Marshall, *Luke*, p. 881; Fitzmyer, *Luke X-XXIV*, p. 1543.
88) Marshall, *Luke*, p. 881; Taylor, *Passion*, p. 103; Fitzmyer, *Luke X-XXIV*, p. 1543.
89) Schweizer, *Mark*, p. 361; Ellis, *Luke*, pp. 273-76.

루살렘에서 이러한 행동들과 관련된 보다 엄격한 견해가 받아들여지고 있었던 것 같다.91)

여하튼 누가는 여인들이 명백히 '계명을 따라'(참조. 출 20:8-10; 신 5:12-15) 안식일을 지킨 것으로 묘사하고 있다. 그의 묘사를 역사적으로 믿을 만한 것으로 간주할 경우, 여인들이 아직도 안식일 계명에 충실하였다는 점을 주목하는 것은 흥미롭다. 사실 여인들이 안식일 계명을 지킨 사실 자체는 전혀 이상할 것이 없다. 그럼에도 불구하고 앞에서도 논의하였듯이, 그들의 이러한 태도는 아마도 그들이 예수님께서 안식일을 성취하셨고 안식일의 주가 되셨다는 사실이 의미하는 바를 아직 충분히 이해하지 못하였음을 시사해 준다. 하지만 그들의 이러한 모습은 그들이 예수님의 구속 사역 중 많은 부분(예를 들어 그의 재림은 물론이고, 특히 그의 부활과 승천)이 아직 그 성취를 내다보고 있는 독특한 시기에 살았다는 점에 의해 설명된다. 설령 그들이 예수님의 안식일 성취의 신학적 의미를 인지하고 있었다 하더라도, 그들이 그 신학적 의미로부터 안식일 행습과 관련된 그 실천적 의미를 이끌어 내는 데는 상당한 시간이 필요했을 것이다.

어떤 이들은 여인들이 안식일 계명을 충실하게 지킨 것으로 기술하는 누가의 독특한 묘사를 누가가 안식일 준수를 매우 강조하고 있음을 보여 주는 증거로 받아들이려 할지도 모른다.92) 하지만 마태나 마가와 마찬가지로 누가도 다른 곳에서 안식일을 안식일의 주(主)이신 예수님의 권위하에 놓으며(특히 참조. 눅 6:5) 심지어는 다양한 사람들의 필요 아래 둔다는 사실을 고려해 볼 때, 누가가 여기서 안식일 준수를 매우 강조하고 있다고 보는 것은 적절

---

90) 눅 23:56a와 막 16:1 사이의 외견적 불일치를 설명해 보려는 다양한 시도들에 대해서는 Marshall, *Luke*, p. 881; Turner, 'Sabbath', pp. 105-106; Brown, *Death*, p. 1257; 양용의, 『마가복음 어떻게 읽을 것인가』, p. 379 n. 151을 보라.

91) 참조. Fitzmyer, *Luke X-XXIV*, p. 1530; Nolland, *Luke 18:35-24:53*, p. 1166. 눅 23:56에 나타난 여인들의 행동을 *m. Shab.* 23.5에 비추어 이해하려는 시도들에 대해서는 Jeremias, *Eucharistic Words*, pp. 74-75; Marshall, *Luke*, p. 883; Evans, *Luke*, p. 884를 보라.

92) 예. Bacchiocchi, *New Testament*, p. 89.

치 않다. 누가가 이 독특한 묘사를 포함시킨 것은 다른 곳에서와 마찬가지로 이 내용을 원래 포함하고 있던 그의 자료를 특별한 신학적 이유 없이 있는 그대로 충실히 기술한 결과라고 추론함으로써 더 잘 설명될 수 있다. 이러한 설명은 누가가 아마도 안식일이 그의 독자들에게는 더 이상 실질적인 문제가 아니었기 때문에, 안식일 자료를 제시하는 데 있어서 마태보다는 덜 민감하였으리라는 앞의 결론과도 일치된다.

몇몇 사람들이 제안하는 바와 같이, 어쩌면 누가는 '계명을 따라' 라는 표현을 의도적으로 포함시킴으로써, 그의 복음서 초반에 예수님의 출생과 어린 시절에 연관된 자들 중 율법에 충실한 자들이었다고 묘사된 인물들(예. 예수님의 부모, 시므온, 안나: 참조. 눅 2:22-24, 25, 37, 41-42)에 대한 기술과 구조적으로 균형을 이루게 하고자 했는지도 모른다.[93] 이렇게 함으로써 누가는 예수님의 생애를 구약성경의 연속선상에 놓고자 했을 수도 있다. 즉, 그분의 출생으로부터 죽음에 이르는 전 생애는 구약성경과의 끊임없는 연관성 속에 이루어졌는데, 이는 율법 그 자체를 위해서라기보다는 그것을 성취하기 위해서였다는 것이다(참조. 눅 24:44). 끝으로 누가복음에서 이 시점 이후로는 제자들의 안식일 준수에 대한 더 이상의 긍정적 묘사가 제시되고 있지 않다는 사실은 괄목할 만하다.[94]

만일 누가복음 23:56이 '누가 특별자료' 나 누가 자신으로부터 온 것이라면, 본 구절이 마태복음에 나타나지 않는다는 사실의 의의는 있다고 하더라도 미미하다. 하지만 그것이 'Q 자료' 로부터 왔을 경우, 마태가 본 구절을 왜 생략했는지를 설명하는 것은 그리 어렵지 않다. 누가와 달리 마태와 그의 공동체에게는 안식일이 살아 있는 민감한 문제였던 것이 거의 확실하기 때문에, 마태는 본 구절을 생략하지 않을 수 없었을 것이다. 그렇지 않을 경우 본 구절은 안식일을 철저히 지키려는 율법주의적 경향(예수님은 마 12:1-8//, 9-

---

93) 참조. Marshall, *Luke*, p. 883; Brwon, *Death*, p. 1287.
94) 참조. Godet, *Luke*, II, p. 343; Schweizer, *Luke*, p. 364.

14//에서 바로 이러한 경향을 비판하였다)을 가진 그의 공동체 구성원들에게 자칫 그릇된 오해를 불러일으킬 가능성이 농후하였기 때문이다.

6.5. 결론

본 장에서 필자는 마가복음과 누가복음에 나타나는 모든 안식일 관련 구절들을 고찰하였는데, 이 구절들은 마태복음에서 아예 빠져 있거나 아니면 안식일과 무관한 구절들로 나타난다. 이 구절들에 대한 고찰의 주된 목표는 그들이 왜 마태복음에서 생략되어 있거나 다른 형태들로 나타나는지에 대한 설명(들)을 제공하는 것이었다. 하지만 고찰의 과정에서 그 구절들 자체가 마가복음과 누가복음에서 고유하게 갖는 각각의 의의와 그 실천적 함의에 관한 부가적인 결론들에 도달하였다. 다음은 본 장에서 필자가 내린 결론들의 요약이다.

[1] 안식일에 예수님의 지속적인 회당 방문(막 1:21//; 6:2//; 눅 6:6 등)은 율법에 대한 순종의 문제라기보다는 관습의 문제였을 뿐이다. 따라서 그 방문 사실 자체만으로는 '예수님께서 안식일 예배에 신학적으로 헌신되어 있었음에 대한 아무런 실질적인 증거도 제공해 주지 않는다.' [95]

[2] 마가복음 1:21-34과 누가복음 4:31-41에 나타난 예수님의 안식일 귀신 축출 및 치유는, 마가복음 2:27, 28//; 3:4-5//(또한 참조. 마 12:5-6, 7, 11-12)에서 명백하게 드러나는 것처럼, 누가가 안식일을 이미 예수님의 성취 관점에서 이해하고 있음을 보여 준다.

[3] 누가가 예수님의 사역에 대한 계획적인 선언 문맥에서(눅 4:16-21) 안식일을 언급함으로써 안식일에 대한 어떤 신학적 의의(예를 들어, '예수님의 구속적 활동들에 어울리는 기념일')를 부여하고자 의도하였을 가능성은 거의 없다.

[4] 비록 마가복음 1:32//과 누가복음 23:56이 각각 예수님 당시 일반 유대

---
95) Turner, 'Sabbath', p. 102.

인들과 심지어는 그의 제자들 중 몇몇도 전통과 계명을 따라 안식일을 지켰다는 사실을 시사해 주지만, 그러한 사실 자체가 예수님께서 그들의 그와 같은 행동을 당연한 것으로 기대하셨다는 추론을 보증해 주지는 못한다. 제4, 5, 6장에서 제시된 필자의 고찰은 예수님의 기대가 오히려 정반대였음을 보여 준다.

⑤ 마태의 경우와 달리, 누가와 그의 독자들에게 있어서 안식일은 아마도 살아 있는 민감한 문제가 아니었던 것 같다. 따라서 누가는 안식일 자료를 제시해 나가는 데 있어서 마태보다 훨씬 더 자유로웠던 것 같다. 그는 그의 자료를 대체로 있는 그대로 충실히 재현해 주고 있는 것으로 보인다.

⑥ 마가복음과 누가복음에 나타난 대부분의 안식일 구절들(예. 막 1:21-34//; 눅 4:16-21; 13:10-17; 14:1-6)의 초점은 안식일 자체보다는 기독론과 종말론에 맞추어져 있다. 비록 마태의 경우와 달리, 누가에게 있어서 안식일 준수가 살아 있거나 민감한 문제가 아니었을지라도, 일단 그 문제를 다룰 때면 누가도 안식일을 (마태와 마찬가지로) 기독론과 종말론의 관점에서 제시해 나간다.

⑦ 이처럼 (마태는 물론이고) 마가나 누가의 그 어떤 안식일 구절들도 안식일 준수를 지극히 강조하는 입장을 암시하거나 증언해 주는 것으로는 보이지 않는다.

⑧ 마가와 누가의 안식일 구절들에 대한 마태의 생략이나 변형은 안식일 문제에 있어서 마태가 마가나 누가보다 더 보수적임을 보여 주지 않는다. 그러한 변형들은 오히려 마태가 안식일 자료를 제시해 나가는 데 있어서 마가나 누가보다 훨씬 더 신중하다는 사실을 입증해 준다. 그 이유는 아마도 안식일이 그의 공동체에게 아직도 살아 있는 민감한 문제였기 때문일 것이다. 마태는 그의 공동체 가운데 안식일을 율법주의적으로 준수하려는 경향에 대해 깊이 우려하였으며, 그래서 그와 같은 율법주의적 경향을 불필요하게 조장할 수도 있다고 생각되는 특정 안식일 구절들을 변형시키기도 하고 혹은 아예 생략하고 있는 것이다.

⑨ 위의 고찰과 관찰로부터 우리는 마태, 마가, 누가, 각 복음서들에 나타나는 안식일 자료 제시들에 있어서 두드러진 차이점들[96]뿐 아니라 주요한 유사점들[97]도 있다는 사실을 주목할 수 있다. 이들 사이의 유사점들은 (아마도 '공동 전승', 'Q 자료', '마태 특별자료', 혹은 '누가 특별자료' 로부터 온) 다양한 안식일 자료들이 궁극적으로는 아마도 예수님의 가르침 자체에서 비롯된 공통된 기원을 가졌으리라는 추론에 의해 적절히 설명될 수 있다.[98] 한편 이들 사이의 차이점들은 각 복음서들의 서로 다른 문학적 스타일과 구조에 의해 설명될 수도 있고, 보다 중요하게는 어떤 특정 문제에 관해 각 복음서 저자들을 보다 더 혹은 보다 덜 집중적으로 다루도록 인도해 나갔던 서로 다른 저작 상황들과 관심들에 의해 설명될 수 있을 것이다.

---

96) 예를 들어, 마태가 안식일 자료를 다루는 데 있어서 누가와 마가보다 훨씬 더 신중하게 다루고 있는 점, 각 복음서에 나타나는 독특한 구절·어구들.
97) 예를 들어, 기독론적 종말론적 초점, 안식일 준수를 강조하지 않는 점, 안식일을 바리새적으로 준수하는 경향에 대한 비판.
98) 우리는 안식일 논쟁 자료들이 초대 기독교 공동체들에 의해 창안되었을 가능성이 지극히 희박하다는 사실을 지적한 바 있다. 참조. Pesch, *Markusevangelium*, I, p. 183.

표 1
공관복음서들에 나타난 안식일 언급들[99]

마태복음서	마가복음서	누가복음서
	1:21-34	4:31-41
(4:13)-noS	1:21	4:31
(8:16)-noS	(1:32)-'해 질 때'	(4:40)-'해 질 때'
12:1-8	2:23-28	6:1-5
12:1	2:23	6:1
12:2	2:24	6:2
12:5(x2)	-	-
-	2:27(x2)	-
12:8	2:28	6:5
12:9-14	3:1-6	6:6-11
(12:9)-noS	(3:1)-noS	6:6
12:10	3:2	6:7
12:11	-	(13:15; 14:5)
12:12	3:4	6:9
(13:53-58)	6:1-6	4:16-30
(13:54)-noS	6:2	4:16
		13:10-17
-	-	13:10
-	-	13:14(x2)
(12:11)	-	13:15
-	-	13:16

---

[99] 공관복음을 제외한 다른 신약성경 책들에 나타나는 안식일 언급들은 다음과 같다: 요 5:1-18(특히 17절); 7:22-23; 9:1-41(특히 4절); 행 1:12; 13:5, 14, (27), 42, 44; 15:21; 16:13; 17:2; 18:4; (20:7); (롬 14:5-8); (고전 16:2); (갈 4:10); 골 2:16; 히 4:1-11. 다음은 '첫째 날/주의 날' 언급들이다: 행 20:7 – '주간의 첫째 날'; 고전 16:2 – '주간의 첫째 날'; 계 1:10 – '주의 날' ('테 퀴리아케 헤메라', τῇ κυριακῇ ἡμέρᾳ).

		14:1-6
-	-	14:1
-	-	14:3
(12:11)	-	14:5
-	-	18:12(주간)
24:20	(13:18)-noS	(21:23)-noS
27:57-noS	15:42(+DP)	(23:54)
-	(15:42)	23:54(+DP)
-	-	23:56
[27:62](DP)(62-66절)	-	-
28:1	16:1	24:1-noS
28:1(주간)	16:2(주간)	24:1(주간)
28:9-noS	16:9(주간)	24:10-noS

표 1 범례

1. 진하게 – 본 서의 석의적 연구의 주 대상 단락/절
2. (장절) – 다른 문맥에서 나타나는 간접적 평행구
3. noS – 구절 내에 '안식일'('사바톤', σάββατον)이 나타나지 않음
4. (주간) – '사바톤'이 '안식일'이라는 의미가 아니라 '주간'(週間)이 라는 의미로 사용됨
5. 이탤릭 – 문맥은 동일하지만 어휘나 어구 혹은 구절이 평행되지 않음
6. DP – 예비일
7. [장절] – '안식일'은 나타나지 않지만 안식일과 연관된 자료

제7장

마태복음에 나타난 예수님과 안식일
초대교회에서 그 의의와 영향

현존하는 최초의 비-정경 기독교 저작들인 '사도 교부들'[1])에 대한 마태복음의 영향력은 어떤 다른 복음서보다 지대하였다는 주장이 줄곧 제기되어 왔다.[2]) 만일 그렇다면 예수님의 성취에 비춘 마태의 안식일 논의를 사도 교부들의 안식일 (및 주일/여덟째 날) 논의와 비교 및 대조해 보는 것이 필요할 것이다. 그와 같은 대조는 첫째, 우리로 하여금 마태의 안식일 논의가 사도 교부들에 의해 어떻게 채택되고, 각색되고, 혹은 간과되었는지를 평가할 수 있도록 해 줄 것이며, 둘째, 우리가 앞 장(章)들에서 제시해 온 마태의 논의에 대한 이해의 몇몇 측면들의 타당성을 확인시켜 줄 것이다.

---

1) '사도 교부들' 이라는 어휘는 Cross and Livingstone (eds.), *Dictionary*, p. 76에서 다음과 같이 정의되고 있다: '17세기 이래로 본 칭호는 신약성경 시대를 바로 뒤이은 시대의 교부들 중 그 저작들이 전체 혹은 일부 보존되어 있는 자들에게 붙여져 왔다.' 달리 언급되지 않는 한 본문들은 Lake (trans.), *Apostolic Fathers*로부터 온 것이다.
2) 예. Massaux, *Influence*, Luz, *Matthew 1-7*, pp. 92-93. 하지만 부정적인 견해에 대해서는 예를 들어, Köster, *Synoptische Überlieferung*를 보라. 본 주제와 관련된 다양한 견해들에 대한 간략하면서도 유용한 개관이 Neirynck, 'Preface to the Reprint', pp. xi-xix에서 발견된다. 긍정적인 견해의 타당성은 본 장의 다음 논의들에서 다루어지게 될 것이다.

하지만 사도 교부들 가운데서 발견되는 안식일/주일 관련 자료들은 놀라울 정도로 희박하며, 실제로 네 권의 작품들에서 발견되는 네 단락들이 모두이다: 이그나티우스, 「마그네시아서」 9.1; 「바나바서」 15; 「디다케」 14.1; 「디오그네투스서」 4.1-3.[3] 또한 이들 중 그 어느 것도 마태의 안식일 논의 중 어느 부분도 직접 반영하고 있지는 않다. 게다가 (아마도 이그나티우스, 「마그네시아서」를 제외하고) 이 작품들의 기원들(즉, 저자, 저작 연대, 저작 장소)뿐 아니라 2세기 초반 기독교 세계의 그림이 매우 불분명하기 때문에, 우리의 논의는 필연적으로 잠정적일 수밖에 없다. 따라서 본 장의 고찰은 많은 어려움들에 부딪히게 되면서도 얻는 것은 그리 많지 않을 것으로 보인다.[4] 그러나 다행스럽게도 약간의 긍정적인 결론들도 도출 될 것이다.

7.1. 이그나티우스

이그나티우스의 편지들의 진정성에 대한 오늘날 보편적인 견해[5]에 도전하는 최근의 몇몇 시도들에도 불구하고,[6] 대부분의 학자들은 일곱 편지들[7]의 진정성에 관해 여전히 확신하고 있다.[8] 만일 이 편지들이 진정한 것이라면 그 저작 연대는 대략 주후 100-118년 사이일 것이라는 데 의견이 모아져

---

[3] 위의 경우들을 제외하고 '헤 퀴리아케' (ἡ κυριακή, '주께 속한 날')라는 언급이 사도 교부 시대 작품으로 보이는 베드로복음(9:35; 12:50)에서 두 번 나타난다. 정경 복음서들의 부활 이야기들(마 28:1//; 참조. 요 20:1)에서 사용되는 '주간 중 첫째 날'('미아 톤 사바톤', μία τῶν σαββάτων) 대신 '헤 퀴리아케'가 사용되고 있다는 사실은 베드로복음 저작 당시 이미 본 어휘가 일요일(혹은 적어도 부활절 일요일)을 지칭하는 데 사용되었음을 보여 준다(Bauckham, 'Lord's Day', p. 229).
[4] 참조. Trevett, 'Approaching', p. 65.
[5] 이 보편적인 견해는 특히 Zahn, *Epistulae*와 Lightfoot, *Apostolic Fathers*에 의해 수립되었다.
[6] Weijenborg, *Lettres*; Rius-Camp, *Authentic Letters*; Joly, *Dossier*. 또한 참조. Delafosse, 'Nouvel examen', pp. 303-37, 477-533.
[7] 즉, 『에베소서』, 『마그네시아서』, 『트랄레스서』, 『로마서』, 『빌라델피아서』, 『서머나서』, 『폴리갑서』.
[8] 예를 들어, Bammel, 'Ignatian Problems', pp. 62-97; Schoedel, *Ignatius*, pp. 5-7; Trevett, *Study*, pp. 9-15; 또한 참조. Corwin, *Ignatius*, pp. 3-10.

있다.9)

로마에서 순교를 당하러 가는 길에 시리아 안디옥의 감독 이그나티우스는 일곱 편의 편지들을 저작하였는데, 넷은 서머나에서 그리고 셋은 드로아에서 보낸 것이었다. 이들 중 한 편지인 『마그네시아서』(Letter to the Magnesians)는 안식일 준수에 관한 짤막하면서도 문제성 있는 언급을 포함하고 있다. '그러므로 만일 옛 관습들 가운데 행하던 자들이 소망의 새로움으로 나아온다면, 그들은 더 이상 안식일을 지키지 않고 오히려 그분[즉, 예수님]과 그분의 죽음을 통해 우리의 생명이 솟아나는 날인 주의 날을 좇아 [삶을] 산다'(9.1).10)

이 본문(9.1)에 대한 해석은 특히 '(과거에) 옛 관습들 안에서 행하였으나 (지금은) 소망의 새로움으로 나아온 자들'의 지시 대상과 관련하여, 또한 '더 이상 안식일을 지키지 않고 주의 날(곧, 주일)을 좇아 산다'라는 말의 정확한 의미와 관련하여, 어려운 문제를 안고 있다. 9.1은 그 인접 문맥(8.1-10.3;11) 9.1의 '그러므로' ['운', οὖν]를 주목하라)과 밀접하게 연관되어 있기 때문에, 본문에 대해 적절히 해석하기 위해서는 그 문맥에 대한 세심한 고찰이 필요하다. 필자가 이해한 바 8.1-10.3에서 전개되는 논점의 흐름과 그 흐름에 비추어 본 9:1의 해석은 다음과 같다.

① 이제 이그나티우스에게 있어서 핵심 주제는 '유대교'12)로서, 이는 한

---

9) 특히 Lightfoot, *Ignatius*, II, pp. 435-72를 보라; 또한 참조. Lake, *Fathers*, I, p. 166; Brown and Meier, *Antioch and Rome*, p. 77(주후 108-117년); Schoedel, *Ignatius*, p. 5, 특히 n. 30 등.
10) Εἰ οὖν οἱ ἐν παλαιοῖς πράγμασιν ἀναστραφέντες εἰς καινότητα ἐλπίδος ἦλθον, μηκέτι σαββατίζοντες, ἀλλὰ κατὰ κυριακὴν [ζωὴν] ζῶντες, ἐν ᾗ καὶ ἡ ζωὴ ἡμῶν ἀνέτειλεν δι' αὐτοῦ καὶ τοῦ θανάτου αὐτοῦ … 이 언급의 이문(異文) 내지는 번역과 관련된 다양한 문제들에 대한 필자의 입장을 보려면 Yang, *Jesus*, pp. 277-78을 참조하라.
11) 『마그네시아서』 8.1-10.3은 분명히 주제상 한 단락을 형성한다(즉, 유대교와 기독교에 관한 논의). 7.2에 이르기까지 주제는 감독의 권위하에서 이루어야 할 통일성이고, 11.1-15.1은 종결 및 인사 단락을 형성한다.
12) 이그나티우스의 대적들의 정체들과 관련된 다양한 견해들이 제안되어 왔는데, 이러한 견해들에 대한 좋은 개관이 Barrett, 'Ignatius', pp. 220-30; Trevett, *Study*, pp. 150-52에서 발견된다. 다양한 견해들이 다루는 핵심 문제는 그 대적들이 서로 다른 두 개의 (혹은 그 이상의) 집

편으로는 아무 유익이 없는 '이상한 교리들' 및 '옛 신화들' 과 동일시되며 (참조. 딤전 1:4; 4:7; 딛 1:14), 다른 한편으로는 '은혜' 와 대조된다(8.1).

② 예수 그리스도를 좇아 살았고 그래서 박해를 받았던 구약성경의 '선지자들' 은 예수님의 '은혜' 로 영감을 받았으며, 그래서 그들은 '불순종하는 자들' 로 하여금 하나님의 '말씀' 인 예수 그리스도를 믿도록 설득해야 했다 (8.2). 구약 '선지자들' 과 '예수님', 그리고 그의 '은혜' 는 이처럼 '유대교' 로부터 구별되고 있으며, 실제로는 대조되고 있다. 그리고 '불순종하는 자들' 은 아마도 예수님께 대한 구약 선지자들의 증거에 근거하여 예수님을 믿었던 초기 유대교 그리스도인들을 지칭하는 것 같다.

③ (구약 선지자들이 아니라)[13] 초기 유대교 그리스도인들은 더 이상 안식일을 지키지 않았으며 주일을 좇아 살았다(9.1a). 이처럼 안식일 준수는, 개종한 유대교 그리스도인들이 포기해야 할 것으로 기대되던, 유대교의 특징적인 일면으로 대두되고 있는 것이다. 그리고 주일을 좇아 사는 것은 그리스도인들의 삶의 두드러진 일면으로 특징지어지고 있다.

④ 초기 유대교 그리스도인들과 마찬가지로, 우리들도(=이그나티우스와 그의 동시대 그리스도인들, 특히 마그네시아 그리스도인들) [역시 주일을 좇아 살아가는데],[14] 그날에 '우리의 생명이 그분과 그분의 죽음을 통해 솟아난다' (9.1b). 이 구절에 비추어 볼 때, '주일을 좇아("카타", κατά) 산다' 라는 구절은 그날을 쉼의 날로 지키는 것을 의미하는 것이 아니라,[15] 그날에 죽음으로부터 부활

단들인가(즉, 유대주의자들과 가현설론자들) 아니면 이중적 (혹은 다중적) 성격을 띤 단일 집단인가와 관련되어 있다. Trevett은 다음과 같이 제안한다: '내가 보기에 오류들에 대한 이그나티우스의 묘사들은 두 별도 집단들의 가능성을 지지해 준다. 그럼에도 불구하고 그는 어떤 곳들에서는 때때로 보다 혼합적인 집단이 존재했었음을 인지하고 있었던 것으로 보인다.' 그녀의 *Study*, p. 152를 보라. 필자는 아래의 논의에서 Trevett의 결론들을 채택할 것이다.

13) Lightfoot, *Ignatius*, II, p. 128; Schoedel, *Ignatius*, p. 123; 참조. Bauckham, 'Post-Apostolic Church', pp. 260-61. *Pace* Lewis, 'Ignatius', p. 50; Bacchiocchi, *Sabbath*, p. 215.

14) 이 괄호 안의 첨가적 내용은 이그나티우스의 논점에서 가정되고 있는 것으로 보인다. 3인칭에서 1인칭으로 인칭대명사가 바뀌면서도 사고(思考)의 단절은 나타나지 않고 있음을 주목하라.

15) Rordorf, *Sunday*, pp. 154-58은 2세기 당시에 주일(=일요일)을 쉼의 날로 지키는 것이 불가능하였음을 적절히 지적하고 있다. 또한 참조. Bauckham, 'Post-Apostolic Church', p. 274.

하신 주(主)를 예배함으로써 그리고 아마도 성만찬을 통해 그분의 부활에 자신들이 동참함을 기념함으로써 그날을 지키는 것을 의미하는 것으로 추정된다(참조. 4.1;「디다케」14.1;「바나바서」15.9; Justin, *First Apology* 67.7).[16]

⑤ 예수님의 죽음과 부활에 우리가 참여하는 것과, 우리의 '믿음'과 '고난'의 신비는 우리로 하여금 유일한 선생이신 예수 그리스도의 제자들이 되도록 도와 준다(9.1c; 참조. 마 23:8). 이그나티우스의 궁극적 관심은 이처럼 마그네시아 성도들의 제자도를 강화시키는 데 초점이 맞추어져 있다(또한 참조. 10.1).

⑥ 우리만 예수 그리스도의 제자들일뿐 아니라, 구약 선지자들도 성령 안에서 그분의 제자들이었다. 그들은 과연 예수 그리스도를 그들의 선생으로 내다보았다. 따라서 예수님께서 와서 [그들의 기대를 성취하셨을 때], 그분은 [우리뿐 아니라] 그들도 죽은 자들로부터 일으키셨다(9.2). 이그나티우스는 다시 한 번 예수님과 구약 선자자들 사이의 관계로 돌아간다. 그의 암시적 논점은 다음과 같다: '구약성경을 진정으로 이어받은 자들은 안식일을 지키는 유대교와 유대교도들이 아니라, 주일을 좇아 살아가는 예수님과 그의 제자들(=그리스도인들)이다. 왜냐하면 예수님은 구약 예언의 궁극적 목표이시기 때문이다.'

⑦ 끝으로, 유대교 및 유대교도들과 연관된 결론적인 권면이 뒤따르고 있다. 여기서는 유대교(=오래되어 시큼해진 악한 누룩)는 다시 한 번 그리스도(=새로운 누룩) 및 기독교와 대조되고 있다(10.1-3).

만일 8.1-10.3에 대한 필자의 개관(槪觀)과 그에 비추어 제시된 9.1의 해석이 옳다면, 다음과 같은 내용들을 주목해 볼 수 있다

① 이그나티우스가 안식일 준수를 유대교 그리스도인들이 포기해야 할 것으로 기대되는 유대교의 특징적인 일면으로 대두시키고 있는 점은 놀랍다.

---

16) Rordorf, *Sunday*, pp. 210-11; Barrett, 'Ignatius', pp. 224, 236.

② 이그나티우스가 주일을 안식일과 연관해서 언급하고 있다는 점은 흥미롭다. 물론 그렇다고 해서 그가 주일을 '쉼의 날'로 혹은 '그리스도인의 안식일'로 간주하고 있는 것은 결코 아니다.[17]
③ 비록 주일이 기독교 정체성의 표지로 언급되고 있기는 하지만, 이그나티우스의 논점의 진정한 초점은 마그네시아 성도들의 제자도를 강화시켜 주는 것에 모아지고 있으며, 또한 예수 그리스도는 구약성경의 연속이자 그 궁극적 성취라는 사실을 지적해 보이는 데 모아지고 있다.
④ 필자는 그리스도의 은혜를 부정하는 것으로 간주되고 있는 유대교도들(8.1; 참조. 10.2-3)이 '지나치게 율법주의적'이지 않았나 생각한다.[18]

그렇다면 이러한 관찰의 결과들이 우리의 연구에 던져 주는 의미는 무엇인가?

결정적인 질문은 과연 이그나티우스가 마태복음을 알았는지, 그리고 그의 저작들에서 그것을 자료로 사용하였는지에 관한 것이다. 이 질문에 대해서는 아직도 학자들 사이에 의견이 많이 나뉘어 있다. 하지만 대부분의 학자들은 이그나티우스가, 만일 마태복음 자체가 아니라면,[19] 적어도 마태복음과 공통 자료를 활용했으리라는 데 의견을 모아가고 있다.[20]

하지만 우리의 본문 자체(『마그네시아서』 9.1a)와 마태복음의 안식일 언급들과의 연관성을 판단한다는 것은 쉽지 않다. 왜냐하면 그것은 마태복음의 언급들을 인용하지 않고 있을 뿐더러, 암시하고 있는 것으로도 보이지 않기 때문이다. 그럼에도 불구하고 그 인접 문맥이 바리새인들과 선지자들에 관한 마

---

17) 사실 중세 이후 많은 교회들은 뚜렷한 성경적 근거도 없이 주일을 '그리스도인의 안식일'로 간주해 왔다. 이러한 개념의 발전 과정에 대해서는 특히 Bauckham, 'Post-Apostolic Church', pp. 275-98; *idem*, 'Medieval Church', pp. 300-309를 보라.
18) Trevett, *Study*, p. 177; 또한 참조. Donahue, 'Jewish Christianity', pp. 81-93.
19) 하지만 마태복음 자체가 이그나티우스의 자료였으리라고 생각하는 학자들도 적지 않다: 예를 들어, Streeter, *Four Gospels*, pp. 504-507; Massaux, *Influence*, I, p. 96; Richardson, *Christianity*, pp. 60, 103 n. 105; Kümmel, *Introduction*, p. 119, 특히 n. 61; Köhler, *Rezeption*, pp. 73-96.
20) 예를 들어, Köster, *Überlieferung*, pp. 24-61; Sibinga, 'Ignatius and Matthew', pp. 263-83; Hagner, 'Sayings', pp. 240, 263 n. 31; Trevett, 'Matthew', pp. 62-64.

태 스타일의 가르침을 놀라울 정도로 반영하고 있는 것으로 드러나기 때문에(예, 『마그네시아서』, 8.2//마 23:29, 34; 『마그네시아서』, 9.1c//마 23:10; 『마그네시아서』, 9.2//마 27:52), 필자는 『마그네시아서』 9.1a도 예수님과 바리새인들 사이의 안식일 논쟁을 다루는 마태의 두 단락들을 반영하고 있을 수도 있다고 생각한다.

이그나티우스는 당대 유대교도들의 안식일 준수를 마태복음 단락들의 논쟁들에 나타나는 안식일에 대한 바리새인들의 엄격한 태도와 동일시하였을지도 모른다. 또한 바리새인들의 태도가 예수님에 의해 비판을 받았기 때문에, 이그나티우스는 유대교도들의 안식일 준수를 전적으로 정죄하였는지도 모른다. 그러했을 경우 이그나티우스는 예수님의 안식일 성취가, 그리스도인들에게 갖는 실천적인 의미가 안식일 준수를 전적으로 포기하는 것으로 이해했던 것 같다. 특히 안식일 준수가, 아마도 마그네시아 성도들 가운데서 문제가 되었던 것처럼(참조, 『마그네시아서』 9.1; 10.2-3), 그리스도인의 신앙에 있어서 예수 그리스도의 중심성을 위협할 경우에는 더욱 그러했을 것이다.[21]

하지만 이러한 제안은 추론들과 전제들에 너무 많이 의존하고 있기 때문에, 이로부터 어떤 확실한 결론에 도달할 수는 없다. 그럼에도 불구하고 만일 예수님의 성취에 비춘 마태의 안식일 논의에 대한 이그나티우스의 해석 및 상황화와 관련된 필자의 이러한 재구성이 타당성이 있다면, 이러한 사실은 안식일에 관한 예수님의 가르침이 갖는 실천적 함의와 관련된 제4장의 잠정적 결론이 좀 더 힘을 얻게 된다. 사실 이그나티우스는 마태와 그의 공동체로부터 시간상으로나(한 세대보다 짧은 기간), 지리적으로나(마태 – 시리아나 팔레스타인; 이그나티우스 – 시리아의 안디옥; 소아시아의 마그네시아), 직면한 문제에 있어서(즉, 율법주의적 경향) 그리 멀리 떨어져 있지 않았던 것이 분명하다. 따라서 이그나티우스는 마태가 직면하였던 상황이나 마태가 그 상황에 대처해 나갔던 방법을 직접 경험하였거나 아니면 최소한 간접적으로라도 접할 수 있었

---

21) 이그나티우스가 갈 4:10에 나타난 바울의 견책에 영향을 받았을 수도 있었을까(또한 참조, 골 2.16-17)? 이그나티우스가 바울 서신들을 알았을 가능성에 대해서는 Massaux, *Influence*, I, pp. 105-16, 특히 p. 105; Corwin, *Ignatius*, pp. 66-67을 보라.

을 것이다. 다시 말해서 이그나티우스는 마태복음에 들어 있는 마태의 의도를, 그리고 마태복음이 저작된 이후 20-30년간 마태 공동체에 끼친 마태복음의 영향력을 사도 교부들 중에서도 (어쩌면 『디다케』의 저자를 제외하고는) 누구보다 더 긴밀하게 반영할 수 있는 인물이었다.

하지만 이그나티우스와 마태 사이에는 안식일 문제를 다루는 데 있어서 상당히 중요한 차이점들이 있다는 사실을 주목해야 한다.

첫째, 마태복음에서는 안식일 준수 자체가 명백하게 정죄되고 있지는 않는 데 반해, 「마그네시아서」에서는 안식일 준수가 아무런 설명이나 단서도 없이 확실하게 정죄되고 있다. 하지만 이러한 차이는 그들의 서로 다른 상황들에 의해 설명될 수 있을 것이다. 어쩌면 이그나티우스가 직면해 있던 율법주의적 경향이 마태가 직면해 있던 경향보다 훨씬 더 심각하였고, 그래서 이그나티우스는 마태가 필요로 했던 것 이상의 보다 확실한 부정적 교훈을 필요로 했는지 모른다.

하지만 우리는 두 저작들의 장르가 서로 다르다는 사실도 보다 심각하게 고려해 볼 필요가 있다. 편지를 쓰고 있는 이그나티우스는 그의 독자들의 문제에 관한 자신의 관심을 보다 직접적이고 명시적으로 기술할 수 있었을 것이다. 그에 반해, 편지가 아닌 복음서를 쓰고 있는 마태는 자신의 상황과 관심을 자신의 글에 명시적으로 반영하는 데 상당한 제약을 받았을 것이다(마태가 그 자신이나 그의 공동체가 아닌 예수님에 관한 이야기를 쓰고 있음을 주목하라).

둘째, 마태복음에서는 안식일과 주일 사이에 아무런 직간접적인 연결도 나타나지 않는 데 반해, 이그나티우스에서는 그 둘 사이의 연결이 명확히 이루어지고 있다. 사실 마태복음에서뿐 아니라 마가복음, 누가복음, 요한복음에서 제시되고 있는 예수님의 가르침은 그 어느 경우에도 안식일을 주일과 연결시키지 않는다. 실제로 요한계시록 1:10(과 어쩌면 「디다케」 14.1)을 제외하고는 현존하는 기독교 문학에서 『마그네시아서』 9.1이 '퀴리아케'(κυριακή)가 '주일'의 의미로 사용되는 최초의 경우이다.

주일을 예배일(쉼의 날로서가 아니라)로 지킨 것이 언제 어디에서 기원되었는지에 상관없이,[22] 이그나티우스가 두 날들을 연결시킨 것은 매우 의미심장하다. 왜냐하면 위에서 지적한 대로 비록 그러한 연결이 성경적인 근거는 없다 하더라도, 『마그네시아서』 9.1에서 아무런 설명도 없이 두 날들을 연결시키고 있는 그의 방식은, 주일이 안식일의 대체물로서는 아니지만 이미 안식일과 긴밀히 연관해서 인식되고 있었음을 드러내 보여 주기 때문이다. 이러한 논의로부터 우리는 이 두 날들이 기독교 교회의 매우 초기 단계에서 이미 연결되었고, 이그나티우스 시대에 이르러서는 이들 둘 사이의 연결이 기정사실로 받아들여졌으리라고 추정해 볼 수 있다.[23]

하지만 이그나티우스가 주일을 안식일에 대응하는 날로 제시한 방식은 주일을 예배일로서뿐 아니라 쉼의 날로서 (혹은 그리스도인의 안식일로서) 지키는 또 하나의 율법주의적 경향으로 길을 닦아 주었던 것 같다. 그런데 지금까지 필자의 논의에 의하면, 이러한 경향은 예수님 자신과 복음서 저자들 모두가 심각하게 비판하고 대적하였을 그러한 경향이다. 물론 이그나티우스 자신도 주일에 대한 그러한 율법주의적 이해를 의도하지도 않았고, 더 나아가서는 그에 대항하여 싸웠겠지만,[24] 주일을 안식일과 그처럼 직접 연결함으로써 그는 그러한 경향으로의 발전을 의도와 상관없이 열어놓았던 것이다.

---

22) Bauckham, 'Lord's Day', pp. 236-40은 주후 1세기 전반부 팔레스타인 기원을 제안한다.
23) 바울이 롬 14:5('혹은 이 날을 저 날보다 낫게 여기고')을 기록했을 당시 안식일에 대응하는 날로서 주일을 염두에 두었을까? 비록 확신할 수는 없지만 이러한 가능성을 완전히 배제할 수는 없는 것 같다. Cranfield, *Romans*, II, pp. 690-99, 705. 하지만 회의적인 견해에 대해서는 Dunn, *Romans 9-16*, pp. 805-806을 보라.
24) 필자가 위에서 지적하였듯이 『마그네시아서』 8.1-10.3에서 이그나티우스의 전반적인 초점은 (아마도 율법주의적) 유대교와 (율법주의적이어서는 안 되는) 기독교를 대조시키는 데 모아져 있으며, 또한 그렇게 함으로써 마그네시아 성도들의 제자도를 강화시키는 데 모아져 있다.

7.2. 바나바서

『바나바서』(Letter of Barnabas)로 알려진 작품의 저자는 일반적으로 알렉산드리아 출신 유대인으로 추정되고 있지만,[25] 신약성경에서 바울의 동료로 나타나는 바나바는 아닌 것이 거의 분명하다.[26] 본 서신의 저작 연대는 대략 주후 100-132년으로 추정되고 있다.[27] 파젯(J.C. Paget)은 본 서신을 '115년 소위 트라얀 반란 발발 이전에 알렉산드리아/이집트에서' 유래한 것으로 제안한다. 그때 당시까지는 그 지역에 그리스도인보다 유대인의 수가 훨씬 더 많았고, 따라서 그리스도인들이 유대인들을 결코 무시할 수 없는 상황이었는데, 특히 많은 그리스도인들이 유대교적 배경으로부터 온 자들이었기 때문에 더욱 그러했으리라는 것이다.[28] 파젯의 제안은 타당성이 있어 보이는데, 특히 『바나바서』가 바나바와 그의 알렉산드리아 독자들에게 실질적인 위협이 되었던 유대교에 대항하여 저작되었다는 가정을 받아들일 경우에는 더욱 그러하다.[29]

본 서신은 총 21장으로 되어 있으며, 크게 두 부분으로 나누어져 있다.

① 1-17장 – 구약 율법/언약에 대한 알레고리적 해석

---

[25] 저자의 출신지를 알렉산드리아로 제안하는 이유는 주로 두 가지이다: 1) 저자가 알레고리적 해석을 장황하게 사용하고 있다는 점; 2) 본 서신이 알렉산드리아 교부들(특히 알렉산드리아의 클레멘트) 사이에서 일찍부터 인지되고 있었다는 점.

[26] 예를 들어, Quasten, *Patrology*, I, p. 89를 보라.

[27] 대부분의 학자들은 주로 『바나바서』 16장에 근거하여 본 서신이 주후 132년 바르 코흐바 반란 발발 이전에 저작되었으리라는 데 동의한다. 참조. Kraft, *Apostolic Fathers*. III, pp. 42-43; Shea, 'Sabbath', p. 149, 특히 n. 2. 하지만 보다 빠른 저작 연대(즉, 주후 100년 이전)에 대해서는 Lightfoot, *Apostolic Fathers*, part I, pp. 503-12; Williams, 'Date', pp. 337-46, 특히 p. 344(주로 『바나바서』 4.4-5에 근거하여)를 보라.

[28] Paget, *Barnabas*, p. 56.

[29] 바나바의 대적들의 정체에 대해서는 Paget, *Barnabas*, pp. 51-66을 보라. 그는 본 서신의 반유대교적 성격에 대해 회의적인 견해를 보이는 입장들을 적절히 논박하고 있다. 회의적 입장을 띠는 학자들 중 대표적인 자들은 다음과 같다: Harnack, *Chronologie*, p. 414; Windisch, *Barnabasbrief*, pp. 322-23); Wengst, *Barnabasbrief*, pp. 112-14 등. 유대교의 위협이 실제적이었다고 보는 견해에 대해서는 Kleist, *Didache*, pp. 31-32; Bacchiocchi, *Sabbath*, p. 218등을 보라. 주후 70-135년 기간 중 알렉산드리아에서 유대교와 기독교 사이의 관계에 대해서는 Barnard, *Studies*, pp. 41-55 특히 pp. 51-55를 보라.

② 18-21장 – '두 길', 즉 기독교 윤리 지침

첫 번째 부분에서 바나바는 유대교의 주요 교리들을 다룬다: ① 희생제사 제도(2, 5, 7, 8, 12장); ② 금식(3장); ③ 언약(4, 13, 14장); ④ 약속의 땅(6장); ⑤ 할례(9장); ⑥ 음식법(10장); ⑦ 안식일(15장); ⑧ 성전(16장)

이러한 교리들에 대한 유대교의 문자적 이해에 대응하여 바나바는 그 교리들에 대한 알레고리적 해석을 구약성경의 진정한 이해로서 제시한다. 바나바의 주장에 따르면, 유대인들은 하나님과의 언약을, 모세가 그것을 받은 지 얼마 후 시내 광야에서 우상숭배를 함으로써, 곧 상실해 버렸다(참조. 4.7-8). 그런데 이제 그 언약이 구약의 다양한 모형들(즉 금식, 속죄 염소, 암소 등; 특히 참조. 7-8장)의 성취이신 그리스도를 통해(참조. 14.5) 그리스도인들에게 이전된 것이다.

안식일은 유대교의 두드러진 표지들 중의 하나였기 때문에 바나바가 이 문제를 한 장(15장) 전체에 걸쳐 논의하는 것은 전혀 놀라운 일이 아니다. 본 장에서 바나바의 논점의 흐름은 다음과 같다.

① 십계명 중 하나인 안식일 계명은 구약성경에서 주님에 의해 명령된 것이다(1-2절; 참조. 출 20:8; 신 5:12; 또한 참조. 시 23:4). 여기서 바나바는 분명 구약성경의 권위를 인정하고 있다. 그는 반(反)유대교적이기는 하지만, 반(反)구약적이지는 않다.

② 사실 하나님은 그분의 창조 이야기에서 안식일을 말씀하신다(3절; 참조. 창 2:2). 그 이야기에서 '육 일'은 '육천 년'을 지칭한다. 왜냐하면 '그에게 있어서는 하루가 천 년을 의미하기' 때문이다(참조. 시 90:4; 또한 참조. 희년서 4:30; 벧후 3:8). 육천 년 동안 모든 것이 완성될 것이며, 하나님의 아들이 와서 악한 자의 시간을 파괴하고 진정한 쉼을 가져올 때 마지막 천 년(=일곱째 날)이 도래할 것이다(4-5절). 바나바는 여기서 안식일을 종말론적으로 (그리고 기독론적으로도) 해석한다. 그러나 그의 이러한 해석은 순전히 알레고리적 방법을 통해 이루어진다.

③ 현재로서는 아무도 안식일을 하나님께서 요구하신 대로 거룩하게 지킬 수 없다(6절). 그러나 예수님께서 와서 우리를 거룩하게 만들면, 우리는 안식일을 거룩하게 지킬 수 있게 될 것이다(7절). 이 두 절에만 의하면, 바나바에게 있어서 안식일의 성취는 순전히 미래적인 것으로만 들린다.30)

④ 하나님은 현재의 안식일들이 그에게 받아들여질 만하지 못하다고 선언하신다(참조. 사 1:13). 그 대신 하나님은 다른 한 날, 즉 '여덟째 날'을 만드셨다. 이 날은 다른 한 세계의 시작이다. 따라서 '우리는 기쁨으로 그날을 기념한다.' 그날에 예수님께서 '죽은 자들로부터 일어나셨고, 사람들에게 나타나셨으며, 하늘로 올리심을 받았다'(8-9절). 이 두 절들을 전체 장(章)/서신에 비추어 해석하는 것이 대단히 어렵다.31) 하지만 바렛(C.K. Barrett)이 적절히 지적하듯이, 여덟째 날에 대한 언급(즉, 8-9절)을 첨언함으로써 바나바가 진정으로 제시하고자 한 유일한 요점은 '유대인들은 그들의 안식일 문제에 있어서 그릇되었고, 그리스도인들은 그들의 일요일 문제에 있어서 옳다' 라는 점이다.32) 바나바는 그리스도인들이 여덟째 날을 어떻게 그리고 왜 지켰는지에 대해 이그나티우스보다 덜 애매하다. ① 그들은 여덟째 날에 흥겨운 축하 의식들을 거행하였다. 이는 거의 분명히 일요일 예배를 지칭하는 것 같다. ② 그들은 여덟째 날이 예수님의 부활과 나타남과 승천의 날이기 때문에 그 날을 지켰다.33)

---

30) 따라서 Shea, 'Barnabas', p. 156은 다음과 같이 주장한다. '이들 대부분의 믿음 조항들(즉, 희생제사 제도, 언약, 할례 등; pp. 154-55를 보라) 모두가 현재 기독교 시대에서 그 성취를 보게 되지만… 안식일은 그 적용에 있어서 완전히 미래적이다.' 그러나 바나바는 8-9절에서 그리스도인이 주일을 기념하는 것을 설명할 때, 안식일의 현재적 적용을 염두에 두고 있었던 것으로 보인다. 하지만 그럴 경우 그의 논점은 6절에서의 논점과 일치하지 않는 것으로 드러나게 된다. 참조. Bauckham, 'Post-Apostolic Church', pp. 263-64.
31) 주로 일곱째 날과 여덟째 날 사이의 불분명한 관계 때문이다. Kraft, *Barnabas*, pp. 28-29, 128-29. 그러므로 어떤 학자들은 바나바를 전천년주의자라고 분류하기도 한다. 예. Kleist, *Didache*, p. 179 n. 161; Shea, 'Barnabas', pp. 166-67; Rordorf, *Sunday*, pp. 93-94. 한편 어떤 학자들은 그를 무천년주의자라고 분류하기도 한다. 예. Bauckham, 'Post-Apostolic Church', p. 263; Paget, *Barnabas*, p. 170.
32) Barrett, 'Eschatology', p. 370.
33) Kleist, *Didache*, p. 180 n. 162는 바나바가 '여덟째 날' 이라는 어구를 완전히 다른 두 가지 의

제7장 초대교회에서 그 의의와 영향   349

필자의 목적상 위의 논의로부터 다음 몇 가지 점들을 정리해 보고자 한다.

① 바나바에게 있어서, 구약성경은 여전히 권위 있는 것이다. 하지만 유대교의 문자적인 구약 해석은 받아들여질 수 없다.

② 구약성경의 안식일 구절들에 대한 지극히 기발하면서도 동시에 때로는 알레고리적인 그리고 대개는 그 문맥들을 고려하지 않은 그의 해석은 (유대교의 안식일 준수는 두 말할 필요도 없고)34) 문자 그대로의 안식일에 대해 지극히 부정적인 견해로 귀결된다. 결국 그의 이러한 견해는 구약성경 자체, 그리고 더 나아가서는 복음서들(특히 우리가 위에서 살펴본 마태복음)에서 제시된 예수님의 안식일 이해와도 잘 조화되지 않는다.

③ 하지만 그의 안식일 이해는 흥미롭게도 종말론과 기독론에 초점이 맞추어져 있다. 이는 아마도 안식일을 그리스도께 연관시키는 일반적인 경향을 희미하게나마 반영하는 것으로 보인다. 물론 그의 해석 방법은 오늘날 우리의 관점에서 볼 때는 숙달되지 못하였고, 그래서 아마도 받아들여지기 어려운 것인지도 모른다. 하지만 그가 그의 서신을 알렉산드리아에 사는 그의 독자들에게 쓰고 있다면, 그의 이러한 해석 방법은 그 상황 가운데서 적절히 의사소통될 수 있었는지도 모른다.

④ 바나바에게 있어서 안식일의 성취는 미래의 일이었던 것 같다. 하지만 그는 안식일을 여덟째 날에 거행된 그리스도인들의 축하 의식과 연결시키고 있으며(참조. 8절), 또한 여덟째 날 축하 의식이 안식일의 성취와 모종의 관계를 갖고 있다는 인상을 준다.35)

미로 사용하고 있는 문제를 적절히 지적한다: ① 영원의 날; ② 한 주간의 첫째 날.
34) 유대교적 준수에 대한 바나바의 거부는 이그나티우스의 거부보다 훨씬 더 확고하고 명확하다. 안식일 준수에 반대하는 바나바의 논점은 Bauckham, 'Post-Apostolic Church', p. 265에 잘 요약되어 있다. '유대교의 안식일 행습은 하나님께 대한 순종이 아니라 불순종이다. 따라서 언약의 진정한 상속자들인 그리스도인들은 안식일을 지켜서는 안 된다.' Bauckham이 적절히 지적한 바와 같이, '유대교를 일괄적으로 정죄하는 상황에서 유대교 안식일에 대해 전적으로 부정적인 평가를 내리는 것은 교부들의 특징적 일면이다.'
35) 이 점에 대해서는 Bauckham, 'Post-Apostolic Church', p. 263을 보라. 하지만 그는 여덟째 날을 안식일의 성취로 해석하는 경향에 대해 매우 신중한 입장을 취한다.

⑤ 바나바에 의하면, 그리스도인들이 안식일 대신 일요일에 예배를 드렸던 것은 그날이 '다른 한 세계의 시작'을 의미하기 때문만이 아니라, 또한 예수님의 부활과 나타남과 승천의 날이기 때문이기도 하다. 바나바가 안식일을 일요일과 연결시키는 방식은 이그나티우스의 방식보다 더 직접적이다. 이러한 사실로 미루어 볼 때, 이그나티우스와 바나바의 시대에 이르러서는 이들 두 날의 연결이 대체로 기정사실로 받아들여지고 있었다는 앞의 결론이 보다 확고해 진다.

그렇다면 이러한 관찰과 논의의 결과들이 우리의 연구에 어떻게 기여할 수 있을까?

결정적인 질문은 바나바가 과연 마태복음을 알았는지, 그리고 그것을 그의 저작에서 자료로 사용하였는지에 관한 것이다. 이에 대한 학자들의 의견은 다시 한 번 많이 나누어져 있다. 바나바가 마태복음을 혹은 적어도 그 복음서의 자료를 알고 있었고 또한 사용하였으리라는 약간의 시사점들이 있다.36)

하지만 우리의 본문(15장)과 마태복음 안식일 구절들과의 연결 여부를 판단하기란 지극히 어렵다. 왜냐하면 15장에서는 그 구절들로부터 아무런 직접적인 인용이나 암시적 언급도 발견되지 않기 때문이다. 우리는 단지 안식일에 대한 이해에 있어서 그 둘 사이에 약간의 신학적 유사성이 있다는 점에 의거하여 모종의 먼 접촉을 미루어 짐작할 뿐이다.

① 마태복음에서와 같이 『바나바서』에서도 구약성경의 권위는 잘 인정되고 있다. 하지만 바나바의 구약 사용(참조. 1-2, 3, 4, 5, 6, 8절)은 마태복음 12장에 나타난 예수님의 구약 사용(참조. 3-4, 5-6, 7절)과 현격히 다르다.

② 마태복음에서 안식일에 대한 바리새인들의 태도가 비판되고 있는 것처

---

36) 예를 들어, 『바나바서』 4.14//마 22:14과 20:16; 『바나바서』 5.9//마 9:13(참조. 막 2:17); 『바나바서』 5.12//마 26:31(참조. 막 14:27; 슥 13:7); 『바나바서』 7.9b//마 26:63-64과 27:28-31. 좀 더 많은 가능한 혹은 불확실한 연관성에 대해서는 Massaux, *Influence*, I, pp. 59-74; Köster, *Überlieferung*, pp. 4-23; Köhler, *Rezeption*, pp. 111-23 등을 보라.

럼, 『바나바서』에서도 유대교의 안식일 준수가 거부되고 있다.[37]

③ 마태복음에서와 같이 『바나바서』에서도 안식일이 기독론과 종말론의 관점에서 논의되고 있다. 우리는 여기서 바나바의 기독론적 종말론적 이해가 안식일 준수를 철저히 거부하는 것과 무관하지 않다는 점을 주목할 필요가 있다.

만일 바나바가 마태복음을 (특히 마태의 안식일 논쟁 단락들을) 알고 있었다면, 어쩌면 바나바는, 이그나티우스와 마찬가지로, 예수님의 안식일 성취가 그리스도인들에게 갖는 실천적인 함의를 안식일 준수 거부로 이해했던 것 같다. 특히 다양한 유대교 행습들이 기독교 신앙에서 예수 그리스도의 중심성을 위협할 경우 더욱 그러했을 것으로 보이는데, 아마도 바나바는 알렉산드리아 성도들 가운데 그러한 위험이 존재하고 있었다고 믿었던 것 같다. 만일 이러한 재구성이 타당한 것이라면, 마태복음에 나타난 예수님의 안식일 관련 가르침의 실천적 함의에 대한 우리의 잠정적인 결론은 더욱 확고해 진다.

하지만 바나바와 마태는 안식일 문제를 다루는 데 있어서 명백한 차이를 드러내 보이고 있다는 점을 주목하지 않을 수 없다.

① 마태와 달리 바나바는 구약성경 구절들을 지극히 기발하면서도 때로는 알레고리적으로 해석하고 있다. 바나바의 그처럼 상상력이 풍부한 알레고리적 해석은 문자적인 (구약) 안식일에 대한 지극히 부정적인 이해로 귀결된다. 하지만 그의 이러한 이해는 마태가 (그리고 예수님 자신도) 공감하지 않았을 그러한 것이다.

② 마태와 달리 바나바는 안식일 성취에 대한 지나치게 미래적인 견해를 드러내 보인다.

③ 마태복음에서와 달리 『바나바서』에서는 여덟째 날(=일요일, 주일)이 안식일과 직접 연결되고 있으며, 심지어는 예배일로서의 안식일의 기능을

---

[37] 하지만 이 유사점은 명백한 차이들도 드러내 보여 준다. 왜냐하면, 예를 들어, 바나바는 유대교의 안식일 준수 자체를 정면으로 거부하고 있는 데 반해, 마태복음에서 예수님의 비판은 적어도 표면적으로는 안식일에 대한 바리새인들의 율법주의적 태도에만 국한되고 있다.

대신하고 있기까지 하다.

이 마지막 사실로부터 우리는 다시 한 번 이 두 날들(즉, 안식일과 여덟째 날[=주일])이 기독교 교회의 초기 단계에서 자연스럽게 연결되었고, 바나바 시대에 이르러서는 이들 둘 사이의 연결이 대체로 기정사실로 받아들여졌으리라고 추정해 볼 수 있다.38) 하지만 바나바가 여덟째 날을 안식일에 대응하는 날로 제시한 방식은 (이그나티우스가 주일을 안식일과 연결시킨 것과 더불어) 일요일을 예배일로서뿐 아니라 쉼의 날로서도 지키는 또 하나의 율법주의적 경향으로의 길을 닦아주었다는 점을 주목할 필요가 있다. 그런데 이러한 경향은 마태나 예수님 자신께서 묵과하지 않았을 뿐더러, 아마도 바나바 자신도 의도하거나 인정하지 않았을 그러한 경향이다.

바나바가 마태복음을 (특히 그 안식일 자료들을) 접촉하였는지 여부는 매우 불분명하다. 따라서 바나바에 대한 마태의 (긍정적 혹은 부정적) 영향에 대해, 우리가 앞서 주목한 안식일 준수 포기 및 안식일에 대한 기독론적 종말론적 이해와 관련된 지극히 일반적인 관찰들 이상의, 어떤 확정적인 결론을 내린다는 것은 현명치 못하다.

7.3. 디다케

『디다케』의 저자, 저작 연대, 저작 장소, 성격과 관련하여 엄청난 양의 글들이 쏟아져 나왔음에도 불구하고, 이들 중 그 어느 문제도 확고히 해결된 것이 없다.39) 하지만 필자의 목적을 위해서는 오늘날 『디다케』 학계의 일반

---

38) 『바나바서』에서는 여덟째 날(=주일)이 이그나티우스의 『마그네시아서』에서보다 더 명백히 예배일로 규정되고 있다. 여덟째 날(=주일)이 예배일로서 중요성을 갖게 된 것은 아마도 그날이 예수님의 부활과 연관되어 있기 때문이었던 것 같다.
39) 이 모든 문제들은 아직도 '수수께끼'로 남아 있다. 저작 연대와 저작 장소에 관한 학자들의 다양한 견해들이 Jefford, *Sayings*, pp. 3-17에 상세히 요약되어 있다. 참조. Massaux, *Influence*, I, pp. 3-6. 또한 『디다케』의 문학적 성격에 대한 학자들의 견해가 Henderson, 'Didache', pp. 284-91에 요약되어 있다.

적인 견해를 반영하는 다음 입장을 채택하는 것으로 충분하다: 『디다케』는 1세기 말경 혹은 2세기 초에,[40] (알렉산드리아보다는[41]) 마태복음이 알려져 있었을 뿐 아니라 권위 있는 책으로 받아들여지고 있던[42] 시리아나 팔레스타인에서[43] 저작 또는 편집되었다. 『디다케』 저자(들)는 거의 확실히 마태복음을 알고 있었으며, 그것을 자료로 사용했던 것으로 보인다.[44]

『디다케』는 대략 세 부분으로 구분된다.

① '두 길'(1-6장)

② 의식 규정들(7-10장) 및 교회 직제(11-15장)

③ 작은 묵시록(16장)

주일에 대한 언급(그러나 안식일과는 연관 없이!)은 두 번째 부분 후반부인 14.1에 나타난다: '주님의 주일에 함께 모여 빵을 쪼개고 성만찬을 하라. [그러나] 너희 예물이 깨끗하도록 너희 죄를 먼저 고백하라.'[45] '주님의 주일'('퀴리아켄 데 퀴리우', κυριακὴν ... κυρίου)이 '일요일'을 가리키는 것은 거의 분명해 보인다.[46] 그렇다면 우리의 본문은 그리스도인들이 일요일(=주일, 여덟째 날)에

---

40) 대다수의 학자들은 『디다케』가 2세기 중엽 이전에 저작되었다는 데 동의한다. Jefford, Sayings, pp. 3-17을 보라. Jefford 자신은 주후 80-100년을 제안한다(p. 145). Pace Vokes, Riddle, pp. 129-76(2세기 말/3세기 초); Kraft, Barnabas, pp. 72-77(2세기 중엽보다 빠르지 않음).

41) Jefford, Sayings, pp. 3-17에 있는 요약이 보여 주듯이, 상당수의 독일 학자들과 약간의 영미계 학자들은 이집트·알렉산드리아를 『디다케』의 저작 장소로 제안한다.

42) 『디다케』와 마태복음의 긴밀한 연관성에 대해서는 Court, 'Didache', pp. 111-14; Jefford, Sayings, pp. 143-45 등을 보라. Massaux, Influence, III, pp. 145, 155와 몇몇 다른 학자들은 『디다케』 전체를 통해 나타나는(참조. 8.2; 11.3; 15.3, 4) '복음'이 마태복음 자체를 지칭한다고 생각한다. 하지만 다른 견해에 대해서는 Draper, 'Tradition', pp. 283-84를 보라.

43) 대부분의 프랑스계 학자들과 많은 영미계 학자들은 알렉산드리아보다 시리아나 팔레스타인을 선호한다. Jefford, Sayings, pp. 3-17을 보라. Jefford 자신은 안디옥을 제안한다(p. 145).

44) Tuckett, 'Tradition', pp. 197-230; Jefford, 'Didache', pp. 330-51 등. Pace Draper, 'Didache', pp. 267-87; Rordorf, 'Didache', pp. 394-423.

45) Κατὰ κυριακὴν δὲ κυρίου συναχθέντες κλάσατε ἄρτον καὶ εὐχαριστήσατε, προεξομολογησάμενοι τὰ παραπτώματα ὑμῶν, ὅπως καθαρὰ ἡ θυσία ὑμῶν ᾖ. '카타 퀴리아켄 데 퀴리우'(κατὰ κυριακὴν δὲ κυρίου)는 '주님의 주일에'라고 번역하든지 혹은 '주님 자신의 날에'라고 번역할 수 있다. '주님의 주권적인 교리에 따라'라는 Bacchiocchi의 번역은 결코 신뢰할 만하지 못하다(Sabbath, p. 114 n. 73). Bacchiocchi의 입장은 Bauckham, 'Lord's Day', pp. 227-28에 의해 적절히 비평되고 있다.

무엇을 했는지에 대해 이그나티우스나 바나바보다 더 명확하게 보여 준다. 그들은 성만찬에 참여함으로써 [부활하신][47] 주님을 경배하였다. 『디다케』 저자는 일요일 성만찬을 기정사실로 간주하고 있으며, 그 실행 여부와 관련해서는 아무런 논의 없이 단지 그 의식에 어떻게 참여해야 할 것인지(즉, 그 의식을 위한 적절한 준비)에 관한 지침들만을 제공하고 있다. 그렇다면 『디다케』 저자 시대에 이르러서는 주일 예배가 적어도 그의 공동체 가운데서는 잘 확립되어 있었던 것으로 보인다.

하지만 본 연구의 주된 목적과 관련하여 우리의 본문은 아무런 즉각적인 도움도 주지 못한다(본문 안에 안식일에 대한 명백한 언급이 없음을 주목하라!). 그럼에도 불구하고 그 문맥은 우리의 본문을 안식일과 연관시켜 줄 수도 있는 단서를 제공해 준다. 13.3에서 『디다케』 저자는 그의 공동체 내의 기독교 선지자들 및 그들이 받는 보수(報酬)를 '대제사장들' 및 '첫 열매'와 각각 동일시한다(참조. 민 18:12; 신 18:3-5). 14.2에서 『디다케』 저자는 '성만찬'을 '희생 제사'와 동일시한다(참조. 마 5:23-24).

만일 『디다케』 저자가 이 신약적 형상들을 그려나가는 데 있어서 구약적 대응물들을 아무런 거리낌 없이 활용하고 있다면, 그는 '주일'에 대한 구약의 대응물로서는 아마도 안식일을 염두에 두고 있었음직하다. 『디다케』 저자는 매주 시행하는 성만찬 의식에 관하여 말하고 있기 때문에, 그는 이 매주 시행하는 성만찬을 매주(즉, 안식일에) 드리는 성전 희생 제사에 대한 영적 대체물로 간주했을 수도 있다. 만일 그러했다면 『디다케』 저자는 성만찬이 시행되는 주일이 성전 제사와 회당 예배가 시행되는 안식일에 대한 영적 대체물임을 이미 전제하고 있었을 수도 있다.[48] 그럴 경우 『디다케』 14.1은 앞

---

46) Rordorf, *Sunday*, pp. 209-10; Bauckham, 'Lord's Day', pp. 227-28을 보라; 참조. Cody, '*Didache*', p. 13: '주님의 매 일요일에.'
47) 참조. Apostolic Constitution 7.30.1: '주님의 부활의 날, 즉 주일.' 참고적으로 Apostolic Constitution 제7장은 『디다케』의 내용을 기초로 저작된 것이 거의 분명하다.
48) 참조. Court, '*Didache*', p. 118; Jefford, '*Didache*', pp. 347-48. 또한 『디다케』 8.1에서 유대교 금식일들(즉, 월요일과 목요일)을 대체하는 그리스도인의 금식일들(즉, 수요일과 금요일)에 대한 『디다케』 저자의 지침도 참조하라.

에서도 이미 제안되었던 다음 결론에 대한 또 하나의 확고한 증거를 제공해 준다: 2세기 초엽에 이르러 적어도 시리아와 팔레스타인에서는 (그리고 알렉산드리아에서도) 안식일 준수가 (특히 그 예배적 측면에 있어서) 주일 의식(儀式)에 의해 대체될 것이 그리스도인들에게 기대되고 있었다(참조, 『마그네시아서』 9.1; 『바나바서』 15.8-9).

앞에서 우리가 제안했듯이, 만일 『디다케』 저자와 그의 공동체가 마태복음을 알고 있었고 또한 그 복음서가 그들에게 권위를 행사하고 있었다면, 우리는 그들이 마태복음에 제시된 예수님의 안식일 성취의 실천적 함의를 안식일 준수 자체를 완전히 포기하는 것으로 이해하였고, 또한 주일 의식을 안식일 준수의 대체물로 간주하였으리라고 추정할 수 있을 것이다. 그러나 그들의 이러한 이해는 아마도 신학적 사고(思考)에 기초한 것이 아니었으며(예를 들어, 모형론적 대응 관계), 단지 실천적·목회적 적용이었던 것 같다.49) 하지만 『디다케』 저자 자신의 의도가 무엇이었든지 간에, 이러한 대체는 이그나티우스나 바나바의 대체와 더불어, 주일을 그리스도인의 안식일로 지키는 다른 하나의 율법주의적 경향으로 길을 닦아주었던 것 같다.

하지만 이 모든 제안들은 다양한 가정들과 추론들에 심하게 의존하고 있으며, 따라서 우리는 마태복음에서 제시된 예수님의 안식일 성취가 『디다케』 저자와 그의 공동체에 의해 어떻게 이해되었고 적용되었는지에 관해 확고한 입장을 취할 아무런 든든한 근거도 갖고 있지 못하다.

7.4. 디오그네투스서

『디오그네투스서』(Letter to Diognetus)의 저자, 저작 연대, 저작 장소 모두 수수께끼로 남아 있지만, 필자는 본 서신이 (적어도 1-10장은50)) 2세기 초에 소아

---
49) 이러한 사실은 13-14장에서 제시되고 있는 다른 동일시의 경우들에도 마찬가지일 것이다(예. 기독교 선지자들과 대제사장들, 선지자들의 보수와 첫 열매, 성만찬과 희생 제사).
50) Strassburg 사본(1870년에 소멸되었음)은 10장 끝에서 '사본상 여기에 단절이 있음' 이라는 난

시아 혹은 시리아에서 저작되었으리라는 대다수 학자들의 견해를 받아들인다.51) 『디우그네투스서』는 미상의 저자가 매우 높은 학문을 소지한 한 이교도에게 보낸 변증적 소책자이다. 본 서신은 그 이교도에 의해 제기된 질문들에 대한 대답 형식을 띠고 있다: ① 기독교의 늦은 기원(1장); ② 이교 신들(2장); ③ 유대교와 기독교의 차이(3-4장); ④ 그리스도인의 삶(5-6장); ⑤ 기독교의 신적 기원(7-9장); ⑥ 하나님께 대한 심오한 지식(10장); ⑦ 성부의 비밀들(11-12장).

유대교 안식일 준수에 반대하는 한 흥미로운 논의가 4.3에서 나타난다: '하나님께서 안식일에 선한 일을 행하지 못하게 하는 것처럼 하나님을 비난하는 것이 어찌 불경스럽지 않은가?'52) 본 논점은 우리의 연구에 특별히 중요하다. 왜냐하면 '안식일에 선한 일을 행하지 못하게 하는 것'이라는 구절은 우리에게 마태복음 12:12의 예수님 말씀('그러므로 안식일에 선하게 행하는 것은 적법하다')을 상기시켜 주기 때문이다. 본 서신의 저자는 그의 시대 유대인들이 안식일에 선한 일을 행하는 것을 금하였음을 전제하고서,53) 유대인들의 그와 같은 안식일 준수는 '미신'이며(4.1) 안식일에 대한 하나님의 뜻을 왜곡한 것이라고 비판하고 있다(참조. 4.6: '속임수' l '아파테', ἀπάτη). 그는 또한 4.6에서 그의 시대 그리스도인들이 이러한 유대교 안식일 준수를 포기하였음을 확증해 준다: '그리스도인들은 일반적인 어리석음과 속임수 그리고 유대인들의 까다로움과 자만심을 적절히 금하고 있다.'

본 서신의 저자가 요한 문학을 알고 있었고 그의 저작에서 그것을 사용하

외주와 더불어 빈칸을 두고 있다. 그래서 대부분의 학자들이 11-12장이 원래 서신에 속해 있지 않았으리라고 생각한다.
51) 참조. Andriessen, 'Authorship', pp. 129-36(주후 123-124/129년, 소아시아); Kleist, 'Didache', pp. 131-32; Richardson, Fathers, pp. 206-10(주후 129년[?], 소아시아); Barnard, 'Diognetum', pp. 130-37; idem, Studies, pp. 171-73(주후 100-130년, 에베소, 안디옥, 알렉산드리아); Frend, Martyrdom, p. 202 n. 11(주후 120-150년). 하지만 보다 후대를 제안하는 학자들도 있다. Connolly, 'Date', pp. 347-53(2세기 중엽 이후).
52) τὸ δὲ καταψεύδεσθαι θεοῦ ὡς κωλύοντος ἐν τῇ τῶν σαββάτων ἡμέρᾳ καλόν τι ποιεῖν, πῶς οὐκ ἀσεβές;
53) 참조. t. Shab. 16.22.

였다는 점은 거의 확실하지만,54) 그가 마태복음을 알았는지 그리고 그것을 사용하였는지는 전혀 분명치 않다. 어쩌면 우리가 다루고 있는 구절(4.3)이 마태복음에 보존된 예수님의 말씀을 간접적으로 반영하는지도 모른다.55) 만일 본 서신이 2세기 초에 소아시아나 시리아에서 저작되었으리라는 추정이 옳다면, 저자가 마태복음을 알았을 가능성이 몰랐을 가능성보다는 큰 것으로 보인다.

만일 저자가 마태복음을 (특히 안식일 논쟁 단락들을) 알았고, 또한 그가 4.3을 쓸 당시 마태복음 12:12의 예수님의 말씀을 염두에 두고 있었다면,56) 그리스도인들이 안식일을 지키는 것을 그만두었다고 하는 그의 확증은 우리의 연구에 상당히 중요한 의미를 가질 수 있다. 어쩌면 본 서신의 저자는, 이그나티우스와 마찬가지로, 예수님의 안식일 성취가 그리스도인들에게 갖는 실천적 함의가 안식일 준수를 아예 그만두는 것으로 이해했는지도 모른다. 특히 안식일 준수가 (음식법, 할례, 금식, 월삭, 희생 제사와 같은 유대교의 다른 행습들[참조. 4.1, 4-6]과 더불어)57) 기독교의 유대교와의 차별성을 위협할 경우에는 더욱 그러하였을 것이다.

하지만 이는 저자가 마태에 의해서만 영향을 받았음을 이야기하는 것은 결코 아니다. 우리는 오히려 마태의 안식일 논쟁 단락들이 안식일 준수에 대

---

54) 『디오그네투스서』 6.3과 요 16:19; 17:14-16; 18:36; 『디오그네투스서』 7.2과 요 1:1-3; 『디오그네투스서』 7.4-5과 요 3:17; 12:47; 『디오그네투스서』 8:5과 요 1:18; 요일 4:12 등; Barnard, *Studies*, pp. 170-71; Richardson, *Fathers*, pp. 207-208 n. 3을 보라.

55) 막 3:4과 눅 6:9은 각각 '아가톤 포이에사이' ($\dot{\alpha}\gamma\alpha\theta\grave{o}\nu$ $\pi o\iota\tilde{\eta}\sigma\alpha\iota$)와 '아가또포이에사이' ($\dot{\alpha}\gamma\alpha\theta o\pi o\iota\tilde{\eta}\sigma\alpha\iota$)를 갖고 있는 데 반해서 마 12:12은 '칼로스 포이에인' ($\kappa\alpha\lambda\tilde{\omega}\varsigma$ $\pi o\iota\epsilon\tilde{\iota}\nu$)을 갖고 있음을 주목하라. 『디오그네투스서』 4.3의 '칼론 티 포이에인' ($\kappa\alpha\lambda\acute{o}\nu$ $\tau\iota$ $\pi o\iota\epsilon\tilde{\iota}\nu$)은 마가나 누가의 형태보다 마태의 형태와 훨씬 더 유사하다.

56) 유대교의 안식일 준수가 안식일에 대한 하나님의 뜻을 잘못 대변하고 있다고 하는 저자의 비평은 마 12:1-14(특히 7, 11-12절)에 나타나는 안식일에 대한 바리새인들의 태도와 준수를 비판하는 예수님의 논점과 실제로 일치되고 있다.

57) 유대교 행습들의 목록과 그 행습들에 대한 저자의 태도는 바울의 영향 가능성도 시사해 주는 것 같다. 참조. 골 2:16; 갈 4:10-11. 2장에 나타난 저자의 논점(기독교 하나님 vs. 이방신들)은 갈 4:8-9에서 바울의 논점을 회상시켜 준다. 그런데 바울의 이러한 논점은 날들, 달들, 절기들 등에 대한 그의 비평에 앞서 나타나는데, 『디오그네투스서』 2-4장의 경우에도 이와 유사한 논점 전개가 이루어지고 있다.

한 저자의 부정적 입장에 영향을 주었던 여러 다양한 요소들 중의 하나였을 가능성을 제안할 뿐이다. 만일 그러했을 경우, 이는 비록 간접적이기는 하지만 마태복음에 제시된 예수님의 안식일에 관한 가르침의 실천적 함의에 대한 필자의 잠정적인 결론을 다시 한번 보다 확고히 해 준다.

위에서 제시된 필자의 제안들은 또다시 불명확한 추론과 추측들에 크게 의존하고 있다(특히 본 서신의 기원과 관련하여). 따라서 우리는 마태복음에 제시된 예수님의 안식일 성취가 본 서신의 저자와 그의 동료 그리스도인들에 의해 어떻게 이해되었고 적용되었는지에 대해 확고한 결론을 내리기는 어렵다.

7.5. 결론

본 장에서 필자는 '사도 교부들' 가운데서 안식일과 주일(=일요일, 여덟째 날) 관련 구절들 모두를 고찰해 보았다. 이 구절들에 대한 고찰의 목적은 마태의 안식일 논의가 사도 교부들에 의해 어떻게 채택되고, 각색되고, 혹은 무시되었는지를 평가하는 것이었고, 또한 우리가 앞 장(章)들에서 제시해 온 우리의 몇몇 결론들의 타당성을 확인하는 것이었다. 하지만 그러는 과정에서 안식일과 연관된 주일 관련 몇몇 추가적 결론들도 도출되었다.

실망스럽게도 우리가 살펴본 네 안식일 관련 구절 그 어느 것에서도 (어쩌면 『디오그네투스서』 4.3은 제외하고) 마태의 안식일 언급들이 직접 인용되거나 명백히 사용된 경우들은 발견되지 않는다. 따라서 본 장에서 우리는 마태의 안식일 논의와 사도 교부들의 논의 사이에서 발견되는 유사점과 차이점에 초점을 맞추어 고찰해 왔으며, 그러한 고찰을 통해 사도 교부들에 대한 마태의 영향을 평가해 보려 하였다. 하지만 또다시 실망스럽게도 그러한 고찰의 결과들은 그리 결정적이지 못하였다. 특히 위에서 다룬 대부분의 저작들의 기원(즉, 저자, 저작 연대, 저작 장소)이 전혀 분명치 않기 때문이다. 그럼에도 불구하고 그러한 결과들은 마태복음에서 제시된 예수님의 안식일 성취가 그 복음서를 아마도 직접 물려받아서 권위 있는 것으로 받아들였을 공동체들 가운데서 어떻게 이해되고 적용되었는지의 그림을 그려보는 데 어느 정도 도움을 준다.

마태의 안식일 논의와 사도 교부들의 논의들 사이의 유사점은 다음과 같다.
① 마태에게 있어서와 마찬가지로 이그나티우스와 바나바에게 있어서 (그리고 『디다케』 저자에게 있어서도) 구약성경은 여전히 권위가 있으며, 예수 그리스도를 내다보는 역할을 한다(참조. 『마그네시아서』 8.2; 9.2; 『바나바서』 15.1-3; 또한 참조. 『디다케』 13-14장). 그들에게 있어서 예수님은 구약성경의 성취로, 따라서 자연히 안식일의 성취로 이해되었던 것이 분명하다(특히 참조. 『바나바서』 15.3-5).
② 마태와 마찬가지로 이그나티우스와 바나바는 안식일을 종말론과 기독론의 관점에서 이해하고 있다.
③ 마태와 마찬가지로 이그나티우스와 바나바 그리고 『디오그네투스서』의 저자는 유대인들의 율법적이고 문자적이고(특히 참조. 『바나바서』 15장) 또한/혹은 미신적인(특히 참조. 『디오그네투스서』 4.1) 안식일 준수를 비판하거나 심지어 정죄하기까지 한다.

만일 위에서 살펴본 사도 교부들이 마태복음을 (특히 마태의 안식일 논쟁 단락들을) 알고 있었고 또한 사용하였다면, 이러한 유사점들은 그들이 마태의 안식일 논의를 그들의 논의들에서 어떻게 채택하였는지를 보여 준다. 의미심장하게도 이그나티우스와 바나바 『디오그네투스서』 저자는 명시적으로, 그리고 『디다케』 저자는 암시적으로 안식일 준수를 거부하거나 심지어는 아예 정죄하고 있다. 구약성경의 권위를 인정하면서도 안식일 준수를 그처럼 단호히 거절하고 있는 입장은 유대교에 대한 그들의 비평적 태도에서뿐 아니라 안식일에 대한 그들의 종말론적 기독론적 이해에서 기인되고 있는 것 같다.

그렇다면 우리는 위의 몇 가지 증거들에 기초하여 다음과 같은 결론을 내릴 수 있다. 위에서 언급된 사도 교부들은 예수님의 안식일 성취의 실천적 함의가 안식일 준수를 아예 그만두는 것이라고 이해했던 것 같다. 특히 안식일 준수가 다른 유대교 행습들(예. 할례, 금식 등)과 더불어 그리스도인의 신앙에 있어서 예수님의 중심성을 위협할 경우에는 더욱 그러했을 것이다. 만일 이러한 결론이 신뢰할 만한 것이라면, 이는 마태복음에서 제시된 안식일 관련 예수님의 가르침이 갖는 실천적 함의에 대한 필자의 잠정적인 결론을 지지해 준다.58) 아마도 사도 교부들은 마태복음에서 암시적이었던 내용을 그들의 저작들에서 보다 명시적으로 언급하고 있는 것 같다.

하지만 마태의 안식일 논의와 사도 교부들의 논의들 사이에는 중요한 차이점들도 있다.

① 마태복음에서는 문자적인 안식일이 (비록 성전이나 예수님에 비하여 경시되고 있기는 하지만) 내놓고 거절되고 있지는 않는 데 반해, 『바나바서』에서는 (그리고 암시적으로는 이그나티우스와 『디오그네투스서』에서도) 안식일 준수는 물론이고 문자적 안식일 자체가 거부되고 있다.

② 마태와 달리 바나바와 어쩌면 『디다케』 저자도 안식일에 대한 알레고리적이고 '영적'인 해석을 채택하고 있다.

③ 마태와 달리 바나바는 안식일의 성취를 너무 미래적으로 이해하고 있다.

④ 마태복음에서와 달리 이그나티우스와 『바나바서』에서는 (그리고 암시적으로는 『디다케』에서도) 주일(혹은 여덟째 날)이 '예배를 위한 날'로서 안식일과 연결되거나 심지어는 대체되고 있기까지 하다.59)

만일 마태복음이 위의 저자들에게 알려져 있었고 그들에 의해 사용되었다면, 위의 차이점들은 마태의 안식일 논의를 그들의 독특한 상황들에 적응시키고자 하는 다양한 시도의 결과들이었을 것이다. 물론 마태나 예수님 자신

---

58) 한 가지 분명한 것은 제4장에서 내린 필자의 결론을 반박할 만한 반대 증거(즉, 안식일 준수를 격려하거나 최소한 인정하는 식의 언급)가 적어도 사도 교부들의 저작들에서는 발견되지 않는다는 사실이다.

59) 하지만 '쉼의 날'로서는 아님을 주목하라.

은 이러한 방법들이나 결과들 대부분을60) 인정하지 않았겠지만 말이다. 이러한 적응 결과들의 문제는, 그들이 예수님의 안식일 성취에 있어서 불연속적 측면은 적절히 강조하였음에도 불구하고, 예수님의 구속적 관점에서 본 안식일 성취의 연속적 측면을 강조하는 데는 실패하였다는 것이다. 그 결과 그들은 안식일의 진정한 성취로서 예수님의 구속적 사역에 관심을 이끄는 데는 실패하였고, 오히려 주일(혹은 여덟째 날)을 안식일 대신 '예배를 위한 날'('쉼의 날' 로서는 아니지만)로 규정하게 되었던 것이다.

이러한 적응의 시도들은 성경 본문들을 특정 상황에 서툴게 적용한 예들일 것이다. 그 결과 그러한 적용들은 예측하지 못한 그리고 불필요한 부작용들을 가져오게 되었다. 예를 들어, 위에서 지적한 네 번째 차이점의 경우, 이그나티우스와 바나바 그리고 어쩌면 『디다케』는 주일과 안식일 사이에 어떤 신학적 연관성을 발견하였기 때문이라기보다는, 아마도 유대교 예배일을 대체할 수 있는 다른 한 날을 가져야 할 실용적인 필요를 느꼈기 때문에, 주일을 안식일에 대응하는 날로 제시했던 것으로 보인다.

그러나 그 결과 그들은, 자신들의 원래 의도와는 상관없이, 주일을 예배일로서뿐 아니라 쉼의 날로도 지키는 또 다른 율법주의적 경향으로 길을 닦아 놓게 되었다. 그들은 분명 주일(혹은 여덟째 날)을 쉼의 날로 제정하려는 의도는 전혀 없었을 것이며, 더욱이 그리스도인들로 하여금 그날을 율법주의적으로 지키도록 격려하려는 의도는 전혀 없었을 것이다. 만일 그들이 그와 같은 문제에 직면하게 되었다면, 그들은 그와 같은 경향을 신랄하게 비판했을 것이다. 그럼에도 불구하고 그들은, 자신들의 의도와는 상관없이, 주일을 단순히 구약의 안식일의 연속(혹은 대체일)으로 간주하는 오늘날 일반적 경향에 부분적으로 책임이 있다. 그런데 그러한 경향은 예수님의 구속적 관점에서 본 안식일 성취의 연속성과 불연속성 측면들에 대한 적절한 이해를 결여하고 있으며, 그 결과 주일을 예배일로서뿐 아니라 쉼의 날로서 율법주의적으

---

60) 특히 바나바의 알레고리적 해석 방법 채용을 그 대표적인 예로 들 수 있다.

로 지키는 결과를 수반하게 된다.

  끝으로, 우리는 다음과 같은 부가적인 결론에 도달하였다. 예배일로서 주일 준수가 언제 어디에서 유래되었든지 간에, 주일을 안식일과 연관 짓는 경향은 매우 초기부터 나타났던 것으로 보인다. (아마도 그러한 경향은 성경적이거나 신학적인 근거에 의해서가 아니라, 실천적이고 목회적인 필요에 의해[61] 생겨났던 것 같다.) 그리고 이그나티우스와 바나바의 시대에 이르러서는 두 날 사이의 연관성이 어느 정도 기정사실로 받아들여지고 있었던 것 같다. 상당히 가능한 제안으로서, 이그나티우스와 바나바와 『디다케』 저자가 시사해 주듯이, 유대교 안식일 예배는 적어도 그들 공동체 안에서는 기독교 주일 예배로 대체되었거나 적어도 대체되어 가는 과정에 있었는데, 성만찬 의식을 통한 이 주일 예배는 그 처음 시작부터 주간의 첫째 날에 일어났던 예수님의 부활과 밀접한 관계를 가지고 있었던 것 같다.

---

[61] 즉, 안식일을 유대교적 방식으로 지키려는 율법주의적 경향에 대적해 싸우기 위해. 이러한 싸움을 보다 효과적으로 하기 위해 초기 그리스도인들은 기독교 성만찬 의식을 주일에 거행할 필요를 느꼈을 것 같다.

제8장
마태복음에 나타난 예수님과 안식일
오늘날 교회를 위한 함의와 적용

본 마지막 장(章)에서 필자는 앞의 장들에서 도출된 다양한 결론들을 종합적으로 요약할 것이며, 그후 그러한 결론들을 오늘날 교회 상황에 적용시키는 시도를 하려 한다. 필자의 이러한 적용이 보다 구체적인 것이 되도록 하기 위해 하나의 특정 상황, 즉 필자와 독자들이 속한 한국 교회의 상황을 논의의 대상으로 택하려 한다. 그런데 논의가 진행되어 가는 동안 독자들은 흥미롭게도 한국 교회의 특징적인 면들이 제3-5장에서 살펴본 마태 공동체의 특징적인 면들과 상당 부분 공통적이라는 사실을 깨닫게 될 것인데, 이러한 사실은 우리의 적용을 비록 지극히 제한적이기는 하지만[1] 그럼에도 불구하고 상당히 의미 있게 해 줄 것이다.

---

[1] 한국 교회의 상황에 대한 철저한 연구와 그 상황에 예수님의 안식일 성취의 의미를 상황화시키는 논의는 또 하나의 대규모 연구를 필요로 할 것이다. 더욱이 안식일/주일 관련 논의가 보다 균형 잡힌 것이 되기 위해서는 신약의 다른 안식일 관련 구절들(특히 요한복음, 바울서신, 히브리서에 있는 안식일 관련 구절들)에 대한 심도 있는 논의도 필요한데, 이러한 연구 역시 또 다른 대규모 연구를 필요로 할 것이다. 따라서 본 연구는 지극히 제한적이고 제안적일 수밖에 없다.

8.1. 요약

배경 연구에서 필자는 구약성경과 주후 1세기까지의 유대교 (그리고 그리스-로마) 문학에 나타난 안식일 관련 자료들을 고찰하였다.

제1장의 구약성경의 자료들에 대한 고찰로부터 다음 결론들이 도출되었다.
1 창조 당시 '일곱째 날' 하나님의 안식은 모든 피조물들에게 영향을 미치게 될 리듬을 만들어 내었다(참조. 창 2:2-3; 출 20:8-11; 31:12-27). 하지만 안식일의 궁극적 목적은 '주간 안식일 제도'를 뛰어넘는다. 필자는 일곱째 날 하나님의 안식이 종말론적 의미를 갖는다고 제안하였다.
2 대부분의 구약성경 안식일 구절들은 안식일의 '거룩성'을 전제하거나 강력히 주장한다. 왜냐하면 하나님은 안식일의 주(主)이시기 때문이다(참조. 출 31:13-15; 사 58:13-14; 겔 20:12-20; 44:24 등).
3 상당수의 구약성경 안식일 구절들이 '언약' 적 뉘앙스를 수반하며, 두 곳에서는 안식일이 영원한 '언약의 표'로 불리고 있다(출 31:13; 겔 20:12). 적어도 한 곳에서 안식일을 거룩히 지키는 자들에게 약속된 언약적 축복이 메시아 왕국과 연관되어 있다(렘 17:25-26; 참조. 사 66:23). 몇몇 구절에서는 안식일 제도의 언약적 성격에 대한 인식 없이 그날을 율법주의적으로 지키는 것이 여호와에 의해 거절되고 있다(사 1:13; 호 2:13; 암 8:5).
4 안식일 계명들 가운데서 '인간애적 관심'의 흔적들이 약간 발견되기는 하지만(출 23:12; 신 5:15 등), 각 경우마다 그 주된 관심은 인간애적이거나 사회적이라기보다는 오히려 '신학적'이다.
5 구약성경에는 안식일 활동과 관련된 몇몇 '세부 규례들'이 있지만(느 10:32; 13:15-22; 렘 17:19-27 등), 구약성경 내의 전 안식일 자료들에 있어서 그것들이 차지하는 비중은 후대에 (특히 미쉬나에서) 지나칠 정도로 세부적인 결의론적 규례들에 집착하는 경향과 비교한다면 매우 다른 그림을 그려 준다.

⑥ 상당히 여러 곳에서 안식일은 '제의적 요소들'과 연관되어 있다. 안식일의 거룩성과 그날에 대한 하나님의 주권을 고려해 볼 때, 안식일이 창조주이자 (이집트와 바빌론으로부터의) 구출자이신 하나님과 이스라엘 백성 사이의 언약 관계를 기념하기 위한 '축제'의 날로 자리잡게 된 것은 자연스런 현상일 것이다.

제2장의 구약 시대 이후 유대교 (및 그리스-로마) 문학에 대한 고찰로부터 다음 결론들이 도출되었다.

① 한편으로, 주후 1세기에 이르는 기간 동안 구약성경 내의 보다 일반적인 안식일 율법들은 점점 더 보다 구체적이고 세밀한 '결의론적 방향'으로 발전되어 나갔으며, 다른 한편으로, 적어도 몇몇 안식일 규례들은 보다 '관대한 방향'으로 변하였다. 아마도 이러한 변화들은 안식일 율법들을 보다 적용할 만하고 실천할 만하게 만들기 위한 시도의 결과들이었던 것 같다. 하지만 그와 같은 관대함으로의 변화에도 불구하고, 보다 구체적이고 세밀한 규례들의 증가하는 수효는 안식일 율법을 '보다 불편하고 짐스러운 것'으로 만들어 주었으며, 사람들의 관심을 '왜 안식일을 지켜야 하는가?'로부터 '어떻게 안식일을 지켜야 하는가?'로 돌려놓는 결과를 초래하였던 것이다.

② 구약 시대 이후 유대교 문학에서는(어쩌면 희년서는 제외하고[2]) 안식일의 '언약적 의의'에 대한 인식은 구약에서의 인식에 비교해 보았을 때 놀라울 정도로 약하다. 하지만 안식일의 '거룩성'은 보다 폭넓게 인식되고 있다(희년서 2:25; 『다메섹문서』 3.14; 11.14-15; 필로, 『세계창조에 관하여』, 89-128 등). 그러나 랍비 문학에서는 이 거룩성에 대한 관심마저도 전혀 명시적으로 표현되지 않는다.

③ 상당수 유대교 안식일 구절들은 안식일을 기념되어야 할 '축제일'로 제시한다. 많은 구절들이 성전에서 안식일 희생 제사를 드리는 것이나, 율법을 배우고 공동체 식사를 나누기 위해 회당에 모이는 것을 기정사실로 전제

---

2) 참조. 희년서 2:17-33.

하거나 명령하고 있다(요세푸스, 『자서전』 277-79; 필로, 『알레고리적 해석』 156 등).

④ 위의 고찰들로부터 우리는 다음과 같은 결론에 도달할 수 있다. ① 주후 1세기 훨씬 이전에 안식일이 유대교 종교의 핵심적 특징들 중의 하나로 잘 확립되어 있었다는 점;3) ② 안식일과 관련해서는 다양한 입장들과 경향들이 있었다는 점;4) ③ 이러한 다양한 경향들 가운데서도 '바리새파' 와 1세기 '랍비들' 은 그들의 지극히 세밀한 결의론과, 보다 큰 관대함으로의 변화, 그리고 안식일의 언약적 의의에 대한 강조의 결여 등에 있어서 다른 문학들의 경향들로부터 크게 두드러진다는 점.

마태복음 12:1-14에 나타난 안식일 논쟁들은 예수님과의 연관성 속에서 율법에 대한 마태의 전반적인 이해와 밀접하게 관련되어 있는 것으로 나타난다. 따라서 필자는 우선적으로 **제3장**에서 마태복음 내의 전반적인 율법 이해를 다음과 같이 제시하였다.

① 마태복음 5:17-20은 마태복음의 율법 이해에 있어서 결정적으로 '중요한 위치' 를 차지한다.

② 5:17에서 마태는 율법에 대해 구속사의 한정된 기간 동안 '예언적 기능' 을 부여하는데, 그 율법이 이제 예수님에 의해 '성취' 되었다는 것이다. 한편 예수님에 의한 율법의 성취는 '연속성' 과 '불연속성' 의 요소를 포함하는데, 성취의 이러한 성격은 다각적인 긴장을 만들어 낸다.

③ 5:18에 의하면, 율법은 구속사의 한정된 기간 동안만 유효한데, 그 '유효성의 끝' 이 예수님의 첫 번째 종말론적 오심에 의해 이미 시작되었으나, 아직 그분의 재림 시에 완성될 것을 기다리고 있다.

④ 5:19에 의하면, '예수님에 의해 성취된 율법' (즉, '시온-토라')의 아주 사

---

3) 안식일은 이방 세계에서도 폭넓게 인지되고 있었고 준수되기도 하였다. 또한 유대인들은 마침내 로마로부터 안식일을 지킬 권리를 확보하였다.
4) 이러한 다양성은 아마도 상이한 신학적 입장들뿐 아니라 상이한 상황들로부터 기인되었던 것 같다.

소한 세부 사항들을 순종하느냐 무시하느냐에 따라 완성된 하나님 나라에서 한 사람의 지위가 결정될 것이다. 이는 '율법경시론'에 대한 경고이다.

⑤ 5:20에서는 제자들이 소유해야 할 것으로 기대되는 '더 큰 의'(義)가 완성된 하나님 나라에 들어가는 기준으로 제시되고 있다. 이는 '율법주의'에 대한 경고이다. 19, 20절에서 마태의 제시 방법에 따르면, 율법주의에 대한 예수님의 경고(20절 – 즉, 하나님 나라로부터 제외됨)는 율법경시론에 대한 경고(19절 – 즉, 하나님 나라에서 가장 낮은 지위)보다 훨씬 더 엄중하게 표현된다.

⑥ 5:21-48의 '여섯 가지 대조적 교훈'과 마태의 '다른 율법 관련 구절들'(7:12; 9:13; 15:1-20; 19:16-21; 22:40; 23:1-36 등)은 5:17-20에 대한 위의 결론들을 확증해 준다.

⑦ 이 율법 관련 구절들은 '더 큰 의'가 율법의 적용 범주의 '양적 확장'을 포함할 뿐 아니라, 경건한 삶의 보다 높고 보다 심오한 '질적 진전'을 포함한다. 한편 사랑의 율법은 더 큰 의의 중심이기는 하지만, 결코 유일한 계명은 아니다.

배경 연구와 예비적 고찰에 비추어, 필자는 **제4장**에서 **두 안식일 논쟁 단락들**에 대한 필자의 이해를 다음과 같이 제시하였다.

① 앞서 나오는 단락(11:25-30)은 뒤이어 나오는 안식일 논쟁 단락들로의 길을 매우 효과적으로 준비해 준다. 특히 기독론적이고 종말론적인 문맥에서 '안식' 개념의 도입(29절)은 안식일 성취에 관한 예수님의 논의로 자연스럽게 이어진다.

② 첫 번째 논쟁 단락(12:1-8)에서 진정한 문제는 안식일 율법의 해석에 관한 문제가 아니다. 본 단락의 논의의 진정한 문제는 다윗과 성전보다 더 위대한 '중요한 인물'이 현존해 있다는 사실과, 그분은 다름 아닌 '안식일의 주(主)' 이신 하나님의 아들이시라는 사실이다. 그런데 그분께서 안식일의 주가 되신 것은, 안식일의 궁극적인 목표인 종말론적 안식(즉, 구속)을 제공함으

로써 '안식일을 성취' 하셨기 때문이다.

　마태는 바리새인들의 비난(2절)에 대한 예수님의 처음 세 응답들(이들은 모두 다양한 방법들로 구약성경에 근거를 두고 있다)을 연이어 제시함으로써, 이미 지극히 강력한 논증의 효과를 가져왔다. 하지만 마태에게 있어서 이 모든 답변들은 어떤 의미에서 마지막 응답을 위한 준비로서의 기능을 한다. 이 응답은 이야기의 절정으로서 안식일에 대한 예수님의 주권을 선언한다(8절). 이미 앞의 답변들의 초점이 되어 왔던 예수님의 권위는 이제 그분의 주권에 대한 그 마지막 선언에서 그 표현의 절정에 도달한다. 그런데 이 결정적인 선언은 바리새인들의 비난에 대한 답변으로서의 기능뿐 아니라, 복음서 이야기 전체 흐름에 있어서 고조된 기독론적 어조를 주입하는 또 하나의 중요한 기능을 한다.

　③ 두 번째 논쟁 단락(12:9-14)은 첫 번째 단락과 밀접하게 연결되어 있다. 특히 8절의 예수님 선언이 그 영향력을 본 단락에도 미치고 있다는 사실과, 14절의 바리새인들의 반응이 11-13절에서 예수님의 논점과 치유에 대한 반응일 뿐 아니라 3-8절에서 예수님의 논점과 선언에 대한 반응이기도 하다는 사실에서 그러한 연관성은 매우 두드러진다.

　10절에서 바리새인들에 의해 제기된 질문은 11-12절에서 예수님에 의해 답변되고 있는데, 그분의 답변은 안식일에 대한 원칙의 선언에서 그 절정에 도달한다(12b절). 다음은 본 단락의 몇 가지 두드러진 특징들이다.

① 바리새인들의 적대적이고 자비롭지 못한 성품이 예수님의 자비로운 성품과 인상적으로 대조되고 있다(또한 참조. 11:29; 12:7, 19-20).

② 율법적인 문제는 궁극적으로 기독론에 길을 내준다.

③ 비록 치유 기적이 본 단락의 초점은 아니지만, 그럼에도 불구하고 그것은 육체적 고통 중에 있는 자들에게, 안식일의 궁극적 목표인 메시아적 구속의 구체적인 증거로서, 완전한 생명을 가져다주시는 메시아로서의 예수님을 증언해 준다.

④ 예수님의 메시아 사역에 직면하여 예수님을 죽이려는 바리새인들의 계

획은 당신의 메시아직 때문에 당신의 대적들에게 죽임을 당하시게 될 메시아의 운명을 내다보는 역할을 한다(참조. 16:21; 26-27장).

④ 두 안식일 논쟁 단락에 이어 나오는 도입 단락(12:15-16)과 성취 형식 인용구 단락(12:17-21)은 앞 두 단락들의 성취적 측면들을 보다 분명하게 드러내 보여 줌으로써, 이 두 단락들의 기독론적 성격을 아주 효과적으로 확증해 준다. 특히 성취 형식구에 의해 도입된 이사야 42:1-4 인용은 안식일에 관한 예수님의 선언들과 안식일에 행하신 그분의 치유가 종의 노래에 드러난 종의 선교의 성취에 있어서 본질적인 측면들이라는 주장을 확증해 준다.

안식일 논쟁 단락들에 대한 이와 같은 이해에 비추어 필자는 제5장에서 마태복음에 나타난 아주 짤막한 또 하나의 안식일 구절(곧, 24:20)을 고찰하였다. 오늘날까지 제안되어 왔던 다양한 견해들을 개관한 후, 필자는 추가적 구절인 '안식일에도 말고'가 안식일에 피난하는 것 자체가 잘못된 것임을 시사해 주는 것이 아니라, 안식일에 피난하는 것이 실제적으로 어려운 일임을 보여 준다고 결론 내렸다. 만일 그렇다면 단지 24:20에 근거하여 마태 공동체가 안식일을 준수하였다고 주장하는 것은 옳지 않다.

마태복음이 홀로 서 있는 것이 아니라 다른 공관복음서들과 여러 가지 방법으로 연관되어 있기 때문에, 다른 공관복음서들의 안식일 관련 구절들을 고찰해 보지 않고서는 본 연구가 완결되었다고 보기 힘들다. 따라서 필자는 제6장에서 마가복음과 누가복음에 나타나는 모든 안식일 관련 구절들을 고찰하였다. 그런데 이 구절들은 마태복음에서 아예 빠져 있거나 아니면 안식일과 무관한 구절들로 나타나는 것들이다. 필자는 그들이 왜 마태복음에서 생략되어 있거나 혹은 다른 형태들로 나타나는지를 설명하려고 시도하였다. 다음은 필자의 고찰로부터 이끌어 낸 보다 중요한 결론들이다.

① 마태의 경우와 달리 누가와 그의 독자들에게 있어서 안식일은 아마도

살아 있는 민감한 문제가 아니었던 것 같다. 따라서 누가는 안식일 자료를 제시해 나가는 데 있어서 마태보다 훨씬 더 자유로웠던 것 같다.

② 마가복음과 누가복음에 있는 대부분의 안식일 구절들(막 1:21-34//; 눅 4:16-21; 13:10-17; 14:1-4)의 초점은 마태복음 12:1-8, 9-14에서와 마찬가지로 안식일 자체보다는 기독론과 종말론에 맞추어져 있다.

③ 그렇다면 (마태는 물론이고) 마가와 누가의 어떤 한 안식일 구절이라도 안식일을 실질적으로 준수해야 할 것을 강조하는 견해를 보다 적극적으로 지지하거나 혹은 암시라도 하는 경우가 있는지 지극히 의심스럽다.

④ 마가와 누가의 안식일 구절들에 대한 마태의 생략들이나 변형들은 안식일 문제에 있어서 마태가 마가나 누가보다 더 보수적임을 보여 주는 것이 결코 아니다. 그러한 변형들은 오히려 마태가 안식일 자료를 제시해 나가는 데 있어서 마가나 누가보다 훨씬 더 신중하다는 사실을 증언해 준다. 그 이유는 아마도 안식일이 그의 공동체에게 아직도 살아 있는 민감한 문제였기 때문일 것이다.

⑤ 안식일 자료들을 제시해 나가는 데 있어서 마태와 마가와 누가는 차이점들[5]뿐 아니라 의미 있는 유사점들[6]도 보여 준다. 이들 사이의 유사점들은 다양한 안식일 자료들이 궁극적으로는 아마도 예수님의 가르침 자체에서 비롯된 공통된 기원을 가졌으리라는 추론에 의해 적절히 설명될 수 있다. 한편 이들 사이의 차이점들은 각 복음서들의 서로 다른 문학적 스타일과 구조에 의해 설명될 수도 있고, 보다 중요하게는 각 복음서들의 서로 다른 저작 상황들에 의해 설명될 수 있을 것이다.

마태의 안식일 논의가 초대교회에 의해 어떻게 채택되고, 각색되고, 혹은

---

[5] 예를 들어, 마태가 안식일 자료를 다루는 데 있어서 누가와 마가보다 훨씬 더 신중하게 다루고 있는 점, 각 복음서에 나타나는 독특한 구절이나 어구들.
[6] 예를 들어, 기독론적 종말론적 초점, 안식일 준수를 강조하지 않는 점, 안식일을 바리새적으로 준수하는 경향에 대한 비판 등.

무시되었는지를 평가하고, 또한 앞 장들에서 제시해 온 마태의 논의에 대한 필자의 이해의 몇몇 측면들의 타당성을 확증하려는 시도로서, 필자는 **제7장**에서 안식일/주일에 연관된 사도 교부들의 네 구절들을 고찰하였다. 하지만 이들 네 안식일 관련 구절 그 어느 것에서도 마태의 안식일 구절들이 직접 인용되거나 명백히 반영된 경우들은 발견되지 않았고, 또한 우리가 다룬 대부분의 저작들의 기원들이 전혀 분명치 않기 때문에, 우리는 그 어떤 명확한 결론도 기대할 수 없는 상황이다. 그럼에도 불구하고 다음은 비교적 의미 있는 결론들이다.

1 위의 사도 교부들이 마태복음을 (특히 마태의 안식일 논쟁단락들을) 알고 있었고 또한 직접 사용했었는지의 여부를 불문하고, 그들이 구약성경의 권위를 인정하였음에도 불구하고 안식일 준수를 내놓고 거부한 것은, 유대교에 대한 그들의 비평적 견해에서 기인되었을 뿐 아니라, 안식일을 종말론적이자 기독론적으로 이해한 데서 기인되었을 가능성도 충분히 있다. 그렇다면 위의 사도 교부들은 예수님의 안식일 성취의 실천적 함의가 안식일 준수를 아예 그만두는 것이라고 이해했던 것으로 보인다. 특히 안식일 준수가 그리스도인의 신앙에 있어서 예수님의 중심성을 위협할 경우에는 더욱 그러했을 것이다.

2 마태의 안식일 논의를 자신들의 독특한 상황들에 적용해 보려는 그들의 많은 시도들은 서투른 상황화의 본보기들로 보인다. 특히 그들이 예수님의 안식일 성취의 불연속성 측면을 적절히 강조하였음에도 불구하고, 예수님의 구속적 관점에서 본 안식일 성취의 연속적 측면을 강조하는 데는 실패했기 때문이다. 그 결과 그들은 안식일의 진정한 성취로서 예수님의 구속적 사역에 관심을 이끄는 데 실패하였고, 오히려 주일을 안식일의 대체일로 제시하게 되었던 것이다. 결국 예수님 자신과 그분의 구속 대신 다른 한 날에 초점을 맞춘 그들의 실수는, 예수님의 구속적 관점에서 본 안식일 성취의 연속성과 불연속성의 측면들을 적절히 이해하지 못한 채, 주일을 예배일로서

뿐 아니라 시간이 지남에 따라 쉼의 날로서도 지키게 되는 다른 한 건전치 못한 율법주의적 경향으로의 길을 닦게 되었다.

8.2. 마태에게 있어서 예수님의 안식일 성취의 신학적 의의

제1-6장에 걸쳐 진행되어 온 배경 연구, 예비적 고찰, 본문 연구에 비추어, 필자는 이제 제4장에서 명시했던 바 마태에게 있어서 예수님의 안식일 성취가 갖는 신학적 의의를 간략하지만 보다 확신 있게 재진술하고자 한다.

① 마태복음 11:25-12:21에 제시된 예수님의 안식일 성취는 다름 아닌 구약성경에 계시된 안식일에 대한 하나님의 원래 의도와 궁극적 목표의 성취이다. 우리가 제1장에서 살펴보았듯이, 안식일은 일곱째 날에 대한 하나님의 축복을 반영한 것인데, 그 일곱째 날의 궁극적인 목적은 하나님의 백성을 위한 영원한 종말론적 안식 가운데서 발견된다. 이 안식은 하나님의 창조 사역 이후 끝이 없는 하나님의 안식 가운데 암시되고 있으며(창 2:2-3; 출 20:8-11), 또한 이집트로부터 이스라엘을 이끌어 내신 하나님의 구속적 구출 가운데서도 예시되고 있다(신 5:12-15). 안식일 계명은 이처럼 그 근원에 있어서 짐으로 주어진 것이 아니라 하나님의 언약적 축복의 표현으로 주어졌다.

그러나 몇몇 구약성경 구절들이 시사해 주듯이(예. 사 1:13; 호 2:13; 암 8:5), 이 원래 의도와 궁극적인 목적은 이스라엘의 역사를 통해 자주 잊히거나 혹은 심각하게 왜곡되어 왔다. 예수님 시대에 이르기까지 안식일의 언약적 중요성에 대한 인식과 강조는 심각하게 약화되었으며, 그 대신 구약성경 내의 보다 일반적인 안식일 관련 규례들은 점점 더 세세한 결의론적 규정들로 발전해 갔다. 물론 몇몇 안식일 규례들은 이 기간에 걸쳐 좀 더 관대한 방향으로 변하기도 했지만, 그러나 보다 구체적이고 세부적인 조항들의 수효가 점점 늘어남에 따라, 안식일 율법은 필연적으로 사람들에게 보다 불편하고 짐스러운 것이 되어 갈 수밖에 없었다. 그 결과 사람들의 관심은 '왜 안식일을 지켜야 하는가?'에서 '어떻게 안식일을 지켜야 하는가?'로 돌려지게 되었다. 이는 율법주의적인 안식일 준수로의 바람직하지 못한 발전이 아닐 수 없었다. 결국 원래 하나님의 언약적 축복의 표현으로 제정되었던 안식일이 이제는 짐스러운 제도가 되어 버린 것이다(참조, 마 11:28).

이런 상황하에서 예수님은 안식일에 대한 원래 의도를 회복하고 그 궁극적 목표를 성취하기 위해 오셨다. 안식일의 주로서 안식으로의 그분의 초청(11:28-30), 그분의 가르침(특히, 12:3-7, 11-12), 그분의 치유(12:13), 그분의 선언(12:8, 12b) 등은 예수님께서 안식일에 대한 하나님의 원래 의도와 궁극적 뜻의 회복이자 성취자이심을 강력하게 증언해 준다.

2 마태복음 11:25-12:21에서 드러난 예수님의 안식일 성취는 마태복음 5:17-20의 예수님 말씀이 의미하는 바의 좋은 예(例)이다. 그런데 이 예는 필자가 제3장에서 검토해 본 복음서 내의 다른 예들과 잘 조화를 이룬다. 인자(人子) 예수님은 안식일을 폐하러 오신 것이 아니라 성취하러 오셨다. 예수님의 안식일 성취는 다른 율법들의 경우와 마찬가지로 '연속성'과 '불연속성' 두 요소를 공히 가지고 있다. 연속성의 요소는 예수님의 구속이 안식일을 궁극적으로 성취했다는 데서 발견된다. 한편 불연속성의 요소는 예수님의 성취 이후에는 안식일이 이전과 동일한 모습으로 남아 있는 것이 아니라, 그분의 성취에 의해 초월되었다는 데서 발견된다. 이제 제자들은 종말론적 안식(=구속)에 참여하고 있기 때문에, 그들은 더 이상 구약 시대 사람들이 지켰던 것과 동일한 방법으로 구약의 안식일을 지킬 의무가 없다. 이러한 사실은 12:5-6에서 강력하게 시사되고 있다. 만일 제사장들이 성전 안에 있는 한 안식일 율법을 준수해야 할 의무가 없었다면, 제자들은 성전보다 큰 예수님과 함께 있기 때문에 안식일을 지켜야 할 의무가 훨씬 덜하다는 것이다.

이러한 사상은 마태복음 안에서 좀 더 전개시켜 볼 수 있다. 만일 안식일보다 더 큰(12:6) 성전이 예수님의 성취로 말미암아 그 모형으로서의 기능을 그만두게 되었다면(24장; 27:51), 안식일은 예수님의 성취 이후에 훨씬 더 쉽게 그 모형으로서의 기능을 그만두게 되지 않겠는가! 물론 예수님의 성취로 말미암아 안식일이 초월되었다는 사실이 제자들의 안식일 준수 방식에 어떤 영향을 미치게 되었는가에 대해서는 아직 명백하게 설명되고 있지 않다. 그러나 제7장에서 살펴보았듯이, 사도 교부들은 그 초월의 의미가 안식일 준수를 아예 그만두는 것이라고 이해했던 것 같다.

③ 11:25-12:21에서 계시된 예수님의 안식일 성취는 그의 성취의 다른 측면들과 마찬가지로 종말론적 긴장 관계를 갖는다. 즉, 안식일은 예수님의 사역에 의해 이미 성취되었으나, 예수님의 구속이 세상 끝날 완성될 때(참조. 28:20) 이루어지게 될 그 완성을 아직 내다보고 있는 것이다. 예수님은 안식일을 성취하심으로써, 즉 종말론적 안식(=구속)을 제공하심으로써, 이미 안식일의 주(主)이시다(12:8). 그럼에도 불구하고 예수님께서 제공하시는 종말론적 안식은 미래적 요소도 가지고 있다. 안식일에 대한 예수님의 주권은 대부분의 이방인들뿐 아니라 많은 유대인들에 의해서도 아직 인정되고 있지 않았고, 보다 중요하게 이방인들에 대한 예수님의 정의 선포는 아직 완수되지 않았던 것이다(12:18, 20-21; 또한 참조. 28:19-20).

간단히 말해서, 마태에게 있어서 안식일은 다른 율법의 경우와 마찬가지로 성취와 종말론 그리고 기독론의 관점에서 이해되어야 한다.

8.3. 마태와 그의 공동체에게 있어서 예수님의 안식일 성취의 실천적 함의

비그리스도인 유대인들과 대치 상태에 있었던 마태 공동체에게는 (안식일 율법을 포함한) 구약 율법에 대한 예수님의 관계 및 그 율법에 대한 자신들의 관계가 생생하게 살아 있는 문제였던 것이 분명하다. 이러한 상황하에서는 두 가지 상반된 경향들(즉, 율법주의적 경향과 율법경시론적 경향)이 한 공동체 가운데 공존했을 수 있으며, 양자 모두가 그 공동체에게 실제적인 위협들이었을 수 있다.

그와 같은 현실에 직면하여, 마태는 5:17-20에서 율법에 대한 예수님의 관계에 관한 근본적인 원칙을 제시하면서, 동시에 두 가지 위험(즉, 율법주의[20절]와 율법경시론[19절])을 적절히 경고한다. 11:25-12:21에서 마태는 그 당시 결정적인 문제들 중의 하나였던 안식일 율법에 그 원칙을 적용시키고자 한다. 필자는 마태에게 있어서 예수님의 안식일 성취는 다른 율법의 경우와 마찬가지로 '연속성'과 '불연속성'의 양 요소들을 포함하였다는 점을 이미 지적하였다. 하지만 이 연속성–불연속성의 이중적 성격이 그의 공동체에게 어떤 실천적인 의미를 가졌을까?

확실히 단정할 수는 없지만, 마태 공동체 내의 어떤 그룹들은 안식일을 여전히 지켰던 데 반해, 다른 그룹들은 이미 안식일 지키는 것을 그만두지 않았을까 생각된다. 만일 아직도 안식일을 율법주의적으로 지키는 그룹들이 실제로 있었다면, 그들에 대한 마태의 메시지는 강하고 분명했을 것이다. '너희의 관심을 예수님의 안식일 성취의 의의(특히 그 성취의 불연속성의 요소)에로 돌려라. 왜냐하면 안식일은 예수님의 성취 이후 더 이상 동일하게 남아 있지 않으며, 오히려 그분의 성취에 의해 초월되었기 때문이다.' 그에 반해 만일 안식일을 등한시하거나 안식일 지키는 것을 증오하는 그룹들이 있었다면, 마태는 아마도 그들에게 기껏해야 다음과 같은 사실을 상기시켜 주었을 것이다. '너희 관심의 초점을 안식일을 성취하신 예수님께 맞추기만 한다면, 안식일 계명 그 자체가 너희들이 생각하는 것처럼 그렇게 나쁜 것은 아니다.' 만일 우리의 이러한 추론이 맞는다면, 마태의 안식일 성취에 대한 이해는 5:17-20에서 예수님의 율법주의에 대한 경고가 율법경시론에 대한 경고보다 더 엄중했다는 점과 다시 한 번 잘 조화를 이룬다.

마태에게 있어서 안식일은 성전이나(24장; 참조. 12:6) 그 결과 제사장 제도 및 제사 제도와 마찬가지로 그 성취 때까지만 구속력이 있다. 예수님의 안식일 성취 이후 모형으로서의 안식일의 기능은 안식일의 실체이신 예수님의 구속에 의해 대체되었으며, 따라서 더 이상 필요 없게 되었다. 그렇다면 마태는 그의 공동체에게 안식일 준수를 그만두고, 그 대신 안식일의 주(主)이신 예수님 자신과 안식일의 궁극적인 목표인 예수님의 구속에 관심의 초점을 맞추도록 격려할 충분한 이유가 있었을 것이다. 만일 그의 공동체가 내부적인 율법주의의 위험과 외부적인 결의론적 바리새주의의 위협에 직면하여 있었다면 그와 같은 권고는 더욱 필요하였을 것이다. 왜냐하면 그러한 내외적인 결의론적 율법주의는 예수님의 안식일 성취의 진정한 의미와 중요성을 망각하도록 하는 위험을 수반했을 것이기 때문이다.

물론 이러한 결론은 11:25-12:21이 명백하게 보여 주고 있는 바를 훨씬 넘어선 추론이라는 느낌이 든다. 그럼에도 불구하고 5:17-20과 마태의 다른 율법 관련 구절들, 마태 공동체의 일반적인 성격, 마태복음의 줄거리, 그리고 특히 사도 교부들의 증거들에 비추어 볼 때, 필자는 이러한 결론이 진리에 매우 근접해 있다는 확신을 갖게 된다.

8.4. 오늘날 교회를 위한 예수님의 안식일 성취의 의의와 적용[7]

8.4.1. '지평의 융합' - 적용의 필요성

필자가 지금까지 한 작업은 우리 본문들의 의미에 대한 사회-역사적 고찰이었다. 그와 같은 석의적 연구의 목표는 '본문들이 마태와 그의 공동체에게 어떤 의미를 가지고 있었는가?' 라는 질문에 답하는 것이었다. 이처럼 우리는 본문들의 과거 의미에 관심을 기울여 온 것이다. 그러나 이는 본문들

---

7) 본 단원의 내용은 Sheffield Academic Press에서 출판된 필자의 *Jesus and the Sabbath in Matthew's Gospel* (JSNTS 139, 1997)에는 들어 있지 않은 것으로서, 위 출판사의 허락하에 한국 교회 독자들을 위해 추가하게 된 내용이다. 이 내용은 주로 필자의 박사 학위 논문('Jesus and the Sabbath in Matthew's Gospel. The Backgrounds, Significance and Implication' [Wycliffe Hall, Oxford, 1995])의 마지막 장(章)을 채택한 것이지만, 필자의 새로운 의견도 종종 반영되고 있음을 밝힌다.

에 대한 우리의 연구 여정(旅程)의 끝이 될 수 없으며 되어서도 안 될 것이다. 많은 학자들이 지적하듯이, 성경 본문들은 다른 고대 문서들과 마찬가지로 역사적 재구성의 '자료'로서의 기능을 할 뿐 아니라, 또한 다른 고대 문서들과는 달리 오늘날 [그리스도인] 독자들에게 말하고, 진리를 선포하고, 그에 대한 반응을 요청하고, 그에 따라 살 것을 도전하는 기능도 한다.[8)]

스위스 성경학자 루츠(U. Luz)는 최근에 성경(특히 복음서) 본문들에 대한 독일-스위스계 역사 비평적 접근에 대해 심각한 문제를 제기하고 있다. 왜냐하면 그러한 접근은 과거의 본문들과 오늘날 독자들 사이의 거리감만을 조장할 뿐, 그 본문들을 오늘날 독자들에게로 다시 이끌어 주는 가능성을 제공해 주지 않으며, 그 결과 그 본문들을 오늘날 독자들에게 적용하는 것을 보다 어렵게 만들기 때문이다. 그는 그와 같은 상황을 '아주 심각한 위기'라고 규정한다.[9)] 그는 또한 '이 모든 본문들이 지금 나에게 무슨 의미가 있는가?'라는 질문에 대해 대답하지 않고서는 우리가 그 성경 본문들을 아직 진정으로 이해하지 못한 것이라는 점을 강조한다.[10)]

이러한 견해는 이미 가다머(H.-G. Gadamer)에 의해 제시된 바 있다. '복음서는 단지 역사적 문서로 이해되기 위해 존재하는 것이 아니며, 그것이 그 구원하는 효력을 행사하는 방식으로 받아들여지기 위해 존재한다.'[11)] 그는 또

---

8) 참조. Gadamer, *Truth*, pp. 265-379, 특히 p. 309; Morgan, *Interpretation*, pp. 269-96; Thiselton, *New Horizons*, pp. 31-54, 556-57, 604-605; Luz, *Matthew in History*, passim 등. 하지만 모든 학자들이 이러한 입장에 동의하는 것은 아니다. 특히 19세기 말과 20세기 초 '자유주의' 성경학자들은 성경 본문들을 단순히 과거 시대의 그림을 재구성하기 위한 '자료'로 사용하는 경향을 띠었다. 참조. Morgan, *Interpretation*, pp. 62-105; Luz, *Matthew in History*, p. 7.
9) Luz, *Matthew in History*, pp. 6-7. 또한 참조. K. Barth, *Romans*, pp. 6-7 — 그는 Julicher, Lietzmann 및 다른 주석가들이 '주석으로의 첫 단계만을' 저작하였을 뿐 제대로 된 주석들을 저작하지 못하였다고 비판한다. 그러면서 그는 Calvin의 작품들을 다음과 같이 칭송하고 있다: '칼빈은 먼저 본문 자체의 의미를 파악한 후, 1세기와 16세기를 분리해 놓는 벽들이 제거되어 투명해질 때까지 그 본문의 원래 의미와 더불어 있는 힘을 다하여 씨름한다.'
10) Luz, *Matthew in History*, p. 2. 물론 많은 성경학자들은 적용의 문제를 조직신학자나 복회신학자들에게 남겨 두는 경향을 띤다. 하지만 그와 같은 경향의 문제점들과 위험성들이 Thiselton, *Two Horizons*, pp. 314-26에서 적절히 지적되고 또한 비판되고 있다. 참조. Morgan, *Interpretation*, pp. 167-200; Lash, 'Martyrdom', pp. 75-92.
11) Gadamer, *Truth*, p. 309.

한 '적용'의 문제는 모든 '이해'에서 발견되어야 한다고 주장한다. 가다머에게 있어서, 성경 본문 해석은 두 지평에 연관된다: 즉, 본문의 지평과 독자의 지평. 가다머에 의하면, 진정한 이해는 과거 본문과 현재 독자 사이에서 '지평의 융합'(Horizontverschmelzung)이 일어날 때 비로소 가능해 진다.12)

하지만 두 지평의 진정한 융합은 둘 사이의 설익은 동화(同化)와 구분되어야 한다. 진정한 융합을 위해서는 각 지평에 대한 진실한 존중과 두 지평 사이에 존재하는 거리에 대한 진정한 인식이 필수적이다. 이런 관점에서 보았을 때, 본문에 대한 진지한 사회-역사적 비평 연구는 독자로 하여금 본문의 지평과 자기 자신의 지평13) 사이의 차이점을 인식할 수 있도록 도와줄 수 있다. 그리고 이러한 인식이 생겨날 때 적용의 과정은 이미 시작되고 있다. 하지만 이 과정에서 독자는, 본문이 독자 자신을 향하여 이미 문을 연 것과 같이, 본문을 향하여 열린 자세를 가져야 한다.14) 이러한 과정은 단번에 일어나지 않는다. 그것은 오히려 계속되는 긴 과정이다. 이 과정은 소위 '해석학적 순환'(hermeneutical circle),15) 혹은 좀 더 나은 표현으로는 '해석학적 나선'(hermeneutical spiral)16)이라고 불린다.

---

12) Gadamer, *Truth*, pp. 277-307.
13) 독자/해석자는 본문에 대한 자신의 사회-역사적 혹은 문학적 연구를 객관적으로 수행할 수 없는 것이 분명하다. 왜냐하면 그(녀)는 자신의 연구 과정 내내 필연적으로 자신의 역사적, 문화적, 종교적 배경들(예를 들어, 필자의 경우 20/21세기 한국 장로교회적 배경)뿐 아니라, 그 자신의 전제들(우리도 제3장에서 우리의 전제들을 제시한 바 있다)과 질문들(우리의 석의 과정 가운데 우리는 본문들이 대답해 줄 것으로 기대하며 여러 가지 질문들을 던져 왔다)을 수반할 수밖에 없다. Gadamer는 이것을 독자의 '지평'이라고 부르는 데 반해, Bultmann은 Schleiermacher의 용어를 채택하여 그것을 '선-이해'(Vorverständnis)라고 부른다. Thiselton, *New Horizons*, pp. 34-35, 44-46은 또 다른 용어, 즉 '기대의 지평'(horizon of expectation)을 제안한다. 또한 참조. Stanton, 'Presuppositions', pp. 60-71.
14) Gadamer, *Truth*, pp. 299, 360-61. 참조. Stanton, 'Presuppositions', pp. 68-70; Thiselton, *New Horizons*, pp. 33-35. 위의 모든 학자들과 다른 많은 학자들은 이러한 해석적 과정에 있어서 독자보다 성경 본문의 우선권을 받아들이는 것 같다. 특히 참조. Gadamer, *Truth*, pp. 330-31.
15) 이 개념은 Schleiermacher에 의해 처음 도입된 이후 많은 학자들에 의해 채택되어 왔다. 참조. Gadamer, *Truth*, pp. 190-92, 277-300; Palmer, *Hermeneutics*, pp. 86-88; Thiselton, *Two Horizons*, pp. 104-10, 303-10 등.
16) Thiselton, *Two Horizons*, p. 104를 보라.

그렇다면 본 장에서 우리가 하는 작업은 두 지평(즉, 마태의 안식일 단락들의 지평과 필자와 필자가 속한 한국 교회의 지평) 사이의 의미 있는 융합을 향한 긴 해석학적 여정의 시작에 불과하다. 그렇다면 필자가 이 단락들과 관련해서 (세계의 다양한 교회들은 물론이고) 필자 자신이 속한 한국 교회에서 제기되는 신학적, 윤리적, 목회적 질문들에 대해 확정적인 대답을 제공하는 것은 불가능하다. 하물며 안식일/주일과 연관해서 제기되는 일반적인 질문들에 대해서는 두말할 필요도 없다. 그럼에도 불구하고 필자의 시도는 구체적이고 실제적인 것이 되도록 목적할 것이며, 그렇게 함으로써 본 마태복음 안식일 단락들뿐 아니라 다른 안식일 관련 구절들에 대해서도 철저하고 구체적인 많은 연구들이 시작되는 자극제가 될 수 있기를 기대한다. 그러한 끊임없는 시도들은 지평들 사이의 진정한 융합으로 나아갈 것이며, 그 결과 우리의 본문들이 좀 더 의미 있는 모습으로 우리에게 다가오게 해 줄 것이다.

8.4.2. 한국 교회의 '주일 성수' - 상황 연구

필자가 바로 위에서 지적했듯이, 적용이 보다 구체적이기 위해서는 한 특정 상황이 선택될 필요가 있다. 본 연구에서는 한국 교회 상황이 선택되었는데, 이는 단지 필자가 그 상황에 속해 있기 때문만이 아니라, 그 상황이 마태 공동체의 상황과 몇 가지 점들에 있어서 유사하기 때문이기도 하다. 하지만 한국 교회는 (특히 그 신학적 전통에 있어서) 자생적이지 않기 때문에, 우리는 한국 교회의 안식일 준수와 신학 형성에 직간접적으로 영향을 끼쳤을 것으로 보이는, 교회사 전체를 통한 안식일 신학의 발전 과정을 아주 간략하게나마 개관할 필요가 있다.[17]

---

17) 우리가 다룬 본문들의 '영향사' (history of effect)는 특히 종교개혁 시대까지는 놀라울 정도로 미미하다. 종교개혁 시대 이후에도 우리의 본문들은, 안식일 관련 문제들을 다루는 데 있어서, 특히 다른 본문들(예를 들어, 골 2:16-17; 히 3:7-4:11)과 비교해 볼 때, 상대적으로 미미한 역할을 할 뿐이다. Luz, *Matthäus (8-17)*, pp. 234-35를 보라. 그래서 우리는 안식일 신학 전반에 대해 개관하려 한다. 안식일 신학의 발전에 대한 훌륭한 역사적 연구가 Bauckham, 'Post-

우선적으로, 일요일이 일로부터 자유로운 쉼의 날로 불리는 것은 주후 321년 콘스탄티누스 대제의 칙령18)에 의해 비로소 가능해 졌다.19) 저스틴(Justin), 터툴리안(Tertullian), 알렉산드리아의 클레멘트(Clement of Alexandria), 오리겐(Origen) 및 다른 2-3세기 교부들은, 사도 교부들과 마찬가지로, 주일(=일요일)을 예배일로서 특별하게 간주하기는 하였지만, 결코 쉼의 날로서나 그리스도인의 안식일로 인식하지는 않았다.20)

안식일이 일요일로 이전되었다는 명시적 주장이 발견되는 최초의 현존 기독교 저작은 주후 330년 이후에 저작된 유세비우스(Eusebius)의 시편 91편 주석이다. '안식일에 행해져야 할 다른 모든 것을 우리는 주일로 이전하였다. 왜냐하면 그날은 유대교의 안식일보다 더 권위가 있고, 주도적이고, 첫째이고, 더 명예롭기 때문이다.' 21) 그렇지만 유세비우스의 경우에도 일요일로 이전된 것은 안식일의 예배적 측면이지 쉼의 측면은 아니다.22) '6세기에 이르기까지는 일요일에 일하는 것을 교회법 규정으로 금하려는 시도는 거의 없었던 것으로 보인다' 라고 한 보쿰의 관찰은 주목할 만하다.23)

Apostolic Church', pp. 252-98; *idem*, 'Medieval Church', pp. 300-309; *idem*, 'Protestant Tradition', pp. 312-41에서 발견된다.
18) *Codex Instinianus* 3.12.2(321년 3월 3일)와 *Codex Theodosianus* 2.8.1(321년 7월 3일). Rordorf, *Sabbat*, pp. 178-79 nos. 111, 112를 각각 보라.
19) 콘스탄티누스 대제 칙령 이전에 일요일 전체를 쉼의 날로 지키는 것이 현실적으로 불가능했음에 대해서는 위의 7.1 특히 n. 25를 보라. 또한 Rordorf, *Sunday*, pp. 154-58; Bauckham, 'Post-Apostolic Church', p. 274를 보라.
20) 참조. Rordorf, *Sunday*, pp. 154-62; Bauckham, 'Post-Apostolic Church', pp. 269-80.
21) 본문은 Rordorf, *Sabbat*, p. 84 (no. 44)에서 재인용된 것이다.
22) 이러한 사실은 위의 인용문이 속해 있는 문맥(즉, 안식일 희생 제사 및 진설병과 관련된 논의)으로 미루어 볼 때 거의 분명하다. Bauckham, 'Post-Apostolic Church', pp. 282-85. 유세비우스의 이러한 '안식일 엄수주의' (sabbatarianism)로의 경향이 Augustine에게서는 나타나지 않는다는 사실은 주목할 만하다. Bauckham, 'Medieval Church', p. 300이 지적하듯이, Augustine은 황제의 칙령에 의한 공식적인 일요일 휴식 가운데서 아무런 신학적 의의도 발견해 내지 않는다. 특히 Augustine, *De Civ. Dei*, 22.30; *Ep.*, 55.17-23을 보라. 하지만 Augustine의 안식일 신학에 대한 좀 다른 해석에 대해서는 Beckwith and Stott, *Day*, pp. 136-38을 보라.
23) Bauckham, 'Post-Apostolic Church', p. 286. 하지만 몇몇 개인적인 시도들에 대해서는 Pettirsch, 'Verbot', pp. 434-40; Rordorf, *Sunday*, pp. 170-73을 보라.

중세 초기에는 후대의 스콜라 철학적 안식일 엄수주의로의 움직임들이 약간씩 감지된다.[24] 하지만 전통적인 로마 가톨릭 안식일 엄수주의의 신학적 토대를 확고히 수립한 사람은 토마스 아퀴나스(Thomas Aquinas)였다. 그런데 그는 이 안식일 엄수주의를 주로 자신의 스콜라 철학적 '자연법' 이론에 기초하여 수립하였다. 아퀴나스에 따르면, 자연법은 그리스도인들에게 더 이상 구속력이 없는 의식법과는 달리 그리스도인들에게 여전히 구속력이 있는 도덕법이다. 그런데 안식일 계명을 포함한 십계명 모두는 자연법이기 때문에 십계명은 그리스도인들에게 여전히 구속력이 있다. 하지만 안식일 계명은 도덕법적 측면뿐 아니라 의식법적 측면도 포함하고 있으며, 따라서 그 의식법적 측면(=일곱째 날)은 폐기되었지만 (그래서 일요일로 바뀌었지만), 그 도덕적 측면(='육체적 일'의 완전한 금지)은 그리스도인들에게 여전히 유효하다. 이 기이한 스콜라 철학적 안식일 엄수주의는 약간의 도전들을 잘 극복해 내며 로마 가톨릭 교회 내의 주도적이고 전통적인 안식일/주일 교리로 자리 잡게 되었다.[25]

하지만 스콜라 철학적 안식일 엄수주의는 루터(M. Luther)나 칼빈(J. Calvin)과 같은 종교개혁자들에 의해 명백히 포기되었다.[26] 그들은 아마도 신약성경 저자들(그리고 어쩌면 사도 교부들)의 견해들로 되돌아가고자 했던 것 같다.[27]

---

24) 예. Orleans 교회회의 교회법(538년; c. 31); Mâcon 교회회의 교회법(585년; c. 1); Martin of Braga(572년); Gregory of Tours(591년). 위의 관련 본문들은 Rordorf, *Sabbat*, pp. 222-34에 들어 있다. Bauckham, 'Medieval Church', pp. 302-303을 보라: '안식일 엄수주의적 경향들에 대한 의미 있는 마지막 이의(異議) 제기는 603년 Gregory the Great의 한 편지에서 발견된다.' 이 편지 본문은 Rordorf, *Sabbat*, pp. 234-36에 들어 있다. 또한 참조. Spier, *Sabbat*, pp. 121-22.

25) 특히 Thomas Aquinas, *Summa Theologica*, 1a 2ae 100을 보라. 참조. Bauckham, 'Medieval Church', pp. 304-307. 아이러니하게도 Aquinas의 이와 같은 스콜라 철학적 안식일 엄수주의는 청교도들에 의해 한층 강화되어 지난 수세기 동안 대부분의 장로교회와 개혁교회들에 의해 전수되어 왔다. 그와 같은 견해에 대한 훌륭한 비평이 Lincoln, 'Perspective', pp. 355-58에서 발견된다. 또한 참조. Thomas, *Sonntag*, ch. 6.

26) 종교개혁자들의 안식일 신학에 대한 간략한 논의들로는 다음을 들 수 있다. Bauckham, 'Protestant Tradition', pp. 312-17; Primus, 'Sunday', pp. 99-108; Spier, *Sabbat*, pp. 123-26. 또한 참조. Jewett, *Lord's Day*, pp. 100-106. 하지만 Jewett은 종교개혁자들의 견해에 대해 비평적 입장을 취한다(p. 115).

27) Bauckham, 'Protestant Tradition', p. 312.

보쿰은 다음과 같이 단언한다. '루터에게 있어서 그리스도인들은 매주 "쉼의 날"이나 심지어는 "예배일"까지도 종교적 의무로서 지켜야 할 아무런 의무도 없다.' 28)

칼빈의 안식일 엄수주의와의 결별은 루터와 마찬가지로 아주 단호하다. 그의 『기독교강요』(2.8.28-34)에서 칼빈은 안식일이 그리스도 안에서 성취되었으며 따라서 폐지되었다는 사실을 분명히 한다. 물론 그는 그리스도인들이 예배를 위해 특별히 정해진 날에 규칙적으로 공식 모임을 갖는다는 점에 있어서는 안식일의 제한적인 기능이 그리스도인들에게 여전히 적용된다는 점을 밝힌다.29) 그러나 칼빈은 이 예배일이 꼭 일요일(=주일)이어야 할 필요가 없다는 점을 명확히 하고 있다. 오히려 일요일에 지나친 의미 부여를 하는 경향은 안식일을 여전히 신성시하는 유대인들의 '미신'에 감염된 것이라고 엄중히 경고한다. 칼빈의 이러한 입장은 아퀴나스에게서 비롯된 안식일 엄수주의의 안식일 교리를 비판하는 가운데 그 절정에 도달한다.

> 이처럼 거짓 선지자들의 덧없는 이야기들은 사라진다. 그들은 지난 수백 년에 걸쳐 사람들을 유대교의 견해로 감염시켰다. 그들은 이 [안식일] 계명의 의식적 부분(그들이 하는 말로, 일곱째 날의 '제정')만이 폐지되었고, 도덕적 부분(즉, 이레 가운데서 하루를 정하는 것)은 남아 있다고 주장했다. 그러나 이것은 유대인들을 비난하는 의미에서 날을 변경한 것일 뿐이고, 그날을 거룩하다

---

28) Bauckham, 'Protestant Tradition', p. 314. 안식일 문제에 대한 Luther의 이러한 이해는 『아우그스부르크 신앙고백서』(the Augsburg Confession, 1530년)에 충실히 반영되어 있다: '모든 모세적 의식들이 복음이 계시된 후에는 생략될 수 있다고 가르친 성경은 안식일을 폐지하였다. 그렇지만 사람들이 언제 함께 모여야 하는지를 알도록 한 특정한 날이 지정될 필요가 있었기 때문에, [기독교] 교회는 그 목적을 위해 주일을 지정했던 것으로 보인다. 이러한 이유 때문에 사람들이 그리스도인의 자유의 모본을 누리고, 따라서 안식일이나 혹은 다른 한 날을 지키는 것이 필수적이 아니라는 사실을 아는 것은 즐거워할 일인 것이다.' 본문은 Schaff, Creeds, III, p. 69에서 온 것이다. Luther의 안식일관에 대한 한국 학자의 간략한 논의가 양낙홍, 『주일 성수』, pp. 92-96에 나타난다.

29) Calvin은 또한 노예들과 노동자들에게 노동으로부터 쉼을 주는 안식일의 기능(인간애적 관심!)도 그리스도인들에게 적용되어야 한다고 진술한다. 하지만 그는 그것이 왜 그러하고 어떻게 적용되어야 할지에 대해서는 설명하지 않는다(Institute, 2.8.32).

고 하는 생각은 여전하다. … [이러한] 자신들의 교회 규정들을 고수하는 자들의 미신은 유대인들보다 세 배나 더 유치하고 육욕적인 안식일 엄수주의적 미신이다.30)

칼빈에게 있어서, 매주 일요일에 예배드리는 것은 편의와 질서를 위한 것일 뿐이며, 매주 일요일에 쉬는 것은 자유로이 예배드릴 수 있기 위해 요청되는 것일 뿐이다.31)

하지만 종교개혁자들의 중세 안식일 엄수주의와의 결별은 그들의 후계자들(예. M. Bucer, P. Martyr, H. Bullinger)에 의해 제대로 계승되지 못하였다. 그리고 17세기에 이르러 청교도들은 종교개혁 이전 교회의 안식일 엄수주의로 되돌아가고 말았다.32) 사실상 청교도의 안식일 엄수주의는 이전 안식일 엄수주의보다 더 엄격하고 더 결의론적인데, 바로 이러한 입장이 『웨스트민스터 신앙고백서』, 『웨스트민스터 요리문답』, 『웨스트민스터 예배모범』에 명백히 반영되고 있다. 그런데 한국 기독교인 인구33)의 반 이상을 차지하는 한

---

30) Calvin, *Institute*, 2.8.34.
31) Bauckham, 'Protestant Tradition', pp. 315-17; 참조. Bruner, *Christ*, pp. 449-50. Calvin의 이러한 안식일 이해는 『하이델베르크 요리문답』(the Heidelberg Catechism, 1563)에 상당히 잘 반영되어 있다: '제4계명에서 하나님은 무엇을 요구하시는가? 답: 첫째로, 복음 사역과 학교들이 유지되어야 할 것을 의미한다. 또한 내가, 특히 쉼의 날에, 교회에 열심히 나가서 하나님의 말씀을 배우고, 성례전들을 활용하고, 주님을 공중 앞에서 부르고, 그리스도인의 구제를 베푸는 것을 말한다. 둘째로, 나의 생애의 모든 날 동안 내가 나의 악한 일들로부터 쉬고, 주님께서 그분의 성령으로 내 안에 역사하시도록 허락하고, 그렇게 함으로써 이 생애 동안에 영원한 안식일을 시작하는 것을 의미한다' (Schaff, *Creeds*, III, p. 345). Calvin의 안식일관에 대해서는 양낙흥, 『주일 성수』, pp. 97-121도 보라.
32) 종교개혁자들로부터 청교도들에 이르는 기간(16-17세기) 동안에 진행되었던 안식일 신학의 다양한 전개 과정에 대해서는 Bauckham, 'Protestant Tradition', pp. 317-29; Primus, 'Sunday', pp. 108-15; Spier, *Sabbat*, pp. 127-28을 보라; 또한 참조. Jewett, *Lord's Day*, pp. 115-21. 하지만 그는 Calvin과 다른 종교개혁자들의 입장에 반(反)하여 청교도의 입장을 지지한다.
33) 문화체육관광부(편), 『2008년 한국의 종교현황』, pp. 38-55에 따르면, 다음 통계가 나온다.

	교회	교역자	교인
장로교	38,028	65,320	6,265,018
기타	20,584	30,276	5,745,639
계	58,612	95,596	12,010,657

김영재, 『한국교회사』, pp. 356-58도 보라.

국 장로교 [보수][34] 교단들이 자신들의 신앙적 표준으로 대개 이 문서들을 거의 원형 그대로 채택했었고 상당수는 지금도 채택하고 있기 때문에,[35] 여기서 그 문서들의 해당 단락들을 인용해 보려 한다.

1) 『웨스트민스터 신앙고백서』 21.7-8(1647년)[36]

〈7절〉 일반적으로 정당하게 일정한 시간을 하나님께 예배하기 위하여 성별하는 것이 자연의 법칙[37]인 것과 같이, 하나님은 그분의 말씀에서 모든 시대의 모든 사람들에게 의무를 지우는 적극적이고, 도덕적이고, 영구적인 명령에 의하여 칠일 중 하루를 안식일로 특별히 정하셔서 자신에게 거룩히 지키게 하셨다.[38] 이 안식일은 창세부터 그리스도의 부활까지는 한 주간의 마지막 날이었지만, 그리스도의 부활 후부터는 한 주간의 첫째 날로 바뀌었는데,[39] 성경에서는 이 날을 주일이라고 부른다.[40] 이 날은 세상 끝날까지 기독교의 안식일로 계속되어야 할 것이다.[41]

〈8절〉 이 안식일은 먼저 사람들이 자기의 마음을 합당히 준비하고 자신들의 일상적인 일들을 정돈한 후에 자신들의 세속적 직업과 오락에 대한 자신들의 일과 말과 생각으로부터 떠나서 온종일 거룩한 휴식을 취해야 할 뿐 아니라,[42] 모든 시간을 공적으로나 사적으로 하나님을 예배하는 데 쓰고, 또한

---

34) 비교적 교세가 작은 '기독교장로회'를 제외하고 대부분의 장로교 교단들이 그들의 신학적 입장에 있어서 보수적 경향을 띤다고 말해도 크게 잘못된 것은 아닐 것이다.
35) 주요 한국 장로교 교단들(즉, 합동, 통합, 개혁, 고신 등)의 헌법들은 『웨스트민스터 신앙고백서』, 『웨스트민스터 소요리문답』(때로는 『대요리문답』), 『웨스트민스터 예배모범』을 자신들의 교리적 표준의 일부로 혹은 부록으로 포함시키고 있다. 참조. 김영재, 『한국교회사』, pp. 287-89, 312-13.
36) 본문은 Schaff, *Creeds*, III, pp. 648-49에서 온 것이다.
37) 이는 웨스트민스터 성직자들이 적어도 십계명 중 안식일 계명에 대한 자신들의 이해에 있어서 기본적으로 Aquinas의 '자연법' 이론에 영향을 받고 있었음을 보여 주는 명백한 증거이다.
38) 출 20:8, 10, 11; 사 56:2, 4, 6, 7.
39) 창 2:2, 3; 고전 16:1, 2; 행 20:7.
40) 계 1:10.
41) 출 20:8, 10; 참조. 마 5:17-18.
42) 출 20:8; 16:23, 25, 26, 29, 30; 31:15-17; 사 58:13; 느 13:15-22.

부득이한 의무들과 자선을 베푸는 데 써야 한다. 43)

2) 『웨스트민스터 소요리문답』 문 59-60(1647년)44)

〈문 59〉 하나님께서 칠일 중에 어느 날을 매 주간의 안식일로 삼으셨는가?
〈답〉 세상의 시작으로부터 그리스도의 부활하시기까지는 하나님께서 한 주간의 일곱째 날을 정하여 매 주간의 안식일로 삼으셨으며, 그 후부터 세상 마지막까지는 한 주간의 첫째 날을 안식일로 삼으셨다. 이날은 그리스도인의 안식일이다. 45)
〈문 60〉 어떻게 해야 안식일을 거룩하게 하겠는가?
〈답〉 안식일을 거룩하게 하려면 다른 날에 할 수 있는 모든 세상의 업무들과 오락을 금하고 그날을 종일 거룩하게 쉬어야 하며, 또한 공적으로나 사적으로 하나님께 예배를 드리는 일로 모든 시간을 보내야 한다. 다만 부득이한 일들이나 자선을 베푸는 데 쓰는 시간은 예외이다. 46)

3) 『웨스트민스터 예배모범』 1.1-6(1645년)47)

〈1절〉 주일은 미리 준비하여 기념되어야 할 것인데, 일상사(日常事)의 모든 세상적 업무를 정돈하고, 시간과48) 시기에 맞춰 정리함으로써, 그날이 왔을 때 그날을 거룩히 함에 구애가 되지 않도록 하라.

---

43) 사 58:13; 마 12:1-13.
44) 본문은 Schaff, *Creeds*, III, p. 689에서 온 것이다. 한편 관련 성구는 대한예수교장로회 고신측 헌법을 참조하였다. 『웨스트민스터 소요리문답』의 경우 제4계명은 문 57-62에서 다루어지고 있지만, 그중 문 59-60이 우리의 연구에 직접 연관되는 내용을 담고 있기 때문에 여기서는 이들만을 인용한다.
45) 창 2:3; 눅 23:56; 출 16:23; 행 20:7; 고전 16:1-2.
46) 렘 23:3; 사 58:3; 출 16:25-29; 렘 17:21-22; 시 92:1-2; 눅 4:16; 느 13:15-22; 행 20:7; 마 12:11.
47) 본문은 Cox, *Literature*, I, p. 230에서 재인용하였다. 대한예수교장로회 합동측과 개혁측 헌법에도 『예배모범』이 실려 있지만, 여기서 채택한 본문과 세부적인 점들에 있어서 약간의 차이가 있음을 주목하라.
48) 이 규정은 안식일이 시작되기 전에 준비하는 것과 관련된 랍비들의 조심성을 생각나도록 해준다. 예를 들어, 2.6.1-(2); 2.6.2-(1)을 보라.

〈2절〉 이날은 그리스도인의 안식일인즉, 공적으로나 사적으로 주님께 종일토록 거룩히 지키도록 하라. 이를 위하여 모든 불필요한 노동을 삼가고 종일토록 거룩하게 쉬도록 하라. 또한 모든 운동과 오락뿐 아니라 모든 세상적인 말과 생각도 금하도록 하라.

〈3절〉 음식은 미리 준비되어야 할 것이니,[49] 사환들이 불필요하게 하나님을 공적으로 예배하는 일에 구애를 받지 않도록 할 것이며, 다른 어떤 사람도 그날을 거룩히 하는 데 방해를 받지 않도록 해야 한다.

〈4절〉 각 개인과 그 가족은 … 기도와 다른 거룩한 활동들로 준비해야 하고, …

〈5절〉 모든 사람은 공적인 예배에 시간을 지켜 모여야 하고, …

〈6절〉 엄숙한 공적인 예배 모임 사이에 혹은 그 후에 남는 여분의 시간은 [성경을] 읽거나 묵상하거나 설교들을 반복하도록 하라.[50] 특히 자신들의 가족들을 불러 모아 그날 들은 설교들을 설명하고, 그들에게 거룩한 예배 모임들과 성만찬에 행하는 축복 기도에 대해 교육하고, 시편을 찬송하고, 병자들을 문병하고, 가난한 자를 돌아보고, 경건과 자선과 자비 등과 같은 의무들을 행함으로써, 안식일이 기쁨의 날이 되도록 해야 한다.

보쿰이 지적하는 바와 같이, 웨스트민스터 총회(the Westminster Assembly)의 안식일에 관한 문서들은 '위험할 정도로 바리새주의에 가깝다.'[51] 이러한 사실은 『예배모범』의 결의론적 규정들에서 잘 예증되고 있다. 웨스트민스터 성직자들이 자신들의 결의론적 (비록 긍정적이기는 하지만) 규정들(즉, '부득이한 의무들과 자선을 베푸는 데', 『신앙고백서』 21.8)을 입증하기 위해 어떻게 예수님의 반(反)결의론적 논점들(마 12:1-13)을 사용할 수 있었는지는 참으로 충격적이다.[52] 더욱더 충격적인 점은 이 경우가 『신앙고백서』의 안식일 관련 본문

---
49) 이 규정은 안식일 이전에 음식을 준비하는 것과 관련된 랍비적 규례들을 다시 한 번 생각나도록 해 준다.
50) 이는 필로의 '보다 고결한 활동들'에 대한 강조를 반영하는 것으로 보인다. 위의 2.4.1을 보라.
51) Bauckham, 'Protestant Tradition', p. 327; 또한 참조. Bruner, *Christ*, p. 450. '그러나 우리가 『웨스트민스터 신앙고백서』(1647), 21장에 도달하게 되면, 프로테스탄트 스콜라주의가 자리 잡게 되며, 그 많은 좋은 말들에도 불구하고, 비복음적인 엄격성이 뿌리를 내리고 만다.'
52) Luz, *Matthäus (8-17)*, p. 236, 특히 n. 75.

전체를 통해 복음서의 안식일 자료가 사용된 유일한 경우라는 사실이다.53)

웨스트민스터의 신앙고백서, 대요리문답, 소요리문답, 예배모범을 자신들의 믿음과 실천의 유산으로 물려받은 한국 장로교회가54) 새로운 형태의 스콜라 철학적 안식일 엄수주의인 '청교도적 안식일 엄수주의'에 심각하게 영향을 받게 된 것은 그리 놀라운 일이 아니다. 그 결과 한국 장로교회는 아이러니하게도 자신들의 신앙과 삶의 절대적 표준이 되는 성경(특히 신약성경)55)이나, 그들이 전 교회사를 통해 가장 신뢰할 만한 신학자로 인정하는 칼빈56)의 안식일 이해보다는, 그들의 비판의 대상이어야 할 것으로 기대되는 스콜라 철학적(곧, 로마 가톨릭적) 안식일 엄수주의에 더 가까운 안식일/주일 신학을 견지하게 되었다.

결국 한국 장로교회는 (그리고 실제로는 다른 개신교회들도57)) 마태복음에 제시된 바리새인들의 안식일 준수와 놀라울 정도로 유사하게 지극히 결의론적이고 율법주의적인 방식으로 주일을 지키는 경향을 보여 왔다.58) 한국 교회의 율

---

53) 또한 『소요리문답』, <문 60>의 경우도 보라. 그곳에서도 유사한 규정이 발견되는데, 하지만 그 경우에는 예외 규정으로 나타난다: '다만 부득이한 일들이나 자선을 베푸는 데 쓰는 시간은 예외이다.' 이 경우에도 마 12:11이 근거 구절로 사용되고 있음을 주목하라!
54) 김영재, 『한국교회사』, pp. 30-32.
55) 한국 장로교회의 『신조』 제1조는 성경에 대해 다음과 같이 선언한다: '신구약성경은 하나님의 말씀이니 신앙과 행위에 대하여 정확 무오한 유일의 법칙이다.' 소위 『십이 신조』라고 알려진 이 장로교 신조는 1907년 한국 독노회에 의해 채택되었는데, 그 해는 바로 한국 장로교회의 독노회가 설립된 해였다. 그때 이후로 대부분의 장로 교단들은 이 신조를 자신들의 신앙과 실천의 표준으로 채택해 왔다. 서광선, 『한국 기독교의 새인식』, p. 44; 한국기독교역사연구소, 『한국 기독교의 역사』 I, pp. 284-85; 김영재, 『한국교회사』, pp. 128-29를 보라. 본 신조 제11조는 주일에 대해 다음의 간략한 언급을 포함하고 있다: '모든 신자의 본분은 … 주일을 거룩하게 지키며, 주를 경배하기 위하여 함께 모여 주의 말씀으로 설교함을 자세히 들으며 …' (위의 본문들은 대한예수교장로회 통합측 헌법에서 온 것임).
56) 김영재, 『한국교회사』, p. 31.
57) Jewett, *Lord's Day*, p. 115가 지적하듯이, 청교도적 안식일 엄수주의는 장로교회에 의해서뿐 아니라 감리교회와 침례교회 등에 의해서도 신봉되었는데, 이러한 상황은 한국의 경우에도 마찬가지인 것으로 보인다. 그렇다면 청교도적 안식일 엄수주의는 한국 개신교회의 90% 이상에 영향을 끼치고 있다고 보아야 할 것이다.
58) 유동식, 『한국 종교와 기독교』, pp. 207-209는 유교적인 요소들이 한국 교회의 율법주의적 경향에 영향을 끼쳤다고 본다. 참조. 서광선, 『한국 기독교의 새인식』, pp. 214-15; Rhee, *Secularization*, pp. 243-51.

법주의적 주일 준수와 관련된 대표적인 한 사건이 1960년 부산에서 있었다. 당시 고려신학교 교장이었던 박윤선 교수가 한 미국인 선교사를 배웅하기 위해 택시를 타고 부두에 갔다가 전송예배를 드리느라 늦어져서 주일 공식 예배에 참석하지 못한 일이 있었는데, 결국 이것이 문제가 되어 박윤선이 교장직을 사임하게 된 사건이다.59) 그와 같은 상황에 대한 반응으로서 박윤선은 '주일을 지키는 법에 대하여' 라는 제목의 논문을 썼는데, 그의 이 논문은 이후 그의 『헌법주석. 정치, 예배모범』에서 거의 대동소이하게 다시 나타나고 있다.60)

박윤선의 『헌법주석』에 따르면, 신약의 주일은 그 모형이었던 구약의 안식일이 성취된 형태이다. 따라서 신약 시대에는 그리스도인들이 안식일을 구약 시대처럼 지키지 않고 그 성취된 형태인 그리스도 안에서의 안식을 누린다(골 2:16-17). 그리스도인들은 그리스도 안에서 안식일을 지키기 때문에, 날짜(즉, 안식일의 의식적인 측면)는 구약 시대의 날짜와 달라져서 한 주간의 첫째 날(즉, 그리스도께서 부활한 날)로 바뀌었다. 박윤선은 창세기 2:2-3에 근거하여 주일이 안식일과 연속성을 갖는다고 주장한다.61) 그리고 나서 그는 안식일에 행하는 자비로운 행동들을 강조하는 누가복음 13:15과 마태복음 12:7의 말씀들을 언급한다. 그는 주일에 허용될 수 있는 자비로운 행동의 경계를 『하이델베르크 요리문답』을 인용함으로써 규정하려 한다. 그런 다음 그는 주일의 주된 의무는 공적인 예배이며, 단지 부차적으로 그러한 자비의 행동들이 수행될 수 있다고 설명한다.62)

그는 또한 '부득이한 일들' 이 무엇인지를 규정하려 시도한다. 여기서 그

---

59) 전 고려신학교 이사 일동, '주일 지키는 일에 다하여란', pp. 45-51을 보라. 또한 박윤선, '주일 지키는 법에 대하여', pp. 14-25도 보라. 참조. 최건호 외, '주일성수는 우리의 정체성이다', pp. 34-35.
60) 박윤선, 『헌법주석』, pp. 186-90.
61) 이 점에 있어서 그는 Hodge, *Systematic Theology* III, pp. 323-25를 참조하고 있다.
62) 여기서 그는 호 6:6에 관한 Hodge의 논점을 다시 한번 언급한다. 참조. Hodge, *Systematic Theology*, III, p. 339.

는 홉킨스(E. Hopkins, 1633)를 인용한다: '절대적으로 부득이한 일들 외에도 부득이한 일들이 있다. 주일에도 불을 피우는 것, 음식을 만드는 것, 이 밖에 많은 부득이한 일들을 할 수 있도록 허락되어 있다.' 63) 그러면서 박윤선은 인간이나 동물의 생명을 구하는 것과 관련된 랍비적 결의론을 사용하는 예수님의 가르침을 첨언한다(마 12:1-7, 11-13; 눅 6:7-10; 13:15-16). 그는 마가복음 2:27과 더불어 결론을 내린다: '안식일은 사람을 위하여 있는 것이요 사람이 안식일을 위하여 있는 것이 아니니.' 끝으로 그는 주일이 율법주의적으로가 아니라 감사하는 마음으로 준수되어야 한다는 점을 지적하고 있다.

위에서 요약적으로 제시한 『웨스트민스터 예배모범』에 대한 박윤선의 주석은, 비록 예배모범 자체보다는 덜 명확하기는 하지만, 여전히 전통적인 안식일 엄수주의적 경향을 따르고 있을 뿐, 위에서 우리가 논의한 예수님의 안식일 성취에 대한 적절한 이해나 강조는 결여하고 있다. 그는 결국 한국 교회의 안식일 엄수주의적 경향을 좀 더 확증해 주고 있을 뿐이다. 비록 박윤선이 주일을 율법주의적으로 지키는 것을 경고하고 있기는 하지만,64) 그의 신학적 설명들은 예수님의 안식일 성취의 기독론적이고 종말론적인 측면들을 강조하는 데 실패하고 있으며,65) 그래서 '주일을 어떻게 지킬 것인가?'에 대한 그의 제안들은 그의 원래 의도와는 반대로 결국에는 그리스도인들로 하여금 주일을 율법주의적으로 지키도록 조장하는 결과를 초래할 수밖에 없었다.66)

---

63) Hopkins, *Religious Liberty*, IX, p. 216(박윤선, 『헌법주석』, p. 189로부터 재인용). Hopkins 의 이러한 내용은 그 느슨함에도 불구하고 랍비적 결의론을 생각나도록 해 준다.
64) 특히 박윤선, '주일 지키는 법에 대하여', p. 21을 보라.
65) 안식일의 성취에 대한 그의 신학적 이해는 그리스도 자신보다는 주일 자체에 초점이 맞추어져 있다.
66) 『웨스트민스터 신앙고백서』의 안식일 신학의 현재적 의미에 대한 보다 철저한 연구가 박희석에 의해 이루어졌다. 그러나 그의 기본적인 견해들과 결론들은 박윤선의 그것과 거의 유사하다. 박희석, '웨스트민스터 고백에 나타난 안식일', pp. 145-76을 보라. 그는 자신의 입장을 p. 146에서 아주 분명히 하고 있다: '본 논고는 [웨스트민스터] 신앙고백서의 입장을 따라 전개하고자 한다.' 오늘날 교회를 위한 약간의 실천적 제안들도 포함하고 있는, 주일 준수에 대한 몇몇 다른 역사적 고찰로는 다음 글들이 있다: 김명혁, '主日 聖守에 對한 敎會史的 考察',

이와 같은 안식일 엄수주의적 이해는 신구약성경의 안식일 관련 구절들에 대한 박윤선의 주석들에서도 그대로 나타나고 있다.67) 또한 과거 수십 년 동안 박윤선의 주석들만큼 한국 목회자들에게 널리 읽혀 왔던 이상근의 주석들에서도 안식일 엄수주의적 경향은 대동소이하게 나타나고 있다.68) 물론 안식일 엄수주의를 비판하는 주석이 전혀 없었던 것은 아니지만,69) 그러한 주석(들)은 일반 목회자들에게 끼친 영향력에 있어서 위의 두 주석가들의 영향력에 필적할 만하지 못하였다.

한국 교회의 안식일 엄수주의적 경향은 1994년 8월호 「목회와 신학」의 한국교회 갱신을 위한 권두 좌담인 '주일성수는 우리의 정체성이다' 라는 제목에도 잘 드러나 있다. 같은 잡지의 1994년 9월호는 주일성수 문제에 대한 특집을 싣고 있다. 그런데 그 특집 관련 편집자의 말은 특별히 주목할 만하다: '한국교회의 표지가 있다면 주일성수, 주초금지, 새벽기도라고 할 수 있겠다. 이런 한국적인 전통은 교리적인 논쟁 이전에 한국교회의 성숙과 성장에 지대한 공헌을 했음은 누구도 부인할 수 없을 것이다.' 70) 이 특집에 실린 일곱 편의 논문들 대부분이 (어쩌면 일곱 편 중 단 한 편71)을 제외하고) 전통적인 안식일 엄수주의에 입각해 있는 것은 그리 놀랄 만한 일이 아닐 것이다. 대부분의 기고자들과 좌담 참석자들은 예수님의 안식일 성취가 갖는 기독론적 종

---

pp. 59-79; 이양호, '교회사에서 본 주일성수', pp. 61-67; 서창원, '칼빈과 청교도들의 주일성수 개념', pp. 68-76. 그들의 기본적인 입장들은 또 다시 위의 두 학자들의 입장들과 거의 유사하다.
67) 참조. 예를 들어, 『공관복음』, pp. 242-54; 『창세기, 출애굽기』, pp. 554-56; 『에스라, 느헤미야, 에스더』, p. 160.
68) 참조. 『마태복음』, pp. 196-200, 특히 198; 『마가복음』, pp. 66-71, 특히 68.
69) 예를 들어, 전경연, 『마태복음』, pp. 186-92.
70) 편집자, 「목회와 신학」 63, p. 39.
71) 즉, 이상훈, '안식일과 주일의 연속성과 불연속성', pp. 47-56. 다른 필자들과 제목들을 나열하면 다음과 같다: 이원규, 『주일성수가 흔들리는 원인은 무엇인가? – 종교사회학적 분석』, pp. 41-46; 팔머 로버트슨, '왜 일요일에 주일을 지켜야 하는가?', pp. 57-60; 이양호, '교회사에서 본 주일성수', pp. 61-67; 서창원, '칼빈과 청교도들의 주일성수 개념', pp. 68-76; 정일웅 외, '세계 각국의 주일성수 관습을 본다', pp. 77-96; 홍순우, '한국교회의 주일성수를 위한 제언', pp. 97-99.

말론적 의의를 강조하는 데 실패하고 있으며, 또한 안식일과 주일 사이의 적절한 관계(즉, 연속성과 불연속성)를 신학적으로 그리고 성경적, 역사적으로 증명해 보이는 데도 실패하고 있다. 그들은 오로지 어떻게 하면 그리스도인들로 하여금 주일을 계속 거룩하게 지키도록 할 것인가의 문제에만 관심을 집중하고 있다.

하지만 그와 같이 극단적으로 결의론적이고 율법주의적인 경향과 더불어, 다른 한 극단으로는 주일과 안식일 사이의 적절한 이해에 기초해서가 아니라 오히려 주말에 여가와 사회적 활동들에 대한 집착 때문에 주일의 의의를 아예 무시해 버리는 경향이 있다.[72] 우리는 그러한 경향이 한국 교회의 세속화 경향의 결과가 아닌가 생각해 본다.[73] 그러나 그러한 경향은 또한 현재 산업화된 사회 가운데서 율법주의적인 안식일 엄수주의적 전통들의 비현실성을 반영하기도 한다는 점을 유념할 필요가 있다.[74]

만일 한국 교회의 상황에 대한 우리의 이러한 관찰이 옳고 정당한 것이라면, 한국 교회는 마태 공동체와 마찬가지로 두 가지의 위험, 즉 율법주의적 경향(대개 결의론적인 엄격한 안식일 엄수주의)과 세속화된 율법경시론적 자유화 경향에 직면해 있다. 그런데 마태 공동체의 경우와 마찬가지로 적어도 주일/안식일 문제와 관련해서는 이러한 두 가지 위험 중 율법주의적 경향이 자유화 경향보다 더 위험한 것으로 보인다.

8.4.3. 안식일, 주일, 그리고 예수님의 구속 – 적용

그렇다면 마태복음의 두 안식일 단락에 대한 우리의 이해가 한국 교회의 상황에 대해 갖는 신학적 실천적 함의는 무엇일까? 다음은 필자의 제안들이다.

---

72) 최건호 외, '주일성수는 우리의 정체성이다', pp. 30-40; 이원규, '주일성수가 흔들리는 원인은 무엇인가', pp. 40-46을 보라.
73) 참조. 이원규, '주일성수가 흔들리는 원인은 무엇인가', pp. 40-46.
74) 예를 들어, 공중 교통수단(버스, 택시, 전철 등)의 사용 금지, 음식점이나 찻집 방문 금지, TV 시청 금지, 테니스나 탁구 같은 각종 스포츠 금지, 각종 시험 응시 금지 등.

(1) 안식일 성취의 초점으로서의 예수님의 구속

앞 장(章)들에서 우리가 살펴본 바와 같이, 본 연구에서 고찰한 안식일 단락들(즉, 마 11:25-12:21)의 초점은 안식일 자체가 아니라, 그것을 성취하신 안식일의 주(主)로서의 예수님 자신에 모아져 있다. 다시 말해서, 이 단락들의 (그리고 적어도 공관복음서 내의 다른 안식일 자료들의) 문제는 안식일 준수 그 자체가 아니라 기독론과 종말론인 것이다. 이미 앞에서 살펴본 것처럼, 이 단락들 내에서 마태의 관심은 예수님의 안식일 성취가 예수님에 의해 제공된 구속(즉, 영원한 종말론적 안식) 이외에 그 무엇도 아니라는 점을 보여 준다. 그런데 그 구속은 바로 안식일에 대한 하나님의 원래 의도이자 궁극적인 목표인 것이다.

필자가 이미 제안한 바와 같이, 이 단락들에서의 그와 같은 관심은 마태 공동체의 상황과 무관하지 않으며, 오히려 그 공동체의 문제들을 반영하고 있다. 그런데 그 공동체의 문제들이란 그 공동체 구성원들로 하여금 예수님의 안식일 성취의 진정한 의미를 구속의 관점에서 인지하지 못하도록 방해하는 율법주의적 안식일 준수 경향이다. 만일 우리의 논점이 옳다면, 그와 같이 위험한 상황하에서,[75] 안식일 논의에 있어서 예수님 자신과 그분의 구속의 중심성을 회복하는 것은 마태의 긴급한 관심사였을 것이 분명하다.

안타깝게도 안식일 논의에 있어서 마태복음(그리고 다른 공관복음서들)의 기독론적 종말론적 초점은 이미 사도 교부들 시대부터 희미해지고 있으며, 중세 신학자들, 특히 아퀴나스의 저작들에서는 마태의 이 초점이 아예 상실되었고 그 자리를 스콜라 철학적 자연법 이론이 대신하게 되었다. 그 결과 아퀴나스의 스콜라 철학적 안식일 엄수주의는 차후의 로마 가톨릭 교회에 의해 거의 아무런 심각한 비판 없이 수립되고 채택되게 된다.

비록 종교개혁자들이 스콜라 철학적 안식일 엄수주의와의 결별을 시도하였음에도 불구하고, 안타깝게도 그들 역시 그 기독론적 종말론적 초점을 충분히 회복하지는 못했던 것 같다.[76] 그 결과 그들의 후계자들은 중세 스콜라

---

[75] 마태는 그러한 율법주의의 위험에 대해 5:20에서 아주 명백히 지적하고 있다. 3.2.1-(4)를 보라.

신학자들의 안식일 엄수주의로 그리 어렵지 않게 다시 돌아갈 수 있었던 것이다. 예를 들어,『웨스트민스터 신앙고백서』는 마태의 (그리고 다른 공관복음서 저자들의) 기독론적 종말론적 초점을 반영하지 못하고 있다. 이러한 사실은 이 신앙고백서의 안식일/주일 관련 조항들(22.7-8)이 근거하고 있는 성경 참조 구절들 목록에 의해 잘 드러난다. 물론 우리가 8.4.2에서 살펴본 바와 같이, 위의 관련 조항들은 본 연구의 주 대상 본문(즉, 마 12:1-13)을 그 근거 구절들 중의 하나로 포함하고 있다. 그러나 놀랍게도 이 신앙고백서는 이 반(反)-결의론적 본문을 그 자체의 결의론적 규정을 지지하는 근거 구절로 사용하고 있는 것이다.[77]

불행히도 스콜라 철학적 안식일 엄수주의 전통을 거의 있는 그대로 물려받은 한국 교회는 안식일/주일 준수 관련 논의에 있어서 기독론적 종말론적 초점을 회복할 기회를 제대로 가져보지도 못하고 오늘날에 이르렀다. 안식일/주일 문제 논의들에 있어서 예수님 자신과 그분의 구속의 중심성을 제대로 이해하지 못하고서는 예수님의 안식일 성취의 진정한 의미를 상실해 버릴 위험에 직면하게 된다. 실제로 한국 교회는, 안식일의 성취로서 예수님의 구속의 의의를 강조하거나 설명함이 없이, '그리스도인의 안식일'을 철저히 준수해야 할 것을 맹목적으로 강조해 왔고, 그 결과 한국 교회는 '그리스도인의 안식일' (즉, 주일) 준수에 있어서 율법주의적 경향의 위험에 직면해 왔다.[78] 예수님 당시 바리새인들이나 마태 공동체 내의 율법주의자들과 마찬

---

76) 종교개혁자들이 예수님의 안식일 성취의 기독론적 종말론적 의의를 온전히 회복하지 못하였다는 점에 대해서, 그리고 그 결과 스콜라 철학적 안식일 엄수주의와 명확히 단절하지 못한 점에 대해서는 Bauckham, 'Protestant Tradition', pp. 312-21을 보라.
77) 또한 참조.『웨스트민스터 소요리문답』문 60 - '다만 부득이한 일들이나 자선을 베푸는 데 쓰는 시간은 예외이다.'
78) 비록 한국 교회가 (그리고 안식일 엄수주의 전통을 따르는 다른 교회들도) 안식일이 아니라 주일을 지키고 있지만, 주일 준수는 본 장에서의 우리의 연구 주제와 무관하지 않다. 왜냐하면 대부분의 한국 그리스도인들은 주일을 예배를 위한 날로서뿐 아니라 쉼의 날(즉, '그리스도인의 안식일')로서도 지키기 때문이다. 실제로 그들이 주일을 쉼의 날로 지키는 것은 (대부분 구약성경으로부터 온) 안식일 관련 구절들에 근거하고 있다는 사실은 그리 놀라운 일이 아니다. 그렇다면 우리의 본 고찰은 적어도 그 실천적 차원에서는 주일 준수와 긴밀하게 연관되어 있는

가지로, 한국 교회는 '왜 안식일을 지켜야 하는가?'에 대해 심각하게 질문을 던지거나 이해함이 없이, '어떻게 그리스도인의 안식일을 거룩하게 지킬 것인가?'에 대해서만 강조하는 경향을 띠어 온 것이다.

만일 한국 교회가 실제로 마태 공동체의 위험과 유사한 위험에 직면해 있다면, 그의 공동체를 향한 마태의 교훈은 한국 교회에도 유사하게 적용될 수 있을 것이다. 마태가 그의 공동체에게 교훈하듯이, 한국 교회도 안식일을 논의할 때마다 안식일의 주(主)로서의 예수님 자신의 중심성과 안식일의 성취로서의 예수님의 구속의 중심성을 인지해야 할 것이다. 다시 말해서 한국 교회는 안식일 이해와 논의에 있어서 기독론적 종말론적 초점을 회복할 필요가 있는 것이다.

하지만 이 결정적인 초점을 회복하기 위해서는, 한국 교회가 우선적으로 자신이 물려받고 소중히 여겨왔던 안식일 엄수주의적 전통이 성경의 안식일 관련 자료들에 대한 기독론적 종말론적 이해에 기초한 것이 아니라 오히려 구약성경의 일부[79] 안식일 자료들에 대한 문자적인 이해와 더불어 스콜라 철학적 '자연법' 이론에 기초한 것이라는 사실을 인지하고 인정하는 것이 필요하다. 일단 이러한 점을 인정하고 나면, 마태 공동체가 안식일의 기독론적 종말론적 성격을 이해하거나 인정하는 데 실패한 바리새파의 율법주의적 안식일 준수 전통으로부터 자유로워져야 했던 것과 마찬가지로, 한국 교회도 그리스도인들을 손쉽게 율법주의로 이끄는 경향이 있는 스콜라 철학적

것이 분명하다. 안식일과 주일 사이의 유사점들과 차이점들에 대한 고찰은 우리의 본 연구에 유익할 것이다. 이에 대한 훌륭한 연구가 Lincoln, 'Perspectives', pp. 398-405에서 발견된다. 하지만 이와 다른 다양한 입장들에 대해서는 다음을 보라: Wilson, *Divine Authority*; Rordorf, *Sunday*; Beckwith and Stott, *Day*, pp. 43-47, 140-44; Jewett, *Lord's Day*, pp. 52-169; Bacchiocchi, *Sabbath* 등.

79) 아무리 철저한 안식일 엄수주의자라 할지라도 출 35:3이나 민 15:32-36 등과 같은 구절들은 더 이상 문자적으로 지키지 않는다. 사실 아주 철저한 안식일 엄수주의자들도 구약성경의 모든 안식일 관련 구절들을 문자적으로 지키지는 못하는 것이 분명하며, 단지 일부 구절들만 지킬 수 있을 뿐이다.

안식일 엄수주의 전통으로부터 자유로워져야 한다.

간단히 말해서, 한국 교회는 그리스도인들이 더 이상 안식일 율법에 문자적으로 얽매어 있지 않다는 사실과, 또한 구약 시대 사람들이 지켰던 것과 동일한 방법으로 구약성경의 안식일을 지킬 의무가 없다는 사실을 되새길 필요가 있다. 왜냐하면 그리스도인들은 안식일의 주(主)이신 예수님의 백성이고, 따라서 그들은 안식일의 성취인 종말론적 안식(=구속)에 이미 참여하고 있기 때문이다.

사실 '그리스도인의 안식일' 준수에 있어서 그와 같은 율법주의적 경향은 한국 교회만의 문제가 아니다. 청교도적 안식일 엄수주의 전통은 영미계 교회들(예. 장로교회, 감리교회, 침례교회, 회중교회 등)[80] 가운데서 널리 보편화되어 왔기 때문에, 그러한 교회들 대부분은 (그리고 제칠일 안식교회도) 한국 교회가 직면해 온 유사한 문제들에 직면해 있다. 그렇다면 마태의 이러한 교훈은 한국 교회뿐 아니라 그 유사한 위험(즉, 주일이나 안식일을 율법주의적으로 지키려는 경향)에 직면해 있는 다른 교회들에게도 동일하게 적용되어야 할 것이다.

(2) 안식일 성취에 나타나는 종말론적 긴장

하지만 마태복음 11:25-12:21에 나타난 예수님의 안식일 성취는 그분의 성취의 다른 측면들과 마찬가지로 종말론적 긴장 요소를 갖는다. 안식일의 주(主)이신 예수님은 종말론적 안식(=구속)을 제공하심으로써 안식일을 이미 성취하셨다. 그럼에도 불구하고 이 종말론적 안식은 세상 끝날 그 최종적 완성을 아직 내다보고 있는 것이다(마 28:20; 또한 참조. 12:18, 20-21).

그렇다면 이러한 종말론적 긴장이 오늘날 한국 교회에게 (그리고 그와 유사한 상황에 처해 있는 다른 교회들에게) 갖는 의미는 무엇인가? 그 실천적 차원에서 종말론적 안식의 미래적 요소는 그리스도인들도 비그리스도인들과 동일하게 아직 육체적 안식이 필요하다는 사실 가운데서 명백히 드러난다. 이 육체적

---

80) Jewett, *Lord's Day*, p. 115; Bauckham, 'Protestant Tradition', pp. 321-29를 보라.

안식의 필요와 연관해서, 창조 사역 당시 하나님의 일곱째 날 안식(창 2:2-3)은 모든 인류에게 영향을 끼치는 리듬(즉, 7일 중 하루를 쉼)이라는 의미에서 여전히 좋은 기준을 제공해 주는 것 같다.[81] 게다가 출애굽기 23:3과 신명기 5:12-15은 안식일 제도가 특히 다른 사람들의 지배하에 있는 자들[82]과 관련하여 심오한 사회적 인간애적 측면을 부가적으로 가지고 있음을 시사해 준다. 그런데 이 사회적 인간애적 측면은, 사회 전체 구속의 완성이 미래의 일로 남아 있는 한(참조. 마 12:18, 20-21; 28:19-20), 특히 고용주들에게 비인간적인 착취에 대한 방지책으로 적용되어야 할 것이다.[83] 이러한 관점은 자본주의적 물질주의가 심각한 위협으로 자리 잡고 있는 오늘날 한국 교회에서 특별히 강조될 필요가 있다.[84]

하지만 마태는, 율법주의를 단념시키고자 하는 그의 특별한 관심 때문에, 아마도 그의 공동체나 그 어떤 다른 교회들에게도 그리스도인의 유일한 쉼의 날로 어느 한 날을 규정하도록 허용하지 않았을 것이다. 사실 마태나 그 어떤 다른 신약성경의 저자도 그리스도인의 쉼의 날로 어떤 특정한 날을 규정하려고 시도한 적이 전혀 없었다. 그와 정반대로, 바울은 마태와 동일한 이유로 그러한 시도를 아주 명백하게 단념시키고 있다(참조. 롬 14:1-8; 갈 4:10; 골 2:16).[85] 그렇다면 율법주의의 위험에 유사하게 직면해 온 한국 교회는 (그

---

81) 위의 1.1.1을 보라. 실제로 마태는 그 어디에서도 매주 정기적인 쉼의 필요성을 부정하지 않는다. 물론 그것을 명시적으로 장려하고 있지도 않지만 말이다. 원칙상으로 마태는 우리의 이러한 제안에 동의했을 것으로 보인다. 우리의 이러한 기대는 도움을 필요로 하는 자(짐승)들에 대해 자비를 베풀어야 할 것에 대한 그의 강조로 미루어 볼 때(참조. 12:1-4, 7, 11, 12-13) 상당히 타당해 보인다.
82) 오늘날 상황에서는 피고용인들이 이에 해당한다고 볼 수 있을 것이다.
83) Lincoln, 'Perspective', pp. 403-404를 보라. 예를 들어, 일요일에 고용주가 교회에서 예배를 드리고 있는 동안에도 공장이나 사무실에서 쉴 틈 없이 일해야 하는 피고용인들을 찾아보기란 그리 어렵지 않을 것이다. 이러한 상황은 안식일 제도와 관련된 하나님의 사회적 인간애적 관심을 결코 적절히 적용하고 있는 것으로 보이지 않는다. 참조. 김인수, '그리스도인의 직업 윤리', p. 154.
84) 참조. 손봉호, 『현대정신과 기독교적 지성』, pp. 383-87; 이원규, 『한국교회의 사회학적 이해』, pp. 201-207; Underwood, 'Christianity', p. 72; Rhee, Secularization, pp. 277-78.
85) 특히 율법 문제와 관련된 바울과 마태의 관계에 대해서는 Mohrlang, Matthew, pp. 42-47을 보라.

리고 그 어떤 다른 교회라도) 어떤 한 날을 그리스도인의 유일한 쉼의 날로 규정하려는 시도를 해서는 안 될 것이다. 물론 실제적인 상황 때문에 (특히 공적인 예배를 드릴 목적으로) 어떤 한 날을 결정해야 할 필요가 있기는 하지만 말이다.[86]

마태나 다른 신약성경 저자들(특히 바울)에 의하면, 쉼의 날은 이처럼 일요일(즉, 소위 '그리스도인의 안식일')이나 토요일(즉, 정식 안식일) 어느 한 날이어야 할 필요가 없다. 하지만 이는 그리스도인들이 일요일에 쉬어서는 안 된다는 말이 결코 아니다. 그와 정반대로, 그리스도인들이 일요일에 정기적으로 쉬는 것은 (비록 성경적인 근거에 의해서는 아니라 할지라도) 실천적인 이유 때문에 적극 추천할 만한 일이다. 일요일은 국가적으로 공식적인 휴일일 뿐 아니라,[87] 보다 중요하게 이날은 그리스도인들에게 특별히 중요한 의미가 있는, 주께서 부활하신 날로서, 공적인 예배를 드려야 할 좋은 동기를 제공해 주기 때문이다.[88]

그럼에도 불구하고 일요일은 그리스도인들이 쉴 수 있는 그리고 쉬어야 하는 유일한 날이 아니라는 점을 다시 한 번 되새길 필요가 있다.[89] 왜냐하면 가장 중요하게는 일요일 휴식이 성경 그 어느 곳에서도[90] 규정되거나 명

---

[86] 이 점에 있어서 종교개혁자들은 아주 명확하다. 특히 Calvin, *Institutes* 2.8.32-34를 보라. 또한 그의 골로새서 주석 중 골 2:16에 대한 주해를 보라. 콘스탄티누스 대제의 칙령(주후 321년) 이전에는 그리스도인들이 실제로 일요일을 쉼의 날로 지킬 수 없었음을 주목하라. 심지어는 드로아의 성도들(행 20:7)과 고린도의 성도들(고전 16:2), 그리고 요한(계 1:10)의 경우에도 한 주간의 첫째 날을 쉼의 날로 지켰다는 증거는 전혀 찾아 볼 수 없다.
[87] 이는 한국 교회뿐 아니라 콘스탄티누스 대제 칙령 이후 거의 대부분의 교회들에게 적용되는 상황이다.
[88] 일요일 예배와 관련해서는 마태복음 자체 안에서 아무런 시사점도 찾아 볼 수 없지만, 마태 공동체의 전통을 함께 나누었을 가능성이 상당히 높은 사도 교부들(특히 이그나티우스)이 그들의 독자들에게 일요일이 아직 공휴일이 아닌 상황하에서 주일에 예배할 것을 강조적으로 촉구하고 있다는 점을 주목할 필요가 있다.
[89] 이 점에 있어서 종교개혁자들(특히 Calvin)은 스콜라 철학적 안식일 엄수주의자들은 물론이고 청교도들보다 성경에 더 가까웠던 것으로 보인다.
[90] 마태복음에서는 물론이고 신약성경 그 어떤 곳에서도 일요일 휴식은 언급조차 되고 있지 않다. 물론 행 20:7; 고전 16:2(?)은 일요일 예배를 시사하고 있다. 하지만 이 구절들도 일요일 예배를 규정하거나 명령하고 있는 것은 아니며, 단지 시사하고 있을 뿐이라는 점을 주목할 필요가 있다.

령되고 있지 않기 때문이며, 또한 상당히 중요하게 (콘스탄티누스 대제 칙령 이전 까지는) 아주 초기 그리스도인들은 일요일을 쉼의 날로 확보할 수 없었던 것이 거의 확실하며, 따라서 일요일을 쉼의 날로 지키지 않았던 것이 거의 분명하기 때문이다. 게다가 현실적으로, 예를 들어, 대부분의 한국 목회자들은 주일에 대개 3-5회의 예배를 인도하거나 참석해야 하고,[91] 또한 1-2회의 목회적 모임을 주관해야 하기 때문에, 그들에게 있어서 일요일은 결코 '쉼의 날'이 될 수 없으며 오히려 역설적으로 매우 힘든 '일의 날'인 것이다.[92] 하나님께서 창조 사역 당시 보여 주신 육체적 쉼의 리듬에 충실하려 한다면, 목회자들은 일요일이 아니라 다른 한 날을 정기적인 쉼의 날로 정해서 쉬어야 하지 않을까?[93]

결론적으로, 그리스도인들은 그리스도의 성취로 말미암아 더 이상 지킬 필요도 없고 또한 현실적으로 더 이상 지킬 수도 없는 애매한 안식일/주일 준수의 굴레에서 벗어나야 할 것이다. 예수님은 한국 교회 성도들에게 다음과 같이 초청하신다: '수고하고 무거운 짐 진 자들아 다 내게로 오라 내가 너희를 쉬게 하리라'(마 11:28). 바리새인들의 안식일 규례들로 말미암아 무거운 짐을 지고 고생하던 유대인들에게 제공되었던 이 초청의 말씀은 오늘날 안식일 엄수주의의 굴레로 말미암아 무거운 짐을 지고 다니는 한국 교회 성도들에게도 동일하게 제공되고 있는 것이다.

이제 우리는 소위 '주일 성수'의 바른 정신을 발견해 내야 할 것이다. 주

---

91) 여러 가지 이유로 주일 낮 예배를 3-4부씩 드리는 경우들이 상당히 일반화되어 있는 상황에서, 그러한 교회를 목회하는 목사들이 주일 하루에 감당해야 할 설교만 해도 대단한 중노동에 해당하는 고된 일인 것이 분명하다.
92) 이러한 현실은 꼭 한국 교회만의 상황은 아니며, 많은 다른 나라 교회들의 상황이기도 하다. 하지만 이러한 목회자들의 문제는 안식일 엄수주의자들에게 심각한 문제가 되지 않는다는 사실이 놀랍다. 어쩌면 안식일 엄수주의자들은 목회자들이 주일날 교회에서 일하는 것을 제사장들이 성전에서 일하는 것과 동일시하는지도 모른다(참조. 마 12:5). 그러나 이러한 동일시는 심각한 신학적 문제를 불러일으킨다. 왜냐하면 개혁주의는 더 이상 목회자만을 제사장과 동일시하지도 않을 뿐더러, 성전을 예배당과 동일시하지도 않기 때문이다.
93) 실제로 상당수의 목회자들이 월요일이나 목요일 등을 자신들의 쉼의 날로 정하여 육체적인 휴식을 취하는 것 같다.

일 성수의 진정한 의미는 결코 우리를 구약의 안식일 율법에 다시 얽어매는 데 있는 것이 아니며, 오히려 그 율법을 성취하신 예수님의 구속에 참여하는 기쁨을 누리도록 하는 데 있는 것이다. 그 구속에 참여한 자들이 그들의 주께서 죽음의 권세를 이기시고 부활하신 날인 주일에 함께 모여 그분의 구속과 부활에 감사하고 감격하여 공적인 예배를 드리고, 성도간의 교제를 나누며, 영적인 활동들을 행하는 것, 그리고 실제적인 육체적 쉼을 갖는 것은 그들만의 특권이자 마땅한 의무인 것이다.

사실 그리스도인들은 이러한 일들을 위해 주일 하루 동안 세상적인 일들로부터 자유로워질 필요가 있다. 주일에 세상적인 오락이나 세상 사람들과의 모임이나 세속적인 이익 추구 등에 시간을 보내는 것보다는,[94] 일주일 모두를 해도 부족함이 없는 이 의미 있는 일들을 위해, 그리고 또한 육체적 쉼을 위해[95] 온전히 하루를 보내는 것은 영적으로 지극히 유익한 일인 것이다. 하지만 이는 결코 율법에 얽매인 활동이나 금기(禁忌)와는 전혀 무관한 것이어야 하며, 철저히 그리스도 안에서 기쁘게 자원하는 모습으로 이루어지는 영적 활동과 휴식이 되어야 한다.

하지만 우리가 이미 언급했듯이, 위의 적용점들은 전면적이거나 결정적인 제안들을 제공하려는 시도가 아니다. 왜냐하면 이는 또 하나의 전면적인 규모의 연구를 필요로 할 것이기 때문이다. 그럼에도 불구하고 두 지평(즉, 마태의 안식일 단락들의 지평과 한국 교회의 지평)의 의미 있는 융합을 향한 해석적 긴 여정의 시작으로서, 마태의 안식일 본문에 대한 상당히 긴 그리고 다소나마 포괄적인 본 연구가 앞으로의 연구들을 향한 의미 있는 촉진제가 되는 것이 필

---

94) 물론 그렇다고 해서 주일에 이러한 일들을 해서는 안 된다는 것은 결코 아니다. 원리적으로, 평일에 해도 되는 일이라면 어떤 일이든지 주일에도 해도 되며, 반대로 주일에 해서는 안 되는 일이라면 어떤 일이든지 평일에도 해서는 안 된다.
95) 대개 많은 그리스도인들이 주일에 시간이 나면 주간에 밀린 일들을 처리하는 경향들이 있는데, 그렇다면 육체적으로 의미 있게 쉰다는 것이 불가능해 질 것이다. 따라서 육체적 쉼도 율법주의적인 차원에서가 아니라 하나님께서 거하시는 성전을 좀 더 건강하게 보존한다는 차원에서 잘 확보해 나가는 것이 중요하다.

자의 바람이다. 또한 앞으로 적절한 석의와 의미 있는 적용을 향한 신중하고 진지한 노력들이 진행되는 가운데, 우리가 살펴본 본문들 가운데 나타난 안식일의 기독론적이고 종말론적인 의의(意義)가 예수님의 제자들과 마태의 공동체에게뿐 아니라 오늘날 우리에게도 보다 의미 있게 이해될 수 있으리라는 것이 필자의 확신이다.

끝으로 예수님 당시 제자들과 마태 공동체 성도들이 그러했듯이, 오늘날 우리 모든 그리스도인들도 예수님의 제자들로서 예수님 자신에 의해 성취되었고 제공된 종말론적 안식에 이미 참여하는 기쁨을 누려야 할 것이며, 동시에 세상 끝날 누리게 될 종말론적 안식의 완성을 소망하며 살아가야 할 것이다. 안식일의 주(主)이신 예수 그리스도의 다시 오심을 고대하며···.

참고문헌

1. 본 서에서 사용된 편집본과 번역본

Aland, K., *et al.* (eds.), *Novum Testamentum Graece* (Stuttgart: Deutsche Bibelgesellschaft, 27th edn, 1993).

Aland, K. (ed.), *Synopsis Quattuor Evangeliorum. Locis parallelis evangeliorum apocryphorum et patrum adhibitis edidit*, (Stuttgart: Deutsche Bibelgesellschaft Stuttgart, 13th edn, 1985).

Boyle, I., *Eusebius' Ecclesiastical History* (Grand Rapids: Baker, repr. 1955).

Charles, R.H., *The Book of Jubilees* (London: A. & C. Black, 1902).

Charlesworth, J.H. (ed.), *The Old Testament Pseudepigrapha* (2 vols.; Garden City: Doubleday, 1983, 1985).

Colson, F.H., *et al.*, *Philo* (10 vols.; LCL; London: William Heinemann, 1929-62).

Danby, H., *The Mishnah: Translated from the Hebrew with Introduction and Brief Explanatory Notes* (Oxford: Oxford University Press, 1933).

Davies, P.R., *The Damascus Covenant* (JSOTS, 25; Sheffield: JSOT Press, 1982).

Dupont-Sommer, A., *The Essene Writings from Qumran* (trans. G. Vermes; Oxford: Blackwell, 1961).

Eisenman, R. and M. Wise, *The Dead Sea Scrolls Uncovered: The First Complete Translation and Interpretation of 50 Key Documents Withheld for Over 35 Years* (Shaftesbury: Element, 1992).

Epstein, I. (ed.), *The Babylonian Talmud* (35 vols.; London: Soncino Press, 1935-52).

Kittel, R., *et al.* (eds.), *Biblia Hebraica Stuttgartensia* (Stuttgart: Deutsche Bibelgesellschaft Stuttgart, 4th edn, 1990).

Kleist, J.A., *The Didache, Barnabas, St. Polycarp, Papias, Diognetus* (London: Longman, Green and Co., 1948).

Lake, K., *Apostolic Fathers* (2 vols.; LCL; London: William Heinemann, 1912, 1913).

Lauterbach, J.Z., *Mekilta de Rabbi Ishmael: A Critical Edition on the Basis of the MSS and Early Editions with an English Translation, Introduction and*

Notes (3 vols.; Philadelphia: Jewish Publication Society, 1933-35).
Lohse, E., *Die Texte aus Qumran* (München: Kösel-Verlag, 1964).
Maier, J., *The Temple Scroll: An Introduction, Translation and Commentary* (JSOTS, 34; Sheffield: JSOT Press, 1985).
Martinez, F.G., *The Dead Sea Scrolls Translated: The Qumran Texts in English* (trans. W.G.E. Watson; Leiden: Brill, 1994).
Neusner, J., *The Rabbinic Traditions about the Pharisees before 70* (3 parts; Leiden: Brill, 1971).
Neusner, J., *et al.* (ed.), *The Tosefta* (6 vols.; New York: Ktav, 1977-86).
Rabin, C., *The Zadokite Documents*. I. *The Admonition*. II. *The Laws. Edited with a Translation and Notes* (Oxford: Oxford University Press, 2nd edn, 1958).
Rahlfs, A. (ed.), *Septuaginta* (2 vols.; Stuttgart: Deutsche Bibelgesellschaft Stuttgart, 1935, 1979).
Richardson, C.C. (ed.), *Early Christian Fathers* (New York: Macmillan, 1953).
Roberts, A. and J. Donaldson (eds.), *The Ante-Nicene Fathers* (10 vols.; Grand Rapids: Eerdmans, repr. 1973 [1885-87]).
Rordorf, W., *Sabbat und Sontag in der Alten Kirche* (Zürich: Theologischer Verlag, 1972).
Schaff, P. (ed.), *The Nicene and Post-Nicene Fathers* (28 vols.; Grand Rapids: Eerdmans, repr. 1956 [1886-88]).
Sparks, H.F.D. (ed.), *The Apocryphal Old Testament* (Oxford: Oxford University Press, 1984).
Stern, M., *Greek and Latin Authors on Jews and Judaism* (3 vols.; Jerusalem: Israel Academy of Sciences and Humanities, 1976-84).
Thackeray, H.St.J., *et al.*, *Josephus* (10 vols.; LCL; London: William Heinemann, 1926-65).
Vermes, G., *The Dead Sea Scrolls in English* (Sheffield: JSOT Press, 3rd edn, 1987).
Whittaker, M., *Jews and Christians: Graeco-Roman Views* (CCWJCW, 6; Cambridge: Cambridge University Press, 1984).

2. 사전류

Balz, H. and G. Schneider (eds.), *Exegetical Dictionary of the New Testament* (3 vols.; Edinburgh: T. & T. Clark, 1990-93).
Cross, F.L. and E.A. Livingstone (eds.), *The Oxford Dictionary of the Christian Church* (Oxford: Oxford University Press, 2nd rev. edn, 1983).

Galling, K., *et al.* (eds.), *Die Religion in Geschichte und Gegenwart* (Tübingen: Mohr, 3rd edn, 1958).

Green, J.B., *et al.* (eds.), *Dictionary of Jesus and the Gospels* (Leicester: IVP, 1992).

Kittel, G. and Friedrich, G. (eds.), *Theological Dictionary of the New Testament* (9 vols.; trans. G.W. Bromiley; Grand Rapids: Eerdmans, 1964-74).

3. 일반 문헌

양낙홍, 『주일 성수. 성경적, 역사 신학적 고찰』 (서울: 생명의말씀사, 2004).

양용의, 『하나님 나라 어떻게 이해할 것인가』 (서울: 한국성서유니온, 2005).

＿＿＿, 『마태복음 어떻게 읽을 것인가』 (서울: 한국성서유니온, 2005).

＿＿＿, '그러나 나는 너희에게 말한다. 마태복음 5:21-48의 대조적 교훈들에 나타난 예수와 율법', 『신약 연구』, 5 (2006), pp. 1-49.

＿＿＿, '율법의 성취자 예수. 종말론적 시각에 초점을 맞춘 마태복음 5:17-20 연구', 『교회와 문화』 19 (2007), pp. 25-54.

＿＿＿, 『마가복음 어떻게 읽을 것인가』 (서울: 성서유니온, 2010).

＿＿＿, '하나님의 안식과 우리의 안식: 히브리서 4:1-11에 언급된 "안식" 이해', 『성경과 교회』 9(2011), pp. 163-87.

Ackroyd, P.R., *The Chronicler in His Age* (JSOTS, 101; Sheffield: JSOT Press, 1991).

Aichinger, H., 'Quellenkritische Untersuchung der Perikope vom Ährenraufen am Sabbat. Mk 2,23-28 par Mt 12,1-8 par Lk 6,1-5', in A. Fuchs (ed.), *Jesus in der Verkündigung der Kirche* (SNTU, a1; Freistadt: Plöchl, 1976), pp. 110-53.

Albeck, C., *Einführung in die Mischna* (Berlin: De Gruyter, 1971).

Albright, W.F. and C.S. Mann, *Matthew: a New Translation with Introduction and Commentary* (AB, 26; New York: Doubleday, 1971).

Allen, L.C., *Ezekiel 20-48* (WBC, 29; Dallas: Word Books, 1990).

Allen, W.C., *A Critical and Exegetical Commentary on the Gospel according to Saint Matthew* (ICC; Edinburgh: T. & T. Clark, 3rd edn, 1912).

Allison, D.C., 'Two Notes on a Key Text: Matthew 11:25-30', *JTS* 39 (1988), pp. 477-85.

＿＿＿, *The New Moses: A Matthean Typology* (Edinburgh: T. & T. Clark, 1993).

Anderson, H., 'Broadening Horizons. The Rejection at Nazareth Pericope of Luke 4:16-30 in Light of Recent Critical Trends', *Interpretation* 18 (1964), pp. 259-75.

Anderson, J.C., *Matthew's Narrative Web: Over, and Over, and Over Again*

(JSNTS, 91; Sheffield: JSOT Press, 1994).
Andreasen, N.-E.A., *The Old Testament Sabbath. A Tradition-Historical Investigation* (SBLDS, 7; Missoula: Society of Biblical Literature, 1972).
Andriessen, P., 'The Authorship of the Epistula ad Diognetum', *VC* 1 (1947), pp. 129-36.
Aquinas, T., *Summa Theologica* (5 vols.; New York: Benziger Brothers, repr. 1948).
Attridge, H.W., 'Josephus and His Works', in M.E. Stone (ed.), *The Literature of the Jewish People in the Period of the Second Temple and the Talmud*. II. *Jewish Writings of the Second Temple Period* (CRINT, 2; Assen: Van Gorcum, 1984), pp. 185-232.
Bacchiocchi, S., *From Sabbath to Sunday: A Historical Investigation of the Rise of Sunday Observance in Early Christianity* (Rome: Pontifical Gregorian University Press, 1977).
———, *Divine Rest for Human Restlessness* (Rome: Pontifical Gregorian University Press, 1980).
———, *The Sabbath in the New Testament* (Berrien Springs: Biblical Perspectives, 2nd edn, 1990).
———, 'Remembering the Sabbath: The Creation-Sabbath in Jewish and Christian History', in T.C. Eskenazi, *et al.* (eds.), *The Sabbath in Jewish and Christian Traditions* (New York: Crossroad, 1991), pp. 69-97.
Bacon, B.W., *Studies in Matthew* (London: Constable, 1930).
Bammel, C.P.H., 'Ignatian Problems', *JTS* 33 (1982), pp. 62-97.
Banks, R., *Jesus and the Law in the Synoptic Tradition* (SNTSMS, 28; Cambridge: Cambridge University Press, 1975).
Barnard, L.W., 'The *Epistula ad Diognetum*: Two Units from One Author?', *ZNW* 56 (1965), pp. 130-37.
———, *Studies in the Apostolic Fathers and their Background* (Oxford: Blackwell, 1966).
Barrett, C.K., 'The Eschatology of the Epistle to the Hebrews', in W.D. Davies and D. Daube (eds.), *The Background of the New Testament and Its Eschatology* (Cambridge: Cambridge University Press, 1956), pp. 363-93.
Barrett, C.K., 'Jews and Judaizers in the Epistles of Ignatius', in R. Hamerton-Kelly and R. Scroggs (eds.), *Jews, Greeks and Christians: Religious Cultures in Late Antiquity* (Leiden: Brill, 1976), pp. 220-44.
Barth, G., 'Matthew's Understanding of the Law', in G. Bornkamm, G. Barth, and H.J. Held, *Tradition and Interpretation in Matthew* (trans. P. Scott;

London: SCM, 1963), pp. 58-164.

Bauckham, R., 'The Lord's Day', in D.A. Carson (ed.), *From Sabbath to Lord's Day: A Biblical, Historical, and Theological Investigation* (Grand Rapids: Zondervan, 1982), pp. 221-50.

____, 'Sabbath and Sunday in the Post-Apostolic Church', in Carson (ed.), *Lord's Day*, pp. 251-98.

____, 'Sabbath and Sunday in the Medieval Church in the West', in Carson (ed.), *Lord's Day*, pp. 300-309.

____, 'Sabbath and Sunday in the Protestant Tradition', in Carson (ed.), *Lord's Day*, pp. 311-41.

Bauer, D.R., *The Structure of Matthew's Gospel* (JSNTS, 31; Sheffield: Almond Press, 1988).

Beare, F.W., 'The Sabbath was Made for Man', *JBL* 79 (1960), pp. 130-36.

____, *The Earliest Records of Jesus* (Oxford: Basil Blackwell, 1962).

____, *The Gospel according to St. Matthew: A Commentary* (Oxford: Basil Blackwell, 1981).

Beasley-Murray, G.R., *Jesus and the Kingdom of God* (Exeter: Paternoster, 1986).

Beckwith, R.T. and W. Stott, *This is the Day: The Biblical Doctrine of the Christian Sunday in its Jewish and Early Church Setting* (London: Marshall, Morgan & Scott, 1978).

Bertram, G., 'κρεμάννυμι', *TDNT*, III, pp. 915-21.

____, 'νήπιος', *TDNT*, IV, pp. 912-23.

Betz, H.D., 'The Logion of the Easy Yoke and of Rest', *JBL* 86 (1967), pp. 10-24.

____, *Essays on the Sermon on the Mount* (Philadelphia: Fortress Press, 1985).

Bilde, P., *Flavius Josephus between Jerusalem and Rome* (JSPS, 2; Sheffield: JSOT Press, 1988).

Black, M., 'The Aramaic Spoken by Christ and Luke 14⁰', *JTS* 1 (1950), pp. 60-62.

Blomberg, C.L., 'Law in Luke-Acts', *JSNT* 22 (1984), pp. 53-80.

____, *Matthew* (NAC; Nashville: Broadman, 1992).

Borg, M.J., *Conflict, Holiness and Politics in the Teachings of Jesus* (New York and Toronto: Edwin Mellen Press, 1984).

Borgen, P., 'Philo of Alexandria', in M.E. Stone (ed.), *The Literature of the Jewish People in the Period of the Second Temple and the Talmud.* II. *Jewish Writings of the Second Temple Period* (CRINT, 2; Assen: Van Gorcum, 1984), pp. 233-82.

Bornkamm, G., *Jesus of Nazareth* (trans. I. McLuskey, F. McLuskey and J.M.

Robinson; London: Hodder and Stoughton, 1960).

_____, 'End-expectation and Church in Matthew' , in G. Bornkamm, G. Barth, and H.J. Held, *Tradition and Interpretation in Matthew* (trans. P. Scott; London: SCM, 1963), pp. 15-51.

Botterweck, G.J., 'Der Sabbat im Alten Testament' , *Theologische Quartalschrift* 134 (1954), pp. 134-47, 448-57.

Brandon, S.G.F., *The Fall of Jerusalem and the Christian Church: A Study of the Effects of the Jewish Overthrow of A.D. 70 on Christianity* (London: SPCK, 2nd edn, 1957).

Branscomb, B.H., *Jesus and the Law of Moses* (London: Hodder & Stoughton, 1930).

Braun, H., *Spätjüdisch-häretischer und frühchristlicher Radikalismus* (2 vols.; Tubingen: Mohr, 1957).

Braun, R., *1 Chronicles* (WBC, 14; Waco: Word Books, 1986).

Brockington, L.H. (ed.), *Ezra, Nehemiah and Esther* (London: Nelson, 1969).

Broer, I., 'Die Antithesen und der Evangelist Matthäus' , *BZ* 19 (1975), pp. 50-63.

_____, *Freiheit vom Gesetz und Radikalisierung des Gesetzes* (SBS, 98; Stuttgart: Verlag Katholisches Bibelwerk, 1980).

Brooks, S.H., *Matthew's Community: The Evidence of his Special Sayings Material* (JSNTS, 16; Sheffield: JSOT Press, 1987).

Brown, R.E., *The Death of the Messiah: A Commentary on the Passion Narratives in the Four Gospels* (2 vols.; The Anchor Bible Reference Library; London: Geoffrey Chapman, 1994).

Brown, R.E. and J.P. Meier, *Antioch and Rome* (London: Geoffrey Chapman, 1983).

Bruner, F.D., *Matthew. I. The Christbook. II. The Churchbook* (2 vols.; Dallas: Word, 1987, 1990).

Büchsel, F., 'λύω' , *TDNT*, IV, pp. 335-56.

Budd, P.J., *Numbers* (WBC, 5; Waco: Word Books, 1984).

Bultmann, R., *Theology of the New Testament* (2 vols.; trans. K. Grobel; London: SCM, 1952, 1955).

_____, *The History of the Synoptic Tradition* (trans. J. Marsh; Oxford: Blackwell, 1963).

Caird, G.B., *The Gospel of St. Luke* (Pelican Gospel Commentaries; London: Penguin, 1963).

Calvin, J., *Institutes of the Christian Religion* (2 vols.; ed. J.T. McNeill; trans. F.L.

Battles; LCC, 20, 21; Philadelphia: Westminster, 1960).
Caragounis, C.C., *The Son of Man: Vision and Interpretation* (Tübingen: Mohr, 1986).
Carlston, C., 'The Things that Defile', *NTS* 15 (1968/69), pp. 75-96.
Carroll, R.P., *Jeremiah 1-25* (OTL; London: SCM, 1986).
Carson, D.A., 'Jesus and the Sabbath in the Four Gospels', in *idem* (ed.), *From Sabbath to Lord's Day: A Biblical, Historical, and Theological Investigation* (Grand Rapids: Zondervan, 1982), pp. 57-97.
_____, 'The Jewish Leaders in Matthew's Gospel: a Reappraisal', *JETS* 25 (1982), pp. 161-74.
_____, 'Matthew', in F.E. Gaebelein (ed.), *The Expositor's Bible Commentary*, VIII (12 vols.; Grand Rapids: Zondervan, 1984), pp. 1-599.
Casey, M., 'Culture and Historicity: The Plucking of the Grain (Mark 2.23-28)', *NTS* 34 (1988), pp. 1-23.
Cassuto, U., *A Commentary on the Book of Genesis*. I. *From Adam to Noah* (Jerusalem: Magnes Press, 1961).
Charette, B., '"To Proclaim Liberty to the Captives": Matthew 11:28-30 in the Light of OT Prophetic Expectation', *NTS* 38 (1992), pp. 290-97.
Charlesworth, J.H., *Jesus within Judaism: New Light from Exciting Archaeological Discoveries* (London: SPCK, 1988).
Childs, B.S., *Exodus* (OTL; London: SCM, 1974).
_____, *Introduction to the Old Testament as Scripture* (London: SCM, 1979).
Chilton, B., *God in Strength* (Freistadt: Plöchl, 1979).
_____, 'Announcement in Nazareth: An Analysis of Luke 4:16-21', in R.T. France and D. Wenham (eds.), *Gospel Perspectives*. II. *Studies of History and Tradition in the Four Gospels* (Sheffield: JSOT Press, 1981), pp. 147-72.
Christensen, D.L., *Deuteronomy 1-11* (WBC, 6a; Dallas: Word Books, 1991).
Clines, D.J.A., *Ezra, Nehemiah, Esther* (NCB; London: Marshall, Morgan & Scott, 1984).
Cody, A., 'The *Didache*: An English Translation', in C.N. Jefford (ed.), *The Didache in Context: Essays on Its Text, History and Transmission* (NovTSup, 77; Leiden: Brill, 1995), pp. 3-14.
Cohn, S.S., 'The Place of Jesus in the Religious Life of His Day', *JBL* 48 (1929), pp. 82-108.
Cohn-Sherbok, D.M., 'An Analysis of Jesus' Arguments concerning the Plucking of Grain on the Sabbath', *JSNT* 2 (1979), pp. 31-41.

Collins, R.F., 'Matthew's ἐντολαί. Towards an Understanding of the Commandments in the First Gospel', in F. van Segbroeck, *et al.* (eds.), *The Four Gospels 1992: Festschrift Frans Neirynck*, II (3 vols.; BETL, 100; Leuven: Leuven University Press, 1992), pp. 1325-48.

Connolly, R.H., 'The Date and Authorship of the Epistle to Diognetus', *JTS* 36 (1935), pp. 347-53.

Conzelmann, H., *The Theology of St Luke* (trans. G. Buswell; London: Faber and Faber, 1960).

Cope, O.L., *Matthew: A Scribe Trained for the Kingdom of Heaven* (CBQMS, 5; Washington: The Catholic Biblical Association of America, 1976).

Corwin, V., *St. Ignatius and Christianity in Antioch* (New Haven: Yale University Press, 1960).

Cotterell, P. and M. Turner, *Linguistics and Biblical Interpretation* (London: SPCK, 1989).

Court, J.M., 'The Didache and St. Matthew's Gospel', *SJT* 34 (1981), pp. 109-20.

Craigie, P.C., *The Book of Deuteronomy* (NICOT; Grand Rapids: Eerdmans, 1976).

Cranfield, C.E.B., *The Gospel according to St Mark* (Cambridge Greek Testament Commentary; Cambridge: Cambridge University Press, 1959 [1977]).

_____, *The Epistle to the Romans* (2 vols.; ICC; Edinburgh: T. & T. Clark, 1975, 1979).

Creed, J.M., *The Gospel according to St. Luke: The Greek Text with Introduction, Notes, and Indices* (London: Macmillan, 1930).

Crossan, J.D., *The Historical Jesus: The Life of a Mediterranean Jewish Peasant* (Edinburgh: T. & T. Clark, 1991).

Cullmann, O., *The Christology of the New Testament* (trans. S.C. Guthrie and C.A.M. Hall; London: SCM, 2nd edn, 1963).

Dalman, G., *Jesus-Jeshua: Studies in the Gospels* (trans. P.L. Levertoff; London: SPCK, 1929).

Danker, F.W., *Jesus and the New Age: A Commentary on St. Luke's Gospel* (Philadelphia: Fortress Press, 2nd edn, 1988).

Daube, D., *The New Testament and Rabbinic Judaism* (London: Athlone Press, 1956).

_____, 'The Responsibilities of Master and Disciples in the Gospels', *NTS* 19 (1972), pp. 1-15.

Dautzenberg, G., 'Ist das Schwurverbot Mt 5,33-37; Jak 5,12 ein Beispiel für die Torakritik Jesu?', *BZ* 25 (1981), pp. 47-66.

Davies, M., *Matthew* (Readings: A New Biblical Commentary; Sheffield: JSOT Press, 1993).

Davies, W.D., 'Matthew 5:17, 18', in *idem, Christian Origins and Judaism* (London: Darton Longman & Todd, 1962), pp. 31-66.

_____, '"Knowledge" in the Dead Sea Scrolls and Matthew 11.25-30', in *idem, Origins*, pp. 119-44.

_____, *The Setting of the Sermon on the Mount* (Cambridge: Cambridge University Press, 1964).

Davies, W.D. and D.C. Allison, *A Critical and Exegetical Commentary on the Gospel according to Saint Matthew* (3 vols.; ICC; Edinburgh: T. & T. Clark, 1988 [vol. 1], 1991 [vol. 2], 1997 [vol. 3]).

Delafosse, H., 'Nouvel examen des lettres d' Ignace d' Antioche', *Revue d' histoire et de littérature religieuse* 8 (1922), pp. 303-37, 477-533.

Delling, G., 'τρεῖς κτλ.', *TDNT*, VIII, pp. 216-25.

Derrett, J.D.M., 'Judaica in St. Mark', in *idem, Studies in the New Testament*, I (Leiden: Brill, 1977), pp. 85-100.

_____, 'Christ and the Power of Choice (Mark 3,1-6)', *Biblica* 65 (1984), pp. 168-88.

_____, 'Positive Perspectives on two Lucan Miracles', *Downside Review* 104 (1986), pp. 272-87.

Deutsch, C., *Hidden Wisdom and the Easy Yoke: Wisdom, Torah and Discipleship in Matthew 11.25-30* (JSNTS, 18; Sheffield: JSOT Press, 1987).

_____, 'Wisdom in Matthew: Transformation of a Symbol', *NovT* 32 (1990), pp. 13-47.

Dibelius, M., *From Tradition to Gospel* (trans. B.L. Woolf; London: Ivor Nicholson and Watson, 1934).

_____, 'Die Bergpredigt' (1937), in *idem, Botschaft und Geschichte* (Tübingen: Mohr, 1953), pp. 79-174.

Dillard, R.B., *2 Chronicles* (WBC, 15; Waco: Word Books, 1987).

Donahue, P.J., 'Jewish Christianity in the letters of Ignatius of Antioch', *VC* 32 (1978), pp. 81-93.

Draper, J., 'The Jesus Tradition in the Didache', in D. Wenham (ed.), *Gospel Perspectives*, V (Sheffield: JSOT Press, 1984), pp. 269-87.

Dressler, H.H.P., 'The Sabbath in the Old Testament', in D.A. Carson (ed.), *From Sabbath to Lord' s Day: A Biblical, Historical, and Theological Investigation* (Grand Rapids: Zondervan, 1982), pp. 21-41.

Driver, G.R., *The Judaean Scrolls: The Problem and a Solution* (Oxford: Blackwell, 1965).
Dunn, J.D.G., *Romans 9-16* (WBC, 38b; Dallas: Word Books, 1988).
_____, 'Mark 2.1-3.6: A Bridge between Jesus and Paul on the Question of the Law', in *idem, Jesus, Paul and the Law: Studies in Mark and Galatians* (London: SPCK, 1990), pp. 10-36.
_____, 'Pharisees, Sinners, and Jesus', in *idem, Law*, pp. 61-88.
Durham, J.I., *Exodus* (WBC, 3; Waco: Word Books, 1987).
Edwards, R.A., *Matthew's Story of Jesus* (Philadelphia: Fortress Press, 1985).
Eichrodt, W., *Ezekiel* (trans. C. Quin; OTL; London: SCM, 1970).
Ellis, E.E., *The Gospel of Luke* (NCB; London: Marshall, Morgan & Scott, 2nd edn, 1974).
Evans, C.F., *Saint Luke* (London: SCM, 1990).
Fensham, F.C., *The Books of Ezra and Nehemiah* (NICOT; Grand Rapids: Eerdmans, 1982).
Fenton, J.C., *The Gospel of St Matthew* (Pelican Gospel Commentaries; London: Penguin Books, 1963).
Filson, F.V., *A Commentary on the Gospel according to St. Matthew* (BNTC; London: A. & C. Black, 1960).
Finkelstein, L., *The Pharisees: The Sociological Background of Their Faith* (2 vols.; Philadelphia: Jewish Publication Society, 3rd edn, 1962).
Fitzmyer, J.A., *The Gospel According to Luke: Introduction, Translation, and Notes* (2 vols.; AB, 28-28a; Garden City: Doubleday, 1979, 1985).
Fohrer, G., *Die Hauptprobleme des Buches Ezechiel* (Berlin: Töpelmann, 1952).
_____, *Introduction to the Old Testament* (trans. D. Green; London: SPCK, 1968).
France, R.T., *Jesus and the Old Testament: His Application of Old Testament Passages to himself and his Mission* (London: Tyndale Press, 1971).
_____, *The Gospel according to Matthew: An Introduction and Commentary* (TNTC; Leicester: IVP, 1985) = *Matthew*.
_____, *The Gospel of Matthew* (NICNT; Grand Rapids: Eerdmans, 2007) = *Matthew* (NICNT).
_____, *Matthew - Evangelist and Teacher* (Exeter: Paternoster, 1989).
Frankemölle, H., *Yahwe-Bund und Kirche Christi: Studien zur Form- und Traditionsgeschichte des 'Evangeliums' nach Matthäus* (NTAbh, NS 10; Munster: Aschendorff, 2nd edn, 1984).
Frend, W.H.C., *Martyrdom and Persecution in the Early Church: A Study of*

Conflict from the Maccabees to Donatus (Oxford: Blackwell, 1965).
_____, *The Rise of Christianity* (London: Darton, Longman & Todd, 1984).
Freyne, S., *Galilee from Alexander the Great to Hadrian: A Study of Second Temple Judaism* (Wilmington: Glazier/Notre Dame University Press, 1980).
_____, *Galilee, Jesus and the Gospels: Literary Approaches and Historical Investigations* (Dublin: Gill and Macmillan, 1988).
Friedlander, G., *The Jewish Sources of the Sermon on the Mount* (New York: KTAV, 1969).
Garland, D.E., *The Intention of Matthew 23* (NovTSup, 52; Leiden: Brill, 1979).
Gärtner, B., *The Temple and the Community in Qumran and the New Testament: A Comparative Study in the Temple Symbolism of the Qumran Texts and the New Testament* (SNTSMS, 1; Cambridge: Cambridge University Press, 1965).
Gerhardsson, B., *Memory and Manuscript: Oral Tradition and Written Transmission in Rabbnic Judaism and Early Christianity* (trans. E.J. Sharpe; ASNU, 22; Lund: Gleerup, 2nd edn, 1964).
_____, *The Mighty Acts of Jesus according to Matthew* (Lund: Gleerup, 1979).
_____, *The Gospel Tradition* (ConBNT, 15; Lund: Gleerup, 1986).
Gese, H., 'Das Gesetz', in *idem*, *Zur biblischen Theologie* (Münich: Kaiser, 1977), pp. 55-84.
Giet, S., *L' énigme de la Didache* (Paris: Ophrys, 1970).
Gnilka, J., Das Evangelium nach Markus (2 vols.; EKKNT, 2; Zurich: Benzige Verlag, 1980).
_____, *Das Matthäusevangelium* (2 vols.; HTKNT, 1; Freiburg: Herder, 1986, 1988).
Godet, F., *A Commentary on the Gospel of St. Luke* (2 vols.; trans. E.W. Shelders; Edinburgh: T. & T. Clark, 1887, 1889).
Golb, N., 'Who Hid the Dead Sea Scrolls?', *Biblical Archaeologist* 48 (1985), pp. 68-82.
Goldberg, A., 'The Mishna - A Study Book of Halakha', in S. Safrai (ed.), *The Literature of the Jewish People in the Period of the Second Temple and the Talmud. III. The Literature of the Sages. Midrash, Mishnah, Talmud.* Part I. (CRINT, 2; Assen: Van Gorcum, 1987), pp. 211-62.
Goppelt, L., 'Das Problem der Bergpredigt', in *idem*, *Christologie und Ethik* (Göttingen: Vandenhoeck & Ruprecht, 1968), pp. 27-43.
_____, *Theology of the New Testament* (2 vols.; ed. J. Roloff; trans. J.E. Alsup; Grand Rapids: Eerdmans, 1981).

Gordon, R.P., *1 and 2 Samuel* (Exeter: Paternoster, 1986).
Gould, E.P., *A Critical and Exegetical Commentary on the Gospel according to St. Mark* (ICC; Edinburgh: T. & T. Clark, 1896).
Goulder, M.D., *Midrash and Lection in Matthew* (London: SPCK, 1974).
Gowan, D.E., *Bridge Between the Testaments* (Allison Park: Pickwick, 1986).
Gray, J., *1 and 2 Kings* (OTL; London: SCM, 3rd edn, 1977).
Green, H.B., *The Gospel according to Matthew* (New Clarendon Bible; Oxford: Oxford University Press, 1975).
Green, J.B., 'Jesus and a Daughter of Abraham (Luke 13:10-17): Test Case for a Lucan Perspective on Jesus' Miracles', *CBQ* 51 (1989), pp. 643-54.
Grindel, J., 'Matthew 12,18-21', *CBQ* 29 (1967), pp. 110-15.
Grundmann, W., *Das Evangelium nach Lukas* (THNT, 3; Berlin: Evangelische Verlagsanstalt, 1961).
_____, *Das Evangelium nach Matthäus* (THNT, 1; Berlin: Evangelische Verlagsanstalt, 1968).
_____, *Das Evangelium nach Markus* (THNT, 2; Berlin: Evangelische Verlagsanstalt, 7th edn, 1977).
Guelich, R.A., *Sermon on the Mount* (Waco: Word Books, 1982).
_____, *Mark 1-8:26* (WBC, 34a; Dallas: Word Books, 1989).
Gundry, R.H., *The Use of the Old Testament in St. Matthew's Gospel with Specific Reference to the Messianic Hope* (NovTSup, 18; Leiden: Brill, 1967).
_____, *Matthew: A Commentary on His Literary and Theological Art* (Grand Rapids: Eerdmans, 1982 [2nd edn, 1994]).
_____, 'A Responsive Evaluation of the Social History of the Matthean Community in Roman Syria', in D.L. Balch (ed.), *Social History of the Matthean Community: Cross-Disciplinary Approaches* (Minneapolis: Fortress, 1991), pp. 62-67.
_____, *Mark: A Commentary on His Apology for the Cross* (Grand Rapids: Eerdmans, 1993).
Gutbrod, W.H., 'νόμος', *TDNT*, IV, pp. 1036-91.
Guy, F., '"The Lord's Day" in the Letter of Ignatius to the Magnesians', *AUSS* 2 (1964), pp. 1-17.
Haenchen, E., *Der Weg Jesu: Eine Erklärung des Markus-Evangeliums und der kanonischen Parallelen* (Berlin: Töpelmann, 1966).
Hagner, D.A., 'The Sayings of Jesus in the Apostolic Fathers and Justin Martyr', in D. Wenham (ed.), *Gospel Perspectives*, V (Sheffield: JSOT Press, 1984), pp.

233-68.

_____, *Matthew* (2 vols.; WBC, 33a; Dallas: Word Books, 1993, 1995).

_____, 'Balancing the Old and the New - The Law of Moses in Matthew and Paul', *Interpretation* 51 (1997), pp. 20-30.

Hamerton-Kelly, R.G., 'Attitudes to the Law in Matthew's Gospel: a Discussion of Matthew 5:18', *Biblical Research* 17 (1972), pp. 19-32.

Hamilton, V.P., *The Book of Genesis: Chapters 1-17* (NICOT; Grand Rapids: Eerdmans, 1990).

Hamm, M.D., 'The Freeing of the Bent Woman and the Restoration of Israel: Luke 13.10-17 as Narrative Theology', *JSNT* 31 (1987), pp. 23-44.

Hare, D.R.A., *The Theme of Jewish Persecution of Christians in the Gospel according to St. Matthew* (SNTSMS, 6; Cambridge: Cambridge University Press, 1967).

_____, *The Son of Man Tradition* (Minneapolis: Fortress Press, 1990).

_____, *Matthew* (Interpretation; Louisville: John Knox Press, 1993).

Hare, D.R.A. and D.J. Harrington, '"Make Disciples of all the Gentiles" (Mt. 28.19)', *CBQ* 37 (1975), pp. 359-69.

Harnack, A., *Die Chronologie der altchristlichen Literatur bis Eusebius* (Leipzig: J.C. Hinrichs, 1897).

Harrington, D.J., *The Gospel of Matthew* (Sacra Pagina, 1; Collegeville: The Liturgical Press, 1991).

_____, 'Sabbath Tensions: Matthew 12:1-14 and other New Testament Texts', in T.C. Eskenazi, *et al.* (eds.), *The Sabbath in Jewish and Christian Traditions* (New York: Crossroad, 1991), pp. 45-56.

Hawkins, J.C., *Horae Synopticae* (Oxford: Claredon, 1909).

Held, H.J., 'Matthew as Interpreter of the Miracle Stories', in G. Bornkamm, G. Barth, and H.J. Held, *Tradition and Interpretation in Matthew* (trans. P. Scott; London: SCM, 1963), pp. 165-299.

Henderson, I.H., '*Didache* and Orality in Synoptic Comparison', *JBL* 111 (1992), pp. 283-306.

Hendrickx, H., *The Miracle Stories* (London: Geoffrey Chapman, 1987).

Hengel, M., *Judaism and Hellenism* (2 vols.; trans. J. Bowden; London: SCM, 1974).

_____, *The Zealots: Investigations Into the Jewish Freedom Movement in the Period from Herod I Until 70 A.D.* (trans. D. Smith; Edinburgh: T. & T. Clark, 1989).

Hertzberg, H.W., *I and II Samuel* (trans. J.S. Bowden; OTL; London: SCM, 1964).
Hicks, J.M., 'The Sabbath Controversy in Matthew: An Exegesis of Matthew 12:1-14', *RQ* 27 (1984), pp. 79-91.
Higgins, A.J.B., 'Son of Man - Forschung since "The Teaching of Jesus"', in A.J.B. Higgins (ed.), *New Testament Essays* (Manchester: Manchester University Press, 1959), pp. 119-35.
_____, *Jesus and the Son of Man* (London: Lutterworth, 1964).
Hill, D., 'The Rejection of Jesus at Nazareth (Luke iv 16-30)', *NovT* 13 (1971), pp. 161-80.
_____, *The Gospel of Matthew* (NCB; London: Marshall, Morgan & Scott, 1972).
_____, 'On the Use and Meaning of Hosea vi. 6 in Matthew's Gospel', *NTS* 24 (1978), pp. 113-16.
_____, 'Son and Servant: an Essay on Matthean Christology', *JSNT* 6 (1980), pp. 2-16.
_____, 'The Figure of Jesus in Matthew's Story: a Response to Professor Kingsbury's Literary-critical Probe', *JSNT* 21 (1984), pp. 37-52.
Hirsch, E., *Die Frühgeschichte des Evangeliums*. II. (Tübingen: Mohr, 1941).
Hirschfeld, H., 'Remarks on the Etymology of Sabbath', *Journal of the Royal Asiatic Society of Great Britain and Ireland* 53 (1896), pp. 353-59.
Hobbs, T.R., *2 Kings* (WBC, 13; Waco: Word Books, 1985).
Hoenig, S.B., 'The Designated Number of Kinds of Labor Prohibited on the Sabbath', *JQR* 68 (1977), pp. 193-208.
Hooker, M., *The Son of Man in Mark* (London: SPCK, 1967).
_____, *The Gospel according to St Mark* (BNTC; London: A. & C. Black, 1991).
Hoskyns, E.C., 'Jesus, the Messiah', in G.K.A. Bell and A. Deissmann (eds.), *Mysterium Christi* (London: Longmans, Green & Co., 1930), pp. 69-89.
Howell, D.B., *Matthew's Inclusive Story: A Study in the Narrative Rhetoric of the First Gospel* (JSNTS, 42; Sheffield: JSOT Press, 1990).
Hübner, H., *Das Gesetz in der synoptischen Tradition: Studien zur These einer progressiven Qumranisierung und Judaisierung innerhalb der synoptischen Tradition* (Witten: Luther Verlag, 1973).
Hultgren, A.J., 'The Formation of the Sabbath Pericope in Mark 2:23-28', *JBL* 91 (1972), 38-43.
Hummel, R., *Die Auseinandersetzung zwischen Kirche und Judentum in Matthäusevangelium* (BEvT, 33; Munchen: Chr. Kaiser Verlag, 2nd edn, 1966).

Hunter, A.M., 'Crux Criticorum - Matt. XI. 25-30 - A Re-appraisal', *NTS* 8 (1962), pp. 241-49.

Ito, A., 'The Question of the Authenticity of the Ban on Swearing (Matthew 5.33-37)', *JSNT* 43 (1991), pp. 5-13.

Jackson, F.J.F. and Lake, K., *The Beginnings of Christianity* (5 vols.; London: MacMillan, 1920-33).

Jefford, C.N., *The Sayings of Jesus in the Teaching of The Twelve Apostles* (SupVC, 11; Leiden: Brill, 1989).

_____, 'Did Ignatius of Antioch Know the *Didache*?', in *idem* (ed.), *The Didache in Context: Essays on Its Text, History and Transmission* (NovTSup, 77; Leiden: Brill, 1995) pp. 330-51.

Jenni, E., *Die theologische Begründung des Sabbatgebotes im Alten Testament* (Theologische Studien, 46; Zollikon-Zurich: Evangelischer Verlag AG., 1956).

Jeremias, J., *The Eucharistic Words of Jesus* (trans. N. Perrin; London: SCM, 2nd edn, 1966).

_____, *Jerusalem in the Time of Jesus: An Investigation Into Economic and Social Conditions During the New Testament Period* (trans. F.H. Cave and C.H. Cave; London: SCM, 1969).

_____, *New Testament Theology. I. The Proclamation of Jesus* (trans. J. Bowden; London: SCM, 1971).

_____, 'Παῖς Θεοῦ', *TDNT*, V, pp. 677-717.

Jewett, P.K., *The Lord's Day: A Theological Guide to the Christian Day of Worship* (Grand Rapids: Eerdmans, 1971).

Joly, R., *Le dossier d' Ignace d' Antioche* (Brussels: Éditions de l' université, 1979).

Jones, D.R., *Jeremiah* (NCB; London: Marshall Pickering, 1992).

Jones, G.H., *1 and 2 Kings* (2 vols.; NCB; London: Marshall Morgan & Scott, 1984).

Kaiser, O., *Isaiah 1-12* (trans. J. Bowden; OTL; London: SCM, 1983).

Käsemann, E., *Essays on New Testament Themes* (trans. W.J. Montague; SBT, 41; London: SCM, 1964).

Kee, H.C., *Miracle in the Early Christian World: A Study in Socio-historical Method* (New Haven: Yale University Press, 1983).

Kertelge, K., 'λύω', *EDNT*, II, pp. 368-69.

Kilpatrick, G.D., *The Origins of the Gospel according to St. Matthew* (Oxford: Clarendon, 1946).

Kim, S., *"The 'Son of Man'" as the Son of God* (WUNT, 30; Tübingen: Mohr,

1983).
Kimbrough, S.T., 'The Concept of Sabbath at Qumran', *RevQ* 5 (1962), pp. 484-502.
Kingsbury, J.D., *Matthew: Structure, Christology, Kingdom* (Philadelphia: Fortress Press, 1975).
_____, *Matthew - Proclamation Commentary* (Philadelphia: Fortress Press, 1977).
_____, 'The Figure of Jesus in Matthew's Story: a Literary-Critical Probe', *JSNT* 21 (1984), pp. 3-36.
_____, *Matthew as Story* (Philadelphia: Fortress Press, 2nd edn, 1988).
_____, *Conflict in Luke: Jesus, Authorities, Disciples* (Minneapolis: Fortress, 1991).
_____, 'Conclusion: Analysis of a Conversation', in D.L. Balch (ed.), *Social History of the Matthean Community: Cross-Disciplinary Approaches* (Minneapolis: Fortress, 1991), pp. 259-69.
Klein, R.W., *1 Samuel* (WBC, 10; Waco: Word Books, 1983).
Kloppenborg, J.S., *Q Parallels: Synopsis, Critical Notes, and Concordance* (Sonoma: Polebridge, 1988).
Klostermann, E., Das *Matthäusevangelium* (HNT, 4; Tübingen: Mohr, 2nd edn, 1927).
_____, *Das Markusevangelium* (HNT, 3; Tubingen: Mohr, 1950).
Knibb, M.A., *The Qumran Community* (CCWJCW, 2; Cambridge: Cambridge University Press, 1987).
Knox, W.L., *The Sources of the Synoptic Gospels* (2 vols.; Cambridge: Cambridge University Press, 1957).
Koester, C., 'The Origin and Significance of the Flight to Pella Tradition', *CBQ* 51 (1989), pp. 90-106.
Köhler, W.-D., *Die Rezeption des Matthäusevangeliums in der Zeit vor Irenäus* (WUNT, 2/24; Tübingen: Mohr, 1987).
Köster, H., *Synoptische Überlieferung bei den Apostolischen Vätern* (Berlin: Akademie-Verlag, 1957).
Kraft, R.A., 'Some Notes on Sabbath Observance in Early Christianity', *AUSS* 3 (1965), pp. 18-33.
_____, *The Apostolic Fathers: A New Translation and Commentary* (R.M. Grant [ed.], 5 vols.). III. *Barnabas and the Didache* (New York: Thomas, Nelson & Sons, 1965).
Krentz, E., 'The Extent of Matthew's Prologue', *JBL* 83 (1964), pp. 409-14.
Kruijf, T. De, 'Go Therefore and Make Disciples of All Nations', *Bijdragen* 54

(1993), pp. 19-29.

Kümmel, W.G., *Introduction to the New Testament* (trans. H.C. Kee; London: SCM, 2nd edn, 1975).

Kuthirakkattel, S., *The Beginning of Jesus' Ministry according to Mark's Gospel (1,14-3,6); a Redaction Critical Study* (Roma: Editrice Pontificio Istituto Biblico, 1990).

Lacey, D.R. De, 'The Sabbath/Sunday Question and the Law in the Pauline Corpus', in D.A. Carson (ed.), *From Sabbath to Lord's Day: A Biblical, Historical, and Theological Investigation* (Grand Rapids: Zondervan, 1982), pp. 159-95.

Ladd, G.E., *The Presence of the Future: The Eschatology of Biblical Realism* (Grand Rapids: Eerdmans, 1974).

Lagrange, M.-J., *Évangile selon Saint Matthieu* (Paris: Études Bibliques, 7th edn, 1948).

Lambrecht, J., 'The Parousia Discourse: Composition and Content in Mt. XXIV-XXV', in M. Dider (ed.), *L' Évangile selon Matthieu: Rédaction et théologie* (Gembloux: Duculot, 1972), pp. 309-42.

─────, *The Sermon on the Mount: Proclamation and Exhortation* (GNS, 14; Wilmington: Michael Glazier, 1985).

Lategan, B.C., 'Structural interrelations in Matthew 11-12', *Neotestamentica* 11 (1977), pp. 115-29.

Leaney, A.R.C., *The Gospel According to St Luke* (BNTC; London: A. & C. Black, 2nd edn, 1966).

Levine, E., 'The Sabbath Controversy according to Matthew', *NTS* 22 (1975/6), pp. 480-83.

Lewis, R.B., 'Ignatius and the "Lord's Day"', *AUSS* 6 (1968), pp. 46-59.

Lightfoot, J.B., *The Apostolic Fathers. Part II: S. Ignatius, S. Polycarp* (3 vols.; London: Macmillan, 1889).

─────, *The Apostolic Fathers. Part I: S. Clement of Rome* (2 vols.; London: Macmillan, 1890).

Lincoln, A.T., 'Sabbath, Rest, and Eschatology in the New Testament', in D.A. Carson (ed.), *From Sabbath to Lord's Day: A Biblical, Historical, and Theological Investigation* (Grand Rapids: Zondervan, 1982), pp. 197-220.

─────, 'From Sabbath to Lord's day: A Biblical and Theological Perspective', in Carson (ed.), *Lord's Day*, pp. 343-412.

Lindars, B., *New Testament Apologetic: The Doctrinal Significance of the Old*

Testament Quotations (London: SCM, 1961).

_____, *Jesus Son of Man: A Fresh Examination of the Son of Man Sayings in the Gospels in the Light of Recent Research* (London: SPCK, 1983).

Lindemann, A., 'Der Sabbat ist um des Menschen willen geworden ⋯', *WD* 15 (1979), pp. 79-105.

Ljungmann, H., *Das Gesetz erfüllen: Matth. 5,17ff. und 3,15 untersucht* (Lunds Universitets Årsskrift. NF, 50/6; Lund: Gleerup, 1954).

Lohmeyer, E., *Das Evangelium des Markus* (Kritisch-exegetischer Kommentar über das Neue Testament, 2; Göttingen: Vandenhoeck & Ruprecht, 1953).

_____, *Das Evangelium des Matthäus* (ed. W. Schmauch; Kritisch-exegetischer Kommentar über das Neue Testament, 1; Göttingen: Vandenhoeck & Ruprecht, 1956).

Lohr, C.H., 'Oral Techniques in the Gospel of Matthew', *CBQ* 23 (1961), pp. 403-35.

Lohse, E., 'Jesu Worte über den Sabbat', in W. Eltester (ed.), *Judentum Urchristentum Kirche* (Berlin: Töpelmann, 1960), pp. 79-89.

_____, 'σάββατον', *TDNT*, VII, pp. 1-35.

_____, 'Ich aber sage euch', in *idem* (ed.), *Der Ruf Jesu und die Antwort der Gemeinde* (Festschrift für Joachim Jeremias; BZNW, 26; Göttingen: Vandenhoeck & Ruprecht, 1970), pp. 189-203.

Loisy, A., *Les Évangiles Synoptiques*. II. (Ceffonds: Prés Montier-en-der, 1908).

Luz, U., 'Die Erfüllung des Gesetzes bei Matthäus', *ZTK* 75 (1978), pp. 398-435.

_____, 'The Disciples in the Gospel according to Matthew', in G.N. Stanton (ed.), *The Interpretation of Matthew* (London: SPCK, 1983), pp. 98-128.

_____, *Matthew 1-7* (trans. W.C. Linss; Edinburgh: T. & T. Clark, 1990).

_____, *Das Evangelium nach Matthäus (Mt 8-17)* (EKKNT, 1/2; Zürich und Brauschweig: Benziger Verlag, 1990).

_____, *Matthew in History: Interpretation, Influence, and Effects* (Minneapolis: Fortress Press, 1994).

Maccoby, H., *Early Rabbinic Writings* (CCWJCW, 3; Cambridge: Cambridge University Press, 1988).

McConnell, R.S., 'Law and Prophecy in Matthew's Gospel: The Authority and Use of the Old Testament in the Gospel of St. Matthew' (ThD Dissertation; Basel: Friedrich Reinhardt Kommissionsverlag, 1969).

McKane, W., *A Critical and Exegetical Commentary on Jeremiah*. I. (ICC; Edinburgh: T. & T. Clark, 1986).

M'Neile, A.H., *The Gospel according to St. Matthew: The Greek Text with Introduction, Notes, and Indices* (London: Macmillan, 1915).

Maher, M., '"Take my Yoke upon You" (Matt. XI. 29)', *NTS* 22 (1975), pp. 97-103.

Manson, T.W., 'Mark ii. 27f.', in *Coniectanea neotestamentica* XI (1947), pp. 138-46.

_____, *The Sayings of Jesus* (London: SCM, 1949).

_____, *The Teaching of Jesus: Studies of Its Form and Content* (Cambridge: Cambridge University Press, 1955).

_____, 'The Son of Man in Daniel, Enoch, and the Gospels' (1949), in *idem*, *Studies in the Gospels and Epistles* (Manchester: Manchester University Press, 1962), pp. 123-45.

Manson, W., *Jesus the Messiah* (London: Hodder & Stoughton, 1943).

Marshall, I.H., *Luke: Historian and Theologian* (Exeter: Paternoster, 1970).

_____, *The Gospel of Luke: A Commentary on the Greek Text* (NIGTC; Exeter: Paternoster, 1978).

_____, *The Origins of New Testament Christology* (Leicester: IVP, 2nd edn, 1990).

_____, 'Son of Man', *DJG*, pp. 775-81.

Mason, S., *Flavius Josephus on the Pharisees* (SPB, 39; Leiden: Brill, 1991).

Matera, F.J., 'The Plot of Matthew's Gospel', *CBQ* 49 (1987), pp. 233-53.

Massaux, É., *The Influence of the Gospel of Saint Matthew on Christian Literature Before Saint Irenaeus* (3 vols.; trans. N.J. Belval and S. Hecht; NGS, 5/1-3; Macon: Mercer University Press, 1990-93).

Mays, J.L., *Hosea* (OTL; London: SCM, 1969).

_____, *Amos* (OTL; London: SCM, 1969).

Meier, J.P., *Law and History in Matthew's Gospel: A Redactional Study of Mt. 5:17-48* (AnBib, 71; Rome: Biblical Institute Press, 1976).

_____, 'Nations or Gentiles in Matthew 28.19?', *CBQ* 39 (1977), pp. 94-102.

_____, 'John the Baptist in Matthew's Gospel', *JBL* 99 (1980), pp. 383-405.

_____, *Matthew* (Dublin: Veritas, 1980).

Menninger, R.E., *Israel and the Church in the Gospel of Matthew* (American University Studies VII, Thelolgy and Religion 162; New York: Peter Lang, 1994).

Meyer, E., *Ursprung und Anfänge des Christentums* (3 vols.; Stuttgart and Berlin: J.G. Cotta, 1924).

Miller, P.D., 'Luke 4:16-21', *Interpretation* 29 (1975), pp. 417-21.

Mohrlang, R., *Matthew and Paul: A Comparison of Ethical Perspectives* (SNTSMS,

48; Cambridge: Cambridge University Press, 1984).
Montefiore, C.G., *The Synoptic Gospels* (2 vols.; London: Macmillan, 2nd edn, 1927).
Moo, D.J., 'Jesus and the Authority of the Mosaic Law', *JSNT* 20 (1984), pp. 3-49.
Moore, G.F., *Judaism in the First Centuries of the Christian Era: The Age of the Tannaim* (3 vols.; Cambridge: Harvard University Press, 1927-30).
Morris, L. *The Gospel according to Matthew* (Leicester: IVP, 1992).
Moule, C.F.D., 'The Christology of Acts', in L.E. Keck and J.L. Martyn (eds.), *Studies in Luke-Acts* (Philadelphia: Fortress Press, 1966), pp. 159-85
_____, 'Fulfilment-Words in the New Testament: Use and Abuse', *NTS* 14 (1967/8), pp. 293-320.
Mowinckel, S., *Zur Komposition des Buches Jeremia* (Kristiania: Jacob Dybwad, 1914).
Neirynck, F., *Duality in Mark: Contributions to the Study of Markan Redaction* (BETL, 31; Leuven: Leuven University Press, 1972).
_____, 'Jesus and the Sabbath. Some Observations on Mk II,27', in J. Dupont (ed.), *Jésus aux origines de la christologie* (BETL, 40; Leuven: Leuven University Press, 1975), pp. 227-70.
_____, 'Luke 14:1-6: Lukan Composition and Q Saying', in C. Bussmann and W. Radl (eds.), *Der Treue Gottes trauen* (Feiburg: Herder, 1991), pp. 243-63.
Neusner, J., *Judaism: The Evidence of the Mishnah* (Chicago: University of Chicago Press, 1981).
_____, *Jews and Christians: The Myth of a Common Tradition* (London: SCM, 1991).
Neyrey, J.H., 'The Thematic Use of Isaiah 42:1-4 in Matthew 12', *Biblica* 63 (1982), pp. 457-73.
Nickelsburg, G.W.E., *Jewish Literature Between the Bible and the Mishnah — A Historical and Literary Introduction* (Philadelphia: Fortress Press, 1981).
Niederwimmer, K., 'Der Didachist und seine Quellen', in C.N. Jefford (ed.), *The Didache in Context: Essays on Its Text, History and Transmission* (NovTSup, 77; Leiden: Brill, 1995), pp. 15-36.
Nineham, D.E., *The Gospel of St Mark* (Pelican Gospel Commentaries; London: A. & C. Black, 2nd edn, 1968).
Nolland, J., *Luke* (3 vols.; WBC, 35a-c; Dallas: Word Books, 1989-93).
Norden, E., *Agnostos Theos* (Leipzig and Berlin: Verlag B.G. Teubner, 1913).
North, R., 'The Derivation of Sabbath', *Biblica* 36 (1955), pp. 182-201.

Noth, M., *Exodus* (trans. J. Bowden; OTL; London: SCM, 1962).
____, *Numbers* (trans. J.D. Martin; OTL; London: SCM 1968).
____, *The Chronicler's History* (JSOTS, 50; Sheffield: JSOT Press, 1987).
Orton, D.E., *The Understanding Scribe: Matthew and the Apocalyptic Ideal* (JSNTS, 25; Sheffield: JSOT Press, 1989).
Osborne, G.R., *Matthew* (ZECNT; Grand Rapids: Zondervan, 2010).
O' Toole, R.F., 'Some Exegetical Reflections on Luke 13, 10-17', *Biblica* 73 (1992), pp. 84-107.
Overman, J.A., *Matthew's Gospel and Formative Judaism: The Social World of the Matthean Community* (Minneapolis: Fortress Press, 1990).
Paget, J.C., *The Epistle of Barnabas* (Tübingen: Mohr, 1994).
Pamment, M., 'The Son of Man in the First Gospel', *NTS* 29 (1983), pp. 116-29.
Patte, D., *The Gospel according to Matthew: A Structural Commentary on Matthew' Faith* (Philadelphia: Fortress, 1987).
Paul, S.M., Amos (Hermeneia; Minneapolis: Fortress Press, 1991).
Perrin, N., *The Kingdom of God in the Teaching of Jesus* (London: SCM, 1963).
____, *Rediscovering the Teaching of Jesus* (London: SCM, 1967).
Pesch, R., *Das Markusevangelium* (2 vols.; HTKNT, 2/1-2; Freiburg: Herder, 4th edn, 1984).
Pettirsch, F., 'Das Verbot der opera servilia in der Heiligen Schrift und in der altkirchlichen Exegese', *ZKTh* 69 (1947), pp. 257-327, 417-44.
Plummer, A., *An Exegetical Commentary on the Gospel according to S. Matthew* (London: Robert Scott, 1909).
____, *A Critical and Exegetical Commentary on the Gospel According to S Luke* (ICC; Edinburgh: T. & T. Clark, 5th edn, 1922).
Powell, M.A., 'The Plot and Subplots of Matthew's Gospel', *NTS* 38 (1992), pp. 187-204.
Primus, J.H., 'Sunday: The Lord's Day as a Sabbath - Protestant Perspectives on the Sabbath', in T.C. Eskenazi, *et al.* (eds.), *The Sabbath in Jewish and Christian Traditions* (New York: Crossroad, 1991), pp. 98-121.
Pryke, E.J., *Redactional Style in the Marcan Gospel: A Study of Syntax and Vocabulary as Guides to Redaction in Mark* (SNTSMS, 33; Cambridge: Cambridge University Press, 1978).
Przybylski, B., *Righteousness in Matthew and his World of Thought* (SNTSMS, 41; Cambridge: Cambridge University Press, 1980).
Quasten, J., *Patrology* (3 vols.; Utrecht: Spectrum, 1950).

Rabin, C., *Qumran Studies* (Oxford: Oxford University Press, 1957).
Rad, G. von, *The Problem of the Hexateuch and other Essays* (trans. E. Dicken; Edinburgh and London: Oliver & Boyd, 1965).
_____, *Deuteronomy* (trans. D. Barton; OTL; London: SCM, 1966).
_____, *Genesis* (trans. J.H. Marks and J. Bowden; OTL; London: SCM, 1972).
Rawlinson, A.E.J., *The Gospel according to St Mark with Introduction Commentary and Additional Notes* (Westminster Commentaries; London: Methuen, 1925).
Reicke, B., *New Testament Era: The World of the Bible From 500 B.C. To A.D. 100* (trans. D.E. Green; London: A. & C. Black, 1968).
_____, 'Synoptic Prophecies on the Destruction of Jerusalem', in D.E. Aune (ed.), *Studies in New Testament and Early Christian Literature: Essays in Honor of A.P. Wikgren* (Leiden: Brill, 1972), pp. 121-34.
Rendtorff, R., *The Old Testament: An Introduction* (trans. J. Bowden; London: SCM, 1985).
Richardson, C.C., *The Christianity of Ignatius of Antioch* (New York: AMS Press, 1967).
Rist, J.M., *On the Independence of Matthew and Mark* (SNTSMS, 32; Cambridge: Cambridge University Press, 1978).
Rist, M., 'Is Matt. 11.25-30 a Primitive Baptismal Hymn?', *Journal of Religion* 15 (1935), pp. 63-77.
Rius-Camp, J., *The Four Authentic Letters of Ignatius, The Martyr* (Rome: Pontificium Institutum Orientalium Studiorum, 1979).
Rivkin, E., *A Hidden Revolution* (Nashville, Abingdon, 1978).
Robinson, G., 'The Idea of Rest in the Old Testament and the Search for the Basic Character of Sabbath', *ZAW* 92 (1980), pp. 32-42.
_____, *Let Us Be Like the Nations: A Commentary on the Books of 1 and 2 Samuel* (ITC; Grand Rapids: Eerdmans, 1993).
Robinson, J.A.T., *Redating the New Testament* (London: SCM, 1976).
Roloff, J., *Das Kerygma und der irdische Jesus: Historische Motive in den Jesus-Erzählungen der Evangelien* (Göttingen: Vandenhoeck & Ruprecht, 1970).
Rordorf, W., *Sunday: The History of the Day of Rest and Worship in the Earliest Centuries of the Christian Church* (trans. A.A.K. Graham; London: SCM, 1968).
_____, 'Does the Didache Contain Jesus Tradition Independently of the Synoptic Gospels?', in H. Wansbrough (ed.), *Jesus and the Oral Gospel Tradition*

(JSNTS, 64; Sheffield: JSOT Press, 1991), pp. 394-423.

Rosenthal, J., 'The Sabbath Laws of the Qumranites or the Damascus Covenanters', *Biblical Research* 6 (1961), pp. 10-17.

Rowland, C., 'A Summary of Sabbath Observance in Judaism at the Beginning of the Christian Era', in D.A. Carson (ed.), *From Sabbath to Lord's Day: A Biblical, Historical, and Theological Investigation* (Grand Rapids: Zondervan, 1982), pp. 43-55.

Rudolph, W., *Jeremia* (HAT; Tubingen: Mohr, 1958).

Saldarini, A.J., *Pharisees Scribes and Sadducees in Palestinian Society* (Edinburgh: T. & T. Clark, 1988).

_____, *Matthew's Christian-Jewish Community* (Chicago: University of Chicago Press, 1994).

Sand, A., *Das Gesetz und die Propheten: Untersuchungen zur Theologie des Evangeliums nach Matthäus* (Biblische Untersuchungen, 11; Regensburg: Verlag Friedrich Pustet, 1974).

_____, *Das Evangelium nach Matthäus* (RNT; Regensburg: Verlag Friedrich Pustet, 1986).

Sanders, E.P., 'Jesus and the Constraint of the Law', *JSNT* 17 (1983), pp. 19-24.

_____, *Jesus and Judaism* (London: SCM, 1985).

_____, *Jewish Law From Jesus To The Mishnah: Five Studies* (London: SCM, 1990).

_____, *Judaism: Practice and Belief 63 BCE - 66 CE* (London: SCM, 1992).

Sanders, E.P. and Davies, M., *Studying the Synoptic Gospels* (London: SCM, 1989).

Sanders, J.T., *The Jews in Luke-Acts* (London: SCM, 1987).

Schlatter, A., *Der Evangelist Matthäus: Seine Sprache, sein Ziel, seine Selbständigkeit* (Stuttgart: Calwer Verlag, 1959).

Schmid, J., *Das Evangelium nach Matthäus* (RNT; Regensburg: Verlag Friedrich Pustet, 5th edn, 1965).

Schmidt, K.L., *Der Rahmen der Geschichte Jesu* (Berlin: Trowitzsch & Sohn, 1919).

Schmidt, W.H., *Introduction to the Old Testament* (trans. M.J. O'Connell; London: SCM, 1984).

Schneider, G., 'συμβούλιον, ου, τό', *EDNT*, III, p. 286.

Schniewind, J., *Das Evangelium nach Matthäus* (NTD, 2; Göttingen: Vandenhoeck und Ruprecht, 12th edn, 1968).

Schoedel, W.R., *Ignatius of Antioch* (Hermeneia; Philadelphia: Fortress Press, 1985).

Schrenk, G., 'ἐντολή', *TDNT*, II, pp. 544-56.

Schürer, E., *The History of the Jewish People in the Age of Jesus Christ* (3 vols.; eds. G. Vermes, F. Millar and M. Goodman; Edinburgh: T. & T. Clark, rev. 1973-87).

Schürmann, H., *Traditionsgeschichtliche Untersuchungen zu den synoptischen Evangelien* (Düsseldorf: Patmos, 1968).

_____, *Das Lukasevangelium* (2 vols.; HTKNT, 3/1-2; Frieburg: Herder, 1969).

Schweizer, E., 'Der Menschensohn (Zur eschatologischen Erwartung Jesu)', *ZNW* 50 (1959), pp. 185-209.

_____, 'The Son of Man Again', *NTS* 9 (1962/3), pp. 256-61.

_____, 'Matthäus 5, 17-20. Anmerkungen zum Gesetzesversändnis des Matthäus', in *idem, Neotestamentica* (Zürich: Zwingli Verlag, 1963), pp. 399-406.

_____, *The Good News according to Mark* (trans. D.H. Madvig; London: SPCK, 1970).

_____, 'Noch Einmal Mt 5,17-20', in *idem, Matthäus und seine Gemeinde* (SBS, 71; Stuttgart: Katholisches Bibelwerk Verlag, 1974), pp. 78-85.

_____, 'Matthäus 21-25', in *idem, Gemeinde*, pp. 116-25.

_____, *The Good News according to Matthew* (trans. D.E. Green; London: SPCK, 1976).

_____, 'Matthew's Church', in G.N. Stanton (ed.), *The Interpretation of Matthew* (London: SPCK, 1983) pp. 129-55.

_____, 'Matthäus 12,1-8: Der Sabbat - Gebot und Geschenk', in J. Kilunen, *et al.* (eds.), *Glaube und Gerechtigkeit* (Helsinki: Finnischen Exegetischen Gesellschaft, 1983), pp. 169-79.

_____, *The Good News According to Luke* (trans. D.E. Green; London: SPCK, 1984).

Segal, A.F., 'Matthew's Jewish Voice', in D.L. Balch (ed.), *Social History of the Matthean Community: Cross-Disciplinary Approaches* (Minneapolis: Fortress, 1991), pp. 3-37.

Sharvit, B., 'The Sabbath of the Judean Desert Sect', *Immanuel* 9 (1979), pp. 42-48.

Shea, W.H., 'The Sabbath in the Epistle of Barnabas', *AUSS* 4 (1966), pp. 149-75.

Sibinga, J. Smit, 'Ignatius and Matthew', *NovT* 8 (1966), pp. 263-83.

Sigal, P., *The Halakah of Jesus of Nazareth according to the Gospel of Matthew* (Lanham: University Press of America, 1986).

Sloan, R.B., *The Favorable Year of the Lord: A Study of the Jubilary Theology in the Gospel of Luke* (Austin: Schola Press, 1977).

Snodgrass, K.R., 'Matthew's Understanding of the Law', *Interpretation* 46 (1992), pp. 368-78.

참고문헌 425

Soares-Prabhu, G.M., *The Formula Quotations in the Infancy Narrative of Matthew* (AnBib, 63; Rome: Biblical Institute Press, 1976).
Soggin, J.A., *Introduction to the Old Testament* (trans. J. Bowden; London: SCM, 1989).
Spier, E., *Der Sabbat* (Das Judentum, 1; Berlin: Institut Kirche und Judentum, 1992).
Stanton, G.N., 'The Origin and Purpose of Matthew's Gospel: Matthean Scholarship from 1945 to 1980', in W. Haase (ed.), *Aufstieg und Niedergang der römischen Welt: Geschicte und Kultur Roms im Spiegel der neueren Forschung* II.25.3 (Berlin: de Gruyter, 1985), pp. 1889-1951.
―――, 'Redaction Criticism: the End of an Era?', in *idem, A Gospel for a New People: Studies in Matthew* (Edinburgh: T. & T. Clark, 1992), pp. 23-53.
―――, 'Synagogue and Church', in *idem, People*, pp. 113-45.
―――, 'The Gospel of Matthew and Judaism', in *idem, People*, pp. 146-68.
―――, '"Pray that your Flight may not be in Winter or on a Sabbath": Matthew 24.20', in *idem, People*, pp. 192-206.
―――, 'Matthew 11.28-30: Comfortable Words?', in *idem, People*, pp. 364-77.
―――, 'The Communities of Matthew', *Interpretation* 46 (1992), pp. 379-91.
Stein, R.H., *The Synoptic Problem. An Introduction* (Grand Rapids: Baker Books, 1987.
Stendahl, K., *The School of St. Matthew, and its Use of the Old Testament* (ASNU, 20; Lund: Gleerup, 2nd edn, 1968).
Stonehouse, N.B., *The Witness of Matthew and Mark to Christ* (London: Tyndale Press, 1944).
Stott, W., 'The Theology of the Christian Sunday in the Early Church' (DPhil Thesis, Oxford, 1966).
Strack, H.L. and P. Billerbeck, *Kommentar zum Neuen Testament aus Talmud und Midrasch* (4 vols.; München: C.H. Beck'sche, 1922-28).
Strack, H.L. and G. Stemberger, *Introduction to the Talmud and Midrash* (trans. M.N.A. Bockmuehl; Edinburgh: T. & T. Clark, 1991).
Strand, K.A., 'Another Look at "Lord's Day" in the Early Church and in Rev. I.10', *NTS* 13 (1967), pp. 174-81.
Strecker, G., *Der Weg der Gerechtigkeit: Untersuchungen zur Theologie des Matthäus* (FRLANT, 82; Göttingen: Vandenhoeck & Ruprecht, 1962).
Streeter, B.H., *The Four Gospels: A Study of Origins* (London: Macmillan, 1924).
Stuart, D., *Hosea-Jonah* (WBC, 31; Waco: Word Books, 1987).

Suggs, M.J., *Wisdom, Christology, and Law in Matthew's Gospel* (Cambridge: Harvard University Press, 1970).

Tannehill, R.C., *The Narrative Unity of Luke-Acts: A Literary Interpretation* (Philadelphia: Fortress Press, 1986).

Taylor, V., *The Formation of the Gospel Tradition* (London: Macmillan, 1935).

_____, *The Gospel according to St Mark: The Greek Text with Introduction, Notes, and Indexes* (London: Macmillan, 2nd edn, 1966).

_____, *The Passion Narrative of St Luke* (Cambridge: Cambridge University Press, 1972).

Temple, P.J., 'The Rejection at Nazareth', *CBQ* 17 (1955), pp. 229-42.

Theissen, G., *The Miracle Stories of the Early Christian Tradition* (trans. F. McDonagh; Edinburgh: T. & T. Clark, 1983).

Thompson, J.A., *The Book of Jeremiah* (NICOT; Grand Rapids: Eerdmans, 1980).

Tilborg, S. van, *The Jewish Leaders in Matthew* (Leiden: Brill, 1972).

Todt, H.E., *The Son of Man in the Synoptic Tradition* (trans. D.M. Barton; London: SCM, 1965).

Traub, H., 'οὐρανός', *TDNT*, V, pp. 509-43.

Trevett, C., 'Approaching Matthew from the Second Century: The Under-used Ignatian Correspondence', *JSNT* 20 (1984), pp. 59-67.

_____, *A Study of Ignatius of Antioch in Syria and Asia* (Lampeter: The Edwin Mellen Press, 1992).

Trilling, W., *Das wahre Israel: Studien zur Theologie des Matthäus-Evangeliums* (München: Kösel-Verlag, 3rd edn, 1964).

Tuckett, C.M., *Reading the New Testament: Methods of Interpretation* (London: SPCK, 1987).

_____, 'Synoptic Tradition in the Didache', in J.-M. Sevrin (ed.), *The New Testament in Early Christianity / La réception des écrits néo-testamentaires dans le christianisme primitif* (Louvain: Louvain University Press, 1989), pp. 197-230.

Turner, M.M.B., 'The Sabbath, Sunday, and the Law in Luke/Acts', in D.A. Carson (ed.), *From Sabbath to Lord's Day: A Biblical, Historical, and Theological Investigation* (Grand Rapids: Zondervan, 1982), pp. 99-157.

Tyson, J.B., 'Scripture, Torah, and Sabbath in Luke-Acts', in E.P. Sanders (ed.), *Jesus, the Gospel, and the Church* (Macon: Mercer University Press, 1987), pp. 89-104.

VanderKam, J.C., *Textual and Historical Studies in the Book of Jubilees* (Missoula:

Scholars Press, 1977).

Verheyden, J., 'The Flight of the Christian to Pella', *Ephemerides theologicae lovanienses* 66 (1990), pp. 368-84.

Vermes, G., 'The Use of בר נש/בר נשא in Jewish Aramaic', in M. Black, *An Aramaic Approach to the Gospels and Acts* (Oxford: Clarendon, 3rd edn, 1967), pp. 310-28.

_____, *The Dead Sea Scrolls: Qumran in Perspective* (Philadelphia: Fortress, 1981).

_____, *Jesus the Jew* (London: SCM, 2nd edn, 1983).

Vokes, F.E., *The Riddle of the Didache* (London: SPCK, 1938).

Walker, R., *Die Heilsgeschichte im ersten Evangelium* (FRLANT, 91; Göttingen: Vandenhoeck & Ruprecht, 1967).

Walter, N., *Der Thoraausleger Aristobulus* (Berlin: Akademie-Verlag, 1964).

Watts, J.D.W., *Isaiah* (2 vols.; WBC, 24-25; Waco: Word Books, 1987).

Weijenborg, R., *Les lettres d'Ignace d'Antioche* (Leiden: Brill, 1969).

_____, 'Is Evagrius Ponticus the author of the Longer Recension of the Ignatian Letters?', *Antonianum* 44 (1969), pp. 339-47.

Weiss, B., *Das Matthäus-Evangelium* (Göttingen: Vandenhoeck & Ruprecht, 9th edn, 1898).

Weiss, H., 'The Sabbath in the Synoptic Gospels', *JSNT* 38 (1990), pp. 13-27.

Weiss, H.F., 'φαρισαῖος', *TDNT*, IX, pp. 35-48.

Wellhausen, J., *Das Evangelium Marci* (Berlin: Georg Reimer, 2nd edn, 1909).

Wengst, K., *Didache (Apostellehre). Barnabasbrief. Zweiter Klemensbrief. Schrift an Diognet* (Munich and Darmstadt: Wissenschaftliche Buchgesellschaft, 1984).

Wenham, D., 'Jesus and the Law: an Exegesis on Matthew 5:17-20', *Themelios* 4 (1979), pp. 92-96.

Wenham, G., *The Book of Leviticus* (NICOT; Grand Rapids: Eerdmans, 1979).

_____, *Genesis 1-15* (WBC, 1; Waco: Word Books, 1987).

Westermann, C., *Isaiah 40-66* (trans. D.M.G. Stalker; OTL; London: SCM, 1969).

_____, *Genesis 1-11* (trans. J.J. Scullion; London: SPCK, 1984).

Whybray, R.N., *Isaiah 40-66* (NCB; London: Marshall, Morgan & Scott, 1975).

Wilckens, U., 'σοφία κτλ.', *TDNT*, VII, pp. 496-526.

Wildberger, H., *Isaiah 1-12* (trans. T.H. Trapp; Minneapolis: Fortress Press, 1991).

Wilkinson, J., 'The Case of the Bent Woman in Luke 13:10-17', *EQ* 49 (1977), pp. 195-205.

Williams, A.L., 'The Date of the Epistle of Barnabas', *JTS* 34 (1933), pp. 337-46.

Williamson, H.G.M., 'The Origins of the Twenty-Four Priestly Courses: a Study of 1 Chronicles xxiii-xxvii', *Vetus Testamentum*, Supplements 30 (1979), pp. 251-68.
____, *1 and 2 Chronicles* (NCB; London: Marshall, Morgan & Scott, 1982).
____, *Ezra, Nehemiah* (WBC, 16; Waco: Word Books, 1985).
____, *Ezra and Nehemiah* (Old Testament Guides; Sheffield: JSOT Press, 1987).
Williamson, R., *Jews in the Hellenistic World: Philo* (CCWJCW, 1/2; Cambridge: Cambridge University Press, 1989).
Wilson, S.G., *Luke and the Law* (SNTSMS, 50; Cambridge: Cambridge University Press, 1983).
Windisch, H., *Der Barnabasbrief* (Tübingen: Mohr, 1920).
Wolff, H.W., *Hosea* (trans. G. Stansell; Hermeneia; Philadelphia: Fortress Press, 1974).
Wolfson, H.A., *Philo: Foundations of Religious Philosophy in Judaism, Christianity, and Islam* (2 vols.; Cambridge: Harvard University Press, 1947).
Wong, E.K.-C., 'The Matthean Understanding of the Sabbath: A Response to G.N. Stanton', *JSNT* 44 (1991), pp. 3-18.
Wrege, H.-T., *Die Überlieferungs-geschichte der Bergpredigt* (WUNT, 9; Tübingen: Mohr, 1968).
Wright, N.T., *Christian Origins and the Question of God. 1. The New Testament and the People of God* (London: SPCK, 1992).
Yang, Y.E., 'Jesus, Fulfilment and Law in Matthew 5:17-20: A Discussion Focusing on the Eschatological Dimension' (MA Dissertation; London Bible College [CNAA], 1992).
____, *Jesus and the Sabbath in Matthew's Gospel* (JSNTS, 139; Sheffield: Sheffield Academic Press, 1997).
Zahavy, T., 'The Sabbath Code of Damascus Document X:14-XI:18: Form Analytical and Redaction Critical Observations', *RevQ* 10 (1981), pp. 589-91.
Zahn, T., *Ignatii et Polycarpi Epistulae, Martyria, Fragmenta* (Leipzig: Hinrichs, 1876).
____, *Das Evangelium des Matthäus* (Leipzig: Deicher, 1903).
Zeitlin, S., 'The Book of Jubilees, its Character and Significance', *JQR* 30 (1939/40), pp. 1-30.
Zimmerli, W., *Ezekiel* (2 vols.; trans. J.D. Martin; Hermeneia; Philadelphia: Fortress Press, 1983).

4. 한국 교회 관련 문헌

김명혁, '主日聖守에 對한 敎會史的 考察', 『신학지남』, 44 (1977년 겨울호), pp. 59-79.
김인수, '그리스도인의 직업윤리', 손봉호 편, 『행하는 자라야』 (서울: 한국기독학생회 출판부, 1992), pp. 141-56.
로버트슨, P., '왜 일요일에 주일을 지켜야 하는가', 『목회와 신학』, 63 (1994년 9월호), pp. 57-60.
문화체육관광부 편, 『2008년 한국의 종교현황』 (서울: 문화체육관광부, 2009).
박윤선, '주일을 지키는 법에 대하여', 『파수꾼』 104 (1960년 11월호), pp. 14-25.
____, 『성경주석 공관복음』 (서울: 영음사, 1953).
____, 『성경주석 창세기, 출애굽기』 (서울: 영음사, 1968).
____, 『성경주석 에스라, 느헤미야, 에스더』 (서울: 영음사, 1979).
____, 『대한예수교장로회 헌법주석. 정치, 예배모범』 (서울: 영음사, 1983).
박희석, '웨스트민스터 고백에 나타난 안식일', 『신학지남』 57 (1990년 봄호), pp. 145-76.
서광선, 『한국기독교의 새인식』 (서울: 대한기독교출판사, 1985).
서창원, '칼빈과 청교도들의 주일성수 개념', 『목회와 신학』, 63 (1994년 9월호), pp. 68-76.
손봉호, 『현대정신과 기독교적 지성』 (서울: 성광문화사, 1978).
유동식, 『한국 종교와 기독교』 (서울: 대한기독교서회, 1965).
이상근, 『신약성서주해 마태복음』 (대구: 성등사, 1996 [1965]).
____, 『신약성서주해 마가복음』 (대구: 성등사, 1994 [1975]).
이상훈, '안식일과 주일의 연속성과 불연속성', 『목회와 신학』, 63 (1994년 9월호), pp. 47-56.
이양호, '교회사에서 본 주일성수', 『목회와 신학』, 63 (1994년 9월호), pp. 61-67.
이원규, '주일성수가 흔들리는 원인은 무엇인가', 『목회와 신학』, 63 (1994년 9월호), pp. 40-46.
이원규, 『한국교회의 사회학적 이해』 (서울: 성서연구사, 1992).
전 고려신학교 이사 일동, '주일지키는 일에 다하여라. 박윤선 목사의 논문에 답변함', 『파수꾼』 107 (1961년 2월호), pp. 45-51.
전경연, 『마태복음』 (서울: 대한기독교서회, 1958).
정일웅 외, '세계 각국의 주일성수 관습을 본다', 『목회와 신학』, 63 (1994년 9월호), pp. 77-96.
최건호 외, '주일성수는 우리의 정체성이다', 『목회와 신학』, 62 (1994년 8월호), pp. 30-40.
한국기독교역사연구소 편, 『한국 기독교의 역사』 (전3권; 서울: 기독교문사, 1989-).

홍순우, '한국교회의 주일성수를 위한 제언', 『목회와 신학』, 63 (1994년 9월호), pp. 97-99.

Kim, Y.J., 'Der Protestantismus in Korea und die calvinistische Tradition' (PhD dissertation, Marburg, 1980).

Rhee, J.S., *Secularization and Sanctification* (Amsterdam: VU University Press, 1995).

Underwood, H.G., 'Christianity in Korea', *Missiology: An International Review* 22 (1994), pp. 65-76.

저자색인

Ackroyd, P.R. 50
Aichinger, H. 202
Albeck, C. 107
Albright, W.F. 204, 220
Allen, L.C.(앨런) 55-57
Allen, W.C. 142, 182, 196, 203, 215, 240, 282, 288
Allison, D.C.(앨리슨) 131, 132, 138, 143, 146, 147, 160, 163, 164, 180-82, 184, 192-97, 203-205, 207, 213-15, 218, 221, 223, 225, 231, 236, 239-42, 245, 251, 254, 256, 264, 287, 292, 301, 303, 305, 313, 326
Anderson, H. 309
Anderson, J.C. 186, 190
Andreasen, N.-E.A.(안드레아센) 31-34, 36-38, 40-43, 46, 47, 49, 50, 55, 56, 59
Andriessen, P. 356
Aquinas, T.(아퀴나스) 21, 22, 381, 382, 384, 392
Attridge, H.W. 87

Bacchiocchi, S. 22, 23, 184, 195, 198, 201, 214, 221, 225, 227, 229, 241, 299, 300, 303, 304, 310, 311, 317, 320, 327, 329, 340, 346, 353, 394
Bacon, B.W. 134, 180, 192
Bammel, C.P.H. 338
Banks, R.(뱅크스) 136, 138, 140, 141, 143, 145, 149, 152, 155, 159, 160, 164, 166, 167, 203, 204, 219, 223, 225, 226, 231, 232, 237, 239, 240, 242, 249-51, 256, 281, 286, 287, 292, 300, 305, 323, 326
Barnard, L.W. 346, 356, 357
Barrett, C.K.(바렛) 339, 341, 348
Barth, G.(바르트) 146, 164, 166, 187, 196, 203, 223, 228, 242, 247, 252, 266-68, 283, 287, 305
Bauckham, R. 21, 22, 133, 338, 340, 342, 345, 348, 349, 353, 354, 379-83, 386, 393, 395
Bauer, D.R. 133-35, 188
Beare, F.W. 223, 225, 233, 245, 309
Beasley-Murray, G.R. 288
Beckwith, R.T. 22, 23, 380, 394
Bertram, G. 167, 194
Betz, H.D. 137, 147, 149, 191-93, 196, 198
Bilde, P. 87, 93
Billerbeck, P. 108, 118, 158, 197, 213, 243, 283, 303
Black, M. 246
Blomberg, C.L. 319
Borg, M.J. 204, 213, 247
Borgen, P. 76, 77, 95-97, 99, 100
Bornkamm, G.(보른캄) 304, 309
Botterweck, G.J. 40
Brandon, S.G.F. 288
Branscomb, B.H. 138
Braun, H. 73, 288
Braun, R. 48
Brockington, L.H. 50
Broer, I. 136, 148
Brooks, S.H. 132
Brown, R.E. 329, 339
Bruner, F.D. 383, 386
Büchsel, F. 145
Budd, P.J.(버드) 43
Bultmann, R. 152, 192, 203-205, 226, 233, 240, 298, 309, 378

Caird, G.B.(케어드) 306, 311
Calvin, J.(칼빈) 22, 377, 381-83, 387, 390, 397

Caragounis, C.C. 233-35
Carlston, C. 145
Carroll, R.P. 59
Carson, D.A. 23, 138, 146, 171, 178, 214, 225, 231, 237, 251, 288, 289, 304, 307, 312, 320
Casey, M.(케이시) 77, 204, 208, 209, 213, 231
Cassuto, U. 33
Charette, B. 193
Charlesworth, J.H. 70, 71, 76, 77, 79, 80
Childs, B.S. 32, 37, 38, 42, 47
Chilton, B. 300, 301, 309
Christensen, D.L. 40
Clines, D.J.A.(클라인즈) 49-52
Cody, A. 354
Cohn, S.S.(콘) 212
Cohn-Sherbok, D.M.(콘-서복) 213, 221, 222, 249
Colson, F.H. 94
Connolly, R.H. 356
Conzelmann, H. 309
Cope, O.L. 185, 264
Corwin, V. 338, 343
Court, J.M. 353, 354
Craigie, P.C. 39, 40, 158
Cranfield, C.E.B. 214, 298, 345
Creed, J.M. 323
Crossan, J.D. 233
Cullmann, O. 192

Dalman, G. 138
Danker, F.W. 318, 321
Daube, D. 138, 152, 155, 205, 208, 213, 219, 221
Dautzenberg, G. 159
Davies, M. 130, 203, 292
Davies, P.R. 80
Davies, W.D.(데이비스) 131, 132, 138, 142, 143, 146, 147, 155, 160, 163, 164, 174, 180-82, 184, 192, 194-97, 203-205, 207, 213-15, 218, 221, 223, 225, 231, 236, 239, 240-42, 245, 251, 254, 256, 264, 287, 292, 301, 303, 305, 313, 326
Delafosse, H. 338
Delling, G. 182
Derrett, J.D.M. 206, 255, 317

Deutsch, C. 183, 192-99
Dibelius, M. 138, 240, 309
Dillard, R.B. 49
Doddridge, P.(도드리지) 22
Düderlein, J.C. 54
Donahue, P.J. 342
Draper, J. 353
Dressler, H.H.P. 32, 34, 36
Driver, G.R. 80
Duhm, B. 54
Dunn, J.D.G. 174, 175, 227, 345
Dupont-Sommer, A. 79, 81-83
Durham, J.I. 38, 43

Edwards, R.A. 134
Eichrodt, W. 55, 56
Eisenman, R.(아이젠만) 85, 86
Ellis, E.E.(엘리스) 192, 301, 323, 328
Evans, C.F.(에반스) 300, 309, 318, 323, 326-29

Fensham, F.C. 50
Filson, F.V. 142, 292
Finkelstein, L. 109
Fitzmyer, J.A. 300, 315, 323, 328, 329
Fohrer, G. 46, 47, 56
France, R.T.(프랑스) 130-35, 137, 138, 142, 144, 147, 153, 157, 159, 164, 167, 171, 174-76, 185, 188, 193, 195, 198, 216-18, 223, 231, 232, 234, 235, 238, 242, 252, 263-67, 290, 292, 314, 326
Frend, W.H.C. 356
Freyne, S. 248

Garland, D.E.(갈란드) 169-71, 173-75
Gärtner, B. 223
Gerhardsson, B.(게르하르드슨) 146, 185
Gese, H. 139
Gnilka, J. 166, 192, 203, 204, 217, 238, 264, 295, 303
Godet, F. 330
Golb, N. 79
Goldberg, A. 107
Goppelt, L. 157, 217
Gordon, R.P. 212
Gould, E.P. 206
Goulder, M.D. 137

Gowan, D.E. 70, 74
Gray, J. 47
Green, H.B. 164
Green, J.B. 316, 318
Grindel, J. 264, 265
Grundmann, W. 266, 311, 320, 327, 328
Guelich, R.A.(길리히) 137-39, 141-43, 149, 157, 213, 216, 233, 258, 306
Gundry, R.H.(건드리) 133, 184, 185, 205, 206, 223, 226, 245, 256, 258, 264-66, 286, 287, 289, 292, 294, 298, 302, 303, 305, 306, 313, 314
Guthrod, W.H. 141

Haenchen, E. 204
Hagner, D.A. 132, 138, 147, 159, 183, 194-96, 198, 215, 222, 226, 231, 241, 245, 255-57, 263, 266, 292, 313, 314, 342
Hamerton-Kelly, R.G. 143
Hamilton, V.P. 33
Hamm, M.D. 315, 316, 318, 319
Hare, D.R.A.(해어) 138, 160, 167, 174, 176, 183, 226, 233, 247, 261, 290, 292, 295
Harnack, A. 346
Harrington, D.J. 164, 167, 176, 182, 186, 222, 262, 284, 314
Hawkins, J.C. 287
Held, H.J. 188, 225
Henderson, I.H. 352
Hendrickx, H. 240
Hengel, M.(행겔) 76, 77, 110
Hertzberg, H.W. 212
Hessey, J.A.(헤시) 22
Heylyn, P.(헤일린) 22
Hicks, J.M. 227, 236, 249
Higgins, A.J.B. 234
Hill, D. 138, 163, 193, 194, 203, 218, 222, 226, 228, 234, 309
Hirsch, E.(히르쉬) 282, 292
Hobbs, T.R. 46, 47
Hoenig, S.B.(회니히) 70, 77, 121, 122
Hooker, M.(훅커) 206, 230, 233, 234, 237
Hoskyns, E.C. 237
Howell, D.B. 134, 180
Hübner, H. 141, 203, 248
Hultgren, A.J. 202, 208

Hummel, R. 172, 203, 215, 218, 225, 240, 247, 266, 282, 295
Hunter, A.M.(헌터) 191, 192

Ito, A. 159

Jackson, F.J.F. 233
Jefford, C.N. 352-54
Jenni, E. 31, 40
Jeremias, J. 108, 138, 152, 156, 160, 169, 192, 235, 329
Jewett, P.K. 22, 23, 381, 383, 387, 394, 395
Joly, R. 338
Jones, G.H. 46, 47

Kaiser, O. 53
Kee, H.C. 317
Kilpatrick, G.D. 172, 231, 304
Kim, S. 233-35, 237
Kimbrough, S.T.(킴브루) 83
Kingsbury, J.D.(킹스베리) 130, 134, 175, 180, 188, 189, 234, 264, 309
Klein, R.W. 212
Kleist, J.A. 346, 348, 356
Kloppenborg, J.S. 315
Klostermann, E.(클로스터만) 138, 142, 281, 282, 298
Knibb, M.A. 79, 80
Köhler, W.-D. 342, 350
Köster, H. 337, 342, 350
Kraft, R.A. 346, 348, 353
Kümmel, W.G. 342
Kuthirakkattel, S. 212, 298, 303, 306

Ladd, G.E. 144
Lagrange, M.-J. 138
Lake, K. 233, 337, 339
Lambrecht, J. 138, 284
Lauterbach, J.Z. 106
Leaney, A.R.C. 309
Levine, E.(리바인) 220
Lewis, R.B. 340
Lightfoot, J.B. 338-40, 346
Lincoln, A.T. 34, 237, 280, 312, 381, 394, 396
Lindars, B. 233, 264
Lindemann, A. 185

Ljungmann, H. 136
Loader, W. 136
Lohmeyer, E. 203, 225, 298
Lohr, C.H. 180
Lohse, E.(로제) 32, 73, 74, 80, 153, 240, 246, 284, 317
Loisy, A. 282
Luther, M.(루터) 381, 382
Luz, U.(루츠) 25, 136-38, 142, 143, 147-49, 152, 157, 159, 162, 169, 185, 186, 194, 196, 202, 203, 222, 238, 240, 241, 245, 252, 261, 266, 285, 287, 337, 377, 379, 386

M'Neile, A.H. 138, 193, 225
Maccoby, H. 107
Maher, M. 197, 198
Maier, J. 72, 87
Mann, C.S. 204, 220
Manson, T.W.(맨슨) 143, 203, 222, 233, 247, 315
Manson, W. 193
Marshall, I.H. 193, 233, 241, 246, 300, 310, 315, 322, 323, 326, 328-30
Martínez, F.G. 85
Mason, S. 114, 124
Massaux, E. 337, 342, 343, 350, 352, 353
Matera, F.J. 134, 135
Mays, J.L. 53, 61, 62
McConnell, R.S. 136, 138, 148, 149, 156
McKane, W. 59, 60
Meier, J.P.(마이어) 136-43, 145, 147-49, 154, 156, 157, 160, 171, 176, 192, 277, 287, 292, 339
Menninger, R.E. 139, 141
Miller, P.D. 309
Mohrlang, R.(몰랭) 136, 147, 161, 164, 167, 169, 175, 396
Montefiore, C.G. 282
Moo, D.J.(무) 137, 138, 144, 145, 152, 157, 167
Moore, G.F. 110
Morris, L. 288, 313
Moule, C.F.D. 138, 139, 326
Mowinckel, S. 59
Neirynck, F. 202, 206, 218, 245, 306, 337

Neusner, J.(뉴스너) 106-11, 114, 169

Neyrey, J.H. 264, 266, 267
Nickelsburg, G.W.E. 69, 74
Nineham, D.E. 212
Nolland, J. 184, 212, 233, 240, 309, 319, 321, 329
Norden, E. 192, 193
Noth, M. 36, 43

O'Toole, R.F.(오툴) 316, 317, 319
Oswalt, J.N. 53
Overman, J.A. 132

Paget, J.C. 346, 348
Patte, D. 282
Paul, S.M. 61
Perrin, N. 144
Pesch, R.(페쉬) 204, 208, 298, 300, 333
Pettirsch, F. 31, 99, 380
Powell, M.A. 134
Primus, J.H. 22, 381, 383
Przybylski, B. 148, 149

Quasten, J. 346

Rabin, C. 73, 80-83
Rad, G. von 33-36, 40, 200
Rawlinson, A.E.J. 233, 306
Reicke, B.(라이케) 131, 288, 289
Rendtorff, R. 48, 50, 54
Rhee, J.S. 387, 396
Richardson, C.C. 342, 356, 357
Rist, J.M. 130
Rius-Camp, J. 338
Robinson, G. 34, 212
Robinson, J.A.T.(로빈슨) 131, 289, 290, 294
Roloff, J. 204, 205, 217, 251, 318
Rordorf, W. 23, 37, 40, 204, 233, 240, 241, 251, 283, 317, 340, 341, 348, 353, 354, 380, 381, 394
Rosenthal, J. 81
Rowland, C. 124
Rudolph, W. 59

Saldarini, A.J. 132, 169, 171, 227, 231, 248, 249, 252
Sand, A. 141, 143, 156, 175, 192, 223

Sanders, E.P.(샌더스) 72, 75, 81, 83, 86, 87, 107, 108, 110, 114, 120, 121, 130, 159, 169, 175, 203-205, 208-10, 257
Schmid, J. 203
Schmidt, K.L. 301
Schmidt, W.H. 46
Schneider, G. 257
Schniewind, J. 138, 192
Schoedel, W.R. 338-40
Schürer, E.(쉬러) 73, 75, 76, 78, 90, 91, 95, 108, 169, 288, 289
Schürmann, H. 300, 315
Schweizer, E. 132, 143, 147, 173, 182, 203, 208, 209, 222, 231, 240, 288, 298, 306, 317, 328, 330
Segal, A.F. 130
Sharvit, B. 80-83
Shea, W.H. 346, 348
Sibinga, J. Smit 342
Sigal, P. 77, 83, 208, 210, 212, 213, 221, 222, 245, 249, 257
Sloan, R.B. 312
Soares-Prabhu, G.M. 263
Soggin, J.A. 46, 53, 54
Spier, E. 22, 381, 383
Stanton, G.N.(스텐턴) 24, 130-33, 171, 175, 176, 191, 193, 196, 198, 279, 281, 284-87, 291, 378
Stemberger, G. 107
Stendahl, K.(스텐달) 262, 264, 265, 267
Stern, M. 102, 103, 105
Stott, W. 22, 23, 380, 394
Strack, H.L. 107, 108, 118, 158, 197, 213, 243, 283, 303
Strecker, G.(스트렉커) 148, 183, 192, 226, 263, 264, 282, 283, 288
Streeter, B.H. 342
Stuart, D. 61, 62
Suggs, M.J. 152, 183, 192, 193, 195
Tannehill, R.C. 318
Taylor, V. 233, 240, 298, 303, 306, 328
Temple, P.J. 300
Thackeray, H.St.J. 87, 92
Theissen, G. 240
Thompson, J.A. 59, 60
Tilborg, S. van 171

Tödt, H.E. 234
Traub, H. 142
Trevett, C. 338-40, 342
Trilling, W. 137
Tuckett, C.M. 239, 240, 248, 250, 353
Turner, M.M.B.(터너) 24, 177, 178, 240, 241, 300, 301, 311, 312, 315, 317, 319, 320, 322, 323, 329, 331
Tyndale, W.(틴데일) 22
Tyson, J.B. 141, 319

Underwood, H.G. 396

VanderKam, J.C. 70, 72
Verheyden, J. 288
Vermes, G. 80, 82, 87, 235
Vokes, F.E. 353

Walker, R.(워커) 284
Walter, N. 76
Watts, J.D.W. 54, 59, 61, 62
Weijenborg, R. 338
Weiss, B. 282
Weiss, H. 230, 239
Weiss, H.F. 172, 175
Wellhausen, J. 233
Wengst, K. 346
Wenham, D. 138
Wenham, G. 33, 35, 41
Westerholm, S. 174
Westermann, C.(베스터만) 33-35, 54, 57, 59
Whybray, R.N. 54, 61, 62
Wilckens, U. 192
Wildberger, H.(빌트베르거) 53
Wilkinson, J. 317
Williams, A.L. 346
Williamson, H.G.M.(윌리엄슨) 48-51
Williamson, R. 94, 95
Wilson, S.G. 301, 317, 319, 394
Windisch, H. 346
Wise, M.(와이즈) 85, 86
Wolff, H.W. 62
Wolfson, H.A. 94, 96, 97
Wong, F.K.-C.(웡) 231, 281, 286, 287, 291
Wrege, H.-T. 192
Wright, N.T. 110, 121, 169

Yang, Y.E. 136, 143, 211, 232, 339

Zahavy, T. 80
Zahn, T. 135, 245, 338
Zeitlin, S. 70
Zimmerli, W. 55-57, 59

김명혁 389
김인수 396
박윤선 388-90
박희석 389
서광선 387
서창원 390

손봉호 396
양낙흥 383
양용의 35, 136, 144, 151, 329
유동식 387
이상근 390
이상훈 390
이양호 390
이원규 391, 396
전경연 390
정일웅 390
최건호 388, 391
홍순우 390

성구색인

_구약

창세기

1:22	35
1:28	35
2:1-3	32, 44, 93, 95
2:2-3	25, 33, 34, 39, 70, 76, 230, 274, 364, 372, 388, 396
2:2	32, 200, 347, 384
2:3	38, 384, 385
2:24	158
8:22	34
9:16	280
17:7	280
17:13	280
17:22	33
24:19	33
39:11	33
49:33	33

출애굽기

12:16	41
16:1-30	72
16:5	42
16:21-30	66
16:22-30	42, 45, 50, 81
16:23	38, 42, 65, 71, 236, 384, 385
16:25-29	385
16:25	38, 42, 65, 384
16:26	42, 384
16:29	61, 73, 81, 384
16:30	34, 384
20:8-11	25, 34, 37, 44, 65, 76, 230, 274, 364, 372
20:8-10	60, 329
20:8	35, 37, 79, 108, 347, 384
20:9-11	37, 38
20:9-10	33, 37, 72
20:9	33, 38, 110, 111, 121
20:10	37, 38, 384
20:11	32, 33, 35, 37, 38, 42, 66, 274
20:13	39, 154
20:14	154
21:12	154
21:24	160
22:7-10	159
23:3	396
23:5	247
23:12	34, 36-38, 45, 66, 364
25:23-30	212
27:21	280
28:43	280
29:28	280
30:21	280
31:12-27	364
31:12-17	37, 38, 43-45, 56, 58, 65, 71, 78
31:13-15	364
31:13	39, 56, 63, 65, 70, 236, 364
31:14-15	39, 65, 71
31:14	35, 37, 118, 231, 257
31:15	33, 38, 58, 65
31:15-17	384
31:16-17	39
31:17	32-35, 37, 39, 42, 66, 274
33:12-14	194
34:19-20	36
34:21	32, 34, 36, 209, 210
35:2-3	43
35:2	38, 65, 71
35:3	42, 43, 45, 66, 71, 394
35:4-5	81
40:15	280
40:33	33

레위기

4:27-35	120

6:18	280	5:13-14	37, 39, 72
6:22	280	5:14-15	38
7:34	280	5:14	39, 65, 82, 236
7:36	280	5:15	39, 42, 66, 274, 364
16	92	5:18	154, 155
16:20	33	6:5	166
16:31	31	7:2	155
19:3	38, 44, 65	7:5	155
19:9	209	12:9	193, 200
19:12	159	18:3-5	354
19:18	155, 166	22:14	247
19:30	38, 44, 65	22:22	158
23	41	23:2-9	58
23:3	40, 41, 45, 65, 66	23:3-6	155
23:22	209	23:21-23	159
23:32	31, 34	23:25	209
23:38	83	24:1-4	157, 158
24:5-9	40, 41, 45, 47, 49, 66, 212, 220	24:1	157, 158
24:8	280	25:19	200
24:17	154	28:1-14	60
24:20	160	28:47-48	193
25:2-7	31	30:7	155
25:2	34	30:11	193
26:2	38, 44, 65	34:10	193
26:13	193, 197		
26:31	62	**사무엘상**	
26:34-35	31, 34	21:1-6	211, 214, 216
		21:2-5	212
민수기		21:3-6	47
4:1-8	212	21:5	213
4:15	33		
5:19-22	159	**사무엘하**	
15:32-36	39, 42, 43, 45, 50, 65, 66, 70, 71, 99, 120, 394	7:13	280
		7:16	280
18:12	354	12:3	245
18:19	280	23:5	280
28-29	41, 48		
28:9-10	40, 41, 45, 49, 55, 66, 73, 219	**열왕기상**	
30:2	159	9:25	48
35:4-5	119	17-18	309
신명기		**열왕기하**	
5:12-15	39, 44, 45, 65, 66, 230, 274, 329, 372, 396	2-13	46
		4:23-25	41
5:12-14	60	4:23	46, 66, 300
5:12	37, 39, 347		

5	309
11:4-14	66
11:4-12	46
16:18	46, 47

역대상

9:32	47, 66, 212
23-27	48
23:28-31	47, 48, 66
23:29	48, 212
23:31	48

역대하

2:3	
2:4	48
8:13	48, 66, 67
23:1-11	46
23:1-3	66
31:3	48, 66, 67

에스라

6:9-10	49
7:21-22	49

느헤미야

6:3	34
9	50
9:13-14	42, 72
9:14	50, 65, 236
9:38	50
10	50
10:31	50, 51, 60
10:32	66, 82, 364
10:33-34	67
13	50
13:6-7	51
13:15-22	25, 42, 50, 51, 59-61, 66, 82, 364, 384, 385
13:15-16	51
13:18	51, 56, 60, 65
13:19-22	51
13:19	70
13:22	46, 52, 55, 65

시편

18:7	194
23:4	347
68:20	109
90:4	347
91	21, 380
92:1-2	385
95:11	200
114:6	194
118:130	194

잠언

8:22	76
12:10	247

이사야

1:10-17	62
1:12-15	58
1:12-13	63, 66
1:12	53
1:13	41, 46, 53, 58, 61-66, 230, 275, 348, 364, 372
1:14	53
1:15-17	230
2:2-5	139
9:4	197
14:3	200
29:14	194
40-66	54
40	54
42:1-4	184-86, 263, 264, 268, 273, 369
42:1	264
42:2	263
42:3-4	267
56-66	54
56:1-8	57, 63, 65, 70
56:1	57, 139
56:2	57, 384
56:4	54, 58, 64, 65, 384
56:5	58
56:6	54, 58, 384
56:7-8	58
56:7	384
58:3	385
58:6	197, 309
58:13-14	57-59, 61, 63-65, 364

58:13	25, 54, 64, 65, 80, 230, 236, 384, 385	20:17	56
58:14	59	20:20	39, 54, 56, 64, 65
61	311	20:21	56, 64
61:1-2	309, 312	20:22	56
66:23	53, 54, 62, 63, 65, 201, 364	20:23	51, 56, 60, 64, 65
		20:24	56, 64

예레미야

2:20	193, 197	20:25	56
5:5	193, 197	22:1-16	56
6:16	193, 200	22:6-12	56
17:19-27	42, 51, 59, 63-66, 82, 364	22:8	55, 56, 64, 65
17:19-22	59	22:13-15	56, 64, 65
17:21-22	60, 385	22:23-31	56
17:21	70	22:26	55-57, 59, 63-65
		22:27	57
17:22	64	22:28	57
17:23	60	22:29	57
17:24-26	60	22:31	57, 64, 65
17:24	60, 64	23:1-4	57
17:25-27	65	23:28	55
17:25-26	60, 63, 65, 364	23:38	57, 64, 65
17:25	60	23:46-49	57, 64, 65
17:27	60, 64	34:27	197
23:3	385	36:25-27	139
27-28	197	44:24	57, 59, 64, 65, 364
30:8	193, 197	45:8-9	54
31:31-34	139	45:16-17	54, 63, 66
		45:17	49, 67

예레미야 애가

2:6	62	46:1-12	54, 55
3:27	197	46:1-3	63, 66
5:5	193	46:1-2	47
5:15	34	46:1	55
		46:3	55
		46:4-5	41, 55, 63, 66

에스겔

다니엘

20-23	56, 57	7:13-14	233-35
20:1-31	56	7:18	233
20:9	56	9:27	289
20:10-26	55, 58	11:31	289
20:11-12	42, 72	12:11	289
20:12-20	364		

호세아

20:12	39, 54, 56, 63-65, 70, 364	2:9-13	62
20:13	56, 64	2:13	54, 63-66, 364, 372
20:14	56	2:14-15	62
20:15	56, 64, 65	6:6	168, 225, 229, 231, 252, 388
20:16	54, 56, 64		

아모스

8:4-10	32
8:5-6	61
8:5	50, 53, 59-61, 63, 64, 66, 275, 364, 372
8:10	61

미가

2:10	193
4:1-5	139
6:8	165

스바냐

3:9-13	193

스가랴

13:7	350

_신약

마태복음

1-2	189, 236
1:1-4:16	135, 188
1:1-17	135, 217, 236
1:3-6	267
1:22-23	263
1:22	139
1:23	223, 225
2:1-18	261
2:1-12	267
2:13-15	267
2:15	139, 263
2:17-18	263
2:17	139
2:23	139, 263
3:1-12	189
3:7	172, 173
3:13-17	236
3:15	139
3:16-17	189
3:16	265
3:17	186, 264, 265
4:12-17	308
4:13	297-99, 301, 334
4:14-16	263
4:14	139, 263
4:17-16:20	135, 188, 189
4:17-11:1	188, 190
4:17	134, 135, 188
4:23	263, 299
5-7	188, 236
5:3	188
5:17-20	136, 151, 163, 172, 199, 275, 278, 279, 366, 367, 373, 375, 376
5:17-18	278, 384
5:17	137, 139, 164, 166, 188, 224, 229, 237, 238, 276, 279, 327, 366
5:18-48	141
5:18-20	164
5:18-19	199
5:18	136, 141, 154, 155, 366
5:19	140, 144-51, 162, 279, 366
5:20	148, 164, 165, 172, 174, 199, 327, 367, 392
5:21-48	146, 151, 163, 164, 199, 278, 367
5:21-26	154
5:21-22	152
5:23-24	294, 354
5:23	282
5:27-30	154
5:29-30	146
5:31-32	157
5:32	140
5:33-37	159
5:33-34	152
5:34-37	159
5:34	140
5:38-42	160
5:39-42	267
5:39	140
5:43-48	155
5:43-47	166
5:48	150, 165, 166
6:1-8	172, 173
6:13	263, 286
6:16-18	173
6:26	248
7:1-5	173
7:12	146, 165, 166, 215, 367
7:28-29	297, 298
8-9	188, 236, 255, 263, 305

8:1-9:34	304, 305	11:28-30	192
8:5-13	267, 299	11:28-29	276
8:14-17	297, 298	11:28	124, 146, 172, 183, 184, 187, 191, 198, 200, 201, 263, 268, 269, 273, 375, 398
8:14-15	304, 307		
8:16-17	307		
8:16	263, 299, 307, 334	11:29	183, 184, 187, 191, 197, 199, 200, 267, 269, 271, 277, 367, 368
8:17	139, 263		
8:18-22	299	11:30	183, 191, 197, 199, 200
8:20	205	12	186, 194, 224, 265, 267, 350
8:23-27	299	12:1-15	268
9:9-13	171	12:1-14	20, 26, 135, 136, 179, 180, 182-84, 187, 189, 190, 198, 199, 201, 282, 285, 295, 327, 357, 366
9:10-13	173		
9:11	172		
9:13	173, 225, 350, 367	12:1-13	24, 385, 386, 393
9:14-15	171	12:1-8	24, 25, 27, 171, 177-79, 181, 182, 191, 192, 196, 200-202, 235, 261, 270, 271, 296, 319, 330, 334, 367, 370
9:16-17	184		
9:34	172		
9:35	241, 263, 313		
10	180, 188	12:1-7	232, 389
10:1	313	12:1-4	396
10:7-11	313	12:1-2	81, 100
10:17	241	12:1	177, 182, 202, 204-206, 294, 334
10:31	60, 248	12:2	177, 182, 202, 207, 267, 271, 294, 334
10:41	313		
11-12	180-82, 186, 188, 189	12:3-8	260, 268, 279, 294
11:2-12:50	179, 188-90	12:3-7	266, 277, 291, 373
11:2-19	181, 189	12:3-4	211, 218, 219, 223, 224
11:2-6	181	12:3	202, 206, 215
11:2	188, 193	12:4	182, 202, 206, 213, 242, 260
11:4	188	12:5-7	202-204, 216, 225
11:5	187, 188	12:5-6	181, 203, 211, 214, 216, 218, 224-26, 249, 276, 308, 331, 373
11:10-14	181		
11:13	137, 144, 165	12:5	73, 177, 219, 222, 224, 225, 334, 398
11:16-19	180	12:6-8	256, 258, 262
11:16	183	12:6	186, 202, 217, 221, 222, 224, 226, 271, 276, 279, 373, 375
11:19	181		
11:20-24	180, 181, 183, 267, 269	12:7	24, 165, 168, 173, 199, 218, 225, 275, 276, 368, 388
11:25-12:21	179, 182, 189, 270, 274-76, 278, 280, 291, 372-76, 392, 395		
		12:8	24, 35, 38, 177, 181, 183, 190, 202, 232, 235, 271, 275-77, 319, 327, 334, 373, 374
11:25-12:14	186		
11:25-30	27, 179-82, 185, 190-92, 201, 206, 217, 231, 236, 261, 269-71, 367		
		12:9-14	112, 171, 177, 179, 181, 186, 239, 242, 260, 272, 315, 326, 334, 368
11:25-27	181, 183, 192, 193, 199, 267, 269		
11:25-26	192, 195	12:9-12	59
11:25	182, 191, 194-96, 201, 271	12:9-10	241
11:27	192	12:9	299, 301, 314, 334

12:10-13	304	12:41-42	181, 218, 223
12:10	177, 186, 187, 209, 239, 242, 244, 245, 249, 252, 256, 259, 269, 272, 334, 368	12:46-50	180, 181
		13	180
		13:1-53	188
12:11-13	258, 265, 268, 272, 291, 294, 368, 388	13:11	194, 199, 306
		13:35	139, 263
12:11-12	240, 241, 243-45, 251, 254, 258-60, 266, 272, 277, 308, 315	13:48	139
		13:53-58	297, 308, 313, 334
12:11	82, 177, 239, 245, 247, 260, 294, 297, 322, 334, 335, 385, 387	13:54	299, 301, 313, 314, 334
		13:55-58	314
12:12-14	239	14-16	188
12:12-13	269, 396	14:1	172, 177, 182, 335
12:12	177, 240, 243, 262, 275, 318, 319, 334, 356, 357	14:33	189
		15:1-20	163, 165, 171, 367
12:13	240, 253, 254, 258, 260, 262, 263, 266, 275, 277, 373	15:1-12	173, 267
		15:1-2	294
12:14	172, 179, 186, 187, 190, 222, 242, 243, 249, 251, 254, 255, 257-59, 262, 265, 266, 268, 269, 272, 314, 368	15:2	294, 320
		15:3-20	294
		15:3-6	164
12:15-21	27, 179, 181, 182, 184, 185, 190, 260	15:3	145, 210
12:15-16	185-87, 262, 270, 369	15:11	164, 168
12:15	187, 255, 260, 262, 266, 267	15:12	172
12:16	263, 267	15:13	164
12:17-21	185, 190, 263, 268, 270, 273, 369	15:14	164, 173
12:17	139, 185, 264, 273	15:18-20	164
12:18-21	180, 185, 199, 201, 217, 229, 262-64	15:18-19	165, 199
12:18	186, 187, 269, 274, 277, 374, 395, 396	15:19-20	146
		15:20	164
12:19-20	187, 269, 368	15:21-28	267
12:19	185, 263, 267, 268, 278, 279	16:4	173
12:20-21	277, 374, 395, 396	16:12	163
12:20	261, 262, 268, 269, 367	16:13-20	188
12:21	266, 269, 274	16:13-14	189
12:22-37	180, 181, 270	16:21-28:20	135, 188, 189
12:22-32	186	16:21	134, 135, 261, 273, 369
12:23	217, 267	17:5	186, 264, 265
12:24	172, 182, 266, 269	17:24-27	294
12:25-29	181	17:27	282
12:28	327	18:4	146
12:30-50	267	18:8-9	146
12:30-37	267	18:12-35	168
12:34	173	18:12-14	245
12:38-45	180, 181	18:20	223, 225
12:38	182	19:3-9	171
12:39-42	267	19:4-9	158
12:39	173	19:7-9	146

19:7	194	23:23	139, 165, 173, 214
19:8	158	23:24	173
19:16-26	166	23:25-27	173
19:16-21	165, 367	23:26	172, 173
19:17-19	166	23:27	165
19:17	145, 146, 163	23:28	173
19:21	165	23:29	172, 343
20:16	350	23:33-39	173
21:4-5	263	23:33	165, 173
21:4	139	23:34-40	215
21:9	217	23:34	173, 241
21:15	217	24	276, 279, 284, 288, 373, 375
21:28-22:11	267	24:3	288
21:45	172	24:4-14	288
22:7	131	24:15-28	295, 289
22:14	350	24:15-21	288, 290
22:15	172, 257, 261	24:15	283, 288, 289
22:16	256	24:16-19	291
22:34-40	166	24:16	288, 289, 293
22:34-36	166	24:19-20	287, 292
22:34	172, 175	24:20	24, 25, 27, 136, 177, 178, 279, 281-84, 286, 287, 290-94
22:36-40	146		
22:36	145	24:29-44	288
22:37-40	166	24:35	142
22:37-39	166	26-27	258, 261, 273, 369
22:38	145, 166, 214	26:13	267
22:39	167	26:31	350
22:40	145, 165, 166, 367	26:54	139
22:41	172,	26:56	139
23	165, 171-73, 267	26:63-64	350
23:1-36	163, 165, 367	27:1	257, 261
23:2	172, 194	27:7	190, 257
23:4	172, 173, 183, 196, 197, 199, 201, 294, 307	27:9-10	263
		27:9	139
23:5-7	173	27:28-31	350
23:8	341	27:51	276, 373
23:10	343	27:52	343
23:13	165, 172, 173	27:57	335
23:15	165, 172	27:61-28:1	328
23:16-26	294	27:61	297
23:16-22	265	27:62-66	178, 230
23:16-17	165	27:62	171, 172, 178, 335
23:16	173	28:1	177, 278, 297, 335, 338
23:17	165, 173	28:9	335
23:19	165, 173	28:12	257
23:20	165	28:18-19	267

성구색인   445

28:19-20	277, 374, 396
28:19	176
28:20	135, 146, 223, 225, 277, 374, 395

마가복음

1:14-15	308
1:21-34	28, 297, 298, 308, 331, 332, 334, 370
1:21-28	305
1:21-22	298
1:21	177, 241, 298, 299, 301, 308, 331, 334
1:22	298
1:23-31	306
1:23-28	298, 299, 302
1:23-26	298
1:24-27	303
1:27-28	298, 302
1:29-34	298
1:29-31	298, 303
1:29	303, 305
1:31	303
1:32-34	298, 307
1:32	299, 305, 331, 334
1:34	263
1:35-39	299
1:35	306
1:39	241
2:13-17	171
2:17	350
2:18-20	171, 184
2:18	205
2:21-22	184
2:23-3:6	178, 306, 327
2:23-3:5	302
2:23-28	171, 177, 191, 202, 205, 334
2:23-26	205
2:23	177, 182, 202, 205, 207, 334
2:24	177, 205, 334
2:25-26	211
2:25	202, 215
2:26	202, 211
2:27-28	233
2:27	24, 35, 118, 177, 202, 231, 233, 234, 308, 319, 331, 334, 389
2:28	177, 204, 231, 233, 234, 308, 331, 334
3:1-6	171, 177, 191, 205, 239, 315, 334
3:1-2	241
3:1	179, 239, 241, 299, 334
3:2	177, 240, 242, 334
3:4-5	308, 331
3:4	177, 240, 251, 334, 357
3:5	240, 253
3:6	255, 257
3:7-12	185, 262, 268, 273
3:22	172
4:35-41	299
4:35	306
6:1-6	297, 308, 309, 313, 334
6:1	313
6:2	177, 241, 299, 301, 308, 313, 314, 331, 334
6:7-13	313
6:13	263
7:1-23	171
7:5	205
7:11	163
7:19	164
8:11-12	173
9:38-41	313
10:2-12	171
10:28	205
12:12	172
12:13	256
12:28	166, 172
12:35	172
12:36	172
13:11	306
13:18	177, 178, 335
14:1	306
14:12	306
14:27	350
15:1	257
15:42	177, 335
16:1	177, 297, 328, 329, 335
16:2	177, 306, 335
16:9	177, 334

누가복음

2:22-24	330
2:25	330
2:37	330

2:41-42	330	6:7	177, 214, 242, 320, 334
3:7	172	6:9	177, 251, 319, 322, 334, 357
4:14-15	308	6:11	320
4:15	300, 309	7:1-10	299
4:16-30	28, 297, 308, 309, 313, 334	7:21	263
4:16-21	304, 309, 310, 312, 317, 331, 332, 370	7:22	312
		7:36	172, 320
4:16	177, 299-301, 309, 310, 312-14, 334, 385	8:3	205
		8:22-25	299
4:18-21	312	9:57-60	299
4:18-19	309, 317	10:21-22	191, 193
4:18	310, 317	10:25	172
4:19	309	11:14-15	172
4:20	309	11:20	317, 319, 327
4:21	310, 317	11:29	173
4:23	309	11:37-41	171
4:25-27	310	11:37	172, 320
4:25-26	309	11:47-48	172
4:27	309	11:52	172
4:28-30	310	11:53-54	320
4:31-41	297, 298, 308, 331, 334	13:6-9	318, 319
4:31-39	311	13:9	318
4:31	177, 298, 299, 301, 334	13:10-17	21, 28, 205, 297, 302, 315, 316, 325, 332, 334, 370
4:32	298		
4:33-39	303	13:10	177, 316, 318, 334
4:33-37	298, 299	13:11-13	316
4:38-41	298	13:11	316
4:40-41	307	13:12-13	316, 317
4:40	299, 306, 334	13:12	317, 319
4:42-44	299	13:13	318
5:27-32	171	13:14-17	316
5:33-35	171, 184	13:14	177, 317, 334
5:36-39	184	13:15-16	317, 389
6:1-11	178, 327	13:15	81, 177, 239, 245, 311, 318, 334, 388
6:1-5	171, 177, 179, 191, 202, 241, 319, 334	13:16	177, 311, 316, 317, 319, 334
		13:18-21	316, 319
6:1	177, 182, 202, 207, 334	13:18	316
6:2	177, 202, 334	13:31	172, 320
6:3	202	14:1-24	323
6:4	202, 211	14:1-6	21, 28, 205, 297, 315, 320, 323, 325, 332, 335
6:5	177, 202, 319, 321, 327, 329, 334		
6:6-11	171, 177, 179, 191, 239, 319, 334	14:1-4	370
6:6-7	241	14:1	172, 177, 320, 335
6:6	177, 179, 239-41, 299, 301, 308, 331, 334	14:3-6	320
		14:3	177, 315, 320, 322
6:7-10	389	14:4	321, 322

성구색인 447

14:5	177, 239, 240, 245, 246, 315, 322, 334, 335	13:14	300, 334
		13:27	334
14:6	321	13:42	300, 334
14:7-11	323	13:44	334
14:12-14	323	14:1	300
14:15-24	323	15:10	197
14:15	324	15:21	334
15:2	320	16:13	334
16:14	320	17:1-2	300
16:17	136, 141	17:2	300, 334
18:12	177, 355	18:4	300, 334
20:19	172	18:19	300
20:41	172	19:8	300
20:46	172	20:7	317, 334, 384, 385, 397
21:20	290	24:14	137
21:23	335	25:12	257
23:50-56	328		
23:54	177, 335	**로마서**	
23:56-24:1	328	3:21	137
23:56	28, 237, 278, 297, 327-31, 335, 385	14:1-8	396
24:1-12	328	14:5-8	21, 334
24:1	177, 328, 335	14:5	345
24:10	335		
24:44	327, 330	**고린도전서**	
		16:1-2	385
요한복음		16:2	334, 397
1:1-3	357		
1:18	357	**고린도후서**	
3:17	357	3:3	139
5:1-18	21, 205, 334		
5:17	76, 96, 334	**갈라디아서**	
7:22-23	219, 334	4:8-9	357
9:1-41	205, 334	4:10-11	357
9:4	334	4:10	334, 343, 396
12:47	357	5:1	197
16:19	357		
17:14-16	357	**골로새서**	
18:20	241	2:16-17	21, 25, 343, 379, 388
18:36	357	2:16	334, 357, 396, 397
20:1	338		
		디모데전서	
사도행전		1:4	340
1:12	81, 334	4:7	340
9:20	300		
10:38	317		
13:5	300, 334		

디도서

1:14 340

히브리서

3:7-4:11 25, 379
4 35
4:1-11 21, 237, 274, 334
4:11 277

베드로후서

3:8 347

요한일서

4:12 357

요한계시록

1:10 334, 344, 384, 397

_ 외경

에스드라1서

5:52 73, 79

에스드라2서

8:52 200

유딧서

8:6 74, 79, 126
10:2 79

집회서

6:23-32 193
6:30 197
24
51 193
51:23-30 198
51:23 198
51:26 198

바룩서

3:9-4:4 193

마카베우스1서

1:39-45 74
2:31-38 73
2:32-38 74, 77
2:34 78, 89
2:37 78, 89
2:39-41 75, 78, 243
2:40-41 88
9:43-49 75, 78, 243
9:49 89

마카베우스2서

5:25-26 78
5:25 74
6:1-6 74
6:11 73
8:26-28 75, 78
8:27 79
12:38 75
15:1-5 75
15:9 137

_ 위경

단의 언약

5:11-12 200

바룩의 제2묵시서

41:3 197

솔로몬의 시편

7:9 197
17:30 197

아리스토불루스

5 76
5.9 76
5.11 76
5.12 76
5.13-16 126

에녹1서

42 193
55:4 303
69:27 303

74:10	72
74:12	72
75:2	72

에녹2서
32:1-2	79
33:1-2	201
34:1-2	197
48:1	72

에스라4서
5:9-12	193
7:36	200
7:38	200
8:52	200

위(僞)필로
25:13	79
44:6-7	79

희년서
2	78
2:17-33	70, 78, 126, 365
2:21	79
2:23	77
2:25-27	125
2:25	126, 365
2:29-30	77
2:29	79
2:31-32	126
4:30	347
6:32-38	72, 87, 126
50	78
50:1-13	72
50:6-13	125
50:8-12	77
50:8-9	81
50:8	73, 80, 125
50:9-10	79, 126
50:9	81
50:10-11	78, 125
50:12	74, 78, 79, 81, 82, 84, 125, 209
50:13	73, 125

_쿰란문서

1Q22
1.8-9	87

1QH
12.8-9	72

1QM
2.1-4	87

공동체 규칙(1QS)
1.3-4	155
1.9-11	155
1.14-15	72
9.21-22	155

4Q
159	209
323-324A-B	87
325	87
394-398	72, 87, 126
493 MC	92

4Q251
2.1-3.6	85
2.1-3.5	86
2.2-4	85
2.4-5	85
2.5-8	85
2.5-6	246, 322
2.6-7	83, 243, 246, 322
2.8-3.4	86
3.5-6	86
3.5	86

4Q274
1.1.3	85
2.1.2-4	85

11QTemple
13-29	87, 126
17.15-16	87, 126

다메섹 문서(CD)

1.1-8	80
1.21	80
3.4	84
3.14	126, 365
6.18	84
9.1-16.19	80
10.14-11.18	79, 80, 85, 125
10.15-16	84, 92
10.17-18	80
10.17	126
10.18-21	125
10.18-20	80, 83
10.18	79
10.21	81, 84, 86, 119, 125, 208, 318
10.22-11.2	81
10.22-23	84
10.22	71, 83
10.23-11.2	84
11.2	80, 83
11.3-4	84, 85
11.4-6	83
11.4-5	82, 125, 126
11.5-9	114
11.5-6	81, 82, 86, 119, 318
11.6-17	84
11.7-11	82, 125
11.7-10	125
11.7-9	85
11.9-10	82, 84
11.12	82
11.13-17	85
11.13-14	82, 84, 246, 322
11.14-15	81, 84, 126, 365
11.15	83, 125
11.16-17	75, 82, 243, 247, 322
11.17-18	73, 83, 84, 125
12.3-6	79, 80, 83, 84, 125
16.2-4	73
16.3-4	81
19.1-20.34	80

미쉬나

m. Ab.

1.2	227
3.5	197

m. Ber.

2.2	197

m. Bes.

4.7	117
5.2	243, 302

m. Erub.

1.2	113, 118, 123
2.5	118
2.6	118, 123
4.1-2	118, 318
4.1	118
4.5	119, 318
4.11	119, 318
5.5	112, 122
6.1	114
6.2	113
6.4	113
6.6	113
7.10	118
7.11	118
8.1	208
8.6-8	81
8.6	113, 123
9.2	118
10.1	119
10.10	117

m. Git.

9.10	158

m. Hag.

1.8	43

m. Ker.

3.10	120
4.2	120

m. Men.
11.3	118

m. Pes.
4.8	81
6.1-2	73, 117, 125, 219
6.1	83, 109

m. Shab.
1.4	110
1.5-9	110
1.5	121
1.7-8	111
1.9	114, 121, 123
1.10	114
2.1	117, 121
2.3	117
2.4	121
2.7	117
3.1	111, 123
6.1	115, 219
6.3	115, 219
7.1	83, 120
7.2	36, 116, 121, 125, 209, 302, 318
9.7	115, 123
10.6	115, 121, 125
10.7	121
12.4	115, 121, 123
12.6	115, 121
13.1	116, 121, 123
14.1	82
14.3-4	112
14.3	243, 303
16.1-7	75
16.1	117, 121
16.3	117
16.7	116, 121, 124
16.8	116
17.4	112
17.7	116, 121
17.8	81
18.3	82
19.1	117, 118, 219
19.4	117, 219
20.4	117, 121
21.3	111, 112
22.1	116
22.3	117, 121
22.6	243, 303
23.5	328, 329

m. Sanh.
7.1	120, 123, 125, 257
7.4	120, 123, 125, 257
7.8	83, 120, 123, 125, 257

m. Sot.
5.3	119, 125

m. Suk.
5.5	92

m. Tam.
7.4	109

m. Ter.
8.3	117

m. Yom.
8.6-7	75
8.6	243, 303

_토세프타

t. Erub.
3.7	75, 109, 121

t. Men.
11.5	118

t. Pes.
4.13	109

t. Shab.
1.18-19	110
1.20-22	110
1.21	111
1.22	114, 121, 123
2.13	111
4.6	115

4.11	82, 115, 125		19	109
11.17	116, 121		23	81
12.1	116, 121		36-37	111
12.8-14	112		121	116
13.10	109		124	112
13.12-13	109		127	209
14.1	112, 122, 126		128	82, 210, 246-48, 322
15.1-3	82		143	112
15.10	219			

15.16	117, 118, 125, 219, 221, 243
16.4	117
16.7	112
16.21	112, 121
16.22	112, 243, 249, 303, 356

y. Shab.

| 7.2 | 210 |
| 19.1 | 110 |

t. Ter.

| 7.10 | 117 |

_ 미드라쉬

Mek. Bahodesh

| 7 | 119 |

Mek. Kaspa

| 4 | 243 |

_ 탈무드

b. Ber.

| 10 | 197 |

b. Erub.

| 6 | 113 |
| 68 | 114 |

Mek. Shab.

| 1 | 73, 109, 117, 118, 121, 125, 219, 231, 243 |

Mek. Vayassa

| 5-6 | 119 |

y. Erub.

| 6.4 | 113 |

Mek. de R. Simeon (MRS) on Exod

| 20.8 | 108 |

b. Men.

| 95-96 | 213 |
| 95 | 213 |

Sifre Deut.

| 203 | 109 |

b. Pes.

| 66 | 110 |

Sifre Num.

| 15.32-36 | | 120 |

y. Pes.

| 6.1 | 110 |

_ 필로

Abr.

| 28 | 95 |

b. Shab.

| 12 | 112 |

Cher.
86-90	96
87	96

Deus Imm.
11	96

Fug.
173	96

Hyp.
7.11-16	98
7.20	98
12-13	100

Leg. All.
1.15	96
1.16-18	96
155-58	98
155	98
156	126
158	98

Migr. Abr.
89-93	97, 99, 125

Omn. Prob. Lib.
81-82	100

Op. Mund.
89-128	95, 126
128	95

Somn.
2.123-32	97
2.123-24	99

Spec. Leg.
1.168-76	100, 212
1.170	95
2.194	95
2.249-51	99, 125
2.41	95
2.46-51	96

2.59	95
2.60-70	98
2.60-62	96
2.61-64	100
2.64	97
2.65	99
2.66-70	100, 210
2.86	95
66-70	81

Vit. Cont.
30-37	100, 126

Vit. Mos.
1.207	96
2.136	142
2.21-22	100, 125
2.22	210
2.209	95
2.211-20	125
2.211-12	98
2.213-20	99
2.218	95
2.263	95

요세푸스

고대사
1.33	93
3.91	93
3.142-43	212
3.143	92
3.237	92
3.255-56	92, 212
4.231-39	209
12.4	73, 74, 88, 93
12.5-6	92
12.6	88
12.227	89
12.257-59	91
12.274-75	74, 88, 93
12.274	89
12.276-77	75, 88, 219
13.12-14	75, 89

13.14	75		277	92
13.251-52	90		279	92
13.294	114			
13.297	210		**전쟁사**	
14.63-64	89		1.108-109	124
14.63	75, 89		2.147	71, 80, 92
14.202-10	90		2.162	124
14.223-64	94		2.271-7.455	288
14.223-40	76, 90		2.449-56	89, 93
14.223-24	90		2.456	89
14.225-27	90		2.457	89
14.226	90		2.634	89
14.228-29	90		4.97-105	91
14.230	90		4.150-57	289
14.231-32	90		4.582	80, 92
14.236-37	90		5.230	92
14.237-40	90		7.96-99	91
14.241-64	91		7.361-62	89, 93
14.241-43	91		9.1-16.19	80
14.244-46	91		19.1-20.34	80
14.256-58	91			
14.262-64	91		**_ 초대교회 저작들**	
16.27-30	91, 94			
16.162-68	91, 94		**바나바서**	
16.163	91		1-17	346
18.319-24	75, 89		2	347
18.354	89, 93		3	347
			4	347
아피온			4.4-5	346
1.21	104		4.7-8	347
1.209-11	74		4.14	350
1.209	88, 92		5	347
1.210	104		5.9	350
2.21-27	94		5.12	350
2.21	91		6	347
2.22-27	91		7-8	347
2.174	93		7	347
2.175	92, 126		7.9	350
2.235	88		8	347
2.282	90, 94, 105		9	347
			10	347
자서전			12	347
17-413	288		13	347
161	89		14	347
191	124		14.5	347
277-79	126, 366			

15	338, 347, 359	8.5	357
15.1-3	359	10	355, 356
15.1-2	347	11-12	356
15.3-5	359	13-13	355
15.3	347		
15.4-5	347		

이그나티우스
마그네시아서

15.6	348
15.7	348
15.8-9	348
15.8	348
15.9	341
16	346, 347
18-21	347

4.1	341
7.2	339
8.1-10.3	339, 341, 345
8.1	340, 342
8.2	359, 343
9.1	338, 339, 342-45, 355
9.2	343, 359
10.1-3	341
10.1	341
10.2-3	342, 343
11.1-15.1	339

디다케

1-6	353
7-10	353
8.1	354
8.2	353
11-15	353
11.3	353
13-14	359
13.3	354
14.1	338, 341, 344, 353, 354
14.2	354
15.3	353
15.4	353
16	353

Chrysostom
Hom. on Mt.

38.3	196

Eusebius
Dem. ev.

88	196

Historia Ecclesiastica

3:5.3	288

_고전 저작들

Cassius Dio
Epitome

65.7.2	103

디오그네투스서

1-10	355
1	356
2-4	357
2	356
3-4	356
4	
4.1-3	338
4.1	357, 359
4.3	356, 357, 358
4.4-6	
4.6	356, 357
5-6	356
6.3	357
7-9	356
7.2	357
7.4-5	357

Historia Romana

37.16.2-4	103
37.17.3	103
66.4-7	288

Epiphanius
Panarion

29.7.7-8	288

30.2.7　288

Frontinus
Strategemata

2.1.17　103

Horatius
Sermones

1.9.69　104

Justinus
Epitoma

2.14　104

Juvenalis
Saturae

6.159　105
14.96-106　104

Martialis
Epigrammata

4.4　104

Meleager
Anthologia Graeca

5.160　105

Ovid
Ars Amatoria

1.75-76　102
1.413-16　103

Remedia Amoris

217-20　102

Persius
Saturae

5.176-84　104
5.179-84　104
5.179-80　105

Petronius
Fragmenta

37　104

Plinius
Naturalis Historia

31.24　105

Plutarch
De Superstitione

8　103

Questiones Convivales

4.6.2　105

Pompeius Trogus
Historiae Philippicae

36　104

Seneca
Epistulae Morales

95.47　105

Sextus
Adversus Physicos

1.13　96

Strabo
Geographica

16.2.40　74, 103

Suetonius
Divus Augustus

76　74
76.2　104

Tacitus
Historiae

5.1-13　288
5.4.3　103, 104, 288

Tibullus
Carmina

1.3.15-18　103